U0856377

2021 内蒙古统计年鉴

INNER MONGOLIA STATISTICAL YEARBOOK 2021

（总第34期 NO. 34）

图书在版编目（CIP）数据

内蒙古统计年鉴. 2021 = Inner Mongolia Statistical Yearbook 2021 : 汉英对照 / 内蒙古自治 区统计局编. -- 北京 : 中国统计出版社, 2021.8

ISBN 978-7-5037-9517-6

Ⅰ. ①内… Ⅱ. ①内… Ⅲ. ①统计资料 – 内蒙古 – 2021 – 年鉴 – 汉、英 Ⅳ. ①C832.26-54

中国版本图书馆CIP数据核字(2021)第117457号

内蒙古统计年鉴—2021

作　　者/ 内蒙古自治区统计局
责任编辑/ 钟　钰
执行编辑/ 郭雪佩　王德慧
装帧设计/ 常埴平　李占玲
出版发行/ 中国统计出版社有限公司
地　　址/ 北京市丰台区西三环南路甲6号
邮政编码/ 100073
电　　话/ 邮购（010）63376909　书店（010）68783171
网　　址/ http://www.zgtjcbs.com
印　　刷/ 内蒙古宏业包装印务有限公司
经　　销/ 新华书店
开　　本/ 890mm × 1240mm　1/16
字　　数/ 1400千字
印　　张/ 39
版　　别/ 2021年8月第1版
版　　次/ 2021年8月第1次印刷
定　　价/ 350.00 元　Price:350.00　yuan(RMB)

本书附同版本CD-ROM一张，光盘内容以书面文字为准。
如有印装差错，由本社发行部调换。

编辑委员会

Editorial Board and Staff

编辑说明

一、《内蒙古统计年鉴—2021》是一部按年度连续出版的大型统计资料书。本年鉴通过大量的统计数据，全面反映了 2020 年内蒙古经济社会和科技发展变化情况，是国内外各界人士了解内蒙古、认识内蒙古的重要统计资料工具书。

二、年鉴全书分为两部分。第一部分为特载，载入了自治区党政部门重要文件和 2020 年内蒙古自治区国民经济和社会发展统计公报。第二部分为统计资料，分为21个细目。即:1. 综合；2. 国民经济核算；3. 人口与就业；4. 价格指数；5. 人民生活；6. 财政；7. 资源、环境与能源；8. 农牧业；9. 工业；10. 投资与建筑业；11. 国内贸易；12. 对外经济和旅游；13. 金融和保险；14. 交通运输与邮电；15. 城市概况；16. 教育、科技和文化；17. 卫生和体育；18. 公共管理和社会保障；19. 盟市资料；20. 旗县区资料；21. 附录。为了便于读者查阅，每个细目编排了主要统计指标解释。

三、本年鉴的统计数据包括政府统计部门和业务部门年度统计报表、汇总数据或抽样调查数据。

四、与《内蒙古统计年鉴—2020》相比较，本年鉴做了如下调整：

1．根据第七次全国人口普查结果对 2011—2019 年年末总人口数据进行了修订，相关年份人均指标同步进行了调整；

2．根据第七次全国人口普查结果对 2011—2019 年人均生产总值及指数进行了修订；

3．2020 年全社会就业人数及分产业、分城乡就业人数为国家统计局反馈数，在此基础上，修订了 2011—2019 年全社会就业人数及分产业、分城乡就业人数，涉及的历史数据以本年鉴数据为准；

4．由于新冠肺炎疫情影响，2020 年旅行社组织出境旅游工作未开展 ，部分地区城市公共交通车辆停运，相关数据未能载入本年鉴。

五、资料中所使用的数量单位均采用国际统一标准计量单位。

六、本年鉴中涉及到的历史数据，均以 2021 年出版的本年鉴数据为准；部分数据合计数或相对数由于单位取舍不同而产生的计算误差，均未作机械调整。

七、本年鉴表中的符号使用说明：空格表示该项统计指标数据不足本表最小单位数、不详或无该项数据；“#” 表示其中的主要项。

PREFACE

Ⅰ. ***Inner Mongolia Statistical Yearbook 2021*** **is a regular large scale statistical reference book published yearly. With a vast amount of statistical data for 2020, this yearbook reflects various aspects of Inner Mongolia's economic society, science and technology development. It is a real important and efficient statistical reference book for people of various circles in and outside China to know and understand Inner Mongolia.**

Ⅱ. The yearbook has two parts: Special articles and Statistics. The part one consists of important documents of the Party and the government and Statistical Bulletin of the National Economic and Social Development in Inner Mongolia for 2020. The part two consists of all the 21 chapters as follow: 1.General Survey; 2.National Accounts; 3. Population and Employment; 4. Prices Indices; 5.People' s Living Conditions; 6. Government Finance; 7.Resources,Environment and Energy; 8. Agriculture; 9. Industry ; 10 Investment and Construction;11. Domestic Trade; 12. Foreign Economics and Tourism; 13. Banking and Insurance; 14. Transport, Postal and Telecommunication Services; 15. Overview of Cities; 16. Education, Science and Culture; 17. Public Health and Sports; 18.Public Management and Social Security;19. Statistics of Leagues and Cities; 20. Statistics of Banners,Counties and Districts; 21. Appendix. In order to make it convenient for readers to consult, we edit explanatory notes on main statistical indicators of every chapter.

Ⅲ. Most of the data in this yearbook sources are from annual statistical reports of government statistics agencies and business agencies , another part sources from sample survey.

Ⅳ.Comparing with the content of ***Inner Mongolia Statistical Yearbook 2020*****, we changed the content as follow:**

1. The total population data from 2011 to 2019 were revised according to the results of the seventh national population census. The per capita index of relevant years has been adjusted simultaneously;

2. The GDP per capita and the index for 2011—2019 were revised based on the results of the seventh national population census;

3. In 2020, the total number of employed people in the whole society and the number of employed people by industries and urban and rural areas are the numbers fed back by the National Bureau of Statistics. On this basis, the number of employed people in the whole society and the number of employed people by industries and urban and rural areas from 2011 to 2019 are revised, and the historical data involved are subject to the data in this Yearbook;

4. Due to the impact of THE COVID-19 epidemic, travel agencies did not organize outbound Tours in 2020, and public transport vehicles in some cities were suspended, so relevant data could not be included in this Yearbook.

Ⅴ. The units of measurement used in this yearbook are internationally standard measurement units.

Ⅵ. The historical data involved in the yearbook are based on the newly published data of the yearbook;the calculation errors of partial total number or relative number have not been mechanically adjusted due to using different units.

Ⅶ. Notations used in this yearbook: blank space indicates that the figure is not large enough to be measured with the smallest unit in the table, or data are unknown or are not available; "#" indicates a major breakdown of the total.

目　录
CONTENTS

第一部分　特　载
PART ONE SPECIAL ARTICLES

第二部分　统计资料
PART TWO STATISTICS

三、人口与就业

Population and Employment

四、价格指数

Price Indices

九、工业

Industry

十、投资与建筑业

Investment and Construction

十一、国内贸易

Domestic Trade

十二、对外经济和旅游
Foreign Economics and Tourism

十三、金融和保险
Finance and Insurance

十四、交通运输与邮电
Transport, Postal and Telecommunication Services

十五、城市概况
Overview of Cities

十六、教育、科技和文化
Education, Science and Technology, Culture

十七、卫生和体育

Public Health and Sports

十八、公共管理和社会保障
Public Management and Social Security

十九、盟市资料
Statistics of Leagues and Cities

二十、旗县区资料

Statistics of Banners, Counties and Districts

二十一、附录

Appendix

第一部分

特　载

PART ONE SPECIAL ARTICLES

内蒙古自治区2021年政府工作报告

Report on the Work of the Government of Inner Mongolia Autonomous Region 2021

——2021年1月26日在内蒙古自治区第十三届人民代表大会第四次会议上

内蒙古自治区主席　布小林

现在，我代表自治区人民政府向大会报告工作，请予审议，并请自治区政协委员提出意见。

一、2020年及“十三五”时期经济社会发展回顾

2020年是极不平凡的一年。面对极其复杂严峻的国内外形势，特别是新冠肺炎疫情严重冲击，在以习近平同志为核心的党中央坚强领导下，我们坚持以习近平新时代中国特色社会主义思想为指导，全面贯彻党的十九大和十九届二中、三中、四中、五中全会精神，深入贯彻习近平总书记对内蒙古重要讲话重要指示精神，按照自治区党委工作部署，紧扣全面建成小康社会目标任务，坚持稳中求进工作总基调，坚持以人民为中心，科学统筹疫情防控和经济社会发展，扎实做好“六稳”工作，全面落实“六保”任务，全区经济持续回稳，社会大局和谐稳定，“十三五”规划顺利收官。

（一）抗击新冠肺炎疫情取得重大成果。坚持人民至上、生命至上，全力以赴抗击疫情。及时启动重大突发公共卫生事件一级响应，构建起联防联控、群防群控的防控体系，早发现、早报告、早隔离、早治疗，有力遏制了疫情扩散蔓延势头，55天实现本土确诊病例首次清零。自治区849名医护人员驰援湖北，出色完成任务，被誉为“草原英雄儿女”。向湖北捐赠肉、乳、大米、马铃薯等生活物资1000多吨。全区企业通过红十字会向湖北捐赠款物1.21亿元。认真做好首都机场国际航班分流处置工作，入境人员闭环管理流程在全国推广，所有境外输入病例无一病亡、无一本地扩散、无一区外输出，医护和相关人员无一感染。

坚持“外防输入、内防反弹”，建立常态化疫情防控机制。加强防控救治和应急物资保障体系建设，全区所有旗县具备核酸检测能力，所有盟市配备3台以上负压救护车，医用口罩机、一次性防护服、负压救护车等防疫物资生产能力从无到有。11月底满洲里市发生疫情后，及时应急响应，进一步加强口岸、涉外装卸货场的全链条管理，有效控制了疫情。周密部署秋冬季疫情防控工作，开展重点人群疫苗接种。

在同疫情斗争中，广大医务工作者义无反顾挽救生命，社区工作者、公安干警、基层干部、新闻工作者、志愿者不辞劳苦、坚守一线，无数普通劳动者默默奉献，全区各族人民风雨同舟，众志成城，构建起疫情防控的坚固防线，充分彰显了伟大的抗疫精神。

（二）稳增长保就业取得积极成效。初步核算，全年地区生产总值增长0.2%，经济逐季回升；一般公共预算收入完成年度预算的105.2%。落实国家各项助企纾困政策，出台一系列配套措施。预计新增减税降费310亿元，降低企业用电成本222亿元。落实中央财政资金直达机制，下达各类财力性转移支付837.8亿元。加强产业链与供应链对接，全区规模以上工业企业复工率、产销率分别达到95.8%和99.7%，市场主体数量增长7.2%。

开展重大项目“审批月”活动，实行重大项目挂牌督办。赤峰至京沈高铁连接线建成运营，集大高铁、集通铁路扩能改造、呼和浩特新机场等项目开工建设，苏尼特右旗至化德等高速公路竣工通车，镶黄旗、阿鲁科尔沁旗通用机场开通运营。建成呼和浩特国家级互联网骨干直联点，全区5G基站突破1万个。全区行政嘎查村光纤通达率和4G网络覆盖率达到98%以上。发展社区电商、发放消费券、举办消费促进季活动，推动消费复苏。额济纳胡杨林旅游区获批国家5A级景区，呼伦贝尔号草原森林旅游列车运营良好。

加强重点行业、重点群体就业帮扶，举办线上线下招聘会596场，在各类园区建立全区共享的就业供求平台，实施精准对接，支持灵活就业。城镇新增就业23.2万人，完成年度任务的105.5%；城镇登记失业率3.8%，低于控制目标0.7个百分点。及时发放失业补助和临时生活补助，兜牢困难群众基本生活底线。

（三）产业转型升级迈出新步伐。改造提升传统产业，延长煤炭和稀土等产业链，煤电铝一体化达到65%，稀土原材料就地转化率达到70%，稀土永磁、储氢、抛光等新材料产值位居全国前列，乌海氢基熔融还原铁项目进入调试阶段。发布全国首支现代能源经济发展指数，成立现代能源经济研究院。新开工煤电装机838万千瓦，锡林郭勒700万千瓦风电项目建成并网，全国最大“源网荷储”示范项目落地乌兰察布，通辽“火风光储制研”一体化示范项目开工建设。可再生能源电力装机占全区总装机36%，新能源消费比例达到17%。国内首座民用液氢工厂在乌海投运。石油、天然气、地热等资源勘探取得新突破。整合工业园区，压减规划面积近

30%。信息、物流等服务业加快发展，数据中心装机能力突破120万台，“蒙芯”超微功耗传感器已在多个行业应用，“青城之光”高性能计算公共服务平台投入使用。应用5G技术，推进智慧矿山建设。

加强与科技部合作，深入推进“科技兴蒙”行动。超纯稀土金属绿色化制备技术、高容量储氢合金材料性能达到国际先进水平。建立上海交大内蒙古研究院、中国农科院内蒙古草业与草原研究院。高新技术企业突破1000家。

（四）三大攻坚战取得决定性成效。精准落实各项帮扶措施，全年投入扶贫资金112.3亿元，实施扶贫项目6751个，剩余1.6万贫困人口实现脱贫。80个旗县推行防贫保险，73个旗县成立扶贫资产管理机构，赤峰扶贫改革试验区取得积极进展。北京市和中央单位分别投入资金19.1亿元和3.3亿元，在产业发展、项目建设、人才技术等方面给予了大力支持。

着力防范化解财政金融风险，化解政府隐性债务超额完成年度任务，拖欠民营企业中小企业无分歧账款全部清偿。包商银行风险得到有效处置，蒙商银行正式营业，5家农信社改制为农村商业银行。发行中小银行资本补充专项债券85亿元。全区不良贷款余额和不良率实现双下降。有序处置企业债券违约风险，整治非法金融活动。

持续推进污染防治，“散乱污”企业整治基本完成，清洁取暖改造15.3万户。全区空气优良天数比例、细颗粒物（PM2.5）浓度优于国家考核目标。呼伦湖流域生态环境进一步改善，乌梁素海整体水质稳定在五类，岱海生态应急补水工程开工建设。地表水优良水体比例69.2%，优于国家考核目标9.6个百分点。土壤污染状况详查和重金属减排任务全面完成。中央环保督察及“回头看”整改任务基本完成。图牧吉国家级自然保护区生态环境问题整治基本完成。

（五）乡村振兴战略深入推进。新建高标准农田356万亩，改良盐碱化耕地12.2万亩。全区粮食产量732.8亿斤，实现“十七连丰”；肉类产量260.7万吨，实现“十六连稳”。新创建草原肉羊和向日葵两个国家级优势特色产业集群。

实施奶业振兴三年行动，规划建设黄河流域、嫩江流域、西辽河流域和呼伦贝尔、锡林郭勒草原五大奶源基地，实施种养加一体化。奶牛存栏129.3万头，牛奶产量611.5万吨，分别增长5.6%和5.9%。制定传统乳制品地方标准，传统乳制品占全区乳制品产量近10%。实施种业发展三年行动，建设内蒙古大学草原家畜种质创新繁育基地和3个国家级马铃薯良种繁育基地。推进农畜产品公用品牌建设，“天赋河套”荣获中国区域农业形象品牌榜第一。开展牧区现代化试点，统筹推进牧区生产发展、牧民生活富裕、草原生态良好相统一。

完成农村牧区人居环境整治三年行动任务，卫生厕所普及率达到35%，超出目标3个百分点。97.7%的行政嘎查村建立生活垃圾收运体系，突泉县被评为全国农村生活垃圾分类和资源化利用示范县。30万农牧民饮用水氟砷碘超标和苦咸水问题得到解决。新改建农村牧区公路8071公里。

（六）生态环境持续改善。开展国土空间规划编制工作，完成生态保护红线、环境质量底线、资源利用上线和生态环境准入清单（“三线一单”）编制，全区50%以上的国土面积划入生态保护红线。把保护草原、森林作为首要任务，明确规定草原重要生态功能区不再新上矿业开发和风电、光伏项目，已建项目有序退出；停止自然保护区内所有矿山企业开采勘探活动；提高露天矿治理标准。取缔违规占用草原的旅游景区景点397家，辉腾锡勒草原保护区风电机组开始拆除，额仑草原违规开垦、开矿等得到治理。完成营造林1372.6万亩、种草1687.5万亩，大兴安岭及周边地区退耕还林还草还湿60万亩。实施黄河流域水土流失综合治理、湿地生态修复和水源涵养提升工程。乌兰察布国家地质公园获批。

（七）改革开放进一步深化。持续推进“放管服”改革，企业开办时间和不动产登记时间分别压缩到3个和5个工作日内，企业投资类工程建设项目审批时限压减至75个工作日内。政务服务移动端“蒙速办”正式上线，自治区本级行政权力事项网办率达到91%。出台支持民营企业改革发展24条措施，民营经济市场主体占比达到97.4%。自治区本级经营性国有资产基本实现集中统一监管，煤炭等矿产资源全面实行市场化出让。农村牧区集体产权制度改革顺利推进，国有林区改革通过国家验收。

落实稳外贸各项政策，压缩口岸通关时间，降低通关成本。推动口岸经济与腹地加工业、现代物流业深度融合。我区始发中欧班列增长15.4%，回程货物品类不断增加。包头保税物流中心、乌兰察布七苏木保税物流中心封关运营，满洲里国家跨境电商综合试验区获批。阿联酋赤峰“一带一路”草畜一体化项目、以色列巴彦淖尔现代农业产业园建设有序推进。

与民革中央合作开展招商引资，与中国船舶、中信集团、上海证券交易所等开展战略合作。

（八）民生得到有力保障。城乡常住居民人均可支配收入分别增长1.4%和8.4%，农牧民收入增速高于全国平均水平1.5个百分点，居民消费价格涨幅低于控制目标。企业职工养老保险、工伤保险实现自治区级统筹，退休人员养老金、城乡低保、边民补贴、特困人员救助供养标准进一步提高，基本医疗保险参保率达到95%。城市医疗集团、县域医共体建设和分级诊疗工作加快推进，远程医疗系统覆盖面持续扩大。

普惠性幼儿园覆盖率提高到85.5%，义务教育阶段“大班额”问题得到有效解决。加强国家通用语言文字教育，推行使用国家统编教材。高等教育43个专业入选国家级一流专业。30 万以上人口旗县特殊教育学校全覆盖。

制定乌兰牧骑事业中长期发展规划，实施乌兰牧骑原创经典作品传承工程，开展“乌兰牧骑月”活动。实施武安州辽塔、阿尔寨石窟等重点文物保护修缮工程。广播电视综合人口覆盖率 99.7%。出版鄂伦春语、达斡尔语常用语发音词典。内蒙古农信女篮夺得我区首个全国职业联赛冠军。足球改革试点工作持续深化。

城市精细化管理水平进一步提升。实施城镇老旧小区改造 20.6 万户、棚户区改造 2.6 万套。解决房地产历史遗留问题项目 2776 个、133.4 万套。拖欠农民工工资问题得到有效治理。

推进平安内蒙古建设，扫黑除恶专项斗争圆满收官。加强应急救援力量建设，提升草原森林防火装备水平。推进煤矿、危险化学品等重点行业安全生产专项整治，安全生产事故持续下降。

各位代表！过去一年，我们以铸牢中华民族共同体意识为主线，加强和改进民族工作，深化民族团结进步宣传教育，创建全国民族团结进步示范区和示范单位 4 个。

党的宗教政策全面落实，国防动员、双拥优抚、人民防空、统计调查、地震气象、社会科学、档案史志、参事文史、外事侨务等工作得到加强。工会、共青团、妇联、科协、残联、红十字会等事业取得新进步。完成第四次经济普查，开展第七次全国人口普查。

我们加快法治政府建设，努力提高政务服务水平。提请自治区人大常委会审议地方性法规议案 24 件，制定、修改和废止政府规章 11 件。人大代表建议和政协委员提案全部办结。编纂出版了汉蒙法律实用大词典。修订自治区重大行政决策程序规定，建立重大行政决策执行责任制，强化对行政权力的制约和监督。支持检察机关开展公益诉讼。推进政务公开，自治区政府新闻发布 161 场，及时回应社会关切。

落实中央八项规定精神和自治区配套办法，持续整治形式主义、官僚主义，切实为基层减负。推进煤炭资源领域违规违法问题专项整治和人防系统腐败问题专项治理。对财政资金、政府专项债和民生领域资金使用管理开展审计监督，对自治区政府履行经济责任情况开展审计自查。实施“解决信访问题年”专项行动，一批信访积案得到化解。坚持过紧日子，自治区本级预算专项业务费压减 10%，非重点专项资金压减 20%。

各位代表！

“十三五”时期是全面建成小康社会的决胜阶段，也是我区发展进程中具有重要历史意义的五年。习近平总书记为自治区成立 70 周年题词，给乌兰牧骑队员回信，连续三年参加十三届全国人大内蒙古代表团审议，2019 年 7 月亲临我区考察指导，对内蒙古作出一系列重要指示，为新时代内蒙古发展提供了科学指引，全区各族人民欢欣鼓舞、倍感振奋。

“十三五”期间，我们认真贯彻新发展理念，着力转变发展方式，积极探索以生态优先、绿色发展为导向的高质量发展新路子。经济发展质量稳步提升，坚决纠正财政收入、地区生产总值、工业增加值等数据不实问题。财政收入质量明显提高，税收收入占比位居全国前列。人均生产总值突破 1 万美元，常住人口城镇化率达到 64.1%。产业结构持续优化，建成高标准农田 4125 万亩，改良盐碱化耕地 157.2 万亩，形成 2 个千亿级、9 个百亿级农牧业主导产业。超额完成“十三五”去产能任务。新增电力装机 4000 万千瓦，总装机达到 1.46 亿千瓦，其中新能源占三分之一以上。游客人数和旅游业收入年均增长 13.9% 和 18.9%。数字经济、会展经济、商贸物流、现代金融等加快发展。召开中蒙博览会、蒙商大会，支持举办两届内蒙古国际能源大会、阿尔山论坛。脱贫攻坚取得历史性成就，80.2 万贫困人口实现脱贫，57 个贫困旗县、3681 个贫困嘎查村全部摘帽退出。完成 12.49 万贫困人口易地搬迁任务，建设安置住房 5.33 万套。有劳动能力的贫困人口全部落实产业扶贫项目，40.3 万贫困人口纳入低保。建档立卡贫困人口人均收入由 2015 年的 3019 元增加到 2020 年的 13159 元，年均增长 34.2%。生态环境保护建设成效显著，林业建设、草原建设和沙化土地治理面积居全国第一，森林覆盖率和草原植被盖度实现“双提高”，荒漠化和沙化土地面积实现“双减少”。库布其沙漠治理获得联合国环境奖，《联合国防治荒漠化公约》第十三次缔约方大会在我区召开，习近平总书记致信祝贺。建成一批绿色矿山、绿色园区、绿色工厂。森林公园、湿地公园、地质公园等达到 372 个。2019 年全区生态产品价值（GEP）4.48 万亿元，是同期 GDP 的 2.6 倍，比 2015 年增长 13.8%。基础设施保障能力进一步增强，建成高速铁路 404 公里，接入全国高铁网。全区所有旗县（市、区）通高等级公路，所有苏木乡镇和具备条件的行政嘎查村通硬化路。新建通用机场 15 个，民用机场达到 40 个。成立天骄航空公司，建成扎兰屯、乌兰浩特、鄂尔多斯航空培训基地。建成黄河二期防洪工程以及辽河、嫩江干流治理工程。新建 5 条特高压电力外送通道，发电量和外送电量居全国首位。人民生活水平不断提高，民生投入持续增长，城镇就业稳步增加，全体居民人均可支配收入持续提高。覆盖城乡的社会保障体系基本建成，公共服务体系不断完善。教育普及水平全面提高，义务教育阶段学校“大通铺”、学生宿舍卫生和淋浴设施、食堂土灶台、火炉取暖等突出问题基本得到解决。全区博士学位授权点由 32 个增加到 42 个。所有旗县级综合医院均达到二级以上医院标准。每千人口拥有病床数、执业医师数超过全国平均水平。“光明行”社会公益活动累计实施复明手术超过3万例，获得中华慈善奖、亚洲防盲基金会唯一特殊贡献奖。为66.6万儿童青少年进行视力筛查，为3903名贫困家庭近视青少年配戴近视镜、522名斜视青少年实施矫正手术。舞剧《草原英雄小姐妹》荣获第十六届文华大奖、《骑兵》荣获中国舞蹈“荷花奖”。报告文学《毛乌素绿色传奇》荣获第六届鲁迅文学奖。水彩画《远方》荣获第三届中国美术奖金奖。建成五原抗日战争纪念馆及城川、桃力民等红色文化教育基地，建成乌兰牧骑宫、内蒙古自然博物馆、内蒙古冰上运动训练中心等一批图书馆、文化馆、博物馆、体育馆、基层文化站。超额完成“十三五”社会足球场建设任务。

在诸多矛盾叠加、风险挑战显著增多的情况下，经过全区上下的共同努力，“十三五”规划确定的目标任务基本完成，全面建成小康社会取得决定性成就，为我们在新发展阶段全面推进社会主义现代化建设奠定了重要基础。

各位代表，过去五年的成绩来之不易。这是以习近平同志为核心的党中央坚强领导、亲切关怀的结果，是全区广大干部群众攻坚克难、团结奋斗的结果。在此，我代表自治区人民政府，向全区各族人民，向所有为自治区建设和发展作出贡献的同志们、朋友们，表示衷心的感谢！

在看到成绩的同时，我们也清醒认识到，我区经济社会发展还面临许多困难和问题。疫情变化和外部环境存在诸多不确定性，经济恢复基础尚不牢固；转变发展方式任务艰巨，科技创新能力弱、人才短缺问题突出；能耗总量和能耗强度未完成控制目标；营商环境存在不少问题，一些企业特别是中小微企业经营困难；部分地区财政收支矛盾突出，社会民生领域存在短板；政府部门形式主义、官僚主义问题不同程度存在。对此我们一定高度重视，采取有力措施加以解决。

二、“十四五”时期经济社会发展主要目标任务

根据自治区党委《关于制定国民经济和社会发展第十四个五年规划和二〇三五年远景目标的建议》，我们编制了《内蒙古自治区国民经济和社会发展第十四个五年规划和二〇三五年远景目标纲要（草案）》，从经济转型、改革开放、社会文明、生态文明、民生福祉、治理效能六个方面，明确了“十四五”时期经济社会发展主要目标，提出了一系列支撑发展的重点任务和政策措施，提请本次大会审议。

“十四五”时期是开启全面建设社会主义现代化国家新征程的第一个五年。我们要准确把握新发展阶段，深入贯彻新发展理念，加快融入新发展格局，按照习近平总书记和党中央对内蒙古的战略定位，筑牢我国北方重要生态安全屏障和祖国北疆安全稳定屏障，建设国家重要能源和战略资源基地、农畜产品生产基地，打造我国向北开放重要桥头堡，走出一条符合战略定位、体现内蒙古特色，以生态优先、绿色发展为导向的高质量发展新路子。

坚持以人民为中心的发展思想，把发展的出发点和落脚点放在增进人民福祉、推动共同富裕上，提升公共服务质量，改善人民生活品质，不断增强人民群众获得感、幸福感、安全感。

坚持深化改革，不断增强发展动力和活力。全面提升科技创新能力，培育壮大发展新动能。加快构建国土空间开发保护新格局，统筹自治区东、中、西部，推进城乡区域协调发展，解决好发展不平衡不充分问题。加强生态文明建设，全面推行绿色低碳生产生活方式，构筑祖国北疆万里绿色长城。

深化供给侧结构性改革，围绕更好保障国家能源安全、粮食安全、产业安全、生态安全，推进现代产业体系建设。加强需求侧管理，贯通生产、分配、流通、消费各环节，健全现代基础设施和流通体系，实行高水平对外开放，更好融入国内大市场和国内国际双循环。统筹发展和安全，强化底线思维，增强忧患意识，有效防范和化解各类风险。

各位代表，绿色是我们最大的财富，良好的生态环境是最普惠的民生福祉，我们一定要保护好草原、森林、河流、湖泊，守护好内蒙古这片碧绿、这方蔚蓝、这份纯净，努力建设人与自然和谐共处的美丽家园。

各位代表，内蒙古已经站在一个新的历史起点上，面向未来，我们充满必胜信心。到2035年自治区同全国一道基本实现社会主义现代化，人民生活将更加美好，祖国北疆这道风景线一定更加亮丽！

三、2021年工作安排

今年是中国共产党成立100周年，是“十四五”规划开局之年。做好政府工作，要在以习近平同志为核心的党中央坚强领导下，以习近平新时代中国特色社会主义思想为指导，全面贯彻党的十九大和十九届二中、三中、四中、五中全会精神，坚持稳中求进工作总基调，立足新发展阶段，贯彻新发展理念，构建新发展格局，以推动高质量发展为主题，以深化供给侧结构性改革为主线，以改革创新为根本动力，以满足人民日益增长的美好生活需要为根本目的，坚持系统观念，巩固拓展疫情防控和经济社会发展成果，更好统筹发展和安全，扎实做好“六稳”工作、全面落实“六保”任务，科学精准实施宏观政策，努力保持经济运行在合理区间，坚持扩大内需战略，强化科技战略支撑，扩大高水平对外开放，确保“十四五”开好局，以优异成绩庆祝建党100周年。

今年经济社会发展的主要预期目标是：地区生产总值增长6%左右；城镇调查失业率6%左右；居民消费价格涨幅3%左右；居民收入稳步增长；生态环境质量进一步改善，单位地区生产总值能耗降低3%，主要污染物排放量继续下降；粮食产量保持在700亿斤以上。重点做好以下工作：

（一）全力促进经济稳定增长

落实各项减税降费政策，支持实体经济发展，对不再延续的政策及早采取应对措施,确保平稳有序过渡,稳定市场预期。创新金融服务模式,让中小微企业融资更加便利、成本更低。支持企业上市和扩大债券融资。帮助企业解决好用地、用工、物流等实际困难。

把扩大消费同改善人民生活品质结合起来,加快实体商业创新转型,推动绿色商场创建、步行街改造,支持品牌连锁店发展。继续开展好“内蒙古味道”系列活动,推动“蒙字号”“老字号”等品牌消费,培育信息消费、绿色消费,合理增加公共消费。健全城乡流通体系,发展农村牧区电子商务,支持农畜产品冷链物流和活畜交易市场建设,扩大县域和农村牧区消费。认真落实“菜篮子”市长负责制,提升各类集贸市场管理水平。

实施一批交通水利、市政工程、防灾减灾等重大项目。落实交通强国战略,加快立体交通体系建设,开工包银高铁、锡林浩特至太子城快速铁路等项目,做好包头至西安、齐齐哈尔—海拉尔—满洲里等高铁项目前期工作。加快察右后旗白音查干至乌兰浩特等高速公路建设。加快通用机场建设。推进病险水库除险加固,推进引绰济辽二期、黄河应急分凌分洪区等项目,做好黄河内蒙古段三期防洪工程前期工作。系统布局5G基站、充电桩、加氢站等新型基础设施。实施城市更新行动,推进老旧小区改造,鼓励政策性租赁住房建设,扩大保障性住房供给,促进房地产市场平稳健康发展。加强城市精细化管理,建设海绵城市、智慧城市,让城市更加宜居、更加富有活力,让居民生活更美好。

(二)深入实施“科技兴蒙”行动

加强创新平台建设,聚焦稀土新材料、大规模储能、现代农牧业、节能环保等领域,创建国家级重点实验室、技术创新中心,支持大众创业、万众创新。继续加强与国家部委和高等院校、科研院所的务实合作,提高协同创新能力。

发挥企业创新主体作用,促进各类创新要素向企业集聚,支持企业组建创新联合体,建设共性技术平台,承担国家和自治区重大科技项目。培育高新技术企业,推动产业链上中下游、大中小企业融通创新。加快科技创新成果转移转化。加强知识产权保护。

持续深化科技体制改革,实行创新攻关“揭榜挂帅”等制度,探索分领域建立首席科学家+专家+科研院所+企业机制,围绕自治区重点产业,集中资源和力量开展系统研究和技术攻关。建立政府科技投入刚性增长机制和企业研发投入激励机制,鼓励金融支持科技创新。落实好各项人才政策,培养、引进、用好各类人才。

(三)着力提升产业链价值链水平

加快传统产业高端化、智能化、绿色化改造升级,延伸产业链。加快设备更新和技术改造,推进新能源装备、新能源汽车、应急装备、农牧业机械等装备制造业发展。进一步发展壮大农畜产品精深加工产业。提升园区发展质量和效益,建设智慧园区。

做优做强现代能源经济,推进煤炭安全高效开采和清洁高效利用,高标准建设鄂尔多斯国家现代煤化工产业示范区。新增新能源装机1000万千瓦。加快特高压外送通道和智能电网建设。推进新能源需求侧改革,推动能源消费革命。发展氢能经济,建设鄂尔多斯、乌海燃料电池汽车示范城市。

推进白云鄂博矿产资源综合高效利用,注重全产业链塑造,建设稀土稀有金属材料产业集群。发展高端金属、石墨烯、高性能纤维等新材料产业。建设特色生物医药产业基地。推动军民融合产业发展。

大力发展数字经济,加快5G技术推广应用,建设一批工业互联网平台、智能工厂、数字车间,推动数字经济和实体经济深度融合。建设数字政府、数字社会。

发展现代物流、研发设计、检验认证、科技服务等现代服务业。建设通用航空产业基地,推动“通航+旅游”“通航+体育”等新业态发展。

(四)全面推进乡村振兴

坚持农牧业和农村牧区优先发展,加快农牧业和农村牧区现代化,促进农牧业高质高效、农村牧区宜居宜业、农牧民富裕富足。

巩固拓展脱贫攻坚成果,做好同乡村振兴有效衔接,保持主要帮扶政策总体稳定。健全防止返贫监测和帮扶机制,持续加大就业和产业扶持力度,做好易地搬迁后续帮扶,促进脱贫人口稳定增收。加强农村牧区低收入人口常态化帮扶,集中支持一批脱贫旗县推进乡村振兴。

坚持藏粮于地、藏粮于技,提升现代农牧业科技和装备支撑能力,推进农牧业生产全程机械化。坚持“节水优先、量水而行”,新建高标准农田459万亩,持续推进盐碱化耕地改良和黑土地保护性耕作。守住耕地红线,规范占补平衡,整治农村乱占耕地建房问题,坚决遏制耕地“非农化”、防止“非粮化”,稳定粮食播种面积。加强种质资源保护利用,建设农作物、林草和畜禽种质资源库,提高育种创新、良种繁育能力,推进育繁推一体化。强化动物防疫和农作物病虫害防治。

坚持绿色兴农兴牧,增加优质绿色农畜产品供给。深入推进奶业振兴,鼓励以混合所有制形式建设奶源基地和牧场,支持传统乳制品产业化、品牌化发展。因地制宜扩大青贮玉米、优质苜蓿种植面积,提高牧草品质。推行标准化饲养,加快肉牛肉羊产业发展,支持肉乳兼用品种发展。鼓励特色种植养殖,发展林下经济。实施农畜产品公用品牌建设三年行动。推进牧区现代化试点,严格落实草畜平衡制度,减少网围栏,解决草场“碎片化”问题。推进一二三产业融合发展。

实施乡村建设行动，做好乡村规划编制，强化县城、乡镇综合公共服务功能。推进农村牧区人居环境整治提升行动，因地制宜推进改厕、垃圾污水处理和种植养殖废弃物资源化利用，建立健全农村牧区公共设施管护机制。

有序开展第二轮土地承包到期后再延长30年试点，健全土地经营权流转服务体系。完成农村牧区集体产权制度改革阶段性任务，发展壮大集体经济，培育新型农牧业经营主体和服务主体。扩大农牧业政策性保险覆盖面，健全农村牧区金融服务体系。

（五）扎实推动黄河流域生态保护和高质量发展

抓好黄河流域生态保护，加强上下游、干支流、左右岸协同治理，实施河道和滩区综合提升治理工程，集中整治"乱占""乱建"问题，恢复岸线生态功能。加强区域水土流失综合治理，加强堤防和防沙控沙工程建设，提高防洪防凌能力。加强沿黄地区环境污染系统治理和矿区生态环境综合整治。全面实施深度节水控水行动，持续推进用水方式由粗放低效向节约集约转变。

优化能源化工产业布局，提高资源综合利用率。加快新旧动能转换，培育非煤产业、非资源型产业、高新技术产业。推进黄河"几"字弯都市圈协同发展，推进沿黄地区中心城市和城市群高质量发展。

保护、传承和弘扬黄河文化，深入挖掘黄河文化时代价值，推进文化资源和自然资源有机融合，推动长城国家文化公园、黄河国家文化公园建设，打造具有国际影响力的黄河"几"字弯文化旅游带。

（六）更大力度推进改革开放

着力营造市场化法治化国际化营商环境。深化"放管服"改革，推进工程建设项目审批、不动产登记等领域改革，实行行政许可和备案事项清单管理，推进"证照分离"改革全覆盖。实行证明事项和涉企经营许可事项告知承诺制。完善社会信用体系，加大失信惩戒力度，维护公平竞争市场环境。推进"一网通办"、"掌上办"、代办帮办等工作，整合便民服务热线，不断优化政务服务环境。构建亲清政商关系，依法保护民营企业产权和企业家权益。

深入实施国企改革三年行动，制定实施全区"十四五"国有资本布局与结构战略性调整规划。稳妥推进混合所有制改革，加快建立现代企业制度。深化要素市场化配置改革，提高电力交易市场化程度。

强化预算约束和绩效管理，增强重大战略任务和基层公共服务财力保障，提升政府投资基金使用效率。做好政府隐性债务化解工作，建立防止拖欠民营企业中小企业账款长效机制。

进一步完善金融支持实体经济的有效机制，发展普惠金融、绿色金融。全面提升地方金融监管水平，清收处置不良资产，防范交易场所、小贷公司、融资担保等地方金融机构风险，加强债券市场违约风险监测预警，牢牢守住不发生系统性风险的底线。

着力推进呼包鄂乌一体化发展，合作共建园区，权益分享、税收分成。建设赤峰、通辽区域中心城市，加快东部盟市构建绿色产业体系。加快乌海及周边地区绿色转型，增强区域发展竞争力。深化与京津冀、长三角、粤港澳大湾区等地区合作。

大力发展泛口岸经济，统筹全区口岸规划、建设和管理，促进通道经济向落地经济转变。推进满洲里等国家重点开发开放试验区建设，推进二连浩特—扎门乌德经济合作区建设。推进中国（内蒙古）自由贸易试验区申报工作。

（七）持续改善生态环境质量

制定实施国土空间规划，落实"三线一单"生态环境分区管控措施。全面推行林长制草长制，推进生态系统重大保护修复工程。整治破坏草原林地违规违法问题。持续开展国土绿化行动，提升生态系统碳汇能力。推动国家公园申报工作。

做好碳达峰、碳中和工作，编制自治区碳达峰行动方案，协同推进节能减污降碳。实行污染防治精细化差异化监管，落实企业主体责任。推进清洁取暖工程。加强呼和浩特、包头、乌海及周边地区大气污染治理。落实河湖长制，推进"一湖两海"、察汗淖尔生态环境治理。解决城镇生活污水收集难、中水回用率不高等问题，治理地下水超采。防治农业面源污染。加强医疗废物和危险废物收集处置，推进生活垃圾分类管理。

严格控制能耗总量和能耗强度，新建项目单位产品能耗必须达到国家先进标准，化工、冶金、建材等行业限期达到国家能耗先进标准。逐步压减高耗能行业用电负荷。全面推行用能预算管理和重点用能单位能耗在线监测。

建设绿色矿山，严格落实露天矿治理标准，最大限度恢复原貌，决不能治理后的"大坑"依然是"大坑"、"土山"还是"土山"。推行矿区清洁运输方式，提高固废综合利用水平。

编制自然资源资产负债表，统一确权登记。开展用能权、森林草原碳汇交易试点。完善差别化考核评价体系，推进生态产品价值核算及结果转化应用。进一步完善生态补偿机制。做好国家生态文明试验区申报工作。

（八）深入推进文明内蒙古建设

以社会主义核心价值观为引领，深入开展爱国主义教育和公民道德建设。做好文明城市创建工作，加强网络文明建设。推进全民阅读，建设学习型社会。制止餐饮浪费，倡导移风易俗新风尚，提高全社会文明程度。

传承弘扬中华优秀传统文化，继承革命文化，发展社会主义先进文化。开展建党100周年文艺创作。繁荣文化艺术事业，支持乌兰牧骑事业发展。推进现代文化产业体系建设，深入实施文化惠民工程，推进“智慧广电”建设，基本完成牧区“智慧广电”宽带覆盖与服务工程。加大文物保护力度，推进文物合理适度利用。

建设乌兰浩特—阿尔山—海拉尔—满洲里等精品旅游线路，发展红色旅游、乡村旅游、冰雪旅游，注重差异化特色化。深入开展“爱上内蒙古”品牌形象宣介活动，推动文化和旅游融合发展，让人们在领略大自然之美中感悟文化、陶冶心灵。

（九）加强基本民生保障和社会治理

千方百计稳定和扩大就业，抓好高校毕业生、农民工、退役军人等重点群体就业。实施援企稳岗行动和职业技能提升行动，完善失业监测预警机制，有效应对失业风险。提高低收入群体收入，扩大中等收入群体。

深入推进健康内蒙古行动，健全公共卫生应急体系，提高应对突发公共卫生事件能力。推进分级诊疗体系建设，支持社会办医。推进中医药蒙医药传承创新。推进全民健身与全民健康融合发展。

落实常态化疫情防控措施，坚持“人”、“物”同防，做好“外防输入、内防反弹”各项工作。做好首都机场国际航班分流处置，加强边境口岸疫情防控工作，加强农村牧区疫情防控和社区网格化管理。做好疫苗接种工作。

持续扩大社会保险覆盖面，提高城乡居民基础养老金和困难群众救助保障标准，推进失业保险自治区级统筹。健全重特大疾病医疗保险和救助制度，落实异地就医直接结算。对生活困难的失业人员及家庭，及时纳入最低生活保障、临时救助等范围。促进养老托育服务健康发展，深化医养康养结合，积极应对人口老龄化。健全退役军人工作体系和保障制度。

扩大优质教育资源供给。发展普惠性幼儿园，推进义务教育优质均衡和城乡一体化发展，鼓励高中阶段学校多样化发展。完善职业教育产教融合、校企合作支持措施。推进高校“双一流”建设，加大“部区共建”内蒙古大学建设力度。支持和规范民办教育。做好国家通用语言文字教育和国家统编教材使用工作。

完善社会矛盾综合治理机制，有效化解信访积案，解决群众合理合法诉求。开展“八五”普法工作。依法打击各类违法犯罪活动，常态化开展扫黑除恶。严格落实安全生产责任制。切实保障食品药品安全。推进应急管理体系建设，提高防灾、减灾、抗灾、救灾能力。做好地质、气象、测绘等工作。

支持社会组织、人道救助、志愿服务、慈善事业发展，保障妇女、儿童、老人、残疾人合法权益。编制实施妇女儿童发展纲要。

全面贯彻党的宗教工作基本方针，积极引导宗教与社会主义社会相适应。

支持国防和军队现代化建设，加强国防动员、国防教育、人民防空和双拥共建工作。

四、加强政府自身建设

面对新形势、新任务，我们要把党的政治建设贯穿政府工作全过程，切实增强“四个意识”，坚定“四个自信”，坚决做到“两个维护”，自觉在思想上政治上行动上同以习近平同志为核心的党中央保持高度一致，确保党中央、国务院决策部署不折不扣落到实处。

深入贯彻习近平法治思想，建设法治政府，忠实履职尽责，全面提高政府工作人员依法行政能力。依法接受人大及其常委会监督，自觉接受人民政协的民主监督，加强行政监督和审计监督。深化政务公开。

坚持全面从严治党，严格落实党风廉政建设责任制，力戒形式主义、官僚主义，以求真务实的作风和“钉钉子”精神狠抓工作落实，持续为基层减负。坚持过紧日子，厉行节约、反对浪费。

各位代表！模范自治区是党和国家赋予我们的崇高荣誉，更是一份沉甸甸的责任。我们要自觉担负起维护国家统一、民族团结的更大责任，不断增强各族群众对伟大祖国、中华民族、中华文化、中国共产党、中国特色社会主义的认同。全面贯彻党的民族政策，坚持和完善民族区域自治制度，全面深入持久开展民族团结进步创建活动，促进各民族交往交流交融，让中华民族共同体意识在各族群众心中深深扎根。办好鄂伦春自治旗成立70周年庆祝活动。推进兴边富民行动，做好城市民族工作。深入践行守望相助理念，促进各民族像石榴籽一样紧紧抱在一起，共同守卫祖国边疆、共同创造美好生活。

各位代表！新的征程已经开启，唯有奋斗才能赢得未来。让我们更加紧密地团结在以习近平同志为核心的党中央周围，继往开来，接续奋斗，实现“十四五”良好开局，以优异成绩庆祝中国共产党成立100周年，永不懈怠、一往无前，奋力书写内蒙古发展新篇章！

2021 年内蒙古自治区国民经济和社会发展计划

National Economic and Social Development Plan of Inner Mongolia Autonomous Region in 2021

2021 年是“十四五”开局之年，是全面建设社会主义现代化国家新征程开启之年。党中央明确提出，做好 2021 年经济工作要以习近平新时代中国特色社会主义思想为指导，全面贯彻党的十九大和十九届二中、三中、四中、五中全会精神，坚持稳中求进工作总基调，立足新发展阶段，贯彻新发展理念，构建新发展格局，以推动高质量发展为主题，以深化供给侧结构性改革为主线，以改革创新为根本动力，以满足人民日益增长的美好生活需要为根本目的，坚持系统观念，巩固拓展疫情防控和经济社会发展成果，更好统筹发展和安全，扎实做好“六稳”工作，全面落实“六保”任务，科学精准实施宏观政策，努力保持经济运行在合理区间，坚持扩大内需战略，强化科技战略支撑，扩大高水平对外开放，确保“十四五”开好局，以优异成绩庆祝建党 100 周年。党中央提出的总体要求，是自治区做好 2021 年经济工作的总体遵循，要全面准确地落实到各项决策部署和实际工作中。

2021 年自治区国民经济和社会发展主要预期目标是：地区生产总值增长 6% 左右；城镇调查失业率 6% 左右；居民消费价格涨幅 3% 左右；居民收入稳步增长；生态环境质量进一步改善，单位地区生产总值能耗降低 3%，主要污染物排放量继续下降；粮食产量保持在 700 亿斤以上。实现上述目标，要在以习近平同志为核心的党中央坚强领导下，不断提高政治判断力、政治领悟力、政治执行力，统筹整体和重点，兼顾当前和长远，紧密结合贯彻习近平总书记对内蒙古重要讲话重要指示精神，全面落实中央经济工作会议精神和自治区党委十届十三次全会暨全区经济工作会议部署，紧扣服务融入新发展格局，聚焦落实“两个屏障”“两个基地”“一个桥头堡”战略定位，加快转方式、调结构、换动能，坚定不移走符合战略定位、体现内蒙古特色，以生态优先、绿色发展为导向的高质量发展新路子。

一、坚持扩大内需，服务融入新发展格局

把握扩大内需战略基点，扭住供给侧结构性改革，注重需求侧管理，用好国内国际两个市场、两种资源，在合理引导消费、储蓄、投资等方面采取更加有力有效的举措，全力推动经济恢复运行在合理区间。

（一）聚焦优化供给结构抓投资。

1. 把准方向扩投资。精准对接国家重点投资方向，聚焦补短板、强基础、增功能、利长远，重点在“两新一重”、农业农村、公共安全、生态环保、公共卫生、物资储备、防灾减灾、民生保障、产业转型等领域，积极谋划储备、开工建设、建成运营一批重大项目，持续扩大制造业设备更新和技术改造投资。

2. 做好服务促投资。加快推进项目前期工作，启动项目审批年活动，强化各类要素保障，确保要素跟着项目走，对于不再实施的项目，坚决予以调整，盘活沉淀指标和要素。落实重大项目厅际联席会议工作机制和自治区、盟市、旗县（市、区）“三级领导”包联重大项目制度，强化重大项目推进工作专班，全面协调解决项目推进过程中的难点、堵点问题。

3. 多元融资保投资。积极争取地方政府专项债、一般债、中央预算内投资等国家各类资金，用好“红黑名单”，确保资金及时拨付并直达项目。加强政府投资基金绩效评价，更好发挥对社会资本的撬动作用。健全在线平台向民间资本推荐项目机制，推动基础设施领域不动产投资信托基金试点。

（二）聚焦需求结构升级抓消费。

1. 推动线上线下消费融合。支持互联网平台企业向线下延伸拓展，加快传统线下业态数字化改造和转型升级，支持实体商业积极探索直播带货等新模式，鼓励创建网红经济集聚区。合理增加公共消费，提高教育、医疗、养老、育幼等公共服务支出效率。

2. 加快培育新型消费。积极发展互联网健康医疗、在线教育、在线文娱、智能体育等新业态，加快智慧广电建设，探索发展智慧超市、智慧商店、智慧餐厅等新零售模式。发展银发经济，切实解决老年人运用智能技术的困难，支持智慧健康养老示范企业、示范街道和示范基地建设。

3. 加快建设新型消费网络节点。建设区域消费中心和县域消费聚集区，积极发展智慧街区、智慧商圈，深化推动步行街改造提升工作，规划建设便民生活服务圈、城市社区邻里中心和农村社区综合性服务网点，加强县域乡镇商贸设施和到村物流站点建设，积极争取电商进农村示范项目。

（三）聚焦畅通循环渠道抓流通。

1. 推进现代综合运输体系建设。加快呼和浩特新机场、集大原高铁、集宁至通辽铁路扩能改造、丹锡高速公路克什克腾至承德(内蒙古段)等项目建设进度，推动包银高铁(含巴银支线)、锡林浩特至太子城快速铁路、绥满高速公路(新发至科右中旗段)等项目全面开工，积极推进包头至西安高铁、阿拉善左旗机场升级改造等项目前期工作，争取齐齐哈尔至海拉尔至满洲里高铁、包头机场改扩建等一批项目纳入国家规划，力争公路建设规模达到1.3万公里，铁路建设规模达到1700公里(其中高铁470公里)，建成通用机场9个。

2.完善现代物流体系。推进呼和浩特市等7个国家物流枢纽承载城市建设，争取包头航空口岸通过国家验收、二连浩特航空口岸获批。持续推进“快递进村”工程，建制村快递服务通达率达到75%以上。推动各盟市打造1个“快递进厂”金牌或银牌项目。支持跨境电子商务综合试验区所在盟市建设国际邮件互换局和快件监管中心。加快农产品骨干物流网络和冷链物流体系建设。

(四)聚焦拓展市场空间抓开放。

1.着力提升开放能力。深度融入共建“一带一路”，努力提高开放合作水平。争取国家增设中国(内蒙古)自由贸易试验区。抓紧培育与东部共建的加工贸易产业园区，积极承接劳动密集型外贸产业。大力发展泛口岸经济，促进通道经济向落地经济转变。推动二连浩特边民互市贸易进口商品落地加工试点和满洲里市场采购贸易方式试点全面启动。拓展中欧班列货源，推动开行粮食、钾肥等回程定制班列。

2.切实优化开放环境。落实好《中华人民共和国外商投资法》及配套法规、外商投资准入负面清单、跨境服务贸易负面清单。支持企业建设公共“海外仓”，培育本地化外贸综合服务企业。建立政银保企长效合作机制，用好中小外贸企业融资平台。

3.不断扩大开放成果。做好各类招商引资活动成果跟踪服务工作，加快落实自治区与有关单位、企业签署的战略合作协议，争取一批新项目签约落地。积极引进产业链缺失、升级项目，特别是整体转移、协同转移项目。高质量利用国外贷款资金，加快法开署、德促贷款乌梁素海生态治理项目前期工作进度。

二、坚持创新引领，推进绿色特色优势现代产业体系建设

坚持依靠创新提升实体经济发展水平，以“两个基地”建设为重点，深入实施质量提升行动，推进产业基础高级化、产业链现代化。

(一)加快创新驱动发展。全面实施“科技兴蒙”行动，推动“科技兴蒙30条”政策落实落地。加强核心技术攻关，布局一批重大科技专项。发挥企业在科技创新中的主体作用，实施高新技术企业和科技中小企业“双倍增”行动，争取高新技术企业突破1200家，支持企业组建创新联合体。继续加强创新平台建设，实施国家级高新区“提质进位”和自治区级高新区“促优培育”行动，力争新增国家级创新平台1—2家，自治区级15家左右。以创建稀土新材料、乳业国家技术创新中心和3个国家级创新示范区为重点，高质量打造创新资源集聚高地。支持双创示范基地、科技企业孵化器、众创空间等创新创业载体建设。实施研发投入攻坚行动，加快建立政府科技投入刚性增长机制和企业研发投入激励机制。构建科技成果转化平台体系，加强技术转移机构建设，完善创新产品政府采购政策。构建“一心多点”人才工作新格局，加大对科技创新人才的引进培养使用力度，落实增加知识价值为导向的分配政策。落实好攻关任务“揭榜挂帅”等机制，优化财政科研项目资金管理，推动赋予科研人员更大自主权和改进项目资金拨付方式等各项措施落地见效。

(二)推进能源和战略资源基地优化升级。持续抓好创建国家现代能源经济示范区工作。制定实施《关于促进煤炭工业高质量发展的意见》。加快能源智慧化和绿色转型发展，推动扎鲁特至青州特高压配套风电基地、乌兰察布“源网荷储一体化”和通辽“火风光储制研一体化”等项目建设，启动1—2个智慧电厂改造试点，建成50个煤矿智能化工作面。保护性开发利用稀土资源，充分发挥国家级稀土研发中心作用，推动新技术应用和新产品规模化生产，建设稀土稀有金属材料产业集群，争取国家增加我区稀土总量控制指标。推进氢能产业发展，研究制定新能源汽车替代方案，加快鄂尔多斯市、乌海市燃料电池汽车示范城市建设。

(三)促进农畜产品生产基地优质高效转型。落实“藏粮于地、藏粮于技”战略，新建高标准农田459万亩，在河套平原、土默川平原和西辽河平原开展中重度盐碱地改良试验示范，稳定粮食播种面积。推进生猪稳产保供，继续实施奶业振兴三年行动，深入扶持民族传统乳制品产业发展，加快饲草产业发展，抓好牛羊特色产业和马产业发展。实施优势特色产业集群提质升级计划。在做好现有7个国家农村产业融合发展示范园区建设的同时，再争取一批园区纳入国家第三批示范名单。实施现代种业提升工程，加强种质资源保护和利用，开展种源“卡脖子”技术攻关，推动内蒙古大学草原家畜种质创新繁育基地和马铃薯等优势作物良种繁育基地建设。深入开展“蒙”字标认证，培育壮大“蒙字号”和区域公用品牌。

(四)推动传统产业高端化、智能化、绿色化发展。支持传统工艺装备进行数字化技术改造提升，在化工、冶金、装备、建材等行业推进数字化车间和智能工厂项目建设。研究制定现代煤化工、铝产业等特色优势产业高质量发展行动方案。推进乳业、煤炭、煤化工领域全国性工业互联网平台建设。加快绿色矿山建设，争取绿色矿山总数达到500家。

(五)加快新兴产业发展。出台并落实自治区推进数字产业化产业数字化三年行动方案，实施中小企业数字化赋能、数字化转型伙伴和上云用数赋智等行动，加快5G、数据中心等新一代信息基础设施建设，推广5G应用，实现旗县（市、区）、重点园区、大型企业5G全覆盖，力争建设5G基站1万个、累计建成2万个。在信息技术、现代装备制造、新材料、中医药（蒙医药）、生物科技等领域，启动先进制造业集群培育计划，实施重大新药创制行动。科学统筹经济建设和国防建设，推动重点区域、重点领域、新兴领域协调发展。

（六）培育服务业支柱产业。制定服务业集聚区提质增效发展行动方案。推动生产性服务业向专业化和价值链高端延伸，高标准建设包钢5G智能矿山、通辽蒙药检验检测平台等国家试点项目，培育一批自治区“两业”融合示范项目。推动生活性服务业向高品质和多样化升级，打造“内蒙古服务”标准和品牌，支持具备能力的社会组织和产业技术联盟牵头制定满足市场和创新需求的服务质量标准体系，开展“中国品牌日”内蒙古系列推广活动。加快智慧旅游景区建设，推进阿拉善盟、鄂尔多斯市创建国家全域旅游示范区，在呼和浩特市、鄂尔多斯市开展国家文化和旅游消费试点示范，推动“内蒙古味道”“内蒙古音乐”“内蒙古影视”与“内蒙古旅游”融合发展。加快发展通用航空产业，推进通用航空在短途运输、旅游、培训、制造等领域全方位发展。

三、坚持生态优先，加快推动绿色发展

践行绿水青山就是金山银山理念，把生态文明建设放在突出地位，在高质量发展中推进高水平保护，在高水平保护中实现高质量发展。

（一）深入打好污染防治攻坚战。巩固拓展中央环保督察整改成果，落实国家碳达峰、碳中和工作要求，不断扩大蓝天、碧水、净土保卫战成果。

1. 扎实推进大气污染防治。突出抓好呼和浩特市、包头市、乌海市及周边地区等重点区域大气污染专项整治。继续深化工业污染源深度治理，推进钢铁、电解铝等行业超低排放改造，加大挥发性有机物污染防治力度。加强燃煤、机动车污染防治，统筹车、油、路综合治理。

2. 扎实推进水污染防治。全面落实河（湖）长制，抓好“一湖两海”及察汗淖尔等重点湖泊治理，制定出台“十四五”呼伦湖、岱海生态环境保护治理实施方案。深入开展入河（湖）排污口排查整治，巩固地级城市建成区黑臭水体整治成效。

3. 扎实推进土壤污染防治。加强农业面源污染治理，强化农用地土壤污染源头防控，全面推进农用地分类管理，建立分类清单。加强建设用地土壤污染风险管控。推进工业固废堆存场所环境整治，强化危险废物全过程监管。加快推进生活垃圾分类、塑料污染治理和“无废城市”建设，加强医疗机构废弃物综合治理。

（二）加强生态保护建设。科学开展山水林田湖草一体化保护和修复，持续推进国家生态文明试验区创建工作，探索在部分领域开展先行先试。抓紧落实《全国重要生态系统保护和修复重大工程总体规划》，制定实施《内蒙古自治区构筑我国北方重要生态安全屏障规划（2021—2035）》，推进黄土高原水土流失综合治理、大小兴安岭森林生态保育、内蒙古高原生态保护和修复、国家级自然保护区保护和修复、森林草原保护5大重点工程建设。严格执行基本草原保护制度，完善草畜平衡和草原禁牧休牧轮牧制度，推进已垦森林草原退耕还林还草和浑善达克规模化林场试点建设，推广库布其、毛乌素治沙经验。加强地下水超采区综合治理，持续推进旗县级及以上城市饮用水水源保护区规范化建设，推进西辽河流域量水而行以水定需试点。划定并严守“三区三线”，实施“三线一单”生态环境分区管控。做好呼伦贝尔国家公园申报工作。完善自然资源资产审计制度，开展12个盟市和2个计划单列市领导干部自然资源资产离任（任中）审计，加强审计成果运用。

（三）推进绿色低碳发展。加强和改进能耗“双控”工作，全力推进节能问题整改，确保完成年度双控目标任务。强化能耗源头管控，严格执行质量、环保、能耗等标准，坚决遏制高耗能项目低水平重复建设，加快淘汰落后产能，新建项目单位产品能耗必须达到国家先进标准。强化价格调节经济职能，取消高耗能行业优待电价，进一步完善差别电价和阶梯电价政策。开展制造业领域高耗能行业、火电行业现役机组、公共机构等领域节能技术改造。持续推进既有居住建筑节能改造，加快绿色建筑发展。落实国家能源消费双控制度，全面推行用能预算管理和重点用能单位能耗在线监测，开展节能量交易，启动初始用能权分配研究。制定自治区碳排放达峰行动方案，推动盟市和重点行业开展达峰行动。培育壮大节能环保产业，推进重点领域清洁生产和园区循环化改造，支持园区环境污染第三方治理。完善生态产品价值（GEP）核算，开展GEP、GDP并行考核前期工作。

四、坚持协调发展，优化城乡区域发展格局

按照主体功能区定位，充分发挥各地区比较优势，统筹区域协调发展，强化以城带乡促进乡村振兴，构建城乡融合、区域协同的发展格局。

（一）推动东中西部差异化协调发展。组织实施新一轮西部大开发政策，做好鼓励类企业认定工作。促进东部盟市放大和发挥绿色生态优势推动高质量发展，以国家推进东北地区西部生态经济带建设为契机，支持东部盟市构建绿色产业体系，培育能耗低、排放少、质量效益高的新兴产业。争取赤峰高新技术产业开发区升级为国家高新技术产业开发区。推进呼包鄂乌新型智慧城市建设一体化，加快呼包鄂1小时快速铁路客运圈前期工作，创建呼包鄂国家自主创新示范区，开展准格尔—托克托—清水河工业园区产业合作试点。推动乌海市国家采煤沉陷区综合治理工程试点、林西县和乌拉特后旗国家独立工矿区改造提升工程试点建设。

（二）突出抓好黄河流域生态保护和高质量发展。印发自治区黄河流域生态保护和高质量发展规划以及“十四五”实施方案。坚持重在保护、要在治理，推进黄河流域水资源、水生态、水环境、水灾害“四水同治”。依托重点生态建设工程，突出抓好水土保持，建设沿黄生态带。统筹岸上岸下协同治理，推进重要支流水污染防治。实施河道和滩区综合提升治理工程，加强黄河干支流堤防和防沙控沙工程建设，持续开展河湖“清四乱”行动，重点整治河道内作物种植等“乱占”“乱建”问题。全面实施深度节水控水行动。严格落实排污许可制度，确保各类工业园区污水稳定达标排放，推进城乡生活污水、农业面源污染治理，“一库一策”治理尾矿库。优化黄河流域生产力布局，开展沿黄河流域工业园区（开发区）低碳创建工作。组织召开黄河流域生态保护和高质量发展协作区第32次联席会议。

（三）扎实推进乡村振兴。

1. 实施乡村建设行动。完善乡村水、电、路、气、通信、广播电视、物流等基础设施，提升农房建设质量。深入推进农村牧区人居环境整治提升，因地制宜推进农村牧区改厕、生活垃圾和污水治理、畜禽养殖废弃物资源化利用。继续实施牧区现代化三年行动。持续推进平安乡村、法治乡村建设。优化农村牧区创业创新环境，吸引各类人才返乡入乡创业创新。

2. 深化农村牧区改革。全面推进集体产权制度改革试点，加快集体经营性资产股份合作制改革进程。稳妥推进第二轮土地承包到期后再延长30年试点，妥善解决土地确权登记遗留问题。加大家庭农牧场、农牧民合作社、农牧业社会化服务组织等新型农牧业经营主体培育力度。推进农村改革试验区工作。扩大农牧业政策性保险覆盖面，健全农村牧区金融服务体系。

3. 推进巩固拓展脱贫攻坚成果同乡村振兴有效衔接。继续坚持过渡期内“四个不摘”工作要求，保持脱贫攻坚责任、政策、帮扶、监管的连续性、稳定性。加大产业帮扶、就业帮扶力度，做好易地扶贫搬迁后续帮扶，建立健全防止返贫动态监测和帮扶机制，坚决防止出现规模性返贫。接续推进脱贫地区乡村振兴，在自治区深度贫困旗县中确定一批乡村振兴重点帮扶旗县，并积极争取国家支持。在京蒙扶贫协作和中央定点帮扶方面加强对接、深化合作。强化扶贫资金资产管理。

（四）推进以人为核心的新型城镇化。实施城市更新行动，加大环保设施、市政基础设施、社区公共服务、智能化改造等薄弱环节建设。大力推进城镇老旧小区改造，全面开展城镇居住社区补短板行动，推动海绵城市建设。持续推进城市精细化管理，在试点城市推进城市体检、城市更新、城市历史文脉传承、网格化管理等工作。发挥中心城市和城市群带动作用，推进以旗县（市、区）为载体的新型城镇化建设，加快满洲里市和宁城县示范县城建设。有力有序推进第一批、第二批特色小镇高质量发展，规范特色小镇清单管理。加快农牧业转移人口市民化。

五、坚持深化改革，增强市场主体活力

深刻认识全面深化改革的阶段性新特点新任务，从优化营商环境破局，加强改革举措系统集成、协同高效，推动有效市场和有为政府更好结合、改革和发展深度融合。

（一）切实优化营商环境。深入落实《优化营商环境条例》（中华人民共和国国务院令第722号）、《内蒙古自治区优化营商环境行动方案》（内政发〔2020〕9号），抓好营商环境“一把手工程”。全面落实市场准入负面清单，扎实推进“证照分离”改革全覆盖，实施好告知承诺制，严格清理变相审批，出台《内蒙古自治区政府投资管理办法》。推进不动产登记、交易、缴税“一窗受理、并行办理”。完善产权保护制度，建立改革创新容错机制。推进社会信用体系建设，出台实施《内蒙古自治区公共信用信息管理条例》，拓展“信易贷”应用场景。

（二）深入推进重点领域改革。出台《内蒙古自治区关于新时代加快完善社会主义市场经济体制的实施意见》。实施国企改革三年行动，加快推动国家第三批、第四批混改试点取得实质性进展。切实做好测绘和工程建设领域企业资质改革。完成自治区党政机关和国有企事业单位培训疗养机构改革。积极推进预算管理一体化建设，构建形成覆盖各类预算支出的标准体系。促进资本市场健康发展，优化辖内大中型银行定位，落实中小银行资本补充方案，扶持蒙商银行轻装上阵，有序推进自治区农村信用联社改革。全面提升“获得电力”服务水平，重点推进1—2个增量配电网试点正式运营，完善增量配电网准入和退出机制，实施第二监管周期输配电价改革。

（三）加大财税金融支持实体经济力度。巩固和拓展减税降费成效，对不再延续的政策及早采取应对措施，确保平稳有序过渡，继续取消和降低部分涉企收费项目。加强财政直达资金下达使用监管，确保资金直接惠企利民。认真落实稳健货币政策精准灵活、合理适度的要求，引导金融机构加大对科技创新、制造业、小微企业、绿色经济的支持力度，深化“保项目、入园区、进企业、下乡村”专项行动，继续落实好中小微企业贷款延期还本付息和普惠小微企业信用贷款政策，促进金融服务更加专业、精准、直达、高效。扩大直接融资规模，加快推动欧晶科技、大中矿业、天和磁材、新华发行等企业上市进程，完善梯次推进企业上市格局，培育合格发债主体，推动自治区特色产品期货上市。

六、坚持安全发展，防范化解重大风险

落实总体国家安全观，强化底线思维，抓好各种存量风险化解和增量风险防范，出台并实施筑牢祖国北疆安全稳定屏障的意见。

（一）守住不发生系统性风险底线。

1. 防范化解财政领域风险。坚持政府带头过“紧日子”，继续严格控制和压减一般性支出，从严安排“三公”经费预算。进一步加大转移支付力度，牢牢兜住基层“三保”底线。加大存量资金盘活力度，各类结余、沉淀资金应收尽收，重新安排。逐步清理规范过高承诺、过度保障支出政策，建立民生支出清单管理制度，完善新增民生政策事前论证评估机制。规范政府债务管理，强化政府债务限额意识，依法举借政府债务，认真落实偿债责任，严控政府债务规模，做好新增债券发行使用工作。

2. 维护金融安全。强化信用风险防控，加大不良资产清收处置力度，打击各种逃废债行为。跟踪监测杠杆率较高、盈利能力较弱的行业企业的流动性风险，防止资金链断裂引发连锁反应。进一步压实地方人民政府属地责任、金融机构主体责任和监管部门责任，制定完善地方金融组织监管规则，有序推进高风险金融机构风险化解。

3. 促进房地产市场平稳健康发展。坚决落实“房住不炒”要求，因地制宜、多措并举，鼓励政策性租赁住房建设，扩大保障性住房供给，规范发展长租房市场。加快解决房地产遗留问题，争取2021年底基本解决入住难、回迁难问题。

（二）保障粮食和能源安全。坚持最严格的耕地保护制度，牢牢守住1.15亿亩耕地红线，坚决遏制耕地“非农化”、防止“非粮化”，规范耕地占补平衡。完善能源供储销体系，加快淘汰煤炭落后产能，有序释放优质产能，确保煤炭产量稳定在10亿吨左右。切实稳定电力供应，力争全年投产煤电633万千瓦、新增新能源装机1000万千瓦。加强重点地区重要矿产资源勘察，全面完成矿产资源领域突出问题专项整治工作。

（三）维护人民生命安全和社会稳定。毫不放松抓好“外防输入、内防反弹”工作，继续强化“人物同防”，坚持常态化精准防控和局部应急处置有机结合，全面筑牢新冠肺炎疫情防控防线，严防出现聚集性疫情，严防散发病例传播扩散。切实做好疫苗接种工作。健全应急物资保障体系，引导生产重要应急物资、应急装备的民营企业强化日常供应链管理，增强生产能力储备。完善和落实安全生产责任制，启动“智慧应急”建设，有效遏制危险化学品、矿山、建筑施工、交通等重特大安全事故。强化食品药品安全监管，落实食品药品安全“四个最严”要求，持续开展“落实企业主体责任年”行动，积极推动进口冷链食品追溯体系和药品智慧监管平台建设。推动社会治理重心向基层下移，完善城乡社区协商制度，开展城市治理现代化试点、基层社会治理创新示范点和村级议事协商示范点建设，推进社会组织登记管理改革。解决好群众信访问题，集中化解重复信访和信访积案。常态化开展扫黑除恶，加强社会治安防控体系建设。

七、坚持以人民为中心，提升人民生活品质

把发展着眼点、着力点放在保障和改善民生上，不断增强人民群众获得感、幸福感、安全感。

（一）千方百计稳定和扩大就业。

1. 强化就业优先政策，坚持经济发展就业导向，稳定和扩大就业规模，确保完成全年就业目标任务。突出抓好高校毕业生、农村牧区劳动力、退役军人、就业困难人员、登记失业人员等重点群体就业，深入推动高校毕业生就业创业推进行动，实施农牧民工返乡创业行动计划，推进京蒙劳务协作常态化、制度化。扩大公益性岗位安置，帮扶残疾人、零就业家庭成员就业。

2. 规范并大规模开展职业技能培训，深入实施职业技能提升行动，全面推行现代学徒制和企业新型学徒制。面向重点群体实施专项培训计划，积极打造区域特色培训品牌，加强职业技能培训公共服务能力和职业技能实训基地建设。

3. 推进“四位一体”公共就业服务，加强全区集中式公共就业服务信息化建设和应用，力争实现公共就业服务全程信息化。完善失业监测预警机制，积极防范应对大规模裁员和失业风险。

（二）加大民生兜底保障力度。提高城乡居民收入水平，健全工资合理增长机制，着力提高低收入群体收入，扩大中等收入群体，稳定居民收入预期。深化企业工资收入分配制度改革，完善工资指导线制度。落实各项工资支付保障制度，持续加大根治欠薪力度。深入实施全民参保计划，开展养老保险扩面专项行动，推进工伤保险建筑业按项目参保、尘肺病重点行业纳入工伤保险统筹。全面落实企业职工基本养老保险、工伤保险自治区级统筹，加快失业保险自治区级统筹。加大基金预警和资金调剂力度，确保各项社会保险待遇按时足额发放，推动以社会保障卡为载体的居民服务“一卡通”建设。健全分层分类社会救助体系，及时将符合条件的新增困难群体纳入保障范围，推进苏木乡镇政府临时救助备用金全覆盖。做好粮油、肉类等重要农畜产品保供稳价工作。

（三）提升公共服务水平。加快建设高质量教育体系，建立城镇小区配套幼儿园治理长效机制，有序推进城镇学校、公办学校学位“扩容增量”，构建职业教育类型体系，推动实施高职院校“双高计划”，推进国家级和自治区级一流本科专业和一流课程建设。常态化开展中华民族共同体意识教育，加大国家通用语言文字推广力度，扎实推进双语教学改革，完成国家统编教材推行任务。着力提升公共卫生防控救治能力，实施重大疫情救治基地、区域医疗救治中心、旗县级医院救治能力提升、基层疾控机构标准化建设等重大项目，健全重特大疾病医疗保险和救助制度，推进药品和耗材集中采购使用工作，完善异地就医直接结算，推动门诊费用跨省直接结算试点工作。提升公共文化服务水平，推动公共文化数字化建设，创新实施文化惠民工程，加快乌兰牧骑标准化建设，推进长城国家文化公园、黄河国家文化公园、内蒙古音乐厅、大兴安岭自然博物馆等项目建设。促进全民健身与全民健康深度融合，加强体育公园、足球场地等全民健身设施建设，推进老旧小区增设体育设施，持续深化足球改革，配合筹办好北京冬奥会、冬残奥会。

2021 年是“十四五”规划实施的第一年，要加快“1 + N + X”规划管理清单内各类规划编制工作，力争上半年全部印发实施。要推动自治区重大工程、重大项目尽快启动，重大政策及早落实落地，确保“十四五”开好头、起好步，以优异成绩庆祝中国共产党成立 100 周年。

关于内蒙古自治区2020年预算执行情况和2021年预算草案的报告

Report on the Implementation of Budgets for 2020 and Draft Budgets for 2021 in Inner Mongolia

——2021年1月26日在内蒙古自治区第十三届人民代表大会第四次会议上

内蒙古自治区财政厅

各位代表：

受自治区人民政府委托，现将2020年预算执行情况和2021年预算草案提请本次人民代表大会审查，并请自治区政协委员和列席会议的同志们提出意见。

一、2020年预算执行情况

2020年，面对新冠肺炎疫情的严重冲击和国内外严峻复杂的环境，在以习近平同志为核心的党中央坚强领导下，全区上下坚决落实党中央、国务院决策部署，认真落实自治区十三届人大三次会议关于预算的决议，全力抗击新冠肺炎疫情，坚决打好三大攻坚战，统筹推进疫情防控和经济社会发展，扎实做好“六稳”工作，全面落实“六保”任务，经济持续稳定恢复，民生得到有力保障，社会大局保持稳定。在此基础上，预算执行情况较好。

（一）一般公共预算收支情况

根据2020年12月31日统计数据，全区一般公共预算收入2051.3亿元，完成年初预算的105.2%，下降0.4%，其中，税收收入1457.8亿元，下降5.3%；非税收入593.5亿元，增长14.1%，主要是煤炭资源领域、人防系统专项整治追损挽损一次性收入较多。加上中央补助收入2787.4亿元、一般债务收入1094.3亿元、上年结转收入395.4亿元、调入预算稳定调节基金等其他收入404.2亿元，收入总计6732.6亿元。全区一般公共预算支出5268.2亿元，增长3.3%，完成调整预算的92.5%。加上上解中央支出29.6亿元、一般债务还本支出702.9亿元、补充预算稳定调节基金等其他支出305.9亿元，支出总计6306.6亿元。收支相抵，年终结转426亿元[1]，主要是跨年度延续性项目支出，按规定结转下年继续使用。

自治区本级一般公共预算收入609.3亿元，完成年初预算的110.8%，下降3.3%；加上中央补助收入2787.4亿元、一般债务收入1094.3亿元、上年结转收入64.1亿元、盟市上解收入6.8亿元，调入预算稳定调节基金等其他收入151.6亿元，收入总计4713.5亿元。自治区本级一般公共预算支出812.8亿元，完成调整预算的92.1%，同比下降4.8%，主要是压减本级支出，加大对下转移支付力度。加上补助盟市支出2655.3亿元、上解中央支出29.6亿元、一般债务转贷支出984亿元、安排预算稳定调节基金等其他支出162.4亿元，支出总计4644.1亿元。收支相抵，年终结转69.4亿元，按规定结转下年继续使用。

（二）政府性基金预算收支情况

全区政府性基金预算收入656.4亿元，增长3%，其中国有土地使用权出让收入570.7亿元，增长9.6%。加上中央补助收入258.9亿元、专项债务收入754亿元、上年结转等其他收入136亿元，收入总计1805.3亿元。全区政府性基金预算支出1410.9亿元，增长53.2%，增幅较高主要是国家实施积极的财政政策，大幅增加地方政府专项债务限额，全年发行新增专项债券663亿元，是上年的2.4倍。加上调出资金、专项债务还本支出等其他支出223.7亿元，支出总计1634.6亿元。收支相抵，年终结转170.7亿元，按规定结转下年继续使用。

自治区本级政府性基金预算收入35亿元，完成预算的86.7%，下降43.3%，主要是车辆通行费、彩票公益金收入下降。加上中央补助收入258.9亿元、专项债务收入754亿元，上年结转收入12.1亿元，收入总计1060亿元。自治区本级政府性基金预算支出204亿元，完成调整预算的97.8%，增长16.9%，主要是本级留用部分专项债券支持重点公路、铁路项目建设。加上补助盟市支出166.2亿元、专项债务转贷支出642.9亿元、调出资金等其他支出42.3亿元，支出总计1055.4亿元。收支相抵，年终结转4.6亿元，按规定结转下年继续支出。

（三）国有资本经营预算收支情况

全区国有资本经营预算收入10亿元，下降56.7%，主要是盟市国企利润收入大幅减少。全区国有资本经营预算支出

4.9亿元，下降61.7%，调出资金4.5亿元。

自治区本级国有资本经营预算收入5.8亿元，完成预算的95.6%，下降10.1%。自治区本级国有资本经营预算支出3.1亿元，调入一般公共预算1.9亿元。

（四）社会保险基金预算收支情况

全区社会保险基金收入1667亿元，下降2.2%，其中，保险费收入917.8亿元，财政补助收入538.1亿元，中央调剂金收入、利息收入等211.1亿元。基金支出总计1755亿元，增长3.7%，其中，社会保险待遇支出1611.7亿元，中央调剂金上解等支出143.3亿元。当年收支缺口88亿元，年末滚存结余1194.3亿元。

自治区本级社会保险基金收入512.7亿元，完成调整预算的100.9%，增长27.6%，其中，保险费收入118.3亿元，财政补贴收入71.4亿元，中央调剂金收入167.7亿元，企业职工基本养老保险实现省级统筹盟市上解等收入155.3亿元。基金支出533.2亿元，完成预算的95.9%，增长33.5%，其中，社会保险待遇支出220.3亿元，补助盟市支出226.4亿元，中央调剂金上解等支出86.5亿元。当年收支缺口20.5亿元，年末滚存结余244.5亿元。

（五）2020年主要财税政策和重点财政工作落实情况

1.全力支持疫情防控。优先保障疫情防控经费。坚持生命至上，按照特事特办、急事急办原则，紧急筹集资金74.5亿元，加快资金拨付使用，建立政府采购"绿色通道"，专项支持新冠肺炎疫情防控，重点用于患者救治、疫情防控人员补助、保障医疗防控物资供应等方面，确保人民群众不因担心费用问题而不敢就诊，确保各地不因资金问题而影响医疗救治和疫情防控。补齐公共卫生和应急保障短板。全区卫生健康支出374.9亿元，增长16.4%。大力支持重大疫情防控救治体系和应急物资保障体系建设，补齐公共卫生和医疗基础设施短板，推动全区所有旗县具备核酸检测能力，建有疾控中心、定点医院。

2.促进经济企稳回升。对冲经济下行压力。发行新增政府债券1074.2亿元，增长61%，扩大有效投资，支持补短板、惠民生、促消费、扩内需，促进经济企稳回升。加大减税降费力度。顶住财政减收增支压力，全面落实规模性助企纾困政策。强化减税降费阶段性政策，重点减轻中小微企业、个体工商户和困难行业企业税费负担，预计全年新增减税降费310亿元。提高资金使用效益。落实中央财政资金直达机制，中央分配我区的直达资金443.2亿元全部直达旗县基层、直接惠企利民，确保资金"一竿子插到底"，快速精准投放到终端，为基层保就业、保民生、保市场主体提供有力支撑。自治区本级大力压减、取消低效无效资金，建立存量资金实时盘活工作机制，盘活资金125亿元，调整用于疫情防控等重点、急需支出，补充预算稳定调节基金支持跨年度预算平衡。

3.推动三大攻坚战取得决定性成就。有力保障脱贫攻坚任务全面收官。全区财政专项扶贫支出144.8亿元，增长1.1%，其中自治区本级投入51.5亿元，增长14.8%。支持实施"十项清零达标"行动，实施扶贫项目6751个，全区57个贫困旗县全部摘帽，剩余1.6万贫困人员全部脱贫，绝对贫困问题得到历史性解决。支持生态环境质量持续改善。全区节能环保支出147.2亿元。落实草原生态补奖、天然林保护政策，支持重点国有林区改革全面完成，推动全区50%以上国土划入生态保护红线。持续推进"一湖两海"综合治理，支持岱海生态应急补水工程。推动农用地土壤点位安全利用率达到99%以上。支持黄河流域林业生态建设和小流域治理，推动黄河流域生态保护和高质量发展。防范化解重大风险取得重要成果。超额完成政府隐性债务年度化解任务，拖欠民营企业中小企业无争议账款全部清偿。下达化债奖励资金50亿元，统筹推进化解债务和消化财政暂付款。包商银行风险得到有效处置，新组建的蒙商银行正式挂牌运营。发行新增专项债券85亿元，支持化解地方中小银行风险。

4.协同推进城乡区域均衡发展。夯实实体经济发展根基。加强创新引领，全区科技支出32.5亿元，增长14%。支持实施"科技兴蒙"行动，推进实施科技重大专项、关键技术攻关和科技成果转化。支持开展自治区自然科学基金杰出青年培育基金经费使用"包干制"和赋予科研人员职务科技成果所有权或长期使用权试点，激发科研人员创新积极性。下达资金10亿元，支持72个重点工业园区基础设施升级改造。下达中央可再生能源电价补助68.5亿元，促进新能源装机达5000万千瓦。补齐基础设施短板。下达中央基建投资128.9亿元，支持基础设施、节能环保、"三农"等领域重点项目建设。交通运输支出336.8亿元，支持高速公路成网建设、国省道升级改造和"四好农村路"建设；推动赤峰至京沈高铁连接线建成运营，支持集通铁路电气化改造、集宁至大同高铁和呼和浩特新机场开工建设。支持呼和浩特国家级互联网骨干直联点建设。乡村振兴战略深入推进。全区农林水支出862.1亿元，深入实施藏粮于地、藏粮于技战略，支持新建高标准农田356万亩，推动黑土地保护性耕作和盐碱化耕地改良，落实耕地地力保护补贴，推动粮食生产实现"十七连丰"，保障国家粮食安全。推进粮改饲试点和奶业振兴。支持优势特色产业集群和"天赋河套"等区域公用品牌建设。支持农村"厕所革命"整村推进，促进农村牧区人居环境整治。促进区域均衡发展。下达转移支付123.8亿元，支持革命老区、民族地区、边疆地区、贫困地区加快发展。下达东北振兴专项转移支付3.3亿元，支持东部五盟市经济社会发展。下达蒙东电网同网同价改革补助10.4亿元，降低企业成本，促进蒙东地区发展。

5.民生保障水平稳步提高。优先稳就业保民生。实施减免小规模纳税人增值税、阶段性减免社保费等政策,加大失业保险稳岗返还力度,通过保市场主体稳定和扩大就业。全区就业补助支出28.2亿元,增长11.6%,支持公共就业服务,完善就业创业扶持政策体系,促进全区城镇新增就业23.2万人。扎实做好基层"三保"工作。最大限度下沉财力,下达均衡性转移支付、县级基本财力奖补资金、特殊转移支付等财力性转移支付837亿元,增长32.8%,为基层"三保"提供强力支撑。自治区压减本级部门非急需、非刚性支出腾出资金20亿元,加大困难地区财力补助。强化库款调度,防范支付风险,基层"三保"得到较好保障。民生保障水平进一步提高。全区教育支出641.9亿元,增长5.2%,推动普惠性幼儿园学位新增6.47万个,普惠性幼儿园覆盖率提高到85%;促进义务教育均衡发展,支持普通高中教育和现代职业教育协调发展,扎实推进高校"双一流"建设。卫生健康支出374.9亿元,增长16.4%,城乡居民医保财政补助标准提高到每人每年550元,占总筹资标准的66%;职工和城乡居民医保政策范围内报销比例分别达85%和75%左右,医疗救助托底保障能力增强。全区社会保障和就业支出854.6亿元,增长17.6%,退休人员基本养老金实现"十六连涨";城乡低保补助标准及特困人员、孤残儿童等困难群体救助标准继续提高,切实保障困难群众基本生活。全区住房保障支出178.6亿元,增长3.4%,支持棚户区改造2.5万套,农村危房改造2.9万户,推动城镇老旧小区改造1015个,惠及居民约13万户。全区文化旅游体育与传媒支出123.7亿元,增长3.6%,支持县级融媒体中心建设等文化惠民工程,推动文化、旅游、体育事业发展,促进基本公共文化服务均等化。

6.财税体制更加完善。全面深化预算管理制度改革。积极推进预算管理一体化,构建现代信息技术条件下"制度+技术"的管理体制,实现预算项目全生命周期管理。推进预算项目绩效目标与预算"同安排、同部署、同批复",基本实现预算绩效评价管理"全覆盖"。推进自治区以下财政体制改革。印发医疗卫生领域、科技领域、教育领域自治区与盟市财政事权和支出责任划分改革方案。深入推进"放管服"改革。提请自治区人大常委会就我区矿产资源税适用税率等税法授权事项作出决定,完善地方税体系,促进资源环境可持续发展。加强国有金融资本管理,建立统一的出资人制度。推动企业职工基本养老保险、工伤保险实现省级统筹。加快推进构建政府采购"全区一张网",实现全流程电子化采购。

过去的一年,积极的财政政策有力有效,财政保持平稳运行,同时,我们也要清醒地看到,财政运行和财政工作面临一些困难和挑战,主要是:经济下行压力加大,落实更大规模减税降费政策,财政增收基础不稳;一些旗县(市、区)"三保"、化债、消化暂付款等压力叠加,部分基层财政运转比较困难;财政资源统筹力度不够,预算绩效管理亟待加强;全区特别是旗县存量债务规模较大,政府债务风险不容忽视等。我们要增强忧患意识,做到居安思危,统筹发展和安全,不断开拓财政改革发展新局面。

二、2021年预算安排情况

(一)2021年财政收支形势

2021年,自治区财政增收难度较大,中央补助增量趋稳,举债空间收紧,实际可用财力总量增幅较低,财政收支矛盾突出。收入方面,国家扩大内需、保障粮食能源安全、提升产业链供应链水平等战略需要,有利于我区建设现代产业体系、推动经济高质量发展。同时,疫情变化和外部环境存在诸多不确定性,自治区经济深层次结构性问题和体制性矛盾尚未破解,经济恢复基础尚不牢固,加之近几年加大盘活存量资源资产力度,一次性收入来源渠道萎缩,财政增收困难增大。支出方面,实施"十四五"规划,支持融入服务新发展格局、实施乡村振兴和重大区域发展战略、科技创新、民生保障、基层"三保"等重点领域和刚性支出压力较大。

(二)2021年预算编制的指导思想和原则

编制2021年预算的指导思想是:以习近平新时代中国特色社会主义思想为指导,深入贯彻落实党的十九大和十九届二中、三中、四中、五中全会精神,坚持稳中求进工作总基调,贯彻新发展理念,以推进高质量发展为主题,以深化供给侧结构性改革为主线,以改革创新为根本动力,以满足人民日益增长的美好生活需要为根本目的,统筹发展和安全,坚定不移走以生态优先、绿色发展为导向的高质量发展新路子,牢牢立足"两个屏障"、"两个基地"和"一个桥头堡"的战略定位,加快建设现代化经济体系,服务融入新发展格局,促进各民族团结进步,推进国家治理体系和治理能力现代化,实现经济行稳致远、社会安定和谐,为"十四五"开好局、起好步。积极的财政政策要提质增效、更可持续;加大优化支出结构力度,坚持艰苦奋斗、勤俭节约、精打细算,把宝贵的财政资金用在刀刃上,增强国家和自治区重大战略任务的财力保障;加强财政资源统筹,推进财政支出标准化,强化预算约束和绩效管理,努力提高财政支出效率;落实财政事权和支出责任划分改革要求,深化预算管理制度改革,加快建立现代财政体制;加强地方政府债务管理,抓实化解地方政府隐性债务风险工作。

贯彻以上指导思想,2021年预算编制遵循以下原则:一是收入预算要实事求是,科学预测,与经济社会发展水平相适应,与积极的财政政策相衔接。二是支出预算要优化结构,突出重点。强化零基预算理念运用,坚持有保有压和政府过紧日子,加大重点领域和刚性支出保障力度,做到"三个全力保障”,即全力保障中央和自治区重大决策部署落实落地,全力保障基本民生支出只增不减,全力保障兜牢基层“三保”底线。三是加强财政资源统筹,突出绩效导向。盘活存量,用好增量,深入挖掘潜力。加强绩效评价结果应用,大力削减或取消低效无效支出。四是增强财政可持续性。坚持尽力而为、量力而行,合理确定民生支出标准,加强重大建设项目财政承受能力评估,防范化解政府性债务风险。

(三)2021 年收入预计和支出安排

1. 一般公共预算

根据经济财政形势、税费政策调整等因素,2021 年全区一般公共预算收入预计为 2000 亿元左右,比 2020 年实际完成数下降 2. 5%,收入下降主要是上年一次性收入较多造成收入基数较高。综合考虑收入情况、中央补助以及新增债券等因素,2021 年全区一般公共预算支出预计为 5300 亿元左右,增长 1%。

2021 年自治区本级一般公共预算总财力安排 2955. 7 亿元,比 2020 年预算减少 154. 4 亿元(如不作特别说明,以下口径均为与 2020 年预算数相比),下降 5%,主要是中央未提前下达 2021 年新增政府债务限额,无法将政府债务收入编入年初预算。若剔除 2020 年预算中的债务收入 268 亿元,自治区本级总财力同口径增加 113. 3 亿元,增长 4%。其中:①本级一般公共预算收入 550 亿元,比 2020 年实际完成数下降 10%。②中央提前下达的补助收入 2275. 8 亿元,增加 101. 9 亿元。③盟市上解收入 3. 4 亿元,增加 512 万元,主要是医疗卫生领域财政事权和支出责任划分盟市上划基数增加。④调入资金 1. 5 亿元,减少 3804 万元,主要是从国有资本经营预算调入资金减少。⑤调入预算稳定调节基金 125 亿元,增加 12 亿元。

按照收支平衡的原则,2021 年自治区本级一般公共预算总支出安排 2955. 7 亿元,包括:①本级支出 891. 9 亿元,下降 1. 7%,主要是落实过紧日子要求,压减非急需、非刚性支出,加大对基层财政支持力度。②预备费 10 亿元,增加 2 亿元,预算执行中根据实际用途分别计入自治区本级支出和对下转移支付。③上解中央 29. 4 亿元,减少 2053 万元,主要是国地税合并改革基数上解减少。④新增安排一般债务还本支出 6. 4 亿元,主要是降低本级法定债务规模,防范化解债务风险。⑤补助盟市、旗县支出 2018 亿元,增加 74. 9 亿元,增长 3. 9%。

2. 政府性基金预算

全区政府性基金预算总收入 593. 3 亿元,下降 7. 6%(剔除 2020 年中央提前下达专项债务收入 65 亿元)。其中:基金收入 528. 5 亿元,下降 5. 4%,主要是彩票公益金和彩票机构业务费、城市基础设施配套费等收入减少;中央提前下达转移支付 54. 4 亿元;专项债务对应项目专项收入 9. 8 亿元;上年结转 6155 万元。按照以收定支原则,全区政府性基金预算总支出 593. 3 亿元。

自治区本级政府性基金预算总收入 90. 6 亿元,下降 27. 1%(剔除 2020 年中央提前下达专项债务收入 65 亿元)。其中:基金收入 25. 8 亿元,下降 23. 7%,主要彩票公益金和彩票机构业务费减少;中央提前下达转移支付 54. 4 亿元;专项债务对应项目专项收入 9. 8 亿元;上年结转 6155 万元。按照以收定支原则,本级政府性基金预算总支出安排 90. 6 亿元,其中:基金支出 73 亿元,补助盟市支出 16. 2 亿元,专项债务还本支出 1. 4 亿元。

3. 国有资本经营预算

自治区本级国有资本经营预算收入 4. 9 亿元,其中:当年收入 4. 7 亿元,下降 21. 7%,主要是内蒙古电力公司落实疫情防控期间电价优惠政策造成利润减少;上年结转 2000 万元。按照以收定支、统筹安排、突出重点的原则,本级国有资本经营预算支出安排 4. 9 亿元,下降 35. 7%,其中:国有企业资本金注入 2. 2 亿元,解决历史遗留问题及改革成本支出 1. 1 亿元,其他支出 1000 万元,调出资金 1. 5 亿元。

4. 社会保险基金预算

全区社会保险基金预算收入 1827. 1 亿元,增长 0. 8%,其中:保险费收入 1002. 3 亿元,财政补贴收入 612. 8 亿元,中央调剂金收入等 212 亿元。全区社会保险基金预算支出 1929. 5 亿元,增长 0. 5%,其中:社会保险待遇支出 1797. 1 亿元,中央调剂金上解支出等 132. 4 亿元。收支相抵,基金当期缺口 102. 4 亿元,主要是企业职工和机关事业单位基本养老保险基金缺口 185. 9 亿元,其余险种均为结余。基金当期收支缺口通过滚存结余和统筹基金调剂予以平衡。

自治区本级社会保险基金预算收入 911. 6 亿元,增长 144. 5%,增幅较大主要是 2021 年企业职工基本养老保险实行省级统收统支,在本级统一反映。其中:保险费收入 466 亿元,财政补贴收入 244. 4 亿元,中央调剂金收入 189 亿元,利息收入等 12. 2 亿元。本级社会保险基金预算支出 1086. 7 亿元,增长 111. 1%,其中:社会保险待遇支出 987. 5 亿元,中央调剂金上解支出 92 亿元,转移支出等 7. 2 亿元。收支相抵,基金当期收支缺口 175. 1 亿元,其中企业职工基本养老保险基金缺口 180. 1 亿元,机关事业单位基本养老保险基金缺口 5. 8 亿元,其余险种均为结余。基金当期收支缺口通过滚存结余予以弥补。

根据预算法规定,预算年度开始后,在自治区人民代表大会批准本级预算草案前,可以安排必须支付的本年度部门基本支出、项目支出,以及用于突发事件处理的支出等。截至 2021 年 1 月 20 日,本级一般公共预算支出 3. 7 亿元,主要用于人员工资、基本运转和自主择业军转干部退役金等。

（四）自治区本级一般公共预算重点支出安排情况

1. 支持融入新发展格局。大力支持实施“科技兴蒙”行动。安排科技资金15.2亿元，改革完善科技投入机制，强化企业创新主体地位，推动科技创新和科技成果转化。安排资金1.9亿元，继续实施“草原英才”计划，落实人才强区战略。推动经济转型升级。安排资金13.9亿元，支持战略新兴产业发展和重点工业园区基础设施改造，落实国企改革三年行动方案。安排资金1.7亿元，推进普惠金融发展，切实缓解小微企业和“三农”融资难融资贵，增强市场活力。安排资金3.6亿元，支持口岸基础设施建设和中欧班列运行，多措并举稳住外贸基本盘。推进基础设施建设。安排预算内基本建设投资14.6亿元，支持重大基础设施建设和社会事业项目建设。支持现代立体交通运输体系建设，安排资金63.8亿元，支持公路建设和养护，增加内蒙古公路交通投资公司资本金；安排资金8.8亿元，支持重点铁路建设，加快通用航空发展。安排蒙东电网同网同价改革补助12.3亿元，支持蒙东地区优势产业加快发展。

2. 支持全面推进乡村振兴。巩固好脱贫攻坚成果。安排资金49.3亿元，做好巩固拓展脱贫巩固成果同乡村振兴有效衔接，强化易地搬迁后续扶持，保持过渡期内资金投入与巩固拓展脱贫攻坚成果、做好衔接要求相匹配。促进农牧业高质高效发展。安排农田建设补助配套资金6.2亿元，推动实施藏粮于地、藏粮于技战略，保障国家粮食安全。安排资金11.4亿元，支持水利事业发展。安排资金5.3亿元，支持奶业振兴和马产业发展，开展牧区现代化试点。安排资金11.8亿元，支持现代农牧业发展和动物防疫，增加绿色优质农畜产品供给。安排农牧业保险补贴资金11.8亿元，增强农牧业抗风险能力。实施乡村建设行动。安排资金4.3亿元，深入推进农村综合改革，支持改善农村人居环境。安排资金2.5亿元，扶持村集体经济发展。

3. 支持改善人民生活品质。树牢以人民为中心的发展思想，基本民生支出只增不减。强化就业优先政策。安排资金4.3亿元，落实各项就业创业扶持措施，统筹用好就业补助资金、职业技能提升行动资金、失业保险基金等，加大对重点群体就业的帮扶。促进教育高质量发展。安排资金6.4亿元，增加学前教育资源供给。安排资金13亿元，巩固城乡义务教育经费保障机制。安排资金14.1亿元，支持高中教育和职业教育协调发展。安排资金10亿元，支持“双一流”建设和高校化债。安排资金4.4亿元，加强民族语言授课学校统编教材师资队伍建设，支持民办、特殊、老年等教育发展。安排资金8.6亿元，完善困难学生资助政策，促进教育公平。稳步提高社会保障水平。安排各类困难群众救助和补贴资金22.6亿元，保障困难群众基本生活。安排资金3.6亿元，落实高龄津贴政策。安排资金4.2亿元，落实残疾人两项补贴政策。安排资金2.3亿元，完善优抚安置政策，切实保障好退役军人待遇。安排企业职工和城乡居民基本养老保险补助16.3亿元，支持养老保险基金平稳运行，确保养老金及时足额发放。安排资金9亿元，支持城镇老旧小区、城市棚户区、农村危房改造和公租房建设。推进健康内蒙古建设。安排资金1.6亿元，落实常态化疫情防控措施，提高突发公共卫生事件应急能力。安排资金7.1亿元，支持基本药物制度和公立医院改革，落实区直医疗单位定项补助政策。安排资金13.6亿元，进一步提高城乡居民基本医疗保险和基本公共卫生服务经费财政补助标准。支持发展文化事业产业。安排文化旅游经费9.5亿元，促进旅游与文化融合发展，支持文物保护。安排广播电视和新闻出版电影经费15.2亿元，支持日报社、电影集团体制改革，推进牧区“智慧广电”宽带网络覆盖。支持平安内蒙古建设。安排资金37.8亿元，支持国防动员和后备力量建设，增强公检法司等政法部门保障能力。安排资金10.4亿元，支持电子公文系统改造升级，增强政务信息安全。安排资金5.8亿元，加强食品药品、质量安全等市场监督管理工作。安排街道社区、非公企业党组织建设资金2.9亿元，推动基层治理体系和治理能力现代化。

4. 支持重点领域补短板。深入推进污染防治。安排资金4.1亿元，支持打好蓝天、碧水、净土保卫战。安排资金4.8亿元，实施生态保护红线勘界定标，支持土地调查和自然资源统一确权登记。安排资金5.2亿元，支持地质勘查和地质灾害防治。安排林业和草原支出14.6亿元，支持统筹推进山水林田湖草一体化保护和修复，开展大规模国土绿化行动。安排资金1.3亿元，支持“一湖两海”综合治理。安排资金2.5亿元，参与财政部黄河流域生态保护和高质量发展基金股权投资，建立黄河全流域横向生态补偿机制。加强新型城镇化建设。安排资金7.7亿元，支持城镇地下管网、污水处理、公共厕所等基础设施建设，推进小城镇发展。安排2.3亿元，加强应急救援能力和装备配置、救灾物资储备，支持防震减灾。防范化解重大风险。安排资金32.5亿元，按时兑付本级政府债券还本付息支出和发行费，支持本级单位化债。安排激励资金65亿元，支持引导盟市、旗县统筹做好化债和消化暂付款工作。安排预备费10亿元，用于预算执行中自然灾害等突发事件处理。

5. 支持基层兜牢“三保”底线。安排盟市、旗县转移支付2018亿元，增加74.9亿元。优化转移支付结构，向财政困难地区倾斜，提高“三保”（保基本民生、保工资、保运转）能力。压减自治区本级支出，进一步下沉财力，补助盟市支出增长3.9%，同时，继续安排20亿元困难地区补助资金，支持盟市、旗县兜牢“三保”底线。督促指导各地统筹上级转移支付和自有财力，科学合理安排预算，优先保障“三保”支出需求。国家和自治区标准的“三保”支出保障不到位的地方，不得对现有民生政策自行提高标准或扩大范围，也不得自行出台新的民生政策。

三、扎实做好2021年财政改革和管理工作

（一）推进建立现代财税体制。加快推进分领域自治区与盟市财政事权和支出责任划分改革，完善自治区对下转移支付制度，促进财政事权、支出责任与财力相适应。健全自治区以下财政体制，强化基层公共服务保障能力。加强预算支出与各类存量资源的有机衔接，提高预算完整性和财政统筹能力。加快推进预算管理一体化建设，规范和统一预算管理工作流程、要素和规则，以信息化推进预算管理现代化。推进财政支出标准化。深入推进预算公开。

（二）推动预算绩效管理提质增效。夯实预算绩效管理制度基础，健全分行业分领域分层次的核心绩效指标和标准体系。探索开展预算项目事前绩效评估。建立健全绩效评价工作机制，加强绩效评价结果应用，将评价结果与完善政策、调整预算安排有机衔接，削减或取消低效无效资金，大力优化支出结构。加大绩效信息公开力度。

（三）强化地方政府债务管理。严格执行地方政府债务限额管理和预算管理制度。用好地方政府专项债券，按照“资金跟着项目走”的原则，提前做好债券项目储备和项目前期准备工作，着力解决“资金等项目”问题，提高债券资金使用绩效。探索建立债券资金管理红黑名单制度，新增地方政府债务限额分配与以前年度新增地方政府债券支出情况挂钩。根据各地债务风险情况明确使用自有财力偿还法定债务比例，适度压降法定债务规模。大力推进政府债务信息公开，以公开促规范、防风险。抓实化解地方政府债务风险工作。

（四）加强预算执行管理。坚持预算法定，强化制度约束。严格按照预算法规定的时间批复下达预算，严格按照预算安排支出，严禁无预算超预算列支。完善财政资金直达机制，扩大直达资金范围，增强直达机制的政策效果。大力盘活财政存量资金。规范暂付性款项管理。深化政府采购制度改革，推进政府采购电子化，优化政府采购领域营商环境。做好政府财务报告编制工作。规范和加强政府投资基金、涉企财政资金管理。支持产业发展，努力培植税源。支持税务等执收部门依法依规组织财政收入，同时落实落细各项减税降费举措，严禁收取过头税费和虚收空转。

（五）坚持政府过紧日子。党政机关过紧日子要作为预算管理长期坚持的基本方针。坚持量入为出、精打细算、节用裕民，严把预算支出关口，严格执行差旅、会议等经费标准，严控“三公”经费。压实预算单位主体责任，推动部门在预算编制、执行、政府采购、资产配置使用等方面，做到厉行节约。实施预算执行、审计查出问题、绩效评价结果与预算安排的挂钩机制，加强新增支出审核。

2021年是中国共产党成立100周年，是“十四五”规划开局之年，也是全面建成小康社会、开启全面建设社会主义现代化国家新征程的关键之年。我们要增强“四个意识”，坚定“四个自信”，做到“两个维护”，扎扎实实做好各项财政改革发展工作，为经济社会发展提供坚实财政保障，以优异成绩庆祝建党100周年！

内蒙古自治区2020年
国民经济和社会发展统计公报

Statistical Bulletin of the National Economic and Social Development in Inner Mongolia in 2020

内蒙古自治区统计局

（2021年2月28日）

2020年，面对极其复杂严峻的国内外形势，特别是新冠肺炎疫情严重冲击，在以习近平同志为核心的党中央坚强领导下，全区各地区各部门以习近平新时代中国特色社会主义思想为指导，全面贯彻党的十九大和十九届二中、三中、四中、五中全会精神，深入贯彻习近平总书记对内蒙古重要讲话重要指示批示精神，按照自治区党委和政府工作部署，紧扣全面建成小康社会目标任务，坚持稳中求进工作总基调，坚持以人民为中心，科学统筹疫情防控和经济社会发展，扎实做好“六稳”工作，全面落实“六保”任务，全区经济持续回稳，社会大局和谐稳定，“十三五”规划顺利收官。

一、综合

初步核算，全年地区生产总值完成17359.8亿元，按可比价计算，比上年增长0.2%。其中，第一产业增加值2025.1亿元，增长1.7%；第二产业增加值6868.0亿元，增长1.0%；第三产业增加值8466.7亿元，下降0.9%。三次产业比例为11.7∶39.6∶48.8。

全年城镇新增就业23.2万人，比上年少增3.1万人。失业人员再就业10.5万人。年末城镇登记失业率3.8%，比上年提高0.1个百分点。

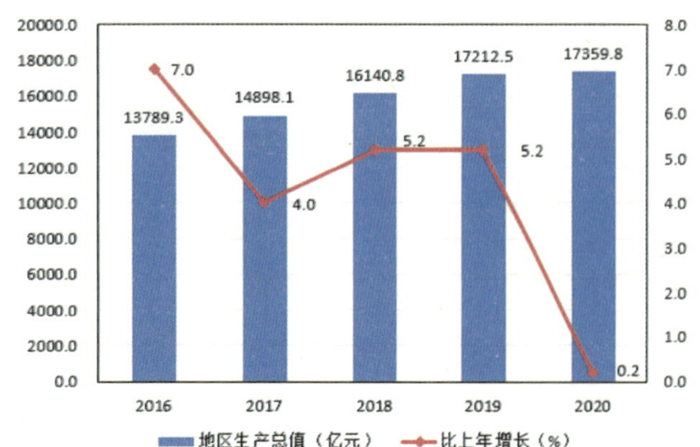

图1　2016－2020年地区生产总值及其增长速度

全年全区居民消费价格比上年上涨1.9%。分城乡看，城市上涨1.6%，农村上涨2.7%。分类别看，食品烟酒类上涨5.7%，衣着类上涨0.1%，居住类上涨0.2%，生活用品及服务类下降0.1%，交通和通信类下降3.6%，教育文化和娱乐类上涨0.5%，医疗保健类上涨3.6%，其他用品和服务类上涨3.0%。从工业生产角度看，工业生产者出厂价格比上年下降0.3%，工业生产者购进价格比上年下降0.5%。农产品生产者价格上涨3.2%。

全年全区居民消费价格比上年上涨1.9%。分城乡看，城市上涨1.6%，农村上涨2.7%。分类别看，食品烟酒类上涨5.7%，衣着类上涨0.1%，居住类上涨0.2%，生活用品及服务类下降0.1%，交通和通信类下降3.6%，教育文化和娱乐类上涨0.5%，医疗保健类上涨3.6%，其他用品和服务类上涨3.0%。从工业生产角度看，工业生产者出厂价格比上年下降0.3%，工业生产者购进价格比上年下降0.5%。农产品生产者价格上涨3.2%。

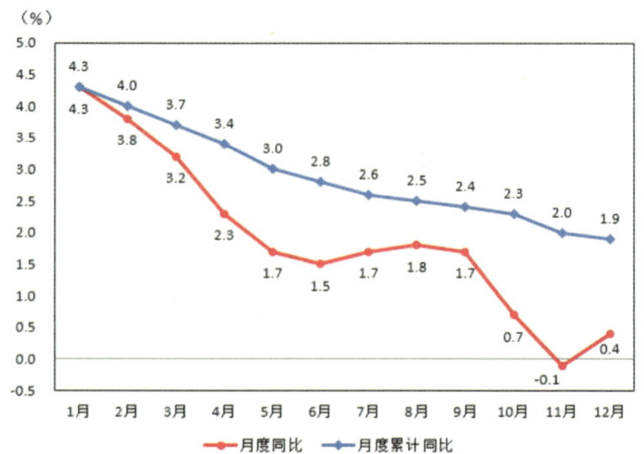

图2　2020年居民消费价格月度涨跌幅度

供给侧结构性改革继续深化。减税降费取得积极成效，年末规模以上工业企业资产负债率为59.3%，比上年末下降1.8个百分点。规模以上工业企业每百元营业收入成本为80.2元。固定资产投资关键领域补短板力度加大，全年生态保护和环境治理业投资比上年增长23.2%，教育投资增长12.5%，卫生和社会工作投资增长3.8%，高技术产业投资增长11.8%，高技术制造业投资增长26.1%。

表1　2020年居民消费价格比上年涨跌幅度

类别	比上年涨幅(%)
居民消费价格	1.9
其中:城市	1.6
农村	2.7
其中:食品烟酒	5.7
其中:粮食	0.8
鲜菜	7.6
畜肉类	27.4
水产品	-0.1
蛋类	-10.5
鲜瓜果	-9.6
衣着	0.1
居住	0.2
生活用品及服务	-0.1
交通和通信	-3.6
教育文化和娱乐	0.5
医疗保健	3.6
其他用品和服务	3.0

新动能保持较快增长。全区规模以上工业中,战略性新兴产业增加值比上年增长7.2%。非煤产业增加值比上年增长6.6%,占比达到63.6%,较上年提升1.0个百分点。新产业较快增长。规模以上装备制造业增加值比上年增长38.1%,高新技术业增长7.5%。新产品中,单晶硅产量比上年增长93.3%,石墨及碳素制品增长20.4%,稀土磁性材料增长15.4%,智能电视增长5.5%。能源绿色转型发展形势向好。规模以上新能源发电量比上年增长4.7%,占规模以上工业发电量的比重为14.4%。其中,风力和太阳能发电量分别增长4.7%和4.8%。

区域协调发展扎实推进。呼包鄂乌地区生产总值9948.6亿元,与上年持平,占盟市合计的比重为57.5%;东部五盟市地区生产总值5600.2亿元,增长0.3%,占盟市合计的比重为32.4%;其他三盟市地区生产总值1741.9亿元,增长0.8%,占盟市合计的比重为10.1%。

二、农牧业

全年农作物总播种面积888.3万公顷,与上年基本持平。其中,粮食作物播种面积683.3万公顷,增长0.1%。粮食产量3664.1万吨,比上年增长0.3%。

图3　2016－2020年粮食产量

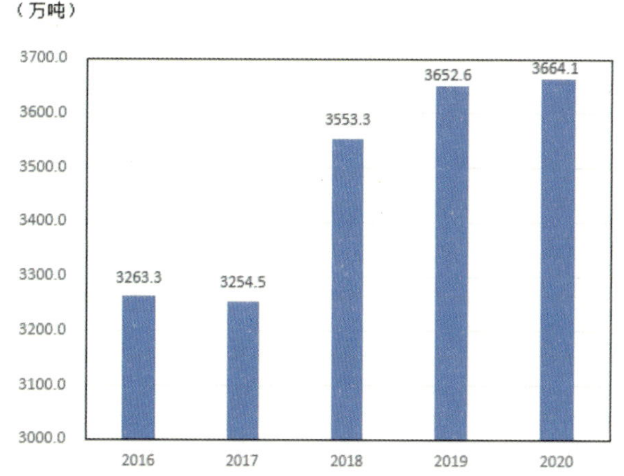

全年猪牛羊禽四肉产量达260.7万吨,比上年增长1.5%。其中,猪肉产量61.4万吨,下降1.9%;牛肉产量66.3万吨,增长3.9%;羊肉产量113.0万吨,增长2.9%;禽肉产量20.1万吨,下降3.0%。禽蛋产量60.4万吨,增长4.0%。牛奶产量611.5万吨,增长5.9%。年末猪牛羊存栏7279.4万头(只),较上年增加247.8万头(只),增长3.5%。其中,生猪存栏534.1万头,增长24.3%;牛存栏671.1万头,增长7.2%;羊存栏6074.2万只,增长1.6%。家禽存栏5347.0万只,增长2.9%。

表2　2020年主要农畜产品产量和牲畜存栏数及增长速度

指　标	2020年	比上年增长(%)
粮食(万吨)	3664.1	0.3
小麦	170.8	-6.5
玉米	2742.7	0.7
稻谷	123.1	-.6
大豆	234.7	3.9
薯类	126.1	-9.3
猪牛羊禽四肉产量(万吨)	260.7	1.5
猪肉	61.4	-1.9
牛肉	66.3	3.9
羊肉	113.0	2.9
禽肉	20.1	-3.0
年末牲畜总头数(万头、只)		
猪牛羊	7279.4	3.5
猪	534.1	24.3
牛	671.1	7.2
羊	6074.2	1.6
牛奶	611.5	5.9

年末全区农牧业机械总动力4057.1万千瓦，比上年同口径增长4.9%。全年农田有效灌溉面积319.9万公顷。

三、工业和建筑业

全年全部工业增加值比上年增长0.8%。其中，规模以上工业增加值增长0.7%。在规模以上工业中，分经济类型看，国有控股企业增加值增长3.5%，集体企业下降56.6%，股份制企业增长1.3%，外商及港澳台商投资企业下降3.6%。分门类看，采矿业下降7.1%，制造业增长8.4%，电力、热力、燃气及水生产和供应业增长3.7%。分行业看，食品制造业增加值增长7.1%，化学原料和化学制品制造业增长5.1%，黑色金属冶炼和压延加工业增长7.7%，通用设备制造业增长3.3%，专用设备制造业增长64.4%，汽车制造业下降4.7%，电气机械和器材制造业增长196.9%，计算机、通信和其他电子设备制造业增长50.1%，电力、热力生产和供应业增长3.2%。

表3　2020年规模以上工业主要行业增加值增长速度

指　　标	比上年增长(%)
规模以上工业增加值	0.7
按主要行业分	
煤炭开采和洗选业	-6.8
黑色金属矿采选业	33.8
农副食品加工业	-1.3
食品制造业	7.1
化学原料及化学制品制造业	5.1
医药制造业	11.1
黑色金属冶炼及压延加工业	7.7
有色金属冶炼和压延加工业	8.4
专用设备制造业	64.4
汽车制造业	-4.7
电力、热力的生产和供应业	3.2
六大优势产业	
能源工业	-3.4
冶金建材工业	10.6
化学工业	3.8
农畜产品加工业	8.6
装备制造业	38.1
高新技术业	7.5

从主要工业产品产量看，全区原煤产量102550.9万吨，比上年下降6.0%；焦炭产量4222.5万吨，增长14.8%；发电量5811.0亿千瓦小时，增长5.7%。钢材产量2883.9万吨，增长12.5%；铝材产量284.1万吨，增长5.5%。

表4　2020年主要工业产品产量及其增长速度

指　　标	产　量	比上年增长(%)
原煤（万吨）	102550.9	-6.0
焦炭(万吨)	4222.5	14.8
原油（万吨）	125.4	-3.4
发电量（亿千瓦小时）	5811.0	5.7
粗钢（万吨）	3119.9	12.3
钢材（万吨）	2883.9	12.5
十种有色金属(万吨)	725.5	10.4
电解铝（万吨）	574.2	10.2
铝材(万吨)	284.1	5.5
平板玻璃（万重量箱）	1041.2	4.9
化肥（万吨）	421.0	4.7
精甲醇（万吨）	1286.2	8.0
水泥（万吨）	3532.4	5.0
乳制品（万吨）	337.3	16.4
智能电视机(万台)	173.2	5.5
基本型乘用车(轿车)(辆)	28933	5.4

年末全区发电装机容量14587万千瓦(6000千瓦及以上)，比上年末增长13.6%。其中，火电装机容量9388万千瓦，增长7.7%；水电装机容量238万千瓦，与上年持平；风电装机容量3785万千瓦，增长29.7%；太阳能发电装机容量1176万千瓦，增长22.2%。

全年规模以上工业企业实现营业收入16640.4亿元，比上年增长0.1%；实现利润1315.1亿元，下降10.9%；营业收入利润率为7.9%。规模以上工业企业产品销售率为99.7%。

全年建筑业增加值比上年增长2.0%。全区具有资质等级的总承包或专业承包建筑业企业1171家，比上年减少9家；施工企业房屋建筑施工面积7016.7万平方米，增长21.3%；竣工房屋面积1411.0万平方米，下降3.3%；房屋建筑竣工率为20.1%。

四、服务业

全年批发零售和住宿餐饮业增加值1665.0亿元，比上年下降7.6%。其中，交通运输、仓储和邮政业增加值1163.1亿元，下降2.2%；金融业增加值888.9亿元，增长0.2%；房地产业增加值921.3亿元，增长3.6%。全年规模以上服务业企业营业收入比上年下降0.8%。

图4　2016－2020年服务业增加值及其增长速度

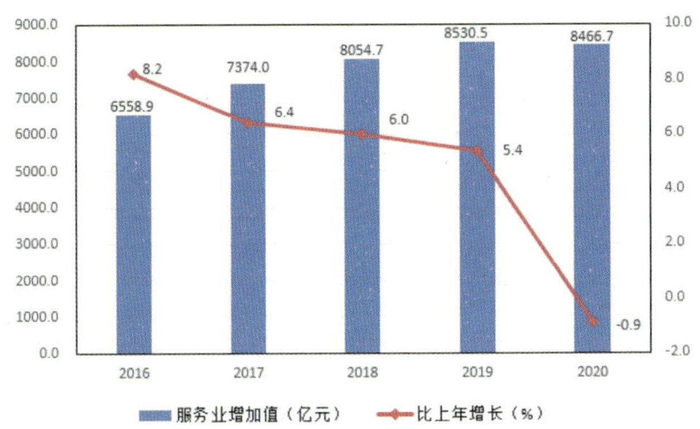

全年货物运输总量170550.1万吨，比上年下降6.7%。货物运输周转量4431.5亿吨公里，下降3.4%。全年旅客运输总量7395.2万人，比上年下降45.6%。旅客运输周转量164.9亿人公里，下降47.4%。

表5　2020年各种运输方式完成货物运输量及其增长速度

指　标	单位	绝对数	比上年增长（%）
货物运输总量	万吨	170550.1	-6.7
铁路	万吨	61544.8	-14.3
公路	万吨	109002.0	-1.7
民航	万吨	3.3	-9.8
货物运输周转量	亿吨公里	4431.5	-3.4
铁路	亿吨公里	2542.7	-3.4
公路	亿吨公里	1888.8	-3.4

表6　2020年各种运输方式完成旅客运输量及其增长速度

指　标	单位	绝对数	比上年增长（%）
货旅客运输总量	万人	7395.2	-45.6
铁路	万人	3298.0	-41.5
公路	万人	3224.0	-50.5
民航	万人	873.1	-39.5
旅客运输周转量	亿人公里	164.9	-47.4
铁路	亿人公里	115.5	-45.4
公路	亿人公里	49.4	-51.4

年末全区民用汽车保有量630.1万辆(包括三轮汽车和低速货车13.3万辆)，比上年末增长6.6%，其中私人汽车保有量580.9万辆，增长6.9%。民用轿车保有量361.7万辆，增长5.6%，其中私人轿车349.7万辆，增长5.7%。

全年完成邮政行业业务总量63.7亿元，比上年增长26.4%。邮政业全年完成邮政函件业务623.3万件，包裹业务21.4万件；快递业务量19557.6万件，快递业务收入42.1亿元。全年完成电信业务总量2584.6亿元，比上年增长24.5%。年末全区移动电话用户总数2962.2万户，其中4G移动电话用户2404.6万户。移动电话普及率116.6部/百人。固定互联网宽带接入用户722.9万户，比上年末增加40.4万户；移动互联网用户2574.3万户，减少32.2万户。全年移动互联网用户接入流量32.6亿GB，比上年增长33.4%。

图5　2016－2020年快递业务量及其增长速度

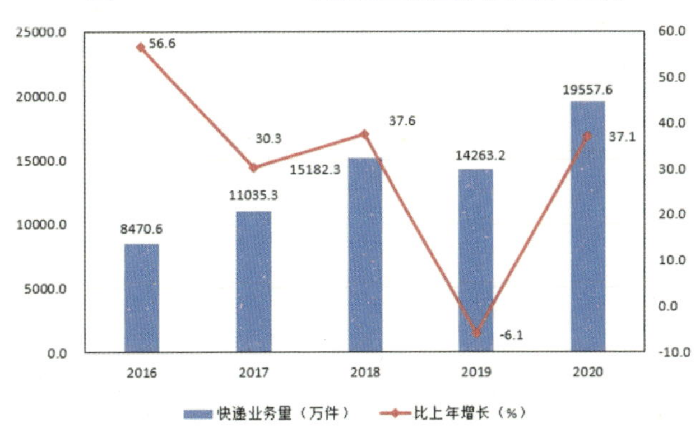

图6　2016－2020年固定互联网宽带接入用户数和移动互联网用户数

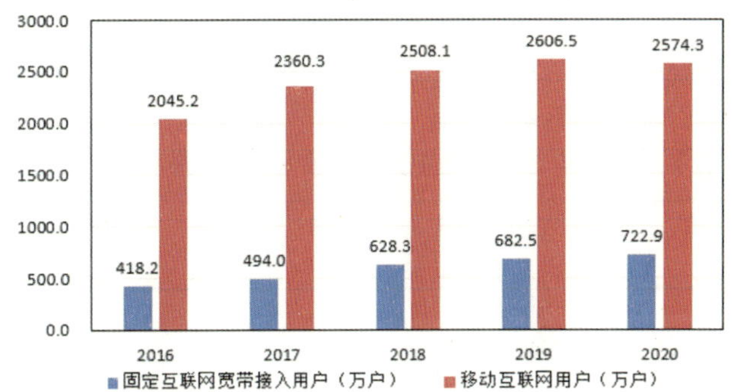

五、国内贸易

全年社会消费品零售总额4760.5亿元，比上年下降5.8%。按经营地统计，城镇消费品零售额4205.8亿元，下降5.9%；乡村消费品零售额554.7亿元，下降4.7%。按消费类型统计，商品零售额4179.8亿元，下降3.6%；餐饮收入580.7亿元，下降18.8%。

图7　2016－2020年社会消费品零售总额及其增长速度

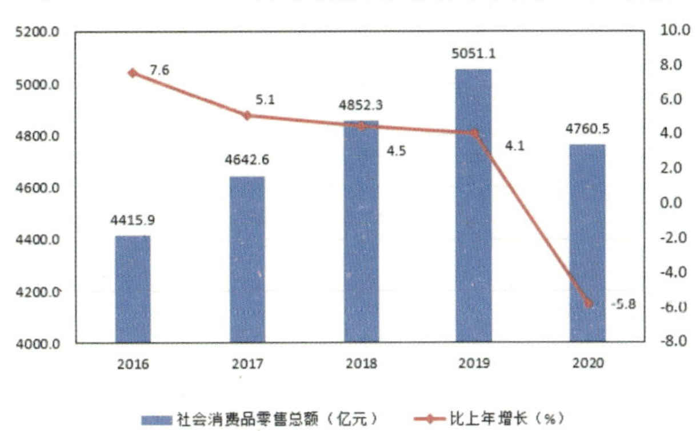

在限额以上单位商品零售额中，粮油、食品类零售额比上

年增长15.0%，饮料类增长1.5%，烟酒类下降4.4%，中西药品类增长12.2%，文化办公用品类增长35.3%，汽车类下降2.4%。

全年实物商品网上零售额267.0亿元，比上年增长36.5%，占社会消费品零售总额的比重为5.6%，比上年提高1.8个百分点。

六、固定资产投资

全年全社会固定资产投资比上年下降1.7%。其中，固定资产投资（不含农户）下降1.5%。在固定资产投资（不含农户）中，第一产业投资增长39.5%，第二产业投资下降0.4%，第三产业投资下降4.5%。民间固定资产投资比上年增长3.4%，占固定资产投资（不含农户）的比重为52.2%。基础设施投资比上年下降7.0%。按项目隶属关系分，地方项目投资下降3.7%，中央项目投资增长25.0%。分区域看，呼包鄂乌投资比上年增长0.4%，东部五盟市投资下降3.5%，其他三盟市投资增长1.4%。

全年房地产开发投资1176.5亿元，比上年增长12.9%。其中，住宅投资907.2亿元，增长16.0%；办公楼投资7.7亿元，下降45.7%；商业营业用房投资118.1亿元，下降8.2%。商品房销售面积2045.9万平方米，增长1.9%；商品房销售额1365.5亿元，增长9.8%。

表7　2020年分行业固定资产投资（不含农户）增长速度

行业	比上年增长（%）	行业	比上年增长（%）
总计	-1.5	金融业	-4.9
农、林、牧、渔业	24.9	房地产业	12.5
彩矿业	-9.1	租赁和商务服务业	-42.6
制造业	-9.6	科学研究和技术服务业	2.1
电力、热车、燃气及水生产和供应业	12.4	水利、环境和公共设施管理业	-25.4
建筑业	-	教育	12.5
批发和零售业	-31.5	卫生和社会工作	3.8
交通运输、仓储和邮政业	-10.4	文化、体育和娱乐业	-16.4
住宿和餐饮业	-46.5	公共管理、社会保障和社会组织	10.5
信息传输、软件和信息技术服务业	-17.0		

七、对外经济

全年海关进出口总额1043.3亿元（人民币，下同），比上年下降4.9%。其中，出口总额349.1亿元，下降7.4%；进口总额694.2亿元，下降3.7%。从主要贸易方式看，一般贸易进出口额680.1亿元，增长1.6%，占进出口总额的比重为65.2%；边境小额贸易进出口额241.3亿元；加工贸易进出口额19.3亿元。与“一带一路”沿线国家进出口总额628.7亿元，比上年下降12.0%。

表8　2020年海关进出口总额及其增长速度

指　标	单位	绝对量	比上年增长（%）
海关进出口总额	亿元	1043.3	-4.9
出口总额	亿元	349.1	-7.4
一般贸易出口	亿元	305.1	-7.0
边境小额贸易	亿元	24.9	-8.8
加工贸易出口	亿元	6.8	-52.8
进口总额	亿元	694.2	-3.7
一般贸易进口	亿元	375.0	9.7
边境小额贸易	亿元	216.4	-22.5
加工贸易出口	亿元	12.5	26.0

全年实际利用外资金额18.2亿美元，比上年下降11.6%。年末全区在市场监管部门注册的外商投资企业3329家。新设立外商投资企业43家。

八、财政、金融和保险

全年一般公共预算收入2051.3亿元，比上年下降0.4%。其中，税收收入1457.8亿元，下降5.3%，占一般公共预算收入的比重达71.1%。一般公共预算支出5268.2亿元，比上年增长3.3%。

年末全区金融机构人民币存款余额24970.0亿元，比上年末增长5.6%，比年初增加1324.8亿元。其中，住户存款余额15302.8亿元，增长12.6%，比年初增加1715.5亿元；非金融企业存款余额5089.6亿元，下降1.7%，比年初减少89.0亿元；机关团体存款余额3601.1亿元，下降5.1%，比年初减少192.3亿元。年末全区金融机构人民币贷款余额23249.2亿元，比上年末增长0.7%，比年初增加164.1亿元。其中，住户贷款余额7005.0亿元，增长7.6%，比年初增加494.8亿元；企（事）业单位贷款余额16243.8亿元，下降2.0%，比年初减少326.7亿元。

年末全区保险机构共有2932家，比上年增加8家。全年保险业实现原保险保费收入740.0亿元，比上年增长1.4%。全年保险业累计赔付支出224.5亿元，增长11.8%。全年人寿保险实现原保险保费收入359.8亿元，累计赔付54.6亿元。全年农业保险实现原保险保费收入44.0亿元，累计赔付支出31.1亿元。

九、居民收入消费和社会保障

全年全体居民人均可支配收入 31497 元，比上年增长 3.1%。全体居民人均生活消费支出 19794 元，比上年下降 4.6%。

图 8　2016－2020 年全体居民人均可支配收入及其增长速度

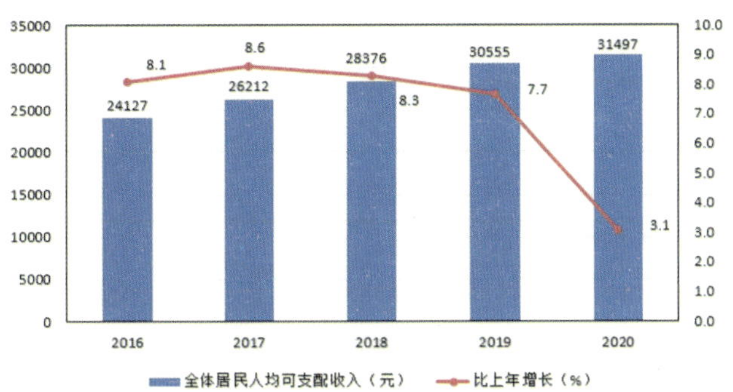

按常住地分，城镇常住居民人均可支配收入 41353 元，比上年增长 1.4%。从主要收入构成看，工资性收入 24888 元，增长 1.8%；经营净收入 7697 元，下降 3.1%；财产净收入 2366 元，增长 0.9%；转移净收入 6401 元，增长 6.1%。城镇常住居民人均生活消费支出 23888 元，下降 5.9%。农村牧区常住居民人均可支配收入 16567 元，比上年增长 8.4%。从主要收入构成看，工资性收入 3353 元，增长 5.6%；经营净收入 8828 元，增长 9.4%；财产净收入 498 元，下降 4.7%；转移净收入 3888 元，增长 10.5%。农村牧区常住居民人均生活消费支出 13594 元，比上年下降 1.6%。全体居民恩格尔系数为 28.7%，比上年提高 2.1 个百分点。其中，城镇居民恩格尔系数为 28.0%，农村牧区居民恩格尔系数为 30.6%，分别比上年提高 1.7 个和 3.4 个百分点。

年末全区城镇拥有各种社区服务设施 4998 个，比上年增长 2.8%。其中，社区服务中心、站 2376 个。各类社会福利院收养人数 0.7 万人。全年共有 164.8 万人得到国家最低生活保障救济。全年筹集社会福利资金 9.3 亿元，销售社会福利彩票 29.1 亿元。

图 9　2020 年按收入构成分的全体居民人均可支配收入及占比

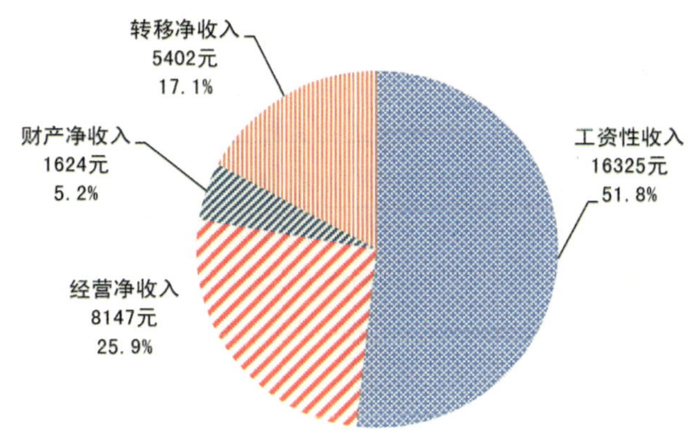

年末参加基本医疗保险人数 2183.9 万人，比上年增长 0.3%。参加城镇职工基本医疗保险人数 553.0 万人，增长 4.2%；参加城乡居民医疗保险人数 1630.9 万人。参加城镇职工基本养老保险人数 785.9 万人，比上年增长 2.9%，其中，参加基本养老保险的离退休人员 311.3 万人，增长 4.2%。参加失业保险人数 271.5 万人，增长 1.5%；累计领取失业保险金人数 5.0 万人，增长 8.1%。养老金社会化发放率 100%。

十、科学技术和教育

全年科技项目中，科技重大专项共安排 27 项，自然科学基金共安排 833 项，关键技术攻关共安排 309 项。科技成果转化专项资金总规模 5.2 亿元。科技企业孵化器 57 家，众创空间 221 家。全年专利授权量 17985 件，比上年增长 62.6%。每万人口发明专利拥有量 2.7 件，比上年提高 0.4 件。年内共签订各类技术合同数 7602 个，其中，区内成交技术合同数 1238 个，增长 34.3%。合同成交金额 254.5 亿元，其中，区内成交技术金额 32.6 亿元，增长 92.6%。

全区共有 8 个产品质量检验机构，其中国家检测中心 5 个。

年末全区共有研究生培养单位 11 个，招生 1.0 万人，在学研究生 2.5 万人，比上年增长 16.4%。普通高校 54 所，招生 15.2 万人，在校生 48.7 万人，毕业生 13.1 万人。中等职业教育学校 231 所，招生 6.8 万人，在校生 17.5 万人，毕业生 5.6 万人。普通高中 305 所，招生 14.3 万人，在校生 40.6 万人，毕业生 14.3 万人。初中 711 所，招生 22.0 万人，在校生 66.2 万人，毕业生 22.2 万人。小学 1652 所，招生 24.0 万人，在校生 138.2 万人，毕业生 22.0 万人。幼儿园在园幼儿 61.1 万人。初中阶段毛入学率为 98.6%，高中阶段毛入学率为 94.6%。

图 10　2016－2020 年普通高校、中等职业教育和普通高中招生人数

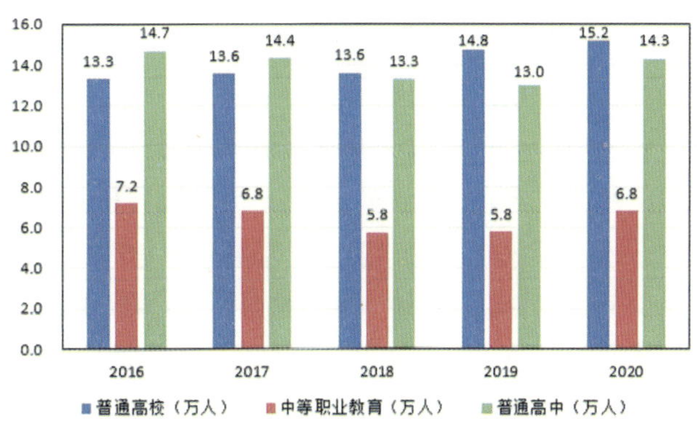

十一、文化旅游、卫生健康和体育

年末全区有艺术表演团体 95 个，其中乌兰牧骑 73 个。拥有文化馆 120 座，公共图书馆 117 座，博物馆 178 座。年末全区广播节目综合人口覆盖率为 99.7%，电视节目综合人口覆盖率为 99.7%。年末全区有线电视用户 356.3 万户。全年生产故事影片 5 部，蒙语译制片 100 部。自治区和盟市两级出版各类

报纸23338万份,各类期刊1129万册,图书6391万册。年末全区有档案馆103座,已开放各类档案459.3万卷(件)。

全年累计接待国内外游客12503.1万人次,实现旅游业综合收入2406.4亿元。其中,全年接待国内游客12494.4万人次,实现国内旅游收入2404.1亿元。

年末全区共有卫生机构24614个,其中医院777个,农村牧区卫生院1257个,疾病预防控制中心120个,妇幼卫生机构114个,专科疾病防治院(所)34个。年末全区医疗卫生单位拥有病床16.2万张,比上年增长0.6%。其中,医院拥有病床13.0万张,乡镇卫生院拥有病床2.1万张,妇幼卫生机构拥有病床0.4万张。全区拥有卫生技术人员20.2万人,增长3.0%。其中,执业医师、助理医师8.1万人,注册护士8.3万人。农村牧区拥有村卫生室1.3万个,拥有乡村医生和卫生员1.6万人。

图11　2016－2020年年末卫生机构和卫生技术人员数

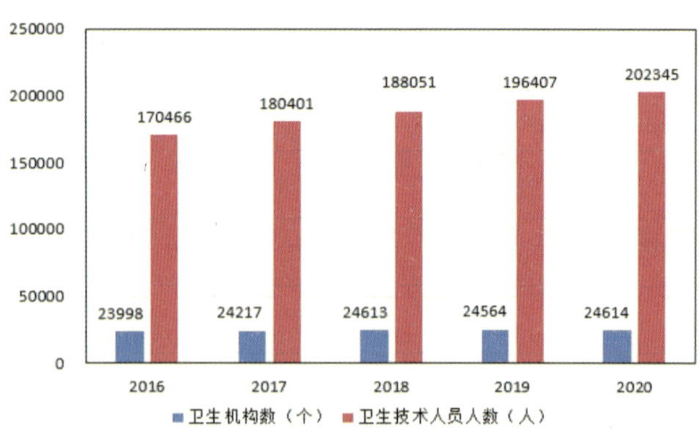

年内全区体育健儿在国内外重大竞赛中获奖牌169枚,其中,国外获奖牌5枚,国内获奖牌164枚。

十二、资源、环境

初步统计,全年总用水量194.4亿立方米,比上年增长1.9%。其中,生活用水下降0.4%,工业用水下降8.0%,农业用水增长0.3%,生态补水增长17.5%。万元工业增加值用水量13.7立方米,下降8.7%。

初步统计,全年完成营造林面积91.5万公顷。其中,人工造林29.1万公顷,飞播造林2.5万公顷,封山育林15.1万公顷,退化林修复17.5万公顷,中、幼林抚育(作业)面积27.3万公顷。完成退耕还林工程造林面积4.5万公顷,完成天然林资源保护工程造林面积4.6万公顷,完成京津风沙源治理工程造林面积7.9万公顷,完成"三北"防护林五期工程造林面积9.8万公顷。年末全区森林面积2615万公顷,森林覆盖率为23.0%。

全区确定的自然保护区182个。其中,国家级自然保护区29个,自治区级自然保护区60个。自然保护区面积1267.0万公顷。其中,国家级自然保护区面积426.2万公顷。

全年规模以上工业综合能源消费量比上年增长4.5%,其中七大高耗能行业综合能源消费量增长4.4%。

全区优良天数比例达到90.8%。细颗粒物(PM2.5)未达标的10个盟市年均浓度较2015年下降25.0%。

注释:

[1]本公报中数据均为初步统计数。部分数据因四舍五入的原因,存在总计与分项合计不等的情况。2020年末全区总人口和结构数据拟于内蒙古自治区第七次全国人口普查公报发布后予以公布。

[2]地区生产总值、各产业增加值绝对数按现价计算,增长速度按可比价格计算。

[3]呼包鄂乌地区是指呼和浩特市、包头市、鄂尔多斯市、乌兰察布市;东部五盟市地区是指呼伦贝尔市、兴安盟、通辽市、赤峰市、锡林郭勒盟;其他三盟市地区是指巴彦淖尔市、乌海市、阿拉善盟。

[4]农产品生产者价格是指农产品生产者直接出售其产品时的价格。

[5]居住类价格包括租赁房房租、住房保养维修及管理、水电燃料等价格。

[6]工业战略性新兴产业包括新一代信息技术产业,高端装备制造产业,新材料产业,生物产业,新能源汽车产业,新能源产业,节能环保产业和数字创意产业等八大产业中的工业相关行业。2020年工业战略性新兴产业增加值增速按可比口径计算。

[7]高技术制造业包括医药制造业,航空、航天器及设备制造业,电子及通信设备制造业,计算机及办公设备制造业,医疗仪器设备及仪器仪表制造业,信息化学品制造业。

[8]装备制造业包括金属制品业,通用设备制造业,专用设备制造业,汽车制造业,铁路、船舶、航空航天和其他运输设备制造业,电气机械和器材制造业,计算机、通信和其他电子设备制造业,仪器仪表制造业。

[9]高技术产业投资包括医药制造、航空航天器及设备制造等六大类高技术制造业投资和信息服务、电子商务等九大类高技术服务业投资。

[10]主要工业产品产量中,原煤、焦炭、原油、发电量为全社会口径,其余为规模以上工业企业口径。

[11]民间固定资产投资是指具有集体、私营、个人性质的内资企(事业)单位以及由其控股(包括绝对控股和相对控股)的企业单位建造或购置固定资产的投资。

[12]房地产业投资除房地产开发投资外,还包括建设单位自建房屋以及物业管理、中介服务和其他房地产投资。

[13]"一带一路"是指"丝绸之路经济带"和"21世纪海上丝绸之路"。

[14]固定互联网宽带接入用户是指报告期末在电信企

业登记注册，通过 xDSL、FTTx + LAN、FTTH/O 以及其他宽带接入方式和普通专线接入公众互联网的用户。

[15]原保险保费收入是指保险企业确认的原保险合同保费收入。

[16]综合能源消费量是指企业(单位)在报告期内工业生产实际消费的各种能源(扣除能源加工转换和能源回收利用等重复因素)的总和。计算综合能源消费量时，需要将各种能源品种的消费量换算成按照标准计量单位(如:吨标准煤)计量的消费量。规模以上工业综合能源消费量口径按当量值计算。

资料来源:

本公报中城镇新增就业、登记失业率、社会保障数据来自人力资源和社会保障厅;价格指数、居民收入消费、粮食作物播种面积、粮食产量、猪牛羊禽肉产量、禽蛋产量、牛奶产量、猪牛羊存栏数据来自国家统计局内蒙古调查总队;农牧业机械总动力数据来自农牧厅;对外贸易数据来自呼和浩特海关;实际利用外资数据来自商务厅;注册企业数、产品质量检验机构、专利数据来自市场监督管理局;客货运量、客货运周转量数据来自交通运输厅、铁路部门和民航部门;民用汽车数据来自公安厅;电信数、电话数、移动互联网数来自通信管理局;邮政业务量、快递业务量数据来自邮政管理局;艺术表演团体、文化馆、公共图书馆、博物馆、旅游数据来自文化和旅游厅;档案数据来自档案局;财政数据来自财政厅;金融数据来自人民银行呼和浩特中心支行;保险数据来自银保监局;医疗保障数据来自医疗保障局;教育数据来自教育厅;科技项目、合同成交金额数据来自科学技术厅;电视、广播数据来自广播电视局;体育数据来自体育局;医疗卫生数据来自卫生健康委员会;电影数据来自电影集团;社区服务设施数、福利院、最低生活保障、福利彩票数据来自民政厅;自然保护区、林业数据来自林业和草原局。其他数据均来自统计局。

第二部分

统计资料

PART TWO STATISTICS

1 综 合

General Survey

资料整理：张利珍　王德慧

Arranged By：Zhang Lizhen，Wang Dehui

1-1 平均每天主要社会经济活动
Major Indicators on Average Daily Social and Economic Activities

指　标	Item	1990	1995	2000	2005	2010	2015	2020
全区每天创造的财富	**Autonomous Regional Daily Production**							
生产总值(万元)	Gross Domestic Product (10 000 yuan)	8748	23481	42052	96540	224654	354767	474312
第一产业	Primary Industry	3084	7128	9585	16152	30077	44663	55331
第二产业	Secondary Industry	2806	8460	15917	37748	93711	144371	187651
工　业	Industry	2388	6983	13229	30183	74543	112910	151572
建筑业	Construction	418	1477	2688	7565	19168	31461	36079
第三产业	Tertiary Industry	2858	7893	16550	42640	100866	165733	231330
一般公共预算收入(万元)	General Public Budget Revenue (10 000 yuan)	903	1197	2597	7602	29314	53821	56044
一般公共预算支出(万元)	General Public Budget Expenditure (10 000 yuan)	1669	2799	7133	20126	62288	116519	143993
粮食(吨)	Grain(ton)	26658	28915	33931	45538	64227	90208	100112
油料(吨)	Oil-bearing Crops(ton)	1901	1923	3180	3347	3783	5653	5936
肉类(吨)	Meat(ton)	1469	2243	3918	6299	6522	6702	7321
牛奶(吨)	Cow Milk(ton)	1012	1331	2180	18934	19784	17555	16707
水产品(吨)	Aquatic Products(ton)	83	131	197	226	312	421	321
乳制品(吨)	Dairy products(ton)	60	83	182	8425	9462	8042	9216
原煤(万吨)	Coal(10 000 tons)	13.05	19.33	19.80	70.16	216.20	249.20	280.19
发电量(万千瓦小时)	Electricity(10 000 kwh)	4645	7631	12001	28948	68052	107638	158770
钢(吨)	Steel(ton)	7479	9736	11574	22068	33776	47537	85242
成品钢材(吨)	Steel Products(ton)	4807	7062	10353	20487	36751	51978	78796
水泥(吨)	Cement(ton)	6246	9569	17213	44719	149433	159747	98658
每天其他经济活动	**Other Daily Economic Activities**							
社会消费品零售总额(万元)	Total Retail Sales of Consumer Goods(10 000 yuan)	4006	8149	14476	29841	68121	112425	130067
货运量(万吨)	Freight Traffic(10 000 tons)	73.09	89.68	121.94	200.22	362.21	510.03	465.98
客运量(万人)	Passenger Traffic(10 000 persons)	28.70	50.06	64.34	87.98	66.69	46.54	20.21
进出口总额(万美元)	Total Imports and Exports (USD 10 000)	132.68	307.70	556.27	1414.22	2388.75	3502.44	4148.81
邮政业务总量(万元)	Volume of Postal Services (10 000 yuan)	20.20	52.14	107.82	244.80	328.34	636.46	1739.89
电信业务总量(万元)	Volume of Telecommunication Services(10 000 yuan)	37.87	212.39	1428.96	5227.11	5170.13	10330.42	70616.12
图书出版(万册)	Books Published(10 000 copies)	21.78	17.97	20.28	24.35	16.63	17.76	17.27
杂志出版(万册)	Magazines Issued(10 000 copies)	3.46	2.84	4.33	3.79	3.94	5.70	3.08
报纸出版(万份)	Newspapers Issued(10 000 copies)	44.36	44.62	49.09	169.37	74.11	89.90	66.80
邮寄函件(万件)	Letters Delivered(10 000 pieces)	22.14	45.83	26.44	8.61	9.28	3.99	1.70
每天人口变动与婚姻	**Daily Population Changes & Marriages**							
出生(人)	Births(person)	1117	1073	779	659	628	530	560
死亡(人)	Deaths(person)	293	417	384	357	374	365	393
结婚(对)	Marriages(couple)	435	475	415	423	555	597	387
离婚(对)	Divorces(couple)	60	75	89	107	157	252	235

1-2 社会经济主要指标人均水平

Major Per Capita Indicators on Society and Economy

指 标	Item	1990	1995	2000	2005	2010	2015	2020
生产总值(元)	**Gross Domestic Product(yuan)**	**1478**	**3772**	**6502**	**14695**	**33262**	**52972**	**72062**
一般公共预算收入(元)	**General Public Budget Revenue(yuan)**	**154**	**192**	**401**	**1157**	**4340**	**8036**	**8514**
农牧业生产	**Agriculture and Animal Husbandry Production**							
耕地面积(公顷)	Cultivated Land(hectare)	0.23	0.24	0.31	0.31	0.29	0.37	
粮食产量(千克)	Output of Grain(kg)	454.16	464.43	524.63	693.17	950.95	1346.80	1520.95
油料产量(千克)	Output of Oil-bearing Crops(kg)	32.39	30.89	49.16	50.95	56.01	84.40	90.18
甜菜产量(千克)	Output of Beetroots(kg)	110.34	115.95	59.68	57.67	58.85	82.01	257.65
年末大牲畜(头)	Large Animals at the Year-end(head)	0.33	0.31	0.26	0.33	0.35	0.35	0.34
年 末 羊(只)	Sheep and Goats at the Year-end(head)	1.41	1.46	1.50	2.26	2.23	2.59	2.52
年末生猪(口)	Hogs at the Year-end(head)	0.24	0.34	0.31	0.29	0.26	0.19	0.22
肉类产量(千克)	Output of Meat(kg)	25.02	36.03	60.58	95.88	96.57	100.06	111.23
#牛肉产量(千克)	Output of Beef(kg)	3.99	4.14	9.23	14.01	20.16	21.64	27.50
羊肉产量(千克)	Output of Mutton(kg)	5.96	7.43	13.44	30.21	36.17	37.87	46.90
猪肉产量(千克)	Output of Pork(kg)	13.43	20.97	32.37	36.71	29.16	28.96	25.47
牛奶产量(千克)	Output of Cow Milk(kg)	17.25	21.37	33.70	288.20	292.92	262.10	253.82
羊 绒(千克)	Cashmere(kg)	0.10	0.14	0.16	0.28	0.33	0.34	0.28
主要工业产品产量	**Output of Major Industrial Products**							
原 煤(吨)	Coal(ton)	2.22	3.10	3.06	10.68	32.01	37.21	42.57
原 盐(吨)	Salt(ton)	0.04	0.03	0.05	0.09	0.11	0.07	0.04
发 电 量(千瓦小时)	Electricity(kwh)	791	1226	1855	4406	10076	16070	24121
糖(千克)	Sugar(kg)	7.64	7.51	5.09	6.15	4.88	27.54	33.83
乳 制 品(千克)	Dairy Products(kg)	1.02	1.33	2.81	128.25	140.09	120.07	140.01
水 泥(吨)	Cement(ton)	0.11	0.15	0.27	0.68	2.21	2.39	1.50
钢(吨)	Steel(ton)	0.13	0.16	0.18	0.34	0.50	0.71	1.30
生 铁(吨)	Pig Iron(ton)	0.13	0.15	0.19	0.38	0.55	0.60	0.99
社会消费品零售额(元)	**Total Retail Sales of Consumer Goods(yuan)**	**682**	**1309**	**2238**	**4542**	**10086**	**16785**	**19760**
人民生活	**People's Livelihood**							
职工平均工资(元)	Average Wage of Staff & Workers(yuan)	1846	4134	6974	15985	35507	57870	87916
#国 有(元)	State-owned Units(yuan)	1971	4407	7261	16598	37602	62059	85118
集 体(元)	Urban Collective-owned Units(yuan)	1441	3001	4826	10804	29822	58679	88996
城镇常住居民人均可支配收入(元)	Per Capita Disposable Income of Urban Residents(yuan)	1149	2863	5152	9247	18050	30594	41353
城镇常住居民人均生活消费支出(元)	Per Capita Consumption Expenditure of Urban Residents(yuan)	982	2482	3928	6927	13991	21876	23888
农村牧区常住居民人均可支配收入(元)	Per Capita Disposable Income of Rural Residents(yuan)	607	1208	2058	3070	5780	10776	16567
农村牧区常住居民人均生活消费支出(元)	Per Capita Consumption Expenditure of Rural Residents(yuan)	492	1180	1694	2796	5572	10637	13594
住户存款余额(元)	Household Deposits(yuan)	515	1804	3875	8231	18733	36811	63521

注：1. 住户存款余额2010年以前为城乡居民储蓄存款余额，2011—2014年为个人储蓄存款余额，下表同。

2. 2013年以后，城镇（农村牧区）常住居民人均可支配收入、城镇（农村牧区）常住居民人均生活消费支出数据为城乡一体化住户收支与生活状况调查数据。“农牧民人均纯收入”改为“农村牧区常住居民人均可支配收入”。

a)Before 2010,the Household deposits is called resident saving deposit in urban & rural.During 2011-2014,the Household deposits is called personal balance of savings deposits.The same as in the following tables.

b)From 2014,data of Per Capita Disposable Income of Urban and Rural Residents and Expenditure of Urban and Rural Residents are from integrated household income and expenditure survey including both urban and rural households. "Annual Net Income of Rural Households per Capita" has been adjusted to"Per Capita Disposable Income of Rural Residents".

1-3 国民经济和社会发展比例和效益
Indicators on National Economic and Social Development

指　标	Item	1990	1995	2000	2005	2010	2015	2020
人 口 与 就 业	**Population and Employment**							
人口	**Population**							
出生率(‰)	Birth Rate(‰)	21.2	17.2	12.1	10.1	9.3	7.7	8.3
死亡率(‰)	Death Rate(‰)	7.2	6.7	5.9	5.5	5.5	5.3	5.9
自然增长率(‰)	Natural Growth Rate(‰)	14.0	10.5	6.1	4.6	3.8	2.4	2.5
就业	**Employment**							
城镇就业者负担人数(人)	Dependency Rural Laborer(person)	1.89	1.86	1.92	1.91	1.94	1.76	2.01
三次产业从业者比例(以第一产业为100)	Employment Ratio by Type of Industry (Employment in Primary Industry=100)							
第一产业	Primary Industry	100	100	100	100	100	100	100
第二产业	Secondary Industry	39.1	41.9	32.9	29.0	65.1	59.1	47.6
第三产业	Tertiary Industry	40.3	49.9	58.8	56.7	33.7	72.1	132.7
城镇登记失业率(%)	Registered Unemployment Rate in Urban Areas(%)	3.49	3.17	3.34	4.26	3.90	3.65	3.80
宏 观 经 济	**Macro Economy**							
国民经济核算	**National Accounting**							
三次产业增加值比例(以第一产业为100)	Ratio of Value-added by Type of Industry (Value added in Primary industry=100)							
第一产业	Primary Industry	100	100	100	100	100	100	100
第二产业	Secondary Industry	91.0	118.7	166.1	233.7	311.6	323.2	339.1
第三产业	Tertiary Industry	92.7	110.7	172.7	264.0	335.4	371.1	418.1
人均生产总值(元)	Per Capita GDP(yuan)	1478	3772	6502	14695	33262	52972	72062
建筑业	**Construction**							
全社会房屋建筑面积竣工率(%)	Rate of Total Floor Space of Buildings Completed in Construction(%)	77.8	80.7	75.5	53.5	50.2	44.5	20.1
财政	**Finance**							
一般公共预算收入占生产总值比例(%)	Proportion of General Public Budget Revenue to GDP(%)	10.3	5.1	6.2	7.9	13.0	15.2	11.8
一般公共预算支出占生产总值比例(%)	Proportion of General Public Budget Expenditures to GDP(%)	19.1	11.9	17.0	20.8	27.7	32.8	30.4

1-3 续表1 Continued

指 标	Item	1990	1995	2000	2005	2010	2015	2020
产 业	**Industrial**							
农牧业	**Agriculture and Animal Husbandry**							
人均耕地面积(公顷)	Per Capita Cultivated Land(hectare)	0.23	0.24	0.31	0.31	0.29	0.37	
每公顷耕地农业机械总动力(千瓦)	Total Power of Agricultural Machinery per Hectare of Cultivated Land(kw)	1.53	1.64	1.85	2.61	4.24	4.58	
每公顷播种面积农产品产量(千克)	Output of Farm Crops per Hectare of Sown Area(kg)							
粮 食	Grain	2511	2547	2800	3800	4010	5004	5362
油 料	Oil-bearing Crops	1340	1260	1324	1759	1882	2073	2389
甜 菜	Beetroots	24884	18821	23946	36389	43532	46625	48788
建筑业	**Construction**							
技术装备率(元/人)	Machinery per Laborer(yuan/person)	2434	3053	5844	11822	11379	24549	21454
产值利税率(%)	Ratio of Per-tax Profits to Gross Output Value(%)	6.2	3.6	4.2	8.3	11.6	7.8	5.6
全员劳动生产率(元/人)(按总产值计算)	Overall Labor Productivity (yuan/person)(in terms of gross output value per employee)	1369	28440	39319	81750	151321	303271	473094
交通运输、通信	**Transportation,Telecommunication**							
铁路网密度(公里/万平方公里)	Railway Density(km/10 000 sq.km)	42	50	50	54	78	101	120
公路网密度(公里/万平方公里)	Highway Density(km/10 000 sq.km)	366	378	569	1052	1336	1482	1777
铁路货运密度(吨/公里)	Railway Freight Traffic Density (ton/km)	13815	14064	16169	34615	51270	56058	43372
公路货运密度(吨/公里)	Highway Freight Traffic Density (ton/km)	4568	5449	5194	4099	5390	6814	5185
移动电话普及率(部/百人)	Access to Mobile Phones (set/100 persons)		0.1	4.9	29.9	82.5	96.6	116.6
国内贸易	**Domestic Trade**							
人均社会消费品零售额(元)	Per Capita Retail Sales of Consumer Goods(yuan)	682	1309	2238	4542	10086	16785	19760
对外经济贸易	**Foreign Trade**							
进出口总额占生产总值比例(%)	Proportion of Total Imports & Exports to GDP(%)	7.9	10.9	11.0	11.8	7.0	6.1	6.1
金融	**Finance**							
金融机构存款占生产总值比例(%)	Proportion of Deposits of Financial Institutions to GDP(%)	53.2	66.1	82.5	93.6	125.4	139.6	143.8
金融机构贷款占生产总值比例(%)	Proportion of Loans of Financial Institutions to GDP(%)	85.5	95.7	87.1	73.5	96.6	132.4	133.9

1-3 续表2 Continued

指　标	Item	1990	1995	2000	2005	2010	2015	2020
教育、科技、文化	**Education,Science & Tech,Culture**							
教育	**Education**							
学龄儿童净入学率(%)	Rate of School-age Children Enrollment (%)	97.9	98.9	99.5	99.4	100.0	100.0	100.0
小学升学率(%)	Rate of Graduates of Primary Schools Entering Junior Secondary Schools (%)	81.8	90.0	96.1	100.0	100.2	99.6	99.8
初中升学率(%)	Rate of Graduates of Junior Secondary Schools Entering Senior Secondary Schools (%)	42.1	48.6	60.2	73.0	91.5	95.4	95.0
学校生师比(教师人数=1)	Teacher-student Ratio (Total No. of Teachers=1)							
高等学校	Colleges and Universities	4.8	5.3	8.1	14.2	15.9	16.5	17.4
中等学校	Secondary Schools	12.8	13.3	16.0	16.7	15.0	12.3	11.1
小学学校	Primary Schools	15.2	15.3	15.6	13.4	12.6	12.9	13.1
科技	**Science and Technology**							
研究与开发经费支出占生产总值比例(%)	Proportion of R&D Expenditure to GDP (%)		0.09	0.16	0.29	0.55	0.76	
文化	**Culture**							
每百万人有艺术表演团体(个)	Number of Troupes per Million Persons (unit)	5.8	5.2	4.9	4.5	4.4	4.0	3.9
每百万人有公共图书馆(个)	Number of Public Libraries per Million Persons (unit)	4.9	4.7	4.6	4.6	4.6	4.8	4.9
每百万人有博物馆(个)	Number of Museums per Million Persons (unit)	0.5	0.7	1.1	1.4	2.2	3.4	7.1
家庭、生活、环境	**Family, People's Livelihood & Environment**							
家庭	**Family**							
负担少儿系数(%)	Dependency Ratio of Children (%)	42.1	38.2	29.0	22.4	18.0	17.3	19.3
负担老年系数(%)	Dependency Ratio of the Aged (%)	5.9	6.8	7.3	8.8	9.7	11.8	17.9
卫生	**Health Care**							
每万人口卫生机构数(个)	Number of Health Institutions Per 10 000 Population (unit)	2.4	2.2	1.9	1.6	3.3	9.5	10.2
每万人口卫生机构床位数(张)	Number of Public Health Orgon Beds Per 10 000 Population (bed)	26.6	27.3	28.2	29.1	40.4	53.3	67.5
每万人口医生数(人)	Number of Doctors Per 10 000 population (person)	19.0	22.0	22.0	21.0	22.0	26.0	33.5
市政建设	**City Construction**							
城市自来水普及率(%)	Percentage of Households with Access to Tap Water (%)	73.4	80.7	89.1	83.9	88.0	98.5	99.1
城市用气普及率(%)	Percentage of Households with Acccss to Gas (%)	16.8	40.5	58.6	68.2	79.3	94.1	94.7
人均公园绿地面积(平方米)	Per Capita Public Green Park (sq.m)	3.3	5.9	7.0	7.8	12.4	19.3	19.9

1-4 国民经济和社会发展总量与速度

指 标	Item	总量指标				
		1978	1995	2000	2005	2010
人口与就业	**Population and Employment**					
人口(万人)	**Population(10 000 persons)**					
年末总人口	Population at the Year-end	1823.4	2284.4	2372.4	2403.1	2472.2
市镇人口	Urban	397.5	873.1	1001.1	1134.3	1372.9
乡村人口	Rural	1425.9	1411.3	1371.3	1268.8	1099.3
男性人口	Male	957.8	1187.6	1227.2	1237.9	1283.9
女性人口	Female	865.6	1096.8	1145.2	1165.2	1188.3
就业(万人)	**Employment(10 000 persons)**					
从业人数	Number of Employed Persons	652.8	1029.4	1061.6	1041.1	1398.0
#职工人数	Staff and Workers	227.6	383.7	263.9	239.6	244.9
城镇登记失业人数	Number of Registered Unemployed persons in Urban Areas		14.0	12.6	17.7	20.8
宏观经济	**Macroeconomic Indicator**					
国民经济核算(亿元)	**National Accounting (100 million yuan)**					
生产总值	Gross Domestic Product	58.04	857.06	1539.12	3523.70	8199.86
第一产业	Primary Industry	18.96	260.18	350.80	589.56	1097.80
第二产业	Secondary Industry	26.37	308.78	582.57	1377.80	3420.45
第三产业	Tertiary Industry	12.71	288.10	605.74	1556.34	3681.61
人均地区生产总值（元）	Per Capita GDP(yuan)	317	3772	6502	14695	33262
财政(亿元)	**Public Finance(100 million yuan)**					
一般公共预算收入	General Public Budget Revenue	6.90	43.70	95.03	277.46	1069.98
一般公共预算支出	General Public Budget Expenditure	18.69	102.18	261.06	734.61	2273.50
物价总指数(上年=100)	**Price Indices (preceding year=100)**					
商品零售价格总指数	General Retail Price Index	101.0	116.8	98.8	101.5	103.0
居民消费价格总指数	General Consumer Price Index		117.5	101.3	102.4	103.2
能源生产与消费(万吨标准煤)	**Production and Consumption of Energy(10 000 tons of SCE)**					
能源生产总量	Total Energy production	1070.63	4642.02	4701.23	19072.62	49616.94
能源消费总量	Total Energy Consumption		3268.44	3937.54	8772.61	14573.57

Principal Aggregate Indicators on National Economic and Social Development and Their Related Indices and Growth Rates

Aggregate Data		速度指标(%)Indices and Growth Rates(%)										
		指数(2020年为以下各年) Index(2020 as Percentage of the Following Years)						平均增长速度 Average Annual Growth Rate				
2015	2020	1978	1995	2000	2005	2010	2015	1979-2020	2001-2005	2006-2010	2011-2015	2016-2020
2440.4	2402.8	131.8	105.2	101.3	100.0	97.2	98.5	0.7	0.3	0.6	-0.3	-0.3
1515.2	1621.5	407.9	185.7	162.0	143.0	118.1	107.0	3.4	2.5	3.9	2.0	1.4
925.2	781.3	54.8	55.4	57.0	61.6	71.1	84.4	-1.4	-1.5	-2.8	-3.4	-3.3
1262.2	1226.5	128.1	103.3	99.9	99.1	95.5	97.2	0.6	0.2	0.7	-0.3	-0.6
1178.2	1176.4	135.9	107.3	102.7	101.0	99.0	99.8	0.7	0.3	0.4	-0.2	0.0
1351.0	1242.0	190.3	120.7	117.0	119.3	88.8	91.9	1.5	-0.4	6.1	-0.7	-1.7
289.6	256.5	112.7	66.8	97.2	107.1	104.7	88.6	0.3	-1.9	0.4	3.4	-2.4
25.9	30.0		214.3	238.1	169.5	144.2	115.8		7.0	3.3	4.5	3.0
12948.99	17359.82	7217.8	1444.7	855.0	420.5	195.8	123.4	10.7	15.3	16.5	9.7	4.3
1630.21	2025.12	1027.3	330.5	242.6	176.4	141.8	114.6	5.7	6.6	4.5	4.4	2.8
5269.54	6868.03	9339.5	2141.9	1252.2	510.2	205.8	121.6	11.4	19.7	19.9	11.1	4.0
6049.24	8466.66	17519.2	1704.5	897.9	445.9	203.1	127.5	13.1	15.0	17.0	9.8	5.0
52972	72062	5473.9	1361.8	839.5	418.0	200.0	125.1	10.0	15.0	15.9	9.8	4.6
1964.48	2051.20	29727.5	4693.8	2158.5	739.3	191.7	104.4	14.5	23.9	31.0	12.9	0.9
4252.96	5270.16	28197.8	5157.7	2018.8	717.4	231.8	123.9	14.4	23.0	25.4	13.3	4.4
100.5	100.5	495.0	141.1	137.7	133.4	117.8	105.5	3.9	0.6	2.5	2.2	1.1
101.1	101.9		178.5	158.1	145.7	126.2	109.3		1.7	2.9	2.9	1.8
56237.69									32.3	21.1	2.5	
18783.71									17.4	10.7	5.2	

1-4 续表 1

指 标	Item	总量指标				
		1978	1995	2000	2005	2010
产 业	**Industry**					
农林牧渔业	**Farming, Forestry, Animal Husbandry & Fishery**					
耕地面积(万公顷)	Cultivated Areas(10 000 hectares)	532.60	549.10	731.70	735.50	714.85
总产值(亿元)	Gross Output(100 million yuan)	28.35	373.59	543.16	980.21	1844.47
主要农畜产品产量	Output of Major Farm & Livestock					
粮食(万吨)	Grain(10 000 tons)	499.00	1055.40	1241.88	1662.15	2344.28
油料(万吨)	Oil-bearing Crops(10 000 tons)	12.50	70.20	116.37	122.17	138.07
甜菜(万吨)	Beetroots(10 000 tons)	43.10	263.50	141.28	138.28	145.08
造林面积(万公顷)	Forested Areas(10 000 hectares)	29.79	40.25	59.00	67.80	62.52
肉类(万吨)	Meat(10 000 tons)		81.89	143.40	229.91	238.05
牛奶(万吨)	Cow milk(10 000 tons)		48.57	79.78	691.08	722.11
羊绒(吨)	Cashmere(ton)		3114	3815	6646	8104
水产品(万吨)	Aquatic Products(10 000 tons)	1.50	4.76	7.21	8.26	11.38
工业生产	**Industrial Production**					
主要工业产品产量	Output of Industrial Products					
原煤(万吨)	Raw Coal(10 000 tons)	2194.00	7055.00	7247.29	25607.69	78913.14
原油(万吨)	Crude Oil(10 000 tons)			90.50	146.92	182.91
原盐(万吨)	Raw Salt(10 000 tons)	65.18	76.13	126.68	215.84	278.42
发电量(亿千瓦小时)	Electricity(100 million kwh)	37.78	278.54	439.22	1056.59	2483.90
糖(包括土糖)(万吨)	Sugar(10 000 tons)	4.23	17.07	12.04	14.75	12.04
乳制品(万吨)	Dairy Products(10 000 tons)	0.31	3.03	6.65	307.53	345.36
服装(万件)	Garments(10 000 units)		4868.00	1794.70	1980.72	3676.37
机制纸及纸板(万吨)	Machine Made Paper(10 000 tons)	4.25	19.15	12.19	25.74	28.84
水泥(万吨)	Cement(10 000 tons)	91.91	349.27	630.00	1632.25	5454.30
钢(万吨)	Steel(10 000 tons)	99.00	355.36	423.60	805.49	1232.84
生铁(万吨)	Pig Iron(10 000 tons)	107.00	345.78	440.84	922.69	1358.97
成品钢材(万吨)	Steel Products(10 000 tons)	36.23	257.77	378.91	747.77	1341.41
彩色电视机(万台)	Color Television Sets(10 000 sets)		27.09	51.80	239.09	204.37
建筑业	**Construction**					
建筑业从业人数(万人)	Employed Persons(10 000 persons)		30.98	35.30	26.35	44.34
建筑企业总产值(亿元)	Gross Output Value(100 million yuan)		85.52	138.80	381.30	1125.58
施工房屋面积(万平方米)	Building Floor Space(10 000 sq.m)		1010.92	1816.94	2958.88	7577.89
竣工房屋面积(万平方米)	Completed Floor Space(10 000 sq.m)		511.86	1130.00	1623.38	3805.24

注：本表中主要工业产品产量计算速度指标时，未考虑口径差异因素。

Continued

Aggregate Data		速度指标(%) Indices and Growth Rates(%)										
2015	2020	指数(2020年为以下各年) Index(2020 as Percentage of the Following Years)						平均增长速度 Average Annual Growth Rate				
		1978	1995	2000	2005	2010	2015	1979-2020	2001-2005	2006-2010	2011-2015	2016-2020
916.20									0.1	-0.6	5.1	
2761.56	3472.36	1041.1	368.8	259.3	178.5	141.6	113.9	5.7	7.7	4.7	4.5	2.6
3292.58	3664.10	734.3	347.2	295.0	220.4	156.3	111.3	4.9	6.0	7.1	7.0	2.2
206.34	217.25	1738.0	309.5	186.7	177.8	157.3	105.3	7.0	1.0	2.5	8.4	1.0
200.49	620.69	1440.1	235.6	439.3	448.9	427.8	309.6	6.6	-0.4	1.0	6.7	25.4
66.80	65.00	218.2	161.5	110.2	95.9	104.0	97.3	1.9	2.8	-1.6	1.3	-0.5
244.63	267.95		327.2	186.9	116.5	112.6	109.5		9.9	0.7	0.5	1.8
640.76	611.48		1259.0	766.5	88.5	84.7	95.4		54.0	0.9	-2.4	-0.9
8380.10	6717.63		215.7	176.1	101.1	82.9	80.2		11.7	4.0	0.7	-4.3
15.35	11.76	784.0	247.1	163.1	142.4	103.3	76.6	5.0	2.8	6.6	6.2	-5.2
90957.05	102550.86	4674.2	1453.6	1415.0	400.5	130.0	112.7	9.6	28.7	25.2	2.9	2.4
178.83	125.44			138.6	85.4	68.6	70.1		10.2	4.5	-0.5	-6.8
164.57	102.31	157.0	134.4	80.8	47.4	36.7	62.2	1.1	11.2	5.2	-10.0	-9.1
3928.77	5810.97	15381.1	2086.2	1323.0	550.0	233.9	147.9	12.7	19.2	18.6	9.6	8.1
67.33	81.51	1927.0	477.5	677.0	552.6	677.0	121.1	7.3	4.1	-4.0	41.1	3.9
293.55	337.29	108803.2	11131.7	5072.0	109.7	97.7	114.9	18.1	115.3	2.3	-3.2	2.8
5095.50	526.80		10.8	29.4	26.6	14.3	10.3		2.0	13.2	6.7	-36.5
12.32	7.37	173.4	38.5	60.5	28.6	25.6	59.8	1.3	16.1	2.3	-15.6	-9.8
5830.75	3610.88	3928.7	1033.8	573.2	221.2	66.2	61.9	9.1	21.0	27.3	1.3	-9.1
1735.11	3119.87	3151.4	877.9	736.5	387.3	253.1	179.8	8.6	13.7	8.9	7.1	12.5
1461.40	2380.83	2225.1	688.5	540.1	258.0	175.2	162.9	7.7	15.9	8.1	1.5	10.3
1897.18	2883.92	7960.0	1118.8	761.1	385.7	215.0	152.0	11.0	14.6	12.4	7.2	8.7
266.48	173.24		639.5	334.4	72.5	84.8	65.0		35.8	-3.1	5.5	-8.3
28.64	18.02		58.2	51.0	68.4	40.6	62.9		-5.7	11.0	-8.4	-8.9
1123.21	1134.44		1326.5	817.3	297.5	100.8	101.0		22.4	24.2	0.0	0.2
6970.48	7016.65		694.1	386.2	237.1	92.6	100.7		10.2	20.7	-1.7	0.1
3098.93	1411.01		275.7	124.9	86.9	37.1	45.5		7.5	18.6	-4.0	-14.6

a)When calculating the rate of the output of main industrial products in this table,the statistical caliber difference factor is not taken into account.

1-4 续表 2

指 标	Item	总量指标				
		1978	1995	2000	2005	2010
交通运输	**Transportation**					
货运量(万吨)	Freight Traffic (10 000 tons)	8213	32732	44629	73082	132205
铁路	Railways	3861	8347	9648	22060	47040
公路	Highways	4352	24384	34979	51020	85162
空运	Civil Aviation		1.13	2.00	2.00	3.11
客运量(万人)	Passenger Traffic (10 000 persons)	3422	18273	23549	32114	24343
铁路	Railways	1753	2909	3378	3259	4136
公路	Highways	1669	15248	20061	28604	19830
空运	Civil Aviation		116	110	251	377
邮电通信业	**Postal & Telecoms Services**					
函 件(万件)	Letters Delivered (10 000 pieces)	6658	16728	9677	3143	3389
报刊期发数(万份)	Newspapers and Magazines Distributed(10 000 copies)	253	486	395	194	242
国内贸易	**Domestic Trade**					
社会消费品零售总额(亿元)	Total Retail Sales of Consumer Goods (100 million yuan)	36.83	297.45	529.83	1089.20	2486.40
对外经济贸易	**Foreign Trade**					
进出口总额(亿美元)	Imp. & Exp. (USD100 million)	0.16	11.23	20.36	51.62	87.19
进口额	Imports	0.05	5.15	10.14	30.97	53.84
出口额	Exports	0.10	6.08	10.22	20.65	33.35
实际利用外资额(万美元)	Amount of Foreign Capital Actually Utilized (USD 10 000)		61801	54819	140007	355876
旅游	**International Tourism**					
入境旅游人数(万人次)	Tourists(10 000 persons times)		30.09	39.20	100.16	142.80
国内旅游人数(万人次)	Number of Domestic Tourists (10 000 person times)		380.00	735.00	2062.00	4477.55
旅游外汇收入(万美元)	Earnings (USD 10 000)		9052	12645	35207	60190
国内旅游收入(万元)	Earnings from Domestic Tourism (10 000 yuan)		57000	322300	1797200	6929200
金融保险	**Finance and Insurance**					
金融机构各项存款(亿元)	Deposits of Banking (100 million yuan)	16.47	566.34	1270.13	3298.15	10278.69
金融机构各项贷款(亿元)	Loans of Banking (100 million yuan)	40.33	819.87	1340.74	2588.57	7919.47
保险公司保险金额(亿元)	Amount Insured (100 million yuan)		1426	1624	10504	37989
保险公司保费收入(亿元)	Insurance Premium (100 million yuan)		9.11	24.63	60.87	198.84
保险公司赔付支出(亿元)	Chaim and Paymen (100 million yuan)		4.87	7.92	10.76	59.45
教育、科技、文化	**Education, Sci., Tech & Culture**					
教育	**Education**					
专任教师数(人)	Full-time Teachers(person)					
普通高等学校	Higher Education	2949	7070	8856	16189	23332
中等学校	Secondary Schools	81208	98437	101036	107704	110137
小学	Primary Schools	121364	153461	129242	118988	113564
在校学生数(人)	Students Enrollment(person)					
普通高等学校	Higher Education	12567	37248	71967	229354	371388
中等学校	Secondary Schools	1624573	1304852	1621258	1798804	1648686
小学	Primary Schools	2917772	2343129	2015076	1596381	1430751
教育经费支出(亿元)	Expenditures(100 million yuan)		31.70	55.28	116.22	405.04
科技	**Science and Technology**					
研究与发展经费支出(万元)	Expenditures on R&D (10 000 yuan)		2023	24606	113208	637205
技术市场成交额(万元)	Transaction in Technical Markets (10 000 yuan)		25000	60287	310621	868893

注：2013年-2018年铁路数据为各铁路局加总数据，2020年使用国家反馈数。

Continued

Aggregate Data		速度指标(%) Indices and Growth Rates(%)										
2015	2020	指数(2020年为以下各年) Index(2020 as Percentage of the Following Years)						平均增长速度 Average Annual Growth Rate				
		1978	1995	2000	2005	2010	2015	1979-2020	2001-2005	2006-2010	2011-2015	2016-2020
186160	170550								10.4	12.6		
66653	61545								18.0	16.4		
119500	109002	2504.6	447.0	311.6	213.6	128.0	91.2	8.0	7.8	10.8	7.0	-1.8
2.89	3.26		288.5	163.0	163.0	104.8	112.8		0.0	9.2	-1.5	2.4
16986	7395								6.4	-5.4		
5117	3298								-0.7	4.9		
11017	3224	193.2	21.1	16.1	11.3	16.3	29.3	1.6	7.4	-7.1	-11.1	-21.8
852	873		752.6	793.6	347.8	231.6	102.5		17.9	8.5	17.7	0.5
1455	623	9.4	3.7	6.4	19.8	18.4	42.8	-5.5	-20.1	1.5	-15.6	-15.6
194	182	71.9	37.4	46.1	93.8	75.2	93.8	-0.8	-13.3	4.5	-4.3	-1.3
4103.51	4760.45	12925.5	1600.4	898.5	437.1	191.5	116.0	12.3	15.5	17.9	10.5	3.0
127.84	151.85	94906.3	1352.2	745.8	294.2	174.2	118.8	17.7	20.5	11.1	8.0	3.5
71.10	101.45	202900.0	1969.9	1000.5	327.6	188.4	142.7	19.9	25.0	11.7	5.7	7.4
56.73	50.40	50400.0	828.9	493.2	244.1	151.1	88.8	16.0	15.1	10.1	11.2	-2.3
336629	182240		294.9	332.4	130.2	51.2	54.1		20.6	20.5	-1.1	-11.5
160.78	8.68		28.8	22.1	8.7	6.1	5.4		20.6	7.4	2.4	-44.2
8351.83	12494.39		3288.0	1699.9	605.9	279.0	149.6		22.9	16.8	13.3	8.4
96249	3401		37.6	26.9	9.7	5.7	3.5		22.7	11.3	9.8	-48.8
21937700	24040647		42176.6	7459.1	1337.7	346.9	109.6		41.0	31.0	25.9	1.8
18077.60	24969.98	151608.9	4409.0	1965.9	757.1	242.9	138.1	19.1	21.0	25.5	12.0	6.7
17140.67	23249.19	57647.4	2835.7	1734.1	898.1	293.6	135.6	16.3	14.1	25.1	16.7	6.3
95156									45.3	29.3	20.2	
395.48	740.00		8122.9	3004.5	1215.7	372.2	187.1		19.8	26.7	14.7	13.3
124.54	224.51		4610.1	2834.7	2086.5	377.6	180.3		6.3	40.8	15.9	12.5
25523	28025	950.3	396.4	316.5	173.1	120.1	109.8	5.5	12.8	7.6	1.8	1.9
107203	111903	137.8	113.7	110.8	103.9	101.6	104.4	0.8	1.3	0.4	-0.5	0.9
101730	105222	86.7	68.6	81.4	88.4	92.7	103.4	-0.3	-1.6	-0.9	-2.2	0.7
420807	486647	3872.4	1306.5	676.2	212.2	131.0	115.6	9.1	26.1	10.1	2.5	2.9
1317240	1242947	76.5	95.3	76.7	69.1	75.4	94.4	-0.6	2.1	-1.7	-4.4	-1.2
1313635	1381519	47.3	59.0	68.6	86.5	96.6	105.2	-1.8	-4.6	-2.2	-1.7	1.0
702.94	853.62		2692.8	1544.2	734.5	210.7	121.4		16.0	28.4	11.7	4.0
1360617									35.7	41.3	16.4	
1899589	2545419		10181.7	4222.2	819.5	292.9	134.0		38.8	22.8	16.9	6.0

a)The railway data from 2013 to 2018 are the aggregate data of each railway branch, and the national feedback data are used in 2020.

1-4 续表 3

指 标	Item	总量指标 1978	1995	2000	2005	2010
文化	**Culture**					
出版数量	Publications					
图书(万册)	Books(10 000 copies)	3200	6560	7423	8888	6069
杂志(万册)	Magazines(10 000 copies)		1036	1585	1384	1437
报纸(万份)	Newspapers(10 000 copies)		16286	17967	61819	27050
电视节目制作时间(小时)	Time for TV Programs(hours)		9843	12916	71091	64697
家庭、生活、环境、婚姻	**Family, Livelihood & Environment, Marriages and Divorces**					
结婚数(万对)	Number of Marriages(10 000 couples)		17.35	15.20	15.45	20.26
离婚数(万对)	Number of Divorces(10 000 couples)		2.75	3.25	3.92	5.72
居住	**Housing**					
城镇居民人均居住面积(平方米)	Per Capita Net Floor Space of Urban Residents(sq.m)	3.50	12.06	15.54	26.09	29.84
农村居民人均居住面积(平方米)	Per Capita Net Floor Space of Rural Residents(sq.m)		15.29	16.96	19.65	22.10
生活	**People's Livelihood**					
城镇居民人均可支配收入(元)	Per Capita Disposable Income of Urban Residents(yuan)	301	2863	5152	9247	18050
农村牧区居民人均可支配收入(元)	Per Capita Disposable Income of Rural Residents(yuan)	100	1208	2058	3070	5780
住户存款余额(亿元)	Household Deposits(100 million yuan)	2.53	410.82	875.74	1973.60	4618.11
职工工资	**Wages**					
工资总额(亿元)	Total Wages(100 million yuan)	14.98	156.12	185.96	387.73	879.80
职工平均工资(元)	Average Wage of Staff & Workers(yuan)	712	4134	6974	15985	35507
卫生	**Health Care**					
医院、卫生院(个)	Number of Hospitals(unit)	1723	2003	1988	1834	1807
医生(人)	Number of Doctors(person)	26724	49345	52299	50308	54161
医院、卫生院床位数(张)	Number of Hospital Beds(unit)	24079	61933	63156	64002	87882
市政建设	**City Construction**					
自来水供应量(万吨)	Tap Water Supply(10 000 tons)	8837	63237	61757	61081	62757
排水管道长度(公里)	Length of Sewer Pipelines(km)		2156	2693	4505	8514
城市煤气和天然气供气量(万立方米)	Volume of Coal & Natural Gas Supply in Urban Areas(10 000 cu.m)		5694	7485	16330	72560
公共汽车总数(辆)	Total Number of Public Buses(unit)	425	2078	2128	3594	5771
铺装道路长度(公里)	Length of Paved Roads(km)	677	2229	2771	3867	6447
绿地面积(公顷)	Areas of Green Land(hectare)	2143	13394	16541	24632	38143
自然灾害	**Natural Disaster**					
火灾发生数(起)	Number of Fire Disasters(case)			2096	5422	8741
火灾损失(万元)	Fire Loss(10 000 yuan)			1365	1687	5195
交通事故发生数(起)	Number of Traffic Accidents(case)			9521	8452	4780
交通事故损失(万元)	Loss of Traffic Accidents(10 000 yuan)			2539	2785	2346

Continued

Aggregate Data		速度指标(%) Indices and Growth Rates(%)										
2015	2020	指数(2020年为以下各年) Index(2020 as Percentage of the Following Years)						平均增长速度 Average Annual Growth Rate				
		1978	1995	2000	2005	2010	2015	1979-2020	2001-2005	2006-2010	2011-2015	2016-2020
6482	6322	197.6	96.4	85.2	71.1	104.2	97.5	1.6	3.7	-7.3	1.3	-0.5
2081	1129		109.0	71.2	81.6	78.6	54.3		-2.7	0.8	7.7	-11.5
32815	24449		150.1	136.1	39.5	90.4	74.5		28.0	-15.2	3.9	-5.7
73302	85210		865.7	659.7	119.9	131.7	116.2		40.6	-1.9	2.5	3.1
21.79	14.17		81.7	93.2	91.7	69.9	65.0		0.3	5.6	1.5	-8.2
9.19	8.61		313.1	264.9	219.6	150.5	93.7		3.8	7.9	9.9	-1.3
31.39	35.25	1007.1	292.3	226.8	135.1	118.1	112.3	5.7	10.9	2.7	1.0	2.3
26.07	31.34		205.0	184.8	159.5	141.8	120.2		3.0	2.4	3.4	3.8
30594	41353	2035.0	832.9	525.2	309.5	181.5	124.2	7.4	11.2	11.3	7.9	4.4
10776	16567	2555.3	725.8	476.4	363.1	227.3	139.1	8.0	5.6	9.8	10.3	6.8
8999.44	15302.78						170.0		17.6	18.5		11.2
1706.70	2256.69	15064.7	1445.5	1213.5	582.0	256.5	132.2	12.7	15.8	17.8	14.2	5.7
57870	87916	12347.8	2126.7	1260.6	550.0	247.6	151.9	12.2	18.0	17.3	10.3	8.7
2024	2034	118.0	101.5	102.3	110.9	112.6	100.5	0.4	-1.6	-0.3	2.3	0.1
64239	80570	301.5	163.3	154.1	160.2	148.8	125.4	2.7	-0.8	1.5	3.5	4.6
124676	151647	629.8	244.9	240.1	236.9	172.6	121.6	4.5	0.3	6.5	7.2	4.0
74788	73096	827.2	115.6	118.4	119.7	116.5	97.7	5.2	-0.2	0.5	3.6	-0.5
12542	11157		517.5	414.3	247.7	131.0	89.0		10.8	13.6	8.1	-2.3
136297	205948		3616.9	2751.5	1261.2	283.8	151.1		16.9	34.8	13.4	8.6
6822	12651	2976.7	608.8	594.5	352.0	219.2	185.4	8.4	11.1	9.9	3.4	13.1
9281	8044	1188.2	360.9	290.3	208.0	124.8	86.7	6.1	6.9	10.8	7.6	-2.8
63090	56264	2625.5	420.1	340.1	228.4	147.5	89.2	8.1	8.3	9.1	10.6	-2.3
9509	17517			835.7	323.1	200.4	184.2		20.9	10.0	1.7	13.0
12866	12435			911.0	737.1	239.4	96.7		4.3	25.2	19.9	-0.7
3214	3097			32.5	36.6	64.8	96.4		-2.4	-10.8	-7.6	-0.7
1587	2278			89.7	81.8	97.1	143.5		1.9	-3.4	-7.5	7.5

1-5 国民经济和社会发展结构

Structural Indicators on National Economic and Social Development

单位:% (%)

指 标	Item	1990	1995	2000	2005	2010	2015	2020
人口城乡结构	**Urban and Rural Structure of Population**							
城镇	Urban	36.1	38.2	42.2	47.2	55.5	62.1	67.5
乡村	Rural	63.9	61.8	57.8	52.8	44.5	37.9	32.5
人口性别结构	**Sexual Structure of Population**							
男	Male	52.1	52.0	51.7	51.5	51.9	51.7	51.0
女	Female	47.9	48.0	48.3	48.5	48.1	48.3	49.0
就业产业结构	**Industrial Structure of Employment**							
第一产业	Primary Industry	55.8	52.2	52.2	53.8	50.4	43.2	35.7
第二产业	Secondary Industry	21.8	21.9	17.2	15.6	32.8	25.5	17.0
第三产业	Tertiary Industry	22.5	26.0	30.7	30.5	17.0	31.2	47.3
生产总值三次产业结构	**Industrial Structure of GDP**							
第一产业	Primary Industry	35.3	30.4	22.8	16.7	13.4	12.6	11.7
第二产业	Secondary Industry	32.1	36.0	37.9	39.1	41.7	40.7	39.6
第三产业	Tertiary Industry	32.6	33.6	39.3	44.2	44.9	46.7	48.8
农、林、牧、渔业产值结构	**Structure of Gross Output Value of Agriculture, Forestry, Animal Husbandry and Fishery**							
农业	Farming	65.7	61.9	56.8	48.3	49.7	53.4	48.9
林业	Forestry	4.0	3.2	4.3	4.1	4.2	3.6	2.6
牧业	Animal Husbandry	29.6	34.0	37.8	45.4	43.8	40.4	46.2
渔业	Fishery	0.7	0.8	1.1	0.7	0.9	1.1	0.8
固定资产投资额三次产业投资结构	**Type of Industry as Percentage of Total Investment in FixedAssets Capital Construction**							
第一产业	Primary Industry	7.6	8.6	11.1	5.2	5.4	7.0	4.4
第二产业	Secondary Industry	57.3	64.8	34.3	58.9	55.3	52.0	39.1
第三产业	Tertiary Industry	35.1	26.6	54.6	35.9	39.4	41.0	56.5
教育经费占财政支出的比例	**Educational Expenses as Percentage in Financial Expenditures**	**14.1**	**16.2**	**11.4**	**10.7**	**14.2**	**12.6**	**12.2**
社会消费品零售总额结构	**Structure of Total Retail Sale of Consumer Goods**							
按销售单位所在地分	**Grouped by Location of Redtailers**							
城镇	Cities					89.7	89.2	88.3
乡村	Village					10.3	10.8	11.7

1-5 续表 Continued

单位:%　　(%)

指　标	Item	1990	1995	2000	2005	2010	2015	2020
按销售形态分	**Grouped by Consumptoin Patterns**							
商品零售收入	Revenue from Commodities					87.1	86.8	87.8
餐饮收入	Revenue from Meals					12.9	13.2	12.2
货运量结构（按运输方式分）	**Structure of Freight Traffic by Means of Transportation**							
铁路	Railways	25.9	25.5	21.6	30.2	35.6	35.8	36.1
公路	Highways	74.1	74.5	78.4	69.8	64.4	64.2	63.9
航空	Civil Aviation							
管道	Pipelines							
学校在校学生结构	**Structure of Student Enrollment**							
大学生	College and University Students	0.9	1.0	1.9	6.3	10.8	13.8	15.6
中学生	Secondary School Students	34.2	35.4	43.7	49.6	47.8	43.2	40.0
小学生	Primary School Students	64.9	63.6	54.3	44.0	41.5	43.0	44.4
城镇居民消费结构	**Consumption Structure of Urban Residents**							
食品类	Food	48.3	48.4	34.5	31.4	30.1	28.4	28.0
衣着类	Clothing	16.5	16.3	14.3	15.1	15.7	11.3	8.9
居住	Residence		6.3	8.6	10.4	9.9	17.0	21.6
用品及其他	Articles for Daily Use and Others	35.2	29.0	42.6	43.1	44.3	43.3	41.5
农牧民消费结构	**Consumption Structure of Rural Residence**							
食品类	Food		59.7	44.8	43.1	37.5	29.4	30.6
衣着类	Clothing		7.3	6.9	6.1	7.1	7.2	5.3
居住	Residence		13.3	15.4	13.7	16.9	17.1	19.4
用品及其他	Articles for Daily Use and Others		19.7	32.9	37.1	38.5	46.4	44.7
卫生机构结构	**Structure of Health Institutions**							
医院、卫生院	Hospitals & Public Health Clinic	36.0	40.8	44.9	48.6	22.4	8.5	8.3
专科防治所站	Specialized Prevention & Treatment Centers or Stations	1.2	1.3	1.4	1.4	0.6	0.2	0.1
疾病预防控制中心	CDC	3.0	3.8	4.2	3.9	1.6	0.5	0.5
妇幼保健所站	Maternity & Child Care Centers	2.4	2.4	2.4	3.1	1.5	0.5	0.5
卫生技术人员结构	**Structure of Medical Technical Personnel**							
医生	Doctors	42.8	48.3	51.9	49.0	44.0	39.6	39.8
护师、护士	Nurses	22.9	24.1	25.6	26.4	30.6	37.7	41.2

注：2013年起，城镇居民（农牧民）消费结构数据为城乡住户一体化调查数据。

a)From 2013, Date on Consumption Structure of Urban(Rural) Residents is the household survey data integration of urban and rural.

主要统计指标解释

可比价格　指计算各种总量指标所采用的扣除了价格变动因素的价格，可进行不同时期总量指标的对比。按可比价格计算总量指标有两种方法：一种是直接用产品产量乘某一年的不变价格计算；另一种是用价格指数进行缩减。

不变价格　指以同类产品某年的平均价格作为固定价格，用于计算各年的产品价值。按不变价格计算的产品价值消除了价格变动因素，不同时期对比可以反映生产的发展速度。新中国成立后，随着工农业产品价格水平的变化，国家统计局先后五次制定了全国统一的工业产品不变价格和农业产品不变价格。从1952年到1957年使用1952年工（农）业产品不变价格。从1957年到1970年使用1957年不变价格，从1971年到1980年使用1970年不变价格，从1981年到1990年使用1980年不变价格，从1991年开始使用1990年不变价格。

平均增长速度　我国计算平均增长速度有两种方法：一种是习惯上经常使用的“水平法”，又称几何平均法，是以间隔期最后一年的水平同基期水平对比来计算平均每年增长（或下降）速度；另一种是“累计法”，又称代数平均法或方程法，是以间隔期内各年水平的总和同基期水平对比来计算平均每年增长（或下降）速度。在一般正常情况下，两种方法计算的平均每年增长速度比较接近，但在经济发展不平衡、出现大起大落时，两种方法计算的结果差别较大。

本《年鉴》内所列的平均增长速度，除固定资产投资用“累计法”计算外，其余均用“水平法”计算。从某年到某年平均增长速度的年份，均不包括基期年在内。如建国四十三年的平均增长速度是以1949年为基期计算的，则写为1950－1992年平均增长速度，其余类推。

企业（单位）登记注册类型　是以在工商行政管理机关登记注册的各类企业为划分对象，以工商行政管理部门对企业登记注册的类型为依据，将企业登记注册类型分为内资企业、港澳台商投资企业和外商投资企业三大类。内资企业包括国有企业、集体企业、股份合作企业、联营企业、有限责任公司、股份有限公司、私营公司和其他企业；港澳台商投资企业和外商投资企业分别包括合资经营企业、合作经营企业、独资经营企业和股份有限公司。对不在工商行政管理部门进行登记注册的行政机关、事业单位和社会团体，主要按其经费来源和管理方式进行划分。

国有企业　指企业全部资产归国家所有，并按《中华人民共和国企业法人登记管理条例》规定登记注册的非公司制的经济组织。不包括有限责任公司中的国有独资公司。

集体企业　指企业资产归集体所有，并按《中华人民共和国企业法人登记管理条例》规定登记注册的经济组织。

股份合作企业　指以合作制为基础，由企业职工共同出资入股，吸收一定比例的社会资产投资组建，实行自主经营，自负盈亏，共同劳动，民主管理，按劳分配与按股分红相结合的一种集体经济组织。

联营企业　指两个及两个以上相同或不同所有制性质的企业法人或事业单位法人，按自愿、平等、互利的原则，共同投资组成的经济组织。联营企业包括国有联营企业、集体联营企业、国有与集体联营企业和其他联营企业。

有限责任公司　指根据《中华人民共和国公司登记管理条例》规定登记注册，由两个以上、五十个以下的股东共同出资，每个股东以其所认缴的出资额对公司承担有限责任，公司以其全部资产对其债务承担责任的经济组织。有限责任公司包括国有独资公司以及其他有限责任公司。

股份有限公司　指根据《中华人民共和国公司登记管理条例》规定登记注册，其全部注册资本由等额股份构成并通过发行股票筹集资本，股东以其认购的股份对公司承担有限责任，公司以其全部资产对其债务承担责任的经济组织。

私营企业　指由自然人投资设立或由自然人控股，以雇佣劳动为基础的营利性经济组织。包括按照《公司法》、《合伙企业法》、《私营企业暂行条例》规定登记注册的私营有限责任公司、私营股份有限公司、私营合伙企业和私营独资企业。

其他内资企业　指上述企业之外的其他内资经济组织。

与港澳台商合资经营企业　指港澳台地区投资者与内地企业依照《中华人民共和国中外合资经营企业法》及有关法律的规定，按合同规定的比例投资设立、分享利润和分担风险的企业。

与港澳台商合作经营企业　指港澳台地区投资者与内地企业依照《中华人民共和国中外合作经营企业法》及有关法律的规定，依照合作合同的约定进行投资或提供条件设立、分配利润和分担风险的企业。

港澳台商独资经营企业　指依照《中华人民共和国外资企业法》及有关法律的规定，在内地由港澳台地区投资者全额投资设立的企业。

港澳台商投资股份有限公司　指根据国家有关规定，经外经贸部依法批准设立，其中港、澳、台商的股本占公司注册资本的比例达25%以上的股份有限公司。凡其中港、澳、台商的股本占公司注册资本的比例小于25%的，属于内资企业中的股份有限公司。

中外合资经营企业　指外国企业或外国人与中国内地企业依照《中华人民共和国中外合资经营企业法》及有关法律的规定，按合同规定的比例投资设立、分享利润和分担风险的企业。

中外合作经营企业　指外国企业或外国人与中国内地企业依照《中华人民共和国中外合作经营企业法》及有关法律的规定，依照合作合同的约定进行投资或提供条件设立、分配利润和分担风险的企业。

外资企业　指依照《中华人民共和国外资企业法》及有关法律的规定，在中国内地由外国投资者全额投资设立的企业。

外商投资股份有限公司　指根据国家有关规定，经外经贸部依法批准设立，其中外资的股本占公司注册资本的比例达25%以上的股份有限公司。凡其中外资股本占公司注册资本的比例小于25%的，属于内资企业中的股份有限公司。

行政机关、事业单位和社会团体　参照企业登记注册类型，主要按其经费来源和管理方式划分。具体规定如下：

（1）行政机关：包括国家机关和政党机关，原则上均列为"国有"。但有特殊规定的，如供销社等，则列为"集体"。

（2）事业单位：包括经国家机构编制部门和有关业务主管部门批准成立的各类事业单位，不包括实行企业化管理的事业单位。事业单位的划分办法如下：

①由国家财政预算拨款或列入财政预算外资金管理以及经费主要来源于国有主管部门或国有上级单位的事业单位，列为"国有"。

②经费主要来源于集体单位的事业单位，列为"集体"。

③公民个人（或个人合伙）开办的事业单位，列为"私营"。

④上述以外的其他事业单位，如果其经费来源不明确，按管理方式进行归类。

（3）社会团体：包括经民政部门批准成立以及未纳入社会团体管理条例范围的工会、妇联等各类社会团体。社会团体的划分办法如下：

①未纳入民政部社会团体管理条例范围的工会、妇联、共青团、青联、工商联、科协、侨联等社会团体，国家拨款设立的基金会或基金管理组织以及经费主要来源于国有业务主管部门或国有上级单位的社会团体，列入"国有"。

②经费主要来源于集体单位的社会团体，列为"集体"。

③公民个人（或个人合伙）开办的社会团体，划为"私营"。

④上述以外的其他社会团体，如果其经费来源不明确，改按管理方式进行归类。

Explanatory Notes on Main Statistical Indicators

Comparable Prices refer to prices that are used to remove the factors of price change in calculating economic aggregates, so as to facilitate comparison of aggregates over time. Two methods are used for calculating economic aggregates at comparable prices: 1. Multiplying the output of products by their constant prices of certain year; 2. Deflation of data at current prices by relevant price index.

Constant Price refers to the average price of a given product in certain year, which is used for comparison of output value over time. As the output value at constant prices removes the factor of price changes, it reflects the trend of production development over time. Since 1949, with the changes in general price level, the State Statistical Bureau has issued nationally unified constant prices five times; the 1952 constant prices for 1952 - 1957; the 1957 constant prices for 1957 - 1971; the 1970 constant prices for 1971 - 1980; the 1980 constant prices for 1981 - 1990; and the 1990 constant prices have been used since 1991.

Average Annual Growth Rate Two methods for calculating average annual growth rate are applied in China, one is often called "level approach" or the method of calculating geometric average, which is derived by comparing the level of the last year of the interval with that of the beginning year; the other is called accumulative approach or algebraic average or equation method, which is derived by the summation of the actual figure of each year in the interval divided by the figure in the base year. Usually the results calculated by the two methods are fairly close, but they differed sharply when uneven economic development occurred with striking fluctuations in growth.

The average annual growth rates listed in this statistical yearbook are calculated by "level approach" except for the growth rate of investment in fixed assets. The base years are not listed when the years are listed for average annual growth rates. For instance, the average annual growth rate of 43 years since 1949 is listed as average annual growth rate of 1950 - 1992 without listing the base year 1949. And the analogy of this is also the same for the rest of the years.

Registration Status of Enterprises Enterprises are classified into 3 categories, namely domestic - funded enterprises, enterprises with investment from Hong Kong, Macao and Taiwan, and enterprises with foreign investment, in the light of the registration status of an enterprise in industrial and commercial administration agencies. Domestic funded enterprises include state owned enterprises, collective owned enterprises, cooperative enterprises, joint ownership enterprises, limited liability corporations, share holding corporations Ltd. , private enterprises and other enterprises. Included in the enterprises with investment from Hong Kong, Macao and Taiwan and enterprises with foreign investment are joint venture enterprises, cooperative enterprises, sole investment enterprises and share holding corporations Ltd. For government agencies, institutions and social organizations which are not requested to be registered in industrial and commercial administration agencies, they are classified mainly by their sources of funds and way of management.

State - owned Enterprises refer to non - corporation economic units where the entire assets are owned by the state and which have registered in accordance with the Regulation of the People's Republic of China on the Management of Registration of Corporate Enterprises. Excluded from this category are sole state funded corporations in the limited liability corporations.

Collective - owned Enterprises refer to economic units where the assets are owned collectively and which have registered in accordance with the Regulation of the People's Republic of China on the Management of Registration of Corporate Enterprises.

Cooperative Enterprises refer to a form of collective economic units (enterprises) where capitals come mainly from employees as their shares, with certain proportion of capital from the outside, where production is organized on the basis of independent operation, independent accounting for profits and losses, joint work, democratic management, and a distribution system that integrates remuneration according to work with dividend according to capital share.

Joint Ownership Enterprises refer to economic units established by two or more corporate enterprises or corporate institutions of the same or different ownership, through joint investment on the basis of equality, voluntary participation and mutual benefits. They include state joint ownership enterprises, collective joint ownership enterprises, joint state - collective enterprises, other joint ownership enterprises.

Limited Liability Corporations refer to economic units established with investment from 2 – 50 investors and registered in accordance with the Regulation of the people's Republic of China on the Management of Registration of Corporations, each investor bearing limited liability to the corporation depending on its share of investment, and the corporation bearing liability to its debt to the maximum of its total assets. Limited liability corporations include exclusive state – funded limited liability corporations and other limited liability corporations.

Share – holding Corporations Ltd refer to economic units registered in accordance with the Regulation of the People's Republic of China on the Management of Registration of Corporations, with total registered capitals divided into equal shares and raised through issuing stocks. Each investor bears limited liability to the corporation depending on the holding of shares, and the corporation bears liability to its debt to the maximum of its total assets.

Private Enterprises refer to profit – making economic units invested and established by natural persons, or controlled by natural persons using employed labour. Included in this category are private limited liability corporations, private share – holding corporations Ltd. , private partnership enterprises and private funded enterprises registered in accordance with the Corporation Law, Partnership Enterprises Law and Interim Regulations on private Enterprises.

Other Domestic – funded Enterprises refer to domestic – funded economic units other than those mentioned above.

Joint – venture Enterprises with Funds from Hong Kong, Macao and Taiwan refer to enterprises jointly established by investors from Hong Kong, Macao and Taiwan with enterprises in the mainland of China in accordance with the Law of the People's Republic of China on Sino – foreign Joint Venture Enterprises and other relevant laws, where the share of investment, profits and risks is stipulated in the contract.

Cooperative Enterprises with Funds from Hong Kong, Macao and Taiwan established by investors from Hong Kong, Macao and Taiwan with enterprises in the mainland of China in accordance with the Law of the People's Republic of China on Sino – foreign Cooperative Enterprises and other relevant laws, where the investment or provision of facilities, and the share of profits and risks is stipulated in the cooperative contract.

Enterprises with Sole (exclusive) Investment from Hong Kong, Macao and Taiwan refer to enterprises established in the mainland of China with exclusive investment from investors from Hong Kong, Macao and Taiwan in accordance with the Law of the People' s Republic of China on Foreign – Funded Enterprises and other relevant laws.

Share – holding Corporations Ltd. with Investment from Hong Kong, Macao and Taiwan refer to share – holding corporations Ltd. established with the approval from the Ministry of Foreign Trade and Economic Relations in line with relevant state regulations, where the share of investment from Hong Kong, Macao or Taiwan businessmen exceeds 25% of the total registered capital of the corporation. In case the share of investment from Hong Kong, Macao or Taiwan is less than 25% of the total registered capital, the enterprise is to be classified as domestic funded share holding corporation Ltd.

Joint – venture Enterprises with Foreign Investment refer to enterprises jointly established by foreign enterprises of foreigners with enterprises in the mainland of China in accordance with the Law of the People' s Republic of China on Sino – foreign Joint Venture Enterprises and other relevant laws, where the share of investment, profits and risks is stipulated in the contract.

Cooperation Enterprises with Foreign Investment refer to enterprises jointly established by foreign enterprises or foreigners with enterprises in the mainland of China in accordance with the Law of the People's Republic of China on Sino – foreign Cooperative Enterprises and other relevant laws, where the investment or provision of facilities, and the share of profits and risks is stipulated in the cooperative contract.

Enterprises with Sole (exclusive) Foreign Investment refer to enterprises established in the mainland of China with exclusive investment from foreign investors in accordance with the Law of the People's Republic of China on Foreign – Funded Enterprises and other relevant laws.

Share – holding Corporations Ltd. with Foreign Investment refer to share – holding corporations Ltd. established with the approval from the Ministry of Foreign Trade and Economic Relations in line with relevant state regulations, where the share of investment from foreign investors exceeds 25% of the total registered capital of the corporation. In case the share of foreign investment is less than 25% of the total registered capital, the enterprise is to be classified as domestic – funded share – holding corporation Ltd.

Government Agencies, Institutions and Social Organizations are classified into following categories by source of funds and way of management taking reference of the registration status of enterprises:

(1) Government agencies include state and party agencies, classified in principles as " state – owned ". There are exceptions, such as supply and marketing cooperatives which are classified as "collective";

(2) Institutions: include institutions of various types

established with the approval by organization and staffing departments of the government, but exclude institutions where enterprise management system is introduced. Institutions are further classified as follows:

(a) Institutions whose main budget is listed in the Government budget appropriations or extra – budget funds, or allocated from the budget of their competent government agencies. Such institutions are classified as "state – owned";

(b) Institutions whose budget mainly comes from collective units. Such institutions are classified as "collective";

(c) Institutions Established by Individual(group of Citizen) are classified as " Private ";

(d) Institutions other than those mentioned above whose source of budget is not clear. Such institutions are classified by way of management;

(3) Social organizations: include social organizations established with the approval from the Ministry of Civil Affairs, and organizations that are not covered by social organization management regulations such as trade unions, women's federations etc. Social organizations are further classified as follows:

(a) Social organizations that are not covered by social organization management regulations of the Ministry of Civil Affairs such as trade unions, women's federations, communist youth leagues, youth associations, industrial and commerce associations, scientists associations, overseas Chinese associations, etc. , foundations and fund management organizations established with funds from the state, and social organizations whose funds mainly come from the budget of their competent government agencies. Such institutions are classified as "state – owned";

(b) Social organizations whose budget mainly comes from collective units. Such institutions are classified as "collective";

(c) Social organizations established by individual or a group of citizens, which are classified as "private";

(d) Social organizations other than those mentioned above whose source of budget is not clear. Such organizations are classified by way of management.

2 国民经济核算

National Accounts

资料整理：郑凌兰　伍塔娜

Arranged By：Zheng Linglan，Wutana

2-1 生产总值

Gross Domestic Product

单位：亿元 (100 million yuan)

年 份 Year	生产总值 Gross Domestic Product	第一产业 Primary Industry	第二产业 Secondary Industry	第三产业 Tertiary Industry	人均生产总值(元) Per Capita GDP(yuan)
1952	12.16	8.64	1.37	2.15	173
1953	15.57	10.44	2.25	2.88	211
1954	19.46	12.37	3.65	3.44	249
1955	17.49	10.25	3.53	3.71	213
1956	24.60	14.11	5.43	5.06	283
1957	21.27	11.29	5.05	4.93	232
1958	28.10	12.55	9.65	5.90	292
1959	35.76	14.75	13.41	7.60	349
1960	36.56	11.80	17.11	7.65	325
1961	25.25	11.40	7.25	6.60	215
1962	25.12	12.75	6.56	5.81	215
1963	29.02	12.71	9.90	6.41	243
1964	32.55	14.04	11.43	7.08	262
1965	35.41	15.21	12.08	8.12	275
1966	38.32	17.12	13.01	8.19	289
1967	31.80	13.87	10.43	7.50	233
1968	32.96	14.87	10.54	7.55	235
1969	32.90	14.78	10.52	7.60	227
1970	39.17	17.69	12.94	8.54	263
1971	41.61	16.82	15.99	8.80	271
1972	39.36	14.56	15.54	9.26	247
1973	44.07	16.22	18.14	9.71	269
1974	43.26	15.97	17.30	9.99	256
1975	48.55	18.15	20.02	10.38	280
1976	48.09	18.51	18.77	10.81	272
1977	51.65	18.91	21.60	11.14	287
1978	58.04	18.96	26.37	12.71	317
1979	64.14	21.03	28.37	14.74	343
1980	68.40	18.03	32.26	18.11	361
1981	77.91	27.14	32.04	18.73	407
1982	93.22	33.32	37.21	22.69	480
1983	105.88	35.90	41.98	28.00	535
1984	128.20	42.98	47.74	37.48	640
1985	163.83	53.54	56.95	53.34	809
1986	181.58	54.64	61.55	65.39	888
1987	212.27	62.21	70.42	79.64	1025
1988	270.81	90.20	85.72	94.89	1291
1989	292.69	89.08	98.96	104.65	1377

2-1 续表 Continued

单位：亿元 (100 million yuan)

年 份 Year	生产总值 Gross Domestic Product	第一产业 Primary Industry	第二产业 Secondary Industry	第三产业 Tertiary Industry	人均生产总值 (元) Per Capita GDP(yuan)
1990	319.31	112.57	102.43	104.31	1478
1991	359.66	117.19	124.03	118.44	1642
1992	421.68	126.86	152.56	142.26	1906
1993	537.81	149.96	203.46	184.39	2423
1994	695.06	208.53	254.52	232.01	3094
1995	857.06	260.18	308.78	288.10	3772
1996	1023.09	312.82	364.77	345.50	4457
1997	1153.51	322.52	422.39	408.60	4980
1998	1262.54	341.62	458.86	462.06	5406
1999	1379.31	342.91	510.47	525.93	5861
2000	1539.12	350.80	582.57	605.74	6502
2001	1713.81	358.89	655.68	699.24	7210
2002	1940.94	374.69	754.78	811.47	8146
2003	2388.38	420.10	840.88	1127.40	10015
2004	2942.35	522.80	1041.21	1378.35	12315
2005	3523.70	589.56	1377.80	1556.34	14695
2006	4161.75	634.94	1722.36	1804.45	17275
2007	5166.93	762.55	2122.73	2281.65	21334
2008	6242.41	902.92	2555.05	2784.44	25620
2009	7104.22	934.88	2915.99	3253.35	28982
2010	8199.86	1097.80	3420.45	3681.61	33262
2011	9458.12	1309.72	4044.04	4104.36	38276
2012	10470.14	1453.22	4553.62	4463.29	42441
2013	11392.42	1582.87	4870.14	4939.41	46320
2014	12158.22	1638.02	5114.42	5405.77	49585
2015	12948.99	1630.21	5269.54	6049.24	52972
2016	13789.26	1650.56	5579.77	6558.93	56560
2017	14898.05	1649.77	5874.25	7374.03	61196
2018	16140.76	1750.67	6335.38	8054.70	66491
2019	17212.53	1863.26	6763.14	8586.13	71170
2020	17359.82	2025.12	6868.03	8466.66	72062

注：1. 本表按当年价格计算。

2. 根据第四次全国经济普查结果对2003-2018年数据进行了修订，2019年为最终核实数，下表同。

3. 根据第七次全国人口普查结果对2011-2019年人均生产总值及指数进行了修订。

a)Data in value terms in this table are calculated at current prices.

b)Data in 2003-2018 are revised according to the result of the Fourth National Economic Census,and 2019 is the final verified number.The same applies to the following tables.

c)The per capita GDP and index for 2011-2019 are revised according to the result of the Seventh National Population Census.

2-2 生产总值构成

Composition of Gross Domestic Product

单位：%　　(%)

年 份 Year	生产总值 Gross Domestic Product	第一产业 Primary Industry	第二产业 Secondary Industry	第三产业 Tertiary Industry
1952	100	71.1	11.3	17.6
1953	100	67.1	14.5	18.4
1954	100	63.6	18.8	17.6
1955	100	58.6	20.2	21.2
1956	100	57.4	22.1	20.5
1957	100	53.1	23.7	23.2
1958	100	44.7	34.3	21.0
1959	100	41.2	37.5	21.3
1960	100	32.3	46.8	20.9
1961	100	45.1	28.7	26.2
1962	100	50.8	26.1	23.1
1963	100	43.8	34.1	22.1
1964	100	43.1	35.1	21.8
1965	100	43.0	34.1	22.9
1966	100	44.7	34.0	21.3
1967	100	43.6	32.8	23.6
1968	100	45.1	32.0	22.9
1969	100	44.9	32.0	23.1
1970	100	45.2	33.0	21.8
1971	100	40.4	38.4	21.2
1972	100	37.0	39.5	23.5
1973	100	36.8	41.2	22.0
1974	100	36.9	40.0	23.1
1975	100	37.4	41.2	21.4
1976	100	38.5	39.0	22.5
1977	100	36.6	41.8	21.6
1978	100	32.7	45.4	21.9
1979	100	32.8	44.2	23.0
1980	100	26.4	47.2	26.4
1981	100	34.8	41.1	24.1
1982	100	35.8	39.9	24.3
1983	100	33.9	39.6	26.5
1984	100	33.5	37.2	29.3
1985	100	32.7	34.8	32.5
1986	100	30.1	33.9	36.0
1987	100	29.3	33.2	37.5
1988	100	33.3	31.7	35.0
1989	100	30.4	33.8	35.8

2-2 续表 Continued

单位：% (%)

年 份 Year	生产总值 Gross Domestic Product	第一产业 Primary Industry	第二产业 Secondary Industry	第三产业 Tertiary Industry
1990	100	35.3	32.1	32.6
1991	100	32.6	34.5	32.9
1992	100	30.1	36.2	33.7
1993	100	27.9	37.8	34.3
1994	100	30.0	36.6	33.4
1995	100	30.4	36.0	33.6
1996	100	30.6	35.7	33.7
1997	100	28.0	36.6	35.4
1998	100	27.1	36.3	36.6
1999	100	24.9	37.0	38.1
2000	100	22.8	37.9	39.3
2001	100	20.9	38.3	40.8
2002	100	19.3	38.9	41.8
2003	100	17.6	35.2	47.2
2004	100	17.8	35.4	46.8
2005	100	16.7	39.1	44.2
2006	100	15.2	41.4	43.4
2007	100	14.7	41.1	44.2
2008	100	14.5	40.9	44.6
2009	100	13.2	41.0	45.8
2010	100	13.4	41.7	44.9
2011	100	13.8	42.8	43.4
2012	100	13.9	43.5	42.6
2013	100	13.9	42.7	43.4
2014	100	13.5	42.1	44.4
2015	100	12.6	40.7	46.7
2016	100	12.0	40.5	47.5
2017	100	11.1	39.4	49.5
2018	100	10.8	39.3	49.9
2019	100	10.8	39.3	49.9
2020	100	11.7	39.6	48.8

注：本表按当年价格计算。
a)The data in this table are calculated at current price.

2-3 生产总值指数(上年=100）

Indices of Gross Domestic Product(last year=100)

(上年=100) (Preceding year=100)

年 份 Year	生产总值 Gross Domestic Product	第一产业 Primary Industry	第二产业 Secondary Industry	第三产业 Tertiary Industry	人均生产总值 Per Capita GDP
1953	116.3	107.5	159.9	127.4	110.6
1954	119.4	111.3	160.4	117.6	112.8
1955	90.7	83.7	97.5	107.4	86.0
1956	138.7	136.6	152.3	131.4	131.0
1957	110.9	117.5	98.3	106.2	105.3
1958	125.3	105.3	184.0	127.1	119.4
1959	122.9	112.6	139.2	125.2	115.3
1960	95.8	77.9	126.6	86.5	87.3
1961	65.3	80.7	39.3	95.5	62.3
1962	94.7	105.2	84.3	86.5	95.5
1963	119.7	108.9	148.6	115.0	117.0
1964	113.2	111.8	117.1	111.3	108.9
1965	109.8	105.9	113.6	112.6	105.8
1966	110.0	112.4	114.4	99.7	106.8
1967	83.3	81.1	81.2	91.2	81.1
1968	99.9	98.9	102.6	98.3	96.9
1969	100.8	99.5	103.4	99.8	97.7
1970	123.3	119.7	140.2	105.6	120.0
1971	102.1	95.0	106.5	108.7	99.0
1972	107.8	117.0	97.2	110.4	104.1
1973	111.7	110.8	116.8	105.0	108.3
1974	96.2	94.3	95.4	101.8	93.3
1975	111.3	111.7	115.6	103.1	108.6
1976	99.4	101.8	94.7	103.2	97.4
1977	107.0	102.2	114.5	103.7	105.2
1978	108.0	98.8	117.2	108.9	106.3
1979	109.8	107.7	108.6	116.0	107.4
1980	101.7	76.0	113.3	122.9	100.2
1981	110.6	141.8	96.3	103.4	109.4
1982	118.6	118.2	117.4	121.1	116.9
1983	109.8	105.0	109.9	116.7	107.8
1984	116.1	114.0	110.2	128.1	116.2
1985	117.2	114.1	108.2	133.0	114.6
1986	105.9	91.7	105.4	120.4	104.8
1987	109.0	106.8	107.0	112.5	107.7
1988	109.8	117.3	111.1	103.2	108.4
1989	102.7	95.1	104.9	106.8	101.4

2-3 续表 Continued

(上年=100) (Preceding year=100)

年 份 Year	生产总值 Gross Domestic Product	第一产业 Primary Industry	第二产业 Secondary Industry	第三产业 Tertiary Industry	人均生产总值 Per Capita GDP
1990	107.5	124.4	99.4	103.1	105.8
1991	107.5	104.0	110.8	107.9	106.0
1992	111.0	104.0	115.4	113.8	109.9
1993	111.7	105.0	113.9	115.7	110.4
1994	111.2	103.2	113.1	116.1	109.8
1995	110.1	103.9	111.0	114.1	108.9
1996	114.4	121.4	111.4	112.3	113.2
1997	110.8	102.0	114.0	114.3	109.8
1998	110.7	106.2	109.6	114.7	109.7
1999	108.8	101.0	110.0	112.7	108.0
2000	110.8	102.6	111.7	114.5	110.1
2001	110.7	102.0	110.9	115.5	110.2
2002	113.2	104.4	115.7	115.3	112.9
2003	116.3	106.4	120.1	117.5	116.2
2004	116.7	111.3	122.3	113.8	116.5
2005	119.6	109.1	130.3	113.1	119.2
2006	118.0	103.2	124.1	118.2	117.5
2007	118.0	103.9	122.3	118.6	117.4
2008	116.5	106.9	118.4	117.5	115.8
2009	116.0	102.3	119.2	116.5	115.3
2010	114.1	106.1	115.7	114.4	113.5
2011	113.6	106.0	116.3	113.3	113.3
2012	110.7	105.7	112.9	110.0	110.9
2013	108.7	103.7	110.1	108.7	109.0
2014	107.8	103.2	108.6	108.2	108.1
2015	107.7	103.2	107.8	108.7	108.0
2016	107.0	103.2	106.9	108.2	107.3
2017	104.0	103.3	101.5	106.4	104.2
2018	105.2	103.2	105.0	106.0	105.5
2019	105.2	102.4	105.7	105.4	105.5
2020	100.2	101.7	101.0	99.1	100.5

注：本表按可比价格计算。

a)The indices in this table are calculated at comparable price.

2-4 生产总值指数(1952年=100)

Indices of Gross Domestic Product(1952=100)

1952年=100　　(1952=100)

年 份 Year	生产总值 Gross Domestic Product	第一产业 Primary Industry	第二产业 Secondary Industry	第三产业 Tertiary Industry	人均生产总值 Per Capita GDP
1952	100	100	100	100	100
1953	116.3	107.5	159.9	127.4	110.6
1954	138.9	119.6	256.6	149.8	124.8
1955	125.9	100.1	250.1	160.9	107.4
1956	174.6	136.8	380.9	211.3	140.7
1957	193.6	160.8	374.2	224.5	148.2
1958	242.6	169.3	688.6	285.4	176.9
1959	298.1	190.6	958.4	357.3	204.1
1960	285.6	148.5	1213.1	309.1	178.1
1961	186.4	119.9	476.5	295.1	111.0
1962	176.5	126.1	401.8	255.4	106.0
1963	211.3	137.3	597.2	293.8	124.0
1964	239.3	153.5	699.5	327.0	135.1
1965	262.7	162.5	795.0	368.3	143.0
1966	288.9	182.6	909.8	367.2	152.7
1967	240.8	148.1	739.2	334.9	123.8
1968	240.6	146.5	758.6	329.1	120.1
1969	242.6	145.7	784.6	328.3	117.3
1970	299.1	174.4	1100.0	346.6	140.7
1971	305.3	165.7	1171.8	376.6	139.2
1972	329.1	193.9	1138.9	415.8	144.9
1973	367.5	214.8	1329.8	436.5	157.0
1974	353.7	202.6	1268.7	444.4	146.5
1975	393.8	226.3	1467.3	458.4	159.1
1976	391.2	230.4	1389.9	473.1	155.0
1977	418.7	235.4	1591.6	490.7	163.1
1978	452.2	232.5	1865.3	534.2	173.4
1979	496.3	250.5	2026.3	619.5	186.3
1980	504.6	190.5	2295.8	761.5	186.7
1981	558.1	270.1	2210.8	787.4	204.2
1982	661.8	319.3	2595.1	953.9	238.8
1983	726.9	335.4	2850.8	1113.2	257.5
1984	844.4	382.4	3135.9	1425.5	299.1
1985	989.8	436.3	3399.5	1896.5	342.7
1986	1048.0	400.2	3582.7	2282.8	359.1
1987	1142.1	427.6	3832.2	2568.3	386.6
1988	1254.0	501.6	4259.3	2651.2	419.2
1989	1288.3	476.7	4470.0	2831.2	425.0

2-4 续表 Continued

1952年=100 (1952=100)

年 份 Year	生产总值 Gross Domestic Product	第一产业 Primary Industry	第二产业 Secondary Industry	第三产业 Tertiary Industry	人均生产总值 Per Capita GDP
1990	1385.2	593.2	4444.5	2919.0	449.5
1991	1488.7	616.9	4926.5	3149.9	476.5
1992	1652.6	641.8	5687.2	3584.0	523.7
1993	1845.3	673.9	6480.5	4145.0	578.2
1994	2051.2	695.5	7329.5	4810.9	640.1
1995	2259.3	722.6	8133.5	5490.7	697.0
1996	2584.3	877.2	9064.7	6165.5	789.3
1997	2862.1	894.8	10333.8	7046.3	866.4
1998	3167.0	950.2	11322.7	8080.3	950.8
1999	3446.7	959.7	12452.7	9105.7	1026.8
2000	3817.3	984.7	13912.2	10422.5	1130.6
2001	4225.8	1003.9	15423.1	12033.7	1246.4
2002	4782.1	1048.1	17842.6	13879.9	1407.1
2003	5561.5	1115.1	21428.9	16308.9	1635.1
2004	6490.3	1241.2	26207.6	18559.5	1904.8
2005	7762.4	1354.1	34148.5	20990.8	2270.6
2006	9159.6	1397.4	42378.3	24811.1	2667.9
2007	10808.4	1451.9	51828.6	29425.9	3132.1
2008	12591.8	1552.1	61365.1	34575.5	3627.0
2009	14606.4	1587.8	73147.2	40280.4	4181.9
2010	16666.0	1684.7	84631.3	46080.8	4746.5
2011	18932.5	1785.8	98426.2	52209.6	5377.8
2012	20958.3	1887.5	111123.2	57430.5	5964.0
2013	22781.7	1957.4	122346.7	62427.0	6500.7
2014	24558.6	2020.0	132868.5	67546.0	7027.3
2015	26449.7	2084.7	143232.2	73422.5	7589.5
2016	28301.1	2151.4	153115.2	79443.1	8143.5
2017	29433.2	2222.4	155412.0	84527.5	8485.5
2018	30963.7	2293.5	163182.6	89599.2	8952.2
2019	32573.8	2348.5	172484.0	94437.5	9444.6
2020	32639.0	2388.4	174208.8	93587.6	9491.8

注：本表按可比价格计算。

a)The indices in this table are calculated at comparable price.

2-5 主要行业增加值

Value-added of Main Sectors

单位：亿元 (100 million yuan)

年 份 Year	农林牧渔业 Agriculture, Forestry,Animal Husbandry & Fishery	工 业 Industry	建筑业 Construction	批发零售住宿餐饮业 Wholesale, Retail & Catering Trade	交通运输、仓储和邮政业 Transport, Storage & Postal	金融业 Financial Intermediation	房地产业 Real Estate	其他服务业 Other Services
1992	126.86	120.85	31.71	35.04	32.65	16.62	8.01	49.94
1993	149.96	162.53	40.93	47.44	44.21	19.62	10.98	62.15
1994	208.53	205.98	48.53	63.14	53.93	23.14	13.47	78.34
1995	260.18	254.88	53.90	83.03	69.36	25.73	16.77	93.22
1996	312.82	304.81	59.96	103.70	89.13	29.20	18.77	104.71
1997	322.52	355.10	67.29	126.82	114.08	33.15	22.14	112.40
1998	341.62	382.44	76.42	144.96	126.06	36.19	26.27	128.58
1999	342.91	425.13	85.34	168.59	145.98	38.05	32.48	140.85
2000	350.80	484.19	98.38	195.39	175.46	40.44	40.30	154.14
2001	358.89	541.02	114.66	226.46	204.42	43.31	49.89	175.16
2002	374.69	614.89	139.89	266.54	244.28	46.46	56.17	198.02
2003	420.10	662.95	177.93	293.91	264.06	64.48	65.81	439.14
2004	522.80	823.39	217.82	352.87	304.20	72.46	78.61	570.21
2005	589.56	1101.69	276.11	417.49	349.22	87.51	108.53	593.60
2006	634.94	1395.84	326.52	489.30	395.67	113.35	154.82	651.31
2007	762.55	1737.82	384.91	562.47	458.98	149.65	223.56	886.99
2008	902.92	2090.60	464.45	658.35	539.30	192.29	330.10	1064.39
2009	934.88	2345.55	570.44	760.41	584.06	255.73	357.30	1295.85
2010	1097.80	2720.84	699.62	862.99	652.39	295.54	397.79	1472.89
2011	1309.72	3169.78	874.26	962.20	743.73	377.00	480.74	1540.69
2012	1453.22	3568.19	985.44	1098.52	819.59	437.56	527.70	1579.92
2013	1605.30	3823.57	1046.57	1226.22	862.70	489.26	586.09	1752.72
2014	1661.91	4008.33	1106.10	1337.23	910.15	547.86	646.21	1940.44
2015	1655.29	4121.20	1148.34	1430.45	936.27	627.75	664.49	2365.20
2016	1677.04	4357.10	1222.67	1523.05	976.53	730.11	705.05	2597.70
2017	1677.71	4671.95	1202.30	1621.74	1074.19	809.37	735.27	3105.47
2018	1779.76	5104.18	1231.20	1700.46	1130.05	847.02	828.88	3519.21
2019	1893.45	5458.60	1304.54	1809.88	1202.71	874.88	892.20	3776.28
2020	2056.23	5547.53	1320.51	1664.97	1163.07	888.90	921.31	3797.31

注：本表按当年价格计算。
a)The Data in this table are calculated at current price.

2-6 主要行业增加值指数

Indices of Value-added of Main Sectors

(上年=100) (Preceding year=100)

年 份 Year	农林牧渔业 Agriculture, Forestry,Animal Husbandry & Fishery	工 业 Industry	建筑业 Construction	批发零售住宿餐饮业 Wholesale, Retail & Catering Trade	交通运输、仓储和邮政业 Transport, Storage & Postal	金融业 Financial Intermediation	房地产业 Real Estate	其他服务业 Other Services
1993	105.0	112.3	120.5	121.1	128.6	115.9	116.4	103.7
1994	103.2	114.8	106.9	116.8	119.6	116.0	114.2	113.1
1995	103.9	112.7	104.2	115.7	119.7	109.7	110.1	110.7
1996	121.4	115.2	95.5	113.3	114.4	108.7	107.7	111.9
1997	102.0	114.9	109.4	115.8	117.1	105.7	110.6	114.4
1998	106.2	110.0	107.2	115.8	116.8	111.0	120.5	111.9
1999	101.0	110.7	105.9	116.4	113.4	107.2	122.9	108.9
2000	102.6	112.2	108.9	117.0	118.4	107.5	122.5	109.0
2001	102.0	110.2	114.1	121.8	117.7	106.3	122.7	105.4
2002	104.8	113.9	124.3	116.4	120.1	106.0	111.4	110.5
2003	105.9	114.8	143.0	106.8	117.3	136.3	112.7	132.0
2004	111.3	124.2	115.6	117.5	115.2	108.1	113.8	109.0
2005	109.1	132.6	121.3	117.3	114.8	117.2	123.1	101.6
2006	103.2	126.7	113.6	116.2	113.3	126.5	115.4	121.9
2007	103.9	124.5	112.7	113.3	116.0	126.7	115.0	123.0
2008	106.9	120.3	109.1	114.3	117.5	120.2	115.6	119.2
2009	102.3	118.1	125.2	115.7	108.3	134.2	107.9	119.7
2010	106.1	116.0	114.3	111.1	111.7	110.8	112.8	118.3
2011	106.0	116.5	115.6	108.8	114.0	120.4	122.7	111.8
2012	105.7	113.2	111.6	113.0	110.2	113.4	103.2	109.5
2013	105.3	111.0	106.6	108.4	105.3	110.3	109.5	108.7
2014	103.2	109.2	105.9	108.3	105.5	111.2	106.2	109.3
2015	103.2	108.0	106.7	106.4	103.7	115.1	105.9	111.6
2016	103.2	106.9	106.9	105.9	104.3	115.9	107.0	109.5
2017	103.3	103.6	94.1	105.4	110.0	108.1	101.0	106.7
2018	103.2	106.8	97.9	103.4	105.2	101.9	101.9	110.0
2019	102.4	106.0	104.5	104.9	104.3	103.0	104.6	106.9
2020	101.7	100.8	102.0	92.4	97.8	100.2	103.6	101.7

注：本表按可比价格计算。

a)The indices in this table are calculated at comparable price.

2-7 第三产业增加值

Value-added of the Tertiary Industry

单位：亿元　　(100 million yuan)

行　业	Sector	2019	2020
总 计	**Total**	**8586.13**	**8466.66**
农、林、牧、渔专业及辅助性活动	Agriculture,Forestry,Animal Husbandry and Fishery Specialty and Auxiliary Activities	30.19	31.12
开采辅助活动	Support Activities for Mining		
金属制品、机械和设备修理业	Repair Service of Metal Products, Machinery and Equipment		
批发和零售业	Wholesale and Retail Trade	1448.34	1359.96
交通运输、仓储和邮政业	Transportation Storage and Postal Services	1202.71	1163.07
住宿和餐饮业	Hotel and Restaurants	361.54	305.00
信息传输、软件和信息技术服务业	Information Transmission, Software & Information Technology Services	324.64	369.60
金融业	Banking	874.88	888.90
房地产业	Real Estate	892.20	921.31
租赁和商务服务业	Leasing and Business Services	323.09	295.53
科学研究和技术服务业	Scientific Research & Technical Services	272.51	295.28
水利、环境和公共设施管理业	Water Conservancy, Environment and Public Facilities Administration	62.33	67.84
居民服务、修理和其他服务业	Resident Services, Repairs and Other Services	277.60	265.12
教育	Education	746.43	794.21
卫生和社会工作	Health Care and Social Work	473.68	498.33
文化、体育和娱乐业	Culture, Sports and Entertainment	109.97	95.35
公共管理、社会保障和社会组织	Public Administration, Social Security and Social Organizations	1186.05	1116.04
国际组织	International Organizations		

注：本表按当年价格计算。
a)Data in value terms in this table are calculated at current prices.

2-8 第三产业增加值构成

Composition of Value-added of the Tertiary Industry

单位：%　　(%)

行 业	Sector	2019	2020
总 计	**Total**	**100.0**	**100.0**
农、林、牧、渔专业及辅助性活动	Agriculture,Forestry,Animal Husbandry and Fishery Specialty and Auxiliary Activities	0.4	0.4
开采辅助活动	Support Activities for Mining		
金属制品、机械和设备修理业	Repair Service of Metal Products, Machinery and Equipment		
批发和零售业	Wholesale and Retail Trade	16.9	16.1
交通运输、仓储和邮政业	Transportation Storage and Postal Services	14.0	13.7
住宿和餐饮业	Hotel and Restaurants	4.2	3.6
信息传输、软件和信息技术服务业	Information Transmission, Software & Information Technology Services	3.8	4.4
金融业	Banking	10.2	10.5
房地产业	Real Estate	10.4	10.9
租赁和商务服务业	Leasing and Business Services	3.8	3.5
科学研究和技术服务业	Scientific Research & Technical Services	3.2	3.5
水利、环境和公共设施管理业	Water Conservancy, Environment and Public Facilities Administration	0.7	0.8
居民服务、修理和其他服务业	Resident Services, Repairs and Other Services	3.2	3.1
教育	Education	8.7	9.4
卫生和社会工作	Health Care and Social Work	5.5	5.9
文化、体育和娱乐业	Culture, Sports and Entertainment	1.3	1.1
公共管理、社会保障和社会组织	Public Administration, Social Security and Social Organizations	13.8	13.2
国际组织	International Organizations		

注：本表按当年价格计算。
a)Data in value terms in this table are calculated at current prices.

2-9 第三产业增加值指数

Indices of Value-added of the Tertiary Industry

上年=100 (Preceding year=100)

行 业	Sector	2019	2020
总 计	**Total**	**105.4**	**99.1**
农、林、牧、渔专业及辅助性活动	Agriculture,Forestry,Animal Husbandry and Fishery Specialty and Auxiliary Activities	105.3	100.7
开采辅助活动	Support Activities for Mining		
金属制品、机械和设备修理业	Repair Service of Metal Products, Machinery and Equipment		
批发和零售业	Wholesale and Retail Trade	104.2	94.9
交通运输、仓储和邮政业	Transportation Storage and Postal Services	104.3	97.8
住宿和餐饮业	Hotel and Restaurants	107.7	82.4
信息传输、软件和信息技术服务业	Information Transmission, Software & Information Technology Services	121.8	115.9
金融业	Banking	103.0	100.2
房地产业	Real Estate	104.6	103.6
租赁和商务服务业	Leasing and Business Services	113.0	94.0
科学研究和技术服务业	Scientific Research & Technical Services	102.2	105.2
水利、环境和公共设施管理业	Water Conservancy, Environment and Public Facilities Administration	106.9	102.8
居民服务、修理和其他服务业	Resident Services, Repairs and Other Services	111.7	95.5
教育	Education	104.1	103.3
卫生和社会工作	Health Care and Social Work	102.6	103.1
文化、体育和娱乐业	Culture, Sports and Entertainment	110.6	86.0
公共管理、社会保障和社会组织	Public Administration, Social Security and Social Organizations	104.4	100.1
国际组织	International Organizations		

注：本表按可比价格计算。
a)The indices in this table are calculated at comparable prices.

2-10 三次产业贡献率

Share of the Contributions of the Three Strata of Industry to the Increase of the GDP

单位：%　　(%)

年 份 Year	生产总值 Gross Domestic Product	第一产业 Primary Industry	第二产业 Secondary Industry	第三产业 Tertiary Industry
1990	100	89.1	-2.4	13.3
1991	100	18.9	46.6	34.5
1992	100	12.4	46.5	41.1
1993	100	13.7	41.3	45.1
1994	100	8.6	41.2	50.1
1995	100	10.7	38.6	50.6
1996	100	43.7	28.5	27.8
1997	100	6.2	48.0	45.7
1998	100	17.8	33.8	48.4
1999	100	3.4	43.1	53.5
2000	100	6.7	41.7	51.6
2001	100	4.2	38.6	57.2
2002	100	7.0	45.2	47.8
2003	100	7.6	47.6	44.8
2004	100	11.9	53.3	34.8
2005	100	7.8	64.6	27.6
2006	100	3.0	52.3	44.7
2007	100	3.2	51.0	45.8
2008	100	5.4	47.5	47.1
2009	100	1.7	52.0	46.3
2010	100	4.5	49.6	45.9
2011	100	5.9	50.0	44.1
2012	100	6.7	51.4	41.9
2013	100	5.0	50.7	44.3
2014	100	4.6	48.4	47.0
2015	100	4.5	44.7	50.8
2016	100	5.6	39.9	54.5
2017	100	9.9	15.4	74.7
2018	100	7.4	37.7	54.9
2019	100	5.4	43.9	50.7

注：本表按可比价格计算。

a)The indices in this table are calculated at comparable price.

2-11 三次产业对生产总值增长的拉动
Contribution of the Three Strata of Industry to GDP Growth

单位：百分点 (percentage points)

年份 Year	生产总值 Gross Domestic Product	第一产业 Primary Industry	第二产业 Secondary Industry	第三产业 Tertiary Industry
1990	7.5	6.7	-0.2	1.0
1991	7.5	1.4	3.5	2.6
1992	11.0	1.4	5.1	4.5
1993	11.7	1.6	4.8	5.3
1994	11.2	1.0	4.6	5.6
1995	10.1	1.1	3.9	5.1
1996	14.4	6.3	4.1	4.0
1997	10.8	0.7	5.2	4.9
1998	10.7	1.9	3.6	5.2
1999	8.8	0.3	3.8	4.7
2000	10.8	0.7	4.5	5.5
2001	10.7	0.4	4.1	6.1
2002	13.2	0.9	6.0	6.3
2003	16.3	1.2	7.8	7.3
2004	16.7	2.0	8.9	5.8
2005	19.6	1.5	12.7	5.4
2006	18.0	0.5	9.4	8.1
2007	18.0	0.6	9.2	8.2
2008	16.5	0.9	7.8	7.8
2009	16.0	0.3	8.3	7.4
2010	14.1	0.6	7.0	6.5
2011	13.6	0.8	6.8	6.0
2012	10.7	0.7	5.5	4.5
2013	8.7	0.4	4.4	3.9
2014	7.8	0.4	3.8	3.7
2015	7.7	0.3	3.4	3.9
2016	7.0	0.4	2.8	3.8
2017	4.0	0.4	0.6	3.0
2018	5.2	0.4	2.0	2.9
2019	5.2	0.3	2.3	2.6
2020	0.2	0.2	0.4	-0.4

注：本表按可比价格计算。
a) The indices in this table are calculated at comparable price.

主要统计指标解释

地区生产总值 是按市场价格计算的地区生产总值的简称。它是一个地区所有常住单位在一定时期内生产活动的最终成果。地区生产总值有三种表现形式,即价值形态、收入形态和产品形态。从价值形态看,它是所有常住单位在一定时期内所生产的全部货物和服务价值超过同期投入的全部非固定资产货物和服务价值的差额,即所有常住单位的增加值之和;从收入形态看,它是所有常住单位在一定时期内所创造并分配给常住单位和非常住单位的初次分配收入之和;从产品形态看,它是最终使用的货物和服务减去进口货物和服务。在实际核算中,地区生产总值的三种表现形态表现为三种计算方法,即生产法、收入法和支出法。三种方法分别从不同的方面反映地区生产总值及其构成。

三次产业 三次产业的划分是世界上较为常用的产业结构分类,但各国的划分不尽一致。根据国家统计局《三次产业划分规定》和《国民经济行业分类》(GB/T 4754 - 2017),我国的三次产业划分是:第一产业是指农、林、牧、渔业(不含农、林、牧、渔专业及辅助性活动业)。第二产业是指采矿业(不含开采专业及辅助活动),制造业(不含金属制品、机械和设备修理业),电力、热力、燃气及水生产和供应业,建筑业。第三产业即服务业,是指除第一、二产业以外的其他行业。

生产总值指数 名义 GDP 和实际 GDP 的比率。反映一定时期内国内生产总值变动趋势和程度的相对数。目前本书中的国内生产总值指数有两种,一种是以 1952 年为基期计算的定基指数,另一种是以上一年为基期计算的指数。

人均生产总值 一个国家或地区本年 GDP 与常住人口的比值,得到人均生产总值,是衡量国家或地区经济发展程度和人民生活水平的重要标准。

行业贡献率 即该行业 GDP 增量占总的 GDP 增量的比重,用于分析经济增长中各行业作用大小的程度。

Explanatory Notes on Main Statistical Indicators

Gross Domestic Product (GDP) refers to the final products of all resident units in a region during a certain period of time. Gross domestic product is expressed in three different forms, namely value, income, and products respectively. The form of value refers to the total value of all products and services produced by all resident units during a certain period of time minus total value of intimidate input of materials and services of the nature of non – fixed assets or the summation of the value – added of all resident units; the form of income includes all the income created by all resident units and distributed primarily to all resident and non resident units; the form of products refers to the value of all final goods and services for final use by all resident units plus the value of net exports of goods and services during a given period of time. In the practice of national accounting, gross domestic product is calculated with three approaches, namely production approach, income approach, and expenditure approach, which reflect gross domestic product and its composition from different aspects.

Three Strata of Industry Classification of economic activities into three strata of industry is a common practice in the world, although the grouping varies to some extent from country to country. In China, according to Industrial classification for National Economic Activities (GB/T 4754—2011) and Dividing Basis of Three Industries, economic activities are categorized into the following three strata of industry:

Primary industry refers to agriculture, forestry, animal husbandry and fishery industries (not including services in support of agriculture, forestry, animal husbandry and fishery industries).

Secondary industry refers to mining and quarrying (not including support activities for mining), manufacturing (not including repair service of metal products, machinery and equipment), production and supply of electricity, heat, gas and water, and construction.

Tertiary industry refers to all other economic activities not included in the primary or secondary industries.

GDP Index The ratio of nominal GDP to real GDP. A relative number that reflects the changing trend and degree of GDP in a given period. There are two kinds of GDP indexes in this book. One is based on 1952, and the other is based on the previous year.

Per Capita GDP The ratio of GDP and permanent resident population of a country or region in this year, the per capita GDP, is an important standard to measure the degree of economic development of a country or region and people's living standards.

Industry Contribution Rate That is, the proportion of GDP increment of the industry in the total GDP increment, which is used to analyze the role of each industry in economic growth.

3 人口与就业

Population and Employment

资料整理：李　亮　白　菲　郝建航

Arranged By：Li Liang，Bai Fei，Hao Jianhang

3-1 历次全国人口普查内蒙古人口基本情况

Basic Conditions of All Region Population Census in 1953,1964,1982,1990,2000,2010 and 2020

单位：万人 (10 000 persons)

指　标	Item	1953	1964	1982	1990	2000	2010	2020
总人口	**Total Population**	**610.02**	**1233.41**	**1927.43**	**2145.65**	**2375.54**	**2470.63**	**2404.92**
男	Male	343.19	669.28	1005.29	1115.57	1228.90	1283.13	1227.53
女	Female	266.83	564.13	922.14	1030.08	1146.64	1187.50	1177.39
总户数(万户)	**Total Number of Households (10 000 households)**	**138.70**	**261.39**	**420.00**	**529.34**	**708.16**	**847.05**	**997.42**
家庭户	Family Households			418.75	527.31	695.48	817.61	948.40
集体户	Collective Households			1.25	2.03	12.68	29.44	49.02
各年龄组人口	**Population by Age**							
0-5岁	Age 0-5			237.01	246.92	151.13	134.60	125.45
6-14岁	Age 6-14			447.58	363.45	354.43	213.66	212.32
15-64岁	Age 15-64			1173.22	1449.29	1742.85	1935.56	1753.26
65岁及以上	Age 65 and Over			69.62	85.99	127.13	186.81	313.89
民族人口	**Nationality Population**							
汉族	Han Nationality	512.00	1072.94	1627.76	1729.00	1882.39	1965.07	1893.55
蒙古族	Mongolian Nationality	88.82	138.45	248.94	337.97	402.92	422.61	424.78
其他少数民族	Other Minority Nationalities	7.24	22.00	50.73	78.67	90.23	82.95	86.58
15岁及以上人口	**Population Aged 15 and Over**			**1242.84**	**1535.28**	**1869.98**	**2122.37**	**2067.15**
6岁及以上人口按受教育程度分组	**Population Aged 6 and Over by Educational Level**			**1690.42**	**1898.73**	**2224.41**	**2236.03**	**2279.46**
大学本科	Undergraduates				10.83	24.47	91.99	209.53
大学专科	College Students			11.00	20.90	65.88	160.20	239.90
中专	Specialized Secondary School				42.97	89.66		
高中	Senior Secondary School			143.68	173.07	237.22	373.69	356.27
初中	Junior Secondary School			371.99	546.55	826.65	968.93	814.33
小学	Primary School			631.58	716.68	739.60	627.99	566.13
不识字或识字很少	Illiterate and Semi-Illiterate			422.29	332.82	240.93	113.23	93.30
市镇乡村人口	**Population of Cities, Towns & Countyside**							
市镇人口	City & Town		305.10	556.14	779.69	1013.88	1372.02	1622.75
乡村人口	County		928.31	1371.29	1365.96	1361.66	1098.61	782.17

注：1953、1964、1982和1990年数据为年中数(7月1日零时)，2000、2010、2020年数据为2000、2010、2020年11月1日零时快速汇总数。

a)Data on 1953,1964,1982 and 1990 is year-middle data(at zero hour of Jul.1). The data of 2000,2010 and 2020 is the total amount of quick summary at zero hour of November 1,2000,2010 and 2020.

3-2 年末总人口数及构成

Population and Its Composition at Year-end

单位：万人 (10 000 persons)

年 份 Year	年末总人口 Total Population (year-end)	按性别分 By Sex		按城乡分 By Residence	
		男 Male	女 Female	市镇人口 Urban	乡村人口 Rural
1949	608.1	334.0	274.1	75.2	532.9
1952	715.9	394.3	321.6	91.9	624.0
1957	936.0	519.3	416.7	175.4	760.6
1965	1296.4	700.1	596.3	268.3	1028.1
1970	1491.0	799.0	692.0	320.8	1170.2
1975	1737.9	918.6	819.3	379.3	1358.6
1978	1823.4	957.8	865.6	397.5	1425.9
1980	1876.5	981.2	895.3	433.1	1443.4
1981	1902.9	994.9	908.0	445.2	1457.7
1982	1941.6	996.0	945.6	565.2	1376.4
1983	1969.8	1009.8	960.0	573.8	1396.0
1984	1993.1	1022.7	970.4	847.1	1146.0
1985	2015.9	1043.6	972.3	874.1	1141.8
1986	2040.7	1058.0	982.7	932.2	1108.5
1987	2066.4	1062.3	1004.1	1004.5	1061.9
1988	2093.9	1083.2	1010.7	1033.8	1060.1
1989	2122.2	1102.4	1019.8	1055.8	1066.5
1990	2162.6	1127.6	1035.0	781.1	1381.4
1991	2183.9	1132.8	1051.0	807.4	1376.4
1992	2206.6	1142.1	1064.5	817.1	1389.5
1993	2232.4	1149.8	1082.6	831.8	1400.6
1994	2260.5	1161.5	1099.0	849.3	1411.2
1995	2284.4	1187.6	1096.8	873.1	1411.3
1996	2306.6	1198.0	1108.6	887.2	1419.4
1997	2325.7	1207.5	1118.2	905.6	1420.1
1998	2344.9	1216.7	1128.2	936.7	1408.2
1999	2361.9	1224.6	1137.3	967.8	1394.1

3-2 续表 Continued

单位：万人 (10 000 persons)

年 份 Year	年末总人口 Total Population (year-end)	按性别分 By Sex 男 Male	 女 Female	按城乡分 By Residence 市镇人口 Urban	 乡村人口 Rural
2000	2372.4	1227.2	1145.2	1001.1	1371.3
2001	2381.4	1230.6	1150.8	1036.8	1344.6
2002	2384.1	1231.1	1153.0	1050.3	1333.8
2003	2385.8	1231.4	1154.3	1067.4	1318.4
2004	2392.7	1234.2	1158.5	1097.3	1295.4
2005	2403.1	1237.9	1165.2	1134.3	1268.8
2006	2415.1	1243.0	1172.1	1174.7	1240.4
2007	2428.8	1250.0	1178.8	1218.0	1210.8
2008	2444.3	1255.9	1188.4	1264.1	1180.2
2009	2458.2	1263.5	1194.7	1312.7	1145.5
2010	2472.2	1283.9	1188.3	1372.9	1099.3
2011	2470.1	1282.0	1188.1	1409.0	1061.2
2012	2463.9	1278.1	1185.7	1439.4	1024.5
2013	2455.3	1272.5	1182.9	1468.8	986.5
2014	2449.1	1268.1	1181.0	1493.2	955.9
2015	2440.4	1262.2	1178.2	1515.2	925.2
2016	2436.2	1259.1	1177.1	1544.6	891.7
2017	2433.4	1256.0	1177.4	1572.0	861.5
2018	2422.2	1248.6	1173.6	1586.8	835.4
2019	2415.3	1244.3	1171.0	1605.2	810.1
2020	2402.8	1226.5	1176.4	1621.5	781.3

注：1985年之前为户籍统计数，2011-2019年数据为根据第七次人口普查结果修订后数据，其余年份为根据历次人口普查数据修订后数据。
a)Before 1985,the data are from household registrations.The data from 2011 to 2019 are revised according to the results of the seventh population census.The remaining data are revised according to the data of previous censuses.

3-3 人口出生率、死亡率、自然增长率

Birth Rate,Death Rate and Natural Growth Rate

单位：‰ (‰)

年 份 Year	出生率 Birth Rate	死亡率 Death Rate	自然增长率 Natural Growth Rate	人口机械增长率 Migratory Growth Rate
1956	29.5	7.9	21.6	40.0
1957	37.2	10.5	26.7	16.3
1958	28.4	7.9	20.5	31.7
1959	30.8	11.0	19.8	54.8
1960	29.4	9.4	20.0	94.1
1961	22.1	8.8	13.3	-37.1
1962	38.2	9.0	29.2	-21.7
1963	41.3	8.5	32.8	3.7
1964	41.9	11.8	30.1	0.9
1965	40.0	9.3	30.7	2.8
1966	36.1	8.1	28.0	-2.8
1967	34.9	7.7	27.2	3.5
1968	34.9	7.3	27.6	1.2
1969	32.5	6.8	25.7	8.4
1970	32.3	6.2	26.1	-5.1
1971	29.7	5.6	24.1	18.0
1972	30.7	6.6	24.1	6.3
1973	28.3	5.7	22.6	7.1
1974	25.9	6.1	19.8	12.4
1975	23.3	6.1	17.2	1.8
1976	20.1	5.5	14.6	3.3
1977	18.1	5.4	12.7	3.5
1978	18.5	5.2	13.3	0.6
1979	18.1	4.9	13.2	-0.3
1980	16.5	4.9	11.5	
1981	17.3	4.9	12.4	1.3
1982	21.2	5.7	15.5	-0.8
1983	20.0	5.5	14.5	
1984	18.9	5.5	13.4	-1.7
1985	17.2	5.7	11.5	-0.1
1986	19.1	5.9	13.2	-1.0
1987	19.7	6.1	13.6	-1.1
1988	19.0	5.7	13.3	-0.1
1989	19.3	5.8	13.5	-0.7
1990	21.2	7.2	14.0	-1.1
1991	16.8	7.0	9.8	-1.2
1992	17.1	6.7	10.3	-1.3
1993	18.5	6.8	11.7	-0.5
1994	19.0	6.5	12.5	-0.3

3-3 续表 Continued

单位：‰ (‰)

年 份 Year	出生率 Birth Rate	死亡率 Death Rate	自然增长率 Natural Growth Rate	人口机械增长率 Migratory Growth Rate
1995	17.2	6.7	10.5	-0.1
1996	16.1	6.4	9.7	0.1
1997	15.2	7.0	8.3	0.1
1998	14.4	6.2	8.2	
1999	13.3	6.1	7.2	-0.2
2000	12.1	5.9	6.1	-0.6
2001	10.8	5.8	5.0	-1.2
2002	9.6	5.9	3.7	-2.6
2003	9.2	6.2	3.1	-2.4
2004	9.5	6.0	3.6	-0.6
2005	10.1	5.5	4.6	-0.3
2006	9.9	5.9	4.0	1.0
2007	10.2	5.7	4.5	1.2
2008	9.8	5.5	4.3	2.1
2009	9.6	5.6	4.0	1.7
2010	9.3	5.5	3.8	1.9
2011	8.9	5.4	3.5	0.3
2012	9.2	5.5	3.7	-0.4
2013	9.0	5.6	3.4	-0.3
2014	9.3	5.8	3.6	-0.7
2015	7.7	5.3	2.4	0.1
2016	9.0	5.7	3.3	0.3
2017	9.5	5.7	3.7	-0.4
2018	8.4	6.0	2.4	-0.3
2019	8.2	5.7	2.6	-0.4
2020	8.3	5.9	2.5	-7.6

3-4 年末总人口及人口变动

Population and Its Changes at Year-end

项 目	Item	2019	2020	2020年比2019年增长% Increase Rate in 2020 over 2019(%)
常住人口(万人)	**Permanet Resident Population (10 000 persons)**	**2415.34**	**2402.83**	**-0.52**
按性别分	**By Sex**			
男(万人)	Male(10 000 persons)	1244.32	1226.46	-1.44
女(万人)	Female(10 000 persons)	1171.02	1176.37	0.46
按年龄组分	**By Age**			
0-14岁（万人）	Aged 0-14 (10 000 persons)	319.55	337.41	5.59
15-64岁（万人）	Aged 15-64 (10 000 persons)	1829.38	1751.78	-4.24
65岁以上（万人）	Aged 65 and Over (10 000 persons)	266.41	313.64	17.73
按城乡分	**By Residence**			
市镇人口(万人)	Urban(10 000 persons)	1605.23	1621.54	1.02
乡村人口(万人)	Rural(10 000 persons)	810.11	781.29	-3.56
人口自然变动	**Population Natural Changes**			
出生人口(万人)	Briths(10 000 persons)	20.69	20.48	-1.01
男	Male	10.64	10.56	-0.75
女	Female	10.05	9.92	-1.29
死亡人口(万人)	Deaths(10 000 persons)	14.23	14.38	1.05
出生率(‰)	Birth Rate(‰)	8.23	8.33	0.10
死亡率(‰)	Death Rate(‰)	5.66	5.85	0.19
自然增长率(‰)	Natural Growth Rate(‰)	2.57	2.48	-0.09

注：本表数据为根据第七次人口普查初步汇总数据推算。

a)The data in this table are calculated according to the preliminary summary data of the seventh population census.

3-5 民族人口及构成

Nationality Population and Its Composition

单位：人 (person)

项　目	Item	2019	2020	构 成 (%) Composition	
				2019	2020
汉族	Han	18773216	18667823	76.87	76.74
蒙古族	Mongolian	4691850	4701544	19.21	19.33
回族	Hui	217359	216873	0.89	0.89
满族	Man	562132	563602	2.30	2.32
朝鲜族	Korean	22593	22469	0.09	0.09
达斡尔族	Daur	86632	86805	0.35	0.36
鄂温克族	Ewenki	33015	33198	0.14	0.14
鄂伦春族	Oroqen	4778	4821	0.02	0.02
壮族	Zhuang	2511	2560	0.01	0.01
藏族	Tibetan	1948	2000	0.01	0.01
锡伯族	Xibe	3773	3821	0.02	0.02
苗族	Miao	2335	2388	0.01	0.01
土家族	Tujia	2296	2383	0.01	0.01
彝族	Yi	2065	2129	0.01	0.01
维吾尔族	Uygur	251	277		
其他少数民族	Other Minority Nationalities	13711	13754	0.06	0.06
外国人加入中国籍	Foreigners Naturalized China	7	2		

注：本表数据为公安户籍统计数。

a) Date in the Table is Registered Statistics.

3-6 年末民族人口数

Nationality Population at Year-end

年 份 Year	在人口总数中 Total Populational Including							
	汉族 (万人) Han (10000 persons)	蒙古族 (万人) Mongolian (10000 persons)	回族 (万人) Hui (10000 persons)	满族 (万人) Man (10000 persons)	朝鲜族 (人) Korean (person)	达斡尔族 (人) Daur (person)	鄂温克族 (人) Ewenki (person)	鄂伦春族 (人) Oroqen (person)
1951	589.6	87.1	4.7	1.9	6242	18060	5546	919
1952	614.4	91.2	5.0	2.0	6590	19129	5611	929
1953	649.3	98.5	5.2	2.1	6841	19480	5667	953
1954	687.6	102.7	5.4	2.2	7120	21304	5976	989
1955	725.6	105.5	5.8	2.3	7589	21883	6313	1067
1956	775.7	108.6	6.2	2.0	10213	22253	5665	1009
1957	811.2	111.6	6.7	2.1	11247	24278	6178	949
1958	857.1	114.1	7.5	2.5	12674	27656	6723	1025
1959	930.7	115.5	8.0	3.0	13209	29884	6593	1124
1960	1049.8	121.4	9.4	3.2	14056	30420	6935	1135
1961	1021.0	123.5	10.5	2.8	12457	30918	7508	1143
1962	1023.5	129.7	10.0	3.2	11934	31201	8558	1129
1963	1061.1	134.6	10.3	3.8	11827	32509	8469	1145
1964	1091.4	140.3	11.2	5.0	11328	34819	9038	1205
1965	1129.4	144.5	11.3	5.3	11412	35980	9191	1272
1966	1158.3	148.3	11.4	5.5	11513	36620	9591	1318
1971	1358.2	169.7	13.2	6.8	13884	40440	11038	1364
1972	1401.7	172.9	13.4	6.9	13426	42966	11195	1409
1973	1444.5	178.5	13.8	7.1	13864	44971	11268	1454
1974	1493.4	182.6	14.2	7.4	14400	46420	11639	1499
1975	1521.7	186.6	14.3	7.6	14862	48333	12426	1544
1976	1549.0	189.5	14.6	7.8	15750	48967	13554	1592
1977	1573.9	193.1	14.7	7.9	15420	52733	12753	1524
1978	1592.9	198.6	15.0	8.0	15403	55372	12657	1579
1979	1617.0	202.1	14.6	8.7	20881	53954	15592	1600
1980	1632.7	209.0	15.3	10.3	16193	56399	14722	1699
1981	1651.5	215.3	15.8	11.0	16062	56801	15245	1754
1982	1637.9	253.2	17.0	23.7	17337	56883	17525	2186
1983	1657.5	260.3	17.0	24.9	17800	59500	18000	2200
1984	1671.0	268.1	17.6	26.0	18400	60500	18300	2300
1985	1686.2	274.7	17.1	27.1	18600	61500	18900	2300
1986	1696.8	285.5	17.7	29.4	19485	64129	19840	2483
1987	1706.9	297.2	18.3	32.3	19743	65167	20412	2561
1988	1721.8	307.3	18.5	34.4	20152	66462	20499	2686
1989	1729.9	315.7	18.8	35.7	21147	69579	20853	2793
1990	1749.1	328.5	18.7	40.0	22380	70959	22494	2976
1991	1758.7	333.1	19.0	40.9	22047	71598	23138	3171
1992	1766.1	338.3	19.5	41.4	22161	72432	23321	3262
1993	1779.4	343.4	19.7	42.1	21963	73574	23928	3242
1994	1791.6	349.6	19.7	42.8	22735	73354	24427	3302

3-6 续表 Continued

年 份 Year	在人口总数中 Total Populational Including							
	汉族 (万人) Han (10000 persons)	蒙古族 (万人) Mongolian (10000 persons)	回族 (万人) Hui (10000 persons)	满族 (万人) Man (10000 persons)	朝鲜族 (人) Korean (person)	达斡尔族 (人) Daur (person)	鄂温克族 (人) Ewenki (person)	鄂伦春族 (人) Oroqen (person)
1995	1803.4	356.5	19.9	43.7	22741	72680	24545	3447
1996	1820.0	364.2	20.0	44.8	22772	73689	25059	3436
1997	1836.8	371.8	20.4	45.5	22759	74992	25632	3599
1998	1851.0	378.6	20.4	46.2	23068	73797	25578	3568
1999	1865.5	382.8	21.0	46.0	23825	73818	26001	3813
2000	1832.5	386.0	20.9	47.0	23278	76374	26546	3704
2001	1843.7	391.8	20.8	48.1	23841	77145	26870	3846
2002	1855.0	396.0	21.1	47.8	24009	79202	27423	3968
2003	1860.6	404.0	21.1	48.7	23863	79195	27915	3998
2004	1866.5	408.0	21.3	48.7	24117	79960	28285	4229
2005	1853.8	412.7	21.0	49.1	23503	79248	27931	4791
2006	1880.9	414.4	21.1	49.9	23800	82342	28774	4816
2007	1898.0	427.7	21.3	50.6	24117	83610	29085	5000
2008	1913.3	433.5	21.4	51.4	24353	84478	29589	5032
2009	1921.4	441.6	21.5	51.9	24318	83127	30163	4561
2010	1921.5	441.1	21.6	52.4	24184	83007	30863	4594
2011	1927.4	447.2	21.8	52.8	24017	83284	31296	4623
2012	1917.7	450.2	21.8	53.4	23784	83653	31248	4664
2013	1918.4	454.9	21.9	54.0	24172	84342	31505	4739
2014	1906.2	458.4	22.1	54.4	23809	85039	31917	4817
2015	1889.7	457.8	21.7	54.5	23105	85616	32005	4528
2016	1889.1	462.4	21.7	55.0	22990	86428	32484	4571
2017	1880.1	463.9	21.8	55.3	22883	86607	32696	4604
2018	1878.9	466.6	21.7	55.8	22804	86721	32886	4724
2019	1877.3	469.2	21.7	56.2	22593	86632	33015	4778
2020	1866.8	470.2	21.7	56.4	22469	86805	33198	4821

注：本表数据为公安户籍统计数。

a) Date in the Table is Registered Statistics.

3-7 就业基本情况

Employment

项　目	Item	2005	2010	2015	2020
就业人员总计(万人)	**Total Number of Employed Persons(10 000 persons)**	**1041.1**	**1398.0**	**1351.0**	**1242.0**
第一产业	Primary Industry	560.5	704.0	584.3	443.0
第二产业	Secondary Industry	162.7	458.0	345.2	211.0
第三产业	Tertiary Industry	317.9	237.0	421.5	588.0
按城乡分	**By Urban and Rural Areas**				
城镇就业人员	Urban Employed Persons	350.3	656.0	735.7	784.0
乡村就业人员	Rural Employed Persons	690.8	742.0	615.3	458.0
就业人员构成(总计=100)	**Composition of Employed Persons(total=100)**				
第一产业	Primary Industry	53.8	50.4	43.2	35.7
第二产业	Secondary Industry	15.6	32.8	25.5	17.0
第三产业	Tertiary Industry	30.5	17.0	31.2	47.3
城镇非私营单位就业人员（万人）	**Number of Employed Person in Urban Non-Private Units(10 000 persons)**	**243.0**	**249.2**	**298.3**	**270.6**
#女性	Female	91.8	91.6	107.7	109.1
按登记注册类型分	**By Status of Registration**				
内资	Domestic Funded				
国有单位	State-owned Units	162.0	169.4	168.0	134.7
集体单位	Urban Collective-owned Units	12.4	8.9	5.9	2.4
股份合作单位	Cooperative Units	1.8	2.1	0.9	1.0
联营单位	Joint Ownership Units	0.3	0.2	0.1	0.3
有限责任公司	Limited Liability Corporations	47.0	45.5	90.8	97.8
股份有限公司	Share-holding Corporations Ltd.	14.3	17.8	23.3	27.6
其他单位	Others	1.1	0.8	1.2	0.9
港澳台商投资单位	Units with Funded from Hong Kong,Macao & Taiwan	1.6	1.6	2.5	2.4
外商投资单位	Foreign Funded Units	2.5	2.8	5.5	3.5
城镇私营单位就业人员（万人）	**Number of Employed Person in Urban Private Units(10 000 persons)**	**47.1**	**103.1**	**168.1**	**87.0**
职工人数(万人)	**Number of Staff and Workers (10 000 persons)**	**239.6**	**244.9**	**289.6**	**256.5**
国有单位	State-owned Units	159.7	166.7	164.4	130.3
城镇集体单位	Urban Collective-owned Units	12.2	8.6	5.6	2.3
其他单位	Units of Other Types of Ownership	67.7	69.6	119.6	123.8
城镇登记失业人数(万人)	**Number of Registered Unemployed Persons in Urban Areas(10 000 persons)**	**17.75**	**20.81**	**25.87**	**30.03**
城镇登记失业率(%)	**Registered Unemployment Rate in Urban Areas(%)**	**4.26**	**3.90**	**3.65**	**3.80**

注:1. 1998年及以后城镇单位就业人员、职工人数统计口径有调整,详见本篇末指标解释。
2. 2017年起,城镇私营单位就业人员使用统计部门抽样调查推算数据，2017年以前使用工商登记注册人数。
3.2020年就业人员总数及分产业、分城乡人数由国家统计局推算并反馈，2010年-2019年数据同时进行修订，下表同。

a)Statistical coverage of staff and workers employed in urban units was adjusted after 1998.Please refer to the explanatory notes at the end of this chapter.

b)Since 2017,the employed persons of urban private units use the sampling survey data of statistics department.The number of people registered for business registration shall be adopted before 2017.

c)The total number of employed persons in 2020 and the number by industry,by urban and rural areas be calculated and fed back by the National Bureau of Statistics.Data for 2010-2019 were revised at the same time,the same applies to the following tables.

3-8 按三次产业划分的年末就业人员

Number of Employed Persons at Year-end by Type of Industry

年 份 Year	就业人员 (万人) Total (10 000 persons)				构成(合计=100) Composition in Percentage(total=100)		
		第一产业 Primary Industry	第二产业 Secondary Industry	第三产业 Tertiary Industry	第一产业 Primary Industry	第二产业 Secondary Industry	第三产业 Tertiary Industry
1965	476.8	379.7	45.3	51.8	79.6	9.5	10.9
1970	524.4	405.2	63.6	55.6	77.3	12.1	10.6
1975	607.5	441.6	95.5	70.4	72.7	15.7	11.6
1978	652.8	438.0	120.5	94.3	67.1	18.5	14.5
1980	698.4	460.7	129.7	108.0	66.0	18.6	15.5
1981	731.2	478.8	136.4	116.0	65.5	18.7	15.9
1982	762.4	501.5	140.1	120.8	65.8	18.4	15.8
1983	798.8	515.8	146.7	136.3	64.6	18.4	17.1
1984	827.8	524.5	154.5	148.8	63.4	18.7	18.0
1985	856.6	517.8	174.8	164.0	60.5	20.4	19.2
1986	875.4	521.7	184.6	169.1	59.6	21.1	19.3
1987	891.0	490.3	188.0	212.7	55.0	21.1	23.9
1988	909.7	490.0	200.1	219.6	53.9	22.0	24.1
1989	910.3	491.3	199.1	219.9	54.0	21.9	24.2
1990	924.6	515.5	201.4	207.7	55.8	21.8	22.5
1991	962.9	537.9	208.8	216.2	55.9	21.7	22.5
1992	976.0	531.4	217.1	227.5	54.5	22.2	23.3
1993	1008.2	535.4	220.4	252.4	53.1	21.9	25.0
1994	1033.4	536.5	225.1	271.8	51.9	21.8	26.3
1995	1029.4	536.8	225.0	267.6	52.2	21.9	26.0
1996	1039.0	546.8	223.4	268.8	52.6	21.5	25.9
1997	1050.3	544.6	213.2	292.5	51.9	20.3	27.9
1998	1050.3	542.6	207.1	300.6	51.7	19.7	28.6
1999	1056.7	555.4	185.5	315.8	52.6	17.6	29.9

3-8 续表 Continued

年 份 Year	就业人员 (万人) Total (10 000 persons)			构成(合计=100) Composition in Percentage(total=100)		
		第一产业 Primary Industry	第二产业 Secondary Industry	第三产业 Tertiary Industry	第一产业 Primary Industry	第二产业 Secondary Industry	第三产业 Tertiary Industry
2000	1061.6	553.7	182.4	325.5	52.2	17.2	30.7
2001	1067.0	550.5	179.3	337.2	51.6	16.8	31.6
2002	1086.1	552.3	173.7	360.1	50.9	16.0	33.2
2003	1005.2	548.7	152.5	303.9	54.6	15.2	30.2
2004	1026.1	559.3	153.0	313.8	54.5	14.9	30.6
2005	1041.1	560.5	162.7	317.9	53.8	15.6	30.5
2006	1051.2	565.3	168.0	317.8	53.8	16.0	30.2
2007	1081.5	569.3	183.6	328.6	52.6	17.0	30.4
2008	1103.3	556.7	186.2	360.4	50.5	16.9	32.7
2009	1142.5	558.0	193.3	391.2	48.8	16.9	34.2
2010	1398.0	704.0	458.0	237.0	50.4	32.8	17.0
2011	1388.0	678.2	436.1	273.7	48.9	31.4	19.7
2012	1379.0	655.8	412.8	310.4	47.6	29.9	22.5
2013	1370.0	632.6	389.7	347.7	46.2	28.4	25.4
2014	1360.0	609.4	366.8	383.8	44.8	27.0	28.2
2015	1351.0	584.3	345.2	421.5	43.2	25.5	31.2
2016	1326.0	555.9	315.5	454.6	41.9	23.8	34.3
2017	1317.0	533.5	292.2	491.3	40.5	22.2	37.3
2018	1304.0	507.3	269.5	527.2	38.9	20.7	40.4
2019	1272.0	475.2	239.2	557.6	37.4	18.8	43.8
2020	1242.0	443.0	211.0	588.0	35.7	17.0	47.3

注：2003年以后就业人员中不包括社会自由就业人员。

a)Social total number of employed persons doesn't include social self-employed persons after 2003.

3-9 按城乡划分的年末就业人员

Number of Employed Persons at Year-end by Urban and Rural Areas

年 份 Year	就业人员(万人) Total (10 000 persons)			构成(合计=100) Composition in Percentage(total=100)	
		城镇 Urban Area	乡村 Rural Area	城镇 Urban Area	乡村 Rural Area
1965	476.8	101.2	375.6	21.2	78.8
1970	524.4	124.8	399.6	23.8	76.2
1975	607.5	176.9	430.6	29.1	70.9
1978	652.8	227.8	425.0	34.9	65.1
1980	698.4	255.4	443.0	36.6	63.4
1985	856.6	335.6	521.0	39.2	60.8
1987	891.0	359.7	531.3	40.4	59.6
1988	909.7	373.3	536.4	41.0	59.0
1989	910.3	375.4	534.9	41.2	58.8
1990	924.6	386.6	538.0	41.8	58.2
1991	962.9	404.2	558.7	42.0	58.0
1992	976.0	415.7	560.3	42.6	57.4
1993	1008.2	434.2	574.0	43.1	56.9
1994	1033.4	453.8	579.6	43.9	56.1
1995	1029.4	440.0	589.4	42.7	57.3
1996	1039.0	434.7	604.3	41.8	58.2
1997	1050.3	444.9	605.4	42.4	57.6
1998	1050.3	443.4	606.9	42.2	57.8
1999	1056.7	435.7	621.0	41.2	58.8
2000	1061.6	430.1	631.5	40.5	59.5
2001	1067.0	434.5	632.5	40.7	59.3
2002	1086.1	435.6	650.5	40.1	59.9
2003	1005.2	352.9	652.3	35.1	64.9
2004	1026.1	350.3	675.8	34.1	65.9
2005	1041.1	350.3	690.8	33.6	66.4
2006	1051.2	365.0	686.2	34.7	65.3
2007	1081.5	383.5	698.0	35.5	64.5
2008	1103.3	414.9	688.4	37.6	62.4
2009	1142.5	439.5	703.0	38.5	61.5
2010	1398.0	656.0	742.0	46.9	53.1
2011	1388.0	671.6	716.4	48.4	51.6
2012	1379.0	687.7	691.3	49.9	50.1
2013	1370.0	704.5	665.5	51.4	48.6
2014	1360.0	720.3	639.7	53.0	47.0
2015	1351.0	735.7	615.3	54.5	45.5
2016	1326.0	743.8	582.2	56.1	43.9
2017	1317.0	759.6	557.4	57.7	42.3
2018	1304.0	773.9	530.1	59.3	40.7
2019	1272.0	778.4	493.6	61.2	38.8
2020	1242.0	784.0	458.0	63.1	36.9

3-10 按登记注册类型分城镇非私营单位就业人员

Number of Employed Person in Urban Non-Private Units by Status of Registration

单位：万人 (10 000 persons)

年份 Year	城镇非私营单位 Urban Non-Private Units	内资 Domestic Funded							港澳台商投资单位 Units with Funded from Hong Kong, Macao and Taiwan	外商投资单位 Foreign Funded Economic Units
		国有单位 State-owned Units	集体单位 Collective-owned Units	股份合作单位 Share Holding Units	联营单位 Joint-owned Units	有限责任公司 Limited Liability Corporations	股份有限公司 Share-holding Corporations Ltd.	其他单位 Others		
2001	254.2	188.9	20.5	2.2	0.5	29.3	9.3		1.7	1.8
2002	247.2	177.7	17.7	1.9	0.4	34.4	11.1	0.2	1.8	2.0
2003	244.4	169.2	15.8	2.0	0.3	40.2	12.0	0.7	1.7	2.5
2004	243.0	166.6	13.5	1.7	0.3	43.3	13.0	0.8	1.1	2.7
2005	243.0	162.0	12.4	1.8	0.3	47.0	14.3	1.1	1.6	2.5
2006	242.5	160.5	11.5	1.5	0.3	49.3	14.3	1.1	1.3	2.7
2007	246.6	162.0	11.1	1.9	0.3	48.1	17.7	1.3	1.5	2.7
2008	244.8	163.5	10.1	1.4	0.3	45.5	18.3	1.5	1.4	2.8
2009	245.8	166.7	9.2	1.9	0.2	44.5	17.9	1.1	1.5	2.9
2010	249.2	169.4	8.9	2.1	0.2	45.5	17.8	0.8	1.6	2.8
2011	262.4	173.1	8.5	1.5	0.2	53.7	19.6	1.0	1.7	3.1
2012	270.8	176.3	8.5	2.4	0.2	56.6	20.1	1.1	2.4	3.1
2013	303.8	170.8	7.3	2.0	0.1	91.4	22.8	1.8	2.2	5.4
2014	301.5	168.1	6.3	1.1	0.2	92.0	23.7	1.3	2.4	6.3
2015	298.3	168.0	5.9	0.9	0.1	90.8	23.3	1.2	2.5	5.5
2016	293.2	167.8	5.8	0.7	0.1	87.2	22.9	1.3	2.4	5.0
2017	280.6	164.3	5.0	0.7	0.1	79.5	23.8	1.2	2.5	3.7
2018	272.4	158.3	4.1	0.8	0.0	80.9	21.5	1.0	2.8	2.9
2019	280.9	138.1	1.8	1.1	0.3	99.3	28.8	6.1	2.3	3.2
2020	270.6	134.7	2.4	1.0	0.3	97.8	27.6	0.9	2.4	3.5

3-11 城镇非私营单位年末就业人员(2020年)

Number of Employed Persons in Urban Non-Private Units at Year-end(2020)

单位：人 (person)

项　目	Item	合 计 Total	国有单位 State-owned Units	城镇集体单位 Urban Collective -owned Unit	其他单位 Units of Other Types of Ownership
总 计	**National Total**	**2705553**	**1346646**	**23540**	**1335367**
按执行会计标准分组	**Group by executive accounting standards**				
企业	Enterprises	1462811	125959	14511	1322341
政府	Government	1223193	1212478	6559	4156
民间非营利组织	Non Profit organizations	17665	6981	2438	8246
其他	Others	1884	1228	31	625
按国民经济行业分组	**Grouped by Sector**				
农、林、牧、渔业	**Farming, Forestry, Animal Husbandry and Fishery**	**75127**	**41611**	**45**	**33470**
农业	Farming	15345	13737		1608
林业	Forestry	43557	17767	20	25770
畜牧业	Animal Husbandry	4084	843	11	3231
渔业	Fishery	186	94		92
农、林、牧、渔专业及辅助性活动	Agriculture,Forestry,Animal Husbandry and Fishery Specialty and Auxiliary Activities	11954	9171	14	2769
采矿业	**Mining**	**112864**	**5132**	**222**	**107510**
制造业	**Manufacturing**	**311645**	**2238**	**1192**	**308215**
电力、燃气及水的生产和供应业	**Production and Supply of Electric Power,Gas and Water**	**160013**	**9245**	**42**	**150726**
建筑业	**Construction**	**101964**	**5853**	**293**	**95818**
房屋建筑业	Housing Construction	56385	181		56204
土木工程建筑业	Civil Engineering Construction	37430	5498	293	31639
建筑安装业	Installation of Buildings	4904	155		4749
建筑装饰和其他建筑业	Decoration of Buildings and Other Construction	3245	19		3226
批发和零售业	**Wholesale & Retail Trade**	**78060**	**9610**	**343**	**68107**
批发业	Wholesale Trade	31267	7625	86	23556
零售业	Retail Trade	46793	1984	257	44552
交通运输、仓储和邮政业	**Transportation, Storage and Postal Services**	**197202**	**28314**	**480**	**168407**
铁路运输业	Railway Transport	109522		7	109515
道路运输业	Roadway Transport	56942	17570	430	38942
水上运输业	Water Transport				
航空运输业	Air Transport	6826	599		6227
管道运输业	Pipeline Transport	165			165
多式联运和运输代理业	Intermodality and Forwording Agency	348	34		314
装卸搬运和仓储业	Loading, Unloading and Storage	6570	2173	43	4354
邮政业	Postal Services	16828	7938		8890
住宿和餐饮业	**Quarters and Catering**	**24248**	**2663**	**225**	**21359**
住宿业	Quarters	12878	1990	90	10798
餐饮业	Catering	11370	673	135	10562
信息传输、软件和信息技术服务业	**Information Transmission, Software and IT Services**	**45772**	**9948**	**48**	**35777**
电信、广播电视和卫星传输服务	Telecommunications, Radio and Television,Satellite Transmission Services	39336	9285	12	30039
互联网和相关服务	Internet and Related Services	909	279	36	594
软件和信息技术服务业	Software and IT Services	5527	384		5143

3-11 续表 Continued

单位：人 (person)

项 目	Item	合 计 Total	国有单位 State-owned Units	城镇集体单位 Urban Collective -owned Unit	其他单位 Units of Other Types of Ownership
金融业	**Finance**	**211743**	**21532**	**9673**	**180539**
货币金融服务业	Monetary and Financial Services	92721	19344	9673	63704
资本市场服务业	Capital Market Services	828	75		753
保险业	Insurance	117668	2101		115567
其他金融活动	Others	526	12		514
房地产业	**Real Estate**	**53309**	**1813**	**127**	**51369**
租赁和商务服务业	**Leasing and Commercial Services**	**53633**	**14352**	**1089**	**38192**
租赁业	Leasing Services	838	68		770
商务服务业	Commercial Services	52795	14284	1089	37422
科学研究、技术服务业	**Scientific and Technical Services**	**62987**	**32632**	**551**	**29805**
研究与试验发展	Research and Development	5169	3509	37	1623
专业技术服务业	Special Technical Services	49659	23471	460	25728
科技推广和应用服务业	Science and Technology Popularization and Application Services	8158	5651	54	2453
水利、环境和公共设施管理业	**Water Conservancy, Environment and Public Facilities Administration**	**41752**	**24270**	**502**	**16980**
水利管理业	Water Conservancy	7438	6744		694
生态保护和环境治理业	Ecological Protection and Environmental Management	4243	2934		1309
公共设施管理业	Public Facilities Administration	28807	13473	502	14832
土地管理业	Land Management	1264	1119		145
居民服务、修理和其他服务业	**Resident Services, Repairs and Other Services**	**6421**	**1570**	**353**	**4499**
居民服务业	Resident Services	4016	1499	345	2172
机动车、电子产品和日用产品修理业	Motor Vehicles, Electronics and Household Goods Repair Services	458	17	3	438
其他服务业	Other Services	1947	54	5	1888
教育	**Education**	**360226**	**346797**	**4714**	**8715**
卫生和社会工作	**Health and Social Work**	**194563**	**184199**	**2656**	**7708**
卫生	Health	188090	179339	2240	6510
社会工作	Social Work	6473	4860	416	1197
文化、体育和娱乐业	**Culture, Sports and Recreational Services**	**31804**	**28349**	**357**	**3098**
新闻出版业	Press	5339	4767	187	385
广播、电视、电影和影视录音制作业	Radio, Television, Film and Video Recording Industry	8337	7420		917
文化艺术业	Culture and Arts	14735	13846	163	726
体育	Sports	1622	1352	1	269
娱乐业	Recreational Services	1771	964	6	802
公共管理、社会保障和社会组织	**Public Administration, Social Security and Social Organizations**	**582220**	**576517**	**628**	**5075**
中国共产党机关	Chinese Communist Party Agencies	31805	31805		
国家机构	Government Agencies	531333	529965	474	893
人民政协、民主党派	People's Politics Consultative Conference and Democratic Parties	3496	3496		
社会保障	Social Security	5268	5141	54	73
群众社团、社会团体和其他成员组织	Mass society, Social Organizations and Other Organizations	10316	6110	100	4107
基层群众自治组织及其他组织	Grass-roots Mass Autonomous Organization and Other Organization				

3-12 城镇非私营单位年末女性就业人员(2020年)

Number of Female Employed Persons in Urban Non-Private at Year-end by Sector(2020)

单位：人 (person)

项　目	Item	合 计 Total	国 有 单 位 State-owned Units	城镇集体单位 Urban Collective -owned Units	其 他 单 位 Units of Other Types of Ownership
总　计	**Total**	**1091295**	**634337**	**12518**	**444439**
按执行会计标准分组	**Group by executive accounting standards**				
企业	Enterprises	487908	45530	6784	435594
政府	Government	590156	583559	4005	2593
民间非营利组织	Non Profit organizations	12283	4660	1720	5902
其他	Others	948	588	10	350
按国民经济行业分组	**Grouped by Sector**				
农、林、牧、渔业	Farming, Forestry, Animal Husbandry and Fishery	14606	8202	13	6391
采矿业	Mining	17827	856	19	16952
制造业	Manufacturing	77832	623	440	76769
电力、燃气及水的生产和供应业	Production & Supply of Electric Power, Gas and Water	43561	3223	13	40324
建筑业	Construction	17255	1086	62	16107
批发和零售业	Wholesale and Retail Trade	39270	3028	191	36051
交通运输、仓储和邮政业	Transportation, Storage and Postal Services	45449	9762	208	35479
住宿和餐饮业	Quarters and Catering	14075	1574	163	12338
信息传输、软件和信息技术服务业	Information Transmission,Software and IT Services	21523	4352	14	17157
金融业	Banking	131455	10163	4644	116647
房地产业	Real Estate	25652	812	42	24798
租赁和商务服务业	Leasing and Commercial Services	16113	4966	466	10680
科学研究和技术服务业	Scientific and Technical Services	21254	12232	262	8760
水利、环境和公共设施管理业	Water Conservancy, Environment and Public Facilitics Administration	15600	8126	316	7158
居民服务、修理和其他服务业	Resident Services, Repairs and Other Services	3239	541	263	2435
教育	Education	232928	223402	3232	6294
卫生和社会工作	Health and Social Work	132435	125060	1717	5657
文化、体育和娱乐业	Culture,Sports & Recreational	15797	14178	194	1425
公共管理、社会保障和社会组织	Public Administration,Social Security and Social Organizations	205424	202150	259	3016
国际组织	International Organizations				

3-13 城镇私营企业年末就业人员及工资(2020年)

Employees and Wages in Urban Private Enterprises at Year-end(2020)

项　目	Item	就业人员（人）Number of Employed Persons (persons)	工资总额（万元）Total Wage Bill (10 000 yuan)	平均工资（元）Average Wage (yuan)
总　计	**Total**	**870262**	**4149478**	**47566**
按国民经济行业分组	**Grouped by Sector**			
农、林、牧、渔业	Farming, Forestry, Animal Husbandry and Fishery	8167	34812	45300
采矿业	Mining	14960	107226	69794
制造业	Manufacturing	133754	713097	53848
电力、燃气及水的生产和供应业	Production & Supply of Electric Power, Gas and Water	16673	89141	55177
建筑业	Construction	136398	741986	50020
批发和零售业	Wholesale and Retail Trade	124770	552165	44956
交通运输、仓储和邮政业	Transportation, Storage and Postal Services	40817	204880	51336
住宿和餐饮业	Quarters and Catering	33400	122398	38497
信息传输、软件和信息技术服务业	Information Transmission, Software and IT Services	12360	63845	50836
金融业	Banking	18456	124217	64946
房地产业	Real Estate	95701	374951	39820
租赁和商务服务业	Leasing and Commercial Services	91445	430223	46069
科学研究和技术服务业	Scientific and Technical Services	40694	226401	55784
水利、环境和公共设施管理业	Water Conservancy, Environment and Public	10593	47729	41560
居民服务、修理和其他服务业	Resident Services, Repairs and Other Services	23582	84790	36460
教育	Education	45528	139188	33851
卫生和社会工作	Health and Social Work	17157	73024	43948
文化、体育和娱乐业	Culture, Sports & Recreational Services	5809	19405	34835

注：本资料由城镇私营单位抽样调查推算取得。

a)This data is derived from urban private units sample survey.

3-14 城镇就业及失业人数
Employment and Unemployment in Urban Areas

年 份 Year	当年需要安置人数(人) Number of Need Settled down (person)	登记失业人员当年就业人数(人) Registered unemployed persons in employment this year（person）	年末城镇失业人数(人) Unemployed Person in Urban Area at year-end 合 计 Total	#女 性 Female	失业女性占城镇失业人数(%) Percentage of Female Unemployed Persons to Total Unemployed Persons in Urban Areas	登记失业率(%) Registered Unemployment Rate in Urban Areas
1980	429100	202696	367280			12.62
1981	464100	344573	283181			9.39
1982	488300	202958	285369			9.11
1983	464100	179283	267539			8.18
1984	427500	198995	177568			5.34
1985	335600	178336	138773			3.97
1986	347000	207440	127726			3.51
1987	307800	161514	129753			3.48
1988	268100	140598	123579			3.69
1989	266700	116515	143681			3.78
1990	282800	124582	151916			3.49
1991	292500	140710	146319			2.68
1992	275300	154848	114894			3.49
1993	226400	107653	113405			2.62
1994	215400	88637	123660			2.86
1995	232084	87033	139713			3.17
1996	263436	86341	144107	79201	54.96	3.47
1997	258299	105927	145253	85024	58.54	3.40
1998	265256	115162	131138	70463	53.73	3.13
1999	222695	96002	123858	61124	49.35	3.10
2000	239620	106020	126478	66932	52.92	3.34
2001	274460	116527	144687	74641	51.59	3.65
2002	345500	174300	162700	83703	51.45	4.10
2003	406755	215118	175889	93556	53.19	4.50
2004	430454	245309	185118	96233	51.98	4.59
2005	451039	261359	177483	81080	45.68	4.26
2006	527624	320781	179786	88842	49.42	4.13
2007	511642	319431	184573	98785	53.52	4.00
2008	513101	314011	199167	97800	49.10	4.10
2009	492987	290897	201428	103173	51.22	4.05
2010	513615	303436	208110	85596	41.13	3.90
2011	484723	266418	218289	96117	44.03	3.80
2012	525613	294336	231277	106106	45.88	3.73
2013	479820	241773	238047	103627	43.53	3.66
2014	470258	222582	247676	116690	47.11	3.59
2015	498667	239973	258694	109340	42.27	3.65
2016	497417	230283	267134	114923	43.02	3.65
2017	488051	217232	270819	121868	45.00	3.63
2018	477919	207492	270427	135488	50.10	3.58
2019	462441	181095	281346	139377	49.54	3.70
2020	517021	216717	300304	157297	52.38	3.80

注：1. 本表资料由人力资源和社会保障厅提供。

2. 2011年及以前，登记失业人员当年就业人数为当年就业人数。

a)The Statistics are provided by the Bureau of human resources and social security.

b)Before 2011,registered unemployed persons in employment is employed persons in that very year.

3-15 职工工资总额和指数

Total Wages of Employed Persons and Related Index

年 份 Year	工资总额(万元) Total Wages(10 000 yuan)				指数(上年=100) Index(preceding year=100)			
	总 计 Total	国有单位 State-owned Units	城镇集体单位 Urban Collective -owned Units	其他单位 Units of Other Types of Ownership	总 计 Total	国有单位 State-owned Units	城镇集体单位 Urban Collective -owned Units	其他单位 Units of Other Types of Ownership
1965	70670	63788	6882					
1970	77531	71047	6484					
1975	111072	99489	11583					
1978	149779	128019	21760					
1980	198255	164897	33358					
1981	210486	175079	35407		106.2	106.2	106.1	
1982	230005	189964	40041		109.3	108.5	113.1	
1983	247989	203182	44807		107.8	107.0	111.9	
1984	292787	234455	58332		118.1	115.4	130.2	
1985	339534	271875	67619	40	116.0	116.0	115.9	
1986	405310	324839	80423	48	119.4	119.5	118.9	120.0
1987	436260	350557	85628	75	107.6	107.9	106.5	156.3
1988	531584	429383	102028	173	121.9	122.5	119.2	230.7
1989	589385	475264	113791	330	110.9	110.7	111.5	190.8
1990	662156	540255	121270	631	112.3	113.7	106.6	191.2
1991	755609	615184	139230	1194	114.1	113.9	114.8	189.2
1992	897992	735751	160172	2069	118.8	119.6	115.0	173.3
1993	1090634	894747	185691	10196	121.5	121.6	115.9	492.8
1994	1410664	1178947	201545	30172	129.3	131.8	108.5	295.9
1995	1561199	1312079	208706	40414	110.7	111.3	103.6	133.9
1996	1758549	1483936	227478	47136	112.6	113.1	109.0	116.6
1997	1853641	1586052	210134	57455	105.4	106.9	92.4	121.9
1998	1747030	1375390	161525	210115	94.2	86.7	76.9	365.7
1999	1779688	1379154	141567	258967	101.9	100.3	87.6	123.3

3-15 续表 Continued

年 份 Year	工资总额(万元) Total Wages(10 000 yuan)				指数(上年=100) Index(preceding year=100)			
	总 计 Total	国有单位 State-owned Units	城镇集体单位 Urban Collective -owned Units	其他单位 Units of Other Types of Ownership	总 计 Total	国有单位 State-owned Units	城镇集体单位 Urban Collective -owned Units	其他单位 Units of Other Types of Ownership
2000	1859617	1442792	125315	291510	104.5	104.6	88.5	112.6
2001	2105277	1633364	121820	350093	113.2	113.2	97.2	120.1
2002	2374765	1791830	112018	470918	112.8	109.7	92.0	134.5
2003	2723285	1988162	115527	619597	114.7	111.0	103.1	131.6
2004	3230903	2339836	122020	769046	118.6	117.7	105.6	124.1
2005	3877342	2656826	136088	1084428	120.0	113.5	111.5	141.0
2006	4469480	3078254	141470	1249756	115.3	115.9	104.0	115.2
2007	5365887	3660690	159016	1546181	120.1	118.9	112.4	123.7
2008	6384902	4402592	190267	1792043	119.0	120.3	119.7	115.9
2009	7535111	5338087	227203	1969821	118.0	121.2	119.4	109.9
2010	8798003	6252755	261116	2284132	116.8	117.1	114.9	116.0
2011	11085738	7577309	322083	3186346	126.0	121.2	123.3	139.5
2012	12805461	8652112	373904	3779445	115.5	114.2	116.1	118.6
2013	15633371	9118184	359931	6155256	122.1	105.4	96.3	162.9
2014	16362974	9363412	325262	6674300	104.7	102.7	90.4	108.4
2015	17067037	10217897	327067	6522073	104.3	109.1	100.6	97.7
2016	17957142	10962539	352843	6641759	105.2	107.3	107.9	101.8
2017	18566500	11388004	324081	6854415	103.4	103.9	91.8	103.2
2018	19780470	11551498	315937	7913035	106.5	101.4	97.5	115.4
2019	21985868	11094034	144184	10747650	111.1	96.0	45.6	135.8
2020	22566899	11091050	203667	11272182	102.6	100.0	141.3	104.9

注：1998年及以后职工工资总额为在岗职工的工资总额。

a)Data on total wages since 1998 refer to wages of fully employed staff and workers.

3-16 城镇非私营单位就业人员工资总额及指数

Total Wages Bill of Employed Persons in Urban Non-Private Units and Related Indices

年 份 Year	工资总额(万元) Total Wages(10 000 yuan)				指数(上年=100) Index(preceding year=100)			
	总 计 Total	国有单位 State-owned Units	城镇集体单位 Urban Collective -owned Units	其他单位 Units of Other Types of Ownership	总 计 Total	国有单位 State-owned Units	城镇集体单位 Urban Collective -owned Units	其他单位 Units of Other Types of Ownership
2001	2124942	1648998	123737	352207				
2002	2397894	1809929	113993	473972	112.8	109.8	92.1	134.6
2003	2753832	2010459	117417	625956	114.8	111.1	103.0	132.1
2004	3274412	2368178	124003	782231	118.9	117.8	105.6	125.0
2005	3918100	2685560	138408	1094132	119.7	113.4	111.6	139.9
2006	4509269	3100490	143620	1265159	115.1	115.5	103.8	115.6
2007	5412615	3686453	160873	1565289	120.0	118.9	112.0	123.7
2008	6458546	4432468	194851	1831227	119.3	120.2	121.1	117.0
2009	7618113	5371457	228645	2018011	118.0	121.2	117.3	110.2
2010	8882364	6298574	266814	2316976	116.6	117.3	116.7	114.8
2011	11220451	7624052	330799	3265600	126.3	121.0	124.0	140.9
2012	13047294	8712131	386761	3948402	116.3	114.3	116.9	120.9
2013	15990871	9198833	370868	6421170	122.6	105.6	95.9	162.6
2014	16722710	9444189	336135	6942386	104.6	102.7	90.6	108.1
2015	17410576	10307420	338337	6764819	104.1	109.1	100.7	97.4
2016	18282117	11066123	356478	6859516	105.0	107.4	105.4	101.4
2017	18901024	11505574	335536	7059914	103.4	104.0	94.1	102.9
2018	20216168	11739395	325004	8151769	107.0	102.0	96.9	115.5
2019	22570045	11274494	145727	11149823	111.6	96.0	44.8	136.8
2020	23145398	11254549	205586	11685262	102.5	99.8	141.1	104.8

3-17 职工平均工资及指数

Average Wages of Employed Persons and Related Index

年 份 Year	职工平均工资(元) Average Wages(yuan)				指数(上年=100) Index(preceding year=100)			
	总 计 Total	国有单位 State-owned Units	城镇集体单位 Urban Collective-owned Units	其他单位 Units of Other Types of Ownership	总 计 Total	国有单位 State-owned Units	城镇集体单位 Urban Collective-owned Units	其他单位 Units of Other Types of Ownership
1965	728	751	544					
1970	648	671	475					
1975	667	707	495					
1978	712	749	563					
1980	796	839	635					
1981	807	851	642		101.4	101.4	101.1	
1982	826	869	669		102.4	102.1	104.2	
1983	862	903	714		104.4	103.9	106.7	
1984	986	1047	801		114.4	115.9	112.2	
1985	1095	1169	872	1023	111.1	111.7	108.9	
1986	1239	1325	982	1034	113.2	113.3	112.6	101.1
1987	1301	1410	1053	1000	105.0	106.4	107.2	96.7
1988	1548	1641	1251	1105	119.0	116.4	118.8	110.5
1989	1685	1779	1381	1451	108.9	108.4	110.4	131.3
1990	1846	1971	1441	1858	109.6	110.8	104.3	128.0
1991	2012	2148	1573	1984	109.0	109.0	109.2	106.8
1992	2339	2493	1823	2292	116.3	116.1	115.9	115.5
1993	2796	2998	2107	2940	119.5	120.3	115.6	128.3
1994	3675	3942	2667	3299	131.4	131.5	126.6	112.2
1995	4134	4407	3001	3906	112.5	111.8	112.5	118.4
1996	4716	4996	3508	4283	114.1	113.4	116.9	109.7
1997	5124	5462	3551	4687	108.7	109.3	101.2	109.4
1998	5792	5979	4184	6367	113.0	109.5	117.8	135.8
1999	6347	6580	4548	6526	109.6	110.1	108.7	102.5

3-17 续表 Continued

年 份 Year	职工平均工资(元) Average Wages(yuan)				指数(上年=100) Index(preceding year=100)			
	总 计 Total	国有单位 State-owned Units	城镇集体单位 Urban Collective -owned Units	其他单位 Units of Other Types of Ownership	总 计 Total	国有单位 State-owned Units	城镇集体单位 Urban Collective -owned Units	其他单位 Units of Other Types of Ownership
2000	6974	7261	4826	6947	109.9	110.3	106.1	106.5
2001	8250	8737	5525	7579	118.3	120.3	114.5	109.1
2002	9683	10287	6431	8777	117.4	117.7	116.4	115.8
2003	11279	11929	7620	10391	116.5	116.0	118.5	118.4
2004	13324	14209	9010	11965	118.1	119.1	118.2	115.1
2005	15985	16598	10804	15514	120.0	116.8	119.9	129.7
2006	18469	19386	12469	17391	115.5	116.8	115.4	112.1
2007	21884	22822	14338	20980	118.5	117.7	115.0	120.6
2008	26114	27316	18809	24476	119.3	119.7	131.2	116.7
2009	30699	32326	24344	27750	117.6	118.3	129.4	113.4
2010	35507	37602	29822	31402	115.7	116.3	122.5	113.2
2011	41481	44143	37963	36578	116.8	117.4	127.3	116.5
2012	47053	49680	46309	42032	113.4	112.5	122.0	114.9
2013	51388	54592	52107	47243	109.2	109.9	112.5	112.4
2014	54460	56987	55159	51241	106.0	104.4	105.9	108.5
2015	57870	62059	58679	52303	106.3	108.9	106.4	102.1
2016	61994	67038	61963	55147	107.1	108.0	105.6	105.4
2017	67688	71419	70471	62176	109.2	106.5	113.7	112.7
2018	75601	76671	81222	73892	111.7	107.4	115.3	118.8
2019	83277	83988	83103	82558	110.2	109.5	102.3	111.7
2020	87916	85118	88996	90834	105.6	101.3	107.1	110.0

注：1998年及以后平均工资为在岗职工的年平均工资。

a)Data on total wages since 1998 refer to wages of fully employed staff and workers.

3-18 城镇非私营单位就业人员平均工资及指数

Average Wage of Employed Persons in Urban Non-Private Units and Related Indices

年 份 Year	从业人员平均工资(元) Average Wages(yuan)				指数(上年=100) Index(preceding year=100)			
	总 计 Total	国有单位 State-owned Units	城镇集体单位 Urban Collective-owned Units	其他单位 Units of Other Types of Ownership	总 计 Total	国有单位 State-owned Units	城镇集体单位 Urban Collective-owned Units	其他单位 Units of Other Types of Ownership
2001	8213	8686	5542	7563				
2002	9626	10212	6415	8759	117.2	117.6	115.8	115.8
2003	11208	11837	7605	10361	116.4	115.9	118.6	118.3
2004	13233	14209	9020	11922	118.1	120.0	118.6	115.1
2005	15910	16514	10717	15471	120.2	116.2	118.8	129.8
2006	18382	19275	12404	17360	115.5	116.7	115.7	112.2
2007	21794	22711	14278	20936	118.6	117.8	115.1	120.6
2008	25949	27130	18526	24417	119.1	119.5	129.8	116.6
2009	30486	32108	24145	27597	117.5	118.3	130.3	113.0
2010	35211	37255	29287	31275	115.5	116.0	121.3	113.3
2011	41118	43788	37382	36317	116.8	117.5	127.6	116.1
2012	46557	49278	45344	41598	113.2	112.5	121.3	114.5
2013	50723	53977	50932	46680	108.9	109.5	112.3	112.2
2014	53748	56304	53766	50621	106.0	104.3	105.6	108.4
2015	57135	61290	57202	51783	106.3	108.9	106.4	102.3
2016	61067	66033	61533	54440	106.9	107.7	107.6	105.1
2017	66679	70361	67837	61393	109.2	106.6	110.2	112.8
2018	73835	74801	78282	72325	110.7	106.3	115.4	117.8
2019	80563	81973	82188	79165	109.1	109.6	105.0	109.5
2020	85310	83635	88066	86938	105.9	102.0	107.2	109.8

3-19 分行业城镇非私营单位就业人员平均工资

Average Wage of Employed Persons in Urban Non-Private Units by Sector

单位：元 (yuan)

项　目	Item	2019	2020	2020年比2019年增长(%) Increase Rate in 2020 over 2019(%)
总　计	**Total**	**80563**	**85310**	**5.9**
按执行会计标准分组	**Group by Executive Accounting Standards**			
企业	Enterprises	79926	86557	8.3
政府	Government	82256	83918	2.0
民间非营利组织	Non-profit Organizations	40887	78618	92.3
其他	Others	91298	72310	-20.8
按国民经济行业分组	**Grouped by Sector**			
农、林、牧、渔业	Farming,Forestry,Animal Husbandry and Fishery	54445	65237	19.8
采矿业	Mining	120107	133615	11.2
制造业	Manufacturing	75457	81355	7.8
电力、燃气及水的生产和供应业	Production & Supply of Electric Power,Gas and Water	101391	113878	12.3
建筑业	Construction	54811	54997	0.3
批发和零售业	Wholesale and Retail Trade	66035	72024	9.1
交通运输、仓储和邮政业	Transportation,Storage and Postal Services	91513	95689	4.6
住宿和餐饮业	Quarters and Catering	44381	44138	-0.5
信息传输、软件和信息技术服务业	Information Transmission, Software and IT Services	91272	104563	14.6
金融业	Banking	88020	88380	0.4
房地产业	Real Estate	50721	54483	7.4
租赁和商务服务业	Leasing and Commercial Services	57182	62983	10.1
科学研究和技术服务业	Scientific and Technical Services	88303	86557	-2.0
水利、环境和公共设施管理业	Water Conservancy,Environment and Public Facilities Administration	52386	54348	3.7
居民服务、修理和其他服务业	Resident Services,Repairs and Other Services	45347	42613	-6.0
教育	Education	88682	91823	3.5
卫生和社会工作	Health and Social Work	80379	85734	6.7
文化、体育和娱乐业	Culture,Sports & Recreational Services	78895	81138	2.8
公共管理、社会保障和社会组织	Public Administration,Social Security and Social Organizations	76524	79423	3.8
国际组织	International Organizations			

注：2019年政府单位平均工资由机关、事业单位平均工资计算取得。

a)The average wage of government units in 2019 is calculated from the average wage of government organs and public institutions.

3-20 城镇非私营单位就业人员平均工资(2020年)

Average Wage of Employed Persons in Urban Non-Private Units(2020)

单位：元 (yuan)

项　目	Item	合　计 Total	国有单位 State-owned Units	城镇集体单位 Urban Collective -owned Units	其他单位 Units of Other Types of Ownership
总　计	**Total**	**85310**	**83635**	**88066**	**86938**
按执行会计标准分组	**Group by executive accounting standards**				
企业	Enterprises	86557	81551	98295	86903
政府	Government	83918	83964	80559	75403
民间非营利组织	Non Profit organizations	78618	64282	44842	101014
其他	Others	72310	79494	23000	61879
按国民经济行业分组	**Grouped by Sector**				
农、林、牧、渔业	Farming,Forestry,Animal Husbandry and Fishery	65237	63132	37890	67988
采矿业	Mining	133615	148744	74953	133066
制造业	Manufacturing	81355	74683	52431	81516
电力、燃气及水的生产和供应业	Production & Supply of Electric Power,Gas and Water	113878	75164	31257	116277
建筑业	Construction	54997	50452	32498	55320
批发和零售业	Wholesale and Retail Trade	72024	125354	63244	64445
交通运输、仓储和邮政业	Transportation,Storage and Postal Services	95689	65496	43549	100937
住宿和餐饮业	Quarters and Catering	44138	44000	47388	44122
信息传输、软件和信息技术服务业	Information Transmission, Software and IT Services	104563	92524	60053	107997
金融业	Banking	88380	119216	123136	82876
房地产业	Real Estate	54483	60559	39236	54302
租赁和商务服务业	Leasing and Commercial Services	62983	62815	45087	63544
科学研究和技术服务业	Scientific and Technical Services	86557	87326	54728	86302
水利、环境和公共设施管理业	Water Conservancy, Environment and Public Facilities Administration	54348	61512	29107	44851
居民服务、修理和其他服务业	Resident Services,Repairs and Other Services	42613	57818	38390	37493
教育	Education	91823	92820	79559	57429
卫生和社会工作	Health and Social Work	85734	87015	61391	63261
文化、体育和娱乐业	Culture,Sports & Recreational Services	81138	82975	98370	63066
公共管理、社会保障和社会组织	Public Administration,Social Security and Social Organizations	79423	78905	76849	142384
国际组织	International Organizations				

3-21 国有单位年末就业人员和工资总额(2020年)

Number and Total Wage Bill of Employed Persons in Stateowned Units at Year-end(2020)

单位：万元 (10 000 yuan)

项　目	Item	就业人员（人） Number of Employed Persons (person)	#女 性 Female	在就业人员中 In Employed Persons #在岗职工（人） Staff and Workers (person)	#其他从业人员（人） Other Employed Persons (person)
总　计	**Total**	**1346646**	**634337**	**1303343**	**43303**
按执行会计标准分组	**Group by executive accounting standards**				
企业	Enterprises	125959	45530	124515	1444
政府	Government	1212478	583559	1170972	41506
民间非营利组织	Non Profit organizations	6981	4660	6676	304
其他	Others	1228	588	1179	49
按国民经济行业分组	**Grouped by Sector**				
农、林、牧、渔业	Farming,Forestry,Animal Husbandry and Fishery	41611	8202	41106	505
采矿业	Mining	5132	856	5119	13
制造业	Manufacturing	2238	623	2190	48
电力、燃气及水的生产和供应业	Production & Supply of Electric Power,Gas and Water	9245	3223	9135	110
建筑业	Construction	5853	1086	5747	106
批发和零售业	Wholesale and Retail Trade	9610	3028	9471	138
交通运输、仓储和邮政业	Transportation,Storage and Postal Services	28314	9762	27936	378
住宿和餐饮业	Quarters and Catering	2663	1574	2657	6
信息传输、软件和信息技术服务业	Information Transmission, Software and IT Services	9948	4352	9574	374
金融业	Banking	21532	10163	21348	184
房地产业	Real Estate	1813	812	1800	13
租赁和商务服务业	Leasing and Commercial Services	14352	4966	13763	590
科学研究和技术服务业	Scientific and Technical Services	32632	12232	31902	730
水利、环境和公共设施管理业	Water Conservancy,Environment and Public Facilities Administration	24270	8126	23451	819
居民服务、修理和其他服务业	Resident Services,Repairs and Other Services	1570	541	1496	74
教育	Education	346797	223402	337387	9410
卫生和社会工作	Health and Social Work	184199	125060	179111	5088
文化、体育和娱乐业	Culture,Sports & Recreational Services	28349	14178	27592	757
公共管理、社会保障和社会组织	Public Administration,Social Security and Social Organizations	576517	202150	552558	23959
国际组织	International Organizations				

3-21 续表 Continued

单位：万元 (10 000 yuan)

项　目	Item	就业人员工资总额 Total Wage Bill of Employed Persons	在岗职工工资总额 Staff and Workers	其他从业人员工资总额 Other Employed Persons
总　计	**Total**	**11254549**	**11091050**	**163499**
按执行会计标准分组	**Group by executive accounting standards**			
企业	Enterprises	1028628	1022401	6228
政府	Government	10173234	10017403	155831
民间非营利组织	Non Profit organizations	43457	42149	1309
其他	Others	9229	9098	132
按国民经济行业分组	**Grouped by Sector**			
农、林、牧、渔业	Farming,Forestry,Animal Husbandry and Fishery	265260	263989	1271
采矿业	Mining	74714	74636	79
制造业	Manufacturing	16864	16645	219
电力、燃气及水的生产和供应业	Production & Supply of Electric Power,Gas and Water	68895	68516	378
建筑业	Construction	31204	30836	368
批发和零售业	Wholesale and Retail Trade	120410	119366	1044
交通运输、仓储和邮政业	Transportation,Storage and Postal Services	185216	184039	1178
住宿和餐饮业	Quarters and Catering	12470	12443	27
信息传输、软件和信息技术服务业	Information Transmission, Software and IT Services	93258	91933	1325
金融业	Banking	257674	257073	602
房地产业	Real Estate	11156	11082	74
租赁和商务服务业	Leasing and Commercial Services	90717	88646	2072
科学研究和技术服务业	Scientific and Technical Services	285497	282086	3410
水利、环境和公共设施管理业	Water Conservancy,Environment and Public Facilities Administration	151428	148327	3100
居民服务、修理和其他服务业	Resident Services,Repairs and Other Services	9054	8772	282
教育	Education	3186032	3150512	35520
卫生和社会工作	Health and Social Work	1588107	1562827	25280
文化、体育和娱乐业	Culture,Sports & Recreational Services	235330	232325	3006
公共管理、社会保障和社会组织	Public Administration,Social Security and Social Organizations	4571263	4486998	84266
国际组织	International Organizations			

3-22 城镇集体单位年末就业人员和工资总额(2020年)

Number and Total Wage Bill of Employed Persons in Urban Collective-owned Units at Year-end(2020)

单位：人 (person)

项　目	Item	就业人员 Number of Employed Persons	#女 性 Female	在就业人员中 In Employed Persons	
				#在岗职工 Staff and Workers	#其他从业人员 Other Employed Persons
总　计	**Total**	**23540**	**12518**	**23099**	**441**
按执行会计标准分组	**Group by executive accounting standards**				
企业	Enterprises	14511	6784	14228	283
政府	Government	6559	4005	6462	98
民间非营利组织	Non Profit organizations	2438	1720	2392	46
其他	Others	31	10	17	14
按国民经济行业分组	**Grouped by Sector**				
农、林、牧、渔业	Farming,Forestry,Animal Husbandry and Fishery	45	13	45	
采矿业	Mining	222	19	222	
制造业	Manufacturing	1192	440	1144	49
电力、燃气及水的生产和供应业	Production & Supply of Electric Power,Gas and Water	42	13	42	
建筑业	Construction	293	62	289	4
批发和零售业	Wholesale and Retail Trade	343	191	336	7
交通运输、仓储和邮政业	Transportation,Storage and Postal Services	480	208	475	5
住宿和餐饮业	Quarters and Catering	225	163	225	
信息传输、软件和信息技术服务业	Information Transmission, Software and IT Services	48	14	48	
金融业	Banking	9673	4644	9532	141
房地产业	Real Estate	127	42	123	4
租赁和商务服务业	Leasing and Commercial Services	1089	466	1052	37
科学研究和技术服务业	Scientific and Technical Services	551	262	546	5
水利、环境和公共设施管理业	Water Conservancy,Environment and Public Facilities Administration	502	316	500	2
居民服务、修理和其他服务业	Resident Services,Repairs and Other Services	353	263	320	32
教育	Education	4714	3232	4687	27
卫生和社会工作	Health and Social Work	2656	1717	2546	110
文化、体育和娱乐业	Culture,Sports & Recreational Services	357	194	352	5
公共管理、社会保障和社会组织	Public Administration,Social Security and Social Organizations	628	259	615	13
国际组织	International Organizations				

3-22 续表 Continued

单位：万元 (10 000 yuan)

项　目	Item	就业人员工资总额 Total Wage Bill of Employed Persons	在岗职工工资总额 Staff and Workers	其他从业人员工资总额 Other Employed Persons
总　计	**Total**	**205586**	**203667**	**1918**
按执行会计标准分组	**Group by executive accounting standards**			
企业	Enterprises	142990	141637	1353
政府	Government	52357	52028	330
民间非营利组织	Non Profit organizations	10167	9988	178
其他	Others	71	14	57
按国民经济行业分组	**Grouped by Sector**			
农、林、牧、渔业	Farming,Forestry,Animal Husbandry and Fishery	172	172	
采矿业	Mining	1919	1919	
制造业	Manufacturing	6158	5927	231
电力、燃气及水的生产和供应业	Production & Supply of Electric Power,Gas and Water	109	109	
建筑业	Construction	965	953	12
批发和零售业	Wholesale and Retail Trade	2112	2090	23
交通运输、仓储和邮政业	Transportation,Storage and Postal Services	2252	2240	11
住宿和餐饮业	Quarters and Catering	1080	1080	
信息传输、软件和信息技术服务业	Information Transmission, Software and IT Services	228	228	
金融业	Banking	118713	117945	767
房地产业	Real Estate	498	492	7
租赁和商务服务业	Leasing and Commercial Services	4805	4653	152
科学研究和技术服务业	Scientific and Technical Services	3014	2982	32
水利、环境和公共设施管理业	Water Conservancy,Environment and Public Facilities Administration	1444	1438	6
居民服务、修理和	Resident Services,Repairs and Other Services	1469	1308	161
教育	Education	36336	36290	46
卫生和社会工作	Health and Social Work	16076	15682	395
文化、体育和娱乐业	Culture,Sports & Recreational Services	3532	3516	16
公共管理、社会保障和社会组织	Public Administration,Social Security and Social Organizations	4704	4643	61
国际组织	International Organizations			

3-23 其他单位年末就业人员和工资总额(2020年)

Number and Total Wage Bill of Employed Persons in Other Types of Ownership Units at Year-end(2020)

单位：人 (person)

项 目	Item	就业人员 Number of Employed Persons	#女 性 Female	在就业人员中 In Employed Persons #在岗职工 Staff and Workers	#其他从业人员 Other Employed Persons
总 计	**Total**	**1335367**	**444439**	**1238361**	**97006**
按执行会计标准分组	**Group by executive accounting standards**				
企业	Enterprises	1322341	435594	1225755	96586
政府	Government	4156	2593	3978	177
民间非营利组织	Non Profit organizations	8246	5902	8034	212
其他	Others	625	350	594	31
按国民经济行业分组	**Grouped by Sector**				
农、林、牧、渔业	Farming,Forestry,Animal Husbandry and Fishery	33470	6391	33173	297
采矿业	Mining	107510	16952	106452	1058
制造业	Manufacturing	308215	76769	305218	2996
电力、燃气及水的生产和供应业	Production & Supply of Electric Power,Gas and Water	150726	40324	149889	837
建筑业	Construction	95818	16107	92223	3595
批发和零售业	Wholesale and Retail Trade	68107	36051	66948	1160
交通运输、仓储和邮政业	Transportation,Storage and Postal Services	168407	35479	165164	3243
住宿和餐饮业	Quarters and Catering	21359	12338	20568	792
信息传输、软件和信息技术服务业	Information Transmission, Software and IT Services	35777	17157	35224	553
金融业	Banking	180539	116647	101734	78805
房地产业	Real Estate	51369	24798	50539	830
租赁和商务服务业	Leasing and Commercial Services	38192	10680	37471	720
科学研究和技术服务业	Scientific and Technical Services	29805	8760	28944	861
水利、环境和公共设施管理业	Water Conservancy,Environment and Public Facilities Administration	16980	7158	16600	380
居民服务、修理和其他服务业	Resident Services,Repairs and Other Services	4499	2435	4439	59
教育	Education	8715	6294	8323	392
卫生和社会工作	Health and Social Work	7708	5657	7406	301
文化、体育和娱乐业	Culture,Sports & Recreational Services	3098	1425	2975	123
公共管理、社会保障和社会组织	Public Administration,Social Security and Social Organizations	5075	3016	5071	4
国际组织	International Organizations				

3-23 续表 Continued

单位：万元 (10 000 yuan)

项　目	Item	就业人员工资总额 Total Remuneration	在岗职工工资总额 Wages of Fully Employed Staff & Workers	其他从业人员工资总额 Remuneration for Other Employed Persons
总　计	**Total**	**11685262**	**11272182**	**413081**
按执行会计标准分组	**Group by executive accounting standards**			
企业	Enterprises	11572859	11161268	411591
政府	Government	30116	29400	716
民间非营利组织	Non Profit organizations	78247	77700	547
其他	Others	4041	3815	226
按国民经济行业分组	**Grouped by Sector**			
农、林、牧、渔业	Farming,Forestry,Animal Husbandry and Fishery	221646	220922	724
采矿业	Mining	1477252	1469519	7733
制造业	Manufacturing	2484660	2469878	14782
电力、燃气及水的生产和供应业	Production & Supply of Electric Power,Gas and Water	1734398	1731269	3128
建筑业	Construction	597272	568613	28660
批发和零售业	Wholesale and Retail Trade	433122	427948	5174
交通运输、仓储和邮政业	Transportation,Storage and Postal Services	1693924	1679564	14360
住宿和餐饮业	Quarters and Catering	93305	91647	1658
信息传输、软件和信息技术服务业	Information Transmission, Software and IT Services	386897	384252	2645
金融业	Banking	1507943	1191370	316574
房地产业	Real Estate	277586	274328	3258
租赁和商务服务业	Leasing and Commercial Services	243329	238616	4713
科学研究和技术服务业	Scientific and Technical Services	256141	251761	4380
水利、环境和公共设施管理业	Water Conservancy,Environment and Public Facilities Administration	77389	76414	975
居民服务、修理和其他服务业	Resident Services,Repairs and Other Services	16253	15937	316
教育	Education	47813	46268	1544
卫生和社会工作	Health and Social Work	47844	46140	1704
文化、体育和娱乐业	Culture,Sports & Recreational Services	20345	19597	748
公共管理、社会保障和社会组织	Public Administration,Social Security and Social Organizations	68145	68140	5
国际组织	International Organizations			

主要统计指标解释

人口数 指一定时点、一定地区范围内的有生命的个人的总和。年度统计的年末人口数指每年12月31日24时的人口数。

市镇总人口和乡村总人口

其定义有两种口径：

第一种口径（按行政建制）

市人口：市管辖区域内的全部人口（含市辖镇，不含市辖县）；

镇人口：县辖镇的全部人口（不含市辖镇）；

县人口：县辖乡人口。

第二种口径（按常住人口划分）

市人口：设区的市的区人口和不设区的市所辖的街道人口；

镇人口：不设区的市所辖镇的居民委员会人口和县辖镇的居民委员会人口；

县人口：除上述两种人口以外的全部人口。

1952－1980年数据为第一种口径的数据，1982年以后的数据为第二种口径的数据。

出生率（又称粗出生率） 指在一定时期内（通常为一年）平均每千人所出生的人数的比率，一般用千分率表示。计算公式为：

出生率＝年出生人数/年平均人数×1000‰

式中：出生人数指活产婴儿，即胎儿脱离母体时（不管怀孕月数），有过呼吸或其他生命现象。年平均人数指年初、年底人口数的平均数，也可用年中人口数代替。

死亡率（又称粗死亡率） 指在一定时期内（通常为一年）一定地区的死亡人数与同期平均人数（或期中人数）之比，一般用千分率表示。计算公式为：

死亡率＝年死亡人数/年平均人数×1000‰

人口自然增长率 指在一定时期内（通常为一年）人口自然增加数（出生人数减死亡人数）与该时期内平均人数（或期中人数）之比，一般用千分率表示。计算公式为：

人口自然增长率＝（本年出生人数－本年死亡人数）/年平均人数×1000‰

人口自然增长率＝人口出生率 — 人口死亡率

经济活动人口 指在16岁以上，有劳动能力，参加或要求参加社会经济活动的人口；包括从业人员和失业人员。

从业人员 指从事一定社会劳动并取得劳动报酬或经营收入的人员，包括全部职工、再就业的离退休人员、私营业主、个体户主、私营和个体从业人员、乡镇企业从业人员、农村从业人员、其他从业人员（包括民办教师、宗教职业者、现役军人等）。这一指标反映了一定时期内全部劳动力资源的实际利用情况，是研究我国基本国情国力的重要指标。

各单位的从业人员 指在各级国家机关、政党机关、社会团体及企业、事业单位中工作，取得工资或其他形式的劳动报酬的全部人员。包括在岗职工、再就业的离退休人员、民办教师以及在各单位中工作的外方人员和港澳台方人员、兼职人员、借用的外单位人员和第二职业者。不包括离开本单位仍保留劳动关系的职工。各单位的从业人员反映了各单位实际参加生产或工作的全部劳动力。

城镇登记失业人员 指有非农业户口，在一定的劳动年龄内，有劳动能力，无业而要求就业，并在当地就业服务机构进行求职登记的人员。

城镇登记失业率 指城镇登记失业人数同城镇从业人数与城镇登记失业人数之和的比。计算公式为：

城镇登记失业率＝城镇登记失业人数/（城镇从业人数＋城镇登记失业人数）×100%

职工 指在国有经济、城镇集体经济、联营经济、股份制经济、外商和港、澳、台投资经济、其他经济单位及其附属机构工作，并由其支付工资的各类人员，包括由于学习、病伤产假等原因暂未工作，仍由单位支付工资的人员。不包括返聘的离退休人员、民办教师、在国有经济单位工作的外方人员和港、澳、台人员（1998年以后的数据均为在岗职工数据，其他相关指标如职工工资总额，职工平均工资等指标也从1998年按此口径进行了相应调整）。

国有单位职工 指在国有经济单位及其附属机构工作，并由其支付工资的各类人员。

城镇集体单位职工 指在城镇集体经济单位及其管理部门工作，并由其支付工资的各类人员。

其他单位职工 指在联营经济、股份制经济、外商投资经济、港、澳、台投资经济单位工作，并由其支付工资的各类人员。

职工工资总额 指各单位在一定时期内直接支付给本单位全部职工的劳动报酬总额。工资总额的计算原则应以直接支付给职工的全部劳动报酬为根据。各单位支付给职工的劳动报酬以及其他根据有关规定支付的工资，不论是计入成本的还是不计入成本的，不论是按国家规定列入计征奖金税项目的，还是未列入计征奖金税项目的，不论是以货币形式支付的还是以实物形式支付的，均包括在工资总额内。

奖金 指支付给职工的超额劳动报酬和增收节支的劳动

报酬。

津贴和补贴 指为了补偿职工特殊或额外的劳动消耗和因其他特殊原因支付给职工的津贴，以及为了保证职工工资水平不受物价影响支付给职工的物价补贴。

职工平均工资 指企业、事业、机关单位的职工在一定时期内平均每人所得的货币工资额。它表明一定时期职工工资收入的高低程度，是反映职工工资水平的主要指标。计算公式为：

职工平均工资 = 报告期实际支付的全部职工工资总额/报告期全部职工平均人数

职工平均工资指数 指报告期职工平均工资与基期职工平均工资的比率，是反映不同时期职工货币工资水平变动情况的相对数。计算公式为：

职工平均工资指数 = 报告期职工平均工资/基期职工平均工资

职工平均实际工资指数 职工平均实际工资指扣除物价变动因素后的职工平均工资。职工平均实际工资指数是反映实际工资变动情况的相对数，表明职工实际工资水平提高或降低的程度。计算公式为：

职工平均实际工资指数 = 报告期职工平均工资指数/报告期城镇居民消费价格指数 × 100%

Explanatory Notes on Main Statistical Indicators

Total Population refers to the total number of people alive at a certain point of time within a given area. The annual statistics on total population is taken at midnight, the 3lst of December.

Total Urban Population and Total Rural Population There are two definitions. The first definition (according to the administrative organizational system):

City population: Total population under the jurisdiction of city (including population of the town under the jurisdiction of city. excluding the population of counties under the jurisdiction of city).

Town population: Total population of town under the jurisdiction of county (excluding the population of town under the jurisdiction of city).

County population: The population under the jurisdiction of the county.

The second definition (classified by the permanent population):

City population: Total population of districts under the jurisdiction of city with district establishment and the population of street under the jurisdiction of city without district establishment.

Town population: Total resident committees' population of towns under the jurisdiction of city without district establishment and the resident committee's population of towns under the jurisdiction of county.

County population: Total population except city population and town population.

The data from 1952 to 1980 are the figures according to the first definition. Data since 1982 are the figure according to the second definition.

Birth Rate (or Crude Birth Rate) refers to the ratio of the number of births to the average population (or mid – period population) during a certain period (usually a year), expressed in ‰. The following formula is used:

Birth Rate = Number of Births / Average Number of Population × 1000‰

Number of births in the formula refers to live births, i. e. when a baby has breathed or showed any vital phenomena regardless of the length of pregnancy. Annual average population is the average of the number of population at the beginning of the year and that at the end of the year. Sometimes it is substituted by the mid – year population.

Death Rate (or Crude Death Rate) refers to the ratio of the number of deaths to the average population (or mid – period population) during a certain period (usually a year), expressed in ‰. The following formula is used:

Death Rate = Number of Deaths / Annual Average Number of Population × 1000‰

Natural Growth Rate of Population refers to the ratio of natural increase in population (number of births minus number of deaths) in a certain period of time (usually a year) to the average population (or mid – period population) of the same period, expressed in ‰. The following formula is applied:

Natural Growth rate of Population = (Number of Births – Number of Deaths) / Annual Average Population × 1000‰

Natural Growth Rate of Population = Birth Rate – Death Rate

Economically Active Population refers to the population aged 16 and over who are capable to work, are participating in or willing to participate in economic activities, including employed persons and unemployed persons.

Employed Persons refers to those who engage in certain social work and obtain labor remuneration or business income, including all employees, reemployed retirees, private owners, individual heads of households, private and individual employees, employees of township enterprises, rural employees, and other employees (including private teachers, religious professionals, active servicemen, etc.). This index reflects the actual utilization of all labor resources in a certain period, and is an important index to study China's basic national conditions and national strength.

Persons Employed in Various Units refers to all personnel who work in state organs, political party organs, social organizations, enterprises and institutions at all levels and obtain wages or other forms of labor remuneration. It includes the number of employed staff and workers, reemployed retirees, teacher paid by the local people, as well as the foreign staff working in each unit and Hong Kong, Macao and Taiwan staff, part – time staff, on loan from the foreign staff and the second professional. It does not include employees who leave their units and still retain labor relations. The employees of each unit reflect all the labor force actually participating in production or work.

Registered Unemployed Persons in Urban Areas refers to the persons with non – agricultural household registration at certain working ages, who are capable of working, unemployed and willing to work, and have been registered at the local employment service agencies to apply for a job.

Registered Urban Unemployment Rate refers to the ratio of the number of the registered unemployed persons to the sum of the number of employed persons and the registered unemployed persons. The formula is as follows:

Registered urban unemployment rate = number of registered urban unemployed persons / (urban employed person number + registered urban unemployed person number) ×100%.

Staff and Workers refers to all kinds of personnel who work in state – owned economy, urban collective economy, joint – venture economy, joint – stock economy, foreign investment economy, Hong Kong, Macao, Taiwan investment economy, other economic units and their affiliated institutions and are paid by them, including those who have not worked temporarily due to study, illness, maternity leave and other reasons and are still paid by their units. It does not include the retired persons invited to work in the units again, teachers in the schools run by the local people and foreigners and persons coming from Hong Kong, Macao, and Taiwan and working in the state owned economic units. (The figures since 1998 refer to those of fully employed staff and workers. Other relative figures since 1998, such as total wages of staff and workers, average wage of staff and workers, etc., were adjusted according to the standard).

Staff and Workers in State Owned – Economic Units refers to the persons who work in the state – owned economic units or their affiliated institutions and are paid by them.

Staff and Workers of Collective Owned Units in Urban Areas refers to the persons who work in collective owned units in urban areas and their administration departments and receive payment there from.

Staff and Workers in Units of Other types of Ownership refers to all kinds of personnel who work in joint – venture economy, joint – stock economy, foreign – invested economy, Hong Kong, Macao and Taiwan invested economic units and are paid by them.

Total Wage Bill refers to the total amount of labor remuneration paid directly to all employees of the unit within a certain period of time. The principle of calculating the total wage shall be based on the total labor remuneration paid directly to the staff and workers. Paid to the worker's labor compensation and other units according to the relevant provisions of the wages paid, whether it is included in the cost or not included in the cost, whether it is according to the provisions of the state on duty bonus programs, or was not included in duty bonus program, either in the form of physical or paid in monetary form, are included within the total wages.

Bonus refers to remuneration paid to employees for excessive labor and for increasing income and saving expenditure.

Allowances and subsidies refers to the allowance paid to employees for special or extra labor consumption and other special reasons, as well as the price subsidies paid to employees to ensure that their wage level is not affected by the price.

Average Wage of Employees refers to the monetary wage of the employees of enterprises, institutions and government units in a certain period of time. It shows the general level of wage income during a certain period, one major indicator to reflect the wage level. It is calculated as follows:

Average Wage of Employees = Total Wages Bill of Employed Persons in Reference Period / Average Number of Persons Employed in Reference Period

Index of Average Wage refers to the ratio of average wage of staff and workers at the report time to that at the reference time. It reflects the relative changing degree of average wage in money terms at the several of time, which is calculated as following:

Index of Average Wage = average wage of employed persons in Reference Period / average wage of employed persons in Base Period ×100%.

Average Real Wage Index The average actual wage of works refers to the average wage of works after deducting the factors of price changes. The average real wage index of works is the relative number that reflects the real wage change, which indicates the degree that the real wage level of workers increases or decreases. The calculation formula is as follows:

Average Real Wage Index of Workers = Average Wage Index of Workers in Reporting Period/Consumer Price Index of Urban Residents in Reporting Period ×100%.

4 价格指数

Price Indices

资料整理：方 玲 胡艳春 郭 松 阿茹娜

Arranged By：Fang Ling，Hu Yanchun，Guo Song，A Runa

4-1 各种价格总指数

General Price Indices

(上年=100) (preceding year=100)

年 份 Year	居民消费价格指数 General Consumer Price Index	城市居民消费价格指数 Urban Areas	农村居民消费价格指数 Rural Areas	商品零售价格指数 General Retail Price Index
1962		104.9		108.2
1965		98.6		99.6
1970		100.4		100.1
1975		101.4		100.7
1978		101.5		101.0
1979		102.3		101.9
1980		106.1		105.5
1981		101.9		101.8
1982		101.7		101.7
1983		101.2		101.0
1984	104.0	104.9	102.2	104.4
1985	109.3	108.9	110.0	108.5
1986	105.2	105.5	104.5	105.0
1987	107.8	108.5	106.0	108.1
1988	116.3	117.0	115.0	116.3
1989	115.3	114.2	118.3	115.9
1990	102.3	101.8	103.4	102.9
1991	104.6	106.0	102.5	104.5
1992	107.4	108.7	103.9	106.8
1993	114.1	114.7	112.5	112.5
1994	122.9	124.3	121.3	119.3
1995	117.5	117.1	118.0	116.8
1996	107.6	107.5	107.7	105.8
1997	104.5	104.6	104.3	102.3
1998	99.3	99.3	99.2	98.1
1999	99.8	100.3	99.1	97.7

4-1 续表 Continued

(上年=100) (preceding year=100)

年 份 Year	居民消费价格指数 General Consumer Price Index	城市居民消费价格指数 Urban Areas	农村居民消费价格指数 Rural Areas	商品零售价格指数 General Retail Price Index
2000	101.3	101.3	101.2	98.8
2001	100.6	100.6	100.5	100.0
2002	100.2	99.3	101.9	99.4
2003	102.2	101.5	103.5	99.6
2004	102.9	102.5	103.9	102.7
2005	102.4	102.0	103.3	101.5
2006	101.5	101.3	102.0	101.9
2007	104.6	104.3	105.2	103.6
2008	105.7	105.4	106.3	104.7
2009	99.7	99.7	99.8	99.5
2010	103.2	103.0	103.5	103.0
2011	105.6	105.5	105.7	104.9
2012	103.1	103.3	102.5	102.5
2013	103.2	103.4	102.8	102.6
2014	101.6	101.7	101.2	100.7
2015	101.1	101.1	101.1	100.5
2016	101.2	101.2	101.1	100.6
2017	101.7	101.7	101.6	101.2
2018	101.8	101.8	101.9	101.6
2019	102.4	102.3	102.8	101.5
2020	101.9	101.6	102.7	100.5

4-2 居民消费价格分类指数(2020年)

Consumer Price Indices by Category(2020)

(上年=100) (preceding year=100)

项 目	Item	全 区 Autonomous Regional Indices	城 市 Urban Indices	农 村 Rural Indices
居民消费价格总指数	**General Consumer Price Index**	**101.9**	**101.6**	**102.7**
非食品烟酒价格指数	Non-food,Tobacco and Liquor Price Index	100.3	100.0	100.9
服务价格指数	Service Price Index	100.9	100.5	102.3
工业品价格指数	Industrial Products Price Index	99.5	99.6	99.4
鲜活食品价格指数	Fresh Food Price Index	110.6	109.7	113.0
消费品价格指数	Consumer Goods Price Index	102.5	102.3	102.9
能源价格指数	Energy Price Index	94.7	93.8	96.7
非食品价格指数	Non-food Price Index	100.5	100.4	101.0
食品烟酒	**Food Tobacco and Liquor**	**105.7**	**105.5**	**106.1**
食品	Food	107.0	106.6	107.7
茶及饮料	Tea and Beverages	99.6	99.5	100.1
烟酒	Tobacco and Liquor	100.2	100.0	100.4
在外餐饮	Dining Out	104.0	104.2	103.0
衣着	**Clothing**	**100.1**	**100.1**	**100.3**
服装	Garments	100.1	100.1	100.1
服装材料	Clothing Material	100.1	100.0	100.5
其他衣着及配件	Other Clothing and Accessories	100.0	100.0	99.6
衣着加工服务费	Service Charges of Clothing Processing	101.2	101.0	102.8
鞋类	Shoes	100.1	99.9	101.0
居住	**Residence**	**100.2**	**100.0**	**100.6**
租赁房房租	Rental Housing	99.6	99.5	99.9
住房保养维修及管理	Maintenance and Management of Housing	101.0	100.4	101.9
水电燃料	Water, Electricity and Fuels	99.8	99.7	100.1
自有住房	Home Ownership	100.2	100.1	100.5
生活用品及服务	**Supplies and Services**	**99.9**	**99.9**	**99.8**
家具及室内装饰品	Furniture and Household Facilities	100.0	100.0	100.1
家用器具	Home Appliances	98.9	99.0	98.5
家用纺织品	Home Textile	100.1	100.1	99.9
家庭日用杂品	Daily Use Household Articles	100.2	100.2	100.3
个人护理用品	Personal-care Supply	100.0	99.9	100.8
家庭服务	Household Services	100.9	101.2	99.7
交通和通信	**Transportation and Communication**	**96.4**	**96.3**	**96.9**
交通	Transportation	95.4	95.3	95.7
通信	Communication	98.6	98.5	99.2
教育文化和娱乐	**Education,Culture and Recreation**	**100.5**	**100.6**	**100.2**
教育	Education	100.7	100.9	100.2
文化娱乐	Cultural and Recreational	100.2	100.2	100.1
医疗保健	**Health Care**	**103.6**	**102.8**	**105.4**
药品及医疗器具	Drug and Medical Instrument	102.4	102.9	100.5
医疗服务	Medical Service	104.5	102.7	107.4
其他用品和服务	**Other Supplies and Services**	**103.0**	**103.2**	**101.9**
其他用品类	Other Supplies	107.3	107.7	105.5
其他服务类	Other Services	99.5	99.5	99.2

4-3 商品零售价格分类指数(2020年)

Retail Price Indices by Category (2020)

(上年=100) (preceding year=100)

项 目	Item	全区 Autonomous Regional Indices	城市 Urban Indices	农村 Rural Indices
商品零售价格指数	**Retail Price Index**	**100.5**	**100.4**	**101.0**
食品	**Food**	**106.1**	**105.9**	**107.5**
粮食	Grain	100.7	100.5	101.7
薯类	Potato	97.9	98.6	92.9
豆类	Beans	101.8	101.7	102.3
食用油	Oil	107.0	105.0	117.4
菜	Vegetables	106.0	105.7	108.7
畜肉类	Meat of Livestock	125.7	125.3	127.8
禽肉类	Poultry Meat	102.2	102.8	98.8
水产品	Aquatic Products	101.1	101.4	98.6
蛋类	Eggs	89.8	89.5	91.1
奶类	Milk	100.5	100.5	100.9
干鲜瓜果类	Dried and Fresh Melon and Fruits	92.1	91.7	95.0
糖果糕点类	Candy and Cake	99.2	99.2	99.6
调味品	Flavoring	100.0	99.9	100.7
其他食品类	Other Foods	101.3	101.0	102.7
在外餐饮	Dining Out	104.2	104.2	103.0
饮料、烟酒	**Beverages, Tobacco and Liquor**	**99.9**	**99.8**	**100.3**
茶及饮料	Tea and Beverages	99.1	99.0	100.1
烟草	Tobacco	100.1	100.0	100.1
酒类	Liquor	100.0	99.9	100.6
服装、鞋帽	**Garments, Shoes and Hats**	**99.7**	**99.6**	**100.2**
服装	Garments	99.7	99.6	100.2
鞋帽袜	Footgear and Hat	99.6	99.5	100.3
其他衣着配件	Others	99.7	99.6	100.4
纺织品	**Textiles**	**100.5**	**100.5**	**100.2**
服装材料	Clothing Material	102.1	102.5	100.3
床上用品	Bedding	100.2	100.2	100.1
家用电器及音像器材	**Household Appliances,Music and Video Equipment**	**98.3**	**98.3**	**98.5**
家庭设备	Household Equipment	98.5	98.5	98.7
文娱用耐用消费品	Durable Consumer Goods for Culture and Recreation	98.3	98.4	98.2
专业音像器材	Professional Music and Audio Equipment	96.3	96.2	98.0

4-3 续表 Continued

(上年=100) (preceding year=100)

项 目	Item	全区 Autonomous Regional Indices	城市 Urban Indices	农村 Rural Indices
文化办公用品	**Cultural and Office Goods**	**99.9**	**99.9**	**99.6**
日用品	**Articles for Daily Use**	**100.1**	**100.0**	**100.7**
日用百货	General Merchandise for Daily Use	99.9	99.9	99.9
厨具餐具茶具	Cookware and Tableware and Tea Set	99.6	99.5	100.3
清洗用品	Cleaning Articles	101.7	101.5	103.5
其他日用品	Other Articles for Daily Use	99.3	99.2	99.5
体育娱乐用品	**Sports Entertainment Goods**	**99.3**	**99.2**	**100.1**
体育户外用品	Sports Outdoor Goods	100.5	100.6	100.0
娱乐用品	Recreation Articles	99.2	99.0	100.1
交通、通信用品	**Transportation and communication**	**97.7**	**97.7**	**97.8**
交通运输机械	Transport Machinery	98.9	98.9	99.1
通信器材	Communication Equipment	95.0	94.8	96.2
家 具	**Furniture**	**100.0**	**100.0**	**100.6**
化妆品	**Cosmetics**	**100.0**	**99.9**	**100.3**
金银饰品	**Gold and Silver Ornaments**	**112.7**	**113.0**	**109.4**
中西药品及医疗保健用品	**Traditional Chinese and Western Medicines and Health Care Articles**	**103.2**	**103.5**	**101.0**
医疗卫生器具	Medical Instrument	100.9	100.5	102.0
中药	Traditional Chinese Medicine	102.5	102.6	101.4
西药	Western Medicines	103.8	104.3	100.7
保健器具及用品	Health Care Appliances and Articles	102.0	102.1	101.1
书报杂志及电子出版物	**Books,Newspapers,Magazines and Electronic Publications**	**101.0**	**101.0**	**101.0**
教材及参考书	Teaching Materials and Reference Books	100.2	100.2	99.8
书报杂志	Books,Newspapers,Magazines	103.0	103.0	103.4
计算机办公软件	Computer Office Software	98.8	98.6	99.9
燃 料	**Fuels**	**91.4**	**91.0**	**93.9**
煤炭及制品	Coal and Products	97.2	97.0	97.7
石油及制品	Oil and Products	89.4	89.3	91.0
建筑材料及五金电料	**Building Materials and Hardwares**	**100.0**	**100.0**	**100.0**
建筑装璜材料	Building Decoration Materials	100.0	100.0	100.0
五金水暖	Hardware	100.0	100.0	99.8

4-4 农业生产资料价格分类指数

Price Indices for Means of Agricultural Production by Category

(上年=100) (preceding year=100)

项 目	Item	2020
农业生产资料价格指数	**Price Indices for Means of Agricultural Production**	**103.2**
农用手工工具	Farm Handtools	100.7
饲料	Forage	103.3
仔畜幼禽及产品畜	Newborn Animals and Poultry,and Commodity Animals	142.9
半机械化农具	Semi-mechanized Farm Tools	100.8
机械化农具	Mechanized Farm Machinery	100.7
化学肥料	Chemical Fertilizer	97.5
农药及农药器械	Pesticides and Its Appliances	101.9
农机用油	Oil for Farm Machinery	86.5
其他农用生产资料	Other Means of Agricultural Production	96.5
农业生产服务	Service for Agricultural Production	100.6

4-5 主要农产品价格生产指数

Producer Price Indices for Farm Products

(上年=100) (preceding year=100)

项 目	Item	2016	2017	2018	2019	2020
综合指数	**General Indices**	**95.10**	**95.60**	**102.00**	**105.60**	**111.01**
农业	Agriculture	91.40	93.50	105.40	101.90	108.89
谷物	Cereal	87.07	91.48	109.68	100.43	110.66
马铃薯	Potato	107.77	90.79	78.25	122.61	102.57
油料	Oil-bearing Crops	95.45	96.78	104.80	104.37	97.93
豆类	Beans	98.32	92.26	101.99	94.84	110.57
甜菜	Beetroots	99.07	100.00	100.94	98.13	102.86
蔬菜	Vegetable	102.68	104.49	100.95	103.61	105.92
水果及坚果	Fruit and nut	82.17	89.66	100.62	101.24	111.26
中草药材	Chinese Medicine	77.48	82.97	108.27	100.00	
林业	Forestry	91.80	92.60	101.30	101.50	88.76
牧业	Animal Husbandry	98.90	97.70	98.70	110.40	115.91
渔业	Fishery	99.80	99.60	99.20	101.90	107.42

4-6 工业生产者购进价格指数

Purchasing Price Indices of Industrial Producers

(上年=100) (preceding year=100)

项 目	Item	2016	2017	2018	2019	2020
工业生产者购进价格总指数	**General Price Index of Industrial Producer Purchasing**	**97.4**	**106.3**	**102.4**	**101.1**	**99.5**
燃料、动力	Fuels and Energy	99.6	111.1	102.9	98.9	97.7
黑色金属材料	Ferrous Metals	91.5	105.2	105.2	103.5	100.1
#钢 材	Steel Products	94.6	105.6	106.3	102.8	99.3
有色金属材料和电线	Nonferrous Metals and Wires	96.1	114.4	103.3	98.3	97.7
化工原料	Chemical Raw Materials	101.9	109.1	102.6	92.8	91.7
木材及纸浆	Wood and Paper Pulps	100.1	101.6	101.3	100.5	97.6
建筑材料类及非金属矿	Construction Materials	96.8	109.3	105.4	99.4	96.1
其它工业原材料类及半成品	Other Industrial Raw Materials and Semi-products	98.1	100.5	99.4	102.9	102.1
农副产品类	Agricultural Products	97.1	100.1	101.1	105.1	105.6
纺织原料类	Textile Materials	96.8	102.6	104.3	103.0	88.5

4-7 工业生产者出厂价格分类指数

Producer Price Indices of Industrial Producer by Category

(上年=100) (preceding year=100)

项 目	Item	2016	2017	2018	2019	2020
全部工业品	**Total Industry Products**	**98.9**	**110.6**	**103.2**	**102.1**	**99.7**
生产资料	**Means of Production**	**98.6**	**112.9**	**103.8**	**101.5**	**99.0**
采掘工业	Mining & Quarrying Industry	97.3	116.0	105.3	107.5	103.2
原材料工业	Raw Materials Industry	98.8	110.7	101.8	99.2	97.8
加工工业	Manufacturing Industry	99.5	112.8	104.9	99.1	96.7
生活资料	**Consumer Goods**	**100.3**	**100.9**	**100.2**	**104.5**	**102.4**
食品类	Food	98.6	99.6	100.9	103.3	102.3
衣着类	Clothing	111.0	110.5	95.9	118.0	101.6
一般日用品	Articles for Daily Uses	100.9	100.2	100.2	101.8	105.9
耐用消费品	Durable Consumer Goods	99.8	99.9	96.8	90.1	91.9

主要统计指标解释

商品零售价格指数 是反映城乡商品零售价格变动趋势的一种经济指数。零售物价的调整变动直接影响到城乡居民的生活支出和国家的财政收入,影响居民购买力和市场供需平衡,影响消费与积累的比例。因此,计算零售价格指数,可以从一个侧面对上述经济活动进行观察和分析。

居民消费价格指数 是反映一定时期内城乡居民所购买的生活消费品价格和服务项目价格变动趋势和程度的相对数,是对城市居民消费价格指数和农村居民消费价格指数进行综合汇总计算的结果。利用居民消费价格指数,可以观察和分析消费品的零售价格和服务价格变动对城乡居民实际生活费支出的影响程度。

城市居民消费价格指数 是反映城市居民家庭所购买的生活消费品价格和服务项目价格变动趋势和程度的相对数。城市居民消费价格指数可以观察和分析消费品的零售价格和服务项目价格变动对职工货币工资的影响,作为研究职工生活和确立工资政策的依据。

农村居民消费价格指数 是反映农村居民家庭所购买的生活消费品价格和服务项目价格变动趋势和程度的相对数。农村居民消费价格指数可以观察农村消费品零售价格和服务项目价格变动对农村居民生活消费支出的影响,直接反映农民生活水平的实际变化情况,为分析和研究农村居民生活问题提供依据。

工业生产者出厂价格指数 是反映全部工业产品出厂价格总水平变动趋势和程度的相对数,包括工业企业售给本企业以外所有单位各种产品和直接售给居民用于生活消费的产品。通过工业品出厂价格指数能观察出厂价格变动对工业总产值的影响。

Explanatory Notes on Main Statistical Indicators

Retail Price Index reflects the general change in retail prices of commodities. The change and adjustment in retail prices directly affect the living expenditure of urban and rural residents, government revenue, purchasing power of residents and the equilibrium of market supply and demand, and the ratio of consumption to accumulation. Therefore, the calculation of retail price index is useful to analyze the changes of the above economic activities.

Consumer Price Index reflects the trend and degree of changes in prices of consumer goods and services purchased by urban and rural residents, and is a composite index derived from the urban consumer price index and the rural consumer price index. Consumer price index can be used to analyze the impact of consumer price change on actual expenditure for living cost of urban and rural residents.

Urban Consumer Price Index reflects the trend and degree of changes in prices of consumer goods and services purchased by urban households. It can be used to observe and analyze the impact of price changes in consumer goods and services on money wages of staff and workers, and provide basis for policy making concerning the living cost and wages of staff and workers.

Rural Consumer Price Index reflects the trend and degree of changes in prices of consumer goods and services purchased by rural households. It can be used to observe the impact of change in retail prices of consumer goods and service prices in rural areas on living expenditure of rural households, and to show the changes in the living standard of peasants. It provides basis for analysis and research on condition of life in rural areas.

Price Index of Industrial Products reflects the trend and degree of changes in general ex-factory prices of all industrial products, including sales of industrial products by an industrial enterprise to all units outside the enterprise, as well as sales of consumer goods to residents. It can be used to analyze the impact of ex – factory prices on gross industrial output value.

5 人民生活

People´s Living Conditions

资料整理：闫少菲　吴　萌　特日格勒

Arranged By：Yan Shaofei，Wu Meng，Te Rigele

5-1 人民物质文化生活情况
People's Material & Cultural Life

项 目	Item	2000	2005	2010	2015	2020
就 业	**Employment**					
每一农村劳动力负担人数(人)	Dependents Per Rural Laborer(person)	1.48	1.42	1.35	1.37	1.33
每一城镇就业者负担人数(人)	Dependents Per Urban Employee(person)	1.92	1.91	1.94	1.76	2.01
城镇登记失业率(%)	Urban Unemployment Rate(%)	3.34	4.26	3.90	3.65	3.80
收 入	**Income**					
全体居民人均可支配收入(元)	Per Capita Disposable Income of Households(yuan)	3379	5985	12538	22310	31497
全体居民人均可支配收入指数(2000=100)	Index of Per Capita Disposable Income of Households(2000=100)	100.0	163.2	296.3	457.4	590.6
城镇居民人均可支配收入(元)	Per Capita Disposable Income of Urban Residents(yuan)	5152	9247	18050	30594	41353
城镇居民人均可支配收入指数(1978=100)	Index of Per Capita Disposable Income of Urban Residents(1978=100)	387.5	657.5	1121.0	1638.8	2035.0
农村牧区居民人均可支配收入(元)	Per Capita Disposable Income of Rural Households(yuan)	2058	3070	5780	10776	16567
农村牧区居民人均可支配收入指数(1978=100)	Index of Per Capita Net Income of Rural Households(1978=100)	536.4	703.7	1124.0	1836.5	2555.3
城镇非私营单位从业人员平均工资(元)	Average Wages of Employed Persons in Urban Non-Private Units (yuan)		15910	35211	57135	85310
城镇非私营单位在岗职工平均工资(元)	Average Wages of Staff & Workers in Urban Non-Private Units (yuan)	6974	15985	35507	57870	87916
消 费	**Consumption**					
城镇居民人均消费支出(元)	Per Capita Consumption Expenditure of Urban Households(yuan)	3928	6927	13991	21876	23888
农村牧区居民人均消费支出(元)	Per Capita Consumption Expenditure of Rural Households(yuan)	1694	2796	5572	10637	13594
恩格尔系数(%)	Engel Coefficient(%)					
城镇居民	Urban Households	34.5	31.4	30.1	28.4	28.0
农村居民	Rural Households	44.8	43.1	37.5	29.4	30.6
储 蓄	**Savings**					
住户存款余额(亿元)	Household Deposits(100 million yuan)	876	1974	4618	8999	15303
人均住户存款余额(元)	Per Capita Household Deposits(yuan)	3875	8231	18733	36811	63521
住房面积(平方米)	**Per Capita Floor Space(sq.m)**					
农村牧区平均每人居住	Rural Areas	16.96	19.65	22.10	26.07	31.34
城镇平均每人居住	Urban Areas	15.54	26.09	29.84	31.39	35.25
城市公用事业	**Public Utilities in Urban Areas**					
供水普及率(%)	Coverage Rate of Tap Water Supply(%)	89.1	83.9	88.0	98.5	99.1
燃气普及率(%)	Rate of Access to Gas(%)	58.6	68.2	79.3	94.1	94.7
人均公园绿地面积(平方米)	Per Capital Area of Green Park (sq.m)	7.0	7.8	12.4	19.3	19.9
文 化	**Culture**					
广播综合人口覆盖率(%)	Broadcast Covering Rate (%)	85.58	92.60	96.60	99.10	99.66
电视综合人口覆盖率(%)	TV Covering Rate of Population(%)	81.42	90.20	95.40	99.10	99.68
每人每年拥有报纸(份)	Newspapers Per Capita(copy)	7.56	25.92	11.05	13.42	10.15
每人每年拥有图书杂志(册)	Books & Magazines Per Capita(copy)	3.79	4.31	3.07	3.50	3.09
教 育	**Education**					
学龄儿童入学率(%)	Enrollment Ratio of School Age Children(%)	99.50	99.40	99.99	100.00	100.00
每万人口中在校大学生数(人)	Number of University Students Per 10 000 Persons(person)	29.60	96.15	151.76	172.13	202.00
卫 生	**Public Health**					
每万人口卫生机构床位数(张)	Number of Public Health Orgon Beds Per 10 000 Population Clinic per 10 000 Persons(unit)	28.2	29.1	40.4	53.3	67.5
每万人有卫生机构数(个)	Number of Health institutions Per 10 000 Persons(unit)	1.87	1.58	3.32	9.51	10.24
每万人有医生数(人)	Doctors Per 10 000 Persons(person)	22	21	22	26	34

注：1. (人均)住户存款余额2010年以前为(人均)城乡居民储蓄存款余额，2011—2014年为(人均)个人储蓄存款余额。
2. 本表人均可支配收入口径同5-2表。

a)Before 2010,(per capita) the Household deposits is called (per capita) resident saving deposit in urban & rural.During 2011-2014,(per capita) the Household deposits is called (per capita) personal balance of savings deposits.
b)The coverage of per capita disposable income is same as the 5-2 table.

5-2 居民家庭人均收入及指数

Per Capita Income of Household and Related Index

年 份 Year	全体居民人均可支配收入 Per Capita Disposable Income of Households		城镇居民人均可支配收入 Per Capita Disposable Income of Urban Households		农牧民可支配收入 Per Capita Disposable Income of Rural Households	
	绝对数(元) Value(yuan)	指数(2000=100) Index	绝对数(元) Value(yuan)	指数(1978=100) Index	绝对数(元) Value(yuan)	指数(1978=100) Index
1978			301	100.0	100	100.0
1979			350	113.7	126	122.4
1980			407	124.6	181	166.6
1981			449	134.8	225	203.1
1982			453	133.6	273	242.3
1983			474	138.3	294	258.0
1984			549	152.5	336	288.2
1985			686	175.1	360	281.0
1986			774	187.2	340	253.2
1987			820	182.9	389	273.4
1988			916	174.7	500	305.7
1989			1053	175.9	478	246.7
1990			1149	188.6	607	303.4
1991			1294	200.2	618	301.3
1992			1495	212.9	672	315.5
1993			1893	235.0	778	324.3
1994			2498	249.6	970	333.4
1995			2863	244.3	1208	352.1
1996			3432	272.4	1602	433.4
1997			3945	299.1	1780	461.5
1998			4360	332.9	1988	519.7
1999			4785	364.5	2016	531.7

5-2 续表 Continued

年 份 Year	全体居民人均可支配收入 Per Capita Disposable Income of Households		城镇居民人均可支配收入 Per Capita Disposable Income of Urban Households		农牧民可支配收入 Per Capita Disposable Income of Rural Households	
	绝对数(元) Value(yuan)	指数(2000=100) Index	绝对数(元) Value(yuan)	指数(1978=100) Index	绝对数(元) Value(yuan)	指数(1978=100) Index
2000	3379	100.0	5152	387.5	2058	536.4
2001			5568	416.6	1999	518.2
2002			6096	459.5	2120	539.4
2003			7076	525.6	2312	568.6
2004			8208	595.0	2667	631.7
2005	5985	163.2	9247	657.5	3070	703.7
2006	6876	184.7	10499	736.4	3444	774.1
2007	8340	214.3	12566	845.4	4089	873.1
2008	9923	241.3	14676	936.7	4834	970.9
2009	11015	268.6	16140	1033.2	5143	1035.0
2010	12538	296.3	18050	1121.0	5780	1124.0
2011	14715	329.5	20813	1225.3	6942	1276.9
2012	16800	365.1	23611	1345.3	7956	1427.6
2013	18693	393.6	26004	1432.8	8985	1567.5
2014	20559	426.3	28350	1535.9	9976	1719.5
2015	22310	457.4	30594	1638.8	10776	1836.5
2016	24127	488.5	32975	1745.4	11609	1955.8
2017	26212	521.7	35670	1857.1	12584	2086.9
2018	28376	555.1	38305	1959.2	13803	2247.6
2019	30555	583.7	40782	2039.0	15283	2420.9
2020	31497	590.6	41353	2035.0	16567	2555.3

注：本表2013-2020年人均可支配收入来源于住户收支与生活状况调查，1978-2012年数据是根据历史数据按住户收支与生活状况调查可比口径推算获得。可支配收入绝对数按当年价计算，指数按可比价计算。

a) The data of year 2013-2020 are compiled on the basis of the household survey on income and expenditure and living conditions, the data of year 1978-2012 are reckoned at comparable coverage by the household survey on income and expenditure and living conditions. The absolute amounts of disposable income are calculated at annual price, the index is calculated at comparable prices.

5-3 城乡居民家庭人均生活消费支出

Per Capita Consumption Expenditure of Urban and Rural Households

年 份 Year	全体居民生活消费支出 The Living Expenditure of All the Residents		城镇居民生活消费支出 The Living Expenditure of Urban Households		农牧民生活消费支出 The Living Expenditure of Rural Households	
	绝对数(元) Value(yuan)	恩格尔系数 Engel Coefficient	绝对数(元) Value(yuan)	恩格尔系数 Engel Coefficient	绝对数(元) Value(yuan)	恩格尔系数 Engel Coefficient
1978			269			
1979			351			
1980			353		157	
1981			378		177	
1982			397		205	
1983			411		227	
1984			449		246	
1985			595		291	
1986			680		307	
1987			712		349	
1988			844		404	
1989			913		448	
1990			982		492	
1991			1081		571	
1992			1254		600	
1993			1585		695	
1994			2111		835	
1995			2482		1180	
1996			2768		1438	58.1
1997			3032		1560	55.9
1998			3106		1602	55.0
1999			3469		1582	50.5
2000	2648	37.7	3928	34.5	1694	44.8
2001			4195	33.9	1656	43.7
2002			4859	31.5	1784	43.4
2003			5418	31.5	1950	41.3
2004			6218	32.5	2337	42.7
2005	4746	33.1	6927	31.4	2796	43.1
2006	5385	30.8	7665	30.2	3225	39.0
2007	6578	30.6	9280	30.4	3860	39.3
2008	7706	32.4	10826	32.8	4364	41.0
2009	8873	30.1	12367	30.5	4870	39.8
2010	10209	29.0	13991	30.1	5572	37.5
2011	11920	29.7	15874	31.3	6880	37.5
2012	13475	29.1	17712	30.8	7972	37.3
2013	14878	29.0	19244	28.3	9080	30.9
2014	16258	29.2	20885	28.7	9972	30.5
2015	17179	28.6	21876	28.4	10637	29.4
2016	18072	28.6	22744	28.3	11462	29.3
2017	18946	27.5	23638	27.4	12184	27.8
2018	19665	27.1	24437	26.9	12661	27.5
2019	20743	26.6	25383	26.4	13816	27.3
2020	19794	28.7	23888	28.0	13594	30.6

5-4 全体居民人均收支情况
Per Capita Income and Expenditure of All Households

单位：元　　(yuan)

项 目	Item	2019	2020	2020年比上年增长% Increase Rate in 2020 over 2019(%)
可支配收入	**Disposable Income**	**30555**	**31497**	**3.1**
工资性收入	Income of Wages and Salaries	15922	16325	2.5
经营净收入	Net Business Income	7994	8147	1.9
第一产业净收入	Net Income of Primary Industry	3460	3814	10.2
第二产业净收入	Net Income of Secondary Industry	509	456	-10.4
第三产业净收入	Net Income of Third Industry	4025	3877	-3.7
财产净收入	Net Income from Property	1614	1624	0.6
转移净收入	Net Income from Transfer	5025	5402	7.5
消费性支出	**Consumption Expenditure**	**20743**	**19794**	**-4.6**
食品烟酒	Food,Tobacco and Liquor	5517	5686	3.1
衣着	Clothing	1765	1568	-11.2
居住	Residence	3944	4149	5.2
生活用品及服务	Articles for Daily Use and Service	1186	1119	-5.6
交通和通讯	Transport and Communications	3218	3099	-3.7
交通	Transport	2542	2415	-5.0
通信	Communications	677	685	1.2
教育文化娱乐	Education,Cultural and Recreation	2408	1836	-23.8
教育	Education	1666	1292	-22.4
文化娱乐	Cultural and Recreation	742	544	-26.7
医疗保健	Health Care and Medical Service	2108	1892	-10.2
其它用品和服务	Other Commodities and Services	597	446	-25.3

5-5 城镇常住居民人均收支情况

Per Capita Income and Expenditure of Urban Permanent Households

单位:元 (yuan)

项 目	Item	2019	2020	2020年比上年增长% Increase Rate in 2020 over 2019(%)
可支配收入	**Disposable Income**	**40782**	**41353**	**1.4**
工资性收入	Income of Wages and Salaries	24459	24888	1.8
经营净收入	Net Business Income	7945	7697	-3.1
第一产业净收入	Net Income of Primary Industry	1031	1002	-2.8
第二产业净收入	Net Income of Secondary Industry	810	737	-9.0
第三产业净收入	Net Income of Third Industry	6105	5958	-2.4
财产净收入	Net Income from Property	2344	2366	0.9
转移净收入	Net Income from Transfer	6033	6401	6.1
消费性支出	**Consumption Expenditure**	**25383**	**23888**	**-5.9**
食品烟酒	Food,Tobacco and Liquor	6688	6691	0.0
衣着	Clothing	2458	2124	-13.6
居住	Residence	4845	5149	6.3
生活用品及服务	Articles for Daily Use and Service	1614	1473	-8.7
交通和通讯	Transport and Communications	3797	3724	-1.9
交通	Transport	3021	2950	-2.4
通信	Communications	776	774	-0.3
教育文化娱乐	Education,Cultural and Entertainment	2818	2100	-25.5
教育	Education	1763	1369	-22.3
文化娱乐	Cultural and Entertainment	1055	731	-30.7
医疗保健	Health Care and Medical Service	2349	2040	-13.2
其它用品和服务	Other Commodities and Services	814	588	-27.8

5-6 农村牧区常住居民人均收支情况
Per Capita Income and Expenditure of Rural Households

单位：元 (yuan)

项 目	Item	2019	2020	2020年比上年增长% Increase Rate in 2020 over
可支配收入	**Disposable Income**	**15283**	**16567**	**8.4**
工资性收入	Income of Wages and Salaries	3174	3353	5.6
经营净收入	Net Business Income	8067	8828	9.4
第一产业净收入	Net Income of Primary Industry	7086	8075	14.0
农业净收入	Net Income of Agriculture	4272	5009	17.3
牧业净收入	Net Income of Animal-husbandry	2799	3040	8.6
第二产业净收入	Net Income of Secondary Industry	60	30	-50.0
第三产业净收入	Net Income of Third Industry	921	723	-21.5
财产净收入	Net Income from Property	523	498	-4.8
转移净收入	Net Income from Transfer	3519	3888	10.5
消费性支出	**Consumption Expenditure**	**13816**	**13594**	**-1.6**
食品烟酒	Food,Tobacco and Liquor	3768	4164	10.5
衣着	Clothing	731	727	-0.5
居住	Residence	2598	2633	1.3
生活用品及服务	Articles for Daily Use and Service	546	583	6.8
交通和通讯	Transport and Communications	2354	2152	-8.6
交通	Transport	1827	1603	-12.3
通信	Communications	528	549	4.0
教育文化娱乐	Education,Cultural and Entertainment	1796	1436	-20.0
教育	Education	1520	1174	-22.8
文化娱乐	Cultural and Entertainment	275	262	-4.7
医疗保健	Health care and Medical Service	1749	1667	-4.7
其它商品和服务	Other Commodities and Services	273	231	-15.4

5-7 农村牧区常住居民家庭住房基本情况

Housing Conditions of Rural Resident Households

项 目	Item	2019	2020
年末使用房屋	**Rooms Used at the End of Year**		
居住面积(平方米/人)	Per Capita Floor Space(sq.m/person)	28.72	31.34
钢筋混凝土结构(%)	Reinforced Concrete Structures	2.88	3.24
砖混材料(%)	Brick Concrete Structure	28.13	28.71
砖木结构(%)	Brick and Wood Structure	62.66	63.45
自建住房(%)	Self-built housing	90.72	90.80
购买商品房(%)	Buy real estate	3.74	3.36
房屋价值(万元/户)	Value per Room(10 000 yuan/household)	10.81	10.83
本年新建房屋面积(平方米/户)	**Area of New Houses Built this Year(sq.m/household)**	**0.74**	**0.18**
每平方米价值(元)	Value Per Square Meter(yuan)	1164.40	1155.50

注：本表为农村抽样调查资料。

a)Data in this table are obtained from the sample surveys on rural households.

5-8 城镇居民家庭平均每人全年购买的主要商品数量

Per Capita Annual Purchases of Major Commodities in Urban Households

项 目	Item	1990	1995	2000	2005	2010	2015	2020
粮　　食(千克)	Grain(kg)	134.98	101.17	77.72	80.99	91.47	99.74	141.10
薯　　类(千克)	Starches & Tubers(kg)			25.40	18.89	11.91	23.60	5.67
豆　　类(千克)	Beans and the Products(kg)						8.53	10.26
食用植物油(千克)	Edible Vegetable Oil(kg)	4.45	5.82	5.56	6.14	6.28	9.62	7.97
猪　　肉(千克)	Pork(kg)	11.43	11.82	11.59	11.61	12.16	15.93	16.60
牛 羊 肉(千克)	Beef and Mutton(kg)	6.39	5.02	6.61	8.33	10.23	15.69	11.90
家　　禽(千克)	Poultry(kg)	0.59	1.77	3.25	3.82	5.01	5.85	8.19
水 产 品(千克)	Aquatic Products(kg)		3.44	4.30	4.29	5.19	6.47	7.64
鲜　　蛋(千克)	Fresh Eggs(kg)	2.31	7.92	9.67	8.71	8.23	10.41	14.94
鲜　　菜(千克)	Fresh Vegetables(kg)	162.03	125.87	107.45	103.85	98.92	100.90	104.62
食　　糖(千克)	Sugar(kg)	1.44	1.14	1.08	0.90		1.30	1.10
卷　　烟(盒)	Cigarettes(pack)	38.06	29.71	26.13	21.69		27.81	31.52
白　　酒(千克)	Strong White Spirit(kg)	3.77	3.78	3.17	2.75	3.43	4.42	3.76
啤　　酒(千克)	Beer(kg)	3.91	6.31	4.95	6.25	5.60	6.78	6.60
茶　　叶(千克)	Tea(kg)	0.34		0.24	0.17	0.29	0.32	0.30
鲜 瓜 果(千克)	Fresh Melons and Fruits(kg)	41.50	42.77	63.11	61.19	55.34	58.48	73.69
鲜　　奶(千克)	Fresh Milk(kg)	2.80	5.83	12.58	20.71	16.64	21.70	23.21
鞋　　类(双)	Shoes(pair)				2.93	3.33	3.09	2.70
移动电话机(部)	Mobile phones(set)						0.17	0.13
煤　　炭(千克)	Coal(kg)	480.64		205.07	224.54	169.16	235.49	112.10
液化石油气(千克)	Liquefied Gas(kg)	2.17		8.27	12.53	8.84	13.23	4.80
汽　　油(升)	Gasoline(L)						76.72	85.30

5-9 农村牧区常住居民家庭平均每人主要消费品消费量

Per Capita Consumption of Major Consumer Goods in Rural Resident Households

项 目	Item	2019	2020
粮食(千克)	Grain(kg)	217.92	221.64
蔬菜(千克)	Fresh Vegetables(kg)	86.24	86.29
食油(千克)	Edible Oil(kg)	5.86	7.18
猪牛羊肉(千克)	Pork, Beef and Mutton(kg)	30.80	28.50
家禽(千克)	Poultry(kg)	6.06	7.76
蛋及制品(千克)	Eggs and Related Products(kg)	9.08	12.77
水产品(千克)	Aquatic Products(kg)	4.91	4.66
食糖(千克)	Sugar(kg)	1.58	1.66
酒(千克)	Liquor(kg)	21.90	19.18
#白酒(千克)	Spirit(kg)	7.34	7.09

5-10 农村牧区常住居民家庭平均每百户耐用消费品年末拥有量

Durable Consumer Goods Owned Per 100 Rural Resident Households at Year-end

品 名	Item	2019	2020
家用汽车(辆)	Automobile(unit)	34.17	30.12
摩托车(辆)	Motorcycle(unit)	60.50	51.73
移动电话(部)	Telephone(unit)	244.24	236.29
洗衣机(台)	Washing Machine(unit)	96.47	95.01
家用电冰箱(台)	Refrigerator(unit)	107.55	106.01
热水器(台)	Water Heater(unit)	29.78	29.58
彩色电视机(台)	Color TV Set(unit)	107.91	106.69
计算机(台)	Computer(set)	26.19	21.78
其中：接入互联网	Access to the Internet	19.42	20.14

主要统计指标解释

住户成员 指居住在一个住宅内,所有与本住户分享生活开支或收入的人员。还包括:①由本住户供养的在外学生(包括大中专学生和研究生);②未分家的农村外出从业人员和随迁家属,无论其外出时间长短;③轮流居住的老人;④因探亲访友、旅游、住医院、培训或出差等原因临时外出的人员。

常住成员 指住户成员中,经常在家居住、或者调查期内居住时间超过一半的人员,以及本住户供养的学生。常住成员是住户收支的调查对象。

总收入 是调查期内全部收入的总和,其中未扣除为获得收入所发生的支出(生产费用)。包括工资性收入、经营性收入、财产性收入、转移性收入、非收入所得、借贷性所得。

可支配收入 指调查户在调查期内获得的、可用于最终消费支出和储蓄的总和,即调查户可以用来自由支配的收入。可支配收入既包括现金,也包括实物收入。按照收入的来源,可支配收入包含:工资性收入、经营净收入、财产净收入、转移净收入。

工资性收入 指就业人员通过各种途径得到的全部劳动报酬和各种福利,包括受雇于单位或个人、从事各种自由职业、兼职和零星劳动得到的全部劳动报酬和福利。

经营净收入 指住户或住户成员从事生产经营活动所获得的净收入,是全部经营收入中扣除经营费用、生产性固定资产折旧和生产税净额(生产税减去生产补贴)之后得到的净收入。计算公式具体为:经营净收入 = 经营收入 - 经营费用 - 生产性固定资产折旧 - 生产税净额(生产税 - 生产补贴)。

财产净收入 指住户或住户成员将其所拥有的金融资产和自然资源交由其他机构单位、住户或个人支配而获得的回报并扣除相关的费用之后得到的净收入。财产净收入包括利息净收入、红利收入、储蓄性保险净收益和转让承包土地经营权租金净收入等。

转移净收入 指国家、单位、社会团体对住户的各种经常性转移支付和住户之间的经常性收入转移,并扣除相关的支出和费用之后得到的净收入。包括政府、非行政事业单位、社会团体对居民转移的养老金或退休金、社会救济和补助、政策性生活补贴、救灾款、经常性捐赠和赔偿以及报销医疗费等;住户之间的赡养收入、经常性捐赠和赔偿以及农村地区(村委会)在外(含国外)工作的本住户非常住成员寄回带回的收入等。

总支出 指住户用于生产、生活和再分配的全部支出。包括消费支出、生产经营费用支出、财产性支出、转移性支出、购置资产及非经常性转移支出、借贷性支出。

消费支出 指住户用于满足家庭日常生活消费需要的全部支出,包括用于消费品的支出和用于服务性消费的支出。根据用途不同,消费支出可划分为食品烟酒、衣着、居住、生活用品及服务、交通通信、教育文化娱乐、医疗保健、其他用品及服务八大类。根据来源不同,消费支出可划分为现金消费支出、实物消费支出(含自产自用、来自单位、来自政府和其他社会组织)。

Explanatory Notes on Main Statistical Indicators

Household Members refers to Live in a House, all personnel and tenants share living expenses or income. Also included: ① the students out of household support (including college students and graduate students); ② going out is not the separation of rural practitioners and the accompanying family members, regardless of the length of their out ; ③ alternated between old ; ④By visiting friends and relatives, travel, hospital, training or business reasons such as temporarily absent persons.

Permanent Members refers to members in the household, often at home , or lived for more than half of the officers in the period of investigation, as well as the household dependent student. Permanent member are the investigation object of household income and expenditure.

General Income refers to the sum of total income in the survey period, before deduction for income/ expenditure incurred (production costs). Income includes wages, business – income, property – income, income from transfer, not income – gains, loan proceeds.

Disposable Income refers to the households received in the survey period for the sum of final consumption expenditure and savings that investigation can be used for discretionary income. Disposable income including cash, including income in kind. According to the source of income, disposable income includes wage, business – income, property – income, net income from transfer.

Income from Wages and Salaries refers to remuneration and benefits of all kinds of employed persons, including those employed by other units or individuals, freelance workers, part – time jobs, and sporadic workers.

Net Business Income refers to net income earned by households and their members engaged in production and operating activities, is deducted from thetotal operating income operating expenses, of productive fixed assets depreciation and net taxes on production (taxes on production less subsidies) received after net income. Formula in particular to: Net – operations income = operating revenue – operating expenses – productive fixed assets depreciation, net taxes on production (taxes on production – production subsidies).

Net Income from Properties refers to the net income received as returns by households or members through lending of their financial assets, non – financial assets such as housing, to other institutions, households or individuals, minus relevant costs. It includes net income of interest, bonus income, net income of savings insurance, and net income from transferring management right of contract land, and so on.

Net Income from Transfer refers to countries, organizations, social organizations, current transfers between households and for households of the regular transfer of income and the net income after deduction of the expenses and costs related to the get. Including Government, non – administrative public institutions, social groups and the residents of the old – age pension or pensions, social assistance and benefits, policy – related subsidies, disaster relief, regular donations and reimbursed for medical expenses and compensation; maintenance of incomes between households, recurring donation and compensation, as well as in rural areas (village) (including foreign) returned back to the tenants who are living members of earnings.

Total Expenditure Refers to household production, living and redistribution of all expenditures. Includes consumer spending, production and operating expenses, property expenditure, transfer expenditures, acquire assets and non – recurring expenses, loan payments.

Consumption Expenditure Refers to households to meet the daily consumption needs of all expenditure, including expenditure on consumer goods and spending on services. According to different uses, consumer spending can be divided into food and alcoholic drinks and tobacco, clothing, housing, daily necessities and services, transport and communications, education, culture and entertainment, healthcare, other supplies and services. According to different sources, Consumption expenditure can be divided into cash consumption expenditure and real consumption expenditure (self – produced, from units, from Government and other social organizations).

6 财 政

Government Finance

资料整理：张利珍　乔贺利

Arranged By：Zhang Lizhen，Qiao Heli

6-1 地方财政分项收入

Local Government Revenue by Source

单位：万元　　(10 000 yuan)

年 份 Year	地 方 财政总收入 Local Government Revenue	一般公共 预算收入 General Public Budget Revenue	#工商税收 Industrial and Commercial Tax	#契税和耕 地占用税 Deed Tax and Farm Land Occupation Tax	#企业所得税 Corporate Income Tax	#国有资本 经营收入 Operation Income of State-owned Assets Enterprises
1947	9	9			1	
1948	110	110			20	
1949	739	739	149		196	
1950	5347	5347	1852		1568	
1951	5376	5376	2266		1306	
1952	13335	13335	3744		5049	
1953	8657	8657	4507		2550	
1954	18503	18503	7725		5260	
1955	21090	21090	8549		6324	
1956	27597	27597	11797		9328	
1957	31385	31385	12535		9409	
1958	42764	42764	15174		17065	
1959	70269	70269	19237		39150	
1960	89917	89917	24690		52872	
1961	49529	49529	16531		24238	
1962	33590	33590	18027		7788	
1963	38345	38345	19929		9734	
1964	43219	43219	20196		12499	
1965	45967	45967	22577		13144	
1966	48455	48455	21712		16086	
1967	40232	40232	20303		9058	
1968	38882	38882	20537		7549	
1969	27680	27680	20168		1509	
1970	44088	44088	27399		6076	
1971	36543	36543	29455		-1820	
1972	31314	31314	31085		-5822	
1973	34123	34123	34954		-9309	
1974	26863	26863	34257		-16136	
1975	27375	27375	40295		-21044	
1976	26587	26587	43142		-25703	
1977	29339	29339	49579		-29193	
1978	69046	69046	54486		3234	
1979	45553	45553	54648		-20749	
1980	41284	41284	58537		-26724	
1981	41585	41585	62493		-32579	
1982	51842	51842	71540		-35624	
1983	69891	69891	78370		-25171	
1984	84556	84556	86862		-20618	
1985	131789	131789	119871		36495	7429
1986	160206	160206	145866		37092	706
1987	194326	194326	176890		35797	9344
1988	241343	241343	214128		41206	11050
1989	286679	286679	261270		40045	3193

6-1 续表 Continued

单位：万元 (10 000 yuan)

年 份 Year	地 方 财政总收入 Local Government Revenue	一般公共 预算收入 General Public Budget Revenue	#工商税收 Industrial and Commercial Tax	#契税和耕 地占用税 Deed Tax and Farm Land Occupation Tax	#企业所得税 Corporate Income Tax	#国有资本 经营收入 Operation Income of State- owned Assets Enterprises
1990	329763	329763	278480		40954	17895
1991	393966	393966	299621		39320	16833
1992	390775	390775	335490		38992	12382
1993	561177	561177	511777		37311	9745
1994	682167	362969	261719		43005	4900
1995	763458	437028	278344		62222	4070
1996	932401	572572	339614		56853	5230
1997	1041750	660777	415328		60554	5964
1998	1191237	776654	492585		50815	12083
1999	1294373	865714	502477		80821	13766
2000	1399410	950320	546435		105983	12815
2001	1498119	994313	571829		151985	19489
2002	1867550	1128546	673679		90287	40610
2003	2340265	1387157	857381		71615	60521
2004	3231515	1967589	1220909		86995	147494
2005	4787260	2774553	1768690		193550	147758
2006	5945906	3433774	2183213	148893	272831	188849
2007	8354929	4923615	3342205	134741	419186	234394
2008	11072572	6506764	4401399	241064	592789	415549
2009	13777018	8508588	5263903	502465	748129	707123
2010	17381337	10699776	6869595	594367	1016492	589245
2011	22618058	13566701	9100923	675788	1561016	512220
2012	24972839	15527453	10077812	1008121	1798497	460204
2013		17209843	10619291	1400299	1552566	590800
2014		18436736	9896184	2470558	1096419	1038577
2015		19644820	9857091	3190394	1017711	780747
2016		20164334	10078729	3104470	969304	873475
2017		17032095	11439906	1236936	1288208	111199
2018		18576493	12867776	911961	1650850	75000
2019		20596940	13942698	1211116	1816507	118549
2020		20511952	12953793	1361811	1611004	135938

注：1. 1984年以前企业所得税包括国有企业上缴利润和国有企业亏损补贴。

2. 1994年以来地方财政收入为分税制财政体制统计口径。

a)Before 1984, Enterprises income tax including payed profits and planned subsidies for the losses of the state-owned enterprises.

b)Since 1994, Revenue of the local governments has been counted by the classification of the structure of the government finance.

6-2 一般公共预算主要收入项目

Main Items of General Public Budget Revenue

单位:万元　　(10 000 yuan)

项 目	Item	2019	2020
一般公共预算收入	**General Public Budget Revenue**	**20596940**	**20511952**
税收收入	**Tax Revenue**	**15396884**	**14577614**
国内增值税	Domestic Value-added Tax	5660374	4559975
企业所得税	Corporate Income Tax	1816507	1611004
个人所得税	Individual Income Tax	444873	583751
资源税	Resource Tax	3023276	3007923
城市维护建设税	City Maintenance and Construction Tax	721098	663834
房产税	House Property Tax	513189	513700
印花税	Stamp Tax	220173	236359
城镇土地使用税	Urban Land Use Tax	762408	824439
土地增值税	Land Appreciation Tax	617430	755220
车船税	Tax on Vehicles and Boat Operation	216765	234923
耕地占用税	Farm Land Occupation Tax	690851	737967
契税	Deed Tax	520265	623844
烟叶税	Tobacco Leaf Tax	888	1183
环境保护税	Environment Protection Tax	163370	197588
其他税收	Other Tax	25417	25904
非税收入	**Non-Tax Revenue**	**5200056**	**5934338**
专项收入	Special Program Receipts	1231117	1226100
行政事业性收费收入	Charge of Administrative and Institutional Units	1063492	1312835
罚没收入	Penalty Receipts	583205	1280628
国有资本经营收入	Operating Income from Government Capital	118549	135938
国有资源（资产）有偿使用收入	Income from Use of State-owned Resources(Assets)	1954903	1725088
其他收入	Other Revenue	248790	253749

6-3 一般公共预算支出及主要支出项目

General Public Budget Expenditures by Accounting Item

单位：万元 (10 000 yuan)

项 目	Item	2019	2020
一般公共预算支出	**General Public Budget Expenditure**	**51009101**	**52701616**
一般公共服务	General Public Services	3654444	3967086
外交	Foreign Affairs	367	277
国防	National Defense	39483	41308
公共安全	Public Security	2490576	2541292
教育	Education	6099668	6421745
科学技术	Science and Technology	284875	323823
文化旅游体育与传媒	Culture,Tourism,Sports and Media	1193392	1236412
#文化与旅游	Culture and Tourism	548289	576227
新闻出版电影	Press Film	61390	63281
广播电视	Radio and Television	240240	261624
社会保障和就业	Social Security and Employment	7265233	8548295
#社会福利	Social Welfare	181422	209203
卫生健康	Hygiene and Health	3221779	3750451
节能环保	Energy Saving and Environmental Protection	1544824	1493671
城乡社区事务	City and Countryside Community Business	5412176	4879301
农林水事务	Expenses of Agriculture,Forestry,Water	8747335	8675910
交通运输	Transportation	4033813	3345135
其他支出	Others	7021136	7476910

6-4 财政用于科学技术的支出

Government Expenditure for Scientific and Technological

单位：万元 (10 000 yuan)

项 目	Item	2019	2020
合计	**Total**	**284875**	**323823**
科学技术管理事务	Administrative Affairs of Scientific and Technological	20227	16969
基础研究	Basic Research	6404	9816
应用研究	Applied Research	18944	40136
技术研究与开发	Technological Research and Development	111363	81088
科技条件与服务	Condition and Service of Scientific and Technological	22260	16366
社会科学	Social Sciences	11641	9612
科学技术普及	Scientific and Technological Popularization	25401	26524
科技交流与合作	Scientific and Technological International Exchange and Cooperation	47	701
其他	Others	68588	122611

6-5 财政用于教育支出

Government Expenditure for Education

单位：万元 (10 000 yuan)

项 目	Item	2019	2020
合计	**Total**	**6099668**	**6421745**
教育管理事务	Administrative Affairs of Education	109019	114472
普通教育	General Education	4812925	5157127
职业教育	Vocational Education	616155	603068
成人教育	Adult Education	473	350
广播电视教育	Radio and Television Education	8384	8157
特殊教育	Special Education	27492	34146
进修及培训	Further Education and Train	112785	131307
教育费附加安排的支出	The Expenditure of Education Surtax Arrangementsrge	319931	282192
其他	Others	92504	90926

6-6 财政用于社会保障和就业的支出

Government Expenditure for Social Security and Employment

单位：万元 (10 000 yuan)

项 目	Item	2019	2020
合计	**Total**	**7265233**	**8548295**
人力资源和社会保障管理事务	Human Resources and Social Security Management Services	182855	172280
民政管理事务	Administrative Affairs of Civil Affairs	101955	107210
财政对社会保险基金的补助	Subsidy of Social Insurance Fund from Government Finance	2299248	2994598
行政事业单位养老支出	Pension Expenditure of Administrative Institutions		3080705
企业改革补助	Subsidy of Enterprise Reform	3086	1367
就业补助	Subsidy of Employment	252310	281267
抚恤	Pensions for Disable and Bereaved Families	184697	218271
退役安置	Retirement Places	186441	274654
社会福利	Social Welfare	181422	209203
残疾人事业	Disabled Persons Enterprise	136763	142039
红十字事业	Red Cross	13685	16410
最低生活保障	Receiving Minimum Living Allowance	628643	646771
其他	Others	444722	403520

6-7 财政用于农林水事务支出

Government Expenditure for Agriculture,Forestry and Water Conservation

单位：万元 (10 000 yuan)

项 目	Item	2019	2020
合计	**Total**	**8747335**	**8675910**
农业农村	Agriculture and Rural Areas		3169072
林业和草原	Forestry and Prairies	1239409	1361180
水利	Water Conservation	1220751	911582
扶贫	Poverty Alleviation	1432389	1457842
农业综合开发	Comprehensive Agricultural Development	98283	
农村综合改革	Comprehensive Rural Reform	400928	394887
其他	Others	1360695	1381347

6-8 财政用于文化旅游体育与传媒支出

Government Expenditure for Culture,Tourism,Physical Education and Media

单位：万元 (10 000 yuan)

项 目	Item	2019	2020
合计	**Total**	**1193392**	**1236412**
文化与旅游	Culture and Tourism	548289	576227
文物	Qntiquity	117046	127262
体育	Physical Education	159441	119431
新闻出版电影	Press Film	61390	63281
广播电视	Radio and Television	240240	261624
其他	Others	66986	88587

主要统计指标解释

财政收入　指国家财政参与社会产品分配所取得的收入，是实现国家职能的财力保证。财政收入所包括的内容几经变化，目前主要包括：

(1)各项税收：包括增值税、消费税、土地增值税、城市维护建设税、资源税、城市土地使用税、印花税、个人所得税、企业所得税、关税、农牧业税和耕地占用税等。

(2)专项收入：包括征收排污费收入、征收城市水资源费收入、教育费附加收入等。

(3)其他收入：包括基本建设贷款归还收入、基本建设收入、捐赠收入等。

(4)国有企业计划亏损补贴：这项为负收入，冲减财政收入。

财政支出　国家财政将筹集起来的资金进行分配使用，以满足经济建设和各项事业的需要，主要包括：

(1)基本建设支出：指按国家有关规定，属于基本建设范围内的基本建设有偿使用、拨款、资本金支出以及经国家批准对专项和政策性基建投资贷款，在部门的基建投资额中统筹支付的贴息支出。

(2)企业挖潜改造资金：指国家预算内拨给的用于企业挖潜、革新和改造方面的资金。包括各部门企业挖潜改造资金和企业挖潜改造贷款资金，为农业服务的县办"五小"企业技术改造补助，挖潜改造贷款利息支出。

(3)地质勘探费用：指国家预算用于地质勘探单位的勘探工作费用，包括地质勘探管理机构及其事业单位经费、地质勘探经费。

(4)科技三项费用：指国家预算用于科技支出的费用，包括新产品试制费、中间试验费、重要科学研究补助费。

(5)支援农村生产支出：指国家财政支援农村集体(户)各项生产的支出。包括对农村举办的小型农田水利和打井、喷灌等的补助费，对农村水土保持措施的补助费，对农村举办的小水电站的补助费，特大抗旱的补助费，农村开荒补助费，扶持乡镇企业资金，农村农技推广和植保补助费，农村草场和畜禽保护补助费，农村造林和林木保护补助费，农村水产补助费，发展粮食生产专项资金。

(6)农林水利气象等部门的事业费用：指国家财政用于农垦、农场、农业、畜牧、农机、林业、森工、水利、水产、气象、乡镇企业的技术推广、良种推广(示范)、动植物(畜禽、森林)保护、水质监测、勘探设计、资源调查、干部训练等项费用，园艺特产场补助费，中等专业学校经费，飞播牧草试验补助费，营林机构、气象机构经费，渔政费以及农业管理事业费等。

(7)工业交通商业等部门的事业费：指国家预算支付给工交商各部门用于事业发展的经费，包括勘探设计费、中等专业学校经费、技术学校经费、干部训练费。

(8)文教科学卫生事业费：指国家预算用于文化、出版、文物、教育、卫生、中医、公费医疗、体育、档案、地震、海洋、通讯、电影电视、计划生育、党政群干部训练、自然科学、社会科学、科协等项事业的经费支出和高技术研究专项经费。主要包括工资、补助工资、福利费、离退休费、助学金、公务费、设备购置费、修缮费、业务费、差额补助费。

(9)抚恤和社会福利救济费：指国家预算用于抚恤和社会福利救济事业的经费。包括由民政部门开支的烈士家属和牺牲病残人员家属的一次性、定期抚恤金，革命伤残人员的抚恤金，各种伤残补助费，烈军属、复员退伍军人生活补助费，退伍军人安置费，优抚事业单位经费，烈士纪念建筑物管理、维修费，自然灾害救济事业费和特大自然灾害灾后重建补助费等。

(10)行政事业单位离退休支出：指实行归口管理的行政事业单位离退休经费。

(11)社会保障补助支出：指国家预算用于社会保障的补助支出，包括对社会保障基金的补助、促进就业补助、国有企业下岗职工补助、补充全国社会保障基金等。

(12)国防支出：指国家预算用于国防建设和保卫国家安全的支出，包括国防费、国防科研事业费、民兵建设以及专项工程支出等。

(13)行政管理费：包括行政管理支出，党派团体补助支出，外交支出、公安安全支出，司法支出、法院支出，检察院支出和公检法办案费用补助。

(14)政策性补贴支出：指经国家批准，由国家财政拨给的政策性补贴支出。主要包括粮、棉、油差价补贴，平抑物价和储备糖补贴，农业生产资料价差补贴，粮食风险基金，副食品风险基金，地方煤炭风险基金等。

(15)债务利息支出：指国家预算中用于偿还国内外债务利息的支出。

中央一般公共预算收入和地方一般公共预算收入　属于中央一般公共预算的收入包括关税，进口货物增值税和消费税，出口货物退增值税和消费税，消费税，铁道部门、各银行总行、各保险公司总公司等集中缴纳的城市维护建设税，增值税50%部分，纳入共享范围的企业所得税60%部分，未纳入共享范围的中央企业所得税、中央企业上交的利润，个人所得税

60%部分,车辆购置税,船舶吨税,证券交易印花税,海洋石油资源税,中央非税收入等。属于地方一般公共预算的收入包括地方企业上交利润,城市维护建设税(不含铁道部门、各银行总行、各保险公司总公司集中缴纳的部分),房产税,城镇土地使用税,土地增值税,车船税,耕地占用税,契税,烟叶税,印花税(不含证券交易印花税),增值税50%部分,纳入共享范围的企业所得税40%部分,个人所得税40%部分,海洋石油资源税以外的其他资源税,地方非税收入等。

中央一般公共预算支出和地方一般公共预算支出 指根据政府在经济和社会活动中的不同职责,划分中央和地方政府的责权,按照政府的责权划分确定的支出。中央一般公共预算支出包括一般公共服务,外交支出,国防支出,公共安全支出,以及中央政府调整国民经济结构、协调地区发展、实施宏观调控的支出等。地方一般公共预算支出包括一般公共服务,公共安全支出,地方统筹的各项社会事业支出等。

预算外资金收支 预算外资金指国家机关、事业单位和社会团体为履行或代行政府职能,依据国家法律、法规和具有法律效力的规章而收取、提取和安排使用的未纳入国家预算管理的各种财政性资金。其范围主要包括:法律、法规规定的行政事业性收费、基金和附加收入等;国务院或省级人民政府及其财政、计划(物价)部门审批的行政事业性收费;国务院及财政部审批建立的基金、附加收入等;主管部门所属单位集中上缴资金 ;用于乡镇政府开支的乡自筹和乡统筹资金;其他末纳入预算管理的财政性资金。社会保障基金在国家财政尚未建立社会保障预算制度以前,先按预算外资金管理制度进行管理,专款 专用。财政部门在银行开设统一的专户,用于预算外资金收入和支出管理。部门和单位的预算外收入必须上缴同级财政专户,支出由同级财政按预算外资金收支计划和单位财务收支计划统筹安排,从财政专户中拨付,实行收支两条线管理。

Explanatory Notes on Main Statistical Indicators

Government Revenue refers to the revenue of the government finance by means of participating in the distribution of the social products, which are the financial resources for ensuring the government to function. The contents of government revenue have been changed several times. Now it includes the following main items:

(1) Various tax revenues: including value added tax, consumption tax, land value added tax, tax on city maintenance and construction, resources tax, tax on use of urban land, stamp tax, personal income tax, enterprise income tax, tariff, tax on agriculture and animal husbandry and tax on occupancy of cultivated l and, etc;

(2) Special revenues: including revenue collected from imposing fee on sewage treatment, revenue collected from imposing fee on urban water resources, and extra charges for education, etc;

(3) Other revenues: including revenue from the repayment of capital construction l loan, revenue from capital construction projects, and donations and grants;

(4) Planned subsidies for the losses of the state owned enterprises: this is s an item of negative revenue, used to eat up part of the government revenue.

Government Expenditure refers to the distribution and use of the funds the government finance has raised, so as to meet the needs of economic construction and various causes. It includes the following main items:

(1) Expenditure for capital construction: refers to the non gratuitous use and appropriation of funds for capital construction in the range of capital construction, outlay of capital as well as the loans on capital construction approved by the government for special purpose or policy purpose and the expenditure with discount paid in an overall way within the amount of the funds appropriated to the departments for capital construction;

(2) Innovation funds of the enterprises: refer to the funds appropriated from the government budget for the enterprises to tap the latent power, upgrade the technology and carry out innovation, including the innovation fund of the departments, loan of the enterprises for innovation, subsidies on the innovation of the small fertilizer plant, small cement plant, small coal mines, small machinery plant and small steel plant, the expenditure of interest for the loan for innovation;

(3) Geological prospecting expenses: refer to the expenses appropriated from the government budget to the geological prospecting units for the expenditure of the prospecting work, including the expenditures of the administrative agencies for geological prospecting and their institutional units as well as the geologic al prospecting expenditure;

(4) Expenditures for science and technology promotion: refer to the expenses appropriated from the government budget for the scientific and technological expenditure, including new products development expenditure, expenditure for intermediate trial and subsidies on important scientific researches;

(5) Expenditure for supporting rural production: refers to the expenditures appropriated from the government budget for supporting the various expenditures of the rural collective units or households for production, including the subsidies to the small water conservancy projects and well drilling, sprinkling irrigation projects run by the villages; subsidies on the rural water and soil conserving measures; subsidies to the small power stations run by the villages; subsidies to the expenditure for fighting against particularly severe draughts; subsidies on the rural was the land exclamation; fund for supporting the township enterprises; subsidies to the expenditure for popularization of the agricultural technologies and plant protection in the rural areas; subsidies to the expenditure for the protection of grasslands and cattle and fowls; subsidies on afforestation and forest protection in rural areas; subsidies on the rural aquatic products industry; special fund for developing grain production;

(6) Operating expenses of the departments of farming, forestry, water conservancy and meteorology etc. : refer to the expenses appropriated from the government budget for the expenditures of agricultural exclamation, farms, agriculture, animal husbandry, agricultural machinery, forestry, timber industry, water conservancy, aquatic products industry, meteorology, technology popularization in township enterprises, popularization (demonstration) of improved varieties, plant (cattle and fowls, forest) protection, water quality monitoring, prospecting and designing, resources investigation, cadres training, subsidies to horticulture

gardens, expenditure of specialized secondary schools, subsidies on the experiments of sowing herbage seeds by flights, expenditures of afforestation agencies and meteorology agencies, expenses for fishery administration and operating expenses for agricultural administration, etc;

(7) Operating expenses of the departments of industry, transport and commerce: refer to the expenses appropriated from the government budget to the departments of industry, transport and commerce for the expenditure of business development, including expenses for prospecting and designing, expenditures of specialized secondary schools, expenditures of the technical training schools and expenditures or cadres training, etc;

(8) Operating expenses of the departments of culture, education, science and public health: refer to the expenses appropriated from the government budget for the expenditures of the causes of culture, publication, cultural relics, education, public health, traditional Chinese medical science, free medical services, sports, archives, earthquake, ocean, communications, broadcasting, film and television, family planning; expenditure for training of cadres of government, party and mass organization; expenditures for natural sciences, social sciences, associations for science and technology and the special expenditure for the high tech researches. They include mainly wages, extra wages, welfare funds, pension for the retirees, stipend, expenses for official business, expenses for equipment purchases, expenses for repairs, business expenses and subsidies to the units which are unable to support their expenditures by their own earnings;

(9) Pension for the disabled or for the families of the bereaved and relief funds for social welfare: refer to the funds appropriated from the government bud get for the expenditures of pension for the disabled or for the families of the bereaved and relief funds for social welfare, including the lump sum or regular pension paid by the departments of civil affairs to the members of martyrs families and families of those who died for the public interest, pension to the revolutionary disabled, subsidies for permanent disability of various kinds, subsidies to the military martyrs dependents and the demobilized servicemen, expenditure for settling down the demobilized servicemen, operating expenses of the consoling institutions, expenses for management and repair of the commemorative buildings for the martyrs, the expenses managed by the departments of civil affairs for the retirees and those who have quitted their work, expenses for social relief in rural and urban areas, operating expenses for providing relief to the areas of natural calamity and subsidies on the reconstruction after the particularly severe natural calamities, etc;

(10) Expenditures on retiree : refer to the expenditures of government agencies and institutions that covered by the state budget;

(11) Expenditures on subsidies to social security system: refer to expenditure from the state budget for subsidies to the social insurance fund, subsidies to promoting employment, subsidies to laid - off workers of state - owner enterprises, supplement to national social security funds, etc;

(12) Expenditures for national defence: refer to the funds appropriated from the government budget for the expenditures for building up national defence and safeguarding national security, including expenses of national defence, expenses o f scientific researches on national defence, expenses for building up people's militia and expenditure for special projects, etc;

(13) Administrative expenses: include expenditure for administration, subsidies to the parties and mass organizations, diplomatic expenditure, expenditure for public security, judicial expenditure, law court expenditure, procuratorial expenditure and subsidies to the expenses for treating the cases by the public security departments, procuratorial organs and law courts;

(14) Expenditure for price subsidies: refer to the expenditure appropriated, with the approval of the government, from the government budget for the policy subsidies to price adjustment, including the fund for the increase of grain prices, the subsidies to the difference between the selling prices and purchasing prices o f grains, cotton and edible oil, awards in addition to the purchasing prices of cotton, risk fund for non staple food, subsidies on the prices of meat and meat products, subsidies on the price difference for curbing the high market prices of meat, meat products and vegetables and the subsidies approved by the government on the prices of textbooks and newsprint of newspapers and periodicals;

(15) Expenditure on interest of debts: refer to expenses from the state budget on paying interest of domestic and foreign debts.

Revenue from the Central and Local General Public Budgets The revenue of the central government public budgets includes tariff, consumption tax and value added tax on imported goods, consumption tax and value added tax refund on exports , consumption tax, railways, head offices of banks, head office of insurance company, which are handed over to the government in a centralized way, tax on city maintenance and construction, 50% of value - added tax, 60% of enterprise income tax included in the Shared scope, central enterprise income tax not included in the Shared scope, profits paid by central enterprises, 60% of individual income tax, vehicle purchase tax, tonnage tax, stamp tax on securities trading, offshore oil resource tax, and non – tax revenue of the central government. The revenue of the local governments public budgets includes the profits by local enterprises, urban maintenance and construction tax (excluding the railway department, each bank head office, each insurance company pay part), the property tax, urban land use tax, land value – added tax, vehicle tax, cultivated land usage tax, deed tax, tobacco tax, stamp duty (excluding securities transaction stamp tax), 50% VAT, included in Shared scope, 40% corporate income tax 40% of personal income tax, resource tax, other than the ocean petroleum resource tax non – tax revenue, etc.

Expenditures from the Central and Local General Public Budgets according to the different functions of the central government and local governments in the economic and social activities, the rights of affairs administration are classified between the central government and local governments; and the classification of the expenditure between the central government and local governments are made on the basis of the classification of the rights of affairs administration between them. Expenditure in the central government's general public budget includes expenditure on general public services, foreign affairs, national defense and public security, as well as expenditure by the central government on adjusting the structure of the national economy, coordinating regional development and implementing macro – control. Local general public budget expenditure includes general public services, public security expenditure and social undertakings expenditure under the local plan.

Extra – budgetary Revenue and Expenditure Extrabudgetary funds refer to all kinds of fiscal funds not included in the national budget management that are collected, withdrawn and arranged for use by state organs, institutions and social organizations in order to perform or act on behalf of government functions according to national laws, regulations and rules with legal effect. Its scope mainly includes: administrative charges, funds and additional income stipulated by laws and regulations; Administrative institutional fees examined and approved by the State Council or the provincial people's government and its financial and planning (commodity price) departments; Funds and additional income approved and established by the State Council and the Ministry of Finance; The units subordinate to the competent departments shall centralize the funds to be handed over; Funds raised by and under the overall planning of the township government; Other fiscal funds not included in budget management. Before social security fund has not established social security budget system in national finance, manage according to management system of extrabudgetary fund first, special fund is special. The financial department shall open a unified special account in the bank for the management of the income and expenditure of extrabudgetary funds. The extrabudgetary income of departments and units must be turned over to the special fiscal account at the same level, and the expenditure shall be arranged by the financial department at the same level according to the plan of extrabudgetary funds and the plan of financial revenue and expenditure of the unit, and appropriated from the special fiscal account, so as to implement the management of revenue and expenditure along two lines.

7 资源、环境与能源

Resurces, Environment and Energy

资料整理：赵 鹍 卢承源 赵 欢

Arranged By：Zhao Kun，Lu Chengyuan，Zhao huan

7-1 资源环境、自然灾害及供水用水情况
Resources Environment,National Disasters,Water Supply and Use

项 目	Item	2019	2020
水资源总量(亿立方米)	Total Water Resources Volume(100 million cu.m)	447.88	503.93
#地表水资源量	Surface Water Volume	305.78	354.19
地下水资源量	GroundWater Volume	233.76	243.94
煤保有储量(亿吨)	Coal Ensured Reserves(100 million tons)	4660.05	5179.13
铁矿石保有储量(亿吨)	Iron Ore Ensured Reserves(100 million tons)	42.31	42.15
磷矿石保有储量(亿吨)	Phosphate Ore Ensured Reserves(100 million tons)	2.90	2.90
铜保有储量(万吨)	Copper Ensured Reserves(10 000 tons)	826.94	748.18
铅保有储量(万吨)	Lead Ensured Reserves(10 000 tons)	1822.35	1879.00
锌保有储量(万吨)	Zinc Ensured Reserves(10 000 tons)	3872.60	3975.22
盐保有储量(万吨)	Salt Ensured Reserves(10 000 tons)	16178.99	13648.11
累计水土流失治理面积(千公顷)	Area of Soil Erosion under Control (1 000 hectares)	14625	15188
累计除涝面积(千公顷)	Area with Flood Prevention Measures (1 000 hectares)	277	277
地质灾害次数(次)	Number of Geological Disasters(time)	82	6
地质灾害直接经济损失(万元)	Direct Economic Loss(10 000 yuan)	2330.38	449.00
林业无公害防治率(%)	Forestry Pollution-free Prevention Rate(%)	56.51	55.78
突发环境事件次数(次)	Number of Environmental Emergencies(time)	2	3
供水总量(亿立方米)	Water Supply(100 million cu.m)	190.88	194.42
地表水	Surface Water	100.00	105.71
地下水	Groundwater	86.63	84.06
其 他	Others	4.25	4.65
用水总量(亿立方米)	Water Use(100 million cu.m)	190.88	194.41
农业	Agriculture	139.62	139.98
工业	Industry	14.58	13.41
生活	Consumption	11.66	11.61
生态环境补水	Ecological Protection	25.02	29.41
人均用水量(立方米/人)	Per Capita Water Use(cu.m/person)	789.2	807.0
人均水资源量(立方米/人)	Per Capita Water Resources(cu.m/person)	1851.7	2091.8

注：地表水资源量与地下水资源量之和不等于水资源总量，有重复计算部分。

a)Total Water Resources Volume is not equal to Surface Water Volume plus Ground Water Volume,there is Duplicated Measurement between Surface Water and Ground Water.

7-2 能源生产总量及构成

Total Production of Energy and Its Composition

年 份 Year	能源生产总量 (万吨标准煤) Total Energy Production (10 000 tons of SCE)	占能源生产总量的比重(%)As Percentage of Total Energy Production(%)			
		原 煤 Raw Coal	原 油 Crude Oil	天然气 Natural Gas	水电、核电和其他能源 Hydro Power, Nuclear Power and Other Energy
1978	1070.63	99.83			
1980	1078.94	99.81			
1985	2027.75	99.99			
1986	2007.72	99.85			
1987	2092.12	99.82			
1988	2252.60	99.88			
1989	2688.70	99.90			
1990	2821.61	99.81			
1991	3069.14	99.81			
1992	3221.65	95.43			
1993	3647.44	94.05	3.96		
1994	3994.00	94.27	5.69		
1995	4642.02	94.55	5.41		
1996	4767.47	95.48	4.49		
1997	5354.63	96.46	3.53		
1998	5019.91	96.28	3.66		
1999	4566.42	96.34	3.59		
2000	4701.23	95.90	2.75		
2001	6047.84	96.40	2.01	1.41	
2002	8428.61	97.21	1.40	1.22	
2003	10814.13	97.14	1.22	1.30	
2004	15586.70	97.32	1.04	1.34	
2005	19072.62	95.90	1.10	2.69	0.31
2006	22284.77	95.39	1.10	3.17	0.34
2007	26690.38	94.84	0.90	3.51	0.75
2008	33403.84	94.62	0.75	4.00	0.63
2009	40091.53	93.09	0.67	4.85	1.39
2010	49616.94	92.58	0.53	5.44	1.46
2011	58216.99	92.49	0.50	5.69	1.32
2012	57661.82	91.74	0.49	5.98	1.79
2013	58554.29	91.25	0.47	6.15	2.14
2014	60205.75	91.04	0.46	6.21	2.29
2015	56237.69	89.81	0.45	6.88	2.86
2016	52662.94	89.21	0.47	6.87	3.45
2017	54581.45	90.48	0.33	5.25	3.94
2018	58130.40	95.40	0.03	0.34	4.23
2019	64214.69	95.36	0.03	0.42	4.19

注：1. 水电、核电和其它能源发电折算标准煤系数根据当年平均火力发电煤耗计算。

2. 根据全国第四次经济普查结果，对2005-2018年能源生产总量和比重数据进行了调整。

a) The coefficient for conversion of Hydropower, nuclear power and other power into SCE(standard coal equivalent)is calculated on the basic of the average thermal coal in the same year.

b)According to the results of the fourth national economic census, the data on the total and proportion of energy production from 2005 to 2018 have been adjusted.

7-3 能源消费总量及构成

Total Consumption of Energy and Its Composition

年 份 Year	能源消费总量 (万吨标准煤) Total Energy Consumption (10 000 tons of SCE)	占能源消费总量的比重(%) As Percentage of Total Energy Consumption(%)					
		煤品燃料	油品燃料	天然气	一次电力	电力净调入(+)、调出(-)量	其它能源
2005	8772.61	103.63	9.89	0.96	0.66	-15.74	0.53
2006	10092.89	106.51	9.92	1.89	0.75	-19.61	0.51
2007	11373.67	107.14	9.20	3.10	1.76	-21.94	0.74
2008	12410.26	108.11	9.93	3.27	1.69	-24.04	0.91
2009	13401.14	106.66	9.92	3.11	4.15	-23.97	0.13
2010	14573.57	104.95	9.80	2.98	4.80	-22.68	0.15
2011	16140.03	106.96	9.94	3.07	4.77	-24.74	0.00
2012	16912.92	106.02	9.22	3.34	5.87	-24.69	0.23
2013	17544.17	105.80	8.25	3.33	7.13	-24.71	0.21
2014	18167.46	105.94	7.54	3.30	7.58	-24.66	0.32
2015	18783.71	105.63	6.55	2.10	8.30	-22.84	0.26
2016	19309.66	103.72	6.53	1.83	9.19	-21.50	0.23
2017	19763.44	103.80	7.07	2.31	10.69	-24.07	0.19
2018	23068.47	102.59	5.77	2.25	10.54	-21.29	0.14
2019	25345.57	103.94	5.29	2.09	10.62	-22.07	0.13

注：1. 根据全国第四次经济普查结果，对2005-2018年能源消费总量和比重进行了调整。
2. 能源消费总量为等价值数据。

a)According to the results of the fourth national economic census, the data on the total and proportion of energy comsumption from 2005 to 2018 have been adjusted.

b)Energy consumption data using the equivalent value.

7-4 综合能源平衡表

Overall Energy Balance

单位：万吨标准煤　　(10 000 tons of SCE)

项 目	Item	1995	2000	2005	2010	2015	2019
可供消费的能源总量	**Total Energy Available for Consumption**	**2922.20**	**3996.41**	**8599.23**	**14506.86**	**18783.71**	**25345.57**
一次能源生产量	Primary Energy Output	4642.02	4701.23	19072.62	49616.94	56237.69	64214.69
外省(区、市)调入量	Transfer From Other Province(Region、City)			1735.18	1902.45	2063.23	8795.14
境内飞机、轮船在境外加油量	Oil-charge overseas of Plane & Ships in country						0.28
进口量	Imports	4.56		228.02	1160.11	1059.72	2614.49
本省(区、市)调出量	Transfer to Other Province(Region、City)(-)			-12400.65	-35336.54	-40381.84	-49898.80
出口量	Exports(-)	-48.38	-141.96	-11.21	-390.77	-99.98	-41.08
境外飞机、轮船在境内加油量	Oil-charge inland of Plane & Ships out of the country (-)						-1.24
年初年末库存差额	Stock Changes in the Year	-61.74	47.81	-416.06	-2445.33	-95.11	-337.92
能源消费总量	**Total Energy Consumption**	**3268.44**	**3937.54**	**8772.61**	**14573.57**	**18783.71**	**25345.57**
在总量中：	Consumption by Sector						
农、林、牧、渔业	Farming, Forestry, Animal Husbandry & Fishery	100.09	128.62	301.98	491.54	561.39	402.14
工业	Industry	1338.90	2059.93	6171.36	9703.46	13728.83	19936.43
建筑业	Construction	35.69	57.57	104.48	284.10	302.36	442.12
交通运输、仓储及邮电通信业	Transportation,Storage,Post & Telecommunications Services	154.58	151.07	625.18	1050.38	1035.27	1034.74
批发、零售业和住宿餐饮业	Wholesale，Retail Trade, Quarters & Catering	73.44	92.87	303.40	971.40	801.66	583.26
其他	Others	128.19	80.27	268.17	456.79	816.98	937.05
生活消费	Residential Consumption	155.45	225.40	998.04	1615.90	1537.23	2009.83
在总量中：	Consumption by Usage						
终端消费	(Ⅰ)Final Consumption	1986.38	2795.70	7938.21	13389.78	17798.96	23935.39
#工业	Industry	1338.90	2059.93	5336.96	8519.67	12744.07	18528.09
加工转换损失量	(Ⅱ)Losses in Processing & Transformation	905.20	1119.59	827.02	1183.80	984.75	1138.04
#炼焦	Coking	36.52	16.30	255.60	302.94	398.14	361.94
炼油及煤制油损失	Petroleum Refining & CTL losses	1.11	24.69	4.12	46.15	138.72	249.84
损失量	(Ⅲ)Other Losses	376.86	22.25	7.38			272.14
平衡差额	**Balance**	**-346.24**	**58.87**	**-173.38**	**-66.71**	**0.00**	**0.00**

7-5 能源生产弹性系数

Elasticity Ratio of Energy Production

年 份 Year	能源生产比上年增长(%) Growth Rate of Energy Production over Preceding Year (%)	电力生产比上年增长(%) Growth Rate of Electricity Production over Preceding Year (%)	能源生产弹性系数 Elasticity Ratio of Energy Production	电力生产弹性系数 Elasticity Ratio of Electricity Production
1984	10.15	14.35	0.62	0.89
1985	20.49	15.69	1.15	0.91
1986	-0.99	39.54	-0.17	6.30
1987	4.20	13.76	0.47	1.53
1988	7.67	9.33	0.78	0.95
1989	19.36	11.12	7.17	4.12
1990	4.94	10.51	0.66	1.40
1991	8.77	11.31	1.17	1.51
1992	4.97	17.63	0.45	1.60
1993	13.22	5.82	1.13	0.50
1994	9.50	11.07	0.85	0.99
1995	16.22	6.61	1.61	0.65
1996	2.70	16.32	0.19	1.13
1997	12.32	5.62	1.14	0.52
1998	-6.25	2.39	-0.58	0.22
1999	-9.03	8.62	-1.03	0.98
2000	2.95	16.87	0.27	1.56
2001	28.64	5.98	2.68	0.56
2002	39.37	11.27	2.98	0.85
2003	27.99	25.05	1.72	1.42
2004	44.13	26.09	2.64	1.25
2005	22.43	31.01	1.14	1.30
2006	16.84	38.13	0.94	2.12
2007	19.77	30.36	1.10	1.69
2008	25.15	11.45	1.52	0.69
2009	20.02	9.35	1.25	0.58
2010	23.76	14.30	1.69	1.01
2011	17.33	20.72	1.27	1.52
2012	-0.95	7.63	-0.09	0.71
2013	1.55	6.75	0.18	0.78
2014	2.82	8.23	0.36	1.06
2015	-6.59	1.62	-0.86	0.21
2016	-6.36	0.68	-0.91	0.10
2017	3.64	12.31	0.91	3.08
2018	6.50	11.80	1.25	2.27
2019	10.47	10.80	2.01	2.08

注:能源生产增长速度按等价值计算。

a)The growth rate of energy production by equivalent value.

7-6 能源消费弹性系数

Elasticity Ratio of Energy Consumption

年 份 Year	能源消费比上年增长(%) Growth Rate of Energy Consumption over Preceding Year (%)	电力消费比上年增长(%) Growth Rate of Electricity Consumption over Preceding Year (%)	能源消费弹性系数 Elasticity Ratio of Energy Consumption	电力消费弹性系数 Elasticity Ratio of Electricity Consumption
1986	1.97	7.94	0.33	1.35
1987	5.95	9.70	0.66	1.08
1988	3.48	14.15	0.36	1.44
1989	10.03	13.95	3.71	5.17
1990	8.21	13.55	1.09	1.81
1991	3.37	3.87	0.45	0.52
1992	1.98	10.65	0.18	0.97
1993	4.74	39.43	0.41	3.37
1994	5.08	-17.23	0.46	-1.54
1995	16.22	-18.43	1.60	-1.82
1996	-3.80	49.76	-0.26	3.46
1997	17.96	4.68	1.67	0.43
1998	-7.25	-10.42	-0.68	-0.97
1999	5.66	24.91	0.64	2.83
2000	8.33	8.15	0.77	0.75
2001	13.10	9.22	1.22	0.87
2002	16.54	14.57	1.26	1.10
2003	27.41	26.89	1.68	1.53
2004	30.08	31.72	1.80	1.52
2005	15.09	24.67	0.77	1.04
2006	15.05	32.48	0.84	1.80
2007	12.69	31.11	0.71	1.73
2008	9.11	5.20	0.55	0.32
2009	7.98	5.52	0.50	0.35
2010	8.75	19.33	0.62	1.37
2011	10.75	19.31	0.79	1.42
2012	4.79	9.99	0.45	0.93
2013	3.73	8.19	0.43	0.94
2014	3.55	10.76	0.46	1.38
2015	3.39	5.22	0.44	0.68
2016	2.80	2.45	0.40	0.35
2017	2.35	11.01	0.59	2.75
2018	16.72	15.96	3.22	3.07
2019	9.87	8.93	1.90	1.72

注：能源消费增长速度按等价值计算。
a)The growth rate of energy consumption by equivalent value.

7-7 能源加工转换效率

Efficiency of Energy Conversion

单位：%　　　　(%)

年 份 Year	总效率 Total Efficiency	发电及供热 Electricity Generation and Heating	炼 焦 Coking	炼油及煤制油 Petroleum Refining and Coal to oil
1983	69.9	36.9	91.2	99.2
1984	69.2	37.0	90.1	99.2
1985	68.3	36.9	90.8	99.1
1986	68.3	36.7	90.6	99.0
1987	67.5	36.8	90.5	98.8
1988	66.5	36.3	90.8	98.8
1989	66.5	36.7	90.3	98.6
1990	66.5	37.3	91.3	90.2
1991	65.9	37.6	89.9	98.1
1992	66.0	37.8	92.7	96.8
1993	67.3	39.9	98.1	98.5
1994	65.2	39.4	89.6	97.5
1995	71.1	37.3	92.0	97.7
1996	70.2	36.6	94.1	97.5
1997	69.8	35.9	94.0	97.4
1998	69.3	37.1	95.0	96.4
1999	69.3	37.0	96.1	97.5
2000	69.4	37.8	96.2	97.3
2001	69.7	38.2	96.5	97.6
2002	69.0	38.7	96.6	96.7
2003	69.4	38.5	96.1	96.4
2004	70.6	38.6	97.1	96.5
2005	71.1	39.0	97.1	96.9
2006	70.9	39.1	97.0	96.9
2007	71.2	39.8	97.5	97.2
2008	71.5	40.5	98.5	96.2
2009	72.4	41.2	98.0	96.7
2010	72.5	42.0	96.4	97.0
2011	72.2	42.1	96.3	97.4
2012	72.7	42.8	95.7	97.1
2013	73.0	43.1	95.6	97.7
2014	70.2	43.5	87.9	86.7
2015	67.8	43.9	89.8	84.4
2016	67.4	44.6	89.7	84.7
2017	66.0	44.8	92.9	83.8
2018	67.3	45.5	94.1	79.8
2019	67.8	45.8	92.3	79.7

7-8 主要城市气温(2020年)

Monthly Average Temperature of Major Cities(2020)

单位：摄氏度 (°C)

城市	City	1月 Jan.	2月 Feb.	3月 Mar.	4月 Apr.	5月 May	6月 June	7月 July	8月 Aug.	9月 Sept.	10月 Oct.	11月 Nov.	12月 Dec.	年平均 Annual Average
呼和浩特	Hohhot	-10.5	-4.1	2.3	9.3	16.5	21.7	21.7	20.0	14.9	6.1	-1.1	-12.9	7.0
包头	Baotou	-13.5	-5.7	3.2	10.3	17.6	22.3	22.7	20.9	15.8	6.2	-0.7	-11.7	7.3
海拉尔	Hailaer	-22.7	-19.9	-8.8	4.7	12.9	17.7	22.9	17.2	11.6	1.1	-8.9	-20.3	0.7
乌兰浩特	Ulanhot	-11.2	-7.9	0.5	8.9	16.0	20.6	25.7	21.2	15.8	7.0	-1.2	-11.2	7.0
通辽	Tongliao	-10.7	-5.6	2.6	10.2	17.3	23.1	25.8	23.4	17.1	9.3	-0.6	-12.1	8.3
赤峰	Chifeng	-7.3	-5.3	2.8	8.9	16.8	22.5	23.0	22.4	15.4	8.7	-0.6	-11.5	8.0
锡林浩特	Xilinhot	-17.9	-12.9	-1.9	5.6	14.1	20.5	21.1	20.2	13.2	3.7	-6.8	-20.3	3.3
集宁	Jining	-11.4	-5.8	0.1	6.5	14.3	19.4	19.6	18.6	12.7	4.4	-3.6	-13.7	5.1
东胜	Dongsheng	-7.0	-1.7	3.5	9.2	16.1	21.3	21.1	20.0	15.2	6.9	-0.1	-9.9	7.9
临河	Linhe	-10.0	-3.3	3.9	10.8	17.4	23.0	24.0	21.6	15.8	5.6	0.1	-10.0	8.3
乌海	Wuhai	-8.4	-2.6	4.5	11.9	19.0	24.4	26.3	23.5	17.2	6.8	-0.1	-10.5	9.4
巴彦浩特	Bayanhot	-5.5	-0.6	4.9	11.4	16.9	22.4	24.3	21.9	16.8	8.5	1.1	-8.6	9.5

7-9 主要城市平均相对湿度(2020年)

Monthly Average Relative Humidity of Major Cities(2020)

单位：% (%)

城市	City	1月 Jan.	2月 Feb.	3月 Mar.	4月 Apr.	5月 May	6月 June	7月 July	8月 Aug.	9月 Sept.	10月 Oct.	11月 Nov.	12月 Dec.	年平均 Annual Average
呼和浩特	Hohhot	69.0	48.7	36.7	20.3	34.5	38.8	62.1	69.1	57.5	39.2	49.5	57.4	48.6
包头	Baotou	81.8	67.5	47.5	29.8	39.9	48.7	68.1	74.9	69.3	55.9	65.8	62.8	59.4
海拉尔	Hailaer	72.9	73.0	63.1	36.1	43.6	53.9	56.5	77.9	73.3	69.2	72.9	71.0	63.6
乌兰浩特	Ulanhot	57.0	46.7	35.5	30.3	47.5	59.2	58.5	72.5	68.7	46.9	44.0	44.7	50.9
通辽	Tongliao	65.5	52.0	43.2	32.5	52.3	56.1	61.9	70.7	70.6	42.2	48.2	57.1	54.4
赤峰	Chifeng	45.5	52.9	41.1	30.9	45.3	49.2	62.6	65.0	64.6	36.4	46.6	50.6	49.2
锡林浩特	Xilinhot	74.1	70.7	52.5	34.2	45.6	46.6	63.5	62.7	62.0	44.8	62.1	72.8	57.6
集宁	Jining	56.0	40.5	31.5	18.6	33.1	43.8	65.0	67.1	57.6	42.1	57.8	58.3	47.7
东胜	Dongsheng	64.5	44.7	35.3	22.9	33.2	38.8	61.1	64.8	55.5	38.2	55.3	51.4	47.2
临河	Linhe	72.7	46.6	33.2	23.1	36.6	40.8	57.6	65.0	63.9	54.7	63.0	55.5	51.1
乌海	Wuhai	70.7	43.2	29.4	19.7	30.8	35.0	44.4	52.5	58.2	50.2	62.2	59.4	46.4
巴彦浩特	Bayanhot	49.9	25.4	23.2	13.0	26.4	30.5	36.9	44.5	47.0	35.0	52.2	51.0	36.2

7-10 主要城市降水量(2020年)

Monthly Precipitation of Major Cities(2020)

单位：毫米 (millimeters)

城市	City	1月 Jan.	2月 Feb.	3月 Mar.	4月 Apr.	5月 May	6月 June	7月 July	8月 Aug.	9月 Sept.	10月 Oct.	11月 Nov.	12月 Dec.	全年 Annual Total
呼和浩特	Hohhot	4.1	0.0	2.7	0.0	27.0	28.9	87.9	148.9	59.9	5.3	1.5	0.5	367.2
包头	Baotou	7.9	0.0	1.8	0.3	23.4	50.0	87.9	98.5	30.8	3.1	8.7	0.0	314.5
海拉尔	Hailaer	0.8	6.4	2.3	0.7	21.6	34.6	90.3	139.0	89.8	27.2	3.5	1.1	417.5
乌兰浩特	Ulanhot	0.7	0.5	2.9	29.1	128.3	151.9	35.4	248.9	152.3	0.0	2.4	0.2	752.8
通辽	Tongliao	4.2	1.1	13.9	7.0	111.2	95.4	157.1	90.3	85.6	4.3	38.4	0.0	603.4
赤峰	Chifeng	0.0	17.2	16.7	20.1	36.9	42.6	93.6	103.7	132.3	6.7	16.9	1.0	492.3
锡林浩特	Xilinhot	4.2	8.2	4.3	10.8	39.0	25.5	168.6	75.8	24.0	6.0	20.7	2.5	389.8
集宁	Jining	4.8	0.0	15.1	0.2	19.6	51.0	176.8	103.1	9.9	14.6	18.8	0.0	415.9
东胜	Dongsheng	9.5	3.3	8.2	1.6	9.8	36.3	133.0	118.3	44.6	0.1	17.6	0.0	382.6
临河	Linhe	1.5	0.1	0.0	0.1	15.6	11.6	33.9	81.1	46.6	0.0	2.2	0.6	193.3
乌海	Wuhai	1.0	0.0	0.7	0.1	14.5	36.6	5.9	128.2	20.5	0.1	5.7	2.0	215.5
巴彦浩特	Bayanhot	0.5	0.3	3.5	0.0	17.7	54.5	22.9	62.6	34.4	0.0	9.0	2.3	207.7

7-11 主要城市有效可照时数(2020年)

Monthly Effective Sunshine Hours of Major Cities(2020)

单位：小时 (hours)

城市	City	1月 Jan.	2月 Feb.	3月 Mar.	4月 Apr.	5月 May	6月 June	7月 July	8月 Aug.	9月 Sept.	10月 Oct.	11月 Nov.	12月 Dec.	全年 Annual Total
呼和浩特	Hohhot	168.7	187.3	271.1	305.5	267.0	258.3	228.6	210.6	236.1	270.0	210.2	225.8	2839.2
包头	Baotou	243.3	271.4	288.8	317.0	288.4	288.9	264.7	250.2	238.7	263.3	224.4	228.4	3167.5
海拉尔	Hailaer	167.5	217.7	248.8	301.0	263.2	256.1	298.2	167.1	190.7	196.5	171.7	191.6	2676.1
乌兰浩特	Ulanhot	239.5	251.9	287.6	251.5	250.2	232.0	275.8	179.3	163.4	237.1	189.5	198.5	2756.3
通辽	Tongliao	214.1	201.4	254.5	244.8	228.1	272.3	255.1	210.4	160.2	268.3	193.2	224.3	2726.7
赤峰	Chifeng	256.7	254.7	309.1	279.2	232.5	262.8	223.8	214.5	192.2	280.4	213.2	248.1	2974.6
锡林浩特	Xilinhot	229.1	204.3	258.5	292.2	240.1	241.3	220.9	235.2	226.0	257.8	189.1	224.7	2819.2
集宁	Jining	248.3	262.5	280.2	301.9	248.7	256.9	222.4	224.6	229.7	264.8	207.0	237.7	3000.0
东胜	Dongsheng	252.3	260.2	278.2	307.3	293.0	276.6	240.8	218.1	227.9	254.5	221.3	233.2	3063.4
临河	Linhe	236.2	260.1	283.9	312.4	286.4	299.8	254.8	254.0	246.2	237.8	192.8	216.2	3080.6
乌海	Wuhai	162.4	232.2	262.7	306.5	300.8	298.5	255.0	238.6	223.4	244.4	195.2	208.3	2907.6
巴彦浩特	Bayanhot	202.7	234.1	245.4	308.1	290.1	292.6	242.6	215.1	241.4	238.7	199.6	210.7	2921.1

主要统计指标解释

国土 指一个主权国家管辖下的领土、领海和领空。

气候 指地球与大气之间长期能量交换与质量交换所形成的一种自然环境状态，它是多种因素综合作用的结果。气候既是人类生活和生产的环境要素之一，又是供给人类生活和生产的重要资源。气温、降水、湿度等气象要素的多年平均值是用来描述一个地区气候状况的主要参数，而各种气象要素某年、某月的平均值(或总量)则可以反映出该时期天气气候状况的重要特征。

自然资源 指人类可以直接从自然界获得，并用于生产和生活的物质资源。自然资源一般可以分成可再生资源和非再生资源两大类。可再生资源指在较短时间内可以再生、可以循环利用的资源，包括土地资源、水资源、气候资源、生物资源和海洋资源等。非再生资源指在使用后不能再生的资源，包括矿产资源和地热能源。

土地资源 土地指陆地的表层部分，它主要由岩石、岩石的风化物和土壤构成。土地资源按利用类型可以分为农用地、建筑用地和未利用地。农用地包括耕地、园地、林地、牧草地和水面。建筑用地包括居民点及工矿用地、交通用地和水利设施用地。未利用地指农用地和建筑用地以外的土地，包括滩涂、荒漠、戈壁、冰川和石山等。

水资源 水在自然界中以固体、液体和气态三种聚集状态存在，分布于海洋、陆地(包括土壤)以及大气之中，通过水循环形成水资源。水资源包括经人类控制并直接可供灌溉、发电、给水、航运、养殖等用途的地表水和地下水，以及江河、湖泊、井、泉、潮汐、港湾和养殖水域等。水资源是发展国民经济不可缺少的重要自然资源。

地表水和地下水 陆地上的水因空间分布不同，可以分为地表水和地下水。地表水指分别存在于河流、湖泊、沼泽、冰川和冰盖等水体中水分的总称，又称陆地水。地下水指储存在地面以下饱和岩土孔隙、裂隙及溶洞中的水。

矿产资源 矿产指由地质作用形成，富集于地壳中或出露于地表达到工农业利用要求的有用矿物。矿产是一种重要的自然资源，是社会发展的重要物质基础。从某种意义上讲，一个国家对矿产资源开发利用的广度和深度，可以作为这个国家经济发展水平的标志。

矿产保有储量 指探明的矿产储量(包括工业储量和远景储量)，扣除已开采部分和地下损失量后的年末实有储量，是反映国家矿产资源现状的重要指标。

一次能源生产总量 指一定时期内，全国一次能源生产量的总和。该指标是观察全国能源生产水平、规模、构成和发展速度的总量指标。包括：原煤、原油、天然气、水电、核能及其他动力能(如风能、地热能等)发电量等，不包括低热值燃料生产量和由一次能源加工转换而成的二次能源产量。

能源消费总量 指一定地域内，国民经济各行业和居民家庭在一定时期内消费的各种能源的总和。包括：原煤、原油、天然气、水能、核能、风能、太阳能、地热能、生物质能等一次能源；一次能源通过加工转换产生的洗煤、焦炭、煤气、电力、热力、成品油等二次能源和同时产生的其他产品；其他化石能源、可再生能源和新能源。其中水能、风能、太阳能、地热能、生物质能等可再生能源，是指人们通过一定技术手段获得的，并作为商品能源使用的部分。在核算过程中，一次能源、二次能源消费不能重复计算。能源消费总量分为终端能源消费量、能源加工转换损失量和能源损失量三部分。

(1)终端能源消费量：指一定时期内，用于消费(而非用于加工转换产出其他能源)的各种能源之和。

(2)能源加工转换损失量：指一定时期内，全国投入加工转换的各种能源数量之和与产出各种能源产品之和的差额。该指标是观察能源在加工转换过程中损失量变化的指标。

(3)能源损失量：指一定时期内，能源在输送、分配、储存过程中发生的损失和由客观原因造成的各种损失量，不包括各种气体能源放空、放散量。

能源生产弹性系数 是研究能源生产增长速度与国民经济增长速度之间关系的指标。计算公式为：

$$\text{能源生产弹性系数}=\frac{\text{能源生产量年平均增长速度}}{\text{国民经济年平均增长速度}}$$

国民经济年平均增长速度，可根据不同的目的或需要，用国民生产总值、国内生产总值等指标来计算，本书是采用国内生产总值指标计算。

电力生产弹性系数 是研究电力生产增长速度与国民经济增长速度之间关系的指标。计算公式为：

$$\text{电力生产弹性系数}=\frac{\text{民昨生产量年平均增长速度}}{\text{国民经济年平均增长速度}}$$

能源消费弹性系数 反映能源消费增长速度与国民经济增长速度之间关系的指标。计算公式为：

$$\text{能源消费弹性系数}=\frac{\text{能源消费量年平均增长速度}}{\text{国民经济年平均增长速度}}$$

电力消费弹性系数 反映电力消费增长速度与国民经济增长速度之间关系的指标。计算公式为：

$$\text{电力消费弹性系数}=\frac{\text{电力消费量年平均增长速度}}{\text{国民经济年平均增长速度}}$$

能源加工转换效率 指一定时期内，能源经过加工、转换后，产出的各种能源产品的数量与同期内投入加工转换的各种能源数量的比率。该指标是观察能源加工转换装置和生产工艺先进与落后、管理水平高低等的重要指标。计算公式为：

$$能源加工转换效率=\frac{能源加工转换产出量}{能源加工转换投入量}\times 100\%$$

气温 指空气的温度，我国一般以摄氏度(0℃)为单位表示。气象观测的温度表是放在离地面约1.5米处通风良好的百叶箱里测量的。因此，通常说的气温指的是离地面1.5米处百叶箱中的温度。其统计计算方法为：

月平均气温是将全月各日的平均气温相加，除以该月的天数而得。

年平均气温是将12个月的月平均气温累加后除以12而得。

相对湿度 指空气中实际水气压与当时气温下的饱合水气压之比。其统计方法与气温相同。

降水量 指从天气降落到地面的液态或固态（经融化后）水，未经蒸发、渗透、流失而在地面上积聚的深度。其统计计算方法为：

月降水量是将全月各日的降水量累加而得。

年降水量是将12个月的月降水量累加而得。

日照时数 指太阳实际照射地面的时间。其统计方法与降水量相同。

综合能源消费量 指工业生产企业在报告期内实际消费的各种能源扣除能源加工转换产出量和能源回收利用等重复因素的总和。计算综合能源消费量时，需要将各种能源品种的消费量按折标煤系数换算成标准计量单位吨标准煤计量的消费量。

Explanatory Notes on Main Statistical Indicators

Territory refers to territorial land, sea and air space under the administration of a sovereign state.

Climate refers to the natural environmental status formed by the long – time exchange of energy and mass between the earth and the air, and is the results of interaction of many factors. Climate is both one of the environment factors and the important resources for the living and production activities of the human being. The average values across several years of meteorological factors such as temperature, rainfall and humidity are used as important parameters to describe the climate of a region, while the average values (or total values) of a given year or month of meteorological factors reflect the key characteristics of climate for that period of time.

Natural Resources refer to material resources that could be obtained from the nature by human being and used for production and living. Natural resources in general can be classified as renewable resources and non – renewable resources. Renewable resources refer to resources that could be renewed and recycled during a relatively short period of time, including land resource, water resource, climate resource, biology resource and marine resource. Non – renewable resources include resources that could not be renewed, such as minerals and geothermal resource.

Land Resource refers to the surface of the earth, consisting of mainly rocks and its weathering and earth. Land resource can be classified, by its utilization, as land for agriculture, land for construction and unused land. Land for agriculture includes cultivated land, plantation land, forestland, grassland and waters. Land for construction includes land for residential purpose, for manufacturing and mining, for transportation and for water conservancy projects. Unused land refers to land other than land for agriculture and construction, including beaches, deserts, Gobi, glaciers and Rock Mountains.

Water Resource water exists in the nature in solid, liquid and gaseous states, is distributed in the ocean, land (including earth) /and air, and constitutes the water resource through the circulation of water. Water resource includes the surface water and underground water that is controlled by the human being for irrigation, power – generation, water supply, navigation and cultivation. It also includes rivers, lakes, wells, springs, tides, gulf and water area for cultivation. Water resource as an important natural resource is indispensable for the development of the national economy.

Surface Water and Underground Water water on earth can be divided into surface water and underground water according to its distribution. Surface water refers to moisture exists in rivers, lakes, swamps, glaciers, icecaps and so on. It is also called land water. The underground water refers to water deposited underground in the cranny and the hole of saturated rock soil and in the water – eroded cave.

Mineral resources refer to useful minerals formed by geological processes, enriched in the earth's crust or exposed on the surface to meet the requirements of industrial and agricultural utilization. Mineral is an important natural resource and an important material basis for social development. In a sense, the breadth and depth of a country's development and utilization of mineral resources can be used as a symbol of the country's economic development level.

Ensured Mineral Reserves refer to the actual mineral reserves, which equal to the proven mineral reserves (including industrial reserves and prospective reserves) minus extracted parts and underground losses. This indicator shows the current condition of the mineral resources of a country.

Total Primary Energy Production refers to the total national primary energy production in a certain period of time. This indicator is a total indicator for observing the level, scale, composition and development speed of national energy production. Including: power generation of raw coal, crude oil, natural gas, hydropower, nuclear energy and other power energy (such as wind energy, geothermal energy, etc.), excluding the production of low calorific value fuel and the production of secondary energy converted from primary energy processing.

Total Energy Consumption refers to the sum of all kinds of energy consumed by various industries of the national economy and households in a certain period of time in a certain region. Including: raw coal, crude oil, natural gas, hydropower, nuclear energy, wind energy, solar energy, geothermal energy, biomass energy and other primary energy; Coal washing, coke, gas, electric power, heat, refined oil and other secondary energy and other products generated simultaneously through processing and conversion of primary energy; Other fossil energy, renewable energy and new energy. Among them, renewable energy such as hydropower, wind energy, solar energy, geothermal energy and biomass energy refers to the part obtained by people through certain technical means and used as commercial energy. In the accounting process, the consumption of primary energy and secondary energy cannot be calculated repeatedly. The total energy consumption is divided into three parts: terminal energy consumption, energy processing and conversion loss and energy loss.

(1) Terminal Energy Consumption: refers to the sum of all kinds of energy used for consumption (rather than for processing and conversion to produce other energy) in a certain period of time;

(2) Energy Processing and Conversion Loss: refers to the difference between the sum of various energy quantities input for processing and conversion and the sum of various energy products output in a certain period of time. This index is used to observe the change of energy loss in the process of processing and conversion;

(3) Energy Loss: refers to the loss of energy in the process of transmission, distribution and storage and various losses caused by objective reasons within a certain period of time, excluding the venting and emission of various gas energy.

Elasticity Coefficient of Energy Production is an index to study the relationship between the growth rate of energy production and the growth rate of national economy. The calculation formula is:

Elasticity coefficient of energy production = Average annual growth rate of energy production/Average annual growth rate of national economy

The average annual growth rate of the national economy can be calculated according to different purposes or needs with GNP, GDP and other indicators. This book uses GDP indicators.

The Elasticity Coefficient of Power Production is an index to study the relationship between the growth rate of power production and the growth rate of national economy. The calculation formula is:

The elasticity coefficient of power production = Average annual growth rate of power production/Average annual growth rate of national economy

The Elasticity Coefficient of Energy Consumption is an index reflecting the relationship between the growth rate of energy consumption and the growth rate of national economy. The calculation formula is:

The elasticity coefficient of energy consumption = Average annual growth rate of energy consumption/Average annual growth rate of national economy

The Elasticity Coefficient of Power Consumption is an index reflecting the relationship between the growth rate of power consumption and the growth rate of national economy. The calculation formula is:

The elasticity coefficient of power consumption = Annual average growth rate of power consumption/Average annual growth rate of national economy

Energy Processing and Conversion Efficiency refers to the ratio of the quantity of various energy products produced after energy processing and conversion in a certain period of time to the quantity of various energy input for processing and conversion in the same period. This index is an important index to observe the advanced and backward energy processing and conversion equipment and production technology, high and low management level. The calculation formula is:

Energy processing conversion efficiency = Energy processing conversion output/ Energy processing and conversion input × 100%

Temperature refers to the air temperature. China uses centigrade (0℃) as the unit. The thermometry used for weather observation is put in a breezy shutter, which is 1.5 meters high from the ground. Therefore, the commonly used temperature refers to the temperature in the breezy shutter 1.5 meters away from the ground. The calculation method is as follows:

Monthly average temperature is the summation of average daily temperature of one month divided by the actual days of that particular month.

Annual average temperature is the summation of monthly average of a year divided by 12 months.

Relative Humidity refers to the ratio of actual water vapor pressure to the saturation water vapor pressure under the current temperature. The calculation method is the same as that of temperature.

Volume of Precipitation refers to the deepness of liquid state or solid state (thawed) water falling from the sky to the ground that has not been evaporated, infiltrated or run off. The calculation method is as follows:

Monthly precipitation is the summation of daily precipitation of a month.

Annual precipitation is the summation of 12 months , precipitation of a year.

Sunshine Hours refer to the actual hours of sun irradiating the earth. The calculation method is the same as that of the precipitation.

Integrated Energy Consumption refers to the total amount of various energy actually consumed by industrial production enterprises during the reporting period minus the output of energy processing and conversion, energy recycling and utilization and other repetitive factors. In the calculation of comprehensive energy consumption, it is necessary to convert the consumption of various types of energy into the consumption measured by standard unit ton of standard coal according to the conversion coefficient of standard coal.

8 农牧业

Agriculture and Animal Husbandry

资料整理：曹媛媛　贾德峰　杨少文　郭浩鹏　李艳丽
李　婷　闫少菲　吴　萌　特日格勒

Arranged By：Cao Yuanyuan，Jia Defeng，Yang Shaowen，
Guo Haopeng，Li Yanli，Li Ting，Yan Shaofei，
Wu Meng，Te Rigele

8-1 农林牧渔业总产值

Gross Output Value of Farming,Forestry,Animal Husbandry and Fishery

单位：万元 (10 000 yuan)

年 份 Year	农林牧渔业总产值 Total	#农 业 Farming	#林 业 Forestry	#畜 牧 业 Animal Husbandry	#渔 业 Fishery
1957	112000	82992	1792	26992	224
1962	170500	116281	2387	50639	1193
1965	194000	129980	4656	58200	1164
1970	240000	158160	9360	72000	480
1975	308300	198545	8016	101122	617
1978	283500	187961	10490	84200	849
1979	315800	206533	11369	97266	632
1980	306844	197403	13460	95199	782
1981	394274	255550	22848	114744	1132
1982	471608	307328	31393	131391	1496
1983	524301	347389	38108	136887	1917
1984	612772	408789	44356	157230	2397
1985	731955	465638	48284	214048	3985
1986	772500	483567	43670	239908	5355
1987	877426	544449	36254	290178	6545
1988	1223765	729359	38582	447432	8392
1989	1267208	763517	39968	453357	10366
1990	1569192	1031256	62298	464131	11507
1991	1640837	1066021	66705	494474	13637
1992	1802705	1156550	78040	552787	15328
1993	2208047	1420784	91549	677461	18253
1994	3093195	1892180	103350	1070005	27659
1995	3735936	2311734	121176	1271609	31417
1996	4653285	2995270	139653	1485617	32745
1997	5043396	3142026	152632	1712322	36416
1998	5343765	3353206	168785	1773911	47863
1999	5323166	3187204	210062	1871452	54448

8-1 续表 Continued

单位：万元 (10 000 yuan)

年 份 Year	农林牧渔业总产值 Total	#农 业 Farming	#林 业 Forestry	#畜 牧 业 Animal Husbandry	#渔 业 Fishery
2000	5431600	3083645	236071	2054581	57349
2001	5559041	3075703	260696	2162426	60216
2002	5869716	3321447	288371	2205642	54256
2003	6663815	3359567	479357	2671028	49373
2004	8513045	4115399	465808	3746932	59527
2005	9802100	4738918	397888	4445801	72420
2006	10584953	5422303	490057	4392499	91053
2007	12766370	6230865	636860	5571761	109486
2008	15256202	7228196	727163	6933047	117788
2009	15703719	7414492	782452	7116847	127069
2010	18444700	9160975	765727	8076660	158585
2011	22052434	10809020	931636	9759935	235197
2012	24502560	12027821	977552	10889659	260801
2013	27026896	13688840	961409	11708651	290411
2014	27865379	14579360	964358	11628846	290686
2015	27615600	14745418	994184	11146265	307518
2016	28035460	14775582	986357	11497481	330299
2017	28135356	14347260	999140	12005587	312995
2018	29853157	15124986	1003117	12943050	292484
2019	31763422	16063407	1008945	13904597	278248
2020	34723600	16990067	897800	16033558	277905

注：本表绝对数按当年价格计算。 依据第三次全国农业普查数据对2007年至2017年常规年报进行修订。

a)Data value terms in this table are calculated at current prices. According to the result of the Third National Agriculture Census revised the regular annual data of 2007-2017.

8-2 主要年份农林牧渔业总产值指数

Indices of Gross Output Value of Farming, Forestry,Animal Husbandry and Fishery

上年=100 (Preceding year=100)

年 份 Year	农林牧渔业 总产值 Total	#农 业 Farming	#林 业 Forestry	#畜 牧 业 Animal Husbandry	#渔 业 Fishery
1980	87.1	81.4	87.1	96.9	96.3
1981	120.2	123.2	151.9	112.2	131.1
1982	115.8	115.2	113.8	111.9	101.6
1983	107.2	106.8	120.4	99.6	109.7
1984	112.1	110.1	113.3	105.1	106.7
1985	110.3	113.0	104.2	113.6	129.5
1986	94.7	88.9	85.8	104.1	121.6
1987	104.1	103.3	83.2	104.6	105.6
1988	114.2	120.2	95.6	109.0	109.6
1989	98.3	91.9	101.5	108.5	121.6
1990	120.2	133.7	114.1	102.4	100.8
1991	104.0	101.3	104.3	108.8	112.8
1992	105.8	106.8	113.0	105.2	110.0
1993	107.1	123.4	111.4	104.3	115.7
1994	103.3	99.3	104.7	108.4	124.7
1995	103.5	99.9	106.7	110.9	111.7
1996	123.7	131.4	103.8	114.9	99.7
1997	104.0	98.7	110.1	112.7	103.9
1998	106.5	108.5	105.3	103.1	126.2
1999	101.3	97.4	111.6	106.3	113.6
2000	102.5	100.3	115.0	104.1	104.8
2001	102.0	99.3	109.5	104.9	105.5
2002	104.9	106.5	110.8	102.0	102.2
2003	106.2	94.8	110.1	122.0	87.2
2004	114.9	109.4	93.0	126.0	107.4
2005	111.2	110.6	82.6	115.2	116.0
2006	103.7	107.9	112.8	97.5	116.1
2007	104.0	100.7	117.1	106.0	117.9
2008	107.6	109.2	106.1	106.1	104.1
2009	102.3	97.9	105.1	106.5	107.9
2010	106.2	107.5	95.1	106.0	111.1
2011	105.8	109.4	105.3	101.7	108.2
2012	105.8	106.5	104.9	105.2	103.6
2013	104.9	110.4	102.2	99.0	107.0
2014	103.2	103.4	100.1	103.1	105.0
2015	102.6	106.7	103.5	97.3	104.4
2016	103.2	103.6	100.3	103.0	102.8
2017	103.2	103.5	102.4	103.1	99.0
2018	102.9	103.9	100.7	102.0	100.3
2019	102.1	103.4	101.0	100.9	93.3
2020	101.8	100.3	93.8	104.2	99.5

注：按可比价格计算。依据第三次全国农业普查数据对2007年至2017年常规年报进行修订。

a)Indices are calculated at comparable prices. According to the result of the Third National Agriculture Census revised the regular annual data of 2007-2017.

8-3 年末主要农牧业机械拥有量

Major Machinery for Farming & Animal Husbandry at Year-end

项　目	Item	2019	2020
农牧业机械总动力(万千瓦)	Total Power of Machinery for Farming & Animal Husbandry (10 000 kw)	3866.42	4057.14
柴油发动机动力	Diesel Engine Power	3447.29	3634.42
汽油发动机动力	Gasoline Engine Power	23.26	23.49
电动机动力	Motor Power	388.61	393.92
其它机械动力	Other Machinery Power	7.25	5.30
小型拖拉机(台)	Mini -Tractors (unit)	835445	834040
大中型拖拉机(台)	Large and Medium-sized Tractor (unit)	354049	357416
大型拖拉机(台)	Large Tractor (unit)	30337	33674
拖拉机配套农具(台)	Tractor Towing Farm Machinery (unit)	2199570	2275609
机动脱粒机(台)	Motorized Threshing Machines (unit)	128538	128666
水产养殖机械（台）	Aquaculture Machinery (unit)	3400	4814
水产捕捞机械（台）	Aquaculture Fishing Machinery (unit)	31	1
节水灌溉机械（台）	Water-saving Irrigation Machinery (unit)	79212	80851
农用水泵（台）	Water Pumps for Agricultural Use (unit)	433698	440227
水稻插秧机（台）	Rice Transplanting Machine (unit)	12463	13033
畜牧机械（套）	Livestock Machinery (set)	289055	298553
农产品初加工作业机械（台）	Machinery for Processing Agricultural Products (unit)	113104	69544
农用航空器（套）	Agricultural Aircraft (set)	634	1207
牧草收割机(部)	Forage Harvester(unit)	117344	122446
饲草料粉碎机(部)	Smashing Machines for Feed (unit)	136424	144409
机动剪毛机(台)	Motorized Sheepshears (unit)	9076	9346

注：本表数据取自于农牧业厅农机局。

a)Data in this table are obtained from Agricultural Machinery Bureau.

8-4 农业生产条件、水库和治理水土情况

Agricultural Production Basic Conditions,Reservoirs and Governance of Water and Soil

项　目	Item	2019	2020
有效灌溉面积(万公顷)	Effective Irrigated Areas(10 000 hectares)	319.92	319.58
#灌区有效灌溉面积	Effective Irrigated Areas in Irrigation Area	154.55	152.06
节水灌溉面积(万公顷)	Watersaving Irrigated Areas(10 000 hectares)	293.10	292.97
#喷灌和滴灌	Jetting Irrigation Dropping Irrigatation	175.77	175.63
渠道防渗	Anti-seepage of Channels	76.03	76.03
化肥施用量(万吨)	Consumption of Chemical Fertilizers(10 000 tons)	218.44	207.69
氮肥	Nitrogenous Fertilizer	83.46	77.11
磷肥	Phosphate Fertilizer	38.48	36.04
钾肥	Potash Fertilizer	18.36	17.10
复合肥	Compound Fertilizer	78.14	77.45
农用塑料薄膜使用量（万吨）	Use of Agricultural Plastic Film(10 000 tons)	9.42	9.53
#地膜使用量	Ground Film Usage	8.08	8.33
地膜覆盖面积（万公顷）	Ground Film Coverage Areas (10 000 hectares)	141.59	142.95
农用柴油使用量（万吨）	Use of Diesel Fuel for Agriculture (10 000 tons)	77.38	78.10
农药使用量（万吨）	Pesticide use (10 000 tons)	2.73	2.34
农村牧区用电量(万千瓦时)	Electricity Consumed in Rural Area and Pastoral Areas (10 000 kwh)	911554	932132
水库个数(座)	Number of Reservoirs(unit)	601	538
大型水库	Large	16	16
中型水库	Medium-sized	89	88
小型水库	Small	496	434
水库容量(亿立方米)	Capacity of Reservoirs(100 million cu.m)	109.71	108.42
大型水库	Large	66.06	66.06
中型水库	Medium-Sized	32.84	32.36
小型水库	Small	10.81	10.00
治理水土面积(万公顷)	Areas of Soil Erosion under Control(10 000 hectares)	1462.50	1518.80

注：本表“灌溉面积”、“水库个数”、“水库容量”、“治理水土面积”及其中项取自水利厅，其他为国家统计局反馈数。

a) "Irrigated Areas" and "Number of Reservoirs" and "Capacity of Reservoirs"and "Areas of Soil Erosion under Control"and their items are from Department of Water Resources,others are from the feedback of the National Bureau of statistics.

8-5 农牧民家庭平均每户年末固定资产原价

Original Value of Fixed Assets Owned Per Rural Household at Year-end

单位：元 (yuan)

项 目	Item	2019	2020
年末生产性固定资产原价	**Original Value of Productive Fixed Assets at year-end**	**59202.70**	**63428.70**
农业生产性固定资产原价	Original Value of Agriculture Productive Fixed Assets	51994.47	22726.20
生产用房	Building for Productive Purpose	13077.52	6778.38
农业设施	Agricultural facilities	2388.96	1882.76
农业机械	Agricultural Machinery	11859.12	12826.90
役畜	Draught Animals	1009.17	449.78
产品畜	Commodity Animals	17501.84	24548.43
非农产业固定资产原价	Original Value of Nonagricultural	7208.23	5081.03

8-6 农牧民家庭平均每百户年末拥有固定资产数量

Number of Fixed Assets Owned Per 100 Rural Households at Year-end

项 目	Item	2019	2020
生产性用房及建筑物(平方米)	Production houses and buildings(sq.m)	7046.29	6355.01
大中型农用拖拉机(台)	Large and Medium Tractors(unit)	18.06	11.87
小型农用拖拉机(台)	Mini - tractors and Walking Tractors(unit)	55.68	55.18
农用排灌动力机械(台)	Drainage and Irrigation Machinery(unit)	1.51	2.09
插秧机(台)	Rice Transplanter(unit)	0.72	0.79
收割机(台)	Harvesters(unit)	4.53	3.31
脱粒机(台)	Thresher(unit)	7.84	5.83
产品畜(头)	Commodity Animals(head)	763.81	183.08

8-7 农业机械化、电气化情况

Basic Statistics on Agricultural Mechanization and Electrification

项 目	Item	2019	2020
农业机械化程度	**Level of Agricultural Mechanization**		
机耕地面积(万公顷)	Areas of Tractor Plowing(10 000 hectares)	708.96	720.60
占耕地面积的比重(%)	Percentage to Cultivated Areas(%)		
机械播种面积(万公顷)	Areas of Mechine Sowing(10 000 hectares)	787.25	800.40
占农作物总播种面积的比重(%)	Percentage to Total Sown Areas(%)	88.60	90.37
机械收割面积(万公顷)	Areas of Machine Harvesting(10 000 hectares)	646.61	670.38
占农作物总播种面积的比重(%)	Percentage to Total Sown Areas(%)	72.78	76.50
农业电气化情况	**Level of Agricultural Electrification**		
农村牧区用电量(亿千瓦小时)	Electricity Consumption by Rural Area and Pastoral Areas (100 million kwh)	91.16	93.21
乡村(嘎查)及村以下办水电站个数(个)	Number of Hydroelectric Stations Run by Villiges and Lower Level (unit)	41	41
乡村水电站发电量(万千瓦小时)	Generation of Rural Hydropower Stations(10 000 kwh)	9869.00	10551.00

注：本表数据取自于农牧业厅农机局与水利厅。
a)Data in this table are obtained from Agricultural Machinery Bureau and Department of Water Resources.

8-8 草原建设及利用情况

Basic Statistics on Construction and Utilization of Grasslands

项 目	Item	2019	2020
草场面积(万公顷)	**Areas of Grasslands(10 000 hectares)**	**8800.00**	**8800.00**
#承包到户面积	Areas Contracted with Households	6533.00	6520.00
草库伦面积(围栏草场面积)(万公顷)	**Areas of Fenced Grasslands(10 000 hectares)**	**2763.57**	**3065.00**
#当年新增面积	Annual Newly Increased Areas	62.38	67.00
人工种草保有面积(万公顷)	**Areas of Grasslands Planted and Surviving (10 000 hectares)**	**336.58**	**216.00**
#当年种草面积	Annual Areas of Planted Grasslands	167.70	113.00
飞机播种面积	Aircraft Sowing	1.80	4.00
天然草原冷季可食牧草储量(万吨)	**Cool-season Grasses Edible Natural Grassland Reserves(10 000 units)**	**1205.10**	**1226.00**
畜棚面积(万平方米)	Areas of Animal Sheds(10 000 sq.m)	12943.29	14500.00
每平米畜棚拥有牲畜数(只/平方米)	Number of Animals per Square meter in Sheds(head/sq.m)	0.76	
畜圈面积(万平方米)	Areas of Animal Corrals(10 000 sq.m)	20926.49	22700.00
每平米畜圈拥有牲畜数(只/平方米)	Number of Animals per Square meter in Corrals(head/sq.m)	0.47	

注：每平方米畜棚、畜圈拥有牲畜及草原载畜量均按标准羊单位计算；草原载畜量为每万公顷草场饲养牲畜数量。
a) Number of Animals per S.m in Sheds, Number of Animals per S.m Corrals and Animal Loading Capacity of Grasslands are Calculated at standardized sheep; Animal Loading Capacity of Grasslands is the number of animals which per 10000 hectares grassland can load.

8-9 耕地面积、造林面积和播种面积

Cultivated Areas, Afforested Areas and Sown Areas

单位：万公顷 (10 000 hectares)

年 份 Year	年末实有耕地面积 Cultivated Areas at Year end	水田 Paddy Fields	旱地 Dry Fields	#水浇地 Irrigated Fields	当年造林面积 Annual Afforested Hilly Areas	总播种面积 Total Sown Areas	粮食作物播种面积 Sown Areas of Grain Crops	经济作物播种面积 Sown Areas of Industrial Crops
1947	396.7	0.8	395.9	29.5		347.9	318.9	20.4
1948	417.0	0.9	416.1	31.6		372.7	337.2	27.1
1949	433.1	1.4	431.7	32.1		389.6	352.8	28.0
1950	472.6	2.0	470.6	33.5	0.53	423.8	388.8	28.3
1951	506.3	1.8	504.5	39.8	1.66	469.7	416.0	46.2
1952	517.4	1.5	515.9	52.9	4.43	494.9	436.0	49.7
1953	531.9	1.6	530.3	54.3	3.68	477.6	428.7	40.5
1954	531.6	1.1	530.5	55.5	3.93	484.9	437.8	36.6
1955	542.3	1.4	540.9	57.9	3.73	488.6	435.8	41.9
1956	569.9	3.3	566.6	68.0	12.79	531.0	472.9	42.8
1957	571.5	4.3	567.2	64.5	8.27	527.9	463.2	48.6
1958	555.3	9.4	545.9	104.1	37.13	505.5	445.2	40.9
1959	539.3	9.7	529.6	100.1	31.93	487.0	414.2	56.6
1960	602.0	9.8	592.2	108.3	39.10	575.0	486.2	56.1
1961	609.7	7.0	602.7	78.3	7.41	580.0	503.1	43.8
1962	586.7	4.0	582.7	55.4	4.73	544.6	484.7	39.0
1963	554.2	3.6	550.6	56.3	5.23	526.1	471.6	36.4
1964	561.4	3.1	558.3	67.4	15.86	534.2	478.4	39.5
1965	561.5	1.9	559.6	86.9	20.00	528.1	470.9	37.9
1966	548.0	1.7	546.3	110.7	16.32	510.0	449.4	33.7
1967	540.3	1.7	538.6	99.4	15.55	510.2	448.5	35.9
1968	531.2	2.3	528.9	91.5	11.10	497.1	443.4	34.0
1969	534.3	2.9	531.4	87.0	9.61	499.3	445.7	35.7
1970	545.0	2.8	542.2	93.6	11.71	508.4	453.5	35.3
1971	544.1	1.9	542.2	95.1	16.33	503.5	451.0	32.2
1972	542.7	2.1	540.6	100.5	16.20	499.8	444.1	33.9
1973	541.2	1.7	539.5	107.0	18.77	498.9	441.0	35.5
1974	537.7	1.5	536.2	113.1	20.59	496.3	436.1	36.4
1975	534.1	1.5	532.6	124.7	23.68	490.9	429.0	37.7
1976	526.7	2.0	524.7	130.3	26.19	480.7	410.1	42.9
1977	525.1	2.7	522.4	122.8	34.52	478.1	406.5	44.7
1978	532.6	1.7	530.9	120.9	29.79	482.4	409.4	44.9
1979	534.7	1.7	533.0	115.2	30.47	488.1	404.2	52.8
1980	525.2	1.5	523.7	106.0	29.81	479.7	388.2	61.1
1981	518.6	1.7	516.9	103.2	38.12	466.2	385.4	55.6
1982	510.9	1.6	509.3	101.1	51.65	464.1	384.3	58.2
1983	506.5	1.7	504.8	100.5	60.94	463.1	383.7	58.5
1984	500.6	1.9	498.7	96.1	69.91	463.1	376.2	63.9
1985	493.0	2.3	490.7	94.2	70.41	454.9	342.2	91.4

8-9 续表 Continued

单位：万公顷 (10 000 hectares)

年 份 Year	年末实有耕地面积 Cultivated Areas at Year end	水田 Paddy Fields	旱地 Dry Fields	#水浇地 Irrigated Fields	当年造林面积 Annual Afforested Hilly Areas	总播种面积 Total Sown Areas	粮食作物播种面积 Sown Areas of Grain Crops	经济作物播种面积 Sown Areas of Industrial Crops
1986	489.5	2.7	486.8	97.9	22.6	455.6	358.1	71.6
1987	485.1	2.8	482.3	101.0	24.8	447.4	355.6	64.3
1988	487.1	3.6	483.5	104.3	26.6	455.9	363.6	66.8
1989	491.2	5.1	486.1	110.2	23.7	457.6	372.1	61.9
1990	496.6	7.6	489.0	117.3	29.8	472.2	387.5	62.6
1991	500.5	8.7	491.8	123.6	41.1	476.8	387.9	68.9
1992	508.1	9.5	498.6	127.3	51.8	485.4	392.5	72.4
1993	517.1	7.4	509.7	130.8	39.7	486.8	398.7	67.3
1994	531.0	6.5	524.5	132.1	37.2	492.5	402.7	66.3
1995	549.1	8.4	540.7	135.8	40.3	507.9	414.3	71.3
1996	592.4	9.1	583.3	146.5	43.6	529.1	442.4	64.9
1997	746.3	11.3	735.0	173.5	46.4	583.8	490.6	80.4
1998	722.4	11.3	711.0	171.7	47.8	602.7	503.1	85.9
1999	752.4	11.6	740.8	191.9	53.4	607.7	495.1	97.2
2000	731.7	12.1	719.6	194.6	59.0	591.4	443.6	122.9
2001	709.1	11.1	698.0	195.5	73.2	570.7	438.3	92.4
2002	709.1	11.6	697.5	202.1	90.7	588.7	434.3	104.0
2003	686.3	10.1	676.3	207.9	83.6	574.9	405.1	103.6
2004	711.5	10.9	700.6	244.7	63.1	592.4	418.1	100.0
2005	735.5	9.3	726.2	249.4	67.8	621.6	437.4	104.0
2006	713.3	8.3	525.9	179.1	48.0	659.0	493.7	87.8
2007	714.8	8.3	526.6	179.9	59.0	653.5	503.4	150.1
2008	714.9	8.4	514.4	192.1	71.9	675.1	529.5	145.5
2009	714.9	8.4	514.4	192.1	86.2	689.6	564.4	125.2
2010	714.9	8.4	514.4	192.1	62.5	736.2	584.6	151.6
2011	714.9	8.4	514.4	192.1	73.2	754.0	597.9	156.0
2012	910.9	8.7	621.8	280.4	78.2	767.1	612.4	154.7
2013	912.2	8.7	621.9	281.7	80.5	782.3	625.3	157.0
2014	915.5	8.7	622.7	284.1	55.6	807.9	638.9	169.0
2015	916.2	8.7	623.1	284.4	66.8	842.4	658.0	184.4
2016	925.9	8.7	631.4	285.9	61.8	895.7	680.3	215.4
2017	927.1	8.8	626.5	291.9	68.1	901.4	678.1	223.3
2018	927.2	8.8	626.2	292.3	60.0	882.4	679.0	203.4
2019					68.8	888.5	682.8	205.8
2020					65.0	888.3	683.3	205.0

注：1. 2006年以后耕地面积为自然资源厅提供的数据；且耕地面积=水田+旱地+水浇地。

2. 自2012年始，总播面积=粮食作物播种面积+经济作物播种面积。

a)The Culitiaved Areas after 2006 are Provided by the Bureau of Land and Resource,Culitaved Area=Paddy Field+Dry Field+Irrigated Field.

b)from 2012,Total Sown Areas=Sown Areas of Grain +Sown Areas of Industrial Crops.

8-10 主要粮食作物播种面积

Sown Areas of Major Grain Crops

单位：万公顷 (10 000 hectares)

年 份 Year	农作物总播种面积 Total Sown Area	粮食作物播种面积 Sown Areas of Grain Crops	谷 物 Cereal				豆 类 Beans		薯 类 Tubers
				小 麦 Wheat	玉 米 Corn	稻 谷 Rice		#大 豆 Soybean	
1947	347.9	318.9		22.6	19.1	0.8		14.7	15.1
1948	372.7	337.2		25.0	20.1	0.9		14.9	16.2
1949	389.6	352.8		26.7	22.4	1.4		16.5	16.6
1950	423.8	388.8		29.6	24.7	2.0		11.7	17.1
1951	469.7	416.0		33.9	19.1	1.6		11.1	21.8
1952	494.9	436.0		43.9	22.9	1.5		15.8	22.1
1953	477.6	428.7		47.6	24.4	0.8		21.7	21.1
1954	484.9	437.8		58.0	26.4	1.0		22.7	20.6
1955	488.6	435.8		60.2	31.9	1.4		26.9	19.8
1956	531.0	472.9		60.1	50.6	2.9		24.2	21.9
1957	527.9	463.2		64.0	36.2	4.0		26.8	22.4
1958	505.5	445.2		57.9	57.6	8.9		21.2	39.4
1959	487.0	414.2		59.7	35.1	8.9		20.5	27.1
1960	575.0	486.2		73.7	52.2	8.9		23.0	29.6
1961	580.0	503.1		80.8	48.7	6.3		23.1	31.2
1962	544.6	484.7		67.1	50.1	3.9		23.5	26.7
1963	526.1	471.6		67.1	45.0	3.5			27.1
1964	534.2	478.4		71.4	47.7	3.4		26.6	26.0
1965	528.1	470.9		72.5	50.1	1.8		24.4	24.2
1966	510.0	449.4		71.4	66.4	1.6		21.7	32.2
1967	510.2	448.5		74.1	62.3				24.4
1968	497.1	443.4		72.3	56.2				23.7
1969	499.3	445.7		78.3	53.3				22.5
1970	508.4	453.5		84.8	52.4				21.8
1971	503.5	451.0		85.7	63.5				22.9
1972	499.8	444.1		83.8	61.6				23.6
1973	498.9	441.0		86.9	59.7				25.6
1974	496.3	436.1		87.0	66.5				25.6
1975	490.9	429.0		92.1	70.9				26.9
1976	480.7	410.1		105.5	70.7				25.3
1977	478.1	406.5		108.4	65.2				26.6
1978	482.4	409.4		108.6	66.8				29.2
1979	488.1	404.2		95.2	67.0	1.6		18.3	27.7
1980	479.7	388.2		95.7	65.3	1.5		17.1	25.2
1981	466.2	385.4		90.3	59.2	1.6		19.4	23.2
1982	464.1	384.3		87.8	50.5	1.6		23.9	24.3
1983	463.1	383.7		91.1	49.4	1.7		21.9	25.4
1984	463.1	376.2		93.2	46.4	1.8		19.3	24.6
1985	454.9	342.2		92.7	43.4	2.4		21.9	22.7

8-10 续表 Continued

单位：万公顷 (10 000 hectares)

年 份 Year	农作物总播种面积 Total Sown Area	粮食作物播种面积 Sown Areas of Grain Crops	谷 物 Cereal	小 麦 Wheat	玉 米 Corn	稻 谷 Rice	豆 类 Beans	#大 豆 Soybean	薯 类 Tubers
1986	455.6	358.1		93.7	54.8	2.7		26.4	22.5
1987	447.4	355.6		92.1	66.0	2.8		27.5	22.9
1988	455.9	363.6		97.4	66.9	3.5		31.1	25.3
1989	457.6	372.1		100.8	69.6	5.3		31.8	24.7
1990	472.2	387.5		115.4	77.4	7.9		30.1	24.6
1991	476.8	387.9		119.2	81.2	8.8		30.1	23.9
1992	485.4	392.5	318.8	133.4	77.5	9.4	48.7	35.6	25.0
1993	486.8	398.7	293.6	118.9	76.2	7.3	78.8	57.1	26.3
1994	492.5	402.7	292.1	103.4	83.7	6.8	85.3	60.4	25.3
1995	507.9	414.3	300.9	101.7	99.2	7.9	77.9	55.7	35.5
1996	529.1	442.4	323.2	109.4	111.6	9.0	77.6	55.5	41.6
1997	583.8	490.6	339.0	116.5	127.9	12.2	105.2	75.8	46.4
1998	602.7	503.1	340.5	109.3	147.1	11.8	112.5	77.1	50.1
1999	607.7	495.1	330.9	93.8	157.2	11.7	106.0	73.7	58.2
2000	591.4	443.6	264.8	61.7	129.8	11.8	113.7	79.4	65.0
2001	570.7	438.3	263.8	51.6	151.9	8.6	117.9	75.5	56.7
2002	588.7	434.3	271.8	46.5	156.2	9.0	104.6	59.6	58.0
2003	574.9	405.1	243.4	31.8	159.1	6.7	108.2	69.7	53.6
2004	592.4	418.1	258.3	41.9	167.6	8.1	107.0	75.3	52.8
2005	621.6	437.4	273.4	46.1	180.6	8.4	107.7	79.7	56.2
2006	659.0	493.7	302.4	48.4	191.6	9.1	131.8	97.3	59.5
2007	653.5	503.4	331.1	54.5	207.4	10.5	112.9	73.0	59.4
2008	675.1	529.5	359.6	46.3	240.2	9.9	110.2	72.9	59.8
2009	689.6	564.4	377.6	55.3	256.0	10.5	121.2	93.1	65.7
2010	736.2	584.6	395.4	59.0	271.0	9.5	122.0	94.3	67.2
2011	754.0	597.9	415.3	59.9	295.7	9.5	115.6	84.6	66.9
2012	767.1	612.4	445.5	65.9	317.5	9.7	103.2	80.0	63.7
2013	782.3	625.3	470.3	61.8	353.4	8.2	98.0	79.6	57.0
2014	807.9	638.9	501.6	61.9	382.9	8.6	88.9	74.5	48.4
2015	842.4	658.0	517.8	61.7	393.8	8.8	94.9	81.3	45.3
2016	895.7	680.3	526.6	65.9	384.4	10.9	108.7	92.3	45.0
2017	901.4	678.1	517.7	67.4	371.6	12.2	117.1	98.9	43.2
2018	882.4	679.0	513.1	59.7	374.2	15.0	130.7	109.4	35.2
2019	888.5	682.8	513.4	53.8	377.6	16.1	139.4	119.0	30.0
2020	888.3	683.3	517.2	47.9	382.4	16.1	138.1	120.2	28.0

8-11 主要经济作物播种面积

Sown Areas of Major Industrial Crops

单位：万公顷 (10 000 hectares)

年份 Year	经济作物播种面积 Sown Areas of Industrial Crops	油料 Oil bearing Crops	葵花籽 Sunflower Seeds	胡麻籽 Flax Seeds	油菜籽 Rape Seeds	甜菜 Beet-roots	烟叶 Tob-acco	麻类 Fiber Crops	蔬菜 Vege-table	果用瓜 Melons (use on Fruit)	其它作物播种面积 Sown Areas of other Crops	#青饲料 Green Fodder
1947	20.4	18.7		7.8	2.3		0.2	0.8	2.3		8.6	
1948	27.1	25.0		8.5	2.4		0.2	1.0	4.7		8.4	
1949	28.0	25.8		9.2	1.9		0.2	1.0	5.0		8.8	
1950	28.3	25.0		9.4	3.4		0.1	0.8	3.7		6.6	
1951	46.2	36.4		14.3	5.0		0.2	0.9	4.2		7.5	
1952	49.7	46.6		17.7	6.9		0.2	1.5	5.1		9.3	
1953	40.5	38.4		17.2	6.0		0.2	1.2	4.7		8.3	
1954	36.6	34.9		17.3	4.8		0.2	0.9	5.6		10.4	
1955	41.9	39.6		21.5	4.8	0.8	0.3	0.9	6.0		11.0	
1956	42.8	39.8		21.6	5.6	1.0	0.3	0.9	6.3		15.3	
1957	48.6	43.1		22.7	5.4	1.4	0.3	1.7	6.6		16.1	
1958	40.9	35.9		18.9	4.6	1.6	0.3	1.6	7.4		19.4	
1959	56.6	48.6		23.8	5.8	2.4	0.4	2.1	8.8		16.1	
1960	56.1	48.1		21.8	8.1	3.7	0.3	2.0	15.2		32.7	
1961	43.8	38.3		16.6	7.3	1.9	0.5	1.9	19.1		33.1	
1962	39.0	34.4		14.3	6.3	0.7	0.5	2.1	12.2		20.8	
1963	36.4	31.8		14.9	4.5	0.8	0.4	2.1	9.5		18.1	
1964	39.5	33.5		14.8	5.1	1.5	0.4	1.9	8.1		16.3	
1965	37.9	31.4		14.7	4.7	1.9	0.3	1.8	7.9		19.3	
1966	33.7	27.8		13.1	4.1	2.2	0.3	1.6	8.2		26.9	
1967	35.9	28.9				2.8					25.8	
1968	34.0	27.4				2.8					19.7	
1969	35.7	28.3				3.1					17.9	
1970	35.3	28.9				2.9					19.6	
1971	32.2	26.7				2.4					20.3	
1972	33.9	27.2				3.6					21.8	
1973	35.5	27.2				4.6					22.4	
1974	36.4	28.4				4.1					23.8	
1975	37.7	28.8				4.7					24.2	
1976	42.9	32.4				5.7					27.7	
1977	44.7	34.2				5.3					26.9	
1978	44.9	34.8				4.8					28.1	
1979	52.8	41.9	5.7	19.1	7.1	4.5	0.4	1.6	8.9	2.0	31.1	15.3
1980	61.1	52.0	16.3	18.9	7.9	5.6	0.3	1.2	8.5	1.4	30.4	14.0

8-11 续表 Continued

单位：万公顷 (10 000 hectares)

年份 Year	经济作物播种面积 Sown Areas of Industrial Crops	油料 Oil bearing Crops	葵花籽 Sunflower Seeds	胡麻籽 Flax Seeds	油菜籽 Rape Seeds	甜菜 Beet-roots	烟叶 Tob-acco	麻类 Fiber Crops	蔬菜 Vege-table	果用瓜 Melons (use on Fruit)	其它作物播种面积 Sown Areas of other Crops	#青饲料 Green Fodder
1981	55.6	46.9	14.3	14.6	8.1	5.7	0.4	0.9	7.3	1.6	25.2	10.4
1982	58.2	49.3	15.0	16.4	7.8	6.1	0.5	0.4	6.8	1.5	21.6	9.7
1983	58.5	49.0	15.4	16.3	6.8	6.1	0.2	0.3	6.7	1.3	20.9	9.6
1984	63.9	54.3	21.5	15.4	6.9	6.1	0.2	0.2	6.1	1.7	23.0	11.8
1985	91.4	76.6	30.1	18.3	8.8	10.0	0.4	0.3	5.8	2.0	21.4	11.4
1986	71.6	60.4	25.8	15.6	6.7	7.5	0.4	0.3	5.7	2.0	26.0	14.4
1987	64.3	54.6	22.3	16.6	6.6	7.5	0.3	0.1	6.4	1.6	27.4	16.7
1988	66.8	53.7	19.0	17.4	7.3	10.3	0.5	0.1	6.1	1.7	25.6	14.6
1989	61.9	51.1	17.7	16.4	4.9	8.2	0.7	0.1	6.3	1.2	23.6	13.0
1990	62.6	51.8	17.2	16.8	6.0	9.5	0.5	0.3	6.4	0.9	22.2	12.4
1991	68.9	55.1	19.7	17.2	7.5	11.9	0.7	0.4	5.9	0.9	20.1	11.2
1992	72.4	58.2	22.6	16.9	9.1	10.8	0.4	0.5	7.8	1.5	20.5	9.8
1993	67.3	50.3	18.3	15.2	7.9	10.9	0.4	0.1	8.2	1.5	20.9	9.5
1994	66.3	53.1	20.7	15.2	10.8	11.8	0.2	0.4	7.1	1.3	23.5	10.6
1995	71.3	55.7	20.7	15.1	13.5	14.0	3.0	0.8	1.3	1.3	22.3	
1996	64.9	50.6	18.9	14.6	11.8	12.7	0.8	0.4	8.8	1.5	21.8	8.4
1997	80.4	49.9	21.6	13.5	11.7	12.6	1.6	0.4	11.8	1.8	14.4	9.8
1998	85.9	56.7	27.1	11.5	15.6	11.7	0.6	0.3	11.5	2.6	15.3	9.3
1999	97.2	68.0	35.1	10.5	17.5	6.6	0.7	0.6	16.4	4.1	15.4	9.0
2000	122.9	87.9	36.3	10.1	29.5	5.9	0.8	0.1	20.9	4.8	25.0	13.1
2001	92.4	60.8	32.0	3.8	19.9	5.8	0.6	0.3	18.2	3.5	40.0	33.3
2002	104.0	68.9	34.5	7.6	22.5	7.1	0.5	0.4	20.8	3.6	50.4	43.8
2003	103.6	72.3	32.8	6.8	28.0	3.7	0.7	0.5	19.2	3.8	66.2	56.5
2004	100.0	67.1	29.5	5.9	27.8	3.6	0.6	0.8	20.4	3.5	74.3	65.5
2005	104.0	69.5	35.6	5.6	25.6	3.8	0.8	1.0	22.1	3.9	80.2	72.2
2006	87.8	59.2	25.7	4.9	23.0	3.0	0.4	0.7	17.2	5.3	77.5	62.4
2007	150.1	57.2	30.3	4.1	17.7	4.1	0.5	0.4	19.6	3.9	62.3	47.9
2008	145.5	71.2	41.1	4.7	22.6	4.7	0.5	0.3	21.3	4.4	40.6	25.5
2009	125.2	60.6	41.0	4.6	11.9	3.1	0.4	0.1	21.6	4.4	32.9	19.0
2010	151.6	73.4	42.8	4.7	23.4	3.3	0.4		24.9	5.7	41.3	29.2
2011	156.0	77.0	45.4	5.4	23.6	3.6	0.4		25.7	5.5	41.3	22.4
2012	154.7	79.7	41.0	5.7	28.8	3.9	0.4		26.7	5.5	35.8	22.9
2013	157.0	84.8	43.8	6.2	31.1	4.1	0.3		24.1	5.3	35.5	23.8
2014	169.0	92.5	48.0	7.2	34.0	3.4	0.3		25.3	5.0	37.9	22.6
2015	184.4	99.5	55.0	6.8	34.3	4.3	0.3		24.7	4.2	45.5	25.0
2016	215.4	111.2	71.1	7.5	30.2	6.7	0.3		22.9	6.1	59.2	32.6
2017	223.3	111.3	71.3	6.3	31.0	8.3	0.2	0.1	21.9	6.7	63.0	35.3
2018	203.4	89.1	56.4	5.0	24.6	12.2	0.1	0.1	19.0	5.8	62.9	38.4
2019	205.8	93.1	58.8	4.5	25.9	12.7	0.1	0.1	20.1	6.0	61.3	37.1
2020	205.0	90.9	57.1	3.7	24.6	12.7	0.1	0.1	19.8	5.0	62.8	38.0

注：2011年前，经济作物播种面积不包含其它作物播种面积。

a)Before 2011,sown areas of industrial crops not include sown areas of other crops.

8-12 主要农产品产量

Yield of Major Farm Crops

单位：万吨 (10 000 tons)

年份 Year	粮食 Grain	谷物 Cereal	#小麦 Wheat	玉米 Corn	稻谷 Rice	豆类 Beans	#大豆 Soybean	薯类 Tubers
1957	302.5		52.5	34.5	4.2		14.6	29.2
1965	382.0		59.5	81.0	2.8		16.0	22.2
1970	469.5		66.0	101.0				25.0
1975	519.5		93.5	157.0				37.5
1978	499.0		88.0	173.5	3.6			42.0
1980	396.5		82.7	139.2	4.1		12.4	30.0
1981	510.0		99.8	142.6	4.0		19.3	37.6
1982	530.0		126.7	105.9	4.7		24.3	41.6
1983	560.2		120.9	142.9	4.2		24.3	41.9
1984	594.4		144.2	148.3	6.0		24.3	49.9
1985	604.1		148.5	159.8	7.8		28.8	48.2
1986	528.5		130.8	192.7	8.3		41.0	36.4
1987	607.0		125.7	273.3	7.7		36.7	33.7
1988	738.3		163.4	305.5	12.0		47.5	61.2
1989	677.9		187.5	285.1	19.2		36.9	42.5
1990	973.0		261.7	393.1	31.1		47.7	61.3
1991	958.5		280.2	413.7	35.2		45.1	46.5
1992	1046.8	937.4	330.3	435.4	41.4	50.7	40.0	58.7
1993	1108.3	930.9	298.5	453.9	33.0	113.6	90.1	63.8
1994	1083.5	910.4	234.8	482.3	30.5	117.8	94.0	55.3
1995	1055.4	914.1	262.2	518.4	39.6	67.0	52.5	74.3
1996	1535.3	1301.7	318.9	751.5	51.0	109.6	83.4	124.0
1997	1421.0	1188.0	307.9	677.9	70.6	118.7	97.4	114.4
1998	1575.4	1319.9	282.7	839.8	60.3	128.5	93.8	127.0

8-12 续表1 Continued

单位：万吨 (10 000 tons)

年份 Year	粮食 Grain	谷物 Cereal	#小麦 Wheat	玉米 Corn	稻谷 Rice	豆类 Beans	#大豆 Soybean	薯类 Tubers
1999	1428.5	1210.6	273.1	771.4	68.8	107.2	82.5	110.7
2000	1241.9	947.9	181.8	629.2	72.2	109.7	85.8	184.3
2001	1239.1	1016.5	127.1	757.0	56.7	113.8	83.4	108.8
2002	1406.1	1097.7	121.5	821.5	56.0	139.9	96.4	168.5
2003	1360.7	1092.3	79.0	888.7	45.0	93.9	53.6	174.5
2004	1505.4	1180.4	110.5	948.0	54.5	135.1	103.1	189.8
2005	1662.2	1342.1	143.6	1066.2	62.1	164.1	130.9	156.0
2006	1806.7	1486.0	172.2	1134.6	65.3	142.1	103.7	178.6
2007	1768.2	1523.0	171.1	1175.2	75.7	110.3	74.0	134.8
2008	2100.9	1773.7	150.8	1442.3	69.7	168.0	119.1	159.2
2009	2128.9	1820.6	188.4	1488.3	65.6	152.2	124.5	156.1
2010	2344.3	1983.3	174.3	1643.7	67.4	173.5	149.4	187.5
2011	2573.4	2221.3	171.9	1858.5	69.0	162.4	135.4	189.8
2012	2739.8	2401.8	186.3	2016.0	66.2	154.5	130.7	183.5
2013	3070.5	2748.3	184.3	2397.6	53.5	143.5	128.6	178.7
2014	3112.4	2833.1	174.8	2503.2	50.8	127.1	115.0	152.2
2015	3292.6	3012.2	179.1	2652.2	50.6	139.4	126.7	141.0
2016	3263.3	2960.1	187.7	2563.1	69.8	168.7	150.8	134.5
2017	3254.5	2930.8	189.1	2497.4	85.2	186.2	162.6	137.5
2018	3553.3	3197.8	202.3	2700.0	121.9	205.7	179.4	149.8
2019	3652.6	3261.8	182.7	2722.3	136.2	251.6	226.0	139.1
2020	3664.1	3281.6	170.8	2742.7	123.1	256.4	234.7	126.1

8-12 续表2 Continued

单位：万吨 (10 000 tons)

年份 Year	油料 Oilbearing Crops	葵花籽 Sunflower Seeds	胡麻籽 Flax Seeds	油菜籽 Rape -seeds	甜菜 Beet-roots	烟叶 Tob-acco	麻类 Fiber Crops	蔬菜 Vege-tables	果用瓜 Melons (Use on Fruit)
1957	13.0		7.5	1.5	22.1	0.2	0.6	66.4	
1965	9.0		4.7	0.9	20.9	0.2	0.5	110.7	
1970	10.5				34.0				
1975	10.5				37.1				
1978	12.5				43.1				
1980	25.0	16.5	4.6	1.8	81.2	0.2	0.4	157.6	9.7
1981	36.5	23.7	4.7	2.2	82.3	0.6	0.4	147.1	17.5
1982	49.0	32.0	8.2	3.0	115.2	0.9	0.2	156.8	16.3
1983	54.0	38.7	5.7	1.5	135.1	0.3	0.1	199.0	19.4
1984	60.0	42.1	8.4	3.0	141.0	0.3	0.1	158.5	23.3
1985	79.5	49.5	10.8	4.6	254.2	0.6	0.3	182.7	33.4
1986	66.0	48.4	7.6	2.2	159.0	0.6	0.2	220.9	36.9
1987	54.0	38.6	6.4	2.2	167.8	0.4	0.1	195.4	34.1
1988	56.5	35.0	10.3	3.2	219.0	0.8	0.1	203.0	36.3
1989	48.6	33.8	6.0	1.7	177.6	0.9	0.1	226.8	30.0
1990	69.4	41.7	11.5	4.4	236.4	0.8	0.7	243.3	22.8
1991	71.8	50.1	10.8	3.3	302.8	1.2	0.8	220.5	27.9
1992	81.4	56.8	11.1	5.5	260.1	0.8	1.4	271.2	50.9
1993	72.6	49.8	9.6	5.7	278.6	1.3	0.2	327.6	44.5
1994	65.0	44.5	8.7	8.3	233.6	0.9	0.9	267.9	121.8
1995	70.2	47.2	8.0	9.5	263.5	0.5	1.5	308.3	40.5
1996	81.4	53.9	11.2	10.5	320.7	1.8	1.0	365.4	49.6
1997	73.1	53.5	8.5	8.9	306.4	4.1	0.6	420.4	61.9
1998	90.3	59.4	10.6	14.1	259.2	1.3	0.3	433.4	84.4

8-12 续表3 Continued

单位：万吨 (10 000 tons)

年 份 Year	油 料 Oil-bearing Crops	葵花籽 Sunflower Seeds	胡麻籽 Flax Seeds	油菜籽 Rape -seeds	甜 菜 Beet-roots	烟 叶 Tob-acco	麻 类 Fiber Crops	蔬 菜 Veget-ables	果用瓜 Melons (Use on Fruit)
1999	100.9	71.6	7.2	18.5	136.8	1.6		594.9	121.8
2000	116.4	69.1	6.5	30.5	141.3	1.4	0.1	759.9	161.7
2001	80.6	61.0	1.9	13.0	133.1	1.0	0.4	768.7	106.9
2002	108.9	70.4	6.5	28.2	195.0	1.0	1.0	755.3	120.8
2003	102.3	62.6	6.9	25.3	99.4	1.6	1.2	846.8	103.2
2004	103.7	58.9	7.3	31.3	96.3	1.3	1.9	872.8	109.6
2005	122.2	85.3	4.6	28.3	138.3	2.0	2.5	1009.1	156.8
2006	101.1	56.7	5.6	23.5	105.5	2.6	1.7	1171.4	190.8
2007	96.3	69.9	2.9	15.9	171.5	1.5	1.4	1045.4	154.9
2008	135.1	97.8	4.7	27.5	192.8	1.4	2.8	1050.9	176.8
2009	122.7	94.0	2.7	22.1	103.7	1.2	1.0	1083.4	152.7
2010	138.1	110.0	2.7	22.3	145.1	1.5	0.1	1326.1	220.8
2011	149.0	114.9	3.0	27.8	141.4	1.5		1388.6	207.8
2012	142.2	104.3	3.1	31.7	149.4	1.4		1354.8	198.6
2013	161.8	120.1	3.8	34.5	161.3	1.3		1300.1	165.7
2014	180.7	130.4	4.5	41.6	143.9	1.1		1318.9	185.3
2015	206.3	154.2	5.9	42.8	200.5	1.2		1284.9	158.3
2016	228.8	173.7	7.7	41.7	268.4	0.9	0.2	1251.8	242.2
2017	240.7	191.5	5.9	35.6	344.3	0.6	0.7	1111.3	267.5
2018	201.5	147.6	6.3	39.8	515.9	0.6	0.2	1006.5	225.2
2019	228.7	172.8	5.9	39.0	629.6	0.4	0.3	1090.8	230.2
2020	217.3	168.2	4.8	28.3	620.7	0.5	0.3	1075.1	191.9

8-13 主要农产品产量及单位面积产量

Yield of Major Farm Crops and Yield of Major Farm Crops Per Hectare

年 份	Item	2019		2020	
		总产量 (万吨) Total Yield (10000 tons)	单位面积产量 (千克/公顷) Yield Per Hectare (kg/hectare)	总产量 (万吨) Total Yield (10000 tons)	单位面积产量 (千克/公顷) Yield Per Hectare (kg/hectare)
粮 食	**Grain**	**3652.6**	**5350**	**3664.1**	**5362**
谷 物	Cereal	3261.8	6354	3281.6	6345
#稻 谷	Rice	136.2	8474	123.1	7655
小 麦	Wheat	182.7	3396	170.8	3566
玉 米	Corn	2722.3	7209	2742.7	7173
豆 类	Beans	251.6	1805	256.4	1857
#大 豆	Soybean	226.0	1899	234.7	1953
薯 类	Tubers	139.1	4643	126.1	4495
油 料	**Oil bearing Crops**	**228.7**	**2457**	**217.3**	**2389**
#葵花籽	Sunflower Seeds	172.8	2938	168.2	2944
油菜籽	Rape seeds	39.0	1504	28.3	1151
胡麻籽	Flax Seeds	5.9	1319	4.8	1281
甜 菜	**Beetroots**	**629.6**	**49420**	**620.7**	**48788**
棉 花	**Cotton**	**0.01**	**1507**	**0.01**	**1442**
麻 类	**Fiber Crops**	**0.3**	**2150**	**0.3**	**3299**
蔬 菜	**Vegetables**	**1090.8**	**54400**	**1075.1**	**54385**
瓜类(果用瓜)	**Melons(Use on Fruit)**	**230.2**	**38052**	**191.9**	**38602**
园林水果	**Garden fruits**	**50.2**	**5150**	**46.8**	**4759**

8-14 林业基本情况

Basic Statistics on Forestry

单位：万公顷、个 (10 000 hectares,unit)

项 目	Item	2019	2020
营造林面积	**Total Area of Afforestation**	**99.99**	**130.08**
造林面积	**Afforestation Area**	**68.80**	**65.00**
人工造林	Artificial Afforestation	36.94	30.15
飞播造林	Afforestation by Plane	3.22	2.87
当年封山育林面积	Area of Closing Hill for Afforestation this Year	12.14	12.99
退化林修复及人工更新	Restoration of Degraded Forest and Artificial Regeneration	16.52	18.99
森林抚育面积	**Tending of Woods**	**31.17**	**65.08**
按林业重点工程分	**Classified by Key Projects**		
#天然林资源保护工程造林、封山育林	Afforestation of Protection of Natural Forest and Closing Hill for Afforestation	5.75	7.73
退耕还林工程造林、封山育林	Afforestation of Returning Land for Farming to Forestry and Closing Hill for Afforestation	3.24	5.40
#退耕地造林	Afforesting on the Returned Farmland		5.40
京津风沙源治理工程造林、封山育林	Afforestation & Closing Hill for Afforestation of Controlling Sand Sround Beijing & Tianjin	12.12	8.26
“三北”五期防护林工程造林、封山育林	Afforestation & Closing Hill for Afforestation of the Fifth Stage of "The Three North Shelter Forest Project"	10.22	9.56
造林面积按经济成份分	**Afforestation by Sector of the Economy**		
#公有经济造林	Aforestation by Publicly-owned	37.74	33.78
国有经济造林	Aforestation by State-owned	17.37	15.84
集体经济造林	Aforestation by Collective-owned	20.37	17.94
非公有经济造林	Aforestation by Non-publicily-owned	13.38	9.49
造林面积按林种分	**Areas of Afforestation classified by sorts of forests**		
#用材林	Timber Forest	1.33	1.20
经济林	Economic Forest	2.05	2.56
防护林	Shelter Forest	47.74	39.50
薪炭林	Firewood Forest		
其他林	Others		
自然保护区个数	**Number of Nature Reserves**	**182**	**216**
#国家级	National Nature Reserves	29	29
自然保护区面积	**Area of Nature Reserves**	**1267.00**	**1294.66**
森林覆盖率(%)	**Forest Cover Rate(%)**	**22.10**	**23.00**

8-15 年末牲畜总头数

Total Number of Livestock at Year-end

单位：万头(只) (10 000 heads)

项 目	Item	2019	2020
牲畜总头数	**Total Number of Livestock**	**7192.40**	**7433.66**
大牲畜	**Large Animals**	**786.92**	**825.41**
牛	Cattles	626.08	671.11
#良种及改良种乳牛	Fine Breed and Improved Milk Cows	166.43	
#黑白花乳用牛	Black and White Milk Cows	85.55	
马	Horses	67.11	70.69
驴	Donkeys	69.31	61.26
骡	Mules	7.16	5.40
骆驼	Camels	17.26	16.96
羊	**Sheep and Goats**	**5975.89**	**6074.15**
绵羊	Sheep	4352.67	4444.89
#细毛羊及改良羊	Nap Sheep or Improved Sheep	902.41	
半细毛羊及改良羊	Semi-nap Sheep or Improved Sheep	660.50	
小尾寒羊及其改良羊	Small Tailed Cold Sheep and Improved Sheep	1245.10	
山羊	Goats	1623.23	1629.26
猪	**Hogs**	**429.59**	**534.10**

8-16 牲畜总头数

Total Number of Livestock

单位：万头(只)　　(10 000 heads)

年份 Year	年中数 Year-middle				年末数 Year-end			
	合计 Total	大牲畜 Large Animals	羊 Sheep & Goats	猪 Hogs	合计 Total	大牲畜 Large Animals	羊 Sheep & Goats	猪 Hogs
1947	931.9	271.0	570.8	90.1	851.8	262.9	510.8	78.1
1948	949.9	286.5	571.6	91.8	869.1	277.9	511.6	79.6
1949	1058.6	313.7	642.6	102.3	968.6	304.3	575.6	88.7
1950	1191.4	343.1	731.8	116.5	1068.4	331.1	636.3	101.0
1951	1418.1	388.0	902.0	128.1	1278.6	372.5	795.0	111.1
1952	1749.9	450.6	1143.2	156.1	1467.6	430.3	902.0	135.3
1953	2105.2	504.5	1434.4	166.3	1844.7	442.5	1235.0	167.2
1954	2428.6	558.4	1672.2	198.0	1959.0	494.7	1292.6	171.7
1955	2501.3	586.9	1724.4	190.0	1912.3	514.7	1232.9	164.7
1956	2635.2	591.6	1874.9	168.7	2094.4	496.9	1451.2	146.3
1957	2438.9	552.7	1713.9	172.3	1809.9	450.5	1210.0	149.4
1958	2674.0	550.7	1879.7	243.6	2184.9	468.1	1505.6	211.2
1959	3070.8	589.0	2244.2	237.6	2576.7	537.2	1833.5	206.0
1960	3315.5	612.9	2431.7	270.9	2709.4	553.5	1921.0	234.9
1961	3305.4	623.4	2494.8	187.2	2671.2	550.5	1958.4	162.3
1962	3497.3	643.3	2621.0	233.0	2801.4	568.1	2031.3	202.0
1963	3981.7	699.7	3005.5	276.5	3242.4	628.3	2374.4	239.7
1964	4282.5	750.1	3242.1	290.3	3315.5	664.6	2399.2	251.7
1965	4488.4	787.9	3388.3	312.2	3606.1	716.2	2619.2	270.7
1966	4012.8	748.5	2969.0	295.3	3231.4	680.4	2295.0	256.0
1967	4164.6	730.0	3140.6	294.0	3469.4	680.9	2531.0	257.5
1968	4150.7	750.2	3067.6	332.9	3288.2	679.8	2349.0	259.4
1969	3844.5	721.7	2823.1	299.7	3213.0	665.1	2311.2	236.7
1970	3865.2	726.4	2840.3	298.5	3319.6	689.1	2356.4	274.1
1971	4032.5	754.3	2922.0	356.2	3419.7	712.2	2363.4	344.1
1972	4197.2	775.6	2985.5	436.1	3478.5	717.2	2372.3	389.0
1973	4317.2	781.3	3092.7	443.2	3654.6	738.2	2519.4	397.0
1974	4425.5	805.8	3160.3	459.4	3707.0	752.3	2532.6	422.1
1975	4628.5	820.3	3307.9	500.3	3757.6	766.8	2638.1	352.7
1976	4465.4	808.4	3058.0	599.0	3649.0	748.7	2397.8	502.5
1977	4428.6	784.1	3056.4	588.1	3643.4	715.3	2394.6	533.5
1978	4162.3	697.5	2860.5	604.3	3586.5	659.3	2378.1	549.1
1979	4513.4	724.6	3177.6	611.2	3873.1	685.3	2633.2	554.6
1980	4656.8	741.3	3317.0	598.5	3753.3	681.3	2553.4	518.6
1981	4565.6	723.2	3307.2	535.2	3817.2	678.9	2670.0	468.3
1982	4721.9	744.3	3474.0	503.6	3903.9	708.0	2735.0	460.9
1983	4413.6	739.9	3177.9	495.8	3539.8	694.7	2418.0	427.1
1984	4259.5	740.9	3053.7	464.9	3488.3	698.2	2377.3	412.8
1985	4341.8	775.3	3060.7	505.8	3667.4	736.6	2468.4	462.4

8-16 续表 Continued

单位：万头(只) (10 000 heads)

年份 Year	年中数 Year-middle				年末数 Year-end			
	合计 Total	大牲畜 Large Animals	羊 Sheep & Goats	猪 Hogs	合计 Total	大牲畜 Large Animals	羊 Sheep & Goats	猪 Hogs
1986	4434.5	799.5	3082.7	552.3	3734.5	751.3	2502.2	481.0
1987	4555.2	811.5	3219.9	523.8	3731.0	730.8	2544.7	455.5
1988	4685.9	792.3	3408.8	484.8	4093.8	734.6	2892.8	466.4
1989	5301.5	812.7	3945.0	543.8	4215.4	718.6	3009.5	487.3
1990	5307.5	784.9	3955.2	567.4	4254.4	707.5	3023.9	523.0
1991	5568.2	783.8	4160.0	624.4	4220.5	699.8	2960.9	559.8
1992	5558.0	774.4	4067.4	716.2	4168.4	690.2	2856.7	621.5
1993	5577.9	771.8	3942.1	864.0	4231.9	685.7	2860.3	685.9
1994	5711.3	756.6	4038.9	915.8	4450.7	682.4	3028.1	740.2
1995	6065.7	783.8	4302.5	979.4	4795.0	708.3	3321.0	765.7
1996	6697.7	825.5	4804.3	1067.9	5066.8	734.9	3561.8	770.1
1997	7112.4	840.8	5164.8	1106.8	5180.4	714.0	3656.7	809.7
1998	7387.2	817.8	5383.5	1185.9	5206.3	677.3	3712.9	816.1
1999	7436.2	802.8	5491.6	1141.7	5147.6	667.4	3702.6	777.6
2000	7300.5	803.3	5406.2	1090.9	4912.0	622.1	3551.6	738.3
2001	7135.0	702.3	5427.8	1004.9	4817.6	536.3	3515.9	765.4
2002	7260.1	652.0	5675.2	932.9	5176.9	543.4	3951.7	681.8
2003	7987.6	718.1	6396.1	873.5	5713.3	615.4	4450.1	647.7
2004	9274.4	814.5	7514.7	945.2	6722.9	718.2	5318.5	686.2
2005	10615.3	934.2	8713.0	968.1	6903.5	783.2	5420.0	700.3
2006	11050.5	986.8	9002.6	1061.1	6531.0	787.4	5123.4	620.2
2007	10854.4	1039.4	8774.6	1040.5	6554.4	815.5	5116.5	622.5
2008	10677.7	1063.8	8442.9	1170.6	6720.8	858.7	5231.6	630.5
2009	10858.5	1084.6	8512.2	1261.7	6842.6	851.0	5359.8	631.8
2010	10798.5	1140.1	8408.0	1250.5	6983.4	853.1	5498.4	631.9
2011	10762.6	1176.7	8347.5	1238.4	6907.4	819.9	5497.3	590.2
2012	11263.0	1238.7	8605.4	1418.9	6870.8	807.9	5470.8	592.1
2013	11819.8	1266.5	9024.7	1528.5	6968.8	788.6	5629.6	550.6
2014	12915.8	1308.5	10091.0	1516.3	7358.9	804.3	6046.0	508.6
2015	13585.7	1358.3	10736.5	1491.0	7657.1	846.3	6337.1	473.7
2016	13597.9	1389.0	10730.5	1478.4	7352.0	796.4	6101.6	454.0
2017					7441.9	824.4	6111.9	505.6
2018					7277.9	778.7	6001.9	497.3
2019					7192.4	786.9	5975.9	429.6
2020					7433.7	825.4	6074.2	534.1

8-17 主要畜禽产品产量
Output of Major Livestock and Poultry

项 目	Item	2019	2020
畜禽出栏数(万头、万只)	The Number of Livestock and Poultry Out(10 000 heads)		
猪	Slaughtered Fattened Hogs	758.39	742.08
牛	Cattle and Buffaloes	383.31	396.99
羊	Goats and Sheep	6458.33	6674.12
活家禽	Live Poultry	10597.98	10252.46
肉类总产量(万吨)	Output of Meat (10 000 tons)	264.56	267.95
#猪肉	Pork	62.57	61.35
牛肉	Beef	63.78	66.25
羊肉	Mutton	109.79	112.97
禽肉	Poultry Meat	20.72	20.09
奶类产量(万吨)	Milk (10 000 tons)	582.92	617.87
#牛 奶	Cow Millk	577.20	611.48
山羊毛产量(吨)	Goat Wool (ton)	11697.49	12336.63
山羊粗毛	Goat Coarse Wool	5385.53	5619.00
山羊绒产量	Cashmere	6311.96	6717.63
绵羊毛产量(吨)	Sheep Wool (ton)	114874.72	117124.83
#细羊毛	Fine Wool	60966.07	47291.63
半细羊毛	Medium Fine Wool	22312.68	17981.73
天然蜂蜜产量(吨)	Honey (ton)	1853.60	2402.03
禽蛋产量(万吨)	Poultry Eggs (10 000 tons)	58.10	60.44
#鸡蛋	Egg	56.20	58.55
蚕茧产量（吨）	Silkworm Cocoons (ton)	7785.00	6293.60
水 产 品(吨)	Aquatic Products (ton)	125956.00	117565.00

主要统计指标解释

农林牧渔业总产值 农林牧渔业总产值是以货币表现的农林牧渔业的全部产品总量和对农林牧渔业生产活动进行的各种支持性服务活动的价值。它反映一定时期内农林牧渔业生产总规模和总成果,是观察农林牧渔业生产水平和发展速度,研究农林牧渔业内部比例关系、农林牧渔业与工业、农林牧渔业与国家建设、人民生活比例关系的重要指标,同时也是计算农林牧渔业劳动生产率和农林牧渔业增加值的基础资料。

乡村从业人员 指乡村人口中16岁以上实际参加生产经营活动并取得实物或货币收入的人员,既包括劳动年龄内经常参加劳动的人员,也包括超过劳动年龄但经常参加劳动的人员。但不包括户口在家的在外学生、现役军人和丧失劳动能力的人,也不包括待业人员和家务劳动者。从业人员年龄为16岁以上。从业人员按从事主业时间最长(时间相同按收入)分为农业从业人员、工业从业人员、建筑业从业人员、交运仓储及邮政从业人员、信息传输、计算机服务和软件业从业人员、批发与零售业从业人员、住宿和餐饮业从业人员、其他行业从业人员。

粮食产量 指农业生产经营者日历年度内生产的全部粮食数量。按收获季节包括夏收粮食、早稻和秋收粮食,按作物品种包括谷物、薯类和豆类。其产量计算方法:谷物按脱粒后的原粮计算,豆类按去豆荚后的干豆计算;薯类(包括甘薯和马铃薯,不包括芋头和木薯)1963年以前按每4公斤鲜薯折1公斤粮食计算,从1964年开始改为按5公斤鲜薯折1公斤粮食计算,2014年开始按鲜薯计算;城市郊区作为蔬菜的薯类(如马铃薯等)按鲜品计算,并且不作粮食统计。1989年以前全国粮食产量数据主要靠全面报表取得,1989年开始使用抽样调查数据。

油料产量 指全部油料作物的生产量。包括花生、油菜籽、芝麻、向日葵籽、胡麻籽(亚麻籽)和其他油料。不包括大豆,木本油料和野生油料。花生以带壳干花生计算。

水产品产量 指渔业(捕捞和养殖)生产活动的最终有效成果,包括全部海水和淡水鱼类、甲壳类(虾、蟹)、贝类、头足类、藻类和其他类渔业产品的最终产量。水产品产量是通过各级水产部门逐级上报取得数据。1995年及以前,贝类中牡蛎按鲜肉计算;蚶、蛤、蛙按5斤鲜品折1斤计算。1996年以后则统一按鲜品计算。

农作物播种面积 指农业生产经营者应在日历年度内收获农作物在全部土地(耕地或非耕地)上的播种或移植面积。凡是本年内收获的农作物,无论是本年还是上年播种,都算为播种面积,但不包括本年播种,下年收获的农作物面积。

机耕面积 指当年使用拖拉机或其他动力机械耕作过的农作物面积,包括耕翻、旋耕、深松等,不包括在实施保护性耕作的耕地上的深松。年内一公顷耕地上种植两茬作物,且都进行了机械耕作,按二公顷统计,种植多茬作物的类推。但对同一茬作物,当年不论耕作几次仍按一公顷统计。

有效灌溉面积 指具有一定的水源,地块比较平整,灌溉工程或设备已经配套,在一般年景下当年能够进行正常灌溉的耕地面积。

农用化肥施用量 指本年内实际用于农业生产的化肥数量,包括氮肥、磷肥、钾肥和复合肥。化肥施用量要求按折纯量计算数量。折纯量是指把氮肥、磷肥、钾肥分别按含氮、含五氧化二磷、含氧化钾的百分之百成份进行折算后的数量。复合肥按其所含主要成分折算。公式为:

折纯量=实物量×某种化肥有效成份含量的百分比

农业机械总动力 指全部农业机械动力的额定功率之和。农业机械是指用于种植业、畜牧业、渔业、农产品初加工、农用运输和农田基本建设等活动的机械及设备。

牲畜总增头数 是反映牲畜的总体增长情况、牲畜头数增殖情况和死亡损失情况的一项数量指标,以大畜、小畜和猪分畜种计算。

总增头数=期内繁殖成活仔畜头数—期内成幼畜死亡头数

肉类总产量 指调查期内各种牲畜及家禽、兔等动物肉产量总计。猪、牛、羊、马、驴、骡、骆驼肉产量按去掉头蹄下水后带骨肉的胴体重量计算,兔禽肉产量按屠宰后去毛和内脏后的重量计算。猪牛羊禽四个品种肉产量由主要畜禽监测抽样调查获得,马、驴、骡、骆驼、兔肉产量由全面统计获得,其它特种养殖肉产量可用住户调查资料推算获得。

Explanatory Notes on Main Statistical Indicators

Gross Output Value of Farming, Forestry, Animal Husbandry and Fishery refers to the total value of products of farming, forestry, animal husbandry and fishery, which reflects the total scale and result of agricultural production during a given period. It is an important indicator to observe the production level and development speed of agriculture, forestry, animal husbandry and fishery, and to study the internal proportion relationship between agriculture, forestry, animal husbandry and fishery, agriculture, animal husbandry and fishery and industry, agriculture, animal husbandry and fishery and national construction, as well as the basic data to calculate the labor productivity of agriculture, forestry, animal husbandry and fishery and the added value of agriculture, animal husbandry and fishery.

Rural Employed Person refers to the rural population over the age of 16 actually participate in production and management activities and obtain physical or monetary income, including both the working age within the regular participation in labor personnel, also includes over the working age but often participate in labor personnel. However, it does not include the registered permanent residence of students outside the home, active military and disabled people, also does not include unemployed personnel and domestic workers. The employees are over 16 years old. Workers, according to the main business the longest (time according to the same income) into agricultural professionals, industry professionals, construction workers, shipment, warehousing and postal workers, information transmission, computer services and software industry practitioners, wholesale and retail industry practitioners, accommodation and catering industry workers, and other industry professionals.

Grain Output refers to the total output of grains produced by agricultural producers within a calendar year. It includes summer grain, early rice and autumn grain if classified by harvest seasons; it covers cereal, tubers and beans if classified by type of crops. Output of cereal should be limited to husked grain only. Output of beans refers to dry beans without pods. The output of tubers (sweet potatoes and potatoes, not including taros and cassava) are converted into that of grain at the ratio 4:1, i. e. 4 kilograms of fresh tubers were equivalent to 1 kilogram of grain up to 1963. Since 1964 the ratio for conversion has been 5:1, and Starting from 2014, the ratio for conversion has been 1:1. Tubers supplied as vegetables (such as potatoes) in cities and suburbs are calculated as fresh vegetables and their output is not included in the output of grain. Data on grain production before 1989 were obtained through the Comprehensive Statistical Reporting System. Since 1989, data from sample surveys are used.

Output of Oil - bearing Crops refers to the total production of oil - bearing crops of various kinds, including peanuts (dry, in shell), rapeseeds, sesame, sunflower seeds, flax seeds, and other oil - bearing crops. Soybeans, oil - bearing woody plants, and wild oil - bearing crops are not included.

Output of Aquatic Products refers to final output actually yielded from fishing production (fishery and breeding), including all output of marine and freshwater fish, crustaceans (shrimps, crabs), shellfish, cephalopod, seaweed and other fishery products. Data on output of aquatic products are reported by aquatic product agencies level by level. Before 1995, among the shellfish, oyster was counted as fresh meat; 5 kilograms of ark shell, clams and frogs are equivalent to 1 kilogram of fresh aquatic products; they have all been counted as fresh aquatic products since 1996.

Sown Area of Crops refers to area of all land (cultivated or non - cultivated area) sown or transplanted with crops that are harvested within the calendar year by agricultural producers. All crops harvested within the year are counted as sown area, regardless of being sown in this year or the previous year. Crops sown this year but will be harvested in the coming year are excluded.

Machine - cultivated Area refers to the area of crops cultivated by tractors or other power machines in the current year, including ploughing, rotary tillage, deep tillage, etc., excluding deep tillage on cultivated land under conservation tillage. Two crops were planted on one hectare of land during the year, and both were mechanically tilled. However, for the same crop, no matter how many times it was cultivated that year, it was still counted as one hectare.

Irrigated Area refers to area of land that are effectively irrigated, i. e. relatively level land, where there are water sources or complete sets of irrigation facilities to lift and move adequate water for irrigation purpose under normal conditions.

Consumption of Chemical Fertilizers in Agriculture refers to the quantity of chemical fertilizers applied in agriculture in the year, including nitrogenous fertilizer, phosphate fertilizer, potash fertilizer, and compound fertilizer. The consumption of chemical fertilizers is calculated in terms of volume of effective components by means of converting the gross weight of the respective fertilizers into weight containing effective component (e. g. nitrogen content in nitrogenous fertilizer, phosphorous pentoxide contents in phosphate fertilizer, and potassium oxide contents in potash fertilizer). Compound fertilizer is converted in regard to its major components. The formula is:

Volume of effective component = physical quantity × effective component of certain chemical fertilizer (%)

Total Power of Agricultural Machinery refers to the total rated capacity of all agricultural machinery. Agricultural machinery refers to the machineries and equipments which are used for activities of planting, animal husbandry, fishery, primary processing of agricultural products, agricultural transport and infrastructure construction of farmland.

Total Number of Livestock Added is a kind of numeral index which reflects the total statistics of increase, breeding and death of livestock, it is calculated at large, small and pig species.

Total Number of Livestock Added = Survival Number of Newborn Livestock in the given Period – Death Number of Livestock

Output of Meat refers to the total meat production of various livestock, poultry, rabbits and other animals during the survey period. The meat yield of pigs, cattle, sheep, horses, donkeys, mules and camel is calculated according to the carcass weight with bones and meat after hoofs and water are removed, and the meat yield of rabbits and poultry is calculated according to the weight after hair and viscera are removed after slaughter. The meat production of pig, cattle, sheep and poultry was obtained from the monitoring sampling survey of major livestock and poultry, and that of horse, donkey, mule, camel and rabbit was obtained from the comprehensive statistics.

9 工 业

Industry

资料整理：杨晓楠　渠志芳　刘鑫晨

Arranged By：Yang Xiaonan，Qu Zhifang，Liu Xinchen

9-1 工业总产值指数

Indices of Gross Industrial Output Value

(上年=100)　　　　(preceding year=100)

年 份 Year	工 业 总产值 Total Industry	按轻重工业分 Grouped by Light & Heavy Industry		按经济类型分 Grouped by Ownership			
		轻工业 Light Industry	重工业 Heavy Industry	国有及国有控股企业 State-owned or Controlling Share Hold Industry	集体企业 Collective-owned Industry	个体企业 Individual-Owned Industry	其他经济类型企业 Industry of Other Types of Ownership
1979	106.7	101.5	110.3	108.4	112.9		
1980	104.8	112.3	99.9	104.0	107.5		
1981	100.6	110.9	92.9	102.7	92.8	191.7	300.0
1982	115.1	107.9	121.1	114.9	115.5	200.5	96.7
1983	109.6	108.4	110.5	110.3	106.3	173.2	120.0
1984	108.1	107.4	108.6	108.0	107.1	252.9	87.0
1985	116.6	116.8	116.6	113.9	93.6	444.7	157.5
1986	109.6	112.8	107.2	107.7	146.0	168.3	188.7
1987	112.5	115.6	110.0	111.5	113.5	130.8	136.2
1988	113.9	116.1	112.2	110.7	121.1	152.1	229.2
1989	112.6	107.7	116.7	110.7	117.0	122.1	217.9
1990	104.1	102.8	105.0	104.1	100.7	120.7	134.0
1991	108.1	108.1	108.0	106.4	107.8	138.4	156.1
1992	111.3	108.0	113.5	107.9	118.4	133.8	148.5
1993	113.8	106.0	117.2	105.1	124.5	143.9	272.5
1994	114.0	118.0	113.2	103.7	122.1	142.0	295.0
1995	112.0	115.5	111.0	107.2	97.0	186.8	126.3
1996	111.5	112.5	110.1	101.6	124.6	158.9	161.1
1997	115.0	117.2	112.0	101.5	118.0	127.4	140.0
1998	110.0	109.7	110.4	106.5	86.6	114.8	145.3
1999	111.0	117.2	105.9	109.6	91.3	111.1	123.6
2000	112.0	120.7	106.8	106.7	67.2	125.5	135.6
2001	111.1	114.1	108.6	106.3	76.6	110.3	125.4
2002	114.0	116.8	112.5	115.1	108.4	112.4	137.4
2003	125.0	123.6	125.9	109.1	119.9	108.3	146.1
2004	129.7	127.5	130.8	126.2	68.0	93.1	149.6
2005	130.7	126.0	133.2	134.7	113.4	111.0	133.6
2006	132.1	126.1	134.7	122.6	126.9	115.4	153.9
2007	127.8	122.3	130.1	125.0	129.6	129.9	141.1
2008	123.1	113.7	125.5	117.0	133.5	125.7	136.9
2009	120.6	123.4	119.8	113.5	118.7	131.8	121.9
2010	118.8	116.6	119.3	119.6	114.3	128.5	118.9
2011	119.0	112.5	120.5	112.6	115.7	128.9	119.1
2012	114.8	114.4	114.9	112.4	120.0	125.3	115.2
2013	112.0	111.3	112.2	110.6	110.3	123.2	114.7
2014	110.0	110.6	109.8	103.7	97.2	112.1	110.6
2015	108.6	111.3	108.0	103.2	107.2	110.5	109.4
2016	107.2	105.9	107.5	101.4	100.9	109.8	108.6
2017	103.1	90.3	105.4	115.3	44.8	106.4	102.8
2018	107.1	98.6	108.2	107.8	112.8	102.9	107.8
2019	106.1	100.2	106.7	103.5	107.3		
2020	100.7	106.8	100.6	103.5	43.4		

注：本表按可比价格计算，以上年为100。
a)Data in this table are calculated at comparable prices, preceding year=100.

9-2 规模以上工业企业工业总产值

Gross Industrial Output Value of Industrial Enterprises above Designated Size

单位：万元 (10 000 yuan)

行 业	Item	2020年工业总产值(现价) Gross Industrial Output Value in 2020 (at current prices)
总 计	**Total**	**154652806**
按经济类型分	**Grouped by Ownership**	
在总计中：	Of the Total:	
国有及国有控股企业	State-owned Enterprises(including with controlling share hold by the state)	76175360
在总计中：	Of the Total:	
集体企业	Collective-owned Enterprises	33269
股份制企业	Joint-stock Company	141955342
外商投资企业	Foreign Funded Enterprises	4495815
港澳台商投资企业	Enterprises Funded by Entrepreneurs from Hong Kong, Macao and Taiwan	3609318
按轻重工业分	**Grouped by Light & Heavy Industry**	
轻工业	Light Industry	15567544
重工业	Heavy Industry	139085262
按企业规模分	**Grouped by Size of Enterprises**	
大型企业	Large	73662117
中型企业	Medium-sized	41615687
小型企业	Small	35855683
微型企业	Tiny	3519319
按行业分	**Grouped by Sector**	
煤炭开采和洗选业	Coal Mining & Processing	26885936
石油和天然气开采业	Petroleum & Natural Gas Pumped	2913066
黑色金属矿采选业	Mining & Dressing of Ferrous Metals	1652816
有色金属矿采选业	Mining & Dressing of Nonferrous Metals	1774719
非金属矿采选业	Mining & Dressing of Nonmetal Minerals	403319
开采辅助活动	Support Activities for Mining	
其他采矿业	Mining of Other Mineral	
农副食品加工业	Processing of Agricultural Sideline Food	4433160
食品制造业	Food Manufacturing	5579507
酒、饮料和精制茶制造业	Wine, Beverage and Refined Tea Manufacturing	642839
烟草制品业	Tobacco Products	1305307
纺织业	Textile Industry	210561

9-2 续表 Continued

单位：万元　　(10 000 yuan)

行　业	Item	2020年工业总产值(现价) Gross Industrial Output Value in 2020 (at current prices)
纺织服装、服饰业	Textile, Apparel Industry	305796
皮革、毛皮、羽毛及其制品和制鞋业	Leather, Fur, Feathers and Their Products and Footwear	40588
木材加工和木、竹、藤、棕、草制品业	Timber Processing, Bamboo, Cane, Palm Fiber & Straw Products	62585
家具制造业	Furniture Manufacturing	2657
造纸和纸制品业	Paper-making & Paper Products	815048
印刷和记录媒介复制业	Printing and Record Medium Reproduction	31983
文教、工美、体育和娱乐用品制造业	Manufacturing of Cultural,Educational & Arts, Crafts & Sports and Entertainment Goods	
石油加工、炼焦和核燃料加工业	Petroleum Processing,Coke Products & Processing of Nuclear Fuel	9038438
化学原料和化学制品制造业	Raw Chemical Materials & Chemical Products	14720704
医药制造业	Medicine Manufacturing	1785144
化学纤维制造业	Chemical Fiber Manufacturing	
橡胶和塑料制品业	Rubber and Plastic Products	189395
非金属矿物制品业	Nonmetal Mineral Products	5897077
黑色金属冶炼和压延加工业	Smelting & Pressing of Ferrous Metals	19468251
有色金属冶炼和压延加工业	Smelting & Pressing of Nonferrous Metals	19113774
金属制品业	Metal Products	3213599
通用设备制造业	Manufacturing of General-Purpose Equipment	414486
专用设备制造业	Special Purposes Equipment Manufacturing	403027
汽车制造业	Automotive Manufacturing	1306102
铁路、船舶、航空航天和其他运输设备制造业	Railroad,Ships,Aerospace and Other Transportation Equipment Manufacturing	557564
电气机械和器材制造业	Electric Equipment & Machinery	1344860
计算机、通信和其他电子设备制造业	Manufacturing of Computer,Communications and Other Electronic Equipment	1801338
仪器仪表制造业	Manufacturing of Instrument	
其他制造业	Others	33335
废弃资源综合利用业	Comprehensive Utilization of Waste Resources	468567
金属制品、机械和设备修理业	Metal Products,Machinery and Equipment Repair	40540
电力、热力生产和供应业	Production & Supply of Electric Power & Heat Power	25286075
燃气生产和供应业	Production & Supply of Gas	1966739
水的生产和供应业	Production & Supply of Water	543908

注：规模以上工业是指全部年主营业务收入2000万元及以上的工业法人企业(下同)。

a)Industrial enterprises above designated size refer to the industiral enterprises with an annual operating income of over 20 million yuan (The next table is the same).

9-3 规模以上工业企业可比价增加值增速

Growth Rate of Comparable Value Added of Industrial Enterprises above Designated Size

单位：% (%)

项 目	Item	2019	2020
总 计	**Total**	**6.1**	**0.7**
按登记注册类型分	**Grouped by Ownership**		
国有	State-owned	8.3	12.1
集体	Collective-owned	7.3	-56.6
股份制企业	Joint-stock Company	7.1	1.3
其他	Other Ownership	-9.4	-15.6
按行业分	**Grouped by Sector**		
采矿业	**Mining**	**3.8**	**-7.1**
煤炭开采和洗选业	Coal Mining & Processing	5.1	-6.8
石油和天然气开采业	Petroleum & Natural Gas Pumped	2.2	19.8
黑色金属矿采选业	Mining & Dressing of Ferrous Metals	48.0	33.8
有色金属矿采选业	Mining & Dressing of Nonferrous Metals	-11.9	3.8
非金属矿采选业	Mining & Dressing of Nonmetal Minerals	-15.9	-7.5
开采辅助活动	Support Activities for Mining	93.3	
其他采矿业	Mining of Other Mineral		
制造业	**Manufacturing**	**8.7**	**8.4**
农副食品加工业	Processing of Agricultural Sideline Food	7.2	-1.3
食品制造业	Food Manufacturing	0.4	7.1
酒、饮料和精制茶制造业	Wine,Beverage and Refined Tea Manufacturing	2.9	7.0
烟草制品业	Tobacco Products	8.0	38.6
纺织业	Textile Industry	-29.5	-42.5
纺织服装、服饰业	Textile,Apparel Industry	10.0	-23.1
皮革、毛皮、羽毛及其制品和制鞋业	Leather,Fur,Feathers and Their Products and Footwear	18.9	-9.4
木材加工和木、竹、藤、棕、草制品业	Timber Processing,Bamboo,Cane, Palm Fiber & Straw Products	-9.2	2.9
家具制造业	Furniture Manufacturing	-36.3	136.0
造纸及纸制品业	Paper-making & Paper Products	6.7	4.7
印刷和记录媒介复制业	Printing and Record Medium Reproduction	23.2	39.4
文教、工美、体育和娱乐用品制造业	Manufacturing of Cultural,Educational & Arts, Crafts & Sports and Entertainment Goods	-70.5	
石油加工、炼焦和核燃料加工业	Petroleum Processing,Coke Products & Processing of Nuclear Fuel	20.3	1.4

9-3 续表 Continued

项 目	Item	2019	2020
化学原料和化学制品制造业	Raw Chemical Materials & Chemical Products	0.1	5.1
医药制造业	Medicine Manufacturing	-17.6	11.1
化学纤维制造业	Chemical Fiber Manufacturing	19.5	123.3
橡胶和塑料制品业	Rubber and Plastic Products	3.4	9.6
非金属矿物制品业	Nonmetal Mineral Products	23.4	25.3
黑色金属冶炼和压延加工业	Smelting & Pressing of Ferrous Metals	19.8	7.7
有色金属冶炼和压延加工业	Smelting & Pressing of Nonferrous Metals	14.4	8.4
金属制品业	Metal Products	-6.0	26.3
通用设备制造业	Manufacturing of General-Purpose Equipment	18.4	3.3
专用设备制造业	Special Purposes Equipment Manufacturing	13.1	64.4
汽车制造业	Automotive Manufacturing	-31.7	-4.7
铁路、船舶、航空航天和其他运输设备制造业	Railroad,Ships,Aerospace and Other Transportation Equipment Manufacturing	30.2	131.4
电气机械和器材制造业	Electric Equipment & Machinery	115.4	196.9
计算机、通信和其他电子设备制造业	Manufacturing of Computer,Communications and Other Electronic Equipment	58.6	50.1
仪器仪表制造业	Manufacturing of Instrument	3282.5	1214.4
其他制造业	Others		4.7
废弃资源综合利用业	Comprehensive Utilization of Waste Resources	29.8	9.2
金属制品、机械和设备修理业	Metal Products,Machinery and Equipment Repair	33.7	63.9
电力、燃气及水的生产和供应业	**Production & Supply of Electric Power,Gas & Water**	**5.2**	**3.7**
电力、热力生产和供应业	Production & Supply of Electric Power & Heat Power	5.4	3.2
燃气生产和供应业	Production & Supply of Gas	5.4	3.7
水的生产和供应业	Production & Supply of Water	4.1	1.3

9-4 规模以上工业企业主要经济指标（2020年）

单位：万元

项 目	Item	企业单位数（个）Number of Enterprises (unit)
总 计	**Total**	**2985**
在总计中：	Of the Total:	
亏损企业	Enterprises at Lose	838
按轻重工业分	**Grouped by Light & Heavy Industry**	
轻工业	Light Industry	530
重工业	Heavy Industry	2455
按行业分	**Grouped by Sector**	
采矿业	Mining	529
制造业	Manufacturing	1723
#高技术制造业	High-tech Manufacturing	105
电力、热力、燃气及水生产和供应业	Production & Supply of Electric Power,Heat Power Gas & Water	733
按企业规模分	**Grouped by Size of Enterprises**	
大型企业	Large	143
中型企业	Medium-sized	453
小型企业	Small	1894
微型企业	Tiny	495
按登记注册类型分组	**Grouped by Registration Status**	
内资企业	Domestic-funded Enterprises	2861
国有企业	State-owned Enterprises	31
中央企业	Central Enterprises	12
地方企业	Local Enterprises	19
集体企业	Collective-owned Enterprises	8
股份合作企业	Cooperative Enterprises	
联营企业	Joint Ownership Enterprises	1
国有联营企业	State Joint Ownership Enterprises	1
集体联营企业	Collective Joint Ownership Enterprises	
国有与集体联营企业	Joint State Collective Enterprises	
其他联营企业	Other Joint Ownership Enterprises	
有限责任公司	Limited Liability Corporations	1437
#国有独资公司	Exclusive State-funded Limited Liability Corporations	193
股份有限公司	Share-holding Corporations Ltd.	97
私营企业	Private Enterprises	1287
其他企业	Other Enterprises	
港澳台商投资企业	Enterprises Funded by Entrepreneurs from Hong Kong, Macao and Taiwan	49
外商投资企业	Enterprises Funded by Foreigners	75

Main Indicators of Industrial Enterprises above Designated Size(2020)

(10 000 yuan)

工业总产值(现价) Gross Industrial Output Value (at current prices)	资产合计 Total Assets	流动资产合计 Circulating Funds	应收账款 Accounts Receivable	存货 Inventories	负债合计 Total Liabilities
154652806	**342557675**	**112850993**	**22672470**	**17868096**	**203111452**
26515183	76974703	20491504	3943439	4008028	63146847
15567544	33137856	14708940	2525882	3464738	17383689
139085262	309419819	98142053	20146588	14403358	185727763
33629855	99457257	33670060	4912110	2197135	49290185
93226229	155661552	59739417	10426849	14978473	96078266
4034015	8487666	3355707	883747	717345	4778426
27796722	87438867	19441516	7333511	692488	57743001
73662117	174372629	51670980	5808523	8608208	94776746
41615687	78304423	26627166	5223491	4595513	49909639
35855683	74621191	29145996	9121376	4314973	46605174
3519319	15259432	5406851	2519080	349402	11819894
146547673	316563821	103737763	21157732	16708050	190655125
4153418	12587667	1557952	342832	143493	5396028
3489904	10764191	867289	148443	98000	4305734
663514	1823477	690663	194389	45493	1090294
33269	70645	47709	7856	1799	38402
30214	49235	29955	1928	7365	10873
30214	49235	29955	1928	7365	10873
101696382	224530941	69332026	14586445	9644047	138877903
22349090	49810440	12735186	2927204	1013977	30560891
11353773	36896973	12908513	1927456	3230871	20083440
29280618	42428359	19861609	4291216	3680474	26248479
3609318	7271504	2395117	703164	471333	3756243
4495815	18722350	6718114	811574	688713	8700084

9-4 续表

单位：万元

项 目	Item	所有者权益 Creditors Equity
总 计	**Total**	**139611327**
在总计中 ：	Of the Total:	
亏损企业	Enterprises at Lose	14200926
按轻重工业分	**Grouped by Light & Heavy Industry**	
轻工业	Light Industry	15710568
重工业	Heavy Industry	123900760
按行业分	**Grouped by Sector**	
采矿业	Mining	50239101
制造业	Manufacturing	59613334
#高技术制造业	High-tech Manufacturing	3668346
电力、热力、燃气及水生产	Production & Supply of Electric Power,Heat Power Gas & Water	29758892
按企业规模分	**Grouped by Size of Enterprises**	
大型企业	Large	79595882
中型企业	Medium-sized	28394781
小型企业	Small	28003102
微型企业	Tiny	3617563
按登记注册类型分组	**Grouped by Registration Status**	
内资企业	Domestic-funded Enterprises	126070381
国有企业	State-owned Enterprises	7191639
中央企业	Central Enterprises	6458457
地方企业	Local Enterprises	733182
集体企业	Collective-owned Enterprises	6126
股份合作企业	Cooperative Enterprises	
联营企业	Joint Ownership Enterprises	38362
国有联营企业	State Joint Ownership Enterprises	38362
集体联营企业	Collective Joint Ownership Enterprises	
国有与集体联营企业	Joint State Collective Enterprises	
其他联营企业	Other Joint Ownership Enterprises	
有限责任公司	Limited Liability Corporations	85806707
#国有独资公司	Exclusive State-funded Limited Liability Corporations	19233643
股份有限公司	Share-holding Corporations Ltd.	16813532
私营企业	Private Enterprises	16214015
其他企业	Other Enterprises	
港澳台商投资企业	Enterprises Funded by Entrepreneurs from Hong Kong, Macao and Taiwan	3515261
外商投资企业	Enterprises Funded by Foreigners	10025686

Continued

(10 000 yuan)

营业收入 Revenues From Business	营业成本 Cost of Business	营业利润 Business Profits	利润总额 Total Profits
174888688	**140510063**	**13194027**	**13149833**
30120741	28455519	-3756550	-3904579
23441476	17974244	2091247	2025054
151447212	122535819	11102780	11124780
38604506	24646976	6569703	6274225
106615114	90701727	4716220	4764975
4197512	3272864	238753	240410
29669067	25161360	1908104	2110634
88316332	71403165	6637057	6700118
43850406	34684558	3779386	3570752
38728570	31357677	2661470	2761720
3993380	3064663	116115	117243
159808919	128436496	12146007	12158352
4123992	3130353	392584	566594
3433541	2637281	336625	500443
690451	493072	55959	66151
40760	33989	2074	1441
27335	26328	790	790
27335	26328	790	790
108446942	86064466	8482672	8344681
25219250	20993158	1973564	2048503
15966648	12460960	1605320	1537659
31203242	26720400	1662568	1707189
3824590	3028734	389615	385909
11255178	9044833	658404	605572

9-5 国有及国有控股工业企业主要经济指标（2020年）

单位：万元

项 目	Item	企业单位数(个) Number of Enterprises (unit)	工业总产值(现价) Gross Industrial Output Value (at curent prices)
总 计	**Total**	**747**	**76175360**
在总计中:亏损企业	Of the Total:Enterprises at Lose	161	12218901
在总计中:轻工业	Of the Total:Light Industry	50	2741847
重工业	Heavy Industry	697	73433514
在总计中:	Of the Total:		
采矿业	Mining	116	17980184
制造业	Manufacturing	204	35744902
电力、热力、燃气及水的生产和供应业	Production & Supply of Electric Power,Heat Power,Gas & Water	427	22450275
在总计中:	Of the Total:		
大型企业	Large	85	52460356
中型企业	Medium-sized	160	14857202
小型企业	Small	342	7882919
微型企业	Tiny	160	974884

9-5 续表

单位：万元

项 目	Item	负债合计 Total Liabilities	所有者权益 Creditors Equity
总 计	**Total**	**117244732**	**75641743**
在总计中:亏损企业	Of the Total:Enterprises at Lose	38144526	5321857
在总计中:轻工业	Of the Total:Light Industry	1522417	2030399
重工业	Heavy Industry	115722316	73611343
在总计中:	Of the Total:		
采矿业	Mining	30373783	31173864
制造业	Manufacturing	42608897	23670212
电力、热力、燃气及水的生产和供应业	Production & Supply of Electric Power,Heat Power,Gas & Water	44262053	20797667
在总计中:	Of the Total:		
大型企业	Large	67159370	53778023
中型企业	Medium-sized	24309123	9355829
小型企业	Small	19204462	10536118
微型企业	Tiny	6571778	1971773

Main Indicators on Economic Benefit of Stateowned and State Holding Majority Shares Industrial Enterprises(2020)

(10 000 yuan)

资产合计 Total Assets	流动资产合计 Circulating Funds	应收账款 Accounts Receivable	存货 Inventories
192738911	**50128306**	**9783422**	**8318898**
43318816	8381249	1778103	1456795
3552812	1836795	135178	594923
189186099	48291511	9648243	7723975
61382960	15663376	1869030	892781
66331460	22381390	2821408	6978350
65024492	12083540	5092983	447767
120937393	33098653	3310264	6334774
33664952	7683002	1792870	1306085
29740579	7345703	3423973	640379
8395987	2000948	1256315	37661

Continued

(10 000 yuan)

营业收入 Revenues From Business	营业成本 Cost of Business	营业利润 Business Prifits	利润总额 Total Profits
82672627	**65802627**	**5471213**	**5436229**
13065619	12359817	-2094598	-2213726
2784365	1584576	193001	187969
79888262	64218051	5278212	5248259
19854677	11997848	3699152	3540023
38863355	33018271	934453	921949
23954595	20786508	837608	974257
57721445	46830283	3699015	3849863
15657183	12135345	732756	548860
8330362	6254141	870933	874081
963637	582858	168509	163425

9-6 规模以上民营工业企业主要经济指标（2020年）

单位：万元

项 目	Item	企业单位数(个) Number of Enterprises (unit)	工业总产值(现价) Gross Industrial Output Value (at curent prices)
总 计	**Total**	**2155**	**72707252**
在总计中：亏损企业	Of the Total:Enterprises at Lose	657	13417571
在总计中：轻工业	Of the Total:Light Industry	445	9913309
重工业	Heavy Industry	1710	62793943
在总计中：	Of the Total:		
采矿业	Mining	408	14871024
制造业	Manufacturing	1462	53193756
电力、热力、燃气及水的生产和供应业	Production & Supply of Electric Power,Heat Power,Gas & Water	285	4642472
在总计中：	Of the Total:		
大型企业	Large	52	19145712
中型企业	Medium-sized	276	24686491
小型企业	Small	1499	26406625
微型企业	Tiny	328	2468424

9-6 续表

单位：万元

项 目	Item	负债合计 Total Liabilities	所有者权益 Creditors Equity
总 计	**Total**	**76845910**	**54588902**
在总计中：亏损企业	Of the Total:Enterprises at Lose	21584554	6016995
在总计中：轻工业	Of the Total:Light Industry	11984796	9187577
重工业	Heavy Industry	64861114	45401325
在总计中：	Of the Total:		
采矿业	Mining	16086646	16058493
制造业	Manufacturing	48509549	30539814
电力、热力、燃气及水的生产和供应业	Production & Supply of Electric Power,Heat Power,Gas & Water	12249716	7990596
在总计中：	Of the Total:		
大型企业	Large	22078848	19281536
中型企业	Medium-sized	24275388	17979004
小型企业	Small	25407132	15781812
微型企业	Tiny	5084541	1546550

Main Indicators on Economic Benefit of Above-scale Private Industrial Enterprises(2020)

(10 000 yuan)

资产合计 Total Assets	流动资产合计 Circulating Funds	应收账款 Accounts Receivable	存货 Inventories
131417271	**55449629**	**11702691**	**8741351**
27376044	10310581	2054371	2424097
21215977	8564797	1655068	2368228
110201294	46884832	10047623	6373123
32237797	16312222	2947918	1229899
78966963	32369478	6807765	7289183
20212511	6767929	1947008	222269
41360384	13510561	1821057	1941108
42254395	17936666	3270055	2983708
41201859	20717339	5436119	3506531
6600632	3285064	1175460	310005

Continued

(10 000 yuan)

营业收入 Revenues From Business	营业成本 Cost of Business	营业利润 Business Profits	利润总额 Total Profits
79529795	**64384818**	**7099502**	**7135792**
14348971	13727704	-1401879	-1423875
12755770	10097592	1328747	1303007
66774026	54287226	5770755	5832785
16133414	10445737	2994095	2866265
58417663	50145855	3120702	3223895
4978719	3793226	984705	1045632
21739822	17353531	2664040	2616915
26142430	20868006	2859241	2835331
28695062	23734983	1641818	1743542
2952481	2428298	-65598	-59997

9-7 规模以上工业企业分行业主要经济指标(2020年)

单位：万元

行 业	Item	企业单位数(个) Number of Enterprise (unit)
总计	**Total**	**2985**
采矿业	**Mining**	
煤炭开采和洗选业	Coal Mining & Processing	363
石油和天然气开采业	Petroleum & Natural Gas Pumped	6
黑色金属矿采选业	Mining & Dressing of Ferrous Metals	57
有色金属矿采选业	Mining & Dressing of Nonferrous Metals	55
非金属矿采选业	Mining & Dressing of Nonmetal Minerals	48
开采辅助活动	Support Activities for Mining	
其他采矿业	Mining of Other Mineral	
制造业	**Manufacturing**	
农副食品加工业	Processing of Agricultural Sideline Food	242
食品制造业	Food Manufacturing	78
酒、饮料和精制茶制造业	Wine,Beverage and Refined Tea Manufacturing	41
烟草制品业	Tobacco Products	2
纺织业	Textile Industry	31
纺织服装、服饰业	Textile,Apparel Industry	14
皮革、毛皮、羽毛及其制品和制鞋业	Leather,Fur,Feathers and Their Products and Footwear	4
木材加工和木、竹、藤、棕、草制品业	Timber Processing, Bamboo,Cane,Palm Fiber & Straw Products	19
家具制造业	Furniture Manufacturing	1
造纸及纸制品业	Paper-making & Paper Products	17
印刷和记录媒介复制业	Printing and Record Medium Reproduction	6
文教、工美、体育和娱乐用品制造业	Manufacturing of Cultural,Educational & Arts, Crafts & Sports and Entertainment Goods	
石油加工、炼焦和核燃料加工业	Petroleum Processing,Coke Products & Processing of Nuclear Fuel	71
化学原料和化学制品制造业	Raw Chemical Materials & Chemical Products	243
医药制造业	Medicine Manufacturing	58
化学纤维制造业	Chemical Fiber Manufacturing	
橡胶和塑料制品业	Rubber and Plastic Products	22
非金属矿物制品业	Nonmetal Mineral Products	309
黑色金属冶炼和压延加工业	Smelting & Pressing of Ferrous Metals	183
有色金属冶炼和压延加工业	Smelting & Pressing of Nonferrous Metals	138
金属制品业	Metal Products	54
通用设备制造业	Manufacturing of General-Purpose Equipment	34
专用设备制造业	Special Purposes Equipment Manufacturing	30
汽车制造业	Automotive Manufacturing	17
铁路、船舶、航空航天和其他运输设备制造业	Railroad,Ships,Aerospace and Other Transportation Equipment Manufacturing	6
电气机械和器材制造业	Electric Equipment & Machinery	39
计算机、通信和其他电子设备制造业	Manufacturing of Computer,Communications and Other Electronic Equipment	40
仪器仪表制造业	Manufacturing of Instrument	
其他制造业	Others	3
废弃资源综合利用业	Comprehensive Utilization of Waste Resources	17
金属制品、机械和设备修理业	Metal Products,Machinery and Equipment Repair	4
电力、燃气及水的生产和供应业	**Production & Supply of Electric Power,Gas & Water**	
电力、热力生产和供应业	Production & Supply of Electric Power & Heat Power	611
燃气生产和供应业	Production & Supply of Gas	61
水的生产和供应业	Production & Supply of Water	61

Main Indicators of Industrial Enterprises above Designated Size by Industrial Branch(2020)

(10 000 yuan)

工业总产值(现价) Gross Industrial Output Value (at current prices)	资产合计 Total Assets	流动资产合计 Circulating Funds	应收账款 Accounts Receivable	存货 Inventories	负债合计 Total Liabilities
154652806	**342557675**	**112850993**	**22672470**	**17868096**	**203111452**
26885936	74396684	28693157	4228217	1648706	37786762
2913066	9972966	450525	10009	43777	3439837
1652816	8708402	2682196	367644	188022	5308827
1774719	5193696	1348162	161126	229488	2290787
403319	1185508	496020	145115	87142	463973
4433160	5389566	2978464	429393	1104937	3338047
5579507	15548284	6220097	1118933	789757	7837092
642839	1587723	741230	38165	365194	732409
1305307	989434	807077	347	264616	275061
210561	535745	394320	148300	169048	327113
305796	2232089	715673	100731	187691	1057859
40588	45629	36572	13650	7065	17208
62585	81629	51406	9588	21532	63151
2657	11901	5503	-107	3230	6875
815048	517336	337074	84079	86255	271583
31983	196964	83958	36182	21836	142733
9038438	11834224	4777854	436995	890550	7725357
14720704	34985165	7220110	1061445	1341202	22691023
1785144	4634427	1849690	452805	332341	2869946
189395	357053	196592	55304	60113	156914
5897077	11753829	4792914	1183494	942445	7365498
19468251	28516669	10269657	1379592	3304521	16069142
19113774	20832837	8956478	1712557	3254171	14098332
3213599	6209556	4004589	355770	733605	4698693
414486	524440	394563	173462	106042	308317
403027	714652	503444	137942	162145	364018
1306102	2560217	1546487	536489	187972	2552736
557564	671423	429745	104594	85303	319446
1344860	1224653	898773	385288	197337	975732
1801338	3290933	1245514	335186	300375	1587561
33335	36029	30680	19004	858	17542
468567	312533	201509	90011	43916	175273
40540	66612	49446	27650	14416	33608
25286075	77020938	16564871	6799039	580098	50066065
1966739	6599155	1610838	189569	96108	5367556
543908	3818774	1265807	344902	16282	2309381

9-7 续表

单位：万元

行　业	Item	所有者权益 Creditors Equity
总计	**Total**	**139611327**
采矿业	**Mining**	
煤炭开采和洗选业	Coal Mining & Processing	36680941
石油和天然气开采业	Petroleum & Natural Gas Pumped	6533130
黑色金属矿采选业	Mining & Dressing of Ferrous Metals	3399501
有色金属矿采选业	Mining & Dressing of Nonferrous Metals	2906328
非金属矿采选业	Mining & Dressing of Nonmetal Minerals	719202
开采辅助活动	Support Activities for Mining	
其他采矿业	Mining of Other Mineral	
制造业	**Manufacturing**	
农副食品加工业	Processing of Agricultural Sideline Food	2050675
食品制造业	Food Manufacturing	7681829
酒、饮料和精制茶制造业	Wine,Beverage and Refined Tea Manufacturing	855314
烟草制品业	Tobacco Products	714373
纺织业	Textile Industry	208632
纺织服装、服饰业	Textile,Apparel Industry	1174230
皮革、毛皮、羽毛及其制品和制鞋业	Leather,Fur,Feathers and Their Products and Footwear	17664
木材加工和木、竹、藤、棕、草制品业	Timber Processing, Bamboo,Cane,Palm Fiber & Straw Products	18477
家具制造业	Furniture Manufacturing	5026
造纸及纸制品业	Paper-making & Paper Products	245754
印刷和记录媒介复制业	Printing and Record Medium Reproduction	54232
文教、工美、体育和娱乐用品制造业	Manufacturing of Cultural,Educational & Arts, Crafts & Sports and Entertainment Goods	
石油加工、炼焦和核燃料加工业	Petroleum Processing,Coke Products & Processing of Nuclear Fuel	4108866
化学原料和化学制品制造业	Raw Chemical Materials & Chemical Products	12289987
医药制造业	Medicine Manufacturing	1764481
化学纤维制造业	Chemical Fiber Manufacturing	
橡胶和塑料制品业	Rubber and Plastic Products	199154
非金属矿物制品业	Nonmetal Mineral Products	4297377
黑色金属冶炼和压延加工业	Smelting & Pressing of Ferrous Metals	12437931
有色金属冶炼和压延加工业	Smelting & Pressing of Nonferrous Metals	6952108
金属制品业	Metal Products	1510863
通用设备制造业	Manufacturing of General-Purpose Equipment	216123
专用设备制造业	Special Purposes Equipment Manufacturing	350634
汽车制造业	Automotive Manufacturing	7481
铁路、船舶、航空航天和其他运输设备制造业	Railroad,Ships,Aerospace and Other Transportation Equipment Manufacturing	351978
电气机械和器材制造业	Electric Equipment & Machinery	252151
计算机、通信和其他电子设备制造业	Manufacturing of Computer,Communications and Other Electronic Equipment	1659247
仪器仪表制造业	Manufacturing of Instrument	
其他制造业	Others	18487
废弃资源综合利用业	Comprehensive Utilization of Waste Resources	137260
金属制品、机械和设备修理业	Metal Products,Machinery and Equipment Repair	33004
电力、燃气及水的生产和供应业	**Production & Supply of Electric Power,Gas & Water**	
电力、热力生产和供应业	Production & Supply of Electric Power & Heat Power	27017901
燃气生产和供应业	Production & Supply of Gas	1231599
水的生产和供应业	Production & Supply of Water	1509393

Continued

(10 000 yuan)

营业收入 Revenues From Principal Business	营业成本 Cost of Principal Business	营业利润 Business Profits	利润总额 Total Profits
174888688	**140510063**	**13194027**	**13149833**
31556266	19755361	5795592	5350035
2829017	2322016	149398	334077
1884616	1259378	132376	119014
1864748	1008444	438429	416880
469860	301778	53909	54219
4954238	4483044	62914	82284
12938526	10110274	1462748	1365751
702146	542112	13913	18186
1201737	279426	117254	108091
222323	214101	-10973	-5284
331674	247138	62496	63434
39195	32179	3605	3472
72200	65523	-96	869
2537	2059	-783	-712
703261	518713	113607	113787
33321	27310	383	1341
9977104	8295957	159207	152503
14713004	11694968	959319	968924
1774292	1069907	231588	238523
234975	201341	16753	17018
6546854	5527362	376951	382888
21816051	20114850	430825	433024
20283053	18209415	544115	623713
3307457	2944375	102706	106786
512580	413625	37069	39759
403955	303060	25642	27163
1240419	1194417	-64047	-40611
557413	500405	26529	27255
1529907	1420924	25102	25994
1945547	1776741	-8579	-15547
34221	32037	548	573
478201	432328	26354	24754
58922	48139	1071	1036
26886040	22768876	1881397	2047307
2161875	1971280	-2871	11120
621153	421204	29579	52207

9-8 国有及国有控股工业企业分行业主要经济指标(2020年)

单位:万元

行 业	Item	企业单位数(个) Number of Enterprise (unit)
总计	**Total**	**747**
采矿业	**Mining**	
煤炭开采和洗选业	Coal Mining & Processing	76
石油和天然气开采业	Petroleum & Natural Gas Pumped	3
黑色金属矿采选业	Mining & Dressing of Ferrous Metals	7
有色金属矿采选业	Mining & Dressing of Nonferrous Metals	24
非金属矿采选业	Mining & Dressing of Nonmetal Minerals	6
开采辅助活动	Support Activities for Mining	
其他采矿业	Mining of Other Mineral	
制造业	**Manufacturing**	
农副食品加工业	Processing of Agricultural Sideline Food	9
食品制造业	Food Manufacturing	10
酒、饮料和精制茶制造业	Wine,Beverage and Refined Tea Manufacturing	12
烟草制品业	Tobacco Products	2
纺织业	Textile Industry	
纺织服装、服饰业	Textile,Apparel Industry	1
皮革、毛皮、羽毛及其制品和制鞋业	Leather,Fur,Feathers and Their Products and Footwear	
木材加工和木、竹、藤、棕、草制品业	Timber Processing, Bamboo,Cane,Palm Fiber & Straw Products	
家具制造业	Furniture Manufacturing	
造纸及纸制品业	Paper-making & Paper Products	2
印刷和记录媒介复制业	Printing and Record Medium Reproduction	2
文教、工美、体育和娱乐用品制造业	Manufacturing of Cultural,Educational & Arts, Crafts & Sports and Entertainment Goods	
石油加工、炼焦和核燃料加工业	Petroleum Processing,Coke Products & Processing of Nuclear Fuel	13
化学原料和化学制品制造业	Raw Chemical Materials & Chemical Products	30
医药制造业	Medicine Manufacturing	7
化学纤维制造业	Chemical Fiber Manufacturing	
橡胶和塑料制品业	Rubber and Plastic Products	
非金属矿物制品业	Nonmetal Mineral Products	28
黑色金属冶炼和压延加工业	Smelting & Pressing of Ferrous Metals	9
有色金属冶炼和压延加工业	Smelting & Pressing of Nonferrous Metals	29
金属制品业	Metal Products	9
通用设备制造业	Manufacturing of General-Purpose Equipment	3
专用设备制造业	Special Purposes Equipment Manufacturing	7
汽车制造业	Automotive Manufacturing	9
铁路、船舶、航空航天和其他运输设备制造业	Railroad,Ships,Aerospace and Other Transportation Equipment Manufacturing	3
电气机械和器材制造业	Electric Equipment & Machinery	9
计算机、通信和其他电子设备制造业	Manufacturing of Computer,Communications and Other Electronic Equipment	5
仪器仪表制造业	Manufacturing of Instrument	
其他制造业	Others	
废弃资源综合利用业	Comprehensive Utilization of Waste Resources	3
金属制品、机械和设备修理业	Metal Products,Machinery and Equipment Repair	2
电力、燃气及水的生产和供应业	**Production & Supply of Electric Power,Gas & Water**	
电力、热力生产和供应业	Production & Supply of Electric Power & Heat Power	377
燃气生产和供应业	Production & Supply of Gas	13
水的生产和供应业	Production & Supply of Water	37

Main Indicators on Economic Benefit of Stateowned and State Holding Majority Shares Industrial Enterprises by Industrial Branch(2020)

(10 000 yuan)

工业总产值(现价) Gross Industrial Output Value (at current prices)	资产合计 Total Assets	流动资产合计 Circulating Funds	应收账款 Accounts Receivable	存货 Inventories	负债合计 Total Liabilities
76175360	**192738911**	**50128306**	**9783422**	**8318898**	**117244732**
13406217	41305863	12680154	1459387	604030	21534841
2892322	9857749	410818	609	42471	3393864
630695	6701234	1569484	238752	77954	3947034
925699	2737914	745516	133835	136862	1267778
125250	780200	257404	36447	31463	230266
175447	408391	194658	13219	77667	306891
810505	455601	186870	51488	74796	286099
145401	499444	233129	2784	92937	235900
1305307	989434	807077	347	264616	275061
5145	21344	18116	10008	5161	7460
54007	69418	43671	11267	12419	38675
9823	40205	16046	7369	1949	24835
4002889	4533080	1850899	96902	383569	2723514
5367930	14822001	1696136	131111	417700	11222670
134552	282874	103613	23440	32951	155451
1859969	3976328	1003276	157145	174944	2403082
6670217	17575862	4940999	570911	1890898	9305443
8869328	10691816	4209159	444698	2286875	6689550
2534539	5663992	3643652	221208	657245	4368405
44724	123116	76781	21717	14097	69216
251971	394242	282966	62200	89218	202672
1164436	2426157	1468837	504729	173428	2493261
536898	637447	402004	91532	82823	308446
738918	648237	518966	227369	127029	551488
934603	1907520	579285	116737	104032	877475
102128	116134	69231	33840	4451	39449
26166	48818	36022	21388	9546	23853
21690702	59378090	11027030	4962064	407182	39545523
438688	3095557	178834	13547	28139	3123927
320886	2550845	877676	117373	12446	1592603

9-8 续表

单位:万元

行 业	Item	所有者权益 Creditors Equity
总计	**Total**	**75641743**
采矿业	**Mining**	
煤炭开采和洗选业	Coal Mining & Processing	19932290
石油和天然气开采业	Petroleum & Natural Gas Pumped	6463885
黑色金属矿采选业	Mining & Dressing of Ferrous Metals	2754200
有色金属矿采选业	Mining & Dressing of Nonferrous Metals	1473555
非金属矿采选业	Mining & Dressing of Nonmetal Minerals	549934
开采辅助活动	Support Activities for Mining	
其他采矿业	Mining of Other Mineral	
制造业	**Manufacturing**	
农副食品加工业	Processing of Agricultural Sideline Food	101504
食品制造业	Food Manufacturing	169503
酒、饮料和精制茶制造业	Wine,Beverage and Refined Tea Manufacturing	263543
烟草制品业	Tobacco Products	714373
纺织业	Textile Industry	
纺织服装、服饰业	Textile,Apparel Industry	13884
皮革、毛皮、羽毛及其制品和制鞋业	Leather,Fur,Feathers and Their Products and Footwear	
木材加工和木、竹、藤、棕、草制品业	Timber Processing, Bamboo,Cane,Palm Fiber & Straw Products	
家具制造业	Furniture Manufacturing	
造纸及纸制品业	Paper-making & Paper Products	30744
印刷和记录媒介复制业	Printing and Record Medium Reproduction	15369
文教、工美、体育和娱乐用品制造业	Manufacturing of Cultural,Educational & Arts, Crafts & Sports and Entertainment Goods	
石油加工、炼焦和核燃料加工业	Petroleum Processing,Coke Products & Processing of Nuclear Fuel	1809566
化学原料和化学制品制造业	Raw Chemical Materials & Chemical Products	3599330
医药制造业	Medicine Manufacturing	127422
化学纤维制造业	Chemical Fiber Manufacturing	
橡胶和塑料制品业	Rubber and Plastic Products	
非金属矿物制品业	Nonmetal Mineral Products	1520892
黑色金属冶炼和压延加工业	Smelting & Pressing of Ferrous Metals	8270419
有色金属冶炼和压延加工业	Smelting & Pressing of Nonferrous Metals	4002266
金属制品业	Metal Products	1295587
通用设备制造业	Manufacturing of General-Purpose Equipment	53900
专用设备制造业	Special Purposes Equipment Manufacturing	191570
汽车制造业	Automotive Manufacturing	-67105
铁路、船舶、航空航天和其他运输设备制造业	Railroad,Ships,Aerospace and Other Transportation Equipment Manufacturing	329001
电气机械和器材制造业	Electric Equipment & Machinery	96749
计算机、通信和其他电子设备制造业	Manufacturing of Computer,Communications and Other Electronic Equipment	1030045
仪器仪表制造业	Manufacturing of Instrument	
其他制造业	Others	
废弃资源综合利用业	Comprehensive Utilization of Waste Resources	76686
金属制品、机械和设备修理业	Metal Products,Machinery and Equipment Repair	24965
电力、燃气及水的生产和供应业	**Production & Supply of Electric Power,Gas & Water**	
电力、热力生产和供应业	Production & Supply of Electric Power & Heat Power	19867795
燃气生产和供应业	Production & Supply of Gas	-28370
水的生产和供应业	Production & Supply of Water	958242

Continued

(10 000 yuan)

营业收入 Revenues From Business	营业成本 Cost of Principal Business	营业利润 Business Prifits	利润总额 Total Profits
82672627	**65802627**	**5471213**	**5436229**
15109820	8457469	3407245	3079561
2809060	2303359	151291	336006
725568	465081	-51440	-58308
1031607	635954	173331	163954
178621	135986	18724	18811
234395	219544	-21762	-19630
846005	718226	59990	60384
158007	93348	17075	17495
1201737	279426	117254	108091
6654	6132	-1284	-1234
60034	53932	-69	52
10232	6926	685	1536
4618063	3697666	-17463	-21720
5221197	4149114	181266	175728
115277	75880	6839	6993
2226333	1948416	67672	70974
8227526	7473437	173456	167596
9498328	8439280	319839	318830
2544967	2240592	89923	91397
67186	54556	9800	10042
224706	172100	6843	7213
1093976	1068460	-72163	-48989
536198	486256	24957	25649
794912	762313	-3623	-3409
1038578	965589	-42613	-58943
112880	86361	17713	13811
26166	20717	117	83
23099701	20007358	955532	1069042
490530	506027	-94834	-94083
364364	273123	-23090	-702

9-9 规模以上民营工业企业分行业主要经济指标(2020年)

单位:万元

行 业	Item	企业单位数(个) Number of Enterprise (unit)
总计	**Total**	**2155**
采矿业	**Mining**	
煤炭开采和洗选业	Coal Mining & Processing	282
石油和天然气开采业	Petroleum & Natural Gas Pumped	3
黑色金属矿采选业	Mining & Dressing of Ferrous Metals	50
有色金属矿采选业	Mining & Dressing of Nonferrous Metals	31
非金属矿采选业	Mining & Dressing of Nonmetal Minerals	42
开采辅助活动	Support Activities for Mining	
其他采矿业	Mining of Other Mineral	
制造业	**Manufacturing**	
农副食品加工业	Processing of Agricultural Sideline Food	221
食品制造业	Food Manufacturing	58
酒、饮料和精制茶制造业	Wine,Beverage and Refined Tea Manufacturing	24
烟草制品业	Tobacco Products	
纺织业	Textile Industry	31
纺织服装、服饰业	Textile,Apparel Industry	13
皮革、毛皮、羽毛及其制品和制鞋业	Leather,Fur,Feathers and Their Products and Footwear	4
木材加工和木、竹、藤、棕、草制品业	Timber Processing, Bamboo,Cane,Palm Fiber & Straw Products	19
家具制造业	Furniture Manufacturing	1
造纸及纸制品业	Paper-making & Paper Products	12
印刷和记录媒介复制业	Printing and Record Medium Reproduction	4
文教、工美、体育和娱乐用品制造业	Manufacturing of Cultural,Educational & Arts, Crafts & Sports and Entertainment Goods	
石油加工、炼焦和核燃料加工业	Petroleum Processing,Coke Products & Processing of Nuclear Fuel	56
化学原料和化学制品制造业	Raw Chemical Materials & Chemical Products	206
医药制造业	Medicine Manufacturing	47
化学纤维制造业	Chemical Fiber Manufacturing	
橡胶和塑料制品业	Rubber and Plastic Products	22
非金属矿物制品业	Nonmetal Mineral Products	278
黑色金属冶炼和压延加工业	Smelting & Pressing of Ferrous Metals	174
有色金属冶炼和压延加工业	Smelting & Pressing of Nonferrous Metals	103
金属制品业	Metal Products	44
通用设备制造业	Manufacturing of General-Purpose Equipment	31
专用设备制造业	Special Purposes Equipment Manufacturing	22
汽车制造业	Automotive Manufacturing	8
铁路、船舶、航空航天和其他运输设备制造业	Railroad,Ships,Aerospace and Other Transportation Equipment Manufacturing	3
电气机械和器材制造业	Electric Equipment & Machinery	28
计算机、通信和其他电子设备制造业	Manufacturing of Computer,Communications and Other Electronic Equipment	34
仪器仪表制造业	Manufacturing of Instrument	
其他制造业	Others	3
废弃资源综合利用业	Comprehensive Utilization of Waste Resources	14
金属制品、机械和设备修理业	Metal Products,Machinery and Equipment Repair	2
电力、燃气及水的生产和供应业	**Production & Supply of Electric Power,Gas & Water**	
电力、热力生产和供应业	Production & Supply of Electric Power & Heat Power	220
燃气生产和供应业	Production & Supply of Gas	44
水的生产和供应业	Production & Supply of Water	21

Main Indicators on Economic Benefit of Above-scale Private Industrial Enterprises by Industrial Branch(2020)

(10 000 yuan)

工业总产值(现价) Gross Industrial Output Value (at current prices)	资产合计 Total Assets	流动资产合计 Circulating Funds	应收账款 Accounts Receivable	存货 Inventories	负债合计 Total Liabilities
72707252	**131417271**	**55449629**	**11702691**	**8741351**	**76845910**
12701071	27254321	14318541	2673667	970221	13422165
20744	115218	39707	9400	1305	45973
1022121	2007168	1112712	128893	110068	1361793
849020	2455782	602646	27291	92626	1023009
278069	405308	238617	108668	55678	233707
3708757	4339122	2337873	401714	913569	2750425
3675219	8971892	2828813	577005	495673	4947500
395255	929917	456809	30318	247562	407278
210561	535745	394320	148300	169048	327113
300652	2210745	697557	90723	182530	1050399
40588	45629	36572	13650	7065	17208
62585	81629	51406	9588	21532	63151
2657	11901	5503	-107	3230	6875
141184	106936	76524	43188	14124	60696
22160	156760	67912	28814	19887	117897
4801869	6813644	2861138	340092	476246	4618885
9106475	19664013	5382387	906290	911960	11333255
1106677	3278766	1380202	244458	218554	1998383
189395	357053	196592	55304	60113	156914
3959922	7303650	3679678	1013399	759023	4698193
12798033	10940807	5328658	808682	1413623	6763698
9480909	9700443	4440422	1256664	836514	7147099
666638	526911	348631	130744	71485	321363
369762	401325	317782	151745	91945	239102
129010	244589	168321	62391	49564	143432
141666	134060	77650	31759	14544	59474
20666	33976	27740	13062	2480	10999
584708	544662	365104	150251	67430	397446
864265	1382568	665505	218293	196288	709640
33335	36029	30680	19004	858	17542
366439	196399	132278	56171	39466	135824
14373	17794	13424	6262	4870	9755
3078963	16069685	5285989	1708110	159740	9558598
1370559	3045612	1201301	111353	58971	2068057
192950	1097214	280640	127546	3558	623061

9-9 续表

单位:万元

行业	Item	所有者权益 Creditors Equity
总计	**Total**	**54588902**
采矿业	**Mining**	
煤炭开采和洗选业	Coal Mining & Processing	13741907
石油和天然气开采业	Petroleum & Natural Gas Pumped	69245
黑色金属矿采选业	Mining & Dressing of Ferrous Metals	645300
有色金属矿采选业	Mining & Dressing of Nonferrous Metals	1432773
非金属矿采选业	Mining & Dressing of Nonmetal Minerals	169268
开采辅助活动	Support Activities for Mining	
其他采矿业	Mining of Other Mineral	
制造业	**Manufacturing**	
农副食品加工业	Processing of Agricultural Sideline Food	1587850
食品制造业	Food Manufacturing	3995029
酒、饮料和精制茶制造业	Wine,Beverage and Refined Tea Manufacturing	522640
烟草制品业	Tobacco Products	
纺织业	Textile Industry	208632
纺织服装、服饰业	Textile,Apparel Industry	1160346
皮革、毛皮、羽毛及其制品和制鞋业	Leather,Fur,Feathers and Their Products and Footwear	17664
木材加工和木、竹、藤、棕、草制品业	Timber Processing, Bamboo,Cane,Palm Fiber & Straw Products	18477
家具制造业	Furniture Manufacturing	5026
造纸及纸制品业	Paper-making & Paper Products	46239
印刷和记录媒介复制业	Printing and Record Medium Reproduction	38863
文教、工美、体育和娱乐用品制造业	Manufacturing of Cultural,Educational & Arts, Crafts & Sports and Entertainment Goods	
石油加工、炼焦和核燃料加工业	Petroleum Processing,Coke Products & Processing of Nuclear Fuel	2194757
化学原料和化学制品制造业	Raw Chemical Materials & Chemical Products	8326603
医药制造业	Medicine Manufacturing	1280383
化学纤维制造业	Chemical Fiber Manufacturing	
橡胶和塑料制品业	Rubber and Plastic Products	199154
非金属矿物制品业	Nonmetal Mineral Products	2566858
黑色金属冶炼和压延加工业	Smelting & Pressing of Ferrous Metals	4167512
有色金属冶炼和压延加工业	Smelting & Pressing of Nonferrous Metals	2770947
金属制品业	Metal Products	205547
通用设备制造业	Manufacturing of General-Purpose Equipment	162222
专用设备制造业	Special Purposes Equipment Manufacturing	101156
汽车制造业	Automotive Manufacturing	74586
铁路、船舶、航空航天和其他运输设备制造业	Railroad,Ships,Aerospace and Other Transportation Equipment Manufacturing	22977
电气机械和器材制造业	Electric Equipment & Machinery	150446
计算机、通信和其他电子设备制造业	Manufacturing of Computer,Communications and Other Electronic Equipment	628803
仪器仪表制造业	Manufacturing of Instrument	
其他制造业	Others	18487
废弃资源综合利用业	Comprehensive Utilization of Waste Resources	60574
金属制品、机械和设备修理业	Metal Products,Machinery and Equipment Repair	8039
电力、燃气及水的生产和供应业	**Production & Supply of Electric Power,Gas & Water**	
电力、热力生产和供应业	Production & Supply of Electric Power & Heat Power	6538887
燃气生产和供应业	Production & Supply of Gas	977555
水的生产和供应业	Production & Supply of Water	474154

Continued

(10 000 yuan)

营业收入 Revenues From Principal Business	营业成本 Cost of Principal Business	营业利润 Business Profits	利润总额 Total Profits
79529795	**64384818**	**7099502**	**7135792**
13830031	9094501	2511890	2402537
19956	18657	-1893	-1930
1159047	794297	183815	177322
833141	372490	265099	252927
291239	165792	35184	35409
4136184	3779022	35566	52381
6001593	4494573	1031887	970776
402059	346334	-5955	-2569
222323	214101	-10973	-5284
325021	241006	63779	64668
39195	32179	3605	3472
72200	65523	-96	869
2537	2059	-783	-712
142553	122552	7249	7320
23090	20383	-302	-195
5120943	4387293	185772	182914
9231533	7354432	737167	752813
1088493	535877	186026	192799
234975	201341	16753	17018
4224503	3502434	289757	294627
13588525	12641413	257369	265429
10019117	9055591	195086	279598
748047	690743	12141	14643
445394	359070	27269	29717
134520	106139	5919	7191
146443	125957	8116	8378
21216	14149	1572	1606
710404	639355	29598	30560
904499	808905	34036	43407
34221	32037	548	573
365322	345967	8641	10944
32756	27422	954	953
3264150	2345091	872825	923217
1492453	1323624	63941	74250
222116	124511	47939	48165

9-10 规模以上工业企业平均用工人数

Average Number of Emoloyees in Industrial Enterprises above Designated Size

单位：万人　　　　(10 000 persons)

项　目	Item	2020
总　计	**Total**	**87.72**
按登记注册类型分	**Grouped by Ownership**	
国有	State-owned	1.23
集体	Collective-owned	0.09
股份制企业	Joint-stock Company	81.04
其他	Other Ownership	5.36
按行业分	**Grouped by Sector**	
采矿业	**Mining**	**20.37**
煤炭开采和洗选业	Coal Mining & Processing	16.19
石油和天然气开采业	Petroleum & Natural Gas Pumped	0.45
黑色金属矿采选业	Mining & Dressing of Ferrous Metals	1.46
有色金属矿采选业	Mining & Dressing of Nonferrous Metals	1.64
非金属矿采选业	Mining & Dressing of Nonmetal Minerals	0.62
开采辅助活动	Support Activities for Mining	
其他采矿业	Mining of Other Mineral	
制造业	**Manufacturing**	**51.00**
农副食品加工业	Processing of Agricultural Sideline Food	2.98
食品制造业	Food Manufacturing	4.37
酒、饮料和精制茶制造业	Wine, Beverage and Refined Tea Manufacturing	1.13
烟草制品业	Tobacco Products	0.25
纺织业	Textile Industry	0.40
纺织服装、服饰业	Textile, Apparel Industry	0.72
皮革、毛皮、羽毛及其制品和制鞋业	Leather, Fur, Feathers and Their Products and Footwear	0.24
木材加工和木、竹、藤、棕、草制品业	Timber Processing,Bamboo,Cane,Palm Fiber & Straw Products	0.21
家具制造业	Furniture Manufacturing	0.02
造纸及纸制品业	Paper-making & Paper Products	0.42
印刷和记录媒介复制业	Printing and Record Medium Reproduction	0.08
文教、工美、体育和娱乐用品制造业	Manufacturing of Cultural,Educational & Arts, Crafts & Sports and Entertainment Goods	
石油加工、炼焦和核燃料加工业	Petroleum Processing,Coke Products & Processing of Nuclear Fuel	3.57
化学原料和化学制品制造业	Raw Chemical Materials & Chemical Products	8.75
医药制造业	Medicine Manufacturing	2.21
化学纤维制造业	Chemical Fiber Manufacturing	
橡胶和塑料制品业	Rubber and Plastic Products	0.28
非金属矿物制品业	Nonmetal Mineral Products	4.48
黑色金属冶炼和压延加工业	Smelting & Pressing of Ferrous Metals	9.25
有色金属冶炼和压延加工业	Smelting & Pressing of Nonferrous Metals	5.44
金属制品业	Metal Products	2.68
通用设备制造业	Manufacturing of General-Purpose Equipment	0.37
专用设备制造业	Special Purposes Equipment Manufacturing	0.44
汽车制造业	Automotive Manufacturing	0.61
铁路、船舶、航空航天和其他运输设备制造业	Railroad,Ships,Aerospace and Other Transportation Equipment Manufacturing	0.31
电气机械和器材制造业	Electric Equipment & Machinery	0.52
计算机、通信和其他电子设备制造业	Manufacturing of Computer,Communications and Other Electronic Equipment	0.98
仪器仪表制造业	Manufacturing of Instrument	
其他制造业	Others	0.01
废弃资源综合利用业	Comprehensive Utilization of Waste Resources	0.18
金属制品、机械和设备修理业	Metal Products, Machinery and Equipment Repair	0.11
电力、燃气及水的生产和供应业	**Production & Supply of Electric Power,Gas & Water**	**16.36**
电力、热力生产和供应业	Production & Supply of Electric Power & Heat Power	13.85
燃气生产和供应业	Production & Supply of Gas	1.18
水的生产和供应业	Production & Supply of Water	1.33

9-11 主要工业产品产量
Output of Major Industrial Products

项 目	Item	2019	2020
原　煤(万吨)	Coal(10 000 tons)	109068.12	102550.86
焦　炭(万吨)	Coke(10 000 tons)	3677.23	4222.53
原　油(万吨)	Crudc Petroleum Oil(10 000 tons)	126.78	125.44
汽　油(万吨)	Gasoline(10 000 tons)	178.63	167.02
柴　油(万吨)	Diesel Oil(10 000 tons)	172.19	168.40
发电量(亿千瓦小时)	Electricity(100 million kwh)	5495.13	5810.97
铁矿石原矿量(万吨)	Crudeiron Ore(10 000 tons)	3323.88	4272.63
精制食用植物油(万吨)	Edible Vegetable Oil(10 000 tons)	8.02	10.33
乳 制 品(万吨)	Dairy Products(10000 tons)	289.34	337.29
液体乳(万吨)	Liquid Dairy(10 000 tons)	272.46	318.92
啤　酒(千升)	Beer(1000 litres)	643225.30	585243.30
白　酒(千升)	Liquor(1000 litres)	37745.10	25849.30
饲　料(万吨)	Forage(10 000 tons)	187.19	295.91
卷　烟(万支)	Cigarettes(10000 pcs)	2551000.00	3051000.00
服　装(万件)	Garments(10 000 pcs)	742.80	526.80
胶合板(万立方米)	Plywood(10 000cu·m)	5.26	5.14
精甲醇(万吨)	Purified Carbinol(10 000 tons)	1039.78	1286.21
碳化钙(电石)(万吨)	Calsium Carbide(10 000 tons)	900.14	1029.23
硫　酸(万吨)	Sulfuric Acid(10 000 tons)	420.49	494.87
烧碱(氢氧化钠)(万吨)	Caustic Soda(10 000 tons)	307.38	332.19
纯碱(无水碳酸钠)(万吨)	Soda Ash(10 000 tons)	12.11	4.23
农用化学肥料(万吨)	Chemical Fertilizer(10 000 tons)	515.42	424.17
氮　肥(万吨)	Nitrogen Fertilizers(10 000 tons)	474.83	373.78
磷　肥(万吨)	Phosphate Fertlizers(10 000 tons)	28.43	38.82
合成氨(万吨)	Synthetic Ammonia(10 000 tons)	202.65	319.59
化学药品原药(万吨)	Chemical Peoticide(10 000 tons)	16.82	7.71
单晶硅(万千克)	Monocrystalline Silicon(10 000 kg)	12525.20	17596.33
多晶硅（万千克）	Polycrystalline silicon(10 000 kg)	6616.78	6281.47
稀土化合物（万千克）	Rare-earth Compound(10 000 kg)	3450.17	3341.32
水　泥(万吨)	Cement(10 000 tons)	3377.71	3610.88
平板玻璃(万重量箱)	Plate Glass(10 000 weight cases)	992.60	1041.24
生　铁(万吨)	Pig Iron(10 000 tons)	2303.12	2380.83
粗　钢(万吨)	Crude Steel(10 000 tons)	2653.69	3119.87
钢　材(万吨)	Rolled Steel (10 000 tons)	2563.77	2883.92
铁合金(万吨)	Ferroalloy(10 000 tons)	967.90	1126.71
十种有色金属(万吨)	Ten Kinds of Nonferrous Metals(10 000 tons)	635.80	725.71
铝(万吨)	Aluminum(10 000 tons)	500.38	574.21
精炼铜(万吨)	Refined Copper(10 000 tons)	41.79	55.48
汽　车(万辆)	Cars(10 000 units)	2.90	2.90
铁路货车(万辆)	Railway Freight Coaches(10 000 units)	0.35	0.30
智能电视(万台)	Color Television Sets(10 000 sets)	164.28	173.24

9-12 主要工业产品产量

年 份 Year	原 煤 (万吨) Coal (10000 tons)	原 盐 (万吨) Salt (10000 tons)	发电量 (亿千瓦小时) Electricity (100 million kwh)	粗钢 (万吨) Crude Steel (10000 tons)	钢材 (万吨) Rolled Steel (10000 tons)	生 铁 (万吨) Pig Iron (10000 tons)	水 泥 (万吨) Cement (10000 tons)	木 材 (万立方米) Timber (10000 cu·m)	平板玻璃 (万重量箱) Plate Glass (10000 Weight cases)	小型拖拉机 (台) Small Tractors (unit)
1957	217.00	43.89	0.92					186.67		
1965	806.00	8.16	12.55	34.00	1.76	51.00	3.06	391.36		
1970	1215.00	63.58	22.01	81.00	16.02	66.00	11.14	244.43		
1975	1699.00	38.03	28.26	49.00	27.44	50.00	57.64	378.65	6.74	361
1978	2194.00	65.18	37.78	99.00	36.23	107.00	91.91	378.17	11.83	193
1980	2211.00	43.00	49.05	133.00	41.32	138.00	109.85	414.55	23.66	537
1981	2180.00	45.53	54.50	132.00	37.71	137.00	104.40	427.15	23.99	370
1982	2382.00	48.79	58.40	129.00	54.94	137.00	124.43	448.71	40.75	1365
1983	2487.00	61.61	60.82	134.00	60.47	151.00	145.88	480.48	121.60	6196
1984	2740.00	62.74	69.55	149.00	74.80	160.00	151.40	478.47	175.53	12118
1985	3204.00	66.34	80.46	170.00	100.14	182.00	185.11	502.07	112.84	16025
1986	3292.00	99.13	111.24	186.00	106.85	214.00	207.97	626.99	154.54	12045
1987	3410.00	97.29	126.54	216.00	130.53	257.00	218.84	596.00	157.41	17073
1988	3734.00	86.88	138.47	221.00	137.70	227.00	239.62	594.74	118.82	23780
1989	4382.00	109.97	153.72	242.00	157.27	255.00	250.55	527.89	235.32	12488
1990	4762.00	93.28	169.54	273.00	175.47	281.00	227.97	525.96	250.20	12464
1991	4923.00	100.66	189.04	269.00	179.69	271.00	270.60	483.87	254.92	14520
1992	5039.00	116.05	222.29	309.00	210.97	302.00	319.61	494.19	163.64	12852
1993	5514.00	111.93	235.23	346.11	244.58	329.95	371.50	500.02	341.07	3700
1994	6052.00	107.09	261.27	335.75	267.11	328.88	312.00	500.00	393.55	4522
1995	7055.00	76.13	278.54	355.36	257.77	345.78	349.27	504.35	445.42	7903
1996	7317.00	83.22	324.01	431.95	291.44	428.12	399.84	540.73	388.14	3948
1997	8303.00	100.00	342.23	453.32	339.94	450.84	465.76	524.15	399.77	5070
1998	7769.00	148.28	350.41	404.36	342.10	408.74	486.82	486.86	339.49	2881
1999	7071.00	132.07	380.61	416.30	365.80	424.86	549.70	379.23	390.93	5809
2000	7247.29	126.68	439.22	423.60	378.91	440.84	630.00	321.65	371.58	8419
2001	8163.00	136.75	465.50	453.75	388.39	476.06	698.00	280.72	464.33	5266
2002	11470.69	149.18	517.98	515.58	484.71	556.12	787.22	274.61	752.61	4175
2003	14706.82	148.72	647.73	576.83	560.36	606.90	947.86	255.35	852.49	1335
2004	21235.21	161.82	816.75	626.54	604.62	678.46	1282.83	377.75	1074.45	572
2005	25607.69	215.84	1056.59	805.49	747.77	922.69	1632.25	340.96	1144.59	
2006	29759.63	206.45	1416.00	861.86	823.97	1108.33	2215.59	350.52	999.52	
2007	35437.94	246.45	1931.95	1040.36	912.32	1260.09	2871.17	416.66	1395.72	16730
2008	47269.66	236.81	2136.00	1211.03	1047.34	1256.55	3424.06	342.39	1458.32	17750
2009	60375.46	216.98	2242.57	1261.94	1294.87	1437.07	4333.75	393.23	1564.89	11750
2010	78913.14	278.42	2483.90	1232.84	1341.41	1358.97	5454.30	320.55	1214.12	1080
2011	98440.55	310.99	2972.85	1669.75	1417.32	1431.07	6499.28	217.88	1259.53	816
2012	106602.81	253.46	3116.89	1734.14	1661.82	1326.43	5872.06	208.83	549.07	2559
2013	99054.54	243.02	3567.14	1978.56	1797.74	1367.23	6497.96	196.22	521.63	2430
2014	99391.26	193.67	3857.81	1661.48	1763.16	1330.72	6310.12	187.29	629.31	2450
2015	90957.05	164.57	3928.77	1735.11	1897.18	1461.40	5830.75	142.62	1014.00	2230
2016	84558.88	154.90	3949.81	1813.24	2016.81	1469.37	6313.56	81.70	1001.23	2186
2017	90597.26	125.34	4435.94	1983.51	2002.67	1550.43	3073.90	83.52	988.37	
2018	99101.53	119.32	4961.16	2307.58	2259.46	1744.28	3052.30	74.55	1037.70	
2019	109068.12	121.16	5495.13	2653.69	2563.77	2303.12	3377.71	82.26	992.60	
2020	102550.86	102.31	5810.97	3119.87	2883.92	2380.83	3610.88		1041.24	

注:1979年以后化肥产量按折合100%计算。

Output of Major Industrial Products

化肥 (万吨) Chemical Fertilizer (10000 tons)	机制纸及纸板 (万吨) Machine-made Paper and Paperboards (10000 tons)	合成洗涤剂 (吨) Synthetic Detergents (ton)	糖 (万吨) Sugar (10000 tons)	彩色电视机 (台) Color Television Sets (unit)	自行车 (辆) Bicycle (unit)	纱 (吨) Yarn (ton)	布 (万米) Cloth (10000 m)
0.49	0.69		1.83			104	37
0.88	1.83		4.17			706	238
2.91	1.88		5.80			10267	5562
8.19	3.08	1352	3.28			8559	4741
16.65	4.25	2042	4.23			14278	7604
4.00	4.24	2646	6.92		1121	14814	7950
6.22	4.02	2641	10.93		18189	15328	8270
9.54	4.67	3322	9.58		13559	14884	8448
10.16	2.50	4851	12.87	3000	6206	13475	8202
10.81	7.16	6417	17.28	8676	15317	12851	7168
9.81	9.53	7898	17.88	66889	25074	14951	7104
10.16	10.70	8261	20.60	84448	62038	16860	8109
12.13	10.92	11919	17.15	108858	61500	19334	8814
12.84	11.73	19354	15.22	135286	51276	21612	10313
12.18	13.02	16353	19.76	134548	44004	22581	10548
13.48	13.59	11936	16.37	157331	19110	23950	10785
12.50	15.05	9530	23.54	170647	7732	24090	10826
13.44	15.64	10454	29.23	213085	10552	20912	9537
13.03	14.45	11686	26.43	229200	5000	17742	8782
17.92	14.90	13130	18.34	305285	10000	19343	9232
17.35	19.15	17326	17.07	270907	600	19105	8548
20.95	20.14	10588	27.21	170210	2524	18921	8728
16.87	16.03	7730	26.70	115779	1955	19782	8271
21.12	13.76	4240	20.12	34307	1548	18241	7197
43.72	14.27	2252	11.95	125396	1627	18312	6191
35.54	12.19	1929	12.04	518000	504	15718	3287
39.58	14.33	1064	19.67	961388		20523	4078
48.70	18.59	127	18.77	1267016		23814	5275
50.93	18.92	329	14.74	1342993		22560	4685
57.87	25.17		10.67	2374871		22171	4203
65.58	25.74		14.75	2390900		32194	8337
68.95	19.73	1994	25.88	3337425		14512	13576
84.30	25.88	263	19.46	8302633		45580	14810
89.05	35.53		22.37	8667513		16762	5537
259.13	77.97		15.42	2174236		20250	8030
180.82	28.84		12.04	2043662		20629	9813
126.06	30.91		18.00	2610853		20340	10192
123.03	14.97		31.14	3832302		10929	4153
113.69	11.91		42.35	3737574		3466	3
126.08	29.06		51.11	3497783		4267	
292.96	12.32		67.33	2664795		5167	
250.19	12.27		72.25	1096335		4949	
438.25	12.86		36.87	1374348		8091	
428.45	12.72		35.95	1340540		2560	
515.42	7.90		52.59	1642782		2509	
424.17	7.37	85963	81.51	1732392		2250	

a)The output of chemical fertilizer is calculated on the basis of 100% effective content since 1979.

9-13 规模以上工业主要产品生产能力

Production Capacity of Major Industrial Products above Designated Size

产品名称	Item	2020
原煤(万吨)	Coal(10 000 tons)	103694.00
焦炭(万吨)	Coke(10 000 tons)	5232.00
天然原油(万吨)	Crude Oil(10 000 tons)	92.63
发电设备容量总计(万千瓦)	Capacity Of Generator (10 000 kw)	13166.06
卷烟(万支)	Cigarettes(10 000 pieces)	3799500.00
农用氮磷钾化学肥料(万吨)	Chemical Fertilizer(10 000 tons)	475.44
碳化钙(电石)(万吨)	Calcium Carbide (10 000 tons)	1114.20
初级塑料形态(万吨)	Primary Plastic (10 000 tons)	903.50
水泥(万吨)	Cement(10 000 tons)	15321.88
平板玻璃(万重量箱)	Plate Glass(10 000 weight cases)	1047.94
生铁(万吨)	Pig Iron(10 000 tons)	2658.60
粗钢(万吨)	Steel(10 000 tons)	3400.00
钢材(万吨)	Rolled Steel(10 000 tons)	3496.00
铁合金(万吨)	Ferroalloy(10 000 tons)	1435.34
原铝(万吨)	Aluminum(10 000 tons)	611.20
汽车(辆)	Vehicle(unit)	100000
电视机(万台)	Television Sets(10 000 sets)	230.00

主要统计指标解释

工业　指从事自然资源的开采，对采掘品和农产品进行加工和再加工的生产活动部门。具体包括：(1)对自然资源的开采，如采矿、晒盐、森林采伐等(但不包括禽兽捕猎和水产捕捞)(2)对农副产品的加工、再加工，如粮油加工、食品加工、轧花、缫丝、纺织、制革等；(3)对采掘品的加工、再加工，如冶金加工、石油加工、化工加工、机械加工、木材加工等，以及电力、热力、自来水、煤气的生产和供应等；(4)对工业品的修理、翻新，如机器设备的修理，交通运输设备的修理等，不包括属于局面服务业的日用品修理、摩托车修理、汽车修理和自行车修理。

轻工业　指主要提供生活消费品和制作手工工具的工业。按其所使用的原料不同，可分为两大类：(1)以农产品为原料的轻工业，是指直接或间接以农产品为基本原料的轻工业。主要包括食品制造、饮料制造、烟草加工、纺织、缝纫、皮革和毛皮制作、造纸以及印刷等工业；(2)以非农产品为原料的轻工业，是指以工业品为原料的轻工业。主要包括文教体育用品、化学药品制造、合成纤维制造、日用化学制品、日用玻璃制品、日用金属制品、手工工具制造、医疗器械制造、文化和办公用机械制造等工业。

重工业　是指为国民经济各部门提供物质技术基础的主要生产资料的工业。按其生产性质和产品用途，可以分为下列三类：(1)采掘(伐)工业，是指对自然资源的开采，包括石油开采、煤炭开采、金属矿开采、非金属矿开采和木材采伐等工业；(2)原材料工业，指向国民经济各部门提供基本材料、动力和燃料的工业。包括金属冶炼及加工、炼焦及焦炭、化学、化工原料、水泥、人造板以及电力、石油和煤炭加工等工业；(3)加工工业，是指对工业原材料进行再加工制造的工业。包括装备国民经济各部门的机械设备制造工业、金属结构、水泥制品等工业，以及为农业提供的生产资料如化肥、农药等工业。

根据上述划分原则，修理业中以重工业产品为修理作业对象的划为重工业，反之划为轻工业。

工业总产值　指工业企业在报告期内生产的以货币形式表现的工业最终产品和提供工业劳务活动的总价值量。它包括：企业在报告期内生产，并在报告期内不再进行加工，经检验合格、包装入库的已经销售和准备销售的全部工业成品(包括半成品)价值，对外加工费收入，自制半成品在制品期末期初差额价值。工业总产值遵循“工厂法”原则。即以法人工业企业作为一个整体计算工业总产值，是其报告期内生产的最终产品和提供劳务的总价值量。

实收资本　指企业各投资者实际投入的资本(或股本)总额，包括货币、实物、无形资产等各种形式的投入。实收资本按投资主体可分为国家资本、集体资本、法人资本、个人资本、港澳台资本和外商资本。

资产合计　指企业过去的交易或者事项形成的、由企业拥有或者控制的、预期会给企业带来经济利益的资源。包括企业拥有的土地、办公楼、厂房、机器、运输工具、存货等实物资产和现金、存款、应收账款和预付账款等金融资产。资产一般按流动性(资产的变现或耗用时间长短)分为流动资产和非流动资产。其中流动资产可分为货币资金、交易性金融资产、应收票据、应收账款、预付款项、其他应收款、存货等；非流动资产可分为长期股权投资、固定资产、无形资产及其他非流动资产等。

负债合计　指企业过去的交易或者事项形成的，预期会导致经济利益流出企业的现时义务。包括银行贷款、借款、应付账款、应付职工工资、应付职工福利费、应交税金等企业负有偿还责任的债务。负债一般按偿还期长短分为流动负债和非流动负债。

所有者权益　指企业资产扣除负债后由所有者享有的剩余权益。公司的所有者权益又称股东权益。包括实收资本、资本公积、盈余公积、未分配利润等。

流动资产　资产满足以下条件之一应归为流动资产：(1)预计在一个正常营业周期中变现、出售或耗用，主要包括存货、应收账款等；(2)主要为交易目的而持有；(3)预计在资产负债表日起一年内(含一年)变现；(4)自资产负债表日起一年内，交换其他资产或清偿负债的能力不受限制的现金或现金等价物。包括货币资金、应收票据、应收账款、存货等项目。

营业收入　指企业从事销售商品、提供劳务和让渡资产使用权等生产经营活动形成的经济利益流入。

营业成本　指企业从事销售商品、提供劳务和让渡资产使用权等生产经营活动发生的实际成本。

营业利润　指企业从事生产经营活动所取得的利润。

利润总额　指企业在一定会计期间的经营成果，是生产经营过程中各种收入扣除各种耗费后的盈余，反映企业在报告期内实现的盈亏总额。

Explanatory Notes on Main Statistical Indicators

Industry refers to the material production sector which is engaged in extraction of natural resources and processing and reprocessing of minerals and agricultural products, including (1) extraction of natural resources, such as mining, salt production, logging (but not including hunting and fishing) ; (2) processing and reprocessing of farm and sideline produces, such as grain and oil? processing, food processing, cotton ginning, silk reeling, spinning and weaving, and leather making; (3) processing and reprocessing of mineral products, such as metallurgical processing, petroleum processing, chemicals manufacturing, machine building, wood processing, production and supply of electricity, heat, water and gas; (4) Repairing and renovating of industrial products such as the machinery and transportation equipment, etc. , does not include the repair of daily necessities, motorcycles, automobiles and bicycles, which are part of the service sector.

Light Industry refers to the industry that produces consumer goods and hand tools. It consists of two categories, depending on the materials used: (1) Light industries using farm products as raw materials. These are branches of light industry which directly or indirectly use farm products as basic raw materials, including the manufacture of food and beverages, tobacco processing, textile, sewing, fur and leather manufacturing, paper making printing, etc. (2) Industries using non – farm products as raw materials. These are branches of light industry which use manufactured goods as raw materials, including the manufacture of cultural, educational articles and sports goods, chemicals, synthetic fiber, chemical products for daily use, glass products for daily use, metal products for daily use, hand tools, medical apparatus and instruments, and the manufacture of cultural and clerical machinery.

Heavy Industry refers to the industry which produces capital goods, and provides various sectors of the national economy with necessary material and technical basis. It consists of the following three branches according to the purpose of production or the use of products: (1) Mining, quarrying and logging industry refers to the industry that extracts natural resources, including extraction of petroleum, coal, metal and non metal and logging; (2) Raw materials industry refers to the industry that provides various sectors of the national economy with raw materials, fuels and power. It includes smelting and processing of metals, coking and coke chemistry, chemical materials ,cement, plywood, and power, petroleum refining and coal dressing; (3) Processing industry refers to the industry that processes raw materials. It includes machine building industry which equips sectors of the national economy, industries of metal structure and cement products, industries producing means of agricultural production, such as chemical fertilizers and pesticides.

According to the above principle of classification, the repairing trades which are engaged primarily in repairing products of heavy industry are classified into heavy industry, otherwise classified into light industry.

Gross Industrial Output Value refers to the industrial final product that industrial enterprise produces in reporting period with monetary form and the total value quantity that provides industrial labor service activity. It includes: the enterprise produces in the reporting period, and does not process in the reporting period, the value of all the industrial finished products (including semi – finished products) that have been sold and ready for sale after passing the inspection and put into storage, the income from external processing fees, and the balance value of the self – made semi – finished products in process at the end of the period . The gross industrial output value is calculated with "factory method". The industrial enterprise with legal person calculates industrial gross output value as a whole namely, it is the total value quantity of the final product that its report period produces and offer labor service.

Paid – in Capital The total amount of capital (or equity) actually invested by each investor in the enterprise, including money physical intangible assets and other forms of input.

Total Assets It refers to the resource that is owned or controlled by the enterprise and is expected to bring economic benefits to the enterprise, including the land owned by enterprises, office buildings, factories, machinery, transportation vehicles, inventory and other physical assets and financial assets such as cash deposits, receivables and prepayments. Assets are generally classified into current assets and non – current assets according to liquidity (the realization or consumption of assets). Current assets can be classified into monetary funds, trading financial assets, notes receivable, accounts receivable, prepayments, other receivables, inventories, etc. Non – current assets can be divided into long – term equity investment fixed assets intangible assets and other non – current assets .

Total Liabilities refers to the past transactions or events formed by the enterprise, which are expected to lead to the outflow of economic benefits. The current obligations of the enterprise include bank loans, loans, accounts payable, employees′ wages, employees′benefits, taxes, etc. The debts and liabilities for which the enterprise is liable are generally divided into current liabilities and non – current liabilities according to the length of the repayment period.

Owner's Equity refers to the residual equity enjoyed by the owner after deducting the liabilities from the assets of the enterprise. The owner's equity of a company is also called shareholder′s equity. Including paid in capital, capital reserve, surplus reserve, undistributed profit, etc.

Circulating Assets Assets meet one of the following conditions shall be classified as current assets: (1) Expected to be sold or consumed during a normal operating cycle, mainly including inventory receivables, etc; (2) Held primarily for trading purposes: (3) It is expected to be realized within one year including one year from the balance sheet date. (4) Unrestricted cash or cash equivalents, including monetary funds, notes receivable, accounts receivable, inventory, etc. , within one year from the balance sheet date.

Operating Income refers to the inflow of economic interests formed by the production and operation activities such as selling goods, providing services and transferring the right to use assets.

Operating Cost refers to the actual costs incurred by enterprises in production and operation activities such as selling goods, providing services and transferring the right to use assets.

Operating profit refers to the profits obtained by an enterprise from its production and business operations.

Profit Total refers to the operating result that points to an enterprise to be in certain accountant period, it is the surplus after all sorts of income deducts all sorts of consumption in production management process, reflect the profit and loss that the enterprise realizes inside report period total.

10 投资与建筑业

Investment and Construction

资料整理：项 巍 程旭嵘 嘎 陆

Arranged By：Xiang Wei，Cheng Xurong，Ga Lu

10-1 固定资产投资比上年增长(2020年)

Investment in Fixed Assets Growth Rate over Preceding Year(2020)

单位：%　　(%)

指　标	Item	全社会投资 All social invetment	不含农户投资 Excluding Rural Householcls
投资增速	**investment Growth**	**-1.7**	**-1.5**
#房地产开发	Real Estate Development	12.9	12.9
按登记注册类型分	**Grouped by Registration**		
内资投资	Domestic Investment	-0.9	-0.9
国有	State-owned	-34.0	-34.0
集体	Collective-owned	-64.6	-64.6
股份合作	Cooperative	-18.7	-18.7
联营	Joint-ownership	605.4	605.4
#国有联营	State Joint-ownership		
集体联营	Collective Joint-ownership	265.6	265.6
国有与集体联营	State-owned and Collective joint		
有限责任公司	Limited Liability Corporations	11.0	11.0
#国有独资	Solely State-funded	26.0	26.0
股份有限公司	Share-holding Corporations	41.6	41.6
私营	Private Enterprises	13.8	13.8
其他	Others	1.9	1.9
港澳台商投资	Funded from Hong Kong.Macao and Taiwan	-18.7	-18.7
外商投资	Foreign Funded	-50.4	-50.4
个人投资	Individuals Investment	-6.0	57.9
#农村个人（农户）	Rural Individuals (Rural Households)	-6.4	
按产业分	**Grouped by Three Strate of Industry**		
第一产业	Primary Industry	31.0	39.5
第二产业	Secondary Industry	-0.4	-0.4
第三产业	Tertiary Industry	-5.5	-4.5
按构成分	**Grouped by Use of Funds**		
建筑安装工程	Construction and Installation	-6.9	-6.0
设备工器具购置	Purchase of Equipment and Instruments	17.5	16.6
其他费用	Others	0.6	-0.3
按隶属关系分	**Grouped by Administrative Relationship**		
中央项目	Central Government Projects	25.0	25.0
地方项目	Local Projects	-3.8	-3.7
#农户	Rural Households	-6.4	

注：1. 投资统计范围为城乡计划总投资500万元及以上建设项目。
　　2. 全社会固定资产投资包括农户投资。

a)Investment statistics range for urban and rural planning total investment of 6 million yuan and above construction projects.

b)The whole society fixed assets investment includes the rural households investment.

10-2 国民经济各行业固定资产投资占比(2020年)

The Proportion of Fixed Assets Investment in Various Sectors of the National Economy(2020)

单位：% (%)

行 业	Sector	固定资产投资行业占比 The Proportion of Fixed Assets Investment by Sector	民间投资行业占比 The Proportion of Private Investment by Sector
全 区	**Autonomous Regional Total**	**100**	**100**
农、林、牧、渔业	Agriculture,Forestry,Animal Husbandry & Fishery	5.2	4.8
采矿业	Mining	4.5	3.4
制造业	Manufacturing	17.3	26.3
电力、燃气及水的生产和供应业	Production & Supply of Electricity Heat, Gas & Water	17.5	10.3
建筑业	Construction		
批发和零售业	Wholesale & Retail Trade	0.3	0.5
交通运输、仓储和邮政业	Transport, Storage & Postal	11.1	2.1
住宿和餐饮业	Hotels& Catering Services	0.2	0.2
信息传输、软件和信息技术服务业	Information Transmission,Software and Information Technology	0.8	0.5
金融业	Finance Intermediation	0.1	0.1
房地产业	Real Estate	27.9	47.0
租赁和商务服务业	Leasing & Business Services	0.6	0.3
科学研究、技术服务业	Scientific Research and Technical Services	0.2	0.2
水利、环境和公共设施管理业	Management of Water Conservancy, Environment & Public Facilities Administration	9.9	3.5
居民服务、修理和其他服务业	Services to Households, Repairs and Other Services	0.1	0.1
教育	Education	2.1	0.2
卫生、社会工作	Health and Social Service	1.0	0.2
文化、体育和娱乐业	Culture, Sports &Entertainment	0.8	0.4
公共管理、社会保障和社会组织	Public Management，Social Security and Social Organizations	0.6	0.1
国际组织	International Organizations		

注：此表未包括农户投资。

a)Data in this table excluding rural households.

10-3 房地产开发情况

Main Indicators of Real Estate Development

指　标	Item	2019	2020
企业个数(个)	**Number of Enterprises(unit)**	**1739**	**1638**
内资	Domestic Funded	1737	1637
#国有	State-owned Enterprises	4	4
集体	Collective-owned Enterprises		
股份有限公司	Share-holding Corporations Ltd.	55	31
私营	Private Enterprises	951	1005
港、澳、台商投资	Funded by Entrepreneurs From H.K,Macao & Taiwan	1	1
外商投资	Foreign Funded	1	
平均从业人员(人)	**Average Number of Employed Persons(person)**	**32771**	**33397**
内资	Domestic Funded	32662	33315
#国有	State-owned Enterprises	60	94
集体	Collective-owned Enterprises		
股份有限公司	Share-holding Corporations Ltd.	831	607
私营	Private Enterprises	15204	17502
港、澳、台商投资	Funded by Entrepreneurs From H.K,Macao & Taiwan	80	82
外商投资	Foreign Funded	29	
土地开发及购置	**Land Development and Purchase**		
土地购置费(万元)	Land Space Purchased Costs(10 000 yuan)	2011897	2815982
待开发土地面积(万平方米)	Land Space Needed to Development(10 000 sq.m)	622.81	693.21
本年土地购置面积(万平方米)	Land Space Purchased This Year(10 000 sq.m)	447.48	430.27
房地产开发建设投资总规模及完成投资(万元)	**General Scale of & Actually Completed Investment in Real Estate Development(10 000 yuan)**		
实际需要总投资	Total Investment Actually Needed	87285201	93177461
自开始建设至本年底累计完成投资	Accumulative Investment Actually Made Since Starting of Construction up to the End This Year	55776299	57467988
#本年完成投资	Investment Made This Year	10419497	11764822
按用途分的房地产开发完成投资额(万元)	**Actually Completed Investment of Enterprises for Real Estate Development by Use(10 000 yuan)**		
本年完成投资额	Investment Made This Year	10419497	11764822
住宅	Residential Buildings	7821322	9072288
办公楼	Office Buildings	141756	77010
商业营业用房	Houses for Business Use	1286663	1180959
其他	Others	1169756	1434565

10-3 续表 Continued

指　标	Item	2019	2020
房屋建筑面积(万平方米)	**Floor Space of Buildings(10 000 sq.m)**		
施工面积	Floor Space under Construction	15889.08	15310.96
竣工面积	Floor Space Completed	950.56	841.28
#住宅	Residential Buildings	689.74	614.19
竣工房屋价值(万元)	Value of Buildings Completed(10 000 yuan)	2536042	2332099
按用途分新开工房屋面积(万平方米)	**Floor Space Started by Use(10 000 sq.m)**		
本年新开工房屋面积	Floor Space of Selling House	3706.06	3287.84
住　宅	Residential Buildings	2783.87	2485.53
办公楼	Office Buildings	36.75	13.60
商业营业用房	Houses for Business Use	324.00	296.77
其　他	Others	561.44	491.93
商品房屋销售情况	**Selling of Commercial Houses**		
房屋销售面积(万平方米)	Floor Space of Selling House(10 000 sq.m)	2008.19	2045.89
#住宅	Residential Buildings	1803.55	1867.47
商品房销售额(万元)	Total Sales of Commercial House (10 000 yuan)	12439086	13654815
#住宅	Residential Buildings	11041021	12425834
房地产开发企业资产负债(万元)	**Asset Balance of Enterprises (10 000 yuan)**		
资产总计	Total Assets	89312783	91514726
累计折旧	Total Depreciation	398073	417449
#本年折旧	Depreciation This Year	68064	72149
负债合计	Total Liabilities	79468264	81597729
所有者权益合计	Owners' Equity	9844519	9916997
#实收资本	Paid-in Capital	7627741	7741263
经营收入(万元)	**Revenue(10 000 yuan)**	**7967250**	**10474521**
#土地转让收入	Land Transferred	63681	17188
资金来源(万元)	**Source of Funds(10 000 yuan)**	**13814950**	**15610074**
#国内贷款	Domestical Loans	788066	691529
利用外资	Foreign Investment	850	
自筹资金	Fund Raising	6295067	6510535
其他资金来源	Others	6730967	8408010

10-4 按登记注册类型分的房地产开发投资(2020年)

Investment in Real Estate Development by Type of Registration(2020)

指　标	Item	总 计 Total	内资 Domistic-funded Enterprises #国有 State-owned Units	有限责任公司 Limited Liabibity Corp.
企业个数(个)	**Number of Enterprises(unit)**	**1638**	**4**	**595**
#亏损企业个数	Loss-Making Enterprises	1047	2	369
本年完成投资额(万元)	**Investment Completed This Year (10 000 yuan)**	**11764822**	**65748**	**5448193**
按构成分	Grouped by Use of Funds			
建筑工程	Construction Projects	7584491	15052	3414656
安装工程	Installation Projects	527277	35	185406
设备工器具购置	Purchase of Equipment, Tools and Instruments	89602	35	32179
其他费用	Other Funds	3563452	50626	1815952
#土地购置费	Purchase of Land	2815982	48080	1481965
按工程用途分	Grouped by Use of Project			
住宅	Residential Buildings	9072288	35683	4209918
办公楼	Office Buildings	77010		14756
商业营业用房	Business Buildings	1180959	12129	581474
其他	Others	1434565	17936	642045
本年新增固定资产(万元)	**Newly Increased This Year(10 000 yuan)**	**2849446**		**1123823**
资金来源(万元)	**Finance Sources(10 000 yuan)**	**15610074**	**62735**	**7444758**
国内贷款	Domestic Loans	691529		404031
利用外资	Foreign Investment			
自筹资金	Fund Raising	6510535	62735	2878999
定金及预收款	Deposit and Pre Payment	5333944		2855702
个人按揭贷款	Individual Mortgage Loans	2520543		1043478
其他到位资金	Others	553523		262548
土地开发(平方米)	**Land Development (sq.m)**			
待开发土地面积	Area of Land to be Developed	6932120	215236	2637324
本年土地购置面积	Area of Land Purchased This Year	4302664	82945	1868792
本年土地成交价款(万元)	Value of Land Transaction(10 000 yuan)	1006149	28515	502186

10-4 续表 Continued

指　标	Item	内资 Domistic-funded Enterprises 股份有限公司 Share-holding Corp.Ltd.	私营 Private Enterprises	港澳台商投资 Economic Units Funded by Entrepreneurs from HK,Macao & Taiwan	外商投资 Foreign Funded Economic Units
企业个数(个)	**Number of Enterprises(unit)**	**31**	**1005**	**1**	
#亏损企业个数	Loss-Making Enterprises	19	654	1	
本年完成投资额(万元)	**Investment Completed This Year(10 000 yuan)**	**185194**	**6003182**	**52453**	
按构成分	Grouped by Use of Funds				
建筑工程	Construction Projects	109633	3996658	41935	
安装工程	Installation Projects	10836	330100		
设备工器具购置	Purchase of Equipment,Tools and Instruments	2426	54962		
其他费用	Other Funds	62299	1621462	10518	
#土地购置费	Purchase of Land	49227	1236710		
按工程用途分	Grouped by Use of Project				
住宅	Residential Buildings	144518	4623654	51379	
办公楼	Office Buildings	100	61517		
商业营业用房	Business Buildings	20349	564827	624	
其他	Others	20227	753184	450	
本年新增固定资产(万元)	**Newly Increased This Year (10 000 yuan)**	**91638**	**1633985**		
资金来源(万元)	**Finance Sources(10 000 yuan)**	**207833**	**7569751**	**314645**	
国内贷款	Domestic Loans	10819	276679		
利用外资	Foreign Investment				
自筹资金	Fund Raising	139375	3418074	1000	
定金及预收款	Deposit and Pre Payment	42237	2436005		
个人按揭贷款	Individual Mortgage Loans	15247	1148173	313645	
其他到位资金	Others	155	290820		
土地开发(平方米)	**Land Development (sq.m)**				
待开发土地面积	Area of Land to be Developed	54353	4010207		
本年土地购置面积	Area of Land Purchased This Year	87839	2263088		
本年土地成交价款(万元)	Value of Land Transaction (10 000 yuan)	16236	459212		

10-5 建筑业企业主要经济指标
Main Economic Indicators on Construction Enterprices

指　标	Item	2019	2020
建筑业企业个数(个)	Number of Construction Enterprises(unit)	1189	1171
签订的合同额(万元)	Value of Contracts(10 000 yuan)	29500397.00	35024702.40
建筑业总产值(万元)	Gross Output Value(10 000 yuan)	10860592.00	11344414.10
其中：装饰装修产值	Output of Decoration	221821.00	239229.80
其中：在外省完成的产值	Output Value Outside the Province	1872679.00	2755174.70
竣工产值(万元)	Output of Buildings Completed(10 000 yuan)	4230500.00	4763398.10
房屋建筑施工面积(万平方米)	Floor Space of Constructing(10 000 sq.m)	5785.37	7016.65
房屋建筑竣工面积(万平方米)	Floor Space of Buildings Completed(10 000 sq.m)	1459.85	1411.01
房屋建筑面积竣工率(%)	Rate of Floor Space of Buildings Completed(%)	25.23	20.11
自有机械设备净值(万元)	Machinery & Equipment Owned (net valued)(10 000 yuan)	437174.00	386533.30
自有机械设备总台数(万台)	Machinery and Equipment Owned(10 000 sets)	5.30	4.79
自有机械设备总功率(万千瓦)	Total Power of Machinery and Equipment Owned(10 000 kw)	160.63	151.17
技术装备率(元/人)	Value of Machines per Laborer(yuan/person)	21303	21454
动力装备率(千瓦/人)	Power of Machines per Laborer(kw/person)	7.83	8.39
按总产值计算的劳动生产率(元/人)	Overall Labor Productivity by Gross Output Value(yuan/person)	406307	473094
年末从业人员(万人)	Number of Persons Engaged(10 000 persons)	20.53	18.02
其中：工程技术人员	Engineering Techinal Personel	4.52	3.89
利润总额(万元)	Total Profits(10 000 yuan)	322112.00	228477.30
税金总额(万元)	Total Tax(10 000 yuan)	434143.20	405260.80
产值利润率(%)	Ratio of Profit to Gross Output Value(%)	2.97	2.01
产值利税率(%)	Ratio of Pre-tax Profit to Gross Output Value(%)	6.96	5.59

注：除企业个数以外的其他建筑业指标是指有施工活动的具有资质等级的总承包或专业承包建筑业企业数据，下同。
a)The indicators of construction except for the number of construction enterprises refer to the data of general constraction contractors or professional contractors which possess qualification grades with construction activities.Same as follow.

10-6 建筑施工企业主要生产指标(2020年)

项 目	Item	建筑业企业个数(个) Enterprises (unit)	签订的合同额(万元) Value of Contracts (10 000 yuan)	上年结转合同额 Signed in Last year	本年新签合同额 Signed in this Year
总 计	**Total**	**1171**	**35024702**	**16021228**	**19003475**
按企业登记注册类型分	**Grouped by Type Registered**				
内资企业	Domestic Investment	1171	35024702	16021228	19003475
国有企业	State-owned	9	1032459	643808	388651
集体企业	Collective-owned				
股份合作企业	Share Holding Cooperative	6	57999	14105	43894
联营企业	Joint-owned				
有限责任公司	Limited-liability Company	399	23256773	10603733	12653040
股份有限公司	Share Holding Company	25	1167306	740845	426461
私营企业	Private	732	9510165	4018737	5491429
其他企业	Others				
港、澳、台商投资企业	Hong kong, Macao & Taiwan Funded				
外商投资企业	Foreign Funded				
按行业类别分	**Grouped by Sector**				
房屋建筑业	Housing Construction Industry	618	25018587	11833578	13185010
土木工程建筑业	Civil Engineering Industry	377	8979723	3906839	5072884
建筑安装业	Construction and Installation Industry	104	644882	170608	474274
建筑装饰、装修和其他建筑业	Construction Decoration and Other Construction Industries	72	381510	110203	271307
按企业资质等级分	**Grouped by Intelligent Grade**				
施工总承包	General Contractors	1021	34364392	15830459	18533933
特 级	Special Grade	4	16730522	8057004	8673518
一 级	First	101	9499612	4454042	5045570
二 级	Second	358	4953384	2197851	2755533
三 级	Third	557	3180875	1121562	2059313
其 他	Others	1			
专业承包	Professional Contractors	149	622320	190144	432176
一 级	First	24	129533	41868	87664
二 级	Second	70	369800	126567	243233
三 级	Third	53	117934	21509	96425
其 他	Others	2	5054	200	4854

注：该表数据包含具有总承包和专业承包资质的建筑业法人单位。

Main Production Indicators on Construction Enterprises(2020)

建筑业总产值(万元) Gross Output Value (10 000 yuan)			建筑业总产值按构成分 By Composition of Gross Value of Construction		
	其中：装饰装修产值 Decoration	其中：在外省完成的产值 Outside the Province	建筑工程产值 Building	安装工程产值 Installation	其他产值 Others
11344414	**239230**	**2755175**	**9737356**	**609690**	**997368**
11344414	239230	2755175	9737356	609690	997368
427630		21807	360877	61995	4759
41897	370		41781	117	
5593776	138772	1748364	4804177	213095	576504
575826	13713	9797	406413	6335	163078
4705285	86376	975208	4124109	328149	253027
6319100	176780	2076639	5636883	93025	589192
4313490	25677	643818	3602360	351359	359771
357489	1084	33752	179119	156300	22070
354335	35689	966	318994	9006	26335
10898949	202463	2733053	9519957	407646	971347
2519718	109492	2053245	2022810	53296	443612
4066017	57783	574459	3682355	206420	177242
2386839	18409	52887	2205450	87655	93735
1926375	16779	52463	1609343	60274	256758
432886	36766	22122	211320	195544	26022
84434	25428	3002	28901	49106	6427
253285	7858	5415	145043	98991	9251
90306	3481	13705	37067	47448	5791
4861			309		4553

a)Date in this chapter include the construction legal entities with general contracting and professional contracting qualifications.

10-6 续表

项 目	Item	竣工产值 (万元) Output of Buildings Completed (10 000 yuan)	房屋建筑施工面积（万平方米）Floor Space Constructing Buildins (10 000 sq.m)
总 计	**Total**	**4763398**	**7016.65**
按企业登记注册类型分	**Grouped by Type Registered**		
内资企业	Domestic Investment	4763398	7016.65
国有企业	State-owned	72585	4.43
集体企业	Collective-owned		
股份合作企业	Share Holding Cooperative	51973	36.42
联营企业	Joint-owned		
有限责任公司	Limited-liability Company	1935161	4696.75
股份有限公司	Share Holding Company	211155	179.41
私营企业	Private	2492525	2099.64
其他企业	Others		
港、澳、台商投资企业	Hong kong, Macao & Taiwan Funded		
外商投资企业	Foreign Funded		
按行业类别分	**Grouped by Sector**		
房屋建筑业	Housing Construction Industry	2501258	6730.79
土木工程建筑业	Civil Engineering Industry	2013535	214.94
建筑安装业	Construction and Installation Industry	129960	62.70
建筑装饰、装修和其他建筑业	Construction Decoration and Other Construction Industries	118645	8.22
按企业资质等级分	**Grouped by Intelligent Grade**		
施工总承包	General Contractors	4518742	7013.24
#特 级	Special Grade	598045	3470.16
一 级	First	1792658	1459.48
二 级	Second	1309150	1480.98
三 级	Third	818889	602.62
其 他	Others		
专业承包	Professional Contractors	238488	3.42
#一 级	First	40339	
二 级	Second	143271	3.25
三 级	Third	50017	
其 他	Others	4861	0.17

Continued

房屋建筑竣工面积（万平方米）Buildings Completed (10 000 sq.m)	自有机械设备 Machinery & Equipment Owned			期末从业人数（万人）Engaged Persons at Year-end (10 000 persons)
	净值(万元) net valued (10 000 yuan)	总台数(万台) Number (10 000 sets)	总功率(万千瓦) Numbers (10 000 kw)	
1411.01	**386533**	**4.79**	**151.17**	**18.02**
1411.01	386533	4.79	151.17	18.02
0.70	22259	0.19	4.48	0.61
29.11	4626	0.36	2.36	0.09
623.59	154940	2.15	58.06	7.93
71.81	7431	0.11	3.85	1.14
685.80	197277	1.97	82.41	8.25
1284.95	153834	3.57	68.64	10.38
117.55	141296	0.90	36.40	6.00
6.69	6871	0.13	3.59	0.83
1.81	84532	0.20	42.53	0.80
1410.90	370982	4.65	146.20	16.77
259.05	17039	0.38	10.72	1.16
338.05	161720	1.89	61.96	6.13
556.27	92514	1.59	33.99	6.03
257.53	99709	0.79	39.52	3.45
0.11	14542	0.14	4.68	1.22
	1706	0.01	0.02	0.17
	2978	0.07	1.95	0.72
	9785	0.07	2.71	0.23
0.11	72			0.09

10-7 建筑施工企业主要财务指标(2020年)

单位:万元

项　目	Item	资产总计 Total Assets	流动资产合计 Total Circul-ating Assets	#存 货 Stock
总 计	**Total**	**22875115**	**18131762**	**2761111**
按企业登记注册类型分	**Grouped by Type Registered**			
内资企业	Domestic Investment	22875115	18131762	2761111
国有企业	State-owned	974118	786473	128328
集体企业	Collective-owned			
股份合作企业	Share Holding Cooperative	43835	40275	22882
联营企业	Joint-owned			
有限责任公司	Limited-liability Company	9835666	7911410	1443825
股份有限公司	Share Holding Company	1820535	1286053	36960
私营企业	Private	10200962	8107552	1129116
其他企业	Others			
港、澳、台商投资企业	Hong kong, Macao & Taiwan Funded			
外商投资企业	Foreign Funded			
按行业类别分	**Grouped by Sector**			
房屋建筑业	Housing Construction Industry	10049232	8440648	1636291
土木工程建筑业	Civil Engineering Industry	11453723	8626838	1002193
建筑安装业	Construction and Installation Industry	830272	667329	101016
建筑装饰、装修和其他建筑业	Construction Decoration and Other Construction Industries	541887	396947	21611
按企业资质等级分	**Grouped by Intelligent Grade**			
施工总承包	General Contractors	21748029	17449706	2658800
特 级	Special Grade	2719587	2365784	361753
一 级	First	7352543	5931089	691601
二 级	Second	6385239	4935280	794967
三 级	Third	5290661	4217552	810479
其 他	Others			
专业承包	Professional Contractors	1097689	659383	101365
一 级	First	397739	152105	20037
二 级	Second	470442	355691	57954
三 级	Third	227331	149410	23373
其 他	Others	2177	2177	

注：该表数据包含具有总承包和专业承包资质的建筑业法人单位。

Main Financial Indicators on Construction Enterprises with Independent Accounting System(2020)

(10 000yuan)

固定资产原价 Original Value of Fixed Assets	累计折旧 Accumulative Depreciation	#本年折旧 Of this Year	在建工程 Under Construction	负债合计 Total Liabilities	流动负债合计 Total Liquid Liabilities	所有者权益合计 Total Owners' Equity	#实收资本 Paid-in Capital
2478929	**1222654**	**163715**	**356472**	**16105506**	**15350506**	**6769609**	**4250442**
2478929	1222654	163715	356472	16105506	15350506	6769609	4250442
101730	68803	5964	82	661128	658419	312990	253038
5598	2065	1262		39407	35993	4427	10821
1200617	589855	71611	170480	6722782	6345581	3112884	1953149
67555	30530	3732	2717	1182180	1054613	638355	260824
1103429	531401	81147	183192	7500009	7255900	2700953	1772611
824681	367078	38787	270586	7396163	7034443	2653069	1576766
1298448	698157	75517	63943	7844638	7461870	3609086	2381698
161378	73186	14754	17262	521929	516643	308343	146912
194423	84233	34657	4681	342776	337551	199111	145066
2218234	1122974	150195	345255	15578696	14826576	6169333	4082500
146382	68225	7594	38811	2181467	2061735	538119	181049
939483	473168	39788	88830	5344652	5178891	2007891	1322685
617394	329203	46505	157155	4746125	4514596	1639114	1277058
514976	252379	56307	60459	3306452	3071354	1984208	1301708
254679	95986	12525	11216	511092	508212	586597	166290
23676	6862	1271	4028	113914	113914	283825	40382
139827	60019	7285	7007	268135	267021	202307	79666
91176	29104	3969	181	127463	125697	99868	45842
				1579	1579	598	400

a)Date in this chapter include the construction legal entities with general contracting and professional contracting qualifications.

10-7 续表

单位：万元

项　目	Item	主营业务收入 Revenue from Principal Business	主营业务成本 Costs of Principal Business
总　计	**Total**	**12784375**	**11807981**
按企业登记注册类型分	**Grouped by Type Registered**		
内资企业	Domestic Investment	12784375	11807981
国有企业	State-owned	603784	541363
集体企业	Collective-owned		
股份合作企业	Share Holding Cooperative	40001	37134
联营企业	Joint-owned		
有限责任公司	Limited-liability Company	6051757	5606424
股份有限公司	Share Holding Company	602655	498019
私营企业	Private	5486178	5125042
其他企业	Others		
港、澳、台商投资企业	Hong kong, Macao & Taiwan Funded		
外商投资企业	Foreign Funded		
按行业类别分	**Grouped by Sector**		
房屋建筑业	Housing Construction Industry	7141916	6735572
土木工程建筑业	Civil Engineering Industry	4784173	4317056
建筑安装业	Construction and Installation Industry	501329	436370
建筑装饰、装修和其他建筑业	Construction Decoration and Other Construction Industries	356958	318984
按企业资质等级分	**Grouped by Intelligent Grade**		
施工总承包	General Contractors	12267148	11376115
特　级	Special Grade	2551258	2378984
一　级	First	4347474	4061547
二　级	Second	3124603	2905509
三　级	Third	2243814	2030074
其　他	Others		
专业承包	Professional Contractors	517227	431866
一　级	First	104419	89211
二　级	Second	292968	241556
三　级	Third	114487	95933
其　他	Others	5353	5167

Continued

(10 000yuan)

主营业务税金及附加 Taxes and Other Charges on Principal Business	其他业务利润 Profits from Other Business	管理费用 Administrative Expenses	财务费用 Financial Expenses	#利息支出 Interest Expenditure	营业利润 Operating Profits	利润总额 Total Profits	应付职工薪酬 Remuneration Payable to Staff	应交增值税 Valueadded Tax Payable
81212	**34213**	**522380**	**144883**	**129793**	**249796**	**228477**	**1182830**	**321735**
81212	34213	522380	144883	129793	249796	228477	1182830	321735
10919	372	36916	1714	1689	2393	2950	51915	6371
173		1039	329	328	1328	1361	3308	1728
30757	9593	260054	46414	38552	135867	123867	607015	140094
3883	15826	17185	30090	29441	40906	39600	71253	14141
35481	8423	207184	66336	59784	69303	60699	449341	159403
41554	8208	200653	50788	45231	137914	125046	684251	190067
35978	25697	247488	90171	81434	76117	67190	379210	113039
2263	140	49295	1181	1175	11320	11917	68709	10637
1416	169	24944	2743	1954	24446	24325	50660	7994
77992	33019	448897	144439	129430	242042	219952	1094420	309127
7618	3045	57709	30330	30497	67778	52668	132700	30274
23771	11576	159816	37127	33062	64219	62365	473227	111913
30916	993	131334	35448	29947	36120	34501	288182	99905
15686	17405	100038	41534	35924	73926	70418	200311	67035
3220	1194	71165	470	364	7126	7891	79997	11733
495	120	9010	170	152	5399	5447	13052	2047
1923	1074	47181	226	168	-1258	-483	48072	6327
778		14932	70	45	2873	2815	14465	3215
24		42	4		112	112	4409	145

10-8 建筑业企业基本情况

Basic Statistics on Construction Enterprises

年份 Year	企业单位数（个） Number of Enterprises (unit)				年末从业人员数（万人） Number of Persons Engaged (10 000 persons)				建筑业总产值（亿元） Gross Output Value (100 million yuan)			
	总计 Total	国有 State-owned	城镇集体 Urban Collect-iveowned	其他经济 Others	总计 Total	国有 State-owned	城镇集体 Urban Collect-iveowned	其他经济 Others	总计 Total	国有 State-owned	城镇集体 Urban Collect-iveowned	其他经济 Others
2002	726	56	67	603	27.68	5.00	1.88	20.80	220.02	50.53	13.68	155.81
2003	674	39	31	604	26.63	2.10	0.67	23.86	257.66	36.34	9.92	211.40
2004	674	18	9	647	27.53	1.69	0.15	25.69	354.51	29.42	2.44	322.65
2005	676	20	14	642	26.35	1.57	0.32	24.46	381.30	38.78	3.10	339.42
2006	703	17	7	679	29.62	2.84	0.14	26.64	467.00	38.17	2.74	426.09
2007	734	18	11	705	38.62	3.88	0.22	34.52	681.10	76.64	2.53	601.93
2008	790	14	7	769	42.80	4.74	0.24	37.82	780.05	69.90	4.13	706.02
2009	820	14	9	797	49.89	4.83	0.37	44.69	964.73	66.60	6.21	891.91
2010	873	16	8	849	44.34	1.87	0.18	42.30	1125.58	72.71	4.52	1048.35
2011	896	14	5	877	41.05	1.35	0.05	39.65	1394.68	50.85	0.40	1343.43
2012	917	11	4	902	36.89	1.06	0.03	35.80	1441.00	50.48	0.54	1389.97
2013	951	6	1	944	39.58	0.33		39.25	1571.16	13.05	0.04	1558.07
2014	960	5	1	954	33.70	0.26		33.44	1401.91	8.99	0.02	1392.91
2015	955	7	1	947	28.64	0.25		28.39	1123.21	7.69	0.02	1115.51
2016	991	3	1	987	27.06	0.21		26.85	1220.81	4.26		1216.55
2017	1010	3	1	1006	27.82	0.20		27.61	1122.19	1.58		1120.61
2018	1147	2		1145	25.45	0.11		25.34	1040.12	4.06		1036.06
2019	1189	5		1184	20.53	0.30		20.23	1086.06	16.92		1069.14
2020	1171	9		1162	18.02	0.61		17.41	1134.44	42.76		1091.68

注：该表数据包含具有总承包或专业承包资质的建筑业法人单位。

a)Date in this chapter include the construction legal entities with general contracting or professional contracting qualifications,the same as in the following tables.

主要统计指标解释

全社会固定资产投资 是以货币形式表现的在一定时期内全社会建造和购置固定资产的工作量以及与此有关的费用的总称。该指标是反映固定资产投资规模、结构和发展速度的综合性指标,又是观察工程进度和考核投资效果的重要依据。全社会固定资产投资按登记注册类型可分为国有、集体、联营、股份制、私营和个体、港澳台商、外商、其他等。

固定资产投资(不含农户) 指城镇和农村各种登记注册类型的企业、事业、行政单位及城镇个体户进行的计划总投资500万元及500万元以上的建设项目投资和房地产开发投资,包含原口径的城镇固定资产投资加上农村企事业组织项目投资。

房地产开发投资 指房地产开发公司、商品房建设公司及其他房地产开发法人单位和附属于其他法人单位实际从事房地产开发或经营的活动单位统一开发的包括统代建、拆迁还建的住宅、厂房、仓库、饭店、宾馆、度假村、写字楼、办公楼等房屋建筑物和配套的服务设施,土地开发工程(如道路、给水、排水、供电、供热、通讯、平整场地等基础设施工程)的投资;不包括单纯的土地交易活动。

固定资产投资按国民经济行业分 指根据其从事的社会经济活动性质对各类单位进行的分类。应根据建设项目建成投产后的主要产品种类或主要用途及社会经济活动种类来划分,不能根据项目单位本身的行业类别来划分。如果项目投资产后有几种产品,应根据主要产品来来确定行业类别。一般情况下,一个建设项目只能属于一种国民经济行业。

固定资产投资按隶属关系分 是按建设单位或企业、事业、行政单位的主管上级机关确定的。

(1)中央 是指中共中央、人大常委会和国务院各部、委、局、总公司以及直属机构直接领导的建设项目和企业、事业、行政单位。这些单位的固定资产投资计划由国务院各部门直接编制和下达,统一组织或委托下级实施。包括有中央垂直管理的部门(如国家统计局各级调查队)和中央直属企业、事业单位(如工商银行、中国电信、中国石油)等。

(2)地方 是由省(自治区、直辖市)、地(区、市、州、盟)、县(区、市、旗)三级政府及业务主管部门直接领导和管理的建设项目、企业、事业、行政单位。地方项目还包括不隶属以上各级政府及主管部门的建设项目和企业、事业单位,如外商投资企业和无主管部门的企业等。

固定资产投资按构成分

(1)建筑工程 指各种房屋、建筑物的建造工程,又称建筑工作量。这部分投资额必须兴工动料,通过施工活动才能实现,是固定资产投资额的重要组成部分。

(2)安装工程 指各种设备、装置的安装工程,又称安装工作量。

在安装工程中,不包括被安装设备本身价值。

(3)设备工具器具购置 指报告期内购置或自制的,达到固定资产标准的设备、工具、器具的价值。新建单位及扩建单位的新建车间,按照设计或计划要求购置或自制的全部设备、工具、器具,不论是否达到固定资产标准均计入"设备工器具购置"中。

(4)其他费用 指在固定资产建造和购置过程中发生的,除建筑安装工程和设备、工器具购置投资完成额以外的应当分摊计入固定资产投资的费用,不指经营中财务上的其他费用。

土地购置费 指房地产开发企业通过各种方式取得土地使用权而支付的费用,土地购置费包括:(1)通过划拨方式取得的土地使用权所支付的土地补偿费、附着物和青苗补偿费、安置补偿费及土地征收管理费等;(2)通过"招、拍、挂"等出让方式取得土地使用权所支付的资金。

待开发土地面积 指经有关部门批准,通过各种方式获得土地使用权,但尚未开工建设的土地面积。

本年土地购置面积 指在本年内通过各种方式获得土地使用权的土地面积。

本年土地成交价款 指进行土地使用权交易活动的最终金额。在土地一级市场,是指土地最后的划拨款、"招拍挂"价格和出让价;在土地二级市场是指土地转让、出租、抵押等最后确定的合同价格。土地成交价款与土地购置面积同口径,可以计算土地的平均购置价格。

自开始建设累计完成投资 指房地产开发企业在建的房屋建设工程或正在开发的土地开发工程从开始建设到本期止累计完成的全部投资。

本年完成投资 指各种登记注册类型的房地产开发法人单位统一开发的住宅、厂房、仓库、饭店、宾馆、度假村、写字楼、办公楼等房屋建筑物,配套的服务设施,土地开发工程(如道路、给水、排水、供电、供热、通讯、平整场地等基础设施工程)和土地购置的投资;不包括单纯的土地开发和交易活动。

房屋施工面积 指报告期内施工的全部房屋建筑面积。包括本期新开工的房屋建筑面积、上期跨入本期继续施工的房屋建筑面积、上期停缓建在本期恢复施工的房屋建筑面积、本期竣工的房屋建筑面积以及本期施工后又停缓建的房屋建筑面积。多层建筑应填各层建筑面积之和。

房屋竣工面积 指报告期内房屋建筑按照设计要求已全部完工,达到住人和使用条件,经验收鉴定合格或达到竣工验收标准,可正式移交使用的各栋房屋建筑面积的总和。

房屋新开工面积 指报告期内新开工建设的房屋建筑面积,以单位工程为核算对象,即整栋房屋的全部建筑面积,不能分割计算。不包括在上期开工跨入报告期继续施工的房屋建筑面积和上期停缓建而在本期恢复施工的房屋建筑面积。房屋的开工应以房屋正式开始破土刨槽(地基处理或打永久桩)的日期为准。

商品房销售面积 指房地产开发企业本年出售商品房屋的合同总面积(即双方签署的正式买卖合同中所确定的建筑面积)。

商品房销售额 指房地产开发企业本年出售商品房屋的合同总价款(即双方签署的正式买卖合同中所确定的合同总价)。

本年实际到位资金 指房地产开发企业实际拨入的,用于房地产开发的各种货币资金。包括国内贷款、利用外资、自筹资金、定金及预收款、个人按揭贷款和其他资金。

签订合同额 指建筑业企业在报告期直接同建设单位签订的各种国内工程合同的总价款和以前年度同建设单位签订的各种国内工程合同的未完工程跨入本年度继续施工工程合同的总价款余额。

上年结转合同额 指以前年度同建设单位签订合同的未完工程跨入本年度继续施工工程合同的总价款余额。

本年新签合同额 指建筑业企业在报告期内同建设单位直接新签订的各种国内工程合同的总价款,不包括与其他建筑业企业新签的分包合同额。

建筑业总产值 指以货币表现的建筑业企业在一定时期内生产的建筑业产品和服务的总和。建筑业总产值包括建筑工程产值、安装工程产值和其他产值三部分内容。

装饰装修产值 包括装饰、装修两部分产值。装修装饰指对新旧房屋及建筑物进行的内外装修装饰;对新建房屋及建筑物经过施工后,尚未完全达到使用标准,而进行的二次装修装饰;以及对原有房屋经使用若干年后进行的二次内外装饰。包括抹灰、门窗、玻璃、吊顶、隔断、饰面板(砖)、涂料、裱糊、刷浆、花饰等。

在外省完成的产值 指建筑业企业在其他省份施工所完成的建筑业产值。

房屋建筑面积 指房屋全部平面面积的总和。它从房屋的外墙线算起,包括可供使用的有效面积和墙柱等结构占用面积。多层房屋按各层(包括地下室)面积总合计算。旧房加层或改造,只计算增加的建筑面积;旧房拆除重建,计算其全部面积;临时房屋不计算建筑面积。

房屋竣工价值 指报告期内按规定已经上报竣工的房屋本身的建造价值。一般按房屋设计和预算规定的内容计算。包括竣工房屋本身的基础、结构、屋面、装修以及水、电、卫等附属工程的建筑价值;也包括作为房屋建筑组成部分而列入房屋建筑工程预算内的设备(如电梯、通风设备等)的购置和安装费用。不包括厂房内的工艺设备、工艺管线的购置和安装,工艺设备基础的建造;室外的水、暖、电、卫、道路工程、挡土墙等环境工程的费用;办公和生活用家具的购置等费用;购置土地的费用;迁移补偿费和场地平整的费用及城市建设配套投资。

房屋竣工价值不仅包括该竣工房屋在报告期内完成的价值,也包括跨年施工的房屋在本期以前完成的价值。未竣工而转让给其他单位的房屋建筑工程,出让单位不计算竣工价值,待接受单位继续施工并符合竣工条件后,由接受单位计算其竣工价值,包括出让单位在出让前所完成的价值。房屋竣工价值一般按结算价格(或中标价)计算。

年末自有施工机械设备净值 指本企业(或单位)自有施工机械设备经过使用、磨损后实际存在的价值,即原值减去折旧后的净额。

年末自有施工机械设备总台数 指年末本企业(或单位)自有的直接用于工程施工的各种机械设备的台数。但不包括附属辅助生产机械设备、运输机械设备、生产试验机械设备的台数。

年末自有施工机械设备总功率 指年末本企业(或单位)自有的直接用于工程施工的各种机械设备年末总功率,按设定能力或查定能力计算。包括施工机械本身的动力和为该机械服务的单独动力设备,如电动机等。但不包括附属辅助生产机械设备、运输机械设备、生产试验机械设备的功率。计量单位用千瓦,动力换算可按 1 马力 =0.735 千瓦折合成千瓦数。电焊机、变压器、锅炉不计算动力。

建筑业企业期末人数 指报告期末最后一日 24 时在本单位工作并取得劳动报酬或收入的期末实有人员数。期末从业人员包括在各单位工作的外方人员和港澳台方人员、兼职人员、再就业的离退休人员、借用的外单位人员和第二职业者,企业下属产业活动单位期末人员,还包括分包给一些非独立核算的零散的建筑业包工队(组)等。但不包括离开本单位仍保留劳动关系的职工,如:下岗、内退、停薪留职等人员;建筑业整建制使用的人员。

Explanatory Notes on Main Statistical Indicators

Total Investment in Fixed Assets in the Whole Country refers to the volume of activities in construction and purchases of fixed assets of the whole country and related fees, expressed in monetary terms during the reference period. It is a comprehensive indicator which shows the size, structure and growth of the investment in fixed assets, providing a basis for observing the progress of construction projects and evaluating results of investment. Total investment in fixed assets in the whole country includes, by type of ownership, the investment by State – owned units, collective – owned units, joint ownership units, share – holding units, private units, individuals as well as investments by entrepreneurs from Hong Kong, Macao and Taiwan, foreign investors and others.

Investment in Fixed Assets (Excluding Rural Households) refers to the total planned investment of 5 million yuan or more in construction projects and real estate development investments made by various registered enterprises, public institutions and urban self – employed individuals in urban and rural areas, including the original caliber investment in urban fixed assets plus investment in rural enterprises and institutions.

Investment in Real Estate Development refers to real estate development company commercial housing construction and other real estate development company legal person units and is attached to other legal person unit actually engaged in real estate development or business activities of unified development including the system construction demolition also built residential premises warehouse hotel resort hotel office building and other buildings and supporting service facilities, land development projects such as roads indoor water supply heating communication flat ground and other infrastructure engineering) of the investment; Does not include simple land transactions.

Investment in Fixed Assets by Sector refers to the classification of investment by the nature of social economic activities the investing units are engaged in. The classification of construction projects by sector is determined by the major products or the purpose of the projects when they are put into production or use, and by the nature of their social economic activities, instead of being determined by industrial classification of the project enterprises. The project will be classified according to major product if there are several kinds of products yielded. In general, one project can only be classified into one sector.

Investment in Fixed Assets by Jurisdiction of Management refers to the classification of investment by the competent authorities under which investment is made by construction units, enterprises, institutions or administrative units.

(1) Central investment refers to the investment in projects or by enterprises, institutions or administrative units which are under the direct leadership and management of the State Council and of the national commissions, ministries, agencies and State – owned large corporations. Various ministries and departments of the State Council prepare and implement plans through unified organization or lower – level commissions, which include departments direct under central government (i. e. survey offices at all level of the National Bureau of Statistics) and enterprises and institutions directly under central government (like the Industrial and Commercial Bank of China, China Telecom and China National Petroleum Corporation);

(2) Local investment refers to the investment in projects or by enterprises, institutions or administrative units which are under the direct leadership and management of competent departments and governments at the level of province (autonomous regions and municipalities directly under the Central Government), prefecture (prefectures, cities and leagues) and county (districts, cities and banners). Also included are projects by foreign – invested enterprises and enterprises without competent managing authorities.

Investment in Fixed Assets by Structure

(1) Construction refers to the construction of houses and buildings, also known as work volume of construction. This part of investment can only be achieved through construction activities, it is the major component of the total investment in fixed assets;

(2) Installation refers to the installation of various kinds of equipment and instruments, also known as work volume of installation;

The value of equipment installed itself is not included in the value of installation projects.

(3) Purchase of equipment and instruments refers to the total value of equipment, tools, and instruments purchased or self – produced which come up to the cut – off point for fixed assets during the reference period. Equipment, tools and instruments

purchased or self – produced for new workshops by newly established or expanded units are categorized as "purchase of equipment and instruments" no matter whether they come up to the cut – off point for fixed assets;

(4) Other expenses refer to expenses arising during the construction or purchase of fixed assets other than those expenses on construction, installation and purchase of equipment and instruments. Other financial expenses arising in operation are not included.

Land purchase fees It refers to the fees paid by real estate development enterprises for obtaining the right to use the land through various means. Land purchase fees include : (1) land compensation fees paid for the right to use the land obtained through the transfer method; (2) obtain the funds paid for the land use right through auction, auction and other transfer methods.

Land Space Pending Development refers to the area of land with its use rights already approved by authorities and obtained by real estate development companies but the land development not yet starts.

Land Space Purchased in the Year refers to the area of land with its use rights already obtained in the year by real estate development companies.

Land Transaction Price of This Year refers to the final amount of land use right trading activities in the primary land market, refers to the final allocation of land auction listing price and transfer price; In the land secondary market is the land transfer rental mortgage and other final determined contract price land transaction price and land purchase area the same caliber, can calculate the average purchase price of land.

Accumulative Investment Actually Completed Since Starting of Construction refers to all the investment accomplished by real estate development companies in the construction of building or the development of land from the beginning to the end of the year.

Investment Completed This Year refers to the residential buildings, factory buildings, warehouses, hotels, resorts, office buildings and other buildings, supporting service facilities, land development projects (such as road, water supply, drainage, power supply, heat supply, communication, leveling sites and other infrastructure projects) and land purchase investments developed by various registered real estate development legal entity; Exclusive land development and trading activities are excluded.

Floor Space Under Construction refers to total floor space of all buildings under construction during the reference period, including floor space of newly started buildings during the reference period, floor space of construction extended from the previous period to the current period, floor space of construction suspended during the previous period and resumed in the current period, floor space of construction completed in the current period, and floor space of construction started and then suspended in the current period. Multistory building should fill the sum of each floor area.

Floor Space of Buildings Completed refers to the floor space of buildings completed in the reference period, which have come up to the designed standards and have been put into use.

Floor Space of Buildings Started This Year refers to the total floor space area of the buildings started in the year by real estate development companies. It excludes the buildings started in previous years and continued in the year, and the buildings suspended in previous years but restarted in the year.

Area of Commercialized Housing Sold refers to total contracted area of commercialized housing (i. e. area of floor space as designated in the formal contracts signed by both sides) sold by real estate development companies during the reference time.

Value of Commercialized Housing Sold refers to the total contracted value (i. e. value of sales/purchase for selling/purchase of commercialized housing as designated in the contract signed by both sides) received from the sales of the buildings by real estate development companies during the reference time.

The Actual Capital in Place This Year refers to the real estate development enterprise actually dials in, USES in the real estate development each kind of monetary fund including the domestic loan USES the foreign capital to raise the fund earnest money and receives the money in advance individual mortgage loan and other funds.

Contract amount The total cost that points to all sorts of domestic project contract that construction enterprise signs with construction unit directly in report period and the unfinished project that all sorts of domestic project contract that year signs with construction unit before crossed into the total cost balance that this year continues construction project contract.

Contract Amount Carried Forward from Last Year refers to the balance of the total price of the unfinished project signed a contract with the construction unit in the previous year and entered into the contract of continuing construction project in the current year.

Amount of New Contract Signed this Year refers to the total price of all kinds of domestic engineering contracts directly signed by construction enterprises with construction units during the reporting period, excluding the amount of subcontract newly signed with other construction enterprises.

Gross Output Value of Construction It refers to the total output value of construction products and services produced by the construction enterprise in a certain period of time, including the output value of construction engineering, the output value of installation engineering and other output values.

Output Value of Decoration Including two parts of the value of decoration decoration refers to the new and old houses and buildings on the inside and outside decoration decoration; After the construction of the new buildings and buildings have not fully met the standards of use, and the second decoration; And the original house after several years of use for the second interior and exterior decoration including plastered doors and windows glass ceiling partition panel (brick) painting painting brush flower decoration.

Output value completed in Other Provinces refers to the output value of construction industry completed by construction enterprises in other provinces.

Floor Space of Buildings under Construction and Completed refers to total floor space in each story of buildings calculated from the outside line of building walls, including both usable space and the space occupied by constructions like pillars or walls. The floor space of multi story buildings includes the total floor space of each story (including basement) . Old house add a layer or transform, calculate the floor area that increases only; Demolish and rebuild the old house, and calculate its whole area; Temporary housing does not calculate the floor area.

Value of Buildings Completed It refers to the construction value of the completed house in the reporting period, which has been reported according to the regulations. Generally, the construction value of the completed house is calculated according to the content stipulated by the house design and budget, including the basic structure roof decoration of the completed house and the building value of ancillary projects such as water, electricity and sanitation. It also includes the purchase and installation of equipment (such as elevator ventilation equipment, etc.) included in the housing construction project budget as a part of the housing construction. The cost of environmental engineering such as road retaining wall of outdoor water heating electrical sanitation; Purchase of office and living furniture; The cost of acquiring land; Migration compensation and site formation costs and urban construction supporting investment.

House completion value includes not only the completion of the value of the completion of the reporting period, also includes the construction of houses across in the value of this finish unfinished and transferred to other units of housing construction project, completed transfer unit is not calculated value, to accept an unit to continue and conform to the conditions after completion of construction, calculated by the accepting unit, its completion value, including transfer unit in the value of the assignment done before building complete value generally according to the settlement price (or price) in the calculation.

Net Value of Its Own Construction Machinery and Equipment at the End of the Year refers to the actual value of construction machinery and equipment owned by the enterprise (or unit) after wear and tear, that is, the original value minus depreciation.

Total Number of Machinery and Equipment Owned by the End of Year refers to the number of machines and equipment owned by the enterprises, and listed as the fixed assets of the enterprises by the end of the year, including machinery and equipment for construction, production and transportation.

Total Power of Machinery and Equipment Owned by the End of Year refers to the total power of machinery and equipment owned by the enterprises, and listed as the fixed assets of the enterprises by the end of the year, including machinery and equipment for construction, production and transportation. The power of the machinery is calculated on basis of the designed or verified capacity, covering the power of the machinery/equipment and the separate power equipment serving the machinery/equipment(such as electric motors) , but excluding welders, transformers and boilers. The unit used for the calculation of power is kilowatt, with horsepower converted to kilowatt by 1 horse power = 0.735 kilowatt.

Final Number of Employees of Construction Enterprises refers to the actual number of employees who work in the unit at 24 hours on the last day of the end of the report period and obtain labor remuneration or income. The employees at the end of the period include the foreign personnel working in various units, Hong Kong, Macao and Taiwan personnel, part – time personnel, reemployed retired personnel, borrowed personnel from other units and second professionals, the employees at the end of the period of the subordinate industrial activity units of the enterprise, as well as the scattered construction contractors (groups) subcontracted to some non – independent accounting. However, it does not include the staff and workers who still retain labor relations after leaving the unit, such as the staff who are laid off, retired from the company, and those who remain on duty without pay; Persons employed in the construction industry.

11 国内贸易

Domestic Trade

资料整理：柳美玲　郭　琦
Arranged By：Liu Meiling，Guo Qi

11-1 社会消费品零售总额(按销售单位所在地和行业分)

Total Retail Sales of Consumer Goods by Location of Retailers and by Sector

单位：万元 (10 000 yuan)

年份 Year	社会消费品零售总额 Total Retail Sales of Consumer Goods	市 City	县 County	县以下 Under County Level
1978	368336	109765	173880	84691
1979	396306	115097	212109	69100
1980	443085	134370	234472	74243
1981	473558	151209	220104	102245
1982	521169	168509	184330	168330
1983	576479	213026	190936	172517
1984	682854	272508	219274	191072
1985	827012	379587	242756	204669
1986	926482	459731	255630	211121
1987	1054027	539840	281796	232391
1988	1304955	675461	350485	279009
1989	1385861	743528	367718	274615
1990	1462149	804703	378731	278715
1991	1631688	950829	424749	256109
1992	1865604	1082284	465677	317643
1993	2184728	1252559	511580	420588
1994	2566325	1503056	591671	471598
1995	2974522	1696879	725665	551978
1996	3400357	1909436	873232	617688
1997	3825673	2287579	905263	632831
1998	4235987	2554775	985583	695629
1999	4718079	2900404	1074203	743472
2000	5298286	3293306	1203661	801320
2001	5955570	3771942	1326233	857395
2002	6940941	4419923	1518230	1002788
2003	7903731	5131505	1683147	1089079
2004	9468857	6298541	1956279	1214037
2005	10891997	7286995	2256033	1348968
2006	12838418	8712403	2623496	1502519
2007	15217773	10410692	3034257	1772824
2008	18760643	12916128	3689669	2154846
2009	21366075	14626736	4209165	2530174

注：本部分资料根据第四次全国经济普查结果对1993-2018年数据进行了修订，下同。

a)The date of 1993-2018 have been revised based on the results of the Fourth National Economic Census,the same applies to the table following.

11-1 续表 Continued

单位：万元 (10 000 yuan)

年 份 Year	批发零售贸易业 Wholesale and Retail Sale Trade	住宿餐饮业 Hotels and Catering	制造业 Manufacturing	农业生产者 Agriculture	其他行业 Others
1978	324557	9176	18424	4500	11679
1979	349203	9873	19823	4806	12601
1980	377210	12425	26812	11745	14893
1981	395242	13436	32747	12613	19520
1982	429129	15383	40642	16000	20015
1983	468060	17180	49112	18419	23708
1984	540456	21996	64587	28201	27614
1985	639621	26309	83076	43560	34446
1986	717482	31180	83815	51319	42686
1987	822095	37134	84602	60161	50035
1988	1022036	45026	110832	72734	54327
1989	1097906	44454	121209	81943	40349
1990	1154732	46081	126464	93257	41615
1991	1277458	54716	138160	111773	49581
1992	1424440	61275	166494	138677	74718
1993	1781310	270141			133277
1994	2108185	315230			142910
1995	2428808	376277			169437
1996	2773285	441088			185983
1997	3118271	516796			190605
1998	3431588	593837			210562
1999	3795454	696302			226322
2000	4244592	819323			234371
2001	4765992	943288			246290
2002	5558386	1133849			248706
2003	6315567	1323821			264343
2004	7511090	1653252			304515
2005	8646361	1896459			349177
2006	10161912	2286002			390504
2007	11999795	2853128			364850
2008	16058026	2306518			396099
2009	18189375	2697333			479367

11-2 社会消费品零售总额(按销售单位所在地和消费形态分)

Total Retail Sales of Consumer Goods by Location of Retailers and by Consumption Patterns

单位：万元 (10 000 yuan)

年 份 Year	社会消费品零售总额 Total Retail Sales of Consumer Goods	按销售单位所在地分 Grouped by Location of Retailers				按消费形态分 Grouped by consumption patterns	
		城镇 Cities	城区 City	镇区 Towns	乡村 Village	商品零售收入 Revenue from Commodities	餐费收入 Revenue from Meals
2010	24864017	22302481	15903762	6398718	2561536	21649535	3214482
2011	28785735	25789224	18766440	7022785	2996511	25205998	3579738
2012	32392014	28987088	21243610	7743478	3404926	28361874	4030140
2013	35591887	31812944	22921855	8891089	3778943	31123661	4468226
2014	38667581	34548857	24549307	9999550	4118724	33738048	4929533
2015	41035114	36621788	25997716	10624073	4413326	35627379	5407735
2016	44158761	39366533	27869551	11496982	4792228	38228178	5930583
2017	46426440	41272515	29207290	12065225	5153925	40024902	6401539
2018	48522936	43047233	30404788	12642445	5475702	41705948	6816988
2019	50511064	44691637	31547517	13144120	5819427	43358167	7152897
2020	47604546	42058150	29705465	12352685	5546396	41797743	5806803

11-3 社会消费品销售额

Total Sales Volume Grand of Consumer Goods

单位：万元 (10 000 yuan)

指 标	Item	2019	2020
销售额（营业额）总计	**Sales Volume (Turnover) Grand Total**	**119448389**	**112609295**
销售额	**Sales Volume**	**112472091**	**106949580**
批发业	Whole-sale Trade	76574987	73130339
零售业	Retail Sale Trade	35897104	33819241
营业额	**Turnover**	**6976298**	**5659715**
住宿业	Hotels Trade	1074414	820465
餐饮业	Catering Trade	5901884	4839250

11-4 限额以上住宿业企业及个体户经营情况(2020年)

Above Designated Size Hotel Enterprises and Self-Employed Trade(2020)

单位：万元　　(10 000 yuan)

指 标	Item	营业额 Business Revenue	#客房收入 Revenue from Hotel Rooms	#餐费收入 Revenue from Meals	#商品销售收入 Revenue from Commodities
总　计	**Total**	**325128**	**184987**	**119691**	**1842**
旅游饭店	Tourist Hotel	238592	129261	94103	1172
一般旅馆	General Hotel	83875	53700	25321	663
民宿服务	Homestay				
其他住宿服务	Others	2661	2026	268	7

11-5 限额以上餐饮业企业及个体户经营情况(2020年)

Above Designated Size Catering Enterprises and Self-Employed Trade(2020)

单位：万元　　(10 000 yuan)

指 标	Item	营业收入 Business Revenue	#商品零售额 Retail Sales of Commodities
总 计	**Total**	**484372**	**403868**
正餐服务	Dinner Services	452043	373983
快餐服务	Fast Food Services	26802	26364
饮料及冷饮服务	Cold Drink Services		
餐饮配送及外卖送餐服务	Catering Distribution and Delivery Service	4465	2458
其他餐饮服务	Others	1063	1063

11-6 亿元以上商品交易市场情况(2020年)

Statistics on Commodity Exchange Markets of Transaction Value Over Million Yuan(2020)

指　标	Item	市场数(个) Markets (unit)	总摊位数(个) Booths (unit)	年末出租摊位(个) Rent Booths At Year-end (unit)	成交额(万元) Turn Over (10000 yuan)
总　计	**Total**	**43**	**33801**	**26726**	**6106911**
综合市场	**Integrated Markets**	**10**	**11898**	**7222**	**2555269**
生产资料	Production Markets				
工业消费品	Industrial Markets	1	3315	1895	30064
农产品	Farm Produce Markets	7	5042	3068	2266512
其他	Others	2	3541	2259	258693
专业市场	**Special Markets**	**33**	**21903**	**19504**	**3551642**
生产资料	Production Markets	7	2044	1892	746041
农业生产用具	Agricultural Implements	1	210	66	76000
农用生产资料	Agricultural Production	1	209	209	8700
煤炭	Coal and Charcoal				
木材	Wood	1	54	54	20000
建材	Building Materials	2	804	798	43374
化工材料及制品	Chemical Materials				
金属材料	Metal Materials	1	72	70	480074
机械设备	Mechanical Equipment				
其他生产资料	Others	1	695	695	117893
农产品	Farm Produce Markets	14	10397	9635	1791788
粮油	Grain & Oil	2	144	121	153230
肉禽蛋	Meat,Poultry & Eggs	2	570	344	40000
水产品	Aquatic Products				
蔬菜	Vegetables	4	5484	5159	655714
干鲜果品	Dried & Fresh Fruits				
棉麻土畜、烟叶	Cotton,Local& Livestock and Tobacco	1	500	500	55700
其他农产品	Others	5	3699	3511	887144
食品、饮料及烟酒	Food,Beverages,Tobacco & Liquor	1	39	39	6502
纺织、服装、鞋帽	Textile,Garments,Footwear& Hat Wear	4	3257	2989	97990
日用品及文化用品	Commodity & Cultural Articles				
黄金、珠宝、玉器等首饰	Gold,Jewelry and Jade				
电器、通讯器材、电子设备	Electrical Equipment	1	385	385	26900
医药、医疗用品及器材	Medicament				
家具、五金及装饰材料	Furniture,Hardware,Decorating				
汽车、摩托车及零配件	Autocar,Motorcycles,Accessories				
花、鸟、鱼、虫	Flower,Bird,Fish & Insect				
旧货	Second Hand				
其他专业市场	Others	6	5781	4564	882421

11-7 限额以上批发和零售业、住宿和餐饮业企业及个体户基本情况(2020年, 按登记注册类型分)

Basic Conditions of Enterprises above Designated Size of Wholesale,Retail Sale,Hotels,Catering Trades and Self-Employed by Registration(2020)

指 标	Item	法人企业(个) Number of Corporation Unit (unit)	产业活动单位数及个体户(个) Number of Active Unit and Self-Employed (unit)	从业人数(人) Persons Engaged (person)
总 计	**Total**	**2884**	**630**	**177154**
一、批发业合计	**Wholesale Trade**	**1269**	**5**	**44177**
内资企业	**Domestic Funded Enterprises**	**1260**	**3**	**43902**
国有企业	State-owned Enterprises	47	1	7050
集体企业	Collective-owned Enterprises			
股份合作企业	Cooperative Enterprises			
联营企业	Joint Ownership Enterprises			
国有联营公司	State Joint Ownership Enterprises			
集体联营企业	Collective Joint Ownership Enterprises			
国有与集体联营企业	Joint State Collective Enterprises			
其他联营企业	Other Joint Ownership Enterprises			
有限责任公司	Limited Liability Corporations	361	2	18512
国有独资企业	State Sole Funded Corporations	31		3433
其他有限责任公司	Other Limited Liability Corporations	330	2	15079
股份有限公司	Share-holding Corporations Ltd.	24		1586
私营企业	Private Enterprises	828		16754
私营独资企业	Private-funded Enterprises	11		83
私营合伙企业	Private Partnership Enterprises			
私营有限责任公司	Private Limited Liability Corporations	806		16213
私营股份有限公司	Private Share-holding Corporations Ltd.	11		458
其他企业	Other Enterprises			
港、澳、台商投资企业	**Enterprises with Investment from Hong Kong,Macao & Taiwan**	**4**		**47**
港澳台资合资经营	Joint-venture Enterprises			
港澳台资合作经营	Cooperative Enterprises			
港澳台商独资企业	Sole Investment	4		47
港澳台商投资股份有限公司	Share-holding Co.,Ltd			
其它港澳台投资	Others			
外商投资企业	**Enterprises With Foreign Investment**	**5**	**1**	**225**
中外合资经营	Joint-venture Enterprises	1		36
中外合作经营	Cooperative Enterprises			
外资企业	Enterprises with Sole	3	1	189
外商投资股份有限公司	Share-holding Co., Ltd.			
其它外商投资	Others	1		
个体工商户	**Self-employed Individuals**		**1**	**3**
二、零售业合计	**Retail Trade**	**1077**	**159**	**77537**
内资企业	**Domestic Funded Enterprises**	**1067**	**8**	**72218**
国有企业	State-owned Enterprises	6	1	874
集体企业	Collective-owned Enterprises	2		44
股份合作企业	Cooperative Enterprises	1		21
联营企业	Joint Ownership Enterprises			
国有联营公司	State Joint Ownership Enterprises			
集体联营企业	Collective Joint Ownership Enterprises			
国有与集体联营企业	Joint State Collective Enterprises			
其他联营企业	Other Joint Ownership Enterprises			
有限责任公司	Limited Liability Corporations	322	4	27380
国有独资企业	State Sole funded Corporations	10	2	1390
其他有限责任公司	Other Limited Liability Corporations	312	2	25990
股份有限公司	Share-holding Corporations Ltd.	33	1	11470

11-7 续表1 Continued

指　标	Item	法人企业(个) Number of Corporation Unit (unit)	产业活动单位数及个体户(个) Number of Active Unit and Self-Employed (unit)	从业人数(人) Persons Engaged (person)
私营企业	Private Enterprises	703	2	32429
私营独资企业	Private-funded Enterprises	19	1	2059
私营合伙企业	Private Partnership Enterprises	2		25
私营有限责任公司	Private Limited Liability Corporations	666	1	29575
私营股份有限公司	Private Share holding Corporations Ltd.	16		770
其他企业	Other Enterprises			
港、澳、台商投资企业	**Enterprises with Investment from Hong Kong, Macao & Taiwan**	**7**	**2**	**1415**
港澳台资合资经营	Joint-venture Enterprises	3		234
港澳台资合作经营	Cooperative Enterprises			
港澳台商独资企业	Sole Investment Funds	4	1	1066
港澳台商投资股份有限公司	Share-holding Co.,Ltd.from		1	115
其它港澳台投资	Others			
外商投资企业	**Enterprises With Foreign Investment**	**3**	**2**	**235**
中外合资经营企业	Joint venture Enterprises	1	1	20
中外合作经营企业	Cooperative Enterprises			
外资企业	Enterprises with Sole Foreign Investment	2	1	215
外商投资股份有限公司	Share-holding Co., Ltd.			
其它外商投资	Others			
个体工商户	**Self-employed Individuals**		**147**	**3669**
三、住宿业合计	**Hotels**	**311**	**66**	**22125**
内资企业	**Domestic Funded Enterprises**	**306**	**25**	**20327**
国有企业	State-owned Enterprises	18	4	1941
集体企业	Collective-owned Enterprises	1		23
股份合作企业	Cooperative Enterprises	1		65
联营企业	Joint Ownership Enterprises			
国有联营公司	State Joint Ownership Enterprises			
集体联营企业	Collective Joint Ownership Enterprises			
国有与集体联营企业	Joint State Collective Enterprises			
其他联营企业	Other Joint Ownership Enterprises			
有限责任公司	Limited Liability Corporations	108	8	7824
国有独资企业	State Sole Funded Corporations	6		1167
其他有限责任公司	Other Limited Liability Corporations	102	8	6657
股份有限公司	Share holding Corporations Ltd.	3	1	227
私营企业	Private Enterprises	175	12	10247
私营独资企业	Private-funded Enterprises	11		509
私营合伙企业	Private Partnership Enterprises	1		47
私营有限责任公司	Private Limited Liability Corporations	158	12	9544
私营股份有限公司	Private Share holding Corporations Ltd.	5		147
其他企业	Other Enterprises			
港、澳、台商投资企业	**Enterprises with Investment from Hong Kong, Macao Taiwan**	**3**		**706**
港澳台资合资经营	Joint-venture Enterprises			
港澳台资合作经营	Cooperative Enterprises			
港澳台商独资企业	Sole Investment	3		706
港澳台商投资股份有限公司	Share-holding Co.,Ltd.			
其它港澳台投资	Others			
外商投资企业	**Enterprises With Foreign Investment**	**2**	**1**	**72**
中外合资经营企业	Joint venture Enterprises			
中外合作经营企业	Cooperative Enterprises			
外资企业	Enterprises with Sole Foreign Investment	2	1	72
外商投资股份有限公司	Share-holding Co., Ltd.			
其它外商投资	Others			
个体工商户	**Self-employed Individuals**		**40**	**1020**

11-7 续表2 Continued

指　标	Item	法人企业(个) Number of Corporation Unit (unit)	产业活动单位数及个体户(个) Number of Active Unit and Self-Employed (unit)	从业人数(人) Persons Engaged (person)
四、 餐饮业合计	**Catering Trade**	**227**	**400**	**33315**
内资企业	**Domestic Funded Enterprises**	**225**	**20**	**21756**
国有企业	State-owned Enterprises	1	2	593
集体企业	Collective-owned Enterprises			
股份合作企业	Cooperative Enterprises	2		62
联营企业	Joint Ownership Enterprises	1		23
国有联营公司	State Joint Ownership Enterprises			
集体联营企业	Collective Joint Ownership Enterprises	1		23
国有与集体联营企业	Joint State Collective Enterprises			
其他联营企业	Other Joint Ownership Enterprises			
有限责任公司	Limited Liability Corporations	85	10	8670
国有独资企业	State Sole Funded Corporations	4	1	968
其他有限责任公司	Other Limited Liability Corporations	81	9	7702
股份有限公司	Share-holding Corporations Ltd.	4	2	1137
私营企业	Private Enterprises	132	6	11271
私营独资企业	Private-funded Enterprises	9		618
私营合伙企业	Private Partnership Enterprises	1		48
私营有限责任公司	Private Limited Liability Corporations	117	5	10282
私营股份有限公司	Private Share-holding Corporations Ltd.	5	1	323
其他企业	Other Enterprises			
港、澳、台商投资企业	**Enterprises with Investment from Hong Kong, Macao Taiwan**	**1**		**145**
港澳台资合资经营	Joint-venture Enterprises			
港澳台资合作经营	Cooperative Enterprises			
港澳台商独资企业	Sole Investment	1		145
港澳台商投资股份有限公司	Share-holding Co.,Ltd.			
其它港澳台投资	Others			
外商投资企业	**Enterprises With Foreign Investment**	**1**		**694**
中外合资经营企业	Joint-venture Enterprises			
中外合作经营企业	Cooperative Enterprises			
外资企业	Enterprises with Sole Foreign Investment	1		694
外商投资股份有限公司	Share-holding Co., Ltd.			
其它外商投资	Others			
个体工商户	**Self-employed Individuals**		**378**	**10674**

11-8 限额以上批发、零售贸易业企业及个体户商品销售总额(2020年,按行业分)

Total Sales of Enterprise above Designated Size in Wholesale, Retail Trade and Self-Employed by Sector(2020)

单位：万元 (10 000 yuan)

指 标	Item	销售总额 Total Sales	批 发 Wholesale	零 售 Retail
总 计	**Total**	**60944991**	**49493628**	**11451364**
批发业合计	**Wholesale Trade**	**48774168**	**47706936**	**1067232**
农、林、牧产品	Agriculture, Forestry,Husbandry Products	3307164	3280880	26284
#谷物、豆及薯类	Cereal,Beans & Tubers	2860971	2855533	5438
食品、饮料及烟草制品	Food, Beverages & Tobaccos	4500787	4452451	48337
#米、面制品及食用油	Grains & Edible Oil	86939	60994	25945
果品、蔬菜	Fruits & Vegetables	32096	32096	
肉、禽、蛋、奶及水产品	Meat, poultry, eggs, milk and aquatic	375717	374062	1655
纺织、服装及家庭用品	Textile, Clothing and Household Goods	323671	270371	53300
#纺织品、针织品及原料	Textile,Kintwear	4887	4887	
服装	Garment	196076	145808	50269
文化、体育用品及器材	Cultural,Sports & Equipment	120754	102720	18033
医药及医疗器材	Medicines & Medical Appliances	2530020	2484093	45927
矿产品、建材及化工产品	Minerals,Building & Chemicals	35008115	34397626	610488
#煤炭及制品	Coal & Related Products	22086062	21826801	259261
石油及制品	Petroleum & Related Products	3897304	3565120	332184
化肥	Chemical Materials	793855	793746	109
机械设备、五金产品及电子产品	Machinery, Metal and Electronic Products	2331200	2074696	256503
#农业机械	Agricultural Machinery	161352	151528	9825
贸易经纪与代理	Trading Brokerage & Agency	1273	1273	
其他	Others	651185	642826	8359
零售业合计	**Retail Trade**	**12170824**	**1786692**	**10384132**
综合零售	Comprehensive Retail	1597807	2295	1595512
#百货	Consumer Goods	890336	100	890237
食品、饮料及烟草制品	Food, Drink & Tobaccos	110552	8574	101978
#粮油	Grains & Edible Oil	3022		3022
纺织、服装及日用品	Textile , Garment & Household	207735	1559	206176
#纺织品及针织品	Textile & Kintwear Products	6302		6302
服装	Garments	152244	1559	150685
鞋帽	Shoes & Hats	1531		1531
文化、体育用品及器材	Cultural,Sports Goods	264908	77136	187771
#文具用品	Cultural Goods	2261		2261
体育用品及器材	Sporting Goods and Equipment	33498	21271	12228
图书、报刊	Books, Newspapers and Magazines	166226	32862	133365
医药及医疗器材	Medicines & Medical Appliances	692695	75150	617545
汽车、摩托车、燃料及零配件	Auto,Motorbikes,Fuel & Accessory	7985954	1003509	6982445
#汽车	Automobile	4053551	110463	3943087
家用电器及电子产品	Electronic Products	706288	131831	574456
#计算机、软件及辅助设备	Computers, Software	78070	4765	73306
五金、家具及室内装修材料	Hardware,Furniture & Home Decoration Material	23560	3511	20050
货摊、无店铺及其他零售	Stall, NOn-Shop and Other Retails	581327	483127	98200

11-9 限额以上批发零售贸易业商品分类销售额

Total Sales of Enterprises above Designated Size in Wholesale and Retail Sale by Category of Main Commodities

单位：万元 (10 000 yuan)

项 目	Item	合计 Total		批发 Wholesale		零售 Retail Sale	
		2019	2020	2019	2020	2019	2020
粮油、食品类	Grain and Oil, Food	2556028	4545195	1939304	3821263	616724	723931
饮料类	Beverages	89353	99538	28300	35303	61053	64235
烟酒类	Tobacco and Liquor	3292414	3278656	3143320	3134769	149094	143886
服装、鞋帽、针纺织品类	Clothing, Shoes, Hats and Textiles	983002	807284	216505	183974	766496	623310
化妆品类	Cosmetics	162787	166661	4610	10653	158177	156008
金银珠宝类	Gold, Silver and Jewelry	272169	219361	92906	99148	179263	120213
日用品类	Articles for Daily Use	153662	140152	17359	23665	136303	116487
五金、电料类	Hardware and Electrical Materials	114375	131712	102605	121360	11770	10352
体育、娱乐用品类	Sports and Recreation Articles	23053	10869	1224	595	21829	10274
书报杂志类	Newspapers and Magazines	137722	220521	75320	86107	62402	134414
电子出版物及音像制品类	Ejournal and Video Products	1195	395			1195	395
家用电器和音像器材类	Household Appliances and Video Appliances	648052	601306	76906	131755	571145	469551
中西药品类	Traditional Chinese and Western Medicines	2042354	2715189	1586391	2093967	455964	621222
文化办公用品类	Cultural and Official Goods	78066	139692	22558	41613	55508	98080
家具类	Furniture	15549	21145		1732	15549	19413
通讯器材类	Communication Appliances	491256	801492	421047	729085	70209	72407
煤炭及制品类	Coal and Related Product	15710786	18844944	15706817	18843747	3969	1197
木材及制品类	Wood and Wooden Product	541487	488464	541487	488464		
石油及制品类	Petroleum and Related Product	8812816	7936420	4495315	4680788	4317501	3255631
化工材料及制品类	Raw Chemical Materials and Related Products	2202316	2846712	2202316	2846712		
金属材料类	Metal Materials	2815460	2811693	2815460	2811693		
建筑及装潢材料类	Building and Decoration Materials	159192	170275	155269	161780	3923	8495
机电产品及设备类	Mechanical and Electrical Products	305483	531129	290382	526058	15100	5071
汽车类	Automobile	3949021	4106096	475105	577124	3473916	3528972
种子饲料类	Seed and Feedstuff	54210	147984	54210	147984		
棉麻类	Cotton and Hemp	3				3	

11-10 限额以上批发零售贸易企业资产及负债(2020年,按登记注册类型分)

Assets and Liability of Enterprises above Designated Size in Wholesale and Retail Sale by Registration(2020)

单位：万元　　　　(10 000 yuan)

指　标	Item	资产总计 Total Assets	#流动资产 Circulating Funds	#固定资产净额 Fixed Asset	负债合计 Total Liabilities
总　计	**Total**	**39439777**	**24221673**	**2531759**	**28428144**
一、批发业合计	**Wholesale Trade**	**33601979**	**20608682**	**1427284**	**23676297**
内资企业	**Domestic-Funded Enterprises**	**33330491**	**20376788**	**1425623**	**23465564**
国有企业	State-owned	2238887	1930754	193907	1149759
集体企业	Collective-owned				
股份合作企业	Cooperative				
联营企业	Joint Ownership				
国有联营公司	State Joint Ownership				
集体联营企业	Collective Joint Ownership				
国有与集体联营企业	Joint State Collective				
其他联营企业	Other Joint Ownership				
有限责任公司	Limited Liability Co.	23075209	12280773	814890	16363448
国有独资企业	State Sole Funded	4038781	2605720	247415	2613139
其他有限责任公司	Other Limited Liability Co.	19036429	9675054	567475	13750309
股份有限公司	Share-holding Co. Ltd.	734748	539834	48797	464586
私营企业	Private Enterprises	7281648	5625427	368029	5487771
私营独资企业	Private-funded	33655	33149	117	29869
私营合伙企业	Private Partnership				
私营有限责任公司	Private Limited Liability Co.	7103549	5479116	366278	5323321
私营股份有限公司	Private Share-holding Co. Ltd.	144444	113162	1634	134581
其他企业	Other Enterprises				
港、澳、台商投资企业	**Enterprises with Investment from Hong Kong, Macao & Taiwan**	**220530**	**181900**	**1140**	**189175**
港澳台资合资经营	Joint-venture				
港澳台资合作经营	Cooperative				
港澳台商独资企业	Sole Investment	220530	181900	1140	189175
港澳台商投资股份有限公司	Share-holding Co.Ltd.				
其它港澳台投资	Others				
外商投资企业	**Enterprises With Foreign Investment**	**50958**	**49995**	**522**	**21558**
中外合资经营企业	Joint-venture	18962	18521		1448
中外合作经营企业	Cooperative				
外资企业	Enterprises with Sole	31995	31473	522	20110
外商投资股份有限公司	Share-holding Co. Ltd.				
其它外商投资	Others				

11-10 续表 Continued

指　标	Item	资产总计 Total Assets	#流动资产 Circulating Funds	#固定资产净额 Fixed Asset	负债合计 Total Liabilities
二、零售业合计	**Retail Trade**	**5837798**	**3612991**	**1104475**	**4751847**
内资企业	**Domestic Funded Enterprises**	**5767279**	**3580114**	**1083315**	**4688046**
国有企业	State-owned	143018	75821	18744	106462
集体企业	Collective-owned	1451	1449	2	105
股份合作企业	Cooperative	988	275	400	176
联营企业	Joint Ownership				
国有联营公司	State Joint Ownership				
集体联营企业	Collective Joint Ownership				
国有与集体联营企业	Joint State Collective				
其他联营企业	Other Joint Ownership				
有限责任公司	Limited Liability Co.	2362391	1498225	459376	1810117
国有独资企业	State Sole Funded	190123	92275	72063	160984
其他有限责任公司	Other Limited Liability Co.	2172268	1405951	387313	1649133
股份有限公司	Share-holding Co. Ltd.	949766	253399	362733	919110
私营企业	Private Enterprises	2309664	1750945	242061	1852077
私营独资企业	Private-funded	9988	8418	601	8878
私营合伙企业	Private Partnership	3130	1808	584	424
私营有限责任公司	Private Limited Liability Co.	2242081	1696035	236572	1806966
私营股份有限公司	Private Share-holding Co. Ltd.	54465	44684	4303	35810
其他企业	Other Enterprises				
港、澳、台商投资企业	**Enterprises with Investment from Hong Kong, Macao & Taiwan**	**60451**	**23148**	**21147**	**41694**
港澳台资合资经营	Joint-venture	27211	13679	9857	15985
港澳台资合作经营	Cooperative				
港澳台商独资企业	Sole Investment	33240	9469	11290	25709
港澳台商投资股份有限公司	Share-holding Co.Ltd.				
其它港澳台投资	Others				
外商投资企业	**Enterprises With Foreign Investment**	**10068**	**9729**	**12**	**22107**
中外合资经营企业	Joint-venture				
中外合作经营企业	Cooperative				
外资企业	Enterprises with Sole	10068	9729	12	22107
外商投资股份有限公司	Share-holding Co. Ltd.				
其它外商投资	Others				

11-11 限额以上批发、零售贸易企业资产及负债(2020年,按行业分)

Assets and Liability of Enterprises above Designated Size in Wholesale and Retail by Sector(2020)

单位：万元 (10 000 yuan)

指　标	Item	资产总计 Total Assets	#流动资产 Circulating Funds	#固定资产净额 Fixed Asset	负债合计 Total Liabilities
总　计	**Total**	**39439777**	**24221673**	**2531759**	**28428144**
批发业合计	**Wholesale Trade**	**33601979**	**20608682**	**1427284**	**23676297**
农、林、牧、渔产品	Agriculture,Forestry,Husbandry and Fish Products	2830861	2336010	323239	2245215
#谷物、豆及薯类	Cereal,Beans & Tubers	2452921	2070970	268570	2010858
食品、饮料及烟草制品	Food,drink & Tobaccos	1675441	1474042	113118	704104
#米、面制品及食用油	Grains & Edible Oil	85588	77183	3481	78256
果品、蔬菜	Fruits & Vegetables	24208	17390	6405	12911
肉、禽、蛋、奶及水产品	Meat,poultry,eggs,milk and aquatic	78083	75844	1773	79209
纺织、服装及家庭用品	Textile,Clothing and Household Goods	289734	239763	1482	264849
#纺织品、针织品及原料	Textile,Kintwear & Material	796	796		582
服装	Garment	236684	188736	472	231570
文化、体育用品及器材	Cultural,Sports Goods & Equipment	75995	59244	4331	54071
医药及医疗器材	Medicines & Medical Appliances	1834425	1718140	50270	1418782
矿产品、建材及化工产品	Minerals,Building Materials & Chemicals	25337641	13403556	881569	17602711
#煤炭及制品	Coal & Related Products	13402554	7855671	557754	9554530
石油及制品	Petroleum & Related Products	785084	556696	119357	617856
化肥	Chemical Materials	461057	410786	11504	388657
机械设备、五金产品及电子产品	Machinery,Metal and Electronic Products	1193062	1118563	27836	1047022
#农业机械	Agricultural Machinery	154248	127254	8425	123416
贸易经纪与代理	Trading Brokerage & Agency	31856	30527	7	30045
其他	Others	332965	228838	25432	309500
零售业合计	**Retail Trade**	**5837798**	**3612991**	**1104475**	**4751847**
综合零售	Comprehensive Retail	1270192	751018	254646	940865
#百货	Consumer Goods	968048	556043	201092	665784
食品、饮料及烟草制品	Food,Drink & Tobaccos	84429	74612	2176	42712
#粮油	Grains & Edible Oil	334	282		63
纺织、服装及日用品	Textile,Garment & Household	119838	94199	18418	107751
#纺织品及针织品	Textile & Kintwear Products	5565	5549	9	4131
服装	Garments	89029	67376	16783	85094
鞋帽	Shoes & Hats	991	987	4	1048
文化、体育用品及器材	Cultural,Sports Goods	480953	351907	65940	334824
#文具用品	Cultural Goods	239	238	0	28
体育用品及器材	Sporting Goods and Equipment	7856	5923	1025	6563
图书、报刊	Books,Newspapers and Magazines	402843	299945	59928	296067
医药及医疗器材	Medicines & Medical Appliances	392532	314208	16745	327034
汽车、摩托车、零配件和燃料及其他动力销售	Motor Vehicles,Motorbikes,Parts,and Fuel and Other Powers	2901916	1580433	682790	2550063
#汽车新车零售	New Motor Vehicles	1745727	1373046	214044	1421760
家用电器及电子产品	Electronic Products	425073	316805	57722	301065
#计算机、软件及辅助设备	Computers,Software	70972	64097	2566	36148
五金、家具及室内装修材料	Hardware,Furniture & Home Decoration Material	34983	19444	158	23734
货摊、无店铺及其他零售	Stall,NOn-Shop and Other Retails	127882	110364	5880	123800

11-12 限额以上住宿企业资产及负债 (2020年,按登记注册类型和行业分)

Assets and Liability of Enterprises above Designated Size in Hotel by Registration and by Sector(2020)

单位：万元　　(10 000 yuan)

指　标	Item	资产总计 Total Assets	#流动资产 Circulating Funds	#固定资产净额 Fixed Asset	负债合计 Total Liabilities
总 计	**Total**	**1127243**	**449831**	**477141**	**1010239**
按登记注册类型分	**By Status of Registration**				
内资企业	**Domestic Funded Enterprises**	**1017159**	**440334**	**379245**	**941430**
国有企业	State-owned	57105	15162	20912	39403
集体企业	Collective-owned	168	160	8	14
股份合作企业	Cooperative	529	357	172	347
联营企业	Joint Ownership				
国有联营公司	State Joint Ownership				
集体联营企业	Collective Joint Ownership				
国有与集体联营企业	Joint State Collective				
其他联营企业	Other Joint Ownership				
有限责任公司	Limited Liability Co.	542584	251708	204305	465998
国有独资企业	State Sole funded Co.	59553	15293	38589	53745
其他有限责任公司	Other Limited Liability Co.	483031	236415	165715	412254
股份有限公司	Share-holding Co. Ltd.	675	355	130	476
私营企业	Private Enterprises	416099	172592	153719	435192
私营独资企业	Private-funded	13030	7156	4190	18613
私营合伙企业	Private Partnership	881	140	596	1
私营有限责任公司	Private Limited Liability Co.	392561	159718	148806	411297
私营股份有限公司	Private Share-holding Co. Ltd.	9627	5578	127	5281
其他企业	Other Enterprises .				
港、澳、台商投资企业	**Enterprises with Investment from HK, Macao & Taiwan**	**108487**	**8530**	**97829**	**67029**
港澳台资合资经营	Joint-venture Enterprises (HK,Macao & Taiwan)				
港澳台资合作经营	Cooperative Enterprises (HK,Macao & Taiwan)				
港澳台商独资企业	Sole Investment from HK,Macao & Taiwan	108487	8530	97829	67029
港澳台商投资	Share-holding Co.,Ltd.from HK,Macao & Ttaiwan				
其它港澳台投资	Others				
外商投资企业	**Enterprises With Foreign Investment**	**1598**	**967**	**67**	**1780**
中外合资经营企业	Joint-venture				
中外合作经营企业	Cooperative				
外资企业	Enterprises with Sole Foreign Investment	1598	967	67	1780
外商投资股份有限公司	Share-holding Co.Ltd. with Foreign Investment				
其它外商投资	Others				
按国民经济行业分	**By Sector**				
旅游饭店	Tourist Hotel	900253	341101	428075	784481
一般旅馆	General Hotel	217217	102440	48988	215857
其他住宿业	Others	9773	6290	79	9900

11-13 限额以上餐饮企业资产及负债 (2020年,按登记注册类型和行业分)

Assets and Liability of Enterprises above Designated Size in Catering Trades by Registration and by Sector(2020)

单位：万元 (10 000 yuan)

指　标	Item	资产总计 Total Assets	#流动资产 Circulating Funds	#固定资产净额 Fixed Asset	负债合计 Total Liabilities
总　计	**Total**	**880179**	**337076**	**307521**	**744311**
按登记注册类型分	**By Status of Registration**				
内资企业	**Domestic Funded Enterprises**	**836131**	**311058**	**299684**	**709999**
国有企业	State-owned	67030	8887	35029	31668
集体企业	Collective-owned				
股份合作企业	Cooperative	245	51	194	36
联营企业	Joint Ownership	594	47	206	2326
国有联营公司	State Joint Ownership				
集体联营企业	Collective Joint Ownership	594	47	206	2326
国有与集体联营企业	Joint State Collective				
其他联营企业	Other Joint Ownership				
有限责任公司	Limited Liability Co.	427072	143516	195577	412370
国有独资企业	State Sole Funded Co.	64507	11610	48688	10567
其他有限责任公司	Other Limited Liability Co.	362565	131906	146888	401802
股份有限公司	Share-holding Co. Ltd.	48163	27071	13200	11953
私营企业	Private Enterprises	293026	131486	55478	251647
私营独资企业	Private-funded	37058	11960	5399	32141
私营合伙企业	Private Partnership	4766	190	1716	2105
私营有限责任公司	Private Limited Liability Co.	235340	112782	43413	209675
私营股份有限公司	Private Share-holding Co. Ltd.	15863	6554	4951	7726
其他企业	Other				
港、澳、台商投资企业	**Enterprises with Investment from HK, Macao & Taiwan**	**1864**	**1095**	**218**	**652**
港澳台资合资经营	Joint-venture Enterprises (HK,Macao & Taiwan)				
港澳台资合作经营	Cooperative Enterprises (HK,Macao & Taiwan)				
港澳台商独资企业	Sole Investment from HK,Macao & Taiwan	1864	1095	218	652
港澳台商投资股份有限公司	Share-holding Co.,Ltd.from HK,Macao & Taiwan				
其它港澳台投资	Other Enterprises				
外商投资企业	**Enterprises With Foreign Investment**	**42184**	**24923**	**7618**	**33660**
中外合资经营企业	Joint-venture				
中外合作经营企业	Cooperative				
外资企业	Enterprises with Sole Foreign Investment	42184	24923	7618	33660
外商投资股份有限公司	Share-holding Co.Ltd.with Foreign Investment				
其它外商投资	Others				
按服务业分	**By Business Categories**				
正餐服务	Dinner Services	856699	326403	302529	731415
快餐服务	Fast Food Services	18697	6279	4823	10597
餐饮配送及外卖送餐服务	Catering Distribution and Delivery Service	4395	4005	169	2035
饮料及冷饮服务	Cold Drink Services				
其他餐饮服务	Others	389	389		264

11-14 限额以上批发零售贸易企业主要财务指标(2020年,按登记注册类型分)

Main Financial Indicators of Enterprises above Designated Size in Wholesale and Retail Sale by Registration(2020)

单位：万元 (10 000 yuan)

指 标	Item	营业收入 Business Revenue	营业成本 Business Cost	税金及附加 Tax and Extra Changes	销售费用 Selling Expenses	营业利润 Operating Profit
批发零售贸易业总计	**Total**	**52521771**	**48237549**	**486305**	**2337542**	**515020**
一、批发业合计	**Wholesale Trades**	**41868341**	**38833639**	**445230**	**1498787**	**527651**
内资企业	**Domestic Funded Enterprises**	**41156690**	**38171748**	**444537**	**1460427**	**520766**
国有企业	State-owned	3688043	2867893	363621	92170	282967
集体企业	Collective-owned					
股份合作企业	Cooperative					
联营企业	Joint Ownership					
国有联营公司	State Joint Ownership					
集体联营企业	Collective Joint Ownership					
国有与集体联营企业	Joint State Collective					
其他联营企业	Other Joint Ownership					
有限责任公司	Limited Liability Co.	24860224	23469551	58790	904982	144612
国有独资企业	State Sole Funded Co.	5051936	4512304	10590	485468	-64379
其他有限责任公司	Other Limited Liability Co.	19808287	18957247	48200	419514	208991
股份有限公司	Share-holding Corporations Ltd.	2602604	2543340	2021	28924	11186
私营企业	Private Enterprises	10005820	9290964	20105	434351	82001
私营独资企业	Private-funded	115304	109188	223	1538	3010
私营合伙企业	Private Partnership					
私营有限责任公司	Private Limited Liability Co.	9719138	9016473	19621	425795	84520
私营股份有限公司	Private Share-holding Co. Ltd.	171378	165303	260	7018	-5529
其他企业	Other Enterprises					
港、澳、台商企业	**Enterprises from HK, Macao & Taiwan**	**441852**	**402704**	**247**	**31135**	**5930**
港澳台资合资经营	Joint-venture Enterprises (HK,Macao & Taiwan)					
港澳台资合作经营	Cooperative Enterprises (HK,Macao & Taiwan)					
港澳台商独资企业	Sole Investment from HK, Macao & Taiwan	441852	402704	247	31135	5930
港澳台商投资股份有限公司	Share-holding Co.,Ltd.from HK,Macao & Ttaiwan					
其它港澳台投资	Others					
外商投资企业	**Enterprises with Foreign Investment**	**269800**	**259188**	**447**	**7224**	**955**
中外合资经营企业	Joint-venture	21399	15341	163	883	4653
中外合作经营企业	Cooperative					
外资企业	Sole Foreign Investment	248401	243848	284	6341	-3698
外商投资股份有限公司	Share-holding Co. Ltd.with Foreign Investment					
其它外商投资	Others					

11-14 续表 Continued

单位：万元 (10 000 yuan)

指　标	Item	营业收入 Business Revenue	营业成本 Business Cost	税金及附加 Tax and Extra Changes	销售费用 Selling Expenses	营业利润 Operating Profit
二、零售企业合计	**Retail Sale Trades**	**10653430**	**9403910**	**41075**	**838756**	**-12632**
内资企业	**Domestic Funded Enterprises**	**10445050**	**9227480**	**39995**	**818898**	**-19188**
国有企业	State-owned	162566	138503	524	12178	5877
集体企业	Collective-owned	1518	684	14	632	99
股份合作企业	Cooperative	1990	1654	14	127	57
联营企业	Joint Ownership					
国有联营公司	State Joint Ownership					
集体联营企业	Collective Joint Ownership					
国有与集体联营企业	Joint State Collective					
其他联营企业	Other Joint Ownership					
有限责任公司	Limited Liability Co.	3495476	3010472	15449	291697	28254
国有独资企业	State Sole Funded Co.	221639	184606	1200	17160	6908
其他有限责任公司	Other Limited Liability Co.	3273837	2825866	14249	274537	21345
股份有限公司	Share-holding Corporations Ltd.	2366150	2195459	5817	149142	8593
私营企业	Private Enterprises	4417350	3880708	18177	365123	-62067
私营独资企业	Private-funded	16152	13735	98	822	156
私营合伙企业	Private Partnership	3533	3138	7	87	111
私营有限责任公司	Private Limited Liability Co.	4335402	3809536	17809	359243	-61592
私营股份有限公司	Private Share-holding Co. Ltd.	62264	54300	263	4971	-742
其他企业	Other Enterprises					
港、澳、台商投资企业	**Enterprises with Investment from Hong Kong, Macao & Taiwan**	**195490**	**166775**	**1035**	**17486**	**6282**
港澳台资合资经营	Joint-venture Enterprises (HK,Macao & Taiwan)	112658	102326	596	4122	3593
港澳台资合作经营	Cooperative Enterprises (HK,Macao & Taiwan)					
港澳台商独资企业	Sole Investment from HK, Macao & Taiwan	82832	64449	439	13363	2688
港澳台商投资股份有限公司	Share-holding Co.,Ltd.from HK,Macao & Ttaiwan					
其它港澳台投资	Others					
外商投资企业	**Enterprises With Foreign Investment**	**12890**	**9654**	**45**	**2372**	**275**
中外合资经营企业	Joint-venture					
中外合作经营企业	Cooperative					
外资企业	Sole Foreign Investment	12890	9654	45	2372	275
外商投资股份有限公司	Share-holding Co. Ltd.with Foreign Investment					
其它外商投资	Others					

11-15 限额以上批发、零售贸易企业主要财务指标(2020年,按行业分)

Main Financial Indicators of Enterprises above Designated Size in Wholesale and Retail Sale by Sector(2020)

单位：万元 (10 000 yuan)

指 标	Item	营业收入 Business Revenue	营业成本 Business Cost
总 计	**Total**	**52521771**	**48237549**
批发业合计	**Wholesale Trade**	**41868341**	**38833639**
农、林、牧、渔产品	Agriculture,Forestry,Husbandry and Fishery Products	3223273	3048584
#谷物、豆及薯类	Cereal,Beans & Tubers	2781734	2638458
食品、饮料及烟草制品	Food,Beverages & Tobaccos	4025392	3132187
#米、面制品及食用油	Grains & Edible Oil	84961	78415
果品、蔬菜	Fruits & Vegetables	30258	27803
肉、禽、蛋、奶及水产品	Meat,poultry,eggs,milk and aquatic	357290	314403
纺织、服装及家庭用品	Textile,Clothing and Household Goods	290375	241374
#纺织品、针织品及原料	Textile,Kintwear	4496	4170
服装	Garment	175259	131499
文化、体育用品及器材	Cultural,Sports & Equipment	114714	105030
医药及医疗器材	Medicines & Medical Appliances	2285935	2038614
矿产品、建材及化工产品	Minerals,Building & Chemicals	29605378	28122560
#煤炭及制品	Coal & Related Products	20008621	18887720
石油及制品	Petroleum & Related Products	3333620	3236701
化肥	Chemical Materials	725818	705202
机械设备、五金产品及电子产品	Machinery,Metal and Electronic Products	1718714	1584415
#农业机械	Agricultural Machinery	158116	139853
贸易经纪与代理	Trading Brokerage & Agency	4369	1063
其他	Others	600192	559810
零售业合计	**Retail Trade**	**10653430**	**9403910**
综合零售	Comprehensive Retail	1211556	941077
#百货	Consumer Goods	652637	489794
食品、饮料及烟草制品	Food,Drink & Tobaccos	84490	69166
#粮油	Grains & Edible Oil	1740	1569
纺织、服装及日用品	Textile ,Garment & Household	193201	152618
#纺织品及针织品	Textile & Kintwear Products	5100	4419
服装	Garments	145195	117637
鞋帽	Shoes & Hats	1355	2125
文化、体育用品及器材	Cultural,Sports Goods	251640	193359
#文具用品	Cultural Goods	2181	1961
体育用品及器材	Sporting Goods and Equipment	30098	26834
图书、报刊	Books,Newspapers and Magazines	163536	117776
医药及医疗器材	Medicines & Medical Appliances	633365	501808
汽车、摩托车、零配件和燃料及其他动力销售	Motor Vehicles,Motorbikes,Parts,and Fuel and Other Powers	7128746	6627278
#汽车新车零售	New Motor Vehicles	3708302	3472693
家用电器及电子产品	Electronic Products	604968	528905
#计算机、软件及辅助设备	Computers,Software	76905	65371
五金、家具及室内装修材料	Hardware,Furniture & Home Decoration Material	18286	16246
货摊、无店铺及其他零售	Stall,NOn-Shop and Other Retails	527178	373453

11-15 续表 Continued

单位：万元 (10 000 yuan)

指　标	Item	税金及附加 Tax and Extra Changes	销售费用 Selling Expenses	营业利润 Operating Profit
总 计	**Total**	**486305**	**2337542**	**515020**
批发业合计	**Wholesale Trade**	**445230**	**1498787**	**527651**
农、林、牧产品	Agriculture, Forestry,Husbandry Products	3649	129067	-5660
#谷物、豆及薯类	Cereal,Beans & Tubers	3134	108638	-3800
食品、饮料及烟草制品	Food, Beverages & Tobaccos	364339	144190	268552
#米、面制品及食用油	Grains & Edible Oil	90	1509	-1211
果品、蔬菜	Fruits & Vegetables	78	644	302
肉、禽、蛋、奶及水产品	Meat, poultry, eggs, milk and aquatic	596	49879	-10885
纺织、服装及家庭用品	Textile, Clothing and Household Goods	611	35864	-2709
#纺织品、针织品及原料	Textile,Kintwear	10	240	-41
服装	Garment	474	31985	-1875
文化、体育用品及器材	Cultural,Sports & Equipment	205	2938	2885
医药及医疗器材	Medicines & Medical Appliances	6869	94863	64561
矿产品、建材及化工产品	Minerals,Building & Chemicals	64325	1008915	166471
#煤炭及制品	Coal & Related Products	51184	787975	126063
石油及制品	Petroleum & Related Products	3049	58233	19070
化肥	Chemical Materials	680	12171	-3745
机械设备、五金产品及电子产品	Machinery, Metal and Electronic Products	3900	63834	23945
#农业机械	Agricultural Machinery	341	7990	-168
贸易经纪与代理	Trading Brokerage & Agency	48	2143	28
其他	Others	1285	16974	9579
零售业合计	**Retail Trade**	**41075**	**838756**	**-12632**
综合零售	Comprehensive Retail	10104	160254	13575
#百货	Consumer Goods	8343	91048	19505
食品、饮料及烟草制品	Food, Drink & Tobaccos	373	6850	3812
#粮油	Grains & Edible Oil	2	11	29
纺织、服装及日用品	Textile , Garment & Household	1221	27234	567
#纺织品及针织品	Textile & Kintwear Products	43	625	-211
服装	Garments	972	18173	503
鞋帽	Shoes & Hats	3	81	-976
文化、体育用品及器材	Cultural,Sports Goods	1415	20513	32244
#文具用品	Cultural Goods	10	1	8
体育用品及器材	Sporting Goods and Equipment	67	2847	5
图书、报刊	Books, Newspapers and Magazines	488	15178	32530
医药及医疗器材	Medicines & Medical Appliances	2114	87509	13123
汽车、摩托车、零配件和燃料及其他动力销售	Motor Vehicles,Motorbikes,Parts,and Fuel and Other Powers	22314	344400	-72595
#汽车新车零售	New Motor Vehicles	14045	126495	-62139
家用电器及电子产品	Electronic Products	2026	40911	259
#计算机、软件及辅助设备	Computers, Software	247	4364	1351
五金、家具及室内装修材料	Hardware,Furniture & Home Decoration Material	47	983	-411
货摊、无店铺及其他零售	Stall, NOn-Shop and Other Retails	1461	150103	-3206

11-16 限额以上住宿企业主要财务指标 (2020年,按登记注册类型和行业分)

Main Financial Indicators of Enterprises above Designated Size in Hotel by Registration and by Sector(2020)

单位：万元 (10 000 yuan)

指 标	Item	营业收入 Operating Income	营业成本 Operating Costs	税金及附加 Tax and Surcharges	销售费用 Selling Expenses	营业利润 Operating Profit
总 计	**Total**	**274206**	**106550**	**1820**	**98865**	**-44410**
按登记注册类型分	**By Status of Registration**					
内资企业	**Domestic Funded Enterprises**	**259823**	**96425**	**1774**	**94870**	**-43749**
国有企业	State-owned	15579	9097	460	5216	-6798
集体企业	Collective-owned	303	77	1	105	96
股份合作企业	Cooperative	287	167	0	39	1
联营企业	Joint Ownership					
国有联营公司	State Joint Ownership					
集体联营企业	Collective Joint Ownership					
国有与集体联营企业	Joint State Collective					
其他联营企业	Other Joint Ownership					
有限责任公司	Limited Liability Co.	96415	33656	501	39336	-17844
国有独资企业	State Sole Funded Co.	15225	4782	69	7773	-2501
其他有限责任公司	Other Limited Liability Co.	81190	28874	432	31563	-15344
股份有限公司	Share-holding Co.Ltd.	499	76	4	140	132
私营企业	Private Enterprises	146740	53352	808	50034	-19335
私营独资企业	Private-funded	7323	2319	42	2141	311
私营合伙企业	Private Partnership	519	584	1		-845
私营有限责任公司	Private Limited Liability Co.	134981	48574	755	47298	-18732
私营股份有限公司	Private Share-holding Co. Ltd.	3917	1874	11	595	-69
其他企业	Other Enterprises					
港、澳、台商投资企业	**Enterprises with Investment from HK,Macao & Taiwan**	**13243**	**9992**	**42**	**3115**	**-554**
港澳台资合资经营	Joint-venture Enterprises (HK,Macao & Taiwan)					
港澳台资合作经营	Cooperative Enterprises (HK,Macao & Taiwan)					
港澳台商独资企业	Sole Investment from HK,Macao & Taiwan	13243	9992	42	3115	-554
港澳台商投资股份有限公司	Share-holding Co.,Ltd.from HK, Macao & Ttaiwan					
其它港澳台投资	Others					
外商投资企业	**With Foreign Investment**	**1141**	**133**	**5**	**880**	**-107**
中外合资经营企业	Joint-venture					
中外合作经营企业	Cooperative					
外资企业	Sole Foreign Investment	1141	133	5	880	-107
外商投资股份有限公司	Share-holding Co. Ltd. with Foreign Investment					
其它外商投资	Others					
按国民经济行业分	**By Sector**					
旅游饭店	Tourist Hotel	202971	80253	1211	71057	-32183
一般旅馆	General Hotel	68844	25187	595	26924	-11791
民宿服务	Homestay					
其他住宿服务	Others	2391	1111	14	883	-436

11-17 限额以上餐饮企业主要财务指标 (2020年,按登记注册类型和行业分)

Main Financial Indicators of Enterprises above Designated Size in Catering Trades by Registration and by Sector(2020)

单位：万元 (10 000 yuan)

指 标	Item	营业收入 Operating Income	营业成本 Operating Costs	税金及附加 Tax and Surcharges	销售费用 Selling Expenses	营业利润 Operating Profit
总 计	**Total**	**314602**	**149343**	**1699**	**113063**	**-36902**
按登记注册类型分	**By Status of Registration**					
内资企业	**Domestic Funded Enterprises**	**287021**	**133234**	**1578**	**106446**	**-34514**
国有企业	State-owned	4902	1366	5	6276	-4504
集体企业	Collective-owned					
股份合作企业	Cooperative	417	218	0	217	-45
联营企业	Joint Ownership	235	114		111	-40
国有联营公司	State Joint Ownership					
集体联营企业	Collective Joint Ownership	235	114		111	-40
国有与集体联营企业	Joint State Collective					
其他联营企业	Other Joint Ownership					
有限责任公司	Limited Liability Co.	110048	52281	1149	34666	-18814
国有独资企业	State-funded Co.	6164	5416	10	1174	-4514
其他有限责任公司	Other Limited Liability Co.	103884	46865	1139	33491	-14300
股份有限公司	Share-holding Co.Ltd.	20896	11358	85	9937	-3485
私营企业	Private Enterprises	150524	67896	339	55240	-7626
私营独资企业	Private funded	7268	3644	32	1624	158
私营合伙企业	Private Partnership	466	368	28	1	38
私营有限责任公司	Private Limited Liability Co.	139701	62147	264	52481	-7829
私营股份有限公司	Private Share-holding Co. Ltd.	3090	1737	15	1134	7
其他企业	Other Enterprises					
港、澳、台商投资企业	**Enterprises with Investment from HK,Macao & Taiwan**	**2633**	**1020**		**1554**	**-89**
港澳台资合资经营	Joint-venture Enterprises (HK,Macao & Taiwan)					
港澳台资合作经营	Cooperative Enterprises (HK,Macao & Taiwan)					
港澳台商独资企业	Sole Investment from HK,Macao & Taiwan	2633	1020		1554	-89
港澳台商投资股份有限公司	Share-holding Co.,Ltd.from HK, Macao & Ttaiwan					
其它港澳台投资	Others					
外商投资企业	**Enterprises With Foreign Investment**	**24947**	**15089**	**121**	**5063**	**-2299**
中外合资经营企业	Joint-venture					
中外合作经营企业	Cooperative					
外资企业	Sole Foreign Investment	24947	15089	121	5063	-2299
外商投资股份有限公司	Share-holding Co. Ltd. with Foreign Investment					
其它外商投资	Others					
按国民经济行业分	**By Sector**					
正餐服务	Dinner Services	286793	136746	1645	98942	-34816
快餐服务	Fast Food Services	22629	8197	23	14007	-1536
餐饮配送及外卖送餐服务	Catering Distribution and Delivery Service	4117	3325	30	114	-535
饮料及冷饮服务	Cold Drink Services					
其他餐饮服务	Others	1063	1075	1		-14

主要统计指标解释

社会消费品零售总额 指国民经济各行业直接售给城乡居民和社会集团的消费品总额。它是反映各行业通过多种商品流通渠道向居民和社会集团供应的生活消费品总量，是研究国内零售市场变动情况、反映经济景气程度的重要指标。

社会消费品零售总额包括：(1)售给城乡居民作为生活用的商品和修建房屋用的建筑材料；(2)售给社会集团的各种办公用品和公用消费品；(3)售给机关、团体、学校、部队、企业、事业单位的职工食堂和旅店(招待所)附设专门供本店旅客食用，不对外营业的食堂的各种食品、燃料；企业、单位和国营农场直接售给本单位职工和职工食堂的自己生产的产品；(4)售给部队干部、战士生活用的粮食、副食品、衣着品、日用品、燃料；(5)售给来华的外国人、华侨、港澳台同胞的消费品；(6)居民自费购买的中、西药品、中药材及医疗用品；(7)报社、出版社直接售给居民和社会集团的报纸、图书、杂志，集邮公司出售的新、旧纪念邮票、特种邮票、首日封、集邮册、集邮工具等；(8)旧货寄售商店自购、自销部分的商品；(9)煤气公司、液化石油气站售给居民和社会集团的煤气灶具和罐装液化石油气；(10)农民售给非农业居民和社会集团的商品。不包括售给国民经济各部门企业、事业单位(包括国有经济的农场)生产经营用的各种原材料、燃料、设备、工具等和售给批发零售贸易业、餐饮业作为转卖用的商品，旧货寄售商店受托寄售卖出的商品，服务业的营业收入，邮局出售邮票的收入，自来水、电力、煤气生产(供应)单位的产品供应收入，也不包括农民之间的商品销售。

批发零售贸易业商品购、销、存总额 指各种登记注册类型的批发、零售贸易业(不包括个体)企业(单位)以本企业(单位)为总体的商品购进、销售、库存总额。

商品购进总额 指从本企业(单位)以外的单位和个人购进(包括从境外直接进口)作为转卖或加工后转卖的商品总额。它反映批发零售贸易业从国内、国外市场上购进商品的总量。商品购进总额包括：(1)从工农业生产者购进的商品；(2)从出版社、报社的出版发行部门购进的图书、杂志和报纸；(3)从各种登记注册类型的批发零售贸易企业(单位)购进的商品；(4)从其他单位购进的商品，如从机关、团体、企业等单位购进的剩余物资，从餐饮业、服务业购进的商品，从海关、市场管理部门购进的缉私和没收的商品，从居民手中收购的废旧商品等；(5)从国(境)外直接进口的商品。不包括企业(单位)为自身经营用和未通过买卖行为而收入的商品以及销售退回、商品升溢等。

商品销售总额 指对本企业(单位)以外的单位和个人出售(包括对境外直接出口)的商品总额。它反映批发零售贸易业在国内市场上销售商品以及出口商品的总量。商品销售总额包括：(1)售给城乡居民和社会集团消费用的商品；(2)售给工业、农业、建筑业、运输邮电业、批发零售贸易业、餐饮业、服务业等作为生产、经营使用的商品；(3)售给批发零售贸易业作为转卖或加工后转卖的商品；(4)对国(境)外直接出口的商品。不包括出售本企业(单位)自用的废旧包装用品；未通过买卖行为付出的商品；经本单位介绍，由买卖双方直接结算，本单位只收取手续费的业务；购货退出的商品以及商品损耗和损失等。

批发零售贸易业库存 指报告期末各种登记注册类型的批发零售贸易企业(单位)已取得所有权的商品。它反映批发零售贸易企业(单位)的商品库存情况和对市场商品供应的保证程度。期末库存包括：(1)存放在批发零售贸易业经营单位(如门市部、批发站、经营处)仓库、货场、货柜和货架中的商品；(2)挑选、整理、包装中的商品；(3)已记入购进而尚未运到本单位的商品，即发货单或银行承兑凭证已到而货未到的部分，(4)寄放他处的商品，如因购货方拒绝承付而暂时存放在购货方的商品和已办完加工成品收回手续而未提回的商品；(5)委托其他单位代销(未作销售或调出)尚未售出的商品；(6)代其他单位购进尚未交付的商品。不包括所有权不属于本单位的商品、拨付除批发零售贸易业以外的其他行业所属独立核算加工厂等加工生产尚未收回成品的商品、代国家物资储备部门保管的商品等。

库存总额采用的计算价格是：农副产品采购单位按购进价计算；批发单位按进货价计算；零售单位按核算价格计算，即按什么价格核算就按什么价格计算。

餐饮业营业收入 指餐饮企业、活动单位或个体户的全部营业额，包括商品零售额和其他服务性收入。其主要反映餐饮企业、活动单位或个体户的经营情况及发展变化趋势。

餐饮业商品零售额 指餐饮企业、活动单位或个体户直接对居民和社会集团零售的各种商品。包括：(1)经烹饪、调制加工后出售的各种食品，如主食、炒菜、凉拌菜等；(2)不经加工直接转卖的各种外购商品，如卷烟、酒、饮料、熟食、水果等；(3)附设非独立核算的销售商品的小卖部出售的各种食品及其他商品。

消费品市场成交额 指从事消费品交易的商品市场的全部商品成交金额。消费品市场包括农副产品市场和工业消费品市场。

Explanatory Notes on Main Statistical Indicators

Total Retail Sales of Consumer Goods refer to the sum of retail sales of consumer goods sold by all sectors of the national economy to urban and rural residents and social groups. This indicator is used to show the supply of consumer goods through various channels to households and institutions, and is very important for the study on changes at the domestic retail market, and on economic cycles.

The retail sales of consumer goods include: (1) commodities sold to urban and rural residents for their daily use and building materials sold to them for the construction or repair of houses; (2) office appliances and supplies sold to institutions; (3) food and fuels sold to canteens of institutions, enterprises, schools, military units and to canteens of hotels and hostels that only serve their guests, and commodities produced by enterprises, institutions or state farms and sold directly to their employees or their canteens; (4) grain and non staple food, clothing, daily articles and fuels sold to military personnel; (5) consumer goods sold to foreigners, overseas Chinese, and Chinese compatriots from Taiwan, Hong Kong and Macao during their stay in the mainland of China; (6) Chinese and western medicines, herbs and medical facilities purchased by residents; (7) newspapers, books and magazines directly sold to residents and social groups by publishers, new and old commemorative stamps, special stamps, first day covers, stamp albums and other stamp collection articles sold by stamp companies; (8) consumer goods purchased and then sold by second hand shops; (9) stoves and other heating facilities and liquefied gas sold by gas companies to households and institutions; and (10) commodities sold by farmers to non agricultural residents and social groups. Excluded under this heading are: raw materials, fuels, equipment, tools sold to enterprises, institutions and state farms for production purpose; commodities sold to trade establishments for reselling; commissioned sales at second hand shops; operational income of urban public utilities; stamps sold at post offices; income of water, power, gas production and supply establishments from the supply of their products; and sales of commodities among farmers.

Purchase, Sales and Stock of Commodities by Wholesale and Retail Trade refer to the purchase, sales and stock of commodities by wholesale and retail establishments of different status of registration (excluding individual sellers).

Total Purchases of Commodities refer to the total value of purchases of commodities by the establishments from other establishments or individuals (including direct import from abroad) for the purpose of reselling, either with or without further processing of the commodities purchased. This indicator is used to show the total value of purchases of commodities by wholesale and retail establishments from domestic and overseas markets. The total purchases include: (1) agricultural and industrial products purchased from producers; (2) books, magazines and newspapers purchased from distribution departments of the publishers; (3) commodities purchased from wholesale and retail establishments of different status of registration; (4) commodities purchased from other units, such as surplus materials purchased from government agencies, enterprises or institutions, commodities purchased from catering and service establishments, confiscated goods purchased from customs authorities or market management agencies, second hand goods and wastes purchased from residents; and (5) commodities directly imported from abroad. Excluded are commodities purchased by establishments (units) for use in their own business operation, commodities obtained without buying or selling procedures, rejected commodities, etc.

Total Sales of Commodities refer to value of commodities sold by the establishments to other establishments and individuals (including direct export). This indicator is used to show the total value of sales of commodities at domestic markets and export. The total sales include: (1) commodities sold to urban and rural residents and social groups for their consumption; (2) commodities sold to establishments in industry, agriculture, construction, transportation, post and telecommunications, wholesale and retail trades, catering trade and public utility for their production and operation; (3) commodities sold to wholesale and retail establishments for reselling, with or without further processing; and (4) commodities for direct export to other countries. Excluded are selling of waste packaging materials used by the establishments (units) themselves, commodities transferred without buying or selling procedures, commission income from brokerage in transactions whose settlement is directly handled by buyers and sellers, rejected commodities in the purchase, loss in commodities, etc.

Commodity Stock of Wholesale and Retail Enterprises refers to total commodities possessed by wholesale and retail enterprises (units) of various types of registration status at the end of the reference period, which reflects the commodity stock level of various wholesale and retail enterprises and the potential for market supply. It includes: (1) commodities located in storage, garages, counters, and shelves of operating units (such as sale stores, wholesale centers, and operating offices) of wholesale and retail enterprises; (2) commodities in the process of selecting, sorting, and packing; (3) commodities not arrived but recorded as purchase in the account, i. e. . commodities not arrived but payment receipts for the commodities from the sellers or the banks arrived; (4) commodities deposited in other places rather than places mentioned above, for instance: commodities in the hold of purchasers temporarily due to the refusal of payment and commodities not taken back after going through the formalities; (5) commodities entrusted to other units to sell but not sold yet; (6) commodities purchased for other units but not delivered yet. Commodities not included as stock are those not owned by the enterprises (units) , those allocated to financially independent factories rather than wholesale and retail enterprises for processing but not taken back yet, and finally those put in stock by wholesale and retail enterprises on behalf of the state material reserves units.

For the calculation of the value of commodities stock, the value is calculated at purchasing prices in agricultural goods purchasing units and wholesale units, and at the accounting prices in retail units.

Business Income of Catering Industry refer to the total turnover of catering businesses, establishments or individuals, including retail sales and other services income. It reflects the operational and managerial conditions and development trend of catering businesses, establishments and individuals in this sector.

Retail Sales of Commodities in Catering Industry refer to retail sales to residents and social groups by catering enterprises, establishments and individual, including: (1) various food sold after cooking and processing, such as: staple food, cooked dishes, cold and dressed dishes and so on. (2) reselling commodities without further processing, such as: cigarettes, liquor, beverage, cooked food, fruits and so on. (3) various food and other commodities sold in and ascent buffets with dependant accounting system.

Volume of Transaction at Free Markets for Consumer Goods refers to the value of transaction or all goods at the free trade markets for consumer goods, where markets include both free markets for farm and sideline products and for manufactured consumer goods.

12 对外经济和旅游

Foreign Economics and Tourism

资料整理：郭　琦

Arranged By：Guo Qi

12-1 对外经济贸易
Foreign Trade and Economic

指 标	Item	2000	2005	2010	2015	2020
进出口总额(万元)	**Total Imports and Exports (RMB10 000 yuan)**	**1687811**	**4165757**	**5774292**	**7925407**	**10516252**
出口总额	Total Exports	847114	1666408	2208571	3515123	3490556
进口总额	Total Imports	840697	2499349	3565721	4410284	7025696
进出口总额(万美元)	**Total Imports and Exports(USD 10 000)**	**203596**	**516190**	**871894**	**1278391**	**1518466**
出口总额	Total Exports	102185	206489	333485	567344	504014
进口总额	Total Imports	101411	309701	538409	711047	1014452
同“一带一路”国家进出口总额(万美元)	**Total Imports and Exports of Belt and Road Countries(USD 10 000)**					**913177**
出口总额	Total Exports					287247
进口总额	Total Imports					625930
外商投资企业进出口额(万美元)	**Total Imports and Exports of Foreign-funded Enterprises(USD 10 000)**	**13597**	**82872**	**161034**	**132100**	**92777**
出口总额	Total Exports	11535	41547	96009	70500	44385
进口总额	Total Imports	2062	41325	65025	61600	48392
实际使用外资额(万美元)	**Total Amount of Foreign Capital Actually Used (USD 10 000)**	**54819**	**140007**	**355876**	**336629**	**182240**
外商投资企业基本情况	**Registered Foreign-funded Enterprises**					
年底登记户数(户)	Number of Registered Enterprises(unit)	874	914	3693	2967	3329
投资总额(万美元)	Total Investment(USD 10 000)	253634	1264645	2324266	3514212	5608426
注册资本(万美元)	Registered Capital(USD 10 000)	171773	627138	1223998	1730106	2084437
#外方	Capital from Foreign Partners	84084	407333	910119	1061594	1367089

12-2 外贸进出口贸易总额及实际使用外资额

Total Foreign Trade Imports and Exports and Amount of Foreign Investment Actually Used

年 份 Year	按人民币计算(万元) RMB 10 000 Yuan			按美元计算(万美元) USD 10 000			实际使用外资额 （万美元） Total Amount of Foreign Capital Actually Used
	进出口总额 Total Imports & Exports	出口总额 Total Exports	进口总额 Total Imports	进出口总额 Total Imports & Exports	出口总额 Total Exports	进口总额 Total Imports	
1965				333		333	
1970				554	158	396	
1975				925	394	531	
1978	2674	1768	906	1552	1026	526	
1980	6555	3970	2585	4397	2663	1734	
1981	10676	8100	2576	6008	4558	1450	
1982	15733	13881	1852	8173	7211	962	
1983	17615	11176	6439	9001	5711	3290	
1984	28557	20661	7896	10912	7895	3017	178
1985	59053	43880	15173	18448	13708	4740	530
1986	89086	63656	25430	23937	17104	6833	664
1987	113130	84310	28820	30398	22654	7744	1120
1988	141303	109390	31913	37968	29393	8575	961
1989	161191	125158	36033	43312	33630	9682	3050
1990	252898	169483	83415	48430	32456	15974	2530
1991	321692	224597	97095	59964	41865	18099	5532
1992	507068	319168	187901	93555	58887	34668	7910
1993	1041650	561843	479807	120283	64878	55405	19213
1994	914685	513373	401312	106128	59565	46563	29086
1995	937671	506785	430886	112310	60840	51470	61801
1996	1038914	569132	469782	124981	68590	56391	38355
1997	1086188	609458	476730	131027	73519	57508	44209
1998	1147173	681635	465538	138581	82343	56238	44253
1999	1330986	750028	580958	160786	90605	70181	40133
2000	1687811	847114	840697	203596	102185	101411	54819
2001	2109035	943996	1165039	254819	114056	140763	47342
2002	2487279	1134776	1352503	300494	137095	163399	58211
2003	2576975	1192581	1384394	311353	144089	167264	66529
2004	3350865	1391710	1959155	404865	168152	236713	89664
2005	4165757	1666408	2499349	516190	206489	309701	140007
2006	4643967	1672155	2971812	594717	214140	380577	196863
2007	5657121	2152965	3504156	774460	294741	479719	238780
2008	6105451	2446445	3659006	893315	357950	535365	285556
2009	4618493	1581088	3037405	676395	231556	444839	318019
2010	5774292	2208571	3565721	871894	333485	538409	355876
2011	7522708	2953377	4569331	1193910	468723	725187	404125
2012	7074817	2495428	4579389	1125667	397045	728622	417665
2013	7311689	2495199	4816490	1199247	409257	789990	484258
2014	8940400	3928200	5012200	1455400	639500	815900	417182
2015	7925407	3515123	4410284	1278391	567344	711047	336629
2016	7727800	2952600	4775300	1170100	447100	723000	396672
2017	9408596	3309115	6099481	1387352	487796	899556	314951
2018	10343500	3786401	6557099	1569027	574660	994367	315869
2019	10977989	3768379	7209610	1594380	546873	1047508	206105
2020	10516252	3490556	7025696	1518466	504014	1014452	182240

注：本表2003年以后外贸部分数据由呼和浩特海关提供（下同）。

a) Data after 2003 in this table were obtained from the Hohhot Customs statistics.The same as in the following table.

12-3 内蒙古同“一带一路”主要沿线国家海关进出口总额(2020年)

Inner Mongolia with “The Belt and Road”Along the Main National Customs Import and Export Volume(2020)

单位：万美元 (USD 10 000)

项 目	Item	进出口总额 Total Imports & Exports	出口总额 Total Exports	进口总额 Total Imports
总计	**Total**	**913177**	**287247**	**625930**
蒙古	Mongolia	401575	43262	358313
俄罗斯	Russia	254022	40036	213986
印度	India	34048	23368	10680
泰国	Thailand	29860	26823	3037
印度尼西亚	Indonesia	27032	14908	12124
越南	Vietnam	24569	24074	495
马来西亚	Malaysia	16679	6694	9985
土耳其	Turkey	16168	14399	1769
沙特阿拉伯	Saudi Arabia	13288	13288	
菲律宾	Philippines	12545	11878	667
埃及	Egypt	9531	8327	1204
阿联酋	United Arab Emirates	8881	8832	49
新加坡	Singapore	8394	8119	275
阿曼	Oman	7974	606	7368
伊拉克	Iraq	6997	6997	
伊朗	Iran	6026	5790	235
缅甸	Myanmar	5522	5499	23
巴基斯坦	Pakistan	3265	2925	340
波兰	Poland	2458	1940	518
柬埔寨	Cambodia	2410	2407	3
孟加拉国	Bangladesh	2204	2204	
以色列	Israel	1926	1917	8
文莱	Brunei	1673	23	1650
约旦	Jordan	1672	1640	32
哈萨克斯坦	Kazakhstan	1576	664	912
乌兹别克斯坦	Uzbekistan	1532	1532	
吉尔吉斯斯坦	Kyrgyzstan	1190	1186	4
黎巴嫩	Lebanon	928	928	
斯里兰卡	Sri Lanka	913	913	
乌克兰	Ukraine	793	768	25
白俄罗斯	Belarus	776	49	727
保加利亚	Bulgaria	759	376	383

12-4 按主要国别(地区)分海关进出口总额(2020年)

Total Value of Imports and Exports by Main Country (Region)(2020)

单位：万美元 (USD 10 000)

项 目	Item	进出口总额 Total Imports & Exports	出口总额 Total Exports	进口总额 Total Imports
总计	**Total**	**1518466**	**504014**	**1014452**
蒙古	Mongolia	401575	43262	358313
俄罗斯联邦	Russia	254022	40036	213986
澳大利亚	Australia	125829	4104	121725
美国	United States	80119	42343	37776
韩国	South Korea	39981	32149	7832
印度	India	34048	23368	10680
巴西	Brazil	33215	9217	23998
新西兰	New Zealand	32528	780	31748
日本	Japan	30509	18641	11868
泰国	Thailand	29860	26823	3037
智利	Chile	29552	4119	25432
德国	Germany	27303	10397	16906
印度尼西亚	Indonesia	27032	14908	12124
越南	Vietnam	24569	24074	495
中国台湾	Taiwan,China	22363	5593	16770
秘鲁	Peru	17751	4399	13352
挪威	Norway	17727	600	17128
马来西亚	Malaysia	16679	6694	9985
土耳其	Turkey	16168	14399	1769
沙特阿拉伯	Saudi Arabia	13288	13288	
意大利	Italy	12652	8185	4467
菲律宾	Philippines	12545	11878	667
荷兰	Netherlands	11985	8223	3762
南非	South Africa	11812	2867	8944
西班牙	Spain	10219	4342	5877
埃及	Egypt	9531	8327	1204
中国香港	Hong Kong, China	9442	9300	143
瑞典	Sweden	9171	984	8188
阿联酋	United Arab Emirates	8881	8832	49
新加坡	Singapore	8394	8119	275
阿曼	Oman	7974	606	7368
英国	United Kingdom	7971	6804	1167

12-5 进出口货物分类金额(2020年)

Value of Imports and Exports of Goods by HS Section and Division(2020)

单位：万美元 (USD 10 000)

项 目	Item	出口 Exports	进口 Imports
商品类章	**HS Section and Division**		
矿砂、矿渣及矿灰	Ores,Slag and Ash	1	396518
矿物燃料、矿物油及其蒸馏产品；沥青物质；矿物蜡	Mineral Fuels,Mineral Oils and Products of Their Distillation;Bituminous Substances;Mineral Waxes	12345	267639
有机化学品	Organic Chemicals	118692	2590
木及木制品；木炭	Wood and Articles of Wood;Wood Charcoal	1882	104608
含油子仁及果实；杂项子仁及果仁；工业用或药用植物；稻草、秸秆及饲料	Oil Seeds and Oleaginous Fruits;Miscellaneous Grains,Seeds and Fruit;Industrial or Medicinal Plants;Straw and Fodder	49755	31626
钢铁	Iron and Steel	74028	1790
电机、电气设备及其零件；录音机及放声机、电视图像、声音的录制和重放设备及其零件、附件	Electrical Machinery and Equipment and Parts Thereof;Sound Recorders and Reproducers,Television Image and Sound Recorders and Reproducers,and Parts and Accessories of Such Articles	24903	24845
核反应堆、锅炉、机器、机械器具及零件	Nuclear Reactors,Boilers,Machinery and Mechanical Appliances;Parts Thereof	18220	24199
塑料及其制品	Plastics and Articles Thereof	26965	11478
乳品；蛋品；天然蜂蜜；其他食用动物产品	Dairy Produce;Birds' Eggs;Natural Honey;Other Edible Animal Products	995	36680
无机化学品；贵金属、稀土金属、放射性元素及其同位素的有机及无机化合物	Inorganic Chemicals;Organic or Inorganic Compounds of Precious Metals,of Rare-Earth Metals,of Radioactive Elements or of Isotopes	16967	10797
羊毛、动物细毛或粗毛；马毛纱线及其机织物	Wool,Fine or Coarse Animal Hair; Horsehair Yarn and Woven Fabric	15204	6031
肥料	Fertilizers	6093	15050
车辆及其零件、附件，但铁道及电车道车辆除外	Vehicles Other Than Railway or Tramway Rolling-Stock,and Parts and Accessories Thereof	13768	785
针织或钩编的服装及衣着附件	Articles of Apparel and Clothing Accessories, Knitted or Crocheted	12193	120
纸及纸板；纸浆、纸或纸板制品	Paper and Paperboard;Articles of Paper Pulp,of Paper or Paperboard	1435	9136
铜及其制品	Articles of Iron or Steel	3	10354
食用蔬菜、根及块茎	Edible Vegetables and Certain Roots and Tubers	9567	8
蛋白类物质；改性淀粉；胶；酶	Meat and Edible Meat Offal	1533	7624
光学、照相、电影、计量、检验、医疗或外科用仪器及设备、精密仪器及设备；上述物品的零件、附件	Optical,Photographic,Cinematographic,Measuring, Checking,Precision Medical or Surgical Instruments and Apparatus;Parts and Accessories Thereof	3945	5135
非针织或非钩编的服装及衣着附件	Articles of Apparel and Clothing Accessories,not Knitted or Crocheted	8507	153
盐；硫磺；泥土及石料；石膏料、石灰及水泥	Salt;Sulphur;Earths and Stone;Plastering Materials, Lime and Cement	1780	5887
蔬菜、水果、坚果或植物其他部分的制品	Fish and Crustaceans Molluscs and Other Aquatic Invertebrates	7315	3
铝及其制品	Pharmaceutical Products	5917	1314

12-6 按登记注册类型及行业分实际使用外资额

Total Amount of Foreign Investment Actually Utilized by Status of Registration and Sector

单位：万美元 (USD 10 000)

行 业	Item	2019	2020
总计	**Total**	**206105**	**182240**
按登记注册类型分	**By Status of Registration**		
合资经营企业	Joint Ventures Enterprises	7618	4189
合作经营企业	Cooperative Operation Enterprises	12	7
外资企业	Foreign Investment Enterprises	59220	71889
外商投资股份制企业	Foreign Investment Share Enterprises	120563	93388
合作开发	Cooperative Development		
其 他	Others	18694	12766
按国民经济行业分	**By Sector**		
农、林、牧、渔业	Farming,Forestry,Animal Husbandry and Fishery	1270	24468
采矿业	Mining	81076	43504
制造业	Manufacturing	116591	98375
电力、燃气及水的生产和供应业	Production & Supply of Electric Power,Gas and Water	3737	3841
建筑业	Construction		
批发和零售业	Wholesale and Retail Trade	860	1862
交通运输、仓储和邮政业	Transportation,Storage and Postal Services		16
住宿和餐饮业	Hotels and Catering Services		
信息传输、软件和信息技术服务业	Information Transmission,Software and IT Services	2215	1689
金融业	Banking		843
房地产业	Real Estate	164	7642
租赁和商务服务业	Leasing and Commercial Services		
科学研究和技术服务业	Scientific and Technical Services	23	
水利、环境和公共设施管理业	Water Conservancy,Environment and Public Facilities Administration	170	
居民服务、修理和其他服务业	Resident Services,Repairs and Other Services		
教育	Education		
卫生和社会工作	Health and Social Work		
文化、体育和娱乐业	Culture,Sports & Recreational Services		
公共管理、社会保障和社会组织	Public Administration，Social Security and Social Organizations		
国际组织	International Organizations		

12-7 按国别(地区)分实际使用外资额

Total Amount of Foreign Investment Actually Utilized by Countries or Regions

单位：万美元 (USD 10 000)

项 目	Item	2020
总计	**Total**	**182240**
中国香港	Hong Kong,China	65812
美国	United States	11428
新加坡	Sigapore	8038
开曼群岛	The Cayman Islands	2524
法国	France	1602
日本	Japan	882
意大利	Italy	466
匈牙利	Hungary	439
泰国	Thailand	105
韩国	South Korea	33
印度	India	23
加拿大	Canada	
英国	United Kingdom	
中国台湾	Taiwan,China	
蒙古国	Mongolia	
俄罗斯	Russia	
B、H股	B and H shares	89913
投资性公司	Investment Company	975

12-8 年末登记外商投资企业行业分布(2020年)

Registration Status of Foreign Funded Enterprises by Sector at Year-end(2020)

行 业	Sector	企业数(户) Number of Registered Enterprises (unit)	投资总额(万美元) Total Investment (USD 10 000)	注册资本(万美元) Registeres Capital (USD 10 000)	#外 方 Capital Invested by Foreign Partner
总 计	**Total**	**3329**	**5608426**	**2084437**	**1367089**
农、林、牧、渔业	Farming,Forestry,Animal Husbandry and Fishery	77	563447	350946	293913
采矿业	Mining	60	286237	177074	114416
制造业	Manufacturing	276	1021116	507280	356232
电力、热力、燃气及水的生产和供应业	Production and Supply of Electricity, Heat,Gas and Water	95	870208	407579	165537
建筑业	Construction	15	215548	177551	87146
批发和零售业	Wholesale and Retail Trade	553	370135	115541	89988
交通运输、仓储和邮政业	Transportation,Storage and Postal Services	48	141914	63180	39914
住宿和餐饮业	Hotels and Catering Services	234	31020	23771	23490
信息传输、软件和信息技术服务业	Information Transmission, Software and IT Services	1509	15542	6727	4966
金融业	Banking	84	4515	2580	2151
房地产业	Real Estate	34	35095	18455	16337
租赁和商务服务业	Leasing and Commercial Services	200	1743954	160856	119071
科学研究和技术服务业	Scientific and Technical Services	79	199281	52536	37736
水利、环境和公共设施管理业	Water Conservancy,Environment and Public Facilities Administration	21	15133	8776	7570
居民服务、修理和其他服务业	Resident Services,Repairs and Other Services	29	3421	3073	1811
教育	Education	2			
卫生和社会工作	Health and Social Work	4	90337	5337	5136
文化、体育和娱乐业	Culture,Sports & Recreational Services	8	1523	3175	1675
其他	Others	1			

12-9 旅游业基本情况
Basic Statistics on Tourism

指 标	Item	2000	2005	2010	2015	2020
旅行社总数(个)	**Total Number of Agencies(unit)**	**88**	**404**	**716**	**969**	**1202**
#组团社	Domestic Tour Wholesaler	1	10	23	76	
边境社	Border Agency	10	13	15	41	49
旅行社分社	Travel Agencies Bureaus			31	163	251
旅行社职工人数(人)	**Number of Staff and Workers of Travel Agencies(person)**	**1075**	**2051**	**6309**	**7050**	**5354**
#组团社	Domestic Tour Wholesaler	82	780	920	2460	
星级宾馆个数(个)	**Total Number of Stars Hotel(unit)**	**54**	**202**	**263**	**318**	**235**
入境旅游人数(人次)	**Total Number of International Tourists Inbound (person-times)**	**391970**	**1001635**	**1428015**	**1607816**	**86833**
外国人	Foreigners	384000	995007	1400197	1533523	81879
港澳同胞	Compatriots from Hong Kong and Macao	2814	5550	17823	45176	4249
台湾同胞	Compatriots from Taiwan	5156	1078	9995	29117	705
旅行社组织出境旅游总人数（人次）	**Number of Outbound Tourism of Travel Agency(person-times)**	**19425**	**25808**	**31100**	**147433**	
国内旅游人数(万人次)	**Number of Domestic Tourism (10 000 person times)**	**735**	**2062**	**4478**	**8352**	**12494**
旅游总收入(亿元)	**Income of Tourism (100 million yuan)**	**42.72**	**208.09**	**732.70**	**2257.10**	**2406.00**
国际旅游外汇收入(万美元)	Foreign Exchange Earnings from International Tourism(USD 10 000)	12645	35207	60190	96249	3401
国内旅游收入(万元)	Earnings from Domestic Tourism (10 000 yuan)	322300	1797200	6929200	21937700	24040647
国内旅游过夜游人均花费(元/天)	Per Captia Spending of Domestic Overnight Tourism (yuan/day)	272	363	520	799	810

注：由于新冠肺炎疫情影响，2020年旅行社组织出境旅游统计未开展，入境旅游数据统计时间为2020年1月1日-3月27日，下表同。

a)Due to the COVID-19 epidemic,statistics on outbound tourism organized by travel agencies was not carried out in 2020.The statistical time of inbound tourism data was from January 1,2020 to March 27,2020.The following table is the same.

12-10 接待外国旅游人数

Number of Foreign Tourists by Country

国 别(地区)	Country(District)	2019	2020
入境旅游人数总计(人次)	**Total Number of Entry Tourists(person times)**	**1958311**	**86833**
外国人(包括外籍华人)	Foreigners(Including Chinese Owning Foreign Nationality)	1865551	81879
俄罗斯	Russia	774526	24151
蒙古	Mongolia	811395	14239
美国	United States	63435	13785
荷兰	Netherlands	45353	6148
英国	United Kingdom	12628	2288
日本	Japan	15778	1854
德国	Germany	9598	1428
法国	France	7268	1210
加拿大	Canada	5883	745
菲律宾	Philippines	2630	647
新西兰	New Zealand	2183	406
新加坡	Sigapore	4645	263
意大利	Italy	1936	248
瑞士	Switzerland	753	42
澳大利亚	Australia	8688	
港澳台同胞	Chinese Compatriots from Hong Kong, Macao and Taiwan	92760	4954
入境旅游者平均逗留天数(天)	**Average Days of Entry Tourist Staying(day)**	**3.23**	**1.95**
外国人(包括外籍华人)	Foreigners(Including Chinese Owing Foreign Nationality)	3.08	
港澳台同胞	Chinese Compatriots from Hong Kong, Macao and Taiwan	3.86	

12-11 国内旅游人均花费

Per Capita Spending of Domestic Tourism

项 目	Item	2019	2020
国内旅游过夜游人均花费(元/天)	**Per Capita Spending of Domestic Overnight Tourism (yuan/day)**	**917.21**	**810.23**
交通费	Long Distance Transportation	194.91	142.11
飞机	Air	70.67	13.77
火车高铁	Railway	53.20	58.66
长途汽车	Highway	19.40	12.48
私家车	Private Cars	51.63	57.12
住宿	Accommodation	190.68	157.99
餐饮	Cater	189.22	175.58
景区游览	Visiting	86.31	78.51
娱乐	Entertainment	71.18	60.36
购物	Shopping	116.67	125.67
其他	Other	68.24	69.92

12-12 入境旅游情况

Condition of Inbound Tourism

项 目	Item	2019	2020
入境旅游总人数(万人次)	**Overseas Visitor Arrivals(10 000 person-times)**	**195.83**	**8.68**
#满洲里	Manzhouli City	74.22	1.21
二连浩特	Erlianhaote City	74.75	1.42
入境旅游创汇(万美元)	**Foreign Exchange Earning(USD 10 000)**	**134009**	**3401**
#满洲里	Manzhouli City	51591	477
二连浩特	Erlianhaote City	35013	559

12-13 旅游事业发展情况

Development of Tourism

年 份 Year	旅行社总数（个） Total Number of Agencies (unit)	旅游接待人数（万人次） Number of Tourist Reception(10 000 person-times)			旅游总收入 Income of Tourism		
		合 计 Total	接待入境旅游者人数 Total Number of International Tourists Inbound	国内旅游人数 Number of Domestic Tourism	合 计（亿元） Total (100 million yuan)	国际旅游外汇收入（万美元） Earnings from International Tourism (USD 10 000)	国内旅游收入（亿元） Earnings from Domestic Tourism (100 million yuan)
1980		0.98	0.98		0.04	50	
1981		1.05	1.05		0.05	55	
1982		1.02	1.02		0.05	64	
1983		1.06	1.06		0.05	61	
1984		1.03	1.03		0.06	70	
1985		1.43	1.43		0.07	82	
1986		1.20	1.20		0.06	73	
1987		1.93	1.93		0.09	108	
1988		1.71	1.71		0.12	141	
1989		0.78	0.78		0.06	68	
1990		1.23	1.23		0.11	137	
1991		146.11	6.11	140	2.21	1220	1.20
1992		220.13	10.13	210	3.78	2026	2.10
1993		338.87	18.87	320	6.13	3773	3.00
1994		381.65	31.65	350	11.76	8750	4.50
1995	23	410.09	30.09	380	13.21	9052	5.70
1996	31	431.48	31.48	400	13.76	9350	6.00
1997	39	514.84	34.84	480	16.88	10700	8.00
1998	27	616.89	36.89	580	20.42	12550	10.00
1999	41	687.15	37.15	650	21.98	12027	12.00
2000	88	774.19	39.20	735	42.72	12645	32.23
2001	141	947.99	39.99	908	62.60	13740	51.33
2002	149	1196.94	43.94	1153	82.20	14935	70.04
2003	220	1035.36	41.36	994	94.74	13836	83.29
2004	293	1590.98	79.99	1511	145.01	25313	124.09
2005	404	2162.20	100.16	2062	208.09	35207	179.72
2006	501	2574.95	123.25	2451.70	279.70	40379	248.24
2007	589	3057.45	149.45	2908.00	390.77	54485	351.01
2008	652	3352.93	154.93	3198.00	468.85	57718	429.50
2009	616	4008.96	128.96	3880.00	611.35	55831	573.22
2010	716	4620.35	142.80	4477.55	732.70	60190	692.92
2011	786	5329.47	151.52	5177.95	889.55	67097	847.28
2012	833	6046.48	159.17	5887.31	1128.51	77196	1080.65
2013	879	6774.61	161.61	6613.00	1403.46	96229	1343.73
2014	897	7582.00	167.12	7414.88	1805.29	100295	1744.97
2015	969	8512.61	160.78	8351.83	2257.10	96249	2193.77
2016	976	9805.32	177.91	9627.41	2714.70	113903	2635.56
2017	1433	11646.02	184.83	11461.19	3440.11	124556	3358.59
2018	1156	13044.15	188.08	12856.07	4011.37	127210	3924.01
2019	1143	19512.48	195.83	19316.65	4651.49	134009	4558.52
2020	1202	12503.07	8.68	12494.39	2406.00	3401	2404.06

主要统计指标解释

进出口总额 海关进出口总额指实际进出我国国境的货物总金额。包括对外贸易实际进出口货物,来料加工装配进出口货物,国家间、联合国及国际组织无偿援助物资和赠送品,华侨、港澳台同胞和外籍华人捐赠品,租赁期满归承租人所有的租赁货物,进料加工进出口货物,边境地方贸易及边境地区小额贸易进出口货物(边民互市贸易除外),中外合资经营企业、中外合作经营企业、外商独资企业进出口货物和公用物品,到日离岸价格在规定限额以上的进出口货样和广告品(无商业价值、无使用价值和免费提供出口的除外),从保税仓库提取在中国境内销售的进口货物,以及其他进出口货物。进出口总额用以观察一个国家在对外贸易方面的总规模。我国规定出口货物按离岸价格统计,进口货物按到岸价格统计。

商品经营单位所在地进、出口额 指所在地海关注册登记的有进出口经营权的企业实际进、出口额。

利用外资 指我国各级政府、部门、企业和其他经济组织通过对外 借款、吸收外商直接投资以及用其他方式筹措的境外现汇、设备、技术等。

对外借款 是我国利用外资的重要部分。指通过对外正式签订借款 协议,从境外筹措的资金 ,包括外国政府贷款、国际金融组织贷款、外国银行商业贷款、出口信贷以及对外发行债券等。1996 年及以前还包括对外发行股票。

外商直接投资 指外国企业和经济组织或个人(包括华侨、港澳台胞以及我国在境外注册的企业)按我国有关政策、法规,用现汇、实物、技术等在我国境内开办外商独资企业、与我国境内的企业或经济组织共同举办中外合资经营企业,合作经营企业或合作开发资源的投资(包括外商投资收益的再投资),以及经政府有关部门批准的项目投资总额内企业从境外借入的资金。

外商其他投资 指除对外借款和外商直接投资以外的各种利用外资的形式。包括企业在境内外股票市场公开发行的以外币计价的股票(目前主要是在香港证券市场发行的 H 股和在境内证券市场发行的 B 股)发行价总额,国际租赁进口设备的应付款,补偿贸易中外商提供的进口设备、技术、物料的价款,加工装配贸易中外商提供的进口设备、物料的价款。

对外承包工程 指各对外承包公司以招标议标承包方式承揽的下列业务:(1)承包国外工程建设项目,(2)承包我国对外经援项目,(3)承包我国驻外机构的工程建设项目,(4)承包我国境内利用外资进行建设的工程项目,(5)与外国承包公司合营或联合承包工程项目时我国公司分包部分,(6)对外承包兼营的房屋开发业务。对外承包工程的营业额是以货币表现的本期内完成的对外承包工程的工作量,包括以前年度签订的合同和本年度新签订的合同在报告期内完成的工作量。

对外劳务合作 指以收取工资的形式向业主或承包商提供技术和劳动服务的活动。我国对外承包公司在境外开办的合营企业,中国公司同时又提供劳务的,其劳务部分也纳入劳务合作统计。劳务合作营业额按报告期向雇主提交的结算数(包括工资、加班费和奖金等)统计。

对外设计咨询 指以服务成果向业主收费的技术服务项目。包括承担地形地貌测绘,地质资源勘探与普查,建设区域规划,提供设计文件、图纸、生产工艺技术资料和工程技术经济咨询,工程项目的可行性考察、研究和评估,进行技术指导和培训人员等;也包括承担国(境)内利用外资进行建设的工程项目的上述规定的设计咨询项目的收取外币部分。

旅游人数 包括入境国际旅游者人数、出境居民人数和国内旅游者人数。

(1)入境国际旅游者人数:指来中国参观、访问、旅行、探亲、访友、休养、考察、参加会议和从事经济、科技、文化、教育、宗教等活动的外国人、华侨、港澳同胞和台湾同胞的人数。不包括外国在我国的常驻机构,如使领馆、通讯社、企业办事处的工作人员;来我国常住的外国专家、留学生以及在岸逗留不过夜人员。

(2)出境居民人数:指大陆居民因公务活动或私人事务短期出境的人数。公务活动出境居民人数包括在国际交通工具上的中国服务员工,因私出境居民人数不包括在国际交通工具上的中国服务员工。

(3)国内旅游者人数:指我国大陆居民和在我国常住 1 年以上的外国人、华侨、港澳台同胞离开常住地在境内其他地方的旅游设施内至少停留一夜,最长不超过 6 个月的人数。

国际旅游(外汇)收入 指入境旅游的外国人、华侨、港澳同胞和台湾同胞在中国大陆旅游过程中发生的一切旅游支出,对于国家来说就是国际旅游(外汇)收入。

国际旅行社 指经营对外招徕并接待外国人、华侨、港澳同胞和台湾同胞来中国、归国或回内地旅游业务的旅行社。

国内旅行社 指负责经营招徕、组团、接待国内旅客的旅游业务,以及不对外招徕,负责经营接待国际旅行社或其它涉外部门组织的外国人、华侨、港澳同胞和台湾同胞来中国、归国或回内地的旅游业务的旅行社。

星级饭店 指已评定星级的饭店。

Explanatory Notes on Main Statistical Indicators

Total Imports and Exports at Customs refer to the value of commodities imported into and exported from the boundary of China. They include the actual imports and exports through foreign trade, imported and exported goods under the processing and assembling trades and materials, supplies and gifts as aid given gratis between governments and by the United Nation and other international organizations, and contributions donated by over seas Chinese, compatriots in Hong Kong and Macao and Chinese with foreign citizenship, leasing commodities owned by tenant at the expiration of leasing period, the imported and exported commodities processed with imported materials, commodities trading in border areas (excluding mutual exchange goods), the imported and exported commodities and articles for public use of the Sino foreign joint ventures, cooperative enterprises and ventures exclusively with foreign own investment. Also included are import or export of samples and advertising goods for whose CIF or FOB value are beyond the permitted ceiling (excluding goods of no trading or use value and free commodities for export), imported goods sold in China from bonded warehouses and other imported or exported goods. The indicator of the total imports and exports at customs can be used to observe the total size of external trade in a country. In accordance with the stipulation of the Chinese government, imports are calculated at CIF, while exports are calculated at FOB.

Import and Export Value by Location of China's Foreign Trade Managing Units refers to actual value of imports and exports carried out by corporations which have been registered by the local customhouse and are vested with right to run import export business.

Utilization of Foreign Capital refers to remittance, equipment and technology financed from abroad, by loans, foreign direct investment and other forms undertaken by the Chinese governments at all levels by various departments, enterprises and other economic units.

Foreign Borrowings an important part of China's utilization of foreign capital, it refers to funds borrowed from abroad through formal signing of borrowing agreements with foreign institutions, including loans of foreign governments, loans of international financial institutions, commercial loans of foreign banks, export credit, and funds raised by Chinese bonds (and shares before 1996) issued abroad.

Direct Investment by Foreign Entrepreneurs refers to the investments inside China by foreign enterprises and economic organizations or individuals (including overseas Chinese, compatriots from Hong Kong and Macao, and Chinese enterprises registered abroad), following the relevant policies and laws of China, for the establishment of ventures exclusively with foreign own investment, Sino-foreign joint ventures and cooperative enterprises or for cooperative exploration of resources with enterprises or economic organizations in China. It includes the reinvestment of the foreign entrepreneurs with the profits gained from the investment and the funds that enterprises borrow from abroad in the total investment of projects which are approved by the relevant department of the government.

Other Investment by Foreign Entrepreneurs refers to all forms of utilization of foreign capitals other than foreign borrowings and foreign direct investment. It includes the total value of stock shares in foreign currencies issued by enterprises at domestic or foreign stock exchanges (now mainly consisting of H shares issued at Hong Kong Security Market and B shares issued at domestic security markets), rent payable for the imported equipment through international leasing arrangement, cost of imported equipment, technology and materials provided by foreign counterparts in compensation trade and processing and assembly trade.

Contracted Projects with Foreign Countries refer to projects undertaken by Chinese contractors (project contracting companies) through bidding process. They include: (1) overseas civil engineering construction projects financed by foreign investors; (2) overseas projects financed by the Chinese government through its foreign aid programs; (3) construction projects of Chinese diplomatic missions, trade offices and other institutions stationed abroad; (4) construction projects in China financed by foreign investment; (5) subcontracted projects to be taken by Chinese contractors through a joint umbrella project with foreign contractor; (6) housing development projects. The business income from international contracted projects is the work volume of contracted projects completed during the reference period, expressed in monetary terms, including completed work on projects signed in previous years.

Service Cooperation with Foreign Countries refers to the activities of providing technology and labour services to employers or contractors in the forms of receiving salaries and wages. Labour services providing by contractual joint ventures of Chinese international contracting corporations should be included in the statistics of service cooperation with foreign countries. The business income of labour service co – operation is the income in the form of wages and salaries, over time pay, bonuses and other remuneration received from the employers during the reference period.

Overseas Design and Consultation Service refers to projects with charges for technical services from overseas operators. It includes geographic and topographic mapping, geological resource prospecting and survey, planning of construction areas, provision of design documents, blueprints, materials on production process and techniques, as well as engineering, technical and economic consultation, and feasibility study, research and evaluation of projects. Also included under this category are the abovementioned services of foreign financed projects in China that are paid in foreign currencies.

Number of Tourists Include international tourists entering into China, Chinese residents going abroad and domestic tourists.

(1) International tourists refer to foreigners, overseas Chinese, Chinese compatriots from Hong Kong, Macao and Taiwan coming to China for sightseeing, visits, tours, family reunions, vacations, study tours, conferences and other activities of a business, scientific and technological, cultural, educational and religious nature. It does not include representatives and employees of resident institutions of foreign countries in China such as embassies, consulates, news agencies and offices of foreign companies and organizations, nor does it include long term foreign experts or students residing in China, or persons in transition without spending a night in China;

(2) Chinese residents going abroad refer to Chinese residents going abroad for short terms for either public business or private purposes. Chinese employees working on international transport carriers are included in those going abroad for public business purpose, not in those for private purpose;

(3) Domestic tourists refer to residents of the mainland of China who stay for one night at least, but no more than 6 months at tourist facilities in other places than their permanent residence within the territory of the mainland China, including foreigners, overseas Chinese and Chinese compatriots from Hong Kong, Macao and Taiwan who have resided in China for over one year.

Foreign Exchange Earnings from International Tourism refer to the total expenditures of foreigners, overseas Chinese, Chinese compatriots from Hong Kong, Macao and Taiwan during their stay in the mainland of China, which are earnings of foreign exchange from international tourism from the point of view from China.

International Travel Agencies refer to travel agencies engaged in the promotion, solicitation, organization and reception of tours to the mainland of China by foreigners, overseas Chinese, Chinese compatriots from Hong Kong, Macao and Taiwan.

Domestic Travel Agencies refer to travel agencies engaged in the promotion, solicitation, organization and reception of domestic tourists, and in the reception of foreigners, overseas Chinese, Chinese compatriots from Hong Kong, Macao and Taiwan organized by international travel agencies or other departments concerned, without their own promotion and solicitation programs.

Star – hotels refer to hotels rated with stars.

13 金融和保险

Finance and Insurance

资料整理：郭雪佩　王德慧

Arranged By：Guo Xuepei，Wang Dehui

13-1 银行业金融机构、人员数(2020年末)

Number of Financial Institutions and Employed Persons in Banking(End of 2020)

项 目	Item	机构数(个) Number of Institutions (unit)	年末人数(人) Employed Persons (person)
总计	**Total**	**5857**	**94236**
政策性银行	**Policy-related Bank**	**87**	**2058**
国家开发银行	State Development Bank	1	183
进出口银行	Export-import Bank	1	49
中国农业发展银行	Agricultural Development Bank of China	85	1826
国有商业银行	**State-owned Commercial Bank**	**2380**	**44205**
中国工商银行	Industrial and Commercial Bank of China	366	10590
中国农业银行	Agricultural Bank of China	559	11048
中国银行	Bank of China	278	6116
中国建设银行	Construction Bank of China	333	8028
交通银行	Bank of Communications	33	809
邮政储蓄银行	Postal Savings Bank	811	7614
股份制商业银行	**Joint-stock Commercial Bank**	**193**	**4463**
中信银行	China Citic Bank	34	874
中国光大银行	China Everbright Bank	23	550
华夏银行	Hua Xia Bank	18	469
招商银行	China Merchants Bcmk	22	631
上海浦东发展银行	Shanghai Pudong Development Bank	27	571
兴业银行	Industrial Bank	44	856
民生银行	Min Sheng Bank	21	329
渤海银行	Bohai Bank	4	183
城市商业银行	**City Commercial Bank**	**531**	**9237**
农村合作金融机构	**Rural Cooperative Financial Institutions**	**2653**	**33318**
农村信用社	Rural Credit Cooperatives	1312	14654
农村商业银行	Rural Commercial Bank	1018	12544
农村合作银行	Rural Coopeyation Bank	67	751
村镇银行	Rural and Taon Bank	255	5358
农村资金互助社	Rural Fund Cooperation Society	1	11
非银行金融机构	**Non-bank Finance Institutions**	**8**	**568**
企业集团财务公司	Corporate Finance Companies	6	190
信托公司	Trust Corporation	2	378
资产管理公司	**Asset Management Corporation**	**3**	**166**
消费金融公司	**Consumer Financial Company**	**1**	**217**
外资金融机构	**Foreign Financial Institutions**	**1**	**4**

13-2 金融机构人民币信贷收支年末余额

Balance Sheet of Credit Funds of Financial Institutions at Year-end

单位：万元 (10 000 yuan)

项 目	Item	2020
各项存款	**Deposits**	**249699763**
境内存款	**Domestic Deposits**	**249634957**
住户存款	Deposits of Households	153027755
活期存款	Demand	59449536
定期及其他存款	Time Deposit and Others	93578218
非金融企业存款	Deposit of Non-financial Enterprises	50896219
活期存款	Demand	29916744
定期及其他存款	Time Deposit and Others	20979475
财政性存款	Fiscal Deposit	5042060
机关团体存款	Deposits of Government Departments&Organizations	36010749
非银行业金融机构存款	Non-banking Finacial Institutions Deposits	4658173
境外存款	**Overseas Deposit**	**64806**
各项贷款	**Loans**	**232491914**
境内贷款	**Domestic Loans**	**232488243**
住户贷款	Household Loans	70050423
短期贷款	Short-term Loans	27811880
消费贷款	Consumer Loans	7786283
经营贷款	Business Loans	20025597
中长期贷款	Medium-term & Long-term Loans	42238543
消费贷款	Consumer Loans	34383512
经营贷款	Business Loans	7855031
非金融企业及机关团体贷款	Non-financial Enterprises and Organizations Loans	162437820
短期贷款	Short-term Loans	35576189
中长期贷款	Medium-term&Long-term Loans	115791480
票据融资	Circulated Fund by Bills	10639035
融资租赁	Renting by Circulated Fund	258
各项垫款	Money Advanced	430857
非银行业金融机构贷款	Non-banking Finacial Institutions Loans	
境外贷款	**Overseas Loans**	**3671**

13-3 大型商业银行人民币信贷收支年末余额

Balance Sheet of Credit Funds of Large Commercial Banks at Year-end

单位：万元 (10 000 yuan)

项 目	Item	2020
各项存款	**Total Deposits**	**131237590**
境内存款	**Domestic Deposits**	**131180939**
个人存款	Individual Deposit	83648286
#活期储蓄存款	Demand	38001149
定期储蓄存款	Time	22753819
结构性存款	Structured Deposits	1591716
单位存款	Corporate Deposit	46237457
#活期存款	Demand	29669376
定期存款	Time	2783151
保证金存款	Margin Deposit	1362395
结构性存款	Structured Deposits	680616
国库定期存款	Treasury Deposit	
非存款类金融机构存款	Non-deposit Finacial Institutions Deposit	1295196
境外存款	**Overseas Deposit**	**56652**
各项贷款	**Total Loans**	**130418937**
境内贷款	**Domestic Loans**	**130417250**
短期贷款	Short-term Loans	21634460
个人贷款及透支	Personal Loans & Overdraw	8182109
#个人消费贷款	Personal Consumption Loans	4701450
单位贷款及透支	Unit Loans & Overdraw	13452351
经营贷款及透支	Business Loans& Overdraw	12295382
固定资产贷款	Fixed Assets Loans	75650
并购贷款	M&A Loans	
贸易融资	Trade Financing	1081319
非存款类金融机构贷款	Non-deposit Finacial Institutions Loans	
中长期贷款	Medium-term & Long-term Loans	105847068
个人贷款	Personal Loans	26340069
#个人消费贷款	Personal Consumption Loans	24919439
单位贷款	Unit Loans & Overdraw	79506999
经营贷款	Business Loans	8889087
固定资产贷款	Fixed Assets Loans	70239619
并购贷款	M&A Loans	361721
贸易融资	Trade Financing	16571
非存款类金融机构贷款	Non-deposit Finacial Institutions Loans	
票据融资	Circulated Fund by Bills	2931512
融资租赁	Renting by Circulated Fund	
各项垫款	Money Advanced	4210
境外贷款	**Overseas Loans**	**1687**

13-4 金融机构人民币存、贷款年末余额

RMB Deposits and Loans of Financial Institutions at Year-end

单位：万元 (10 000 yuan)

年 份 Year	各项存款余额合计 Depoits	#企业存款 Depoits of Enterprises	#城乡储蓄存款 Urban and Rural Savings Deposits	各项贷款余额合计 Loans	#工业贷款 Loans to Industrial Enterprises	#商业贷款 Loans to Commercial Enterprises	#农业贷款 Agricultural Loans
1949	140	120		195	92	91	12
1950	1525	635	119	767	75	459	233
1951	4227	1619	219	3312	402	2163	747
1952	9034	3161	397	7089	593	5017	1479
1953	9937	3543	590	16492	1367	13360	1765
1954	12477	4223	1256	33777	2146	29908	1723
1955	17259	4126	1235	40223	2445	36242	1536
1956	15456	6427	2426	40576	3745	30496	6330
1957	19212	5527	3456	45042	3536	36810	4696
1958	50202	14707	5481	66279	12923	48083	5273
1959	62204	11976	7776	140589	49725	86119	4745
1960	83174	14756	10272	177063	85910	84703	6450
1961	76297	19608	5616	173300	59865	105884	7551
1962	66097	31248	3708	140530	37211	93696	9623
1963	63565	27446	4144	107154	25294	73514	8346
1964	86304	19796	5885	98027	25451	72465	111
1965	76946	22060	6913	102246	24133	77336	777
1966	91036	29410	7386	134554	30299	92977	11278
1967	85323	29687	7814	146590	44634	89084	12872
1968	94204	34411	8380	154190	51580	89045	13565
1969	84049	33112	7068	174312	61467	97906	14939
1970	98931	35109	7844	233001	68242	150137	14622
1971	105614	39136	9504	268530	82034	172315	14181
1972	102931	40288	11994	260678	77738	165836	17104
1973	127154	51746	14163	279108	88418	167532	23158
1974	123097	50332	15959	292432	91734	174258	26440
1975	148439	68452	17464	318410	92559	196711	29140
1976	153865	70737	18552	345268	95167	216124	33977
1977	162209	67821	21908	367586	97370	231722	38494
1978	164678	67214	25307	403314	110930	246495	45889
1979	206997	75522	33092	436393	120396	256689	52236

13-4 续表1 Continued

单位：亿元 (100 million yuan)

年 份 Year	各项存款余额合计 Deposits	#企业存款 Deposits of Enterprises	#城乡储蓄存款 Urban & Rural Savings Deposits	各项贷款余额合计 Loans	#工业贷款 Loans to Industrial Enterprises	#商业贷款 Loans to Commercial Enterprises	#农业贷款 Agricultural Loans	#基建贷款 Loans for Capital Construction	#技改贷款 Loans for Technical Innovation
1980	23.12	8.27	4.86	49.29	12.96	29.00	6.75		0.57
1981	29.61	10.40	6.31	55.87	14.18	33.04	6.82		1.47
1982	36.46	11.48	8.45	62.02	14.87	35.50	7.34	1.56	2.64
1983	44.21	12.20	11.26	71.06	17.53	40.23	7.57	2.48	2.85
1984	50.06	16.98	15.56	80.91	21.90	43.47	8.67	2.48	3.23
1985	56.08	16.54	21.01	90.54	27.57	49.05	8.90	2.25	4.29
1986	78.21	29.13	29.07	129.14	37.34	59.02	9.94	4.89	8.25
1987	97.12	33.80	38.97	152.02	43.63	68.95	11.49	9.35	18.90
1988	119.85	40.13	50.83	180.21	53.70	81.92	12.69	6.61	11.92
1989	136.09	38.21	67.96	212.76	68.18	94.41	13.99	7.85	13.98
1990	169.77	42.47	93.44	272.92	86.94	127.22	15.85	10.91	15.87
1991	205.78	48.39	119.36	326.85	101.73	144.76	18.84	22.92	20.16
1992	262.82	78.30	149.72	395.16	115.37	168.38	22.98	35.37	27.59
1993	350.54	77.36	232.14	529.72	137.90	203.31	42.77	60.36	32.79
1994	457.76	113.60	318.32	674.37	161.75	229.02	22.92	105.44	38.24
1995	566.34	130.36	410.82	819.87	187.94	256.67	42.89	153.54	46.63
1996	703.77	165.15	505.38	1002.98	221.58	302.56	51.05	201.19	54.71
1997	845.53	199.33	605.01	1172.17	251.89	346.80	58.27	256.55	58.79
1998	996.61	223.33	707.52	1318.75	281.36	376.43	53.35	288.55	65.29
1999	1092.37	251.22	797.63	1364.17	264.98	379.44	61.43	300.53	63.63
2000	1270.13	304.12	875.74	1340.74	231.32	356.59	69.23	251.36	57.74
2001	1498.79	375.06	986.73	1470.75	257.07	343.71	87.41	304.13	59.47
2002	1735.26	422.71	1138.10	1649.78	279.60	340.25	104.13	428.02	13.98
2003	2090.98	544.24	1355.66	1924.13	326.46	312.17	113.66	534.28	22.24
2004	2576.37	690.07	1603.88	2239.76	333.06	295.63	141.30	689.77	30.22
2005	3298.15	844.82	1973.60	2588.57	321.62	346.53	175.01	884.17	35.83
2006	4036.56	1032.68	2271.34	3205.19	456.11	354.90	192.13	1150.37	25.96
2007	4953.70	1364.57	2541.92	3767.74	495.38	376.40	229.43	1321.65	18.84
2008	6341.03	1752.62	3211.66	4527.86	544.71	419.65	313.81	1595.39	41.09
2009	8373.70	2659.09	3913.95	6292.52	640.82	490.81	451.50	2310.23	66.88
2010	10278.69	3107.29	4618.11	7919.47					

13-4 续表2 Continued

单位：亿元 (100 million yuan)

年 份	各项存款余额合计 Deposits	#单位存款 Corporate Deposit	#活期存款 Demand	#个人存款 Individual Deposit	#储蓄存款 Savings Deposit	各项贷款余额合计 Loans	#短期贷款 Short-term Loans	#中长期贷款 Medium-term & Long-term Loans
2010						7919.47	2709.41	5136.53
2011	12063.72	5797.88	3849.84	5431.10	5423.06	9727.70	3567.30	6070.41
2012	13612.72	6200.63	3984.59	6656.64	6597.22	11284.20	4366.00	6771.67
2013	15205.69	6830.96	4268.91	7661.19	7455.17	12944.17	5242.18	7467.34
2014	16217.57	7093.01	4270.59	8317.32	8013.74	14947.07	5974.90	8593.58

13-4 续表3 Continued

单位：亿元 (100 million yuan)

年 份	各项存款余额合计 Deposits	#住户存款 Household Deposits	#活期存款 Demand	#非金融企业存款 Non-financial Enterprises and Organizations Deposits	#广义政府存款 The General Government Deposits	各项贷款余额合计 Loans	#住户贷款 Household Loans	#非金融企业及机关团体贷款 Non-financial Enterprises and Organizations Loans
2015	18077.60	8999.44	4302.72	4959.57	3517.66	17140.67	4223.58	12908.12
2016	21165.62	9960.13	4836.60	5959.17	4315.96	19361.01	4618.74	14739.93
2017	22952.80	10730.04	5061.89	6748.14	4286.49	21456.03	5220.06	16234.84
2018	23261.35	11966.08	5185.78	6222.61	4427.79	22085.22	5837.77	16240.25
2019	23645.13	13587.32	5626.33	5178.61	4232.71	23085.12	6510.29	16570.46
2020	24969.98	15302.78	5944.95	5089.62		23249.19	7005.04	16243.78

13-5 社会融资规模情况

Basic Statistics on Aggregate Financing to the Real Economy

单位：亿元 (100 million yuan)

项　目	Item	2019	2020
社会融资规模增量（亿元）	**AFRE(flow)(100 million yuan)**	**1492.09**	**1095.01**
#人民币贷款	RMB Loans	899.94	168.08
外币贷款(折合人民币)	Forsign Currency-denominated Loans(RMB equivalent)	-13.65	-0.92
委托贷款	Entrusted Loans	18.44	15.55
信托贷款	Trust Loans	36.75	-40.01
未贴现银行承兑汇票	Undiscounted Bankers'Acceptances	-728.61	-113.47
企业债券	Net Financing of Corporate Bonds	16.86	-292.61
地方政府专项债券	Local Government Special Bonds	904.13	967.95
非金融企业境内股票融资	Equity Financing on the Domestic Stock Market by Non-financial Enterprises	43.95	24.49

13-6 金融机构人民币法定存款基准利率

Official Interest Rates of Deposits of Financial Institutions

单位：年利率% (annual interest rate%)

项　目	Item	2015年3月1日 Mar. 1,2015	2015年5月11日 May. 11,2015	2015年6月28日 June. 28,2015	2015年8月26日 Aug. 26,2015	2015年10月24日 Oct. 24,2015
活期存款	**Demand**	**0.35**	**0.35**	**0.35**	**0.35**	**0.35**
定期存款	**Time**					
#整存整取	Lump-sum time					
三个月	3-Months	2.10	1.85	1.60	1.35	1.10
半年	6-Months	2.30	2.05	1.80	1.55	1.30
一年	1-Year	2.50	2.25	2.00	1.75	1.50
二年	2-Year	3.10	2.85	2.60	2.35	2.10
三年	3-Year	3.75	3.50	3.25	3.00	2.75
#零存整取、整存零取、存本取息	Installment fixed deposits admission is the entire deposit					
一年	1-Year	2.10	1.85	1.60	1.35	1.10
三年	3-Year	2.30	2.05	1.80	1.55	1.30
五年	5-Year	2.50				
#定活两便	Time-demand Deposit	一年内定期整存整取同档次利率打六折				
协定存款	**Negotiated Deposit**	**1.15**	**1.15**	**1.15**	**1.15**	**1.15**
通知存款	**Call Deposit**					
一天	1-day	0.80	0.80	0.80	0.80	0.80
七天	7-day	1.35	1.35	1.35	1.35	1.35

13-7 金融机构人民币法定贷款基准利率
Official Interest Rates of Loans of Financial Institutions

单位：年利率% (annual interest rate%)

项 目	Item	2014年11月12日 Nov. 12,2014	2015年3月1日 Mar. 1,2015	2015年5月11日 May. 11,2015	2015年6月28日 June. 28,2015	2015年8月26日 Aug. 26,2015	2015年10月24日 Oct. 24,2015
短期贷款	**Short-term Loans**						
一年以内（含一年）	Less than 1 year (Include 1 year)	5.60	5.35	5.10	4.85	4.60	4.35
中长期贷款	**Medium-term & Long-term Loans**						
一至五年（含五年）	1 to 5 years (Include the fifth year)	6.00	5.75	5.50	5.25	5.00	4.75
五年以上	longer than 5-year	6.15	5.90	5.65	5.40	5.15	4.90
贴现	**Discounting**	以再贴现利率为下限加点确定					
个人住房公积金贷款	**Personal HousingAccumulation**						
五年以下（含五年）	Less than 5-year (Include the fifth year)	3.75	3.50	3.25	3.00	2.75	2.75
五年以上	longer than 5-year	4.25	4.00	3.75	3.50	3.25	3.25

13-8 委托贷款金额
Amount of Entrusted Loan

单位：万元

项 目	Item	2020
委托贷款总计	**Total Entrusted Loan**	**19680650**
一般委托贷款	**General Entrusted loan**	**17088747**
受金融机构委托发放的委托贷款	**Entrusted Loans Granted by Financial Institutions**	**750936**
发放给广义政府的委托贷款	Entrusted Loan to Broad Government	
发放给金融机构的委托贷款	Entrusted Loan to Financial Institution	
发放给企业及各类组织的委托贷款	Entrusted Loan to Enterprise and Various Organizations	747287
发放给个人的委托贷款	Entrusted Loan to Individuals	3649
受非金融机构委托发放的委托贷款	**Entrusted Loans Granted by Non-financial Institutions**	**16337811**
发放给广义政府的委托贷款	Entrusted Loan to Broad Government	109499
发放给金融机构的委托贷款	Entrusted Loan to Financial Institution	5000
发放给企业及各类组织的委托贷款	Entrusted Loan to Enterprise and Various Organizations	5913754
发放给个人的委托贷款	Entrusted Loan to Individuals	10309558
现金管理项下委托贷款	**Entrusted Loans Under Cash Management**	**2591903**

13-9 新上市公司股票发行筹资情况

Issuing Summary for Stocks of New Listed Companies

年 份 Year	股票发行量 (万股) Amount Issued (10 000 shares)	A股 A Share	B股 B Share	A、B股配股 A & B Shares Rights Issued	H股 H Share	股票筹资额 (亿元) Raised Capital (100 million yuan)	A股 A Share	B股 B Share	A、B股配股 A & B Shares Rights Issued	H股 H Share
1989	1820	1820				0.50	0.50			
1994	5000	5000				1.95	1.95			
1995	11000		11000			4.38	4.38			
1996	6520	5020		1500		3.46	2.86		0.60	
1997	51800	22200	16600	13000		25.36	10.83	5.61	8.92	
1998	32852	13100	19752	23		8.37		14.35		
1999	13095			13095		9.71		9.71		
2000	38230	30800		7430		32.58	24.10		8.48	
2001	44720	43000		1720		33.84	31.57		2.27	
2002	15896	15896				17.95	17.95			
2003	1258			1258		7.84			7.84	
2004	40000	5000			35000	17.78	3.49			14.29
2005	14000	14000				4.68	4.68			
2006										
2007	7800	7800				7.64	7.64			
2008						57.21	57.21			
2009						47.88	47.88			
2010	1900	1900				5.50	5.50			
2011	13900	13900				31.71	31.71			
2012	6159	6159				8.95	8.95			
2013	2500	2500				2.27	2.27			

13-10 保险公司主要指标(2020年)

Main Indicators of Insurance Companies (2020)

项 目	Item	原保险保费收入 (万元) Premium of Primary Insurance (10 000 yuan)	赔付支出 (万元) Payment (10 000 yuan)
总 计	**Total**	**7400045.75**	**2245084.57**
财产保险公司	**Property Insurance Companies**	**2436461.69**	**1417686.01**
企业财产保险	Enterprise Property Insurance	79123.93	71555.43
家庭财产保险	Family Property Insurance	9831.96	4456.94
机动车辆保险	Motor Vehicle Insurance	1329858.43	688332.82
工程保险	Construction and Installation Projects	13535.17	8324.12
责任保险	Liability Insurance	116165.30	52238.79
信用保险	Credit Insurance	1611.82	320.12
保证保险	Guarantee Insurance	171906.47	106501.41
船舶保险	Ship Insurance	18.39	5.64
货物运输保险	Freight Transport Insurance	6339.85	2931.41
特殊风险保险	Other Property Insurance	-595.13	138.74
农业保险	Agriculture Insurance	439466.13	311300.31
健康保险	Health Insurance	191244.76	148897.20
意外伤害保险	Unforeseen Human Injury Insurance	75865.41	22216.87
其他保险	Other Insurance	2089.20	466.23
人寿保险公司	**Life Insurance Companies**	**4963584.05**	**827398.55**
人寿保险	Life Insurance	3598303.09	545976.12
健康保险	Health Insurance	1285399.95	261047.05
意外伤害保险	Unforeseen Human Injury Insurance	79881.02	20375.38

13-11 银行卡业务基本情况

Basic Conditions of Bank Card Business

项　目	Item	2019	2020
银行卡累计发放量(万张)	**Total Payment Amount of Bank Card(10 000 pieces)**	**15862.31**	**16298.57**
借记卡	Debit Card	14150.01	14438.87
#银联标准卡	Standard Bank Card	14021.50	14281.00
信用卡	Credit Card	1712.30	1859.70
#银联标准卡	Standard Bank Card	1369.84	1515.64
银行卡受理商户、机具	**Accepting Bank Card Business, Equipment**		
特约商户(户)	Special Merchant(enterprise)	498762	390237
销售终端(台)	POS(set)	454986	429712
自动柜员机(台)	ATM(set)	23724	21877
银行卡跨行交易量（本年累计）	**Volume of Inter Bank Trading (Accumulative Total for The year)**		
清算笔数(万笔)	Settlement Amount(10 000 items)	51925.93	46815.70
ATM交易量	Volume of ATM	2854.48	1683.63
POS机交易量	Volume of POS	28925.13	23893.14
非传统渠道交易量	Volume of Non traditional channel	20146.32	21238.93
清算金额(亿元)	Amount of Settlement(100 million yuan)	14570.52	18944.16
ATM交易量	Volume of ATM	832.58	392.03
POS机交易量	Volume of POS	10552.79	10525.01
非传统渠道交易量	Volume of Non traditional channel	3185.15	8027.12

13-12 银行卡清算金额情况

Amount of Settlement of Bank Cards

单位：亿元 (100 million yuan)

项 目	Item	2019	2020
宾馆类	Hotel	449.72	593.85
餐饮类	Dining	558.63	653.48
珠宝、工艺类	Jewelry	765.87	669.50
娱乐类	Recreation	658.74	739.29
房地产类	Real Estate	590.49	564.68
汽车销售类	Car Sales	308.96	254.66
典当拍卖信托类	Pawning Auction Trust	1497.87	6580.62
旅游售票类	Travel Ticket Sales	130.33	237.13
日用百货类	General Merchandise for Daily Use	3088.34	3427.82
食品药品类	Food and Drug		388.14
一般服务类	General Services	1656.99	1563.70
专业服务类	Professional Services	1029.89	841.98
一般票据类	General Bills	941.57	445.95
批发类	Wholesale	822.25	504.05
加油类	Oil	186.22	159.66
超市类	Supermarket	191.24	196.88
大型家电专卖类	Large Household Appliance Monopoly	232.35	132.50
航空售票类	Air Ticket Sales	35.21	4.51
铁路售票类	Railway Ticket Sales	2.06	0.24
其他客运类	Other Passenger Transport	3.32	1.59
信用卡还款类	Credit Card Repayment		83.60
保险类	Insurance	126.00	42.93
公共事业类	Public Services	78.10	65.80
政府类	Government	494.36	526.38
便民类	Convenient For People	67.76	13.25
医疗机构类	Medical Institutions		107.75
教育机构类	Educational Institutions		10.03
慈善与社会服务类	Philanthropy and Social Services	8.04	6.04
烟草类	Tobacco		125.92
其他类	Other Category	6.49	2.21

主要统计指标解释

信贷资金 指金融机构以信用方式积聚和分配的货币资金。金融机构信贷资金的来源有各项存款、对国际金融机构负债、流通中货币、银行自有资金及当年结益等;信贷资金的运用有各项贷款、黄金占款、外汇占款、财政借款及在国际金融机构中的资产等。

存款 指企业、机关、团体或居民根据资金必须收回的原则,把货币资金存入银行或其他信用机构保管并取得一定利息的一种信用活动形式。根据存款对象的不同可划分为企业存款、财政存款、机关团体存款、基本建设存款、城镇储蓄存款、农村存款等科目。它是银行信贷资金的主要来源。

贷款 指银行或其他信用机构根据资金必须归还的原则,按一定利率,为企业、个人等提供资金的一种信用活动形式。我国银行贷款分为流动资金贷款、固定资产贷款、城乡个体工商户贷款以及农业贷款等科目。

中资保险公司 指中国公民、法人或其他组织出资(含外资参股)设立的保险公司。

保险金额 指保险人承担赔偿或者给付保险金责任的最高限额。

保费 指投保人为取得保险人在约定范围内所承担赔偿责任而支付给保险人的费用。

赔款 指保险人根据保险合同的规定,向被保险人支付的赔偿保险责任损失的金额。

给付 包括死伤医疗给付和满期给付。死伤医疗给付是指保险人根据人寿保险及长期健康保险合同的规定,因被保险人在保险期内发生保险责任范围内的保险事故支付给被保险人(或受益人)的金额。满期给付是指被保险人生存期满,保险人按人寿保险合同规定支付给被保险人的满期保险金额。

Explanatory Notes on Main Statistical Indicators

Credit Funds refer to the funds issued as loans by banking institutions. The sources of credit funds of the banking institutions included deposits, Liabilities to international financial institutions, currency in circulation, self－owned funds and current retained profits, etc. The credit funds can be used in forms of loans, gold, foreign exchange, government debt and assets in the international financial institutions.

Deposit is a form of credit by which enterprises, institutions, organizations or households can put money into banks and other credit institutions for safekeeping and interest earning under the principle of free withdrawal. According to different depositors, deposits are divided into enterprise deposits, treasury deposits, deposits of government agencies and organizations, capital construction deposits, urban savings deposits, rural deposits and other deposits. Deposits are major sources of the credit funds of banks.

Loan is a form of credit by which banks and other credit institutions provide funds at certain interest rate to enterprises and individuals in the light of the principle of unconditional repayment. Loans from Chinese banks include circulating capital loans, fixed assets loans, loans to urban and rural individuals engaged in industrial and commercial business and agricultural loans.

Insurance Companies Funded with Chinese Capital refer to insurance companies established with capitals from Chinese citizens, corporate institutions or other organizations (including companies with shares from foreign capital).

Amount Insured refers to the maximum that the insurant will get for the claim of the case insured.

Premium is the fee paid by the insurant to the insurer to obtain the obligation of compensation from the insurance within the agreed terms.

Settled Claim is the compensation paid by the insurer to the insurant in accordance with the insurance contract.

Payment includes payment for death, injury or medical treatment and mature payment. Payment for death, injury or medical treatment refers to the money paid to the insurant (or the beneficiary) in accordance with the life or health insurance contract when the insurant encounters accidents within the insured period covered in the contract. Mature payment refers to the mature payment to the insurant in accordance with the life insurance contract at the end of the insured period.

14 交通运输与邮电

Transport,Postal and Telecommunication Services

资料整理：李与琪

Arranged By：Li Yuqi

14-1 交通运输业基本情况

Basic Conditions of Transportation

指 标	Item	2019	2020
运输线路长度(公里)	**Length of Transportation Routes(km)**	**221508**	**226810**
铁路营业里程	Railways in Operation	13016	14190
公路里程	Highways	206089	210217
等级公路	Expressway and Class I to IV Highways	199363	205314
#高速公路	Expressway	6633	6985
一级公路	First Class	8443	8785
二级公路	Second Class	18779	19912
等外路	Highway Below Class IV	6726	4903
内河	Navigable Inland Waterways	2403	2403
客运量总计(万人)	**Total Passenger Traffic(10 000 persons)**	**13601**	**7395**
铁路	Railways	5640	3298
公路	Highways	6518	3224
民用航空	Civil Aviation	1443	873
旅客周转量总计(亿人公里)	**Total Passenger Kilometers(100 million passenger-km)**	**313.25**	**164.90**
铁路	Railways	211.61	115.50
公路	Highways	101.64	49.40
货运量总计(万吨)	**Total Freight Traffic(10 000 tons)**	**182707**	**170550**
铁路	Railways	71828	61545
公路	Highways	110875	109002
民用航空	Civil Aviation	3.62	3.26
货物周转量总计(亿吨公里)	**Total Freight Ton-kilometers(100 million ton-km)**	**4586.84**	**4431.47**
铁路	Railways	2632.33	2542.68
公路	Highways	1954.51	1888.79
民用汽车拥有量(辆)	**Number of Civil Motor Vehicles Owned(unit)**	**5912942**	**5435827**
#载客汽车辆数(辆)	Number of Buses and Cars(unit)	5073147	4806266
载货汽车辆数(辆)	Number of Trucks(unit)	664736	484666
登记注册船舶(艘)	**Registered Ships(unit)**	**867**	**849**

注：1. 公路部门营运汽车统计口径为全社会营运汽车。
2. 表中民用航空客运量为机场旅客发运量，民用航空货运量为机场货物发送量，下同。
3. 2019年，公路货运量、周转量采用交通部门2019年全国道路运输货运量专项调查结果，下同。
4. 2013年-2018年铁路数据为各铁路分局加总数据，2020年使用国家反馈数，2019年数据按照国家反馈结果进行了调整。

a)The statistical coverage of the vehicles under operation by highway departments refer to the vehicles under operation of all society.

b)The passenger traffic of civil aviation in this table refer to the airport passengers,the freight traffic of civil aviation refer to the freight throughput of airport.same as follow.

c) 2019, freight traffic and freight ton-kilometers of highways adopt the results of the special of national road transport cargo volume in 2019 by the Ministry of Transport,same as follow.

d) The railway data from 2013 to 2018 are the aggregate data of each railway branch, and the national feedback data are used in 2020, and the data of 2019 are adjusted according to the national feedback results.

14-2 主要交通运输工具和线路里程

Major Tools and Length of Transports

年 份 Year	载货汽车 (辆) Trucks (unit)	载客汽车 (辆) Buses and Cars (unit)	铁 路 Railways		铁路线路里程 (公里) Length of the Railway Lines(km)	公路线路里程 (公里) Total Length of Highways (km)
			机 车(台) Locomotives (unit)	客 车(辆) Passenger Coaches (unit)		
1947	76	18			1557	1974
1948	81	25			1557	1872
1949	89	25			1557	2394
1950	227	53			1557	3259
1951	343	78			1557	4037
1952	344	101			1574	4821
1953	617	173			1574	5495
1954	1066	269			1912	6253
1955	1750	391			1912	8325
1956	2459	496			2106	11501
1957	2828	641			2404	13020
1958	3492	797			2644	18020
1959	4100	996			3091	18752
1960	5198	1061			3222	21131
1961	5446	970			3219	21131
1962	5595	1003			3222	22804
1963	5398	1033			3190	22195
1964	5871	1000			3299	22103
1965	6335	1348			3541	25688
1966	7335	1718			3635	25180
1967	6905	1605			3496	24407
1968	7110	1669			3496	25234
1969	7007	1781			3590	25676
1970	8174	2027			3593	27605
1971	9140	2316			3491	31355
1972	11061	2852			3537	34676
1973	14388	3733			3747	29043
1974	15496	4237			3747	30308
1975	19611	5172			3747	31362
1976	23281	6046			3697	33414
1977	25001	6448			3755	36471
1978	29027	7669			3803	37535
1979	33011	8476			3760	23769
1980	38647	9969			4361	35016
1981	42482	11842	341	601	4379	35856
1982	47125	13254	500	910	4360	36828
1983	49674	14087	507	955	4360	37939
1984	51663	15405	562	1003	4355	37456
1985	57354	19078	532	838	4364	38198
1986	66258	23409	627	1121	4416	40380
1987	68618	24883	667	1282	4832	41984
1988	71856	29940	706	1275	4836	42800
1989	77909	32634	691	1339	4916	43080

14-2 续表 Continued

年 份 Year	载货汽车 (辆) Trucks (unit)	载客汽车 (辆) Buses and Cars (unit)	铁 路 Railways		铁路线路里程 (公里) Length of the Railway Lines(km)	公路线路里程 (公里) Total Length of Highways (km)
			机 车(台) Locomotives (unit)	客 车(辆) Passenger Coaches (unit)		
1990	87161	35763	676	1471	5001	43274
1991	95489	41081	686	1522	5001	43396
1992	103757	47958	661	1473	5034	43704
1993	115807	58084	641	1561	5034	43789
1994	118985	65374	668	1661	4991	44202
1995	131055	85825	759	1802	5935	44753
1996	111675	94187	789	1802	6027	45744
1997	130350	118978	650	1771	6049	49992
1998	142255	144216	745	1694	6049	58430
1999	157377	169241	838	1595	6140	63824
2000	167004	188154	883	1818	5967	67346
2001	180481	241364	865	1886	6027	70408
2002	182971	237719	898	1903	6191	72673
2003	202306	286481	912	1757	6204	74135
2004	240591	341371	892	1753	6108	75976
2005	248809	384575	892	1753	6373	124465
2006	284285	513375	980	1492	6525	128762
2007	305163	643648	1123	1324	6006	138610
2008	338015	811922	1715	2033	7222	147288
2009	421962	1061527	837	1391	7630	150756
2010	485141	1371936	700	1528	9175	157994
2011	545221	1761036	726	1678	8745	160995
2012	477214	2159439	831	1692	9788	163763
2013	499608	2544640	1410	1693	10411	167515
2014	511683	2886157	1362	1747	10423	172167
2015	492265	3220350	1227	1956	11890	175374
2016	514168	3646836	1335	2052	12164	196061
2017	559673	4217186	1264	2031	12395	199423
2018	609978	4682082	1399	2011	12486	202641
2019	664736	5073147	1508	1978	13016	206089
2020	484666	4806266			14190	210217

14-3 客货运输量

Passenger Traffic and Freight Traffic

年份 Year	客运量 (万人) Passenger Traffic (10 000 persons)	铁路 Railways	公路 Highways	航空 Civil Aviation	货运量 (万吨) Freight Traffic (10 000 tons)	铁路 Railways	公路 Highways	航空 Civil Aviation
1949			0.6			0.2	0.2	
1950			0.8		0.2		0.2	
1951			3.0		396	391	5	
1952			16		447	417	30	
1953			39		755	526	229	
1954			58		1168	694	474	
1955			87		1433	496	937	
1956			131		2093	622	1471	
1957			189		2224	739	1485	
1958			181		3390	1039	2351	
1959	1238	993	245		6911	2657	4254	
1960	1754	1456	298		5986	3289	2697	
1961	2022	1723	299		3749	2355	1394	
1962	1869	1585	284		2729	1754	975	
1963	1416	1118	298		2235	1434	801	
1964	1268	914	354		2756	1640	1116	
1965	1320	852	468		3614	2060	1554	
1966	1463	836	627		4160	2425	1735	
1967	1688	978	710		4409	2881	1528	
1968	1651	990	661		3284	1889	1395	
1969	1546	1046	500		3200	1792	1408	
1970	1688	1016	672		4625	2882	1743	
1971	1865	1080	785		4964	2749	2215	
1972	2223	1164	1059		5387	2859	2528	
1973	2338	1199	1139		5377	2668	2709	
1974	2364	1161	1203		5453	2604	2849	
1975	2599	1324	1275		6325	3190	3135	
1976	2588	1300	1288		6487	3114	3373	
1977	3017	1564	1453		7399	3529	3870	
1978	3422	1753	1669		8213	3861	4352	
1979	3470	1689	1781		8046	3924	4122	
1980	4162	1994	2164	4	7653	4142	3511	0.05
1981	4250	2071	2176	3	7305	3989	3316	0.05
1982	4926	2288	2635	3	8314	4317	3997	0.04
1983	5703	2556	3145	2	9103	4542	4561	0.04
1984	6313	2738	3573	2	10149	4957	5192	0.03
1985	6673	2784	3884	5	11588	5510	6078	0.13
1986	7612	2833	4775	4	15348	5638	9710	0.06
1987	8493	2965	5509	19	16979	6065	10914	0.06
1988	9518	3242	6242	34	18533	5296	13237	0.06
1989	9411	2997	6405	9	22515	6678	15837	0.06

14-3 续表 Continued

年 份 Year	客运量 (万人) Passenger Traffic (10 000 persons)	铁 路 Railways	公 路 Highways	航 空 Civil Aviation	货运量 (万吨) Freight Traffic (10 000 tons)	铁 路 Railways	公 路 Highways	航 空 Civil Aviation
1990	10475	2433	8012	30	26676	6909	19767	0.17
1991	9148	2565	6543	40	25678	7027	18651	0.24
1992	10406	2801	7567	38	29126	7198	21928	0.34
1993	11165	3014	8108	43	31708	7587	24121	0.41
1994	15294	3042	12162	90	31386	7812	23573	0.90
1995	18273	2909	15248	116	32732	8347	24384	1.13
1996	18099	2563	15418	118	34321	9435	24885	1.15
1997	19148	2735	16287	126	39008	9960	29047	1.27
1998	20205	2542	17552	111	39564	8227	31336	1.17
1999	21498	2824	18576	98	41652	8747	32903	1.90
2000	23549	3378	20061	110	44629	9648	34979	2.00
2001	24133	2956	21041	136	45962	9816	36145	0.90
2002	25376	2824	22421	132	47879	10639	37239	1.00
2003	23521	2552	20831	138	50046	11513	38532	1.10
2004	28954	3235	25510	209	61259	18560	42697	1.60
2005	32114	3259	28604	251	73082	22060	51020	2.00
2006	35512	3437	31817	258	84137	25157	58978	1.98
2007	38781	3489	35039	253	102907	29605	73300	1.79
2008	20259	3876	16207	176	100012	39070	60941	1.07
2009	22259	4093	17998	168	116508	45675	70832	1.00
2010	24343	4136	19830	377	132205	47040	85162	3.11
2011	26420	4156	21807	457	146589	42934	103651	3.63
2012	28188	4273	23310	605	168078	42813	125260	4.68
2013	21751	4866	16184	701	173909	76849	97058	2.07
2014	19034	4797	13495	742	204299	77593	126704	2.24
2015	16986	5117	11017	852	186156	66653	119500	2.89
2016	16697	5394	10347	956	200471	69855	130613	2.78
2017	16061	5452	9421	1188	227455	79969	147483	2.86
2018	14613	5451	7822	1340	247870	87849	160018	2.91
2019	13601	5640	6518	1443	182707	71828	110875	3.62
2020	7395	3298	3224	873	170550	61545	109002	3.26

注：2013年以后，民航货运量为货邮发运量口径。

a) After 2013, the statistical coverage of the freight traffic of civil aviation refer to the freight volume coverage.

14-4 客货周转量

Passenger-kilometers and Freight Ton-kilometers

年 份 Year	旅客周转量 (亿人公里) Passenger-kilometers (100 million passenger-km)	铁 路 Railways	公 路 Highways	货物周转量 (亿吨公里) Freight Ton-kilometers (100 milion ton km)	#铁 路 Railways	#公 路 Highways
1980	43.19	31.84	11.35	174.92	164.78	10.14
1981	45.70	34.33	11.22	252.36	243.98	8.38
1982	52.06	37.50	14.40	299.40	288.62	10.78
1983	61.41	43.92	17.36	348.97	335.57	13.40
1984	70.76	50.29	20.34	391.94	376.45	15.49
1985	82.53	58.34	23.86	442.51	424.30	18.20
1986	90.85	62.57	28.03	470.56	449.30	21.26
1987	100.92	65.55	33.78	492.62	469.12	23.50
1988	115.69	74.49	37.58	491.93	466.08	25.85
1989	111.29	68.18	39.84	579.63	501.93	77.70
1990	99.01	57.54	38.07	621.90	519.41	102.49
1991	104.90	60.64	40.06	608.08	505.15	102.93
1992	113.60	69.24	40.26	655.89	515.18	137.56
1993	152.95	74.44	74.03	697.86	546.50	151.36
1994	174.86	75.09	89.55	734.25	586.94	143.85
1995	173.58	71.97	89.85	785.12	625.56	159.56
1996	167.10	63.79	90.68	832.66	658.96	170.11
1997	180.27	69.14	97.69	881.49	695.86	182.18
1998	187.91	76.13	100.44	844.35	657.08	187.27
1999	205.50	88.00	108.18	898.80	701.00	197.75
2000	219.10	92.30	116.30	1041.20	828.60	211.80
2001	225.30	89.70	121.90	1090.10	869.70	220.30
2002	236.80	92.70	130.70	1132.00	900.50	231.40
2003	222.06	85.74	122.14	1218.22	976.18	241.91
2004	290.24	108.63	155.28	1441.39	1171.39	269.84
2005	323.12	113.22	178.98	1604.31	1280.75	323.35
2006	354.24	122.20	199.47	1798.35	1414.03	384.12
2007	377.11	134.75	219.46	2121.40	1629.40	492.00
2008	351.43	154.77	179.66	3548.36	1911.00	1637.36
2009	377.29	161.84	198.38	3963.12	2077.87	1885.25
2010	387.74	169.54	218.20	3949.24	1688.12	2261.12
2011	409.37	168.21	241.16	5138.15	2400.55	2737.60
2012	435.00	171.00	264.00	5582.00	2283.00	3299.00
2013	371.12	197.67	173.45	4514.15	2641.44	1872.71
2014	363.25	201.85	161.40	4550.29	2446.82	2103.47
2015	371.27	210.93	160.34	4263.86	2023.90	2239.96
2016	375.21	222.46	152.75	4453.18	2029.54	2423.64
2017	362.75	220.10	142.65	5206.49	2442.02	2764.47
2018	336.74	214.31	122.43	5644.16	2658.53	2985.63
2019	313.25	211.61	101.64	4586.84	2632.33	1954.51
2020	164.90	115.50	49.40	4431.47	2542.68	1888.79

14-5 民用车辆船舶年末拥有量

Figure of Civil Vehicles and Shipping at Year-end

项　目	Item	2019	2020
民用汽车(辆)	**Number of Civil Motor Vehicles(unit)**	**5912942**	**5435827**
载货汽车(辆)	Number of Trucks(unit)	664736	484666
载客汽车(辆)	Buses and Cars(unit)	5073147	4806266
轮胎式拖拉机(台)	**Type Tractors(unit)**	**1189494**	**1189494**
摩托车(辆)	**Motors(unit)**	**584509**	**578896**
#两轮摩托车	Two-wheel Motors	476847	472698
载货车挂车(辆)	**Trailer(unit)**	**100588**	**41479**
登记注册船舶(艘)	**Registered Ships(unit)**	**867**	**849**
客船	Passenger Vessels	554	486
货船	Cargo Vessels	50	49
顶推船拖轮	Push Boat Tug	15	16
驳船	Barges	116	127
非运输船	Non-transport Vessels	132	171
飞行架次（架次）	**Number of Flight(sortie)**	**339139**	**223887**
#国际航线	International Routes	4181	3099
#国内航线	Domestic Routes	246689	220091

14-6 邮电通信水平

Level of Postal and Telecommunications Services

指　标	Item	1995	2000	2005	2010	2015	2020
全区邮电通信水平	**Autonomous Regional Level**						
平均每人每年发函件数(件)	Annual Average Number of Letters Mailed per Capita(piece)	4.72	4.09	1.32	1.37	0.58	0.26
平均每百人每年订报刊数(份)	Annual Average Number of Newspaper and Magazine Subscribed per 100 Persons(copy)	21.39	16.69	8.13	9.82	13.90	13.43
平均每百人拥有本地网电话机部数(部)	Number of Local Telephone Sets Owned per 100 Persons(set)	2.90	8.75	22.70	16.80	12.76	7.80

14-7 邮电业务基本情况
Basic Conditions of Post and Telecommunications Services

指 标	Item	2019	2020
邮政业务总量(亿元)	Business Volume of Post Service(10 000yuan)	50.4	63.7
电信业务总量(亿元)	Business Volume of Telecommunications Service(10 000yuan)	2075.8	2584.6
函件(万件)	Number of Letters(10 000 pcs)	620	623
包裹(万件)	Number of Parcels(10 000 pcs)	35	21
快递业务收入(亿元)	Revenue from Express Service(10 000yuan)	33	42
快递(万件)	Pieces of Express Mail Services(10 000 pcs)	14263	19558
报刊期发数(万份)	Number of Newspapers and Magazines Circulation(10 000 copies)	207	182
固定电话主叫通话时长(万分钟)	Length of Local Telephone Calls (10 000 minutes)	150593.3	109147.1
移动电话主叫通话时长(万分钟)	Length of Mobile Telephone Calls (10 000 minutes)	4850093.7	4559263.6
年末固定电话用户(万户)	Access to Telephone Subscribers at year-end(10 000 subscribers)	214.4	198.7
年末移动电话用户(万户)	Number of Mobile Telephone Subscribers at Year-end (10 000 subscribers)	3011.7	2962.2
移动短信业务量(万条)	Short Message Services (10 000 messages)	1803800.5	1963330.2
年末互联网用户(万户)	Number of Subscribers of Internet Service at Year-end (10 000 subscribers)	3288.7	3297.2
互联网宽带用户	Broadband Subscribers of Internet	682.5	722.9
移动互联网用户	Mobile Internet Subscribers	2606.2	2574.3
移动互联网接入流量（万G）	Flow Accessed to Moblie Internet(10 000 G)	244419.3	326112.4
邮电局所(处)	Number of Post &Telecommunications Offices(unit)	1504	1512
邮路总长度(公里)	Length of Postal Routes (km)	150098	199955
#汽车邮路	Highway Routes	83811	91796
铁路邮路	Railway Routes	3941	2384

注：邮政业务总量和电信业务总量2000年及以前按1990年不变价格计算；2001-2009年按2000年不变价格计算；2010-2015年按2010年不变价格计算；2016年起，电信业务总量按2015年不变价格计算，邮政业务总量按2010年不变价格计算。

a)Business Volume of Postal services and business Volume of telecommunication services before 2000 was calculated at 1990 constant prices ; From 2001 to 2009 was calculated at 2000 constant prices; From 2010 to 2015 was calculated at 2010 constant prices; since 2016,business Volume of telecommunication services was calculated at 2015 constant prices,Business Volume of Postal services was calculated at 2010 constant prices.

14-8 邮电局所和邮递线路

Number of Post and Telecommunications Offices and Postal Delivery Routes

年 份 Year	邮电局所(处) Number of Telecommun-ications Offices (unit)	城 市 Urban	乡 村 Rural	每万人口中邮电局所(处) Number of Post and Telecoms Offices per 10 000 Person (unit)	信筒信箱(处) Number of Post Boxes (unit)	邮路总长度(公里) Length of Postal Routes (km)	#汽车邮路 Highway Routes	#铁路邮路 Railway Routes	农村投递线路(公里) Rural Delivery Routes (km)
1978	857					94978	19250	2674	
1980	1515	212	1303	0.81	3220	70944	35115	5740	
1985	1603	232	1371	0.80	3557	59292	36174	6726	117800
1986	1634	254	1380	0.80	3554	60831	37480	7023	110363
1987	1615	229	1386	0.78	3671	60591	36485	7174	111786
1988	1632	236	1396	0.78	3721	59203	35843	7024	110093
1989	1636	232	1404	0.77	3637	63017	36037	7025	116686
1990	1638	225	1413	0.76	3549	64495	36666	6802	109926
1991	1645	230	1415	0.75	3600	67048	37235	6772	108231
1992	1648	228	1420	0.75	3496	66966	37230	6772	107295
1993	1651	233	1418	0.74	3590	66139	36401	6772	105501
1994	1765	247	1518	0.78	3561	67551	39339	7050	101706
1995	1804	419	1385	0.79	3576	68751	41030	6929	102757
1996	1831	424	1407	0.80	3641	68873	43729	6929	104694
1997	1837	407	1430	0.79	3616	71006	45955	6623	103991
1998	1815	414	1401	1.20	3471	69261	44286	5936	107262
1999	1739	413	1326	0.74	3059	64183	43747	5173	107280
2000	1728	417	1311	0.73	3096	63759	43232	5514	106539
2001	1671	446	1215	0.70	4502	72499	42969	5838	111394
2002	1671	521	1150	0.70	3478	62307	42558	5764	111395
2003	1678	551	1127	0.71	3022	62344	42799	5764	111636
2004	1672	559	1113	0.70	5541	57762	43074	5699	110812
2005	1743	600	1143	0.73	8630	60713	43895	6196	109398
2006	1711	615	1096	0.72	8767	58523	44027	5946	109635
2007	1702	617	1085	0.71	2567	61900	43851	5946	111007
2008	1570	516	1054	0.65	2565	67905	43746	5836	111911
2009	1599	561	1038	0.66	2521	72245	46726	6403	112612
2010	1588	549	1039	0.64	2455	58391	44277	6205	114545
2011	1483	506	977	0.60	2368	59125	49983	5720	112903
2012	1509	572	937	0.61	2397	64421	58624	4066	109253
2013	1479	557	922	0.59	2361	65695	61496	2718	109302
2014	1506	523	983	0.60	2174	75186	70809	2718	115219
2015	1505	505	1000	0.60	1229	76350	72941	2720	114098
2016	1541	494	1047	0.61	1381	72980	70207	2316	114414
2017	1462	498	964	0.58	1540	77596	74944	2426	122016
2018	1497	493	1004	0.59	1600	80400	76144	3941	161655
2019	1504	504	1000	0.59	1536	150098	83811	3941	157263
2020	1512	507	1005	0.63	1538	199955	91796	2384	159645

14-9 邮电业务量及电信主要通信能力

Business Volume of Postal & Telecommunications Services and Main Communication Capacity of Telecommunications

年 份 Year	邮政业务总量（万元） Business Volume of Post (10 000 yuan)	电信业务总量（万元） Business Volume of Telecommunications (10 000 yuan)	函 件 (万件) Number of Letters (10 000 pcs)	快递 (万件) Pieces of Express Mail Services (10 000 pcs)	报刊期发数 (万份) Newspapers & Magazines Circulation (10 000 copies)	集邮业务 (万元) Philately (10 000 yuan)
1980			7146		329	
1985			9416		605	
1986			9589		507	
1987			9778		596	
1988			9946	1	515	287
1989			8637	1	342	
1990	7373	13821	8080			1373
1991	8126	16970	7782	3	419	2149
1992	10093	22102	8001	9	412	3959
1993	11866	34943	9539	28	560	4829
1994	15317	54371	10858	55	567	4944
1995	19031	77521	16728	95	486	4935
1996	21677	107169	10277	153	625	6248
1997	25413	148588	9479	157	650	10173
1998	29003	218759	8521	115	408	11158
1999	34591	356700	8332	100	341	10024
2000	39463	523000	9677	111	395	7830
2001	76007	504515	12249	147	268	11768
2002	80448	823400	14002	167	249	12527
2003	85115	1000359	22066	205	249	7095
2004	86250	1480000	6229	230	218	4833
2005	89351	1907895	3143	251	194	4996
2006	98860	2446600	4273	272	215	2759
2007	107785	3532312	4270	322	246	5301
2008	118798	4457238	4186	410	224	11303
2009	116468	5422021	3675	579	233	8901
2010	119844	1887096	3389	401	242	12693
2011	99580	2313885	3031	405	285	15985
2012	112076	2590863	2433	406	230	18990
2013	175177	2937100	1865	2839	248	19713
2014	194664	3183783	1639	4364	262	10611
2015	232307	3770605	1455	5410	194	10172
2016	272479	2496428	871	8471	181	10292
2017	343185	4825858	738	11035	176	9180
2018	443521	12687932	671	15182	204	6968
2019	503669	20758053	620	14263	207	4305
2020	636800	25845500	623	19558	182	4271

注：自2013年起，邮政业务总量、特快专递数据来源于邮政管理局，包含内蒙古邮政公司及其他快递公司的数据。

a)Since2013,the data of Business Volume of Post and Pieces of Express Mail Services is provided of Post Office,includes Inner Mongolia Post Company and other Courier Companies.

14-9 续表1 Continued

年 份 Year	移动电话用户(户) Number of Mobile Telephone Subscribers (subscriber)	# 3G移动电话用户(户) 3GMobile Phone Subscribers (subscriber)	#4G移动电话用户(户) 4GMobile Phone Subscribers (subscriber)	移动电话普及率(部/百人) Popularization Rate of Mobile Telephone (sets/100 persons)	互联网络用户(户) Numberof Subscribers of Internet Service (subscriber)	互联网宽带用户(户) Broadband Subscribers of Internet (subscriber)	移动互联网用户(户) Mobile Internet Subscribers (subscriber)	移动互联网接入流量(万G) Flow Accessed to Moblie Internet (万G)
1991	70							
1992	636							
1993	2298							
1994	8351							
1995	21852							
1996	52388				25			
1997	127630				382			
1998	258881				1454			
1999	533000				10306			
2000	1153000				56556			
2001	2090000				161420			
2002	3172000				330133			
2003	4790500				547046			
2004	5945700				824000			
2005	7123000				1061143			
2006	8741300				1432319			
2007	10469307				1417322			
2008	13444000				1390000			
2009	16159900	38430			1760000			
2010	20340000	1459409			1910000			
2011	23161610	2509687			14982141			
2012	25501300	4512665			18260800			
2013	26906162	4743279			18322255			
2014	26346056	8714770	1359818		19892147			
2015	24253440	7427838	6277048		22081983			
2016	24707776	3382779	13179402	98	24623386	4181800	20451600	12853
2017	28411813	2886013	18811413	113	28542635	4940000	23602700	44887
2018	30444400	3066500	22309100	120	31363400	6282800	25080600	142977
2019	30116600	622500	23865100	119	32886500	6825000	26061500	244419
2020	29622400	524000	24046000	117	32971600	7229000	25742600	326112

注：本表中互联网络用户2010年以前不包括移动互联网用户。

a)Before 2010, Number of Subscribers of Internet Service did not include mobile Internet users.

14-9 续表2 Continued

年 份 Year	固定电话年末用户(户) Number of Subscribers of Local Telephone at Year-end (subscriber)	# 住宅电话(户) Residential Telephone Subscribers (subscribe)	本地电话局用交换机容量(门) Capacity of Local-office Telephone Exchanges (line)	光缆线路长度(公里) Length of Optical Cable Lines (km)	长途光缆线路长度(公里) Length of Long Distance Optical Cable Lines (km)
1980	60483		104050		
1985	86230	733	156280		
1986	97947	2096	163960		
1987	110409	3047	179070		
1988	127372	6484	193155		
1989	147108	24732	222675		
1990	168328	32003	241305		
1991	184856	41193	268605		
1992	211796	64151	351793		
1993	280512	118788	449154		950
1994	440361	265776	682979		3274
1995	658577	441383	1059151		8074
1996	859754	615126	1284301		9282
1997	1056355	697425	1554614		9846
1998	1254391	845015	1889691		11416
1999	1552582	1027119	2119776		11625
2000	2069000	1339000	2543000		16420
2001	2580000	1620000	3034400		15890
2002	3112000	1884000	3463000		25018
2003	4300400	2607300	3705538		28597
2004	5019600	3223000	7224000		31114
2005	5419000	3455000	4304500		35400
2006	5408300	3341200	4277900	103700	38031
2007	5252301	3224093	7230000	106300	34416
2008	4624600	3431200	7290000	154300	48146
2009	4415923	2642711	7137435	174784	42626
2010	4140000	2377786	7114721	204179	46831
2011	3795159	1886621	6826400	271019	55514
2012	3682000	1840900	8635286	310453	56775
2013	3772185	1917926	8085838	338832	57600
2014	3590789	1735678	6673726	386759	66400
2015	3205263	1412999	3984618	432981	68583
2016	2680993	1071413	3274000	586797	77483
2017	2323189	865993	2380900	985571	77865
2018	2134600	855500	1814500	876328	75109
2019	2143800	533600	1760300	1309859	76429
2020	1987300			1538619	70781

主要统计指标解释

铁路营业里程 又称营业长度(包括正式营业和临时营业里程),指办理客货运输业务的铁路正线总长度。凡是全线或部分建成双线及以上的线路,以第一线的实际长度计算;复线、站线、段管线、岔线和特殊用途线以及不计算运费的联络线都不计算营业里程。铁路营业里程是反映铁路运输业基础设施发展水平的重要指标,也是计算客货周转量、运输密度和机车车辆运用效率等指标的基础资料。

铁路正线延展里程 指正线第一线、第二线、第三线和其他正线建筑里程之和,不包括站线、段管线、岔线及特殊用途线的延展里程。它是作为计算铁路上钢轨、枕木及路基砂石需要量的主要依据。

公路里程 指在一定时期内实际达到《公路工程技术标准 JTJ01-88》规定的等级公路,并经公路主管部门正式验收交付使用的公路里程数。包括大中城市的郊区公路以及通过小城镇街道部分的公路里程和桥梁、渡口的长度,不包括大中城市的街道、厂矿、林区生产用道和农业生产用道的里程。两条或多条公路共同经由同一路段,只计算一次,不得重复计算里程长度。它是反映公路建设发展规模的重要指标,也是计算运输网密度等指标的基础资料。

内河航道里程 也称内河通航里程,指在一定时期内,能通航运输船舶及排筏的天然河流、湖泊水库、运河及通航渠道的长度。包括全年季节性通航累计三个月以上的航道,不包括仅供零散流放竹、木排的河道。它是内河水运网规模、水平和发展情况的主要指标。

货(客)运量 指在一定时期内,各种运输工具实际运送的货物(旅客)数量。它是反映运输业为国民经济和人民生活服务的数量指标,也是制定和检查运输生产计划、研究运输发展规模和速度的重要指标。货运按吨计算,客运按人计算。货物不论运输距离长短、货物类别,均按实际重量统计。旅客不论行程远近或票价多少,均按一人一次客运量统计;半价票、小孩票也按一人统计。

货物(旅客)周转量 指在一定时期内,由各种运输工具运送的货物(旅客)数量与其相应运输距离的乘积之总和。它是反映运输业生产总成果的重要指标,也是编制和检查运输生产计划,计算运输效率、劳动生产率以及核算运输单位成本的主要基础资料。计算货物周转量通常按发出站与到达站之间的最短距离,也就是计费距离计算。计算公式为:

货物(旅客)周转量 = $\sum$货物(旅客)运输量 × 运输距离

登记注册船舶 指报告期末在水路运输管理部门注册登记的从事水上客、货运输活动的内蒙古自治区企业或私人拥有的营业性运输船舶(含我国企业或私人拥有的悬挂外国旗的船舶)数量。不包括非运输船舶及农业、渔业生产船舶。

飞行架次 指专、包机飞行,按任务和架次统计。一项任务和一项包机,是由一架飞机完成的,按一架次统计;由两架飞机或由一架飞机两次完成的,按两架次统计。

固定电话用户 指在电信企业登记注册,且在报告期末实际已经接入电信企业固定电话网(包括局用电话交换机、接入网设备、软交换用户接入设备、无线市话设备)上的全部电话用户。包括普通电话用户、无线接入电话用户、公用电话用户、窄带综合业务数字网(N-ISDN)用户、集中用户交换机(CENTREX)用户、模拟中继线用户等。

移动电话用户 指在移动电话营业部门登记,通过移动电话交换机进入电话网、占有移动电话号码的电话用户。用户数量以实际办理登记手续进入邮电部门移动电话网的户数进行计算,一部或一台移动电话统计为一户。

住宅电话用户 指私人付费或安装在居民住宅并按照住宅电话用户登记注册和收费的各类电话用户。不包括安装在居民住宅,属于经营性的电话用户。住宅电话用户按行政区划分为城市住宅电话用户和农村住宅电话用户。

互联网宽带用户 指报告期末在电信企业登记注册,通过 xDSL、FTTx + LAN、FTTH/O 以及其他宽带接入方式和普通专线接入公众互联网的用户。

移动互联网用户 指报告期内通过移动通信网络接入公众互联网或 WAP 网站的用户。

移动互联网接入流量 指本企业移动电话用户(含无线上网卡用户)通过移动通信网络接入公共互联网或 WAP 网站发生的计费流量,包括上行流量和下行流量。

长途光缆线路长度 指用以实现光信号传输的长途光缆线路的实际长度。架空的光缆按实际杆路长度统计;埋设于地下、管道、水底、海底的光缆按沟长统计。

局用交换机容量 指安装在电信企业内用于接续本地固定电话的交换机容量,不含接入网设备容量。

函件 指邮政企业为用户传递以书面信息为主的邮件,包括信件、印刷品和邮送广告等。

包裹 指符合准寄范围,按一般时限规定传递处理的物品。

快递业务量 指企业收寄的各类快递业务总数量,由受理用户委托的企业负责统计。包括国内同城快递业务量、国内异地快递业务量、港澳台快递业务量、国际快递业务量。

Explanatory Notes on Main Statistical Indicators

Length of Railways in Operation refers to the total length of the trunk line for passenger and freight transportation (including both full operation and temporary operation) . The calculation is based on the actual length of the first line even if this line has a full or partial double track or more tracks, excluding double tracks, station sidings, tracks under the charge of station, branch lines, special purpose lines and the non payable connecting lines, The length of railways in operation is an important indicator to show the development of the infrastructure for the railway transport, and also the essential data to calculate volume of passenger freight transport, traffic density and utilization efficiency of the locomotives and carriages.

Extenuation Length of Trunk Lines refers to the sum of the first, the second, the third lines and other constructed length of the trunk railways, excluding the extenuation length of the station lines, lines under the jurisdiction of depots, sidings and lines for special purpose. It provides important information for the calculation of the needs for rails, sleepers, sand and stone for the construction of railways.

Length of Highways refers to the length of highways which are built in conformity with the grades specified by the highway engineering standard formulated by the Ministry of Communications, and have been formally checked and accepted by departments of highways and put into use. The length of highways includes that of the suburb highways at large and medium sized cities, highways passing through streets at small cities and towns, and also the length of bridges and ferries. It does not include the length of streets in big and medium sized cities and highways built for the production purpose at factories, mines, forest areas and agricultural areas. If two or more highways go the same section of the way, the length of the section is only calculated for once and no duplication is allowed. The length of highways is an important indicator to show the development of the highway construction and to provide essential information to calculate the transport network density.

Length of Navigable Inland Waterways refers to the length of natural rivers, lakes, reservoirs and canals and ditches that are open to navigation for ships and rafts during a given period. It includes the channels open tonavigation for more than 3 months in a year ,yet this does not include the river courses which are only used to float odd logs and bamboo rafts. It is the main index of the scale, level and development of inland waterway network.

Freight (Passenger) Traffic refers to the weight of freight (number of passenger) transported with various means within a specific period of time. This indicator reflects the service of the transport industry towards the national economy and people' s living conditions, as well as an important indicator used in formulating and monitoring transport production plans and research into the scale and pace of transport development. Freight transport is calculated in tons and passenger traffic is calculated in terms of number of persons. Freight transport is calculated in terms of the actual weight of the goods and takes no account of the type of freight and distance of travel. Passenger traffic is calculated by the principle that one person can be counted only once in one trip and takes no account of the travelling distance and ticket price. The passengers who travel with a half price ticket or a child' s ticket is also calculated as one person.

Freight Ton – kilometres (Passenger – kilometres) refers to the sum of the product of the volume of transported cargo (passengers) multiplied by the transport distance. It is an important indicator to reflect the achievement of the transportation industry. This is an important indicator to show the total results of the transport industry; to prepare and examine the transport plan; and to serve as the main basic data for calculating the efficiency, labour productivity and unit cost of transport. Normally, the shortest distance between the departure station and the destination station (i. e. , the payable distance) is the basis in calculating the freight ton – kilometres. The formula is as follows:

Freight Ton – kilometers (Passenger – kilometers) = {Freight (Passenger) Traffic × Distance of Transportation}

Registered Ship refers to the number of commercial transport vessels (including vessels with foreign national flags owned by Chinese enterprises or individuals) in Inner Mongolia autonomous region that are engaged in maritime passenger and cargo transport activities registered in water transport administration department at the end of the reporting period. Excluding non – transport vessels and agricultural and fishery production vessels.

Sorties refers to special and chartered flights counted by mission and sorties. A mission and a charter flight performed by one aircraft are counted by one. Completed by two aircraft or twice by one aircraft counted as two sorties.

Local telephone subscribers refer to all subscribers who have gone through registration , procedures in the operation points of enterprises engaged in telecommunications , and in thc reporting period have access to the actual telecommunications business fixed telephone network (including central office telephone switches, access equipment, Softswitch subscriber access equipment, PHS device) on all phone users. Included are general subscribers, wireless local telephone subscribers, public telephones subscribers, N – ISDN subscribers , centralized user switch (CENTREX) users, analog trunk users.

Mobile Telephone Subscribers refer to persons who have gone through registration procedures in the operation points of enterprises engaged in telecommunications and are hence connected with the mobile telephone communication network through the mobile telephone switchboards and occupy mobile phone numbers. The number of subscribers is calculated only when the subscribers who have gone through all the register formalities and entered into the mobile telephone network. One mobile telephone is treated as a subscriber.

Household Telephone Subscribers refer to all kinds of subscribers with telephone sets paid privately or installed in the dwelling units of residents, and registered as private subscribers or residence subscribers for payment. Installation is not included in the residential, pertaining to the operation of phone users. Residential telephone subscribers by administrative divided into urban residential telephone users and rural residential telephone users.

Internet Broadband User refers to at the end of the reporting period, the users who are registered in the telecommunications enterprise and access to the public Internet through xDSL, FTTx + LAN, FTTH/O and other broadband access methods and ordinary private lines.

Mobile Internet User refers to the users accessing the public Internet or WAP websites through mobile communication networks during the reporting period.

Mobile Internet Access Traffic refers to the chargeable traffic generated by mobile phone users (including wireless network card users) accessing public Internet or WAP website through mobile communication network, including uplink traffic and downlink traffic.

Long – distance fiber optic line length refers to the actual length of the optical signal transmission to achieve long – distance optical cable lines. Overhead cable length according to the actual path length of the lever statistics; buried in the ground, pipes, underwater, undersea cable channel length according to the statistics.

Capacity of Office Telephone Exchanges refers to the capacity (measured in gate) of telephone exchanges installed in the offices of telecommunication service providers for communication between fixed telephones. It is not includes the capacity of access network equipment .

Letter refers to postal companies passed in writing information to the user's mail, including letters, printed and mailed advertising.

Package refers to send prospective range, as stipulated in the General limit of delivery service items.

Delivery Volume refers to the total number of all kinds of delivery business received and posted by enterprises, which shall be counted by the enterprises entrusted by users. Including domestic city express delivery business volume, domestic remote express delivery business volume, Hong Kong, Macao and Taiwan express delivery business volume, international express business volume.

15 城市概况

Overview of Cities

资料整理：田英辉　曹　洋　初卓耕

Arranged By：Tian Yinghui，Cao Yang，Chu Zhuogeng

15-1 城市社会经济指标

Main Social and Economic Indicators of Cities

指　标	Item	2019	2020
行政区域土地面积(万平方公里)	**Total Area (10 000 sq.km)**	**66.45**	**66.45**
年末常住人口(万人)	**Permanet Resident Population Year-end(10 000 persons)**	**2135.97**	**2124.34**
#城镇人口	Urban	1428.84	1443.08
年末户籍人口(万人)	**The Registered Population Year-end(10 000 persons)**	**2155.20**	**2146.76**
#城镇人口	Urban	966.97	961.73
年末城镇单位就业人员数(万人)	**Employed Persons in Urban Units at Year-end(10 000 persons)**	**239.93**	**230.53**
第一产业	Primary Industry	7.39	6.52
第二产业	Secondary Industry	66.51	62.15
第三产业	Tertiary Industry	166.03	161.86
社会消费品零售总额(亿元)	**Total Retail Sales of Consumer Goods (100 million yuan)**	**4407.32**	**4371.88**
进出口总额(亿元)	**Total Value of Imports and Exports (RMB 100 million yuan)**	**785.01**	**844.84**
运输邮电通信	**Transportation, Postal and Telecom**		
公路客运量(全社会)(万人)	Highway Passenger Traffic (10 000 persons)	6015.60	3343.10
公路货运量(全社会)(万吨)	Highway Freight Traffic (10 000 tons)	140957.90	138742.70
年末邮政局(所)数	Number of Post Office Year-end	348	350
互联网宽带接入用户数（万户）	Broadband Subscribers of Internet (10 000 subscribers)	852.40	775.04
学校数(所)	**Number of School (unit)**	**1167**	**1025**
普通高等学校数	Number of Regular Institutions of Higher Education	27	51
成人高等学校数	Adult HEI	3	10
中等职业教育学校数	Secondary Vocational Education	121	99
普通中学学校数	Regular Secondary School	392	360
普通小学学校数	Regular Primary School	624	505
医疗卫生机构数(个)	**Number of Hospitals (unit)**	**6934**	**7263**
医疗卫生机构床位数(万张)	**Number of Beds in Hospitals (10 000 units)**	**7.77**	**7.55**
卫生技术人员数(万人)	**Number of Medical Technical Personnel in Hospitals(10 000 persons)**	**10.21**	**9.79**
在岗职工工资总额(亿元)	**Total Wages of Staff and Workers (100 million yuan)**	**1847.34**	**1893.10**
住户存款余额(亿元)	**The Balance of Savings Deposits of Households(100 million yuan)**	**8854.31**	**8804.69**
地方一般公共预算收入(亿元)	**General Public Budget Revenue(100 million yuan)**	**661.97**	**481.36**

注：1. 本表指标包含9个地市级数据，不含县级市。

2. 本表土地面积、人口数、年末城镇单位就业人员数、公路客、货运量、在岗职工工资总额为全市口径，其他的指标为市辖区统计数。

a)Indicators in this table include data od 9 prefecture-level cities,excluding county-level cities.

b)The number of area, population,employed persons in urban units, highway passenger traffic,freight traffic,total wages of staff and workers are the total's city data.

15-2 城市公用事业基本情况
Basic Statistics on Urban Public Utilities

项 目	Item	2019	2020
城市建设	**Cities Areas and Floor Space of Buildings**		
城区面积(平方公里)	Urban Area (sq.km)	2456.21	2351.71
建成区面积(平方公里)	Area of Built Districts(sq.km)	1006.69	998.00
城市现状建设用地面积(平方公里)	Area of Land Used for Urban Construction(sq.km)	911.92	898.28
城市人口密度(人/平方公里)	Population Density of Urban Districts(person/sq.km)	1333.00	1368.00
供水、供气及供热	**Water Supply, Gas Supply and Heating**		
公共供水总量(万立方米)	Total Volume of Tap Water Supply(10 000 cu.m)	63260.26	73096.11
#居民家庭用水量	Household Water Consumption	19718.52	21514.10
平均每人日生活用水(升)	Per Capita Water Consumption for Residential use(liter)	100.76	78.48
供水普及率(%)	Coverage Rate of Tap Water Supply(%)	98.80	99.05
煤气供气量(万立方米)	Coal Gas Supply(10 000 cu.m)	3067.86	3170.87
#家庭用量	Consumption of Coal Gas for Residential Use	1886.76	2445.78
天然气供气量(万立方米)	Natural Gas Supply(10 000 cu.m)	216650.38	202777.62
#家庭用量	Consumption of Natural Gas for Residedtial Use	90140.69	81835.18
液化石油气供气量(吨)	Liquefied Petroleum Gas(ton)	42194.80	40130.20
#家庭用量(吨)	Consumption of Liquefied Gas for Residential use(ton)	30592.56	29520.00
燃气普及率(%)	Percentage of Population with Access to Gas(%)	93.27	94.72
集中供热面积(万平方米)	Heated Area(10 000 sq.m)	49955.00	52293.00
市政工程	**Municipal Engineering**		
铺装道路长度(公里)	Length of Paved Roads(km)	7857.78	8043.52
平均每万人拥有道路长度(公里)	Length of Paved Roads per 10000 Population(km)	11.79	12.37
铺装道路面积(万平方米)	Area of Paved Roads(10 000 sq.m)	17289.32	17562.65
人均城市道路面积(平方米)	Area of Paved Roads per Population(sq.m)	25.71	26.01
排水管道长度(公里)	Length of Sewer Pipelines(km)	11236.00	11156.52
公共交通	**Public Traffic**		
年末实有公共汽(电)车营运车辆数(辆)	Number of Public Vehicles under Operation at Year-end(units)	7777	7720
平均每万人拥有(辆)	Number of Public Transportation Vehicles Per 10 000 Population(unit)	11.79	12.01
年末实有出租汽车运营车数(辆)	Number of Taxi under Operation at Year-end (units)	30358	35143
城市绿化	**Afforestation in Cities**		
绿地面积(公顷)	Area of Green Land (hectare)	59879.00	56264.00
人均公园绿地面积(平方米)	Per Capita Area of Parks and Green Land(sq.m)	20.48	19.85
公园个数(个)	Number of Parks(unit)	258	259
公园面积(公顷)	Area of Parks(hectare)	13378.00	11961.00
建成区绿化覆盖率(%)	Green Covered Area as % of Completed Area(%)	38.68	38.85
环境卫生	**Environmental Sanitation**		
污水处理厂集中处理率(%)	Centralized Treatment Rate of Waste-water Treatment Plants(%)	97.04	97.33
生活垃圾无害化处理率(%)	Domestic Garbage Harmless Treatment Rate(%)	99.05	99.00
生活垃圾清运量(万吨)	Volume of Garbage Disposal(10 000 tons)	316.62	304.58
每万人拥有公厕(座)	Public Lavatories per 10 000 Population(unit)	8.76	8.13

15-3 分地区城市行政区划和人口规模(2020年)

Division of Administrative Areas and Population Size of Citys by Region(2020)

地 区	Region	行政区域土地面积（万平方公里）Area of Adminis-tration (10 000 Sq.km)	所辖行政区划数(个) Number of Divisions of Adminis-trative Areas (unit)	所辖行政县（旗）数（个） Number of Counties (Qi) (unit)	所辖行政县级市数（个） Number of Cities at County Level (unit)	常住人口（万人） Resident Population (10 000 persons)	常住人口城镇化率（%） Urbani-zation Rate of Resident Population (%)	年末户籍人口（万人） The Registered Population Year-end (10 000 persons)	户籍人口城镇化率（%） Urbaniz-ation Rate of Household Registration Population (%)
呼和浩特市	Hohhot City	1.72	4	5		345.42	79.15	252.00	63.88
包 头 市	Baotou City	2.78	6	3		271.03	86.16	224.08	67.27
呼伦贝尔市	Hulunbeier City	26.16	2	7	5	223.63	73.87	252.32	64.40
通 辽 市	Tongliao City	5.96	1	6	1	286.75	50.03	315.22	30.39
赤 峰 市	Chifeng City	9.00	3	9		403.13	53.11	455.89	31.06
乌兰察布市	Wulanchabu City	5.45	1	9	1	169.52	59.70	266.51	31.73
鄂尔多斯市	Erdos City	8.69	2	7		215.56	77.45	164.43	35.73
巴彦淖尔市	Bayannaoer City	6.51	1	7		153.62	59.98	172.86	38.50
乌 海 市	Wuhai City	0.18	3			55.68	95.37	43.77	92.44

注：此表为全市口径数据。

a)This data in this table is the total's city data.

15-4 分地区城市主要经济指标(2020年)

Main Economic Indicators of urban areas by region(2020)

地 区	Region	地方一般公共预算收入（万元） General Public Budget Revenue (10 000 yuan)	地方一般公共预算支出（万元） General Public Budget Expenditure (10 000 yuan)	公路客运量（全社会）（万人） Highways Passenger Traffic (The whole society) (10 000 persons)	公路货运量（全社会）（万吨） Highways Freight Traffic (The whole society) (10 000 tons)	住户存款余额（亿元） Deposit of Households (100 million yuan)
呼和浩特市	Hohhot City	1226041	1152060	147.70	11121.20	2623.75
包 头 市	Baotou City	1282421	3136768	185.50	10262.00	1856.06
呼伦贝尔市	Hulunbeier City	87927	316287	334.10	6507.70	322.41
通 辽 市	Tongliao City	93638	476275	579.10	7497.60	508.08
赤 峰 市	Chifeng City	654864	1238521	1018.80	16861.70	987.78
乌兰察布市	Wulanchabu City	131343	432680	75.10	9343.10	363.86
鄂尔多斯市	Erdos City	615857	970619	716.00	62104.00	1217.78
巴彦淖尔市	Bayannaoer City	181320	510247	230.40	9690.80	367.01
乌 海 市	Wuhai City	540204	1132168	56.40	5354.60	557.96

15-5 分地区城市建设情况(2020年)

Statistics on City Construction by Region(2020)

地 区	Region	城市规划用地建设面积（平方公里） Area of Land Used for Urban Planning (sq.km)	建成区面积 (平方公里) Developed Areas (sq.km)	市区人口密度 (人/平方公里) Population Density of Urban Districts (person/sq.km)	城市现状建设用地面积（平方公里） Area of Land Used for Urban Construction (sq.km)
呼和浩特市	Hohhot City	272.17	272.16	7863	242.75
包 头 市	Baotou City	213.67	211.62	2179	195.79
呼伦贝尔市	Hulunbeier City	35.00	31.50	2370	31.50
通 辽 市	Tongliao City	67.30	62.50	6102	62.50
赤 峰 市	Chifeng City	207.36	114.18	1737	103.29
乌兰察布市	Wulanchabu City	102.00	74.87	4545	54.30
鄂尔多斯市	Erdos City	203.45	117.87	2731	103.87
巴彦淖尔市	Bayannaoer City	80.51	51.00	5027	50.59
乌 海 市	Wuhai City	144.18	62.30	8359	53.69

注：2020年呼伦贝尔市辖区范围有所调整，与历史年份数据不可比。

a)The urban districts of Hulunbeier City has been adjusted,which is not comparable with the data of historical years.

15-6 分地区城市供水情况(2020年)

Basic Statistics on Tap Water Supply in Cities by Region(2020)

地 区	Region	公共供水综合生产能力 (万立方米/日) Production Capacity of Tap Water Supply (year-end) (10 000 cu.m/day)	用水总量 (万立方米) Total water use (10000 cu.m)	#居民家庭用水 For Residential Use	#生产运营用水 For Productive	用水人口 (万人) Number of Residents with Access to Tap Water (10 000 Persons)	人均日生活用水量 (升) Per Capita Daily Consumption of Tap Water for Residential Use (liter)
呼和浩特市	Hohhot City	79.23	18124.00	5072.00	5837.00	213.59	89.24
包 头 市	Baotou City	104.00	19781.00	4189.00	8564.00	192.84	82.59
呼伦贝尔市	Hulunbeier City	15.00	3326.80	1248.00	599.00	31.91	153.60
通 辽 市	Tongliao City	28.00	6194.61	1819.44	1966.27	45.90	162.52
赤 峰 市	Chifeng City	41.76	10934.98	3484.62	4987.88	96.59	116.51
乌兰察布市	Wulanchabu City	7.46	2710.53	1291.63	598.29	33.35	123.68
鄂尔多斯市	Erdos City	18.50	4135.41	1987.97	931.64	54.85	119.56
巴彦淖尔市	Bayannaoer City	17.10	2053.19	965.78	378.27	39.67	68.40
乌 海 市	Wuhai City	27.25	5835.59	1455.66	2115.21	56.15	98.48

15-7 分地区城市燃气情况(2020年)

Basic Statistics on Supply of Gas in Cities by Region(2020)

地 区	Region	管道长度(公里) Length of Gas Pipelines(km)		全年供气总量 Total Gas Supply			用气人口(万人) Population with Access to Gas(10 000 persons)		
		人工煤气 Coal Gas	天然气 Natural Gas	人工煤气(万立方米) Coal Gas (10 000 cu.m)	液化石油气(吨) Liquefied Petroleum Gas(ton)	天然气(万立方米) Natural Gas (10 000 cu.m)	人工煤气 Coal Gas	液化石油气 Liquefied Petroleum Gas	天然气 Natural Gas
呼和浩特市	Hohhot City		3852.29			60034.82			207.58
包 头 市	Baotou City	291.00	2591.70	3170.87	8454	106587.62	14.43	3.65	174.76
呼伦贝尔市	Hulunbeier City		68.59		4410	1721.00		22.66	9.42
通 辽 市	Tongliao City		972.24		348	2718.28		2.53	42.70
赤 峰 市	Chifeng City		453.00		16432	3855.60		67.31	28.61
乌兰察布市	Wulanchabu City		327.00		3276	3290.80		7.50	21.80
鄂尔多斯市	Erdos City		1135.82		3760	10268.42		0.90	53.69
巴彦淖尔市	Bayannaoer City		108.33		2800	4328.65		1.80	37.37
乌 海 市	Wuhai City		794.29		650	9972.43		0.60	53.92

15-8 分地区城市集中供热(2020年)

Basic Statistics on Heating in Cities by Region(2020)

地 区	Region	供热能力 Heating Capacity		供热总量 Volume Supplied		管道长度(公里) Length of Pipelines (km)	集中供热面积(万平方米) Heated Area (10 000 sq.m)
		蒸汽(吨/小时) Steam (ton/hour)	热水(兆瓦) Hot Water (mw)	蒸汽(万吉焦) Steam (10 000 gigajouies)	热水(万吉焦) Hot Water (10 000 gigajoules)		
呼和浩特市	Hohhot City		12413		11096	6910	16504
包 头 市	Baotou City		8014		4233	3487	10064
呼伦贝尔市	Hulunbeier City		2118		1853	473	2694
通 辽 市	Tongliao City		1543		1112	1040	3595
赤 峰 市	Chifeng City	180	3626	153	3445	2547	5666
乌兰察布市	Wulanchabu City		2034		1365	1032	3005
鄂尔多斯市	Erdos City	700	4880	410	1471	964	5109
巴彦淖尔市	Bayannaoer City		1466		1380	2818	2889
乌 海 市	Wuhai City		1888		1539	1014	2768

15-9 分地区城市市政工程(2020年)

Basic Statistics on Municipal Engineering in Cities by Region(2020)

地 区	Region	年末实有铺装道路长度(公里) Length of Paved Roads (year-end) (km)	年末实有铺装道路面积(万平方米) Area of Paved Roads (year-end) (10 000 sq.m)	城市桥梁(座) Number of Bridges (unit)	城市排水管道长度(公里) Length of Sewer Pipelines (km)	污水处理厂日处理能力(万立方米) Daily Disposal Capacity of Sewage (10 000 cu.m)	道路照明灯盏数(盏) Number of Road Lighting Lamps (lamp)
呼和浩特市	Hohhot City	1185.77	3060.04	171	2125.78	52.00	78013
包头市	Baotou City	1677.45	3191.94	66	2477.68	43.85	119327
呼伦贝尔市	Hulunbeier City	273.36	737.43	9	350.82	10.00	33580
通辽市	Tongliao City	546.87	1241.22	17	780.80	20.00	29608
赤峰市	Chifeng City	949.86	2613.01	48	911.84	28.50	44267
乌兰察布市	Wulanchabu City	444.00	1110.70	14	753.80	7.50	72493
鄂尔多斯市	Erdos City	1251.17	2958.09	43	2197.98	18.75	63160
巴彦淖尔市	Bayannaoer City	711.98	1126.06	10	1266.32	10.00	32371
乌海市	Wuhai City	1003.06	1524.16	10	291.50	12.80	24293

15-10 分地区城市公共汽车、出租汽车(2020年)

Basic Statistics on Buses and Taxis in Cities by Region(2020)

地 区	Region	年末实有公共汽（电）车运营车辆数(辆) Number of Public Vehicles under Operation at Year-end(units)	公共汽（电）车客运总量(万人次) Total Passenger Volume of Buses (10 000 person-time)	年末实有出租汽车运营车辆数(辆) Number of Taxi under Operation at Year-end (units)
呼和浩特市	Hohhot City	3390	17286.1	6027
包头市	Baotou City	1247	10650.9	5827
呼伦贝尔市	Hulunbeier City	214	1589.0	2131
通辽市	Tongliao City	482	3677.0	2859
赤峰市	Chifeng City	733	5069.6	3873
乌兰察布市	Wulanchabu City	456	4635.0	2177
鄂尔多斯市	Erdos City	566	3348.5	2192
巴彦淖尔市	Bayannaoer City	274	740.1	1238
乌海市	Wuhai City	358	1467.4	1126

注：受疫情影响部分地区公共交通车辆停运。

a)Public transport has been suspended in some areas affected by the epidemic.

15-11 分地区城市园林绿化(2020年)

Basic Statistics on Parks,Gardens and Green Areas in Cities by Region(2020)

地 区	Region	绿地面积(公顷) Area of Green Land (hectare)	#公园绿地面积 Park Green Area	公 园(个) Number of Parks (unit)	公园面积(公顷) Area of Parks (hectare)	建成区绿化覆盖率（%） Green Covered Area as % of Completed Area(%)
呼和浩特市	Hohhot City	15682	4128	56	3380	38.41
包 头 市	Baotou City	9707	2958	42	2483	44.60
呼伦贝尔市	Hulunbeier City	1105	491	4	423	37.20
通 辽 市	Tongliao City	2494	964	7	863	42.24
赤 峰 市	Chifeng City	4292	1817	29	827	40.12
乌兰察布市	Wulanchabu City	7216	983	28	983	39.02
鄂尔多斯市	Erdos City	11536	1967	57	1858	43.09
巴彦淖尔市	Bayannaoer City	1666	464	17	406	36.52
乌 海 市	Wuhai City	2567	1095	19	738	43.00

15-12 分地区城市公共卫生(2020年)

Basic Statistics on Urban Sanitation in Cities by Region(2020)

地 区	Region	道路清扫保洁面积(万平方米) Area Under Cleaning Program (10 000 sq.m)	生活垃圾清运量(万吨) Volume of Garbage Disposal (10 000 tons)	生活垃圾无害化处理量(万吨) Volume of Garbage Treated (10 000 tons)	市容环卫专用车辆设备总数(辆) Number of Special Vehicles for Environment (unit)	公共厕所(座) Number of Public Lavatories (unit)
呼和浩特市	Hohhot City	5190	74.50	74.50	1502	2504
包 头 市	Baotou City	4169	76.47	76.47	842	1488
呼伦贝尔市	Hulunbeier City	765	11.48	11.48	77	98
通 辽 市	Tongliao City	1200	31.60	31.60	1170	328
赤 峰 市	Chifeng City	2536	42.82	42.82	692	464
乌兰察布市	Wulanchabu City	1647	12.13	12.13	265	257
鄂尔多斯市	Erdos City	2664	15.12	15.12	272	440
巴彦淖尔市	Bayannaoer City	1126	13.05	13.05	646	338
乌 海 市	Wuhai City	1847	27.41	27.41	387	253

15-13 分地区城市设施水平(2020年)

Level of Public Facilities in Cities by Region(2020)

地 区	Region	供水普及率 (%) Percentage of Population with Access to Tap Water (%)	城市燃气普及率 (%) Percentage of Population with Access to Gas (%)	每万人拥有公共汽车辆 (标台) Number of Public Buses per 10 000 Persons (st.set)	人均城市道路面积 (平方米) Per Capita Area of Paved Roads (sq.m)	人均公园绿地面积 (平方米) Per Capita Area of Parks and Green Land (sq.m)	每万人拥有公共厕所 (座) Number of Public Lavatories per 10 000 Population (unit)
呼和浩特市	Hohhot City	99.81	97.00	15.84	14.30	19.29	11.70
包头市	Baotou City	100.00	100.00	6.82	16.55	15.34	8.14
呼伦贝尔市	Hulunbeier City	99.38	99.91	6.66	22.97	15.30	3.05
通辽市	Tongliao City	99.46	98.01	10.44	26.90	20.89	7.11
赤峰市	Chifeng City	99.29	98.60	7.53	26.86	18.68	4.77
乌兰察布市	Wulanchabu City	98.00	86.10	13.40	32.64	28.89	7.55
鄂尔多斯市	Erdos City	100.00	99.53	10.32	53.93	35.86	8.02
巴彦淖尔市	Bayannaoer City	98.02	96.79	6.77	27.82	11.46	8.35
乌海市	Wuhai City	100.00	97.10	6.38	27.14	19.51	4.51

15-14 分地区城市环境情况(2020年)

Basic Statistics on environment in Cities by Region(2020)

地 区	Region	污水处理率 (%) Waste water Treatment Rate(%)	污水处理厂集中处理率 (%) Centralized Treatment Rate of Waste-water Treatment Plants(%)	生活垃圾无害化处理率 (%) Treatment Rate of Consumption Wastes(%)
呼和浩特市	Hohhot City	98.94	98.94	100
包头市	Baotou City	96.60	96.60	100
呼伦贝尔市	Hulunbeier City	100.00	100.00	100
通辽市	Tongliao City	98.50	98.50	100
赤峰市	Chifeng City	96.71	96.71	100
乌兰察布市	Wulanchabu City	96.07	96.07	100
鄂尔多斯市	Erdos City	99.26	99.26	100
巴彦淖尔市	Bayannaoer City	99.04	99.04	100
乌海市	Wuhai City	98.40	98.40	100

15-15 分地区城市就业和居民收支情况(2020年)

Basic Statistics on Employment and Household Income And Expenditure in Cities by Region(2020)

地 区	Region	城镇登记失业率（%）Registered Unemployment Rate in Urban Areas (%)	在岗职工平均工资（元）Average Wage of Staff and Workers (yuan)	在岗职工平均人数（万人）Average Number of Staff and Workers (10 000 persons)	在岗职工工资总额（亿元）Total Wage Bill of Staff and Workers (100 million yuan)	城镇居民人均可支配收入（元）Per Capita Disposable Income of Urban Households (yuan)	城镇居民人均消费支出（元）Per Capita Consumption Expenditure of Urban Households (yuan)
呼和浩特市	Hohhot City	3.74	91947	37.98	349.21	49789	28579
包 头 市	Baotou City	3.88	86333	32.04	276.64	50981	28957
呼伦贝尔市	Hulunbeier City	3.87	78803	29.39	231.61	36168	20140
通 辽 市	Tongliao City	3.95	81559	20.37	166.14	34782	18798
赤 峰 市	Chifeng City	4.08	79912	28.43	227.21	34770	19048
乌兰察布市	Wulanchabu City	4.02	81305	14.78	120.17	33534	16943
鄂尔多斯市	Erdos City	3.02	102903	33.94	349.24	50306	29002
巴彦淖尔市	Bayannaoer City	4.33	83608	12.61	105.44	33657	19549
乌 海 市	Wuhai City	3.89	88270	7.64	67.44	45497	28569

注：此表为全市口径数据。
a)This data in this table is the total's city data.

15-16 分地区城市社会保障(2020年)

Statistics of Social Security in Cities by Region(2020)

单位：人 (person)

地 区	Region	城镇职工基本养老保险参保人数 Urban Employees Basic Pension Insurance	城乡居民基本养老保险参保人数 Basic Pension Insurance for Urban and Rural Residents	城镇职工基本医疗保险参保人数 Urban Employees Basic Medical Care Insurance	城乡居民基本医疗保险参保人数 Residents Basic Medical Care Insurance
呼和浩特市	Hohhot City	769855	96900	677598	762212
包 头 市	Baotou City	983100	92022	856893	962381
呼伦贝尔市	Hulunbeier City	130701	22578	128869	125116
通 辽 市	Tongliao City	143221	198131	58692	514259
赤 峰 市	Chifeng City	141890	275088	200328	848979
乌兰察布市	Wulanchabu City	34405	42811	42313	188517
鄂尔多斯市	Erdos City	106646	41706	96740	224313
巴彦淖尔市	Bayannaoer City	98553	151123	48975	389447
乌 海 市	Wuhai City	192656	7272	206000	183524

主要统计指标解释

年末自来水生产能力 指年底城建部门管理的自来水厂和自备水源的社会单位取水、净化、送水、出厂输水干管等环节的实际生产能力。

年末供水管道长度 指从送水泵到用户水表之间所有管道的长度。全年供水总量指公用自来水厂和自备水源的社会单位全年的供水总量,包括有效供水量及损失水量。

年末供水总量 指报告期供水企业(单位)供出的全部水量,包括有效供水量及损失水量。

生活用水量 指居民日常生活与公共福利设施的用水量,包括居民、饮食店、旅馆、医院、理发店、浴池、洗衣店、游泳池、商店、学校、机关、部队等单位的用水量。

城市人口用水普及率 指城市用水的非农业人口数(不包括临时人口和流动人口)与城市非农业人口总数之比。计算公式为:

用水普及率 = 城市用水的非农业人口数/城市非农业人口数 × 100%

人工煤气生产能力 指城市煤气厂制气、净化、输送等环节的综合实际生产能力。

输气管道长度 指由压缩机、鼓风机、储气罐的出口到用户煤气表之间的全部管道长度。

全年供气总量 指全年售给各类用户的全部煤气量,包括工业用量、家庭用量和其他用量。

城市用气普及率 指使用煤气(包括人工煤气、液化石油气、天然气)的城市非农业人口数(不包括临时人口和流动人口)与城市非农业人口总数之比。计算公式为:

城市煤气普及率 = 城市用气的非农业人口数/城市非农业人口总数 × 100%

城市供热能力 指热电厂、热力公司和达到标准的集中采暖锅炉房和城市输送的供热源的设计能力,即每小时向城市输送蒸汽、热水的能力。

城市供热总量 指热电厂、热力公司和达到标准的集中采暖锅炉房向城市输送的全部蒸汽、热水量。

城市供热管道长度 指热电厂、热力公司和达到标准的集中采暖锅炉房管理的集中供热热源到用户之间的全部供气、供热水的管道长度。

年底实有铺装道路长度 指除土路外,路面经过铺装宽度在3.5米以上的道路,包括高级、次高级道路和普通道路。

城市排水管道总长度 指所有排水总管、干管、支管及暗渠、检查井、连接井进出水口等长度之和。

城市污水日处理能力 指污水处理厂每昼夜处理污水量的设计能力。

年末实有公共汽车 指年底可参加营运的全部车辆数,包括营运车辆数和库存查封未参加营运的车辆。不包括非营运车辆,如架线车、油罐车、工程车、货车及其他专用车辆和借入的客运车辆。

城市园林绿地面积 指城市公共绿地、专用绿地、生产绿地、防护绿地、郊区风景名胜区的全部面积。

Explanatory Notes on Main Statistical Indicators

Production Capacity of Tap Water at the Year – end refers to the actual comprehensive production capacity of the waterworks administered by the urban construction department and those owned by enterprises or institutions, taking the capacity of the main links, such as water inflow, purification, conveyance and outflow of the trunk pipelines into account.

Length of Water Supply Pipelines at the Year – end refers to the total length of all the pipelines between the water pumps and the users water meters.

Annual Volume of Water Supply refers to the total volume of water supplied by the public water works and those owned by individual enterprises and institutions during the whole year, including both the effective water supply and loss during the water supply.

Consumption of Water for Residential Use refers to the water consumption of households for daily life and the water consumption of public welfare facilities, including the consumption of resident, restaurants, hotels, hospitals, barber shops, public bathhouses, laundries, swimming pools, shops, schools, office, army units and other units.

Percentage of Urban Population with Access to Tap Water refers to the ratio of the urban non – agricultural population (excluding temporary and mobile population) with access to tap water to the total urban non – agricultural population. The formula is:

Percentage of Population with Access to Tap Water = Urban Non – agricultural Population with Access to Tap Water ÷ Urban Non – agricultural Population × 100%

Production Capacity of Gasworks Gas refers to the actual comprehensive production capacity of the urban gasworks in gas generation, purification and delivery.

Length of Gas Pipelines refer to the total length of pipelines between the outlet of the compressor, blower or gas tank and the gas meters of users.

Total Annual Volume of Gas Supply refers to the total volume of gas sold to users in a year, including the volume for industrial use, residential use and other uses.

Percentage of Urban Population with Access to the Gas refers to ratio of the urban non – agricultural population with access to gas (including gasworks gas, liquefied petroleum gas and natural gas) to the urban non agricultural population (excluding temporary and mobile population). The formula is:

Percentage of Population with Access to Gas = Urban Non – agricultural Population with Access to Gas ÷ Urban Non – agricultural Population × 100%

Heating Capacity in Urban Area refers to the capacity of hourly supply of steam and hot water to cities by thermal power plants, heating corporations and centralized heating boiler rooms which meet certain standard.

Heating Volume in Urban Area refers to the total volume of steam and hot water supplied to cities every year by thermal power plants, heating corporations, centralized heating boiler rooms which meet certain standard.

Length of Urban Heating Pipelines refers to the total length of pipelines for centralized supply of steam and hot water from the thermal power plants, heating corporations and centralized heating boiler rooms which meet certain standard to the users.

Length of Paved Roads at the Year – end refers to the length of roads with a paved surface, and with a width of more than 3.5 meters, including advanced, sub – advanced and ordinary roads.

Total Length of Urban Drainage Pipes refer to the sum of the length of all drainage main pipes, main pipes, branch pipes, culverts, inspection wells, connecting wells, inlets and outlets, etc.

Daily Disposal Capacity of Urban Sewage refers to the designed 24 – hour capacity of sewage disposal at the sewage treatment works.

Number of Public Vehicles at the Year – end refers to the total number of operational buses available at the year – end, including the year – end operational vehicles and vehicles in stock. Non – operational vehicles such as stringing car, tank cars, machine shop cars, trucks and other special vehicles and the borrowed passenger vehicles are excluded.

Area of Urban Gardens and Green Areas refer to the total area of urban public green land, special green land, production green land, protection green land and suburban scenic spots.

16 教育、科技和文化

Education, Science and Technology, Culture

资料整理：毅　茹　张丰林

Arranged By：Yi Ru，Zhang Fenglin

16-1 教育事业基本情况
Basic Statistics on Education

项　目	Item	2019	2020
学校数(所)	**Number of Schools(unit)**	**7381**	**7434**
普通高等学校	Regular Institutions of Higher Education	53	54
普通中等学校	Secondary Schools	1241	1247
#高中阶段职业教育	Senior Secondary Vocational Education	237	231
中等专业学校	Secondary Specialized School	74	72
成人中专学校	Adult Secondary School	55	53
职业高中	Vocational Senior Secondary School	108	106
普通中学	Regular Secondary Schools	1004	1016
高　中	Senior Secondary Schools	303	305
初　中	Junior Secondary Schools	701	711
小　学	Primary Schools	1662	1652
幼儿园	Kindergartens	4374	4428
特殊教育学校	Special Education Schools	51	53
专任教师(人)	**Number of Full time Teachers(person)**	**282336**	**294962**
普通高等学校	Regular Institutions of Higher Education	27382	28025
普通中等学校	Secondary Schools	103871	111903
#高中阶段职业教育	Senior Secondary Vocational Education	7347	13535
中等专业学校	Secondary Specialized School	4068	3822
成人中专学校	Adult Secondary School	1417	1231
职业高中	Vocational Senior Secondary School	8147	8482
普通中学	Regular Secondary Schools	96524	98368
高　中	Senior Secondary Schools	36966	37519
初　中	Junior Secondary Schools	59558	60849
小　学	Primary Schools	102876	105222
幼儿园	Kindergartens	46545	48066
特殊教育学校	Special Education Schools	1662	1746
招生数(人)	**New Student Enrollment(person)**	**981215**	**1026617**
普通高等学校	Regular Institutions of Higher Education	147720	151812
普通中等学校	Secondary Schools	410586	430910
#高中阶段职业教育	Senior Secondary Vocational Education	57572	67926
中等专业学校	Secondary Specialized School	25584	27318
成人中专学校	Adult Secondary School	877	1645
职业高中	Vocational Senior Secondary School	31111	38963
普通中学	Regular Secondary Schools	353014	362984
高　中	Senior Secondary Schools	130362	143101
初　中	Junior Secondary Schools	222652	219883
小　学	Primary Schools	245706	239951
幼儿园	Kindergartens	176338	201774
特殊教育学校	Special Education Schools	865	2170
在校学生(人)	**Student Enrollment(person)**	**3685817**	**3735952**
普通高等学校	Regular Institutions of Higher Education	472033	486647
普通中等学校	Secondary Schools	1238044	1242947
#高中阶段职业教育	Senior Secondary Vocational Education	168536	175446
中等专业学校	Secondary Specialized School	79888	74395
成人中专学校	Adult Secondary School	4982	5622
职业高中	Vocational Senior Secondary School	83666	95429
普通中学	Regular Secondary Schools	1069508	1067501
高　中	Senior Secondary Schools	406205	405893
初　中	Junior Secondary Schools	663303	661608
小　学	Primary Schools	1363093	1381519
幼儿园	Kindergartens	606965	610972
特殊教育学校	Special Education Schools	5682	13867
毕业生数(人)	**Graduates(person)**	**964989**	**995602**
普通高等学校	Regular Institutions of Higher Education	124677	130772
普通中等学校	Secondary Schools	398652	421136
#高中阶段职业教育	Senior Secondary Vocational Education	59815	56234
中等专业学校	Secondary Specialized School	31699	27944
成人中专学校	Adult Secondary School	1999	2035
职业高中	Vocational Senior Secondary School	26117	26255
普通中学	Regular Secondary Schools	338837	364902
高　中	Senior Secondary Schools	144760	142672
初　中	Junior Secondary Schools	194077	222230
小　学	Primary Schools	222827	220333
幼儿园	Kindergartens	218352	221352
特殊教育学校	Special Education Schools	481	2009

注：1. 普通中学的高中学校数包括高级中学和完全中学。
　　2. 毕业生数、招生数、在校学生数不包括成人高校附设普通班学生数。

a)Number of senior secondary schools in regular secondary schools include senior secondary schools & whole secondary schools.
b)The number of graduates,new student enrollment and student enrollment studing in general class except adult university.

16-2 在校学生民族构成

Composition of Student Enrollment by Nationality

单位：人 (person)

项　目	Item	2019	2020
普通高等教育	**Regular Institutions of Higher Education**	**472033**	**486647**
蒙 古 族	Mongolian	110719	115603
其他少数民族	Other Minority Nationality	16376	17870
高等教育中研究生	Postgradate Students Enrollment	25560	29728
蒙 古 族	Mongolian	6028	6947
其他少数民族	Other Minority Nationality	800	969
中等专业学校	**Specialized Secondary Schools**	**79888**	**74395**
蒙 古 族	Mongolian	12475	13208
其他少数民族	Other Minority Nationality	2691	2493
职业中学	**Vocational Secondary Schools**	**83666**	**95429**
蒙 古 族	Mongalian	15201	21154
其他少数民族	Other Minority Nationality	2903	3522
普通中学	**Rogular Secondary Schools**	**1069508**	**1067501**
高 中	Senior	406205	405893
蒙 古 族	Mongolian	114590	114975
其他少数民族	Other Minority Nationality	13579	14512
初 中	Junior	663303	661608
蒙 古 族	Mongolian	174384	177001
其他少数民族	Other Minority Nationality	23215	25149
小学	**Primary Schools**	**1363093**	**1381519**
蒙 古 族	Mongolian	366713	375872
其他少数民族	Other Minority Nationality	53617	56814

注：1. 本表中中等专业学校不含成人中专。
　　2. 普通高等教育指普通本专科。

a)Ordinary higher education refers to Undergraduate and specialist.

b)Secondary specialized school does not contain adult technical secondary school.

16-3 普通高等学校分类情况(2020年)

Basic Statistics of Colleges and Universities by Different Types(2020)

项　目	Item	学校数(所) Number (unit)	毕业生数(人) Graduates (person)	招生数(人) New Student Enrollment (person)	在校学生(人) Student Enrollment (person)
普通高校	**Colleges and Universities**	**54**	**130772**	**151812**	**486647**
综合大学	Comprehensive Universities	23	58121	67686	225873
理工院校	Science and Engineering	16	35505	42654	121811
农业大学	Agricultural Universities	1	8081	9956	33332
医药院校	Medicinal Universities	2	4714	5618	18813
师范院校	Normal Universities	3	13262	12301	44729
语文院校	Language Colleges	1	150	231	534
财经院校	Economics and Finance	3	8908	8883	30877
政法院校	Law Universities	1	458	985	2369
体育院校	Physical Universities	1	131	356	766
艺术院校	Arts Universities	3	1442	3142	7543

注：毕业生、在校生数不含成人高校附设普通班学生数。

a)The number of student does not include the number of student who as studing in general class belonging to adult university.

16-3 续表 Continued

项　目	Item	教职工合计(人) Number of Staff and Workers (person)	#专任教师 Teachers	正、副教授 Professors and Asso.Prof.	讲师 Lecturers	助教、教员 Assistants and Instructors
普通高校	**Colleges and Universities**	**41887**	**28025**	**12572**	**10992**	**4461**
综合大学	Comprehensive Universities	20461	13433	6190	4957	2286
理工院校	Science and Engineering	9360	6884	2704	2901	1279
农业大学	Agricultural Universities	2768	1682	854	725	103
医药院校	Medicinal Universities	1896	1216	693	367	156
师范院校	Normal Universities	3446	2304	1022	985	297
语文院校	Language Colleges	164	90	20	59	11
财经院校	Economics and Finance	2138	1429	725	589	115
政法院校	Law Universities	248	179	70	38	71
体育院校	Physical Universities	156	100	24	49	27
艺术院校	Arts Universities	1250	708	270	322	116

16-4 普通高等院校基本情况(2020年)
Basic Statistics of Colleges and Universities(2020)

项 目	Item	毕业生数(人) Graduates (person)	招生数(人) New Student Enrollment (person)	在校生数(人) Student Enrollment (person)
内蒙古大学	Inner Mongolia University	4690	4401	17553
内蒙古科技大学	Inner Mongolia Sci. & Tech. University	11664	12039	47037
内蒙古工业大学	Inner Mongolia Eng. University	5949	5941	23353
内蒙古农业大学	Inner Mongolia Agriculture University	8081	9956	33332
内蒙古医科大学	Inner Mongolia Medical University	3332	3355	13375
内蒙古师范大学	Inner Mongolia Normal University	8393	7619	30100
内蒙古民族大学	Inner Mongolia Nationality University	4929	5347	21003
赤峰学院	Chifeng College	3409	3552	13241
内蒙古财经大学	Inner Mongolia Finance University	5711	5590	21371
呼伦贝尔学院	Hulunbeier College	3428	3837	13704
内蒙古建筑职业技术学院	Inner Mongolia Pro. And Tech. College	2639	3150	8935
集宁师范学院	Jining Teacher Training Academy	3671	3319	11200
内蒙古丰州职业学院	Inner Mongolia Fengzhou College	1166	839	2746
河套学院	Hetao College	3412	3331	10186
呼和浩特民族学院	Inner Mongolia Nationality Academy	2324	2838	9311
包头职业技术学院	Baotou Pro.& Tech. College	2678	3301	8959
兴安职业技术学院	Xingan Pro. & Tech. College	1892	2374	8442
呼和浩特职业学院	Hohhot Vocational College	4285	4804	13985
包头轻工职业技术学院	Baotou Light Industry Professional and Technical College	3579	4040	10925
内蒙古电子信息职业技术学院	Inner Mongolia Electronics College	3177	3189	9317
内蒙古机电职业技术学院	Inner Mongolia Machinery & Electronics Professional and Technical College	2912	3595	9702
内蒙古化工职业学院	Inner Mongolia Chemical Eng. College	2572	4992	10788
内蒙古商贸职业学院	Inner Mongolia Trade College	3081	3293	9378
锡林郭勒职业学院	Xilingguole Vocational College	3243	3471	10332
内蒙古警察职业学院	Inner Mongolia Police College	458	985	2369
内蒙古体育职业学院	Inner Mongolia Sport College	131	356	766
乌兰察布职业学院	Wulanchabu Vocational College	2039	4295	9107
通辽职业学院	Tongliao Vocational College	2384	3178	8775
科尔沁艺术职业学院	Keerqin Arts Vocational College	210	1599	2391
内蒙古交通职业技术学院	Inner Mongolia Transport Tech College	2545	2527	7107
包头钢铁职业技术学院	Baotou Iron and Steel Vocational College	1121	1544	4497
乌海职业技术学院	Wuhai Vocational College	1684	1966	6362
内蒙古科技职业学院	Inner Mongolia Technical and Vocational College	562	531	1612
内蒙古北方职业技术学院	Inner Mongolia North Tech College	965	1064	2872
赤峰职业技术学院	Chifeng Vocational College			
内蒙古经贸外语职业学院	Inner Mongolia Trade & Language College	116		128
包头铁道职业技术学院	Baotou Railway Vocational & Tech College	2607	3504	8944
内蒙古大学创业学院	Pioneer College of Inner Mongolia University	1950	2161	8530
内蒙古鸿德文理学院	Inner Mongolia Honder University of Arts and Science	2862	4481	13054
乌兰察布医学高等专科学校	Wulanchabu Medicine Academy	1382	2263	5438
鄂尔多斯职业学院	Erdos Vocational College	1232	1589	4305
内蒙古工业职业学院	Inner Mongolia Gongye Vocational College			
呼伦贝尔职业技术学院	Hulunbeier Pro.And Tech College	1511	1788	5120
满洲里俄语职业学院	Manlouli Russian College	150	231	534
内蒙古能源职业学院	Inner Mongolia Energy Vocational College	546	714	1706
赤峰工业职业技术学院	Chifeng College of Industry Technology	1224	1489	3518
阿拉善职业技术学院	Alashan Pro.And Tech College	500	620	1813
内蒙古美术职业学院	Inner Mongolia Vocational College of Fine Arts	282	426	883
内蒙古民族幼儿师范高等专科学校	Inner Mongolia National Kindergarten Teachers College	1198	1363	3429
鄂尔多斯生态环境职业学院	Erdos Ecological Environment of Career Academy	478	582	1781
内蒙古艺术学院	Inner Mongolia University of Arts	950	1117	4269
鄂尔多斯应用技术学院	Ordos College,Inner Mongolia University	679	1828	5065
扎兰屯职业学院	Zhalantun Vocational College	789	1215	3774
赤峰应用技术职业学校	Chifeng College of Applied Technology		223	223

注：学生数中不含成人高校附设普通班学生数。

a)The number of student does not include the number of student who was studing in general class belonging toadult university.

16-4 续表 Continued

项　目	Item	教职工总数（人）Number of Staff & Workers (person)	#专任教师 Teacher	#中级职称以上教师 Medium over Professional Certification
内蒙古大学	Inner Mongolia University	1972	1189	1178
内蒙古科技大学	Inner Mongolia Sci. & Tech. University	3872	2741	2458
内蒙古工业大学	Inner Mongolia Eng. University	2082	1439	1329
内蒙古农业大学	Inner Mongolia Agriculture University	2768	1682	1579
内蒙古医科大学	Inner Mongolia Medical University	1546	956	902
内蒙古师范大学	Inner Mongolia Normal University	2258	1416	1315
内蒙古民族大学	Inner Mongolia Nationality University	2030	1288	1262
赤峰学院	Chifeng College	1758	1036	957
内蒙古财经大学	Inner Mongolia Finance University	1509	979	936
呼伦贝尔学院	Hulunbeier College	1310	796	734
内蒙古建筑职业技术学院	Inner Mongolia Pro. And Tech. College	576	477	431
集宁师范学院	Jining Teacher Training Academy	876	631	526
内蒙古丰州职业学院	Inner Mongolia Fengzhou College	207	137	77
河套学院	Hetao College	1122	570	457
呼和浩特民族学院	Inner Mongolia Nationality Academy	627	443	401
包头职业技术学院	Baotou Pro.& Tech. College	771	516	434
兴安职业技术学院	Xingan Pro. & Tech. College	623	442	328
呼和浩特职业学院	Hohhot Vocational College	1074	770	690
包头轻工职业技术学院	Baotou Light Industry Professional and Technical College	902	676	612
内蒙古电子信息职业技术学院	Inner Mongolia Electronics College	567	418	272
内蒙古机电职业技术学院	Inner Mongolia Machinery & Electronics Professional and Technical College	586	435	335
内蒙古化工职业学院	Inner Mongolia Chemical Eng. College	563	430	371
内蒙古商贸职业学院	Inner Mongolia Trade College	592	443	376
锡林郭勒职业学院	Xilingguole Vocational College	1218	630	351
内蒙古警察职业学院	Inner Mongolia Police College	248	179	108
内蒙古体育职业学院	Inner Mongolia Sport College	156	100	73
乌兰察布职业学院	Wulanchabu Vocational College	543	395	252
通辽职业学院	Tongliao Vocational College	748	467	307
科尔沁艺术职业学院	Keerqin Arts Vocational College	261	182	134
内蒙古交通职业技术学院	Inner Mongolia Transport Tech College	575	458	332
包头钢铁职业技术学院	Baotou Iron and Steel Vocational College	400	246	216
乌海职业技术学院	Wuhai Vocational College	341	276	213
内蒙古科技职业学院	Inner Mongolia Technical and Vocational College	156	94	52
内蒙古北方职业技术学院	Inner Mongolia North Tech College	175	102	52
赤峰职业技术学院	Chifeng Vocational College			
内蒙古经贸外语职业学院	Inner Mongolia Trade & Language College	37	7	2
包头铁道职业技术学院	Baotou Railway Vocational & Tech College	659	504	340
内蒙古大学创业学院	Pioneer College of Inner Mongolia University	286	238	110
内蒙古鸿德文理学院	Inner Mongolia Honder University of Arts and Science	755	650	413
乌兰察布医学高等专科学校	Wulanchabu Medicine Academy	350	260	158
鄂尔多斯职业学院	Erdos Vocational College	316	266	179
内蒙古工业职业学院	Inner Mongolia Gongye Vocational College			
呼伦贝尔职业技术学院	Hulunbeier Pro.And Tech College	691	527	364
满洲里俄语职业学院	Manlouli Russian College	164	90	79
内蒙古能源职业学院	Inner Mongolia Energy Vocational College	134	84	36
赤峰工业职业技术学院	Chifeng College of Industry Technology	481	379	308
阿拉善职业技术学院	Alashan Pro.And Tech College	391	224	163
内蒙古美术职业学院	Inner Mongolia Vocational College of Fine Arts	135	72	48
内蒙古民族幼儿师范高等专科学校	Inner Mongolia National Kindergarten Teachers College	312	257	166
鄂尔多斯生态环境职业学院	Erdos Ecological Environment of Career Academy	251	186	145
内蒙古艺术学院	Inner Mongolia University of Arts	854	454	410
鄂尔多斯应用技术学院	Ordos College,Inner Mongolia University	483	349	247
扎兰屯职业学院	Zhalantun Vocational College	446	321	252
赤峰应用技术职业学校	Chifeng College of Applied Technology	130	118	94

16-5 科技活动基本情况

Basic Statistics on Scientific and Technological Activities

项 目	Item	2019	2020
科技活动	**Scientific and Technological Activities**		
研究与试验发展人员(人)	Research and Experimental Development(person)	39936	46947
#研究人员	Researchers	22119	24538
研究与试验发展折合全时当量(人年)	Number of Full-time Persons in Research and Developmeut Activities(man-year)	24897	27914
#研究人员	Researchers	12876	13789
大中型工业企业	**Large and Medium-sized Industrial Enterprises**		
单位数(个)	Number of units(unit)	612	593
#有R&D活动单位数	Units Having Activities of R&D	163	210
R&D人员(人)	Persons in R&D(person)	17907	26147
R&D人员全时当量(人年)	Full-time Equivalant of R&D Personnel(man-year)	12001	15902
#研究人员	Researchers	4503	5771
按活动类型分	According to active type		
基础研究	Fundamental Research	281	34
应用研究	Applied Research	857	880
试验发展	Experiment and Development	10863	14988
专利(件)	**Patent（piece）**		
专利申请量	Number of Patent Applications	21069	24317
专利授权量	Number of Patent Granted	11059	17958
有效专利量	Number of Patent Validity	36257	

16-6 地方国有单位各类专业技术人员

Special Technical Personnel of State-owned Units

单位：人 (person)

年 份 Year	总 计 Total	#工程技术人员 Engineering	#农业技术人员 Agriculture	#科学研究人员 Scientific Research	#卫生技术人员 Health Care	#教学人员 Teaching
1986	298360	50544	16026	1561	43130	137854
1987	344667	58353	17665	1794	44962	166079
1988	385181	66901	18436	1646	47332	158905
1989	428612	71848	18649	1845	49311	175621
1990	442659	75686	19644	1803	51184	180408
1991	453193	78705	20168	1839	53585	184784
1992	461901	79224	20710	2174	54257	187739
1993	454591	77474	18534	2043	54236	192023
1994	463501	77624	19096	2026	54873	199488
1995	471197	78640	18781	1877	56045	205952
1996	476610	78450	18946	1832	56854	214200
1997	477411	77127	19010	1792	60806	218651
1998	476012	74538	18499	1762	60990	223704
1999	504045	78903	19246	1992	65578	242551
2000	509470	77348	19076	2002	68954	250740
2001	497202	69548	18979	2084	69156	257165
2002	486215	64635	18288	1927	68725	260445
2003	514746	68669	22202	2029	72508	274565
2004	532891	65362	26978	2631	80287	286581
2005	534906	62700	27393	2401	81181	291842
2006	536071	59529	27465	1985	81658	300322
2007	553733	70527	27645	2160	82346	303470
2008	559013	67777	32659	2431	86965	302841
2009	556413	64790	32144	2205	88058	305803
2010	543015	60725	27792	1864	87458	304574
2011	559597	63173	33396	2346	90276	306684
2012	559502	65166	31234	2883	92393	308157
2013	553400	63919	28404	3183	90202	311647
2014	545108	64970	24058	3166	89489	302635
2015	540633	62363	25537	3539	90166	301568
2016	546717	65784	24839	3362	91353	301504
2017	540579	63719	24095	3686	92093	298676
2018	535844	59577	19285	2866	88361	296646
2019	541319	61584	21288	3030	86261	296475
2020	550703	66043	18894	3383	86855	294802

16-7 科学研究和技术服务业科技统计事业单位基本情况(2020年)

Basic situation of Science and Technology Statistical Institutions in Scientific Research and Technical Services by Region(2020)

项 目	Item	中央部门属 Central department	地方部门属 Local Department	#自治区属 Autonomous region	#盟市属 Cities
机构数（个）	Institutions(unit)	5	154	64	66
从业人员（人）	Staff & workers(person)	556	10889	5678	3361
#科技活动人员	Scientific & Tech Activities	498	8990	5045	2654
#本科及以上学历	Scientists & Engineers	355	6700	3846	1903
#高级职称	Senior title of professional	151	2797	1677	864
经费收入总额（万元）	Total Expenditure Income(10 000 yuan)	25824	336221	167519	89127
#科技活动收入	Income from Science and Technology Activities	23254	271171	156746	66882
#政府资金	Government Funds	19830	229893	139685	64634
经费内部支出总额（万元）	Total Internal Expenditure of Funds(10 000 yuan)	23808	335831	170175	86487
#科技经费内部支出	Internal Expenditure of Science and Technology Funds	20686	270281	156733	65193
#资产性支出	Asset Expenditures(10 000 yuan)	2392	31682	22669	5697
课题数（个）	Project(Unit)	377	1131	720	326
#R&D课题	R&D Project	214	843	557	214
课题经费内部支出（万元）	Internal Expenditure of Project Funds(10 000 yuan)	13317	86089	55241	23414
课题人员折合全时工作量（人年）	The Project Staff Reduced Their Full-time Workload(man-year)	305	2904	1630	1013
R&D人员（人）	R&D Personnel	345	3418	1680	1318
R&D人员折合全时工作量（人年）	Full-time Equivalent of R&D Personnel(man-year)	287	2363	1186	900
#研究人员	Researcher	130	1520	747	596
按活动类型分	By Activity Type				
基础研究	Basic Research	31	255	228	27
应用研究	Applied Research	157	523	309	122
试验发展	Experimental Development	99	1585	649	751
专利申请受理数（件）	Patent Applications Accepted(Piece)	49	258	200	44
#发明专利	Patent for Invention	23	105	81	16
专利授权数（件）	Number of patents granted(piece)	71	165	129	29
#发明专利	Patent for Invention	5	32	17	15
科技论文（篇）	Scientific Papers(piece)	201	1228	884	282
#国外发表	Published Abroad	55	38	28	10
科技著作（种）	Science and technology works(kind)	14	75	62	13
软件著作权数（件）	Number of Software Copyright(piece)	42	113	103	3

16-8 高等学校科技活动基本情况

Basic Statistics on Scientific and Technological Activities of Colleges and Universities

项　目	Item	2019	2020
单位数(个)	**Number of units(unit)**	**92**	**87**
#有R&D活动单位数	Units Having Activities of R&D	78	78
研究与试验发展人员(人)	**Research and Experimental Development(person)**	**10221**	**10436**
#研究人员	Researchers	9354	9474
R&D人员全时当量(人年)	**Persons in R&D into Full-time(man-year)**	**4309**	**4487**
#研究人员	Researchers	4051	4206
按活动类型分	According to active type		
基础研究	Fundamental Research	1469	1587
应用研究	Applied Research	2297	2525
试验发展	Experiment and Development	544	375

16-9 科技创新情况

Scientific and Technological Innovation

项　目	Item	2020
国家重点研发计划项目数（个）	Number of National Key R&D Projects(unit)	29
国家自然科学基金资助项目数（个）	Number of Projects Supported by National Natural Science Foundation(unit)	306
国家重点实验室（个）	National Key Laboratory(unit)	3
认定登记技术合同数（项）	Number of Technology Contracts Recognized and Registered (project)	1506
吸纳区外技术合同数（项）	Number of Contracts Absorbing Technology from Outside the Area(project)	6096
认定登记技术合同成交额（万元）	The Transaction Amount of Recognized and Registered Technology Contracts (10 000 yuan)	481960
吸纳区外技术合同成交额（万元）	The Transaction Amount of Contracts Absorbing Technology from Outside the Area (10 000 yuan)	2063459
有效期内高新技术企业数（个）	Number of High-tech Enterprises in Validity Period(Unit)	1069
国家级科技企业孵化器数量（个）	The Number of Incubators of National Technology Enterprise (Unit)	12
国家备案众创空间数量（个）	The Number of Maker Spaces Recorded by the Nation (unit)	52

注:认定登记技术合同数及成交额包括引进国外技术合同数及成交额;吸纳区外技术合同数及成交额不包括引进国外技术合同数及成交额。

a)Number of the technology contracts and the transaction amount of recognized and registered including the imported foreign technology contracts and transaction amount.The number of technology contracts absorbed from outside the area and the transaction amount excluding the imported foreign technology contracts and the transaction amount.

16-10 科技成果获奖

Number of Achievements in Scientific and Technological Research and National Prizes Won

单位：项 (item)

年 份 Year	国家发明奖 Number of National Invention Prizes Awarded	国家科技进步奖 Number of National Scientific & Technological Prizes Awarded	国家自然科学奖 Number of National Natural Sciences Prizes Awarded	自治区科技进步奖 Number of Autonomous Regional Scientific & Technological Prizes Awarded				自治区自然科学奖 Number of Natural Science Reward			
					一等奖 First Class Prize	二等奖 Second Class Prize	三等奖 Third Class Prize		一等奖 First Class Prize	二等奖 Second Class Prize	三等奖 Third Class Prize
1985	1	4		167	12	36	119				
1986				96	8	20	68				
1987			1	121	12	35	74				
1988	2	3		103	3	22	78				
1989		4		102	7	20	75				
1990		3		103	5	20	78				
1991		2	1	130	6	14	110				
1992		4		105	3	15	87				
1993	1	3		123	3	18	102				
1994				104	4	14	86				
1995	1	2		124	7	22	95				
1996		3		129	5	21	103				
1997		2		115	3	25	87				
1998		1		123	4	22	97				
1999	1	3	2	142	4	20	118				
2000		1		89	5	16	68				
2001		1		100	5	20	75				
2002				93	4	20	69				
2003		1		80	5	18	57				
2004		1		83	7	21	55				
2005		1		100	8	23	69				
2006		1		98	8	24	66				
2007		1		100	12	26	62	16	3	5	8
2008		1		107	14	22	71	15	3	5	7
2009		1		91	8	21	62	13	2	6	5
2010		2		100	6	23	71	14	2	7	5
2011				104	9	25	70	13	2	7	4
2012		1		101	10	25	66	13	2	5	6
2013		1		93	8	29	56	13	1	8	4
2014				102	9	23	70	10	2	3	5
2015		1		85	9	27	49	13	3	7	3
2016		1		108	8	35	65	16	3	5	8
2017		1		86	8	27	51	13	2	3	8
2018				94	11	33	50	17	4	7	6
2019				104	16	43	45	17	5	3	9
2020				106	17	32	57	18	4	9	5

16-11 三种专利申请量、授权量及有效量

Three Types of Patent Applications ,Granted and Validity

单位：件 (piece)

年 份 Year	专利申请量合计 Number of Patent Applications	发 明 Inventions	实用新型 Utility Models	外观设计 Designs	专利授权量合计 Number of Patent Granted	发 明 Inventions	实用新型 Utility Models	外观设计 Designs	有效专利量合计 Number of Patent Validity	发 明 Inventions	实用新型 Utility Models	外观设计 Designs
1986	90	31	48	11	17		16	1				
1987	154	39	108	7	48	3	36	9				
1988	228	46	176	6	63	7	53	3				
1989	231	43	179	9	128	10	110	8				
1990	347	54	270	23	170	5	158	7				
1991	431	86	310	35	153	6	130	17				
1992	510	102	366	42	242	14	212	16				
1993	601	137	438	26	438	14	381	43				
1994	731	124	474	133	337	7	296	34				
1995	647	117	449	81	415	8	293	114				
1996	859	215	507	137	326	6	265	55				
1997	940	244	534	162	372	11	264	97				
1998	785	125	519	141	523	12	375	136				
1999	971	198	557	216	723	17	521	185				
2000	1138	234	602	302	775	60	530	185				
2001	1089	185	664	240	743	73	440	230				
2002	1202	233	643	326	679	53	428	198				
2003	1394	242	716	436	816	82	419	315				
2004	1457	286	699	472	831	108	437	286				
2005	1455	307	708	440	845	98	452	295				
2006	1946	430	915	601	978	108	543	327	2494	358	1458	678
2007	2015	565	966	484	1313	120	788	405	2727	400	1425	902
2008	2221	695	980	546	1328	140	866	322	3711	481	2120	1110
2009	2484	719	1266	499	1494	178	762	554	4188	600	2353	1235
2010	2912	932	1406	574	2096	262	1276	558	5935	838	3367	1730
2011	3841	1267	2034	540	2262	364	1415	483	7162	1112	4081	1969
2012	4732	1492	2566	674	3090	570	1900	620	8996	1650	5106	2240
2013	6388	1935	3213	1240	3836	549	2494	793	11421	2114	6623	2684
2014	6359	1924	3562	873	4031	458	2908	665	13734	2411	8375	2948
2015	8876	2254	5609	1013	5522	797	3757	968	16799	3051	10769	2979
2016	10672	2878	6401	1393	5846	871	3981	994	20007	3734	12936	3337
2017	11701	2845	7468	1388	6271	848	4453	970	23846	4505	15592	3749
2018	16426	3757	11051	1618	9625	864	7530	1231	29496	5076	20238	4182
2019	21069	4889	13895	2285	11059	911	8768	1380	36257	5895	25529	4833
2020	24317	4887	17494	1936	17958	1162	14423	2373		6943		

注：1. 专利申请量、专利授权量为当年数，有效专利量为累计数。
2. 自2016年起，国家知识产权局将专利申请受理量改为专利申请量。

a)The data of patent application and granted is the current year.The data of patent validity is the current year.
b)Since 2016,the State Intellectual Property Office changed the number of patent applications accepted into the number of patent applications.

16-12 文化艺术和文物事业机构、人员(2020年)
Number of Institutions and Personnel in Culture, Art and Cultural Relics(2020)

机构类别	Category of Institution	机构数(个) Number of Institutions (unit)	从业人数(人) Number of Persons Engaged (person)
文化事业单位合计	**Total Cultural Institutions**	**1747**	**18088**
艺术事业	Art Institutions		
艺术表演团体	Art Performance Troupes	94	6003
话剧、儿童剧、滑稽剧团	Drama,Children Plays,Comedy	1	59
歌舞音乐类	Song and Dance,Music	14	1104
乌兰牧骑	Ulanmuchi	72	2908
地方戏曲类	Local Opera	1	51
京剧类	Local Beijing Opera Troupes		
曲杂类	QuYi		
综合性艺术表演团体	Comprehensive performing arts	6	1881
艺术表演场所	Art Centers	17	140
剧场、影剧院	Theaters and Music Halls	15	131
书场、曲艺场	Storytelling Places, Recitation and Ballad Places		
杂技、马戏场	Acrobatics,Circus Places		
音乐厅	Concert Halls	2	9
图书馆事业	Libraries	117	1784
群众文化事业	Mass Culture	1205	4869
文化馆	Cultural Centers	120	1820
文化站	Cultural Stations	1085	3049
#乡镇文化站	Township Cultural Stations	872	2364
其他文化事业	Other Cultural Institutions		
#文化部门教育机构	Educational Institutions of Cultural Department	4	361
文化艺术科研机构	Art Research Institutions of Cultural Department	9	124
艺术展览创作机构	Art Exhibition and Creative Institutions	33	227
#美术馆	Art Gallery	26	194
文化市场执法机构	Institutions of Law Enforcement of Culture	110	1621
文物事业单位合计	**Total Cultural Institutions**	**281**	**3499**
文物保护管理机构	Agency of Historical Relics Preservation	97	699
文物科研机构	Scientific and Research Historical Relics	2	89
博物馆	Museums	172	2649
综合性博物馆	Comprehensive Museum	96	1843
历史类博物馆	Special Museum	44	538
自然科技类博物馆	Nature Science and Technology Museum	4	107
其他博物馆	Memorial Museum	28	161
其他文物机构	Other Historical Relics Agency	10	62

16-13 图书、杂志、报纸出版
Books, Magazines and Newspapers Published

项　目	Item	2019	2020
图 书	**Books Published**		
种 数(种)	Number of Publications(kind)	3641	3524
#蒙 文(种)	Mongol(kind)		
新 出(种)	New Books(kind)	1630	1317
重 印(种)	Republication(kind)	2011	2207
总印数(万册)	Total Printed Copies(10 000 copies)	6481	6322
总印张数(万印张)	Printed Sheets(10 000 sheets)	52085	53212
定价总金额(万元)	Total of Fixed Price(10 000 yuan)	78495	76202
杂 志	**Magazines Publised**		
种 数(种)	Number of Publications(kind)	151	150
#蒙 文(种)	Mongol(kind)	46	45
总印数(万册)	Total Printed Copies(10 000 copies)	1142	1129
总印张数(万印张)	Printed Sheets(10 000 sheets)	5874	5767
定价总金额(万元)	Total of Fixed Price(10 000 yuan)	7862	6354
报 纸	**Newspapers Publised**		
种 数(种)	Number of News Published(kind)	57	55
#蒙 文(种)	Mongol(kind)	13	9
总印数(万份)	Total Printed Copies(10 000 copies)	25151.00	24449
总印张数(万印张)	Printed Signatures(10 000 sheets)	48324	45671
定价总金额(万元)	Total of Fixed Price(10 000 yuan)	27213	26963

16-14 广播电视事业
Statistics on Broadcasting and Television Stations

项 目	Item	2019	2020
广播	**Broadcasting**		
调频转播发射台座数(座)	Transmission Stations of Frequency Modulation(set)	716	649
中短波转播发射台座数(座)	Transmission Stations of Short and medium Wave(set)	56	56
广播节目综合人口覆盖率(%)	Population Coverage Rate of Radio Programs (%)	99.24	99.66
节目套数(套)	Number of Programs(set)	123	126
广播节目全年播出情况	**Annual Statistics on Broadcasting**	**674103:57**	**697336:46**
新闻资讯类(小时：分)	News Programs(hour:minute)	124084:19	132203:14
专题服务类(小时：分)	Special Subject Programs(hour:minute)	150051:28	133950:47
综艺类(小时：分)	Programs of Entertainment(hour:minute)	206861:05	201266:06
广播剧类(小时：分)	Radio Play(hour:minute)	46563:19	39792:13
广告类(小时：分)	Programs of Advertisment(hour:minute)	33068:16	34737:46
其他类(小时：分)	Other Programs(hour:minute)	113475:30	155386:40
广播节目全年制作情况	**Annual Statistics on Production of Broadcasting**	**292256:21**	**299321:58**
新闻资讯类(小时：分)	News Programs(hour:minute)	46865:18	52758:01
专题服务类(小时：分)	Special Subject Programs(hour:minute)	101393:10	92727:39
综艺类(小时：分)	Programs of Entertainment(hour:minute)	92113:54	93446:02
广播剧类(小时：分)	Radio Play(hour:minute)	10140:55	9321:05
广告类(小时：分)	Programs of Advertisment(hour:minute)	19093:33	16577:18
其他类(小时：分)	Other Programs(hour:minute)	22649:31	34491:53
电视	**Television**		
电视转播发射台座数(座)	Transmission and Relaying Stations(set)	716	649
卫星地球站(座)	Satellits Television Station(set)		1
电视节目综合人口覆盖率(%)	Population Coverage Rate of TV Programs (%)	99.22	99.68
公共电视节目套数(套)	Number of TV Programs (set)	118	120
电视节目全年播出情况	**Annual Statistics on Dissemination of TV Programs**	**664353:39**	**684933:24**
新闻资讯类(小时：分)	News Programs(hour:minute)	96318:03	95857:49
专题服务类(小时：分)	Special Subject Programs(hour:minute)	72439:54	81270:18
综艺益智类(小时：分)	Programs of Entertainment(hour:minute)	51124:37	46010:55
影视剧类(小时：分)	Programs of Film and TV Play (hour:minute)	304646:57	312152:58
广告类(小时：分)	Programs of Advertisment(hour:minute)	52830:05	53227:23
其他类(小时：分)	Other Programs(hour:minute)	86994:03	96414:01
电视节目全年制作情况	**Annual Statistics on Production of TV Programs**	**86980:14**	**85209:46**
新闻资讯类(小时：分)	News Programs(hour:minute)	28454:32	32218:08
专题服务类(小时：分)	Special Subject Programs(hour:minute)	24255:31	23117:48
综艺益智类(小时：分)	Programs of Entertainment(hour:minute)	9980:19	8601:30
影视剧类(小时：分)	Programs of Film and TV Play (hour:minute)	69:58	52:28
广告类(小时：分)	Programs of Advertisment(hour:minute)	15305:31	13514:12
其他类(小时：分)	Other Programs(hour:minute)	8914:23	7705:40
播出机构	**Broadcasters**		
省级(座)	Provincial(set)	1	1
地级(座)	Municipal(set)	13	13
县级(座)	County(set)	77	77

主要统计指标解释

普通高等学校 指通过国家普通高等教育招生考试，招收高中毕业生为主要培养对象，实施高等学历教育的全日制大学、独立设置的学院、独立学院和高等专科学校、高等职业学校及其他机构。

大学、独立设置的学院主要实施本科及本科层次以上的教育。独立学院主要实施本科层次的教育。高等专科学校、高等职业学校实施专科层次的教育。其他机构是指承担国家普通招生计划任务不计校数的机构，包括普通高等学校分校、大专班等。

成人高等学校 指通过国家成人高等教育招生考试，招收具有高中毕业或同等学力的人员为主要培养对象，利用函授、业余、脱产等多种形式，对其实施高等学历教育的学校。包括：职工高等学校、农民高等学校、管理干部学院、教育学院、独立函授学院、广播电视大学、其他机构。其他机构是指承担国家成人招生计划任务不计校数的机构。

小学学龄儿童净入学率 指调查范围内已入小学学习的学龄儿童占校内外学龄儿童总数的比重。计算公式为：

科技活动 指在自然科学、农业科学、医药科学、工程与技术科学、人文与社会科学领域（简称科学技术领域）中与科技知识的产生、发展、传播和应用密切相关的有组织的活动。为核算科技投入的需要，科技活动可分为科学研究与试验发展（R&D）、科学研究与试验发展成果应用及相关的科技服务三类活动。

科技活动人员 指直接从事科技活动、以及专门从事科技活动管理和为科技活动提供直接服务，累计的实际工作时间占全年制度工作时间10%及以上的人员。（1）直接从事科技活动的人员包括：在独立核算的科学研究与技术开发机构、高等学校、各类企业及其他事业单位内设的研究室、实验室、技术开发中心及中试车间（基地）等机构中从事科技活动的研究人员、工程技术人员、技术工人及其它人员；虽不在上述机构工作，但编入科技活动项目（课题）组的人员；科技信息与文献机构中的专业技术人员；从事论文设计的研究生等。（2）专门从事科技活动管理和为科技活动提供直接服务的人员，包括：独立核算的科学研究与技术开发机构、科技信息与文献机构、高等学校、各类企业及其他事业单位主管科技工作的负责人，专门从事科技活动的计划、行政、人事、财务、物资供应、设备维护、图书资料管理等工作的各类人员，但不包括保卫、医疗保健人员、司机、食堂人员、茶炉工、水暖工、清洁工等为科技活动提供间接服务的人员。该指标用来反映投入科技活动人力的规模。

专业技术人员 指从事专业技术工作和专业技术管理工作的人员，即企事业单位中已经聘任专业技术职务从事专业技术工作和专业技术管理工作的人员，以及未聘任专业技术职务，现在专业技术岗位上工作的人员。包括工程技术人员，农业技术人员，科学研究人员，卫生技术人员，教学人员，经济人员，会计人员，统计人员，翻译人员，图书资料、档案、文博人员，新闻出版人员，律师、公证人员，广播电视播音人员，工艺美术人员，体育人员，艺术人员及企业政治思想工作人员，共十七个专业技术职务类别。用来反映科技人力资源情况。

研究与试验发展（R&D） 指在科学技术领域，为增加知识总量，以及运用这些知识去创造新的应用进行的系统的创造性的活动，包括基础研究、应用研究、试验发展三类活动。国际上通常采用R&D活动的规模和强度指标反映一国的科技实力和核心竞争力。

科技活动经费筹集 指从各种渠道筹集到的计划用于科技活动的经费，包括政府资金、企业资金、事业单位资金、金融机构贷款、国外资金和其他资金等。反映各社会经济主体对促进科技进步所做的努力。

专利 是专利权的简称，是发明创造经审查合格后，由国务院专利行政部门申请人对该项发明创造享有的专有权。发明创造是指发明、实用新型和外观设计。

发明（专利） 指对产品、方法或者其改进所提出的新的技术方案。

实用新型（专利） 指对产品的形状、构造或者其结合所提出的适于实用的新的技术方案。

外观设计（专利） 指对产品的形状、图案或者其结合以及色彩分形状、图案相结合所作出的富有美感并适于工业应用的新设计。

文化事业机构 指从事专业文化工作和为专业文化工作服务的独立建制的单位。不包括这些单位另外举办独立核算的其他机构和各部门的业余文化组织。

艺术表演团体 指由文化部门主办或实行行业管理（经文化行政部门审批或已申报登记并领取相关许可证），专门从事表演艺术等活动的各类专业艺术表演团体，含民间职业剧团。不包括群众业余文艺表演团体。

Explanatory on Main Statistical Indicators

General Institutes of Higher Education refer to pass national average higher education recruit students to take an examination of, recruit high school graduate to be main cultivate an object, implement the full – time university of education of higher record of formal schooling, the college that sets independently, independent institute and college of higher specialized subject, higher vocational school and other orgnazitions.

Universities and independent colleges mainly carry out undergraduate and higher education. Independent colleges mainly carry out undergraduate education. Colleges and vocational schools carry out education at the specialized level. Other institutions refer to the institutions that undertake the tasks of the national general enrollment plan without counting the number of schools, including the branch schools of ordinary colleges and universities, Junior college class and so on.

Adult High School refer to pass national adult higher education recruit students an examination, recruit the personnel that has high school graduates or equivalent educational ability to be main cultivate an object, use correspondence, spare time, off – job and other forms. Carry out the school of education of higher record of formal schooling to its. These include: institutions of higher learning for workers and staff, institutions of higher learning for farmers, administrative cadre institutes, educational institutes, independent correspondence institutes, radio and television universities and other institutions. Other institutions are those that undertake the task of the national adult enrollment program without counting the number of schools.

The Net Enrollment Rate in Primary Schools refer to the proportion of school – age children who have entered primary school in the survey area in the total number of school – age children in and out of school. The formula is:

Net enrollment rate of primary school – age children = (Total Primary School age Children at Schools) ÷ (Total Primary School age Children Both at and Outside Schools) ×100%

Scientific and Technological Activities (S&T Activities) refer to organized activities which are closely related with the creation, development, dissemination and application of the scientific and technical knowledge in the fields of natural sciences, agricultural science, medical science, engineering and technological science, humanities and social sciences (referred to as scientific and technological fields). S&T activities can be classified in to 3 categories: research and development (R&D) activities, application of R&D results, and related S&T services. This statistical definition is made by UNICHIEF for scientific and technological activities to meet the need of carrying out statistical work in this field for its member countries in particular those developing countries.

Personnel Engaged in S&T Activities refer to personnel directly engaged in S&T activities, in the management of S&T activities, and in providing direct service to S&T activities, who spend over 10% of the total working hours in a year in S&T activities. (1) Personnel directly engaged in S&T activities include researchers, engineers, technicians and other related personnel engaged in S&T activities in independent – accounting R&D institutions, institutions of higher learning, and in research institutes, laboratories, technology development centers and central experiment workshops under enterprises and institutions. Also included are people working in S&T research project teams, professional and technical personnel working in S&T information archiving institutes, and graduate students working on the design of their thesis. (2) Personnel engaged in the management of S&T activities and in providing direct service to S&T activities include senior management people responsible for S&T activities in independent – accounting R&D institutions, S&T information archiving institutes, institutions of higher learning, and in enterprises and institutions where S&T activities are undertaken. Also included are people responsible for the planning, administration, personnel management, financial management, logistics supply, equipment maintenance, information and library management that are related with S&T activities. People providing indirect services are excluded, such as security, medical service, drivers, plumbers, cleaners and those providing catering and related service. This indicator reflects the size of personnel engaged in S&T activities.

Professional and Technical Personnel refer to persons engaged in professional and technical work or in the management of professional and technical activities, i. e. , people with professional or technical positions who are engaged in professional and technical work or in the management of professional and technical activities, and people without professional or technical positions but are working on professional or technical posts. They include professionals and technicians working in 17 categories of technical occupations including engineering, agriculture, scientific researches, medical service, teaching, economic research and application, accounting, statistics, translation, libraries, archives, cultural and museum service, journalism and publication, lawyers, notarization service, radio and television broadcasting, handicraft and fine arts, sports, performing art, and political workers in enterprises. This indicator reflects the condition of human resources in S&T.

Research and Development (R&D) refers to in the field of science and technology, systematic and creative activities, including basic research, applied research and experimental development, to increase the total amount of knowledge and to create new applications of such knowledge. Internationally, the scale and intensity of R&D activities are usually used to reflect a country's scientific and technological strength and core competitiveness.

Funding for S&T Activities refers to funds obtained from various sources for S&T activities, including government funds, self-raised funds by enterprises, self-raised funds by institutions, loans from financial institutions, foreign funds and other funds. This indicator reflects the efforts made by various social economic entities in promoting the development of S&T.

Patent is an abbreviation for the patent right and refers to the exclusive right of ownership by the inventors or designers for the creation or inventions, given from the patent offices after due process of assessment and approval in accordance with the Patent Law. Patents are granted for inventions, utility model sand designs. This indicator reflects the achievements of S&T and design with in dependent intellectual property.

Inventions (Patent) refer to the inventions as specified by the patent law and its detailed rules and regulations for implementation. They refer to the new technical proposals to the products or methods or their modifications.

Utility Models (Patent) refer to the utility models as specified by the patent law and its detailed rules and regulations for implementation. They refer to the practical and new technical proposals on the shape and structure of the product or the combination of both.

Designs (Patent) refer to the designs as specified by the Patent law and its detailed rules and regulation for implementation. They refer to the aesthetics and industry applicable new designs for the shape, pattern and color of the product, or their combinations.

Cultural Institutions refer to units which have their own organizational system and independent accounting system and specialize in or serve cultural development. They exclude other establishments run by these cultural institutions and amateur cultural groups established by various departments.

Art Troupe refers to all kinds of professional art performance organizations, including folk professional troupes, sponsored by cultural departments or under industrial management (approved by cultural administrative departments or registered and obtained relevant licenses), specializing in performing arts and other activities. Mass amateur art performance groups are not included.

17 卫生和体育

Public Health and Sports

资料整理：毅 茹

Arranged By：Yi Ru

17-1 等级运动员分项发展情况(2020年)

Development of Athletes in Grade By Type of Sports(2020)

单位：人 (person)

项 目	Item	合 计 Total	国际级健将 International Master of Sports	国家级运动健将 National Master of Sports	一 级 First Grade Sportsmen	二 级 Second Grade Sportsmen
总计	**Total**	**1703**			**347**	**1356**
田径	Track and Field	427			20	407
篮球	Basketball	153			28	125
乒乓球	Table Tennis	149			50	99
足球	Football	108				108
橄榄球	Rugby	100			63	37
拳击	Boxing	69			17	52
游泳	Swimming	66			21	45
摔跤	Wrestling	65			17	48
排球	Volleyball	63			33	30
网球	Tennis	60			3	57
曲棍球	Hockey	49			8	41
柔道	Judo	43			10	33
跆拳道	Tackwonde	43			16	27
武术	Wu Shu	43				43
羽毛球	Badminton	36				36
马术	Horsemanship	29			3	26
射箭	Archery	29			17	12
速度滑冰	Speed Skating	23			4	19
竞走	Race Walking	20				20
五人制足球	Five-a-side football	19				19
散打	Sanda	19				19
射击	Shooting	18			8	10
举重	Weightlifting	15			1	14
自行车	Bicycle	14			6	8
短道速滑	Short Track Speed Skating	9			6	3
铁人三项	Triathlon	9			2	7
体操	Gym	8				8
高尔夫球	Golf	8			6	2
中国式摔跤	Chinese-style Wrestling	4			4	
空手道	Karate	2			2	
滑板	Skateboarding	2			1	1
现代五项	Modern Pentathlon	1			1	

17-2 运动员获奖牌情况(2020年)

Medals Won by Athletes(2020)

单位：枚　　(piece)

项　目	Item	金牌 Gold Medal	银牌 Silver Medal	铜牌 Copper Medal
总　计	**Total**	**65**	**53**	**49**
国际比赛	International Race	3	1	1
国内比赛	National Race	62	52	48

17-3 等级裁判员分项发展情况(2020年)

Development of Referees in Grades by Type of Sports(2020)

单位：人　　(person)

项　目	Item	合计 Total	国际裁判 International Referees	国家级 National Referees	一级 First Grade Referees	二级 Second Grade Referees
总计	**Total**	**1130**			**434**	**696**
篮球	Basketball	141				141
马术	Horsemanship	121			73	48
羽毛球	Badminton	103				103
跆拳道	Tackwonde	90			42	48
自行车	Bicycle	86			30	56
田径	Track and Field	69				69
排球	Volleyball	68			50	18
汽车	Racing Car	61				61
游泳	Swimming	60			32	28
冬季两项	Biathlon	54			54	
摔跤	Wrestling	44			25	19
冰壶	Curling	42			37	5
冰球	Ice Hockey	39			18	21
足球	Football	35				35
拳击	Boxing	31			22	9
高山滑雪	Alpine Skiing	29			29	
乒乓球	Table Tennis	17				17
越野滑雪	Cross-country Skiing	12			12	
单板滑雪	Snowboarding	8			8	
门球	Gateball	7				7
网球	Tennis	5				5
台球	Billiards	4				4

17-4 医疗卫生事业
Basic Statistics of Public Health

项　目	Item	2019	2020
卫生机构(个)	**Health Institutions(unit)**	**24564**	**24605**
#医院	Hospitals	794	777
乡镇卫生院	Health Center at Town	1271	1257
社区卫生服务中心(站)	Health Service Center for Community	1197	1200
疗养院、所	Sanatoriums	3	3
门诊部	Clinics	468	588
妇幼保健所、站	Maternity and Child Care Centers	114	114
疾病预防控制机构	CDC(Center for Disease Control)	119	120
专科疾病防治院(所、站)	Disease Prevention Specialist Hospital	43	29
诊所、医务室、卫生所及护理站	Clinics,Infirmaries,Clinics and Nursing Stations	6981	7202
床位(张)	**Beds(unit)**	**161128**	**162072**
#医院	Hospitals	128784	130166
乡镇卫生院	Health Center at Town	22130	21481
社区卫生服务中心(站)	Health Service Center for Community	4893	5185
疗养院、所	Sanatoriums	332	332
门诊部	Outpatient Departments	235	103
妇幼保健所、站	Maternity and Child Care Centers	4363	4433
专科疾病防治院(所、站)	Disease Prevention Specialist Hospital	391	372
职工人数(人)	**Persons Engaged in Health Institution(person)**	**249272**	**254843**
#卫生技术人员	Medical Technical Personnel	196407	202317
#执业医师	Permitted Doctors	66186	68672
执业助理医师	Practicing Physician Assistant	11910	11898
注册护师、护士	Registered Senior and Junior Nurses	80434	83443
药剂人员	Pharmacists	11123	11224
检验人员	Laboratory Technical	6915	7076
其他技术人员	Other Technical　Personnel	11201	11725
管理人员	Managerical Personnel	11889	12174
工勤人员	Logistics Workers	13379	13040

注：本表中数据包含村卫生室数据。
a) Data in the table includes the village clinics.

17-5 卫生机构

Number of Health Care Institutions

单位：个 (unit)

年 份 Year	总 计 Total	医院、卫生院 Hospitals & Public Health Clinic	疗养院所 Sanatoriums	专科防治所站 Specialized Prevention & Treatment Centers or Stations	疾病预防控制中心 CDC	妇幼保健所站 Maternity & Child Care Centers	每万人口拥有卫生机构数 Number of Health Institutions Per 10 000 Population
1952	538	103	9	14	5	93	0.75
1957	2152	136	3	28	59	234	2.30
1965	3820	436	16	18	116	116	2.95
1970	4952	1582	4	4	88	50	3.32
1975	3621	1612	9	8	113	110	2.08
1978	4000	1723	8	26	118	117	2.19
1979	4146	1743	8	34	117	116	2.24
1980	4350	1760	9	39	126	118	2.32
1981	4630	1794	12	42	136	120	2.43
1982	4660	1796	14	43	138	121	2.41
1983	4632	1819	14	45	135	120	2.37
1984	4711	1841	14	53	139	121	2.37
1985	4749	1763	14	55	141	120	2.37
1986	4905	1770	13	57	140	122	2.42
1987	4991	1780	12	60	143	123	2.42
1988	5120	1787	13	61	144	123	2.45
1989	5152	1810	11	62	150	118	2.43
1990	5161	1856	12	64	153	122	2.39
1991	5172	1927	12	66	155	122	2.37
1992	5253	1928	12	61	157	120	2.38
1993	4932	1987	11	64	190	119	2.21
1994	4918	2000	11	65	189	119	2.18
1995	4915	2003	11	64	188	117	2.16
1996	5037	2016	11	53	143	107	2.19
1997	4863	1991	11	63	183	113	2.10
1998	4641	1991	11	63	182	110	1.99
1999	4468	1982	11	63	183	108	1.89

17-5 续表 Continued

单位:个 (unit)

年 份 Year	总 计 Total	医院、卫生院 Hospitals & Public Health Clinic	疗养院所 Sanatoriums	专科防治所站 Specialized Prevention & Treatment Centers or Stations	疾病预防控制中心 CDC	妇幼保健所站 Maternity & Child Care Centers	每万人口拥有卫生机构数 Number of Health Institutions Per 10 000 Population
2000	4427	1988	11	63	185	108	1.87
2001	4296	1892	11	61	187	107	1.85
2002	3768	1857	10	58	147	118	1.58
2003	3595	1819	9	57	146	117	1.51
2004	3715	1831	9	54	147	117	1.56
2005	3774	1834	9	54	146	116	1.58
2006	3693	1820	8	51	140	113	1.54
2007	7853	1815	8	54	140	114	3.30
2008	7423	1799	6	54	137	115	3.09
2009	7919	1803	6	50	133	116	3.29
2010	8052	1807	6	50	127	117	3.32
2011	22931	1818	6	50	121	117	9.24
2012	23046	1848	6	52	119	117	9.26
2013	23264	1898	6	53	119	116	9.31
2014	23426	1974	6	53	119	117	9.35
2015	23885	2024	6	53	119	114	9.51
2016	23998	2041	5	54	117	113	9.52
2017	24217	2087	4	51	119	113	9.58
2018	24613	2119	4	50	118	114	9.71
2019	24564	2065	3	43	119	114	9.67
2020	24605	2034	3	29	120	114	10.24

注：卫生机构2010年以前不包含村卫生室，下表同。
a)Number of Health Care Institutions does not include the village clinics before 2010,Same in the following tables.

17-6 卫生机构床位

Number of Beds in Health Institutions

单位：张 (unit)

年 份 Year	总 计 Total	医院、卫生院 Hospitals & Public Health Clinic	疗养院所 Sanatoriums	专科防治所站 Specialized Prevention & Treatment Centers or Stations	疾病预防控制中心 CDC	妇幼保健所站 Maternity & Child Care Centers	每万人口卫生机构床位数 Number of Public Health Orgon Beds Per 10 000 Population
1949	726	639	70				1.05
1952	2890	1274	1567				1.78
1957	7733	5700	194				6.09
1965	23241	15820	1669				12.20
1970	25614	24833	280				16.66
1975	22198	21089	500				21.87
1978	25023	24079	500				24.23
1979	48769	46495	1290				25.11
1980	49630	47271	1295				25.19
1981	51319	47942	1948				25.19
1982	51002	47339	2270				24.44
1983	52436	48739	2217				24.92
1984	52911	49307	2274				24.84
1985	53572	50567	2194				25.20
1986	54726	51566	2053			344	25.41
1987	57651	54354	1933	6		401	26.30
1988	59414	55867	2143	36		421	26.68
1989	60090	56776	1863	88		402	26.75
1990	60727	57558	1871	87		404	26.62
1991	62929	59268	2182	66	4	452	27.14
1992	64446	60730	2182	66	4	514	27.52
1993	65221	60893	2062	97	12	584	27.28
1994	65464	61425	2007	65		500	27.17
1995	66515	61933	2124	144	15	574	27.25
1996	65247	61667	2260	105	4	716	26.86
1997	65387	61918	2260	123		749	26.73
1998	65794	62499	2080	83		766	26.76
1999	66367	62832	2102	147		740	28.10

17-6 续表 Continued

单位：张 (unit)

年 份 Year	总 计 Total	医院、卫生院 Hospitals & Public Health Clinic	疗养院所 Sanatoriums	专科防治所站 Specialized Prevention & Treatment Centers or Stations	疾病预防控制中心 CDC	妇幼保健所站 Maternity & Child Care Centers	每万人口卫生机构床位数 Number of Public Health Orgon Beds Per 10 000 Population
2000	66903	63156	1984	176		1000	28.24
2001	66682	63071	1884	191	25	1580	28.75
2002	64742	61909	1773	409	54	1944	27.30
2003	65072	60438	1768	224	26	1920	27.37
2004	66699	61155	1757	174	95	2269	28.00
2005	69440	64002	1554	234	77	2422	29.10
2006	70284	64816	1397	253	150	2388	29.38
2007	73830	65780	1217	202		2441	30.76
2008	81407	73205	670	201	24	2600	33.85
2009	87321	77702	910	246		2921	36.05
2010	97811	87882	640	250		2716	40.38
2011	100805	89954	640	227		2895	40.80
2012	110788	99761	640	286		3075	44.50
2013	120065	109474	640	304		3272	48.07
2014	129011	118010	690	340		3471	51.51
2015	133892	124676	844	354		3474	53.32
2016	139190	129678	516	393		3848	55.23
2017	150335	140504	552	373		3950	59.45
2018	159006	148821	507	349		3989	62.75
2019	161128	150914	332	391		4363	63.45
2020	162072	151647	332	372		4433	67.45

注：医院、卫生院2002年以前为医院口径。
a)The Data about Hospitals and Public Health Clinic Refer to Date of Hospitals before 2002.

17-7 卫生机构人员

Number of Persons Engaged in Health Institutions

单位：人 (person)

年 份 Year	总 计 Total	卫生技术人员 Medical Technical Personnel	#医生 Doctors	#执业医师 Certified Doctors	#执业助理医师 Practicing Physician Assistant	#注册护师、护士 Registered Senior and Junior Nurses	每万人口医生数 Number of Doctors per 10 000 Population
1952	12233	10727	6097			552	9
1957	21848	18290	10556			1977	11
1965	40695	33215	18027			4664	14
1970	42097	33333	17101			6490	11
1975	60529	47845	22114			7932	13
1978	75123	59277	26724			8225	15
1979	82855	65615	28417			7949	16
1980	88188	70022	31068			9129	17
1981	98165	77647	32184			10426	17
1982	101637	80450	32975			10969	17
1983	104446	82873	33456			11768	17
1984	107234	85185	34903			12264	18
1985	109210	87130	36467			12598	18
1986	112011	89257	38103			13427	19
1987	115164	91437	37781			14458	18
1988	117779	94095	42794			18605	20
1989	119044	94969	44579			21310	21
1990	121443	96764	41453			22123	19
1991	123935	97984	42520			22797	19
1992	126859	100365	46612			23157	21
1993	127494	99878	47171			23425	21
1994	129101	102220	48962			24575	22
1995	129483	102187	49345			24617	22
1996	130368	103606	50263			25313	22
1997	129306	102983	52438			25953	22
1998	129765	104890	56384			26163	24
1999	125632	101312	51602			25766	22

17-7 续表 Continued

单位：人 (person)

年 份 Year	总 计 Total	卫生技术人员 Medical Technical Personnel	#医生 Doctors	#执业医师 Certified Doctors	#执业助理医师 Practicing Physician Assistant	#注册护师、护士 Registered Senior and Junior Nurses	每万人口医生数 Number of Doctors per 10 000 Population
2000	124362	100688	52299			25726	22
2001	131931	109147	53021			26755	22
2002	120628	100665	48866	39901	8965	25740	21
2003	120264	101073	49304	40241	9063	25555	21
2004	120253	101730	50177	41252	8925	26517	21
2005	121180	102587	50308	41646	8662	27052	21
2006	120571	102336	50409	42116	8293	27601	21
2007	126155	105790	48403	40398	8005	29732	20
2008	131879	110042	49806	41990	7816	31652	21
2009	139488	117197	51947	43964	7983	34895	22
2010	146610	123232	54161	46148	8013	37765	22
2011	175563	131806	57214	48399	8815	42522	23
2012	183875	139876	59528	50100	9428	46774	24
2013	195943	148176	62055	52500	9555	52358	25
2014	202999	154483	62182	52624	9558	56723	25
2015	212500	162328	64239	54863	9376	61224	26
2016	221338	170466	66435	57030	9405	66461	26
2017	233075	180401	70322	60478	9844	71871	28
2018	241309	188051	73426	63263	10163	76435	29
2019	249272	196407	78096	66186	11910	80434	30
2020	254843	202317	80570	68672	11898	83443	34

主要统计指标解释

等级运动员人数 指经考核正式批准授予等级运动员称号的人数。运动员等级分为国际级运动健将,运动健将、一级运动员、二级运动员、三级运动员、少年级运动员。

等级裁判员人数 指经考核正式批准授予等级裁判员称号的人数。裁判员等级分为国际裁判、国家级裁判、一级裁判、二级裁判、三级裁判。

体育场 指有400米跑道(中心含足球场),有固定道牙,跑道6条以上,并有固定看台的室外田径场地。体育场按看台容纳观众人数分为:甲级25000人以上,乙级15000－25000人,丙级5000－15000人,丁级5000人以下。

体育馆 指有固定看台,可供篮球、排球、羽毛球、乒乓球、体操等项目训练比赛活动用的室内运动场地。体育馆按看台容纳观众人数分为:甲级6000人以上,乙级4000－6000人,丙级2000－4000人,丁级2000人以下。

医疗卫生机构 指从卫生(卫生计生)行政部门取得《医疗机构执业许可证》《计划生育技术服务许可证》,或从民政、工商行政、机构编制管理部门取得法人单位登记证书,为社会提供医疗服务、公共卫生服务或从事医学科研和医学在职培训等工作的单位。医疗卫生机构包括医院、基层医疗卫生机构、专业公共卫生机构、其他医疗卫生机构。

医院 包括综合医院、中医医院、中西医结合医院、民族医院、各类专科医院和护理院,不包括专科疾病防治院、妇幼保健院和疗养院,包括医学院校附属医院。

卫生技术人员 包括执业医师、执业助理医师、注册护士、药师(士)、检验技师(士)、影像技师、卫生监督员和见习医(药、护、技)师(士)等卫生专业人员。不包括从事管理工作的卫生技术人员(如院长、副院长、党委书记等)。

医生 指在医疗、预防保健机构工作且取得《执业医师证书》的执业医师和执业助理医师。

Explanatory Notes on Main Statistical Indicators

Number of Athletes in Grades refers to the number of athletes who have been given titles through examination. The titles of athletes include international masters of sports, masters of sports, first grade, second grade and third grade sportsmen and young athletes.

Number of Referees in Grades refers to the number of referees who have been given titles after examination. They are classified as international referees, national referees and referees of the first, second and third grades.

Stadiums refer to stadiums for track and field events with six lane 400 meter tracks around soccer fields, permanent track marks and permanent bleachers. Stadiums are classified according to seating capacity. They include: Class A stadiums seating 25000 people each. Class B stadiums seating 15000 to 25000 people each. Class C stadiums seating 5000 to 15000 people each, and Class D stadiums seating fewer than 5000 people.

Gymnasiums refer to indoor sports grounds with permanent seats in which basketball, volleyball, Badminton, table tennis and gymnastics competitions can be held. Gymnasiums are classified according to seating capacity. They include Class A gymnasiums seating over 6000 people. Class B gymnasiums seating 4000 to 6000 people. Class C gymnasiums seating 2000 to 4000 people, and Class D gymnasiums seating fewer than 2000 people.

Medical and Health Care Institutions refer to the units which have been qualified the Certification of Health Care Institution, certification of family planning technical service by the administration of public health (family planning), or qualified the Certification of Corporate Unit by the civil affairs, administration for industry and commerce, commission office for public sector reform, and engaging in medical health care services, public health services, or medicine research and on – job training, etc., including: hospitals, health care institutions at grass – root level, specialized public health institutions, and other medical and health care institutions.

Hospitals include general hospitals, hospitals specialized in traditional Chinese medicine, hospitals of integrated traditional Chinese and western medicine, ethnic hospitals, specialized hospitals and nursing hospitals, excluding specialized disease prevention and treatment institutes, maternal and child health care hospitals and convalescent hospitals, including affiliated hospital of medical college.

Medical Technical Personnel refer to the professional staff engaged in health care, including licensed doctors, licensed assistant doctors, registered nurses, pharmacists, laboratory technicians, imaging staff, health care supervisors and intern doctors, pharmacists, nurses, and technical personnel, excluding the medical technical personnel engaged in managerial job (e. g. president, vice president and secretary of the party committee etc).

Doctor srefer to certified physicians and certified assistant physicians with certifications working in medical and health care and prevention agencies.

18 公共管理和社会保障

Public Management and Social Security

资料整理：毅 茹

Arranged By：Yi Ru

18-1 公安机关受理和查处治安案件数(2020年)

Cases of Offence Against Public Order Handled by Public Security Organs(2020)

案件类别	Category of Cases	受理(起) Number of Cases Accepted to be Treaded (case)	查处(起) Number of Cases Investigated and Treaded (case)	每万人口受理案件数(起/万人) Number of Cases Accepted per 10 000 population (case/10 000 persons)
合计	**Total**	**97183**	**88533**	**39.80**
扰乱单位秩序	Disturbing Business Orders	877	858	0.36
扰乱公共场所秩序	Disturbing the Orders in Public Places	480	456	0.20
寻衅滋事	Causing Quarrels and Making Troubles	2709	2601	1.11
阻碍执行职务	Obstructing Government Workers in Performing Their Duties	717	703	0.29
非法携带枪支、弹药、管制工具	Violation of Firearms Control Regulations	730	730	0.30
违反危险物质管理规定	Violation of Explosives Control Regulations	448	442	0.18
殴打他人	Battering Other Persons	34787	32549	14.25
故意伤害	Willfully Injuring	2852	2612	1.17
盗窃	Stealing Property	10505	7150	4.30
敲诈勒索	Extortion and Blackmail	121	95	0.05
抢夺	Robbery and Snatch	109	87	0.04
盗窃、损毁公共设施	Stealing and Damaging Public Facilities	167	145	0.07
伪造、变造、倒卖有价票证、凭证	Forge/alter/acalp Valuable Coupons or Certificates	65	64	0.03
违反旅馆业管理	Violating the Hotel Management Regulations	1343	1337	0.55
违反房屋出租管理	Violating the Rent Control Regulations	510	510	0.21
诈骗	Swindling,Seizing and Extorting Property	2059	1356	0.84
卖淫、嫖娼	Prostitution or Soliciting Prostitutes	1470	1453	0.60
赌博	Gambling	6189	6181	2.53
毒品违法活动	Illegal Drug Related Action	3167	3166	12.97
其他	Others	27878	26038	11.42

18-2 公安机关立案的刑事案件及构成(2020年)

Criminal Cases Registered in Security Organs and Its Composition(2020)

案件类别	Category of Cases	立案(起) Number of Cases Registered(case)	构成(%) Composition(%)
合计	**Total**	**67236**	**100.00**
杀人	Homicide	226	0.33
伤害	Injury	1236	1.84
抢劫	Robbery	159	0.24
强奸	Rape	703	1.05
拐卖妇女儿童	Abducting Women or Children	12	0.02
盗窃	Larceny	22091	32.85
诈骗	Fraud	24199	35.99
走私	Smuggling		
伪造、变造货币,出售、购买、运输、持有、使用假币	Forging Currency, Selling, Buying, Transporting,Holding and Using Counterfeit Currency	15	0.02
其他	Others	18595	27.66

18-3 人民检察院审查逮捕、审查起诉情况(2020年)

Arrests and Prosecution Approved by People's Procuratorate(2020)

案件分类	Category of Cases	批捕、决定逮捕合计(件) Total of Arrests(case)	决定起诉合计(件) Total of Public Prosecutions (case)
合计	**Total**	**8738**	**25295**
危害公共安全案	Offences Against Public Security	777	12235
破坏社会主义市场经济秩序案	Offences Against Socialist Economic Order	695	1096
侵犯公民人身、民主权利案	Offences Against Citizens'Personal and Democratic Rights	1961	2991
侵犯财产案	Offences Against Properties	2902	4253
妨害社会管理秩序案	Offences Against Social Management of Order	2308	4252
危害国防利益案	Offences Against National Defense		2
军人违反职责案	Offences on Dereliction of Duty by Servicemen		
贪污贿赂案	Offences on Corruption and Bribery	70	408
渎职侵权案	Offences on Abuse and Dereliction of Duty	17	57
其他	Others	8	1

18-4 人民检察院纠正违法情况
Law-breaking Cases Rectified by People's Procuratorate

项 目		2019	2020
书面提出纠正件次合计(件次)	**Total of Written Rectification(case-times)**	**3489**	**3352**
立案监督小计	Sub-total of Supervision of Cases Filing	1115	1552
监督立案	Supervision of Cases Filing	575	812
监督撤案	Supervision of Cases Withdrawed	540	740
侦查监督小计	Sub-total of Supervision of Investigation	2270	1737
刑事审判监督	Supervision of Criminal Trial	104	63
刑罚执行监督人次小计(人次)	**Sub-total of Supervision of Punishment Execution(person-time)**	**3227**	**2581**
监管活动	Administration of Prison and Custody	600	760
超期羁押	Excessive Custody	20	9
减刑、假释、暂予监外执行	Commutation of Sentence,Parole and Temporary Stay of Absence from Prison	2607	1812
已纠正件次合计（件次）	**Total of Rectified(case-times)**	**2874**	**2701**
立案监督小计	Sub-total of Supervision of Cases Filing	785	1058
监督立案	Supervision of Cases Filing	321	397
监督撤案	Supervision of Cases Withdrawed	464	661
侦查监督小计	Sub-total of Supervision of Investigation	1999	1583
刑事审判监督	Supervision of Criminal Trial	90	60
刑罚执行监督人次小计(人次)	**Sub-total of Supervision of Punishment Execution(person-time)**	**2875**	**2437**
监管活动	Administration of Prison and Custody	593	723
超期羁押	Excessive Custody	18	15
减刑、假释、暂予监外执行	Commutation of Sentence,Parole and Temporary Stay of Absence from Prison	2264	1699

18-5 人民法院审理刑事一审案件情况(2020年)

First Trial Criminal Cases Accepted and Settled by Courts(2020)

单位：件 (case)

项 目	Item	收案 Cases Accepted	结案 Cases Settled
合计	**Total**	**26044**	**26235**
危害公共安全罪	Offences Against Public Security	12369	12407
破坏社会主义市场经济秩序罪	Offences Against Socialist Economic Order	1153	1124
侵犯公民人身权利民主权利罪	Offences Against Citizens'Personal and Democratic Rights	3151	3159
侵犯财产罪	Offences Against Properties	4428	4423
妨害社会管理秩序罪	Offences Against Social Management of Order	4434	4606
危害国防利益罪	Offences Against National Defense	6	6
贪污贿赂罪	Offences on Corruption and Bribery	419	423
渎职罪	Offences on Dereliction of Duty	78	87
其他	Others	6	1

注：合计中含自诉案件，自诉案件收案150起，结案106起。

a)The total includes private prosecution cases, 150 of which were settled and 106 of which were closed.

18-6 人民法院审理民事一审案件情况(2020年)

First Trial Cases of Contract Disputes Accepted and Settled by Courts(2020)

单位：件 (case)

项 目	Item	收案 Cases Accepted	结案 Cases Settled	判决 Judgment	不予受理 Not Accepted	驳回起诉 Rejecting Prosecution	撤诉 With-drawal	调解 Mediation	其他 Others
合计	**Total**	**334078**	**332914**	**132349**	**524**	**14269**	**78156**	**93136**	**14480**
人格权纠纷	Personality Disputes	4555	4552	2085	9	88	925	1327	118
婚姻家庭、继承纠纷	Disputes of Marriage, Family and Inheritance	32561	32536	10278	18	455	8904	11364	1517
物权纠纷	Property Rights Disputes	9377	9396	3762	64	867	3003	1346	354
合同、无因管理、不当得利纠纷	Contract,Non-cause Management,Improper Profit Disputes	253128	252255	98240	322	11554	59240	71578	11321
知识产权与竞争纠纷	Intellectual Property Rights and Competition Disputes	1361	1488	445	1	25	785	215	17
劳动争议、人事争议	Labor Disputes, Personnel Disputes	5885	5661	2986	54	343	954	1047	277
与公司、证券、保险、票据等有关的民事纠纷	Civil Disputes Relating to Companies,Securities, Insurance,Bills,etc	5973	5886	2931	21	257	1056	1264	357
侵权责任纠纷	Tort Liability Dispute	18545	18365	9641	30	418	2910	4981	385
其他	Others	2693	2775	1981	5	262	379	14	134

18-7 公证业务分类情况

Notarial Services by Type

单位：件 (case)

项　目	Item	2019	2020
合计	**Total**	**415134**	**514917**
#国内公证数	Domestic Notarization	377778	250210
涉外公证数	Foreign-related Notarization	37136	19369
按业务类型分	By Type of Services		
合同（协议）	Contracts(Agreements)	83255	20129
继承	Inheritance	36503	10049
其中：小额继承	Small Inheritance	9238	9292
委托	Power of Attorney	75813	73313
声明	Declaration	28821	22604
赠与	Gift	2992	1725
遗嘱	Testaments	2597	2076
现场监督	Field Supervision	2650	2877
婚姻状况、亲属关系、收养关系	Marital Status,Kinship Confirmation, Adoptive Relationship	7951	3863
出生、生存、死亡	Births,Survival,Deaths	3616	1725
身份、经历、学历、学位、职务、职称	Identity,Resume,Education Background, Academic Degree,Professional Titles	2611	1864
有无违法犯罪记录	Illegal and Criminal Record Check	2806	1999
公司章程	Corporation Constitutions	10	3
保全证据	Evidence Preservation	7617	9069
证书、执照	Certificate,Licence	9688	7499
签名、印鉴	Signature,Seal	15321	6028
文本相符	Conformity of Documentation	6888	6063
赋予强制执行效力	Executor Force	103222	70295
执行证书	Certificate of Execution	3064	1634
抵押登记	Mortgage Registration	5810	87
提存	Drawing	268	346
保管	Storage	31	10
其他	Others	13600	2093

18-8 社会保障基本情况

Basic Statistics on Social Security

项 目	Item	2019	2020
最低生活保障	**Minimum Standard of Living for Residents**		
城市居民(万人)	Urban Residents(10 000 persons)	33.89	31.45
城市居民(万户)	Urban Residents(10 000 households)	21.16	19.92
农村居民(万人)	Rural Residents(10 000 persons)	128.87	133.40
农村居民(万户)	Rural Residents(10 000 households)	82.90	85.66
社会福利事业	**Social Welfare**		
收养性单位(个)	Adopting Social Welfare Institutions(unit)	284	305
福利类单位	Welfare Unit	59	60
养老服务机构	Old-age Service Institutions	223	243
其他社会福利机构	Others	2	2
收养性单位床位数(张)	Adopting Social Welfare Instiutions(bed)	36180	40622
福利类单位	Welfare Unit	13223	11883
养老服务机构	Old-age Service Institutions	22833	28705
其他社会福利机构	Others	124	34
年末收养人数(人)	Persons Adopted at the Year-end(person)	16928	44871
福利类单位	Welfare Unit	6572	6566
养老服务机构	Old-age Service Institutions	10319	38279
其他社会福利机构	Others	37	26
社会福利事业支出(万元)	Expenditure for Social Welfare(10 000 yuan)	1242621	1329015
#社会福利	Social Welfare	291513	317497
社会救助	Social Assistance	807551	867317
社区服务（个）	**Community Service(unit)**		
社区服务机构数和设施	Community Service Institutions and Facilities	2809	2585
社区服务指导中心	Community Service Gyidance Centers	4	4
社区服务中心	Community Service Centers	1009	852
社区服务站	Community Service Stations	1542	1524
社区专项服务机构和设施	Community Specialized Service Institutions and Facilities	254	205
社区养老服务机构和设施	Community Nursing Homes and Facilities	2276	2538

注：1. 从2019年起，社会福利事业中不含优抚类单位情况。养老服务机构不区分城乡；
2. 从2019年起，社会福利事业支出不含抚恤和自然灾害生活救助两项。

a)Since 2019,entitled groups will not be included in social welfare programs.Old-age Service Institutions do not distinguish between urban and rural areas.

b)Since 2019,Expenditure for Social Welfare not include pensions and natural disaster relief.

18-8 续表 Continued

项　目	Item	2019	2020
社会保障	**Social Security**		
基本养老保险	**Basic Pension Insurance**		
城镇职工基本养老保险参保人数(万人)	Persons Joined(10 000 persons)	763.42	785.87
#参加基本养老保险离退休人数(万人)	Retirees Joined(10 000 persons)	250.90	311.27
城乡居民养老保险参保人数(万人)	Contributors of Urban(10 000 persons)	768.20	784.68
城镇职工基本养老保险基金当年支出额(亿元)	Expenses of Insurance Fund(100 million yuan)	1452.33	1792.34
城乡居民养老保险基金当年支出额(亿元)	Expenses of Insurance Fund(100 million yuan)	56.30	59.60
失业保险	**Unemployment Insurance**		
参加失业保险人数(万人)	Persons Joined(10 000 persons)	267.37	276.46
年末领取失业保险金人数(万人)	Beneficiaries of Unemployment Insurance Fund (10 000 persons)	4.59	2.68
失业保险基金当年支出额(亿元)	Expenses of Insurance Fund(100 million yuan)	13.83	24.94
医疗保险	**Basic Medical Insurance**		
参加基本医疗保险人数(万人)	Persons Joined(10 000 persons)	2178.43	2183.94
城镇职工基本医疗保险参保人数(万人)	Contributors of Urban Employed Person (10 000 persons)	530.70	552.99
城乡居民参加基本医疗保险人数(万人)	Contributors of Urban and Rural Residents (10 000 persons)	1647.73	1630.95
城镇职工基本医疗保险基金当年支出额(亿元)	Expenses of Insurance Fund(100 million yuan)	189.00	197.02
城镇居民基本医疗保险基金当年支出额(亿元)	Expenses of Insurance Fund(100 million yuan)	128.00	113.06
工伤保险	**Work Injury Insurance**		
参加工伤保险人数(万人)	Persons Joined(10 000 persons)	338.24	336.00
#参加工伤保险的农牧民人数(万人)	Farmers and Herdsmen(10 000 persons)	45.97	46.87
工伤保险基金当年支出额(亿元)	Expenses of Insurance Fund(100 million yuan)	12.57	16.32
生育保险	**Maternity Insurance**		
参加生育保险人数(万人)	Persons Joined(10 000 persons)	320.62	334.77
社会保险基金收支情况	**Revenue and Expenses of Social Insurance Fund**		
养老、失业、医疗、工伤、生育保险基金收入(亿元)	Revenue of Pension, Unemployment, Medical, Work injury, Maternity insurance Fun (100 million yuan)	1872.59	2114.00
养老、失业、医疗、工伤、生育保险基金支出(亿元)	Expenses of Pension, Unemployment, Medical, Work injury, Maternity insurance Fun (100 million yuan)	1860.92	2203.28
养老、失业、医疗、工伤、生育保险基金累计节余(亿元)	Balance of Pension, Unemployment, Medical, Work injury, Maternity insurance Fun (100 million yuan)	1282.39	1193.16

注：1. 社会保险基金收支情况包含城乡居民养老、医疗保险基金情况。
　　2. 2016年起，城镇便民利民服务网点数统计口径变化，与以前年度不可比，下表同。
　　3. 2017年起，医疗保险、生育保险数据来源为自治区医保局。

a)The balance of social insurance funds including pension, medical insurance fund for urban and rural residents.
b)Since 2016,number of urban service points for civilian in table are not compared.The following table is the same.
c)Since 2017,data of basic medical insurance and maternity insurance are from the Medical Security Bureau of Inner Mongolia Autonomous Region.

18-9 社会服务机构基本情况

Basic Statistics on Social Service Institutions

项 目	Item	机构(个) Number of Institutions or Enterprises (unit)		工作人员(人) Number of Persons Engaged (person)	
		2019	2020	2019	2020
社会服务	**Social**	**36598**	**36456**	**262464**	**277013**
社会工作	**Social Work**	**5875**	**5907**	**30139**	**33185**
提供住宿的社会服务机构	Social Welfare Institutions with Accommodations	750	743	9133	9815
养老机构	Institutions for the Aged	691	677	8123	8185
精神疾病服务机构	Institutions for Mental Iillness	4	5	324	736
儿童福利和救助保护机构	Institutions for Children Welfare and Assistance	8	14	374	466
其他提供住宿机构	Other Institutions with Accommodations	47	47	312	312
不提供住宿的社会服务机构	Social Welfare Institutions without Accommodations	5125	5164	21006	23370
成员组织和其他社会服务机构	**Membership Organizations and Othet Social Service**	**30702**	**30528**	**232113**	**243612**
其他	**Others**	**21**	**21**	**212**	**216**

18-10 享受补助、救济人员情况

Persons Receiving Subsidies or Relief Funds

单位：人、户、人次 (person)(household)(person-time)

项 目	Item	2019	2020
城市社会救济情况	**Social Relief in Urban Area**		
城市居民最低生活保障人数	Number of Persons Receiving Minimum Living Allowance in Urban Area	338880	314469
城市居民最低生活保障家庭数	Number of Households Receiving Minimum Living Allowance in Urban Area	211580	199188
城市特困人员救助供养人数	Number of Persons Extreme Poverty Supported by Aid in Urban Area	11322	11551
农村社会救济情况	**Social Relief in Rural Area**		
农村居民最低生活保障人数	Number of Persons Receiving Minimum Living Allowance in Rural Area	1288734	1334022
农村居民最低生活保障家庭数	Number of Households Receiving Minimum Living Allowance in Rural Area	829015	856578
农村特困人员救助供养人数	Number of Persons Receiving Assistance and Providing Support in Rural Area	83897	84806
生活无着人员救助	**Persons in need of Assistance**		
站内救助人次数	Number of Rescuers in the Station	14870	14872
其中：儿童救助人次数	Number of Rescuers of Children	460	460
站外救助人次数	Number of Rescuers outside the Station	3191	3567
临时救济人次数	**Number of Persons Receiving Temporary Relief**	**199820**	**199814**

18-11 收养性社会福利事业单位基本情况(2020年)

Basic Statistics on Social Welfare Institutions(2020)

项 目	Item	院数(个) Homes (unit)	工作人员(人) Staff and Workers (person)	床位(张) Beds (unit)	年末收养人数(人) Persons Housed Year-end (person)
全区总计	**Autonomous Regional Total**	**305**	**4816**	**40622**	**44871**
福利类收养性单位	Adopting Institutions of the welfare	60	2066	11883	6566
社会福利院	Social Welfare Homes	47	965	8202	4088
儿童福利机构	Baby Welfare Homes	8	365	1951	1031
社会福利医院	Social Welfare Hospitals	5	736	1730	1447
养老服务机构	Old-age Service Institutions	243	2733	28705	38279
其他社会福利机构	Others	2	17	34	26

18-12 火灾、交通事故情况(2020年)

Basic Statistics on Fires and Traffic Accidents(2020)

项 目	Item	发生(起) Accured (case)	死亡(人) Death (person)	受伤(人) Injuries (person)	财产损失(万元) Property Loss (10 000 yuan)
火灾事故情况	**Fires**	**17517**	**82**	**63**	**12434.6**
特别重大	Extraordinarily				
重　　大	Serious				
较　　大	Larger	1	4		95.5
一　　般	Ordinary	17516	78	63	12339.1
交通事故情况	**Traffic Accidents**	**3097**	**813**	**2985**	**2278.1**
死亡事故	Deaths	788	813	455	875.9
伤人事故	Injuries	1887		2530	1168.6
财产损失事故	Property Loss	422			233.6

注：火灾数据依据新版《消防救援警情与火灾统计工作规定》，采用“全口径”统计方式，与2020年以前的火灾数据不具备可比性。

a)According to the new edition of the Regulations on Fire Rescue and Alarm Situation and Fire Statistics, the fire data adopts the "full caliber" statistical method, which is not comparable with the fire data before 2020.

18-13 民间组织管理情况

Statistics on Non Governmental Organizations

单位：个、人　　(unit)(person)

项 目	Item	2019	2020
社团管理	**Mass Organizations**		
年末实有社团数	The Number of Mass Organizations at Year-end	8414	7864
社团负责人	The Number of Leaders of Mass Organizations	17402	17619
#女性	Female	4111	3848
民办非企业单位	**Private Non-enterprise Units**		
年末实有民办非企业单位	Private Non-enterprise Units at Year-end	8444	8735
民办非企业单位负责人	Leaders of Private Non-enterprise Units	17912	18929
#女性	Female	5594	6750

主要统计指标解释

人民检察院直接立案侦查案件 指按照管辖的规定，由人民检察院直接立案侦查的贪污贿赂犯罪、渎职犯罪、国家机关工作人员利用职权实施的侵犯公民人身权利和民主权利的犯罪以及经省级人民检察院决定立案侦查的国家机关工作人员利用职权实施的其他重大犯罪案件。

立案监督 指人民检察院对侦查机关刑事立案活动的监督。包括对应当立案而不立案的监督和不应立案而立案的监督。

监督立案 包括侦查机关接到要求说明不立案理由后主动立案和执行通知立案两个内容。

监管活动 指人民检察院对监狱等监管改造场所的管理活动进行的监督。

公证文书 指公证处根据当事人申请，依照事实和法律，按照法定程序制作的，具有法律效力的司法证明文书。

社会服务

1. **社会福利事业单位** 指集中收养社会孤老、残、幼的机构，包括由民政部门管理的社会福利院、儿童福利院、精神病人福利院和城镇集体举办的福利院及农村集体举办的敬老院以及优抚医院和具有收养能力的社区服务中心等。该指标主要反映我国在社会福利性单位投入的水平。

2. **社会福利事业单位收养人数** 包括民政部门管理和城镇、农村集体举办的社会福利事业单位中收养的老人、少年儿童、缺乏生活自理能力的残疾人员和精神病人。

3. **社会福利企业单位** 指以安置城镇有一定劳动能力的盲、聋、哑和肢体残疾人员就业为目的，享受国家减免税待遇的国有或集体企业。包括福利工厂、福利商业和服务业、假肢厂和安置农场等单位。

4. **农村五保户** 指农村中既无劳动能力，又无经济来源的老、弱、孤、残的农民，其生活由集体供养，实行保吃、保穿、保住、保医、保葬(孤儿保教)，简称“五保”。享受五保待遇的家庭叫五保户。

城镇职工基本养老保险

1. **参保职工人数** 指报告期末按照国家法律、法规和有关政策规定参加城镇职工基本养老保险并在社保经办机构已建立缴费记录档案的职工人数，包括中断缴费但未终止养老保险关系的职工人数，不包括只登记未建立缴费记录档案的人数。

2. **离退休人员人数** 指报告期末参加城镇职工基本养老保险的离休、退休和退职人员的人数。

3. **基金收入** 指根据国家有关规定，由纳入职工基本养老保险范围的缴费单位和个人按国家规定的缴费基数和缴费比例缴纳的养老保险费，以及通过其他方式取得的形成基金来源的收入。包括单位和职工个人缴纳的基本养老保险费、基本养老保险基金利息收入、委托投资收益、上级补助收入、下级上解收入、转移收入、财政补贴和其他收入。

4. **基金支出** 指按照国家政策规定的开支范围和开支标准从职工基本养老保险基金中支付给参加职工基本养老保险的个人养老保险待遇支出，以及由于保险关系转移、上下级之间补助、上解等原因而发生的支出。其他支出包括基本养老金、医疗补助金、丧葬补助金和抚恤金、病残津贴、补助下级支出、上解上级支出、转移支出和其他支出等。

5. **基金累计结余** 指职工基本养老保险基金收支相抵后的期末累计余额。

城乡居民基本养老保险

1. **参保人数** 指报告期末，参加城乡居民养老保险(在经办机构参保登记并已建立缴费记录以及制度实施当年已经年满60周岁并在经办机构参保登记)的人数(不包括已经办理注销登记手续的人数)。

2. **基金收入** 指根据国家有关规定，由参加城乡居民基本养老保险的个人按规定缴费的城乡居民基本养老保险费，以及通过集体补助、财政补助等其他方式取得的形成基金来源的收入。包括个人缴费收入、集体补助收入、政府补贴收入、利息收入、委托投资收益、转移收入、上级补助收入、下级上解收入和其他收入。

3. **基金支出** 指按照国家政策规定的开支范围和开支标准从城乡居民基本养老保险基金中支付给参加城乡居民基本养老保险的个人养老保险待遇支出，以及由于参保人员跨统筹地区或跨制度流动而发生的支出等。包括养老保险待遇支出、转移支出、补助下级支出、上解上级支出和其他支出。

4. **基金累计结余** 指城乡居民基本养老保险基金收支相抵后的期末累计余额。

基本医疗保险

1. **参保人数** 指报告期末按国家有关规定参加职工基本医疗保险和城乡居民基本医疗保险人员的合计。

2. **基金收入** 指由用人单位和个人按照国家规定的缴费基数、缴费比例或缴费标准缴纳的基本医疗保险费，财政补贴资金以及通过其他方式取得的形成基金来源的款项，包括：单位缴纳收入、个人缴纳收入、财政补贴收入、利息收入、上级补助收入、下级上解收入和其他收入。

3. **基金支出**　指按照国家政策规定的开支范围和开支标准,从基本医疗保险基金中支付给参保人员的医疗保险待遇支出,以及其他支出。包括住院费用支出、门诊费用支出、大病保险支出、生育保险与职工基本医疗保险合并实施的统筹地区生育待遇支出、补助下级支出、上解上级支出和其他支出。

4. **基金累计结余**　指基本医疗保险基金收支相抵后的期末累计结余金额。

失业保险

1. **参保人数**　指报告期末按照国家法律、法规和有关政策规定参加了失业保险的城镇企业、事业单位的职工及地方政府规定参加失业保险的其他人员的人数。

2. **基金收入**　指报告期内筹集的失业保险基金的总额,包括失业保险费收入、利息收入、财政补贴收入、其他收入、转移收入、上级补助收入、下级上解收入。

3. **基金支出**　指报告期内为保障失业人员基本生活、促进其再就业等支出的基金总额,包括失业保险金支出、医疗补助金支出、丧葬补助金和抚恤金支出、职业培训和职业介绍补贴支出、农民合同制工人一次性生活补助支出、其他支出、转移支出、上级补助支出、下级上解支出。

4. **基金累计结余**　指截止报告期末失业保险基金收支相抵后的累计余额。

工伤保险

1. **参保人数**　指报告期末依据国家有关规定参加工伤保险的职工人数和有雇工的个体工商户的雇工数。

2. **享受工伤保险待遇人数**　指年报告期内因工伤或职业病而享受工伤保险待遇的职工人数。为享受工伤医疗待遇中未评定等级的人数、享受伤残待遇人数以及享受因工死亡待遇人数之和。

3. **基金收入**　指根据国家有关规定,由参加工伤保险的单位按国家规定的缴费基数和缴费比例缴纳的及难以直接按照工资总额计算缴纳工伤保险费的部分行业企业按规定方式缴纳工伤保险费,以及通过其他形式取得的形成基金来源的款项。包括:工伤保险费收入、财政补贴收入、利息收入、上级补助收入、下级上解收入和其他收入。

4. **基金支出**　指按照国家政策规定的开支范围和开支标准从工伤保险基金中支付给参加工伤保险的人员及供养直系亲属工伤保险待遇支出及其他支出。包括工伤医疗待遇支出、伤残待遇支出、工亡待遇支出、劳动能力鉴定支出、工伤预防费用支出、补助下级支出、上解上级支出和其他支出。

5. **基金累计结余**　指工伤保险基金收支相抵后的期末累计结余金额。

生育保险

1. **参保人数**　指报告期末依据有关规定参加生育保险的人数。

2. **基金收入**　指根据国家有关规定,由参加生育保险的单位按照国家规定的缴费基数和缴费比例缴纳的生育保险费,以及通过其他方式取得的形成基金来源的款项,包括:生育保险费收入、财政补贴收入、利息收入、上级补贴收入、下级上解收入和其他收入。

3. **基金支出**　指按照国家政策规定的开支范围和开支标准,从生育保险基金中支出的生育保险待遇支出及其他支出。包括:生育津贴、医疗费用支出、补助下级支出、上解上级支出及其他支出。

4. **基金累计结余**　指生育保险基金收支相抵后的期末累计结余金额。

Explanatory Notes on Main Statistical Indicators

Cases Registered and Handled Directly by People ' s Procuratorate Offices refer to those serious criminal cases that, according to the functional jurisdiction, are registered and handled by the People ' s Procuratorate Offices, including the ones on bribery and corruption, the ones on abuse and dereliction of duty, offenses against citizens' personal and democratic rights by government officials abusing their powers; and that are registered and handled by the provincial Procuratorate offices in relation to other major crimes committed by government officials by abusing their powers.

Supervision of Case Registered refers to the actions made by the People's Procuratorate to supervise the criminal cases registered by investigative authorities, including supervision of the cases which have wrongly not been registered and have wrongly been registered.

Supervision of Case Registration includes both the supervision of the registrations by the investigatory authorities and the supervision of the implementation of the notifications to register after the investigatory authorities are requested to state reasons for not registering a case.

Supervisory Activities refers to the supervision of the People ' s Procuratorate over the management of prisons as well as other places of criminal reformation.

Notary Documents refer to legally binding judicial notary documents developed at the request of the interested party based on facts and the law following certain legal proceedings.

Social Work

1. **Social Welfare Institutions** refer to institutions taking care of old people without children, handicapped people and orphans. They include social welfare institutions run by civil affairs departments, children welfare institutions, social welfare institutions for mental patients, collective - owned old peoples homes in rural areas, convalescent homes and community service centers with the capacity of receiving those people. This indicator reflects the input in social welfare institutions;

2. **Number of People Taken in by Social Welfare Institutions** refers to the number of old people, children, totally dependent handicapped people and mental patients taken in by social welfare institutions run by civil affairs departments and those run by collective units in urban and rural areas;

3. **Social Welfare Enterprises** are collective - owned enterprises which employ the blind, deaf mute, and other handicapped people who are able to work in cities and towns and enjoy exemption from state taxes, including welfare plants, welfare commercial services, artificial limb plants and farms, etc;

4. **Rural Households with Livelihood Guaranteed in Five Aspects** refer to the households in which there are old people without child, orphans and handicapped people who are unable to work and without financial resources in rural areas. They are taken care of by the collective units and their food, clothing, housing, medical care, funeral expenses (or schooling for orphans) are guaranteed to be provided for.

Basic Pension Insurance for Urban Staff and Workers

1. **Number of staff and workers covered** refers to staff and workers participating in the basic pension insurance for urban staff and workers programme according to national laws, regulations and related policies at the end of the reference period, who have already had payment records in social security management agencies, including those who have interrupt payment without terminating the insurance programme. Those who have registered in the programme but with no payment records are not included;

2. **Number of Retirees** refers to the number of retirees participating in the basic pension insurance for urban staff and workers programmes by the end of the reference period;

3. **Revenue of the Basic Pension Insurance Programme** refers to payments made by employers and individuals participating in the pension insurance programme of staff in accordance with the basis and proportion stipulated in State regulations, and income from other sources that become the source of pension insurance fund, including the premium paid by employers and staff and workers, interest income, entrusted investment income, subsidies from higher level agencies, income as transfer from subordinate agencies, transferred income, government financial subsidies and other income;

4. **Expenditure of Basic Pension Insurance Programme** refer to personal pension insurance payment made on pensions subsidies to those covered in pension insurance programmes of staff according to related national policies on scope and standard

of expenditure, also included are expenditure which arises due to shift of the insurance relationship or adjustment of funds among agencies, transfer to agencies at higher level. Other expenditure includes: basic pension insurance, medical fees, funeral subsidies, compensation payments, disability allowance, expenses on subsidies to lower subordinates, expenses as transfer to agencies at higher level, transferred expenditure and other expenditure;

5. **Balance of Basic Pension Insurance Programme** refers to the balance of staff basic pension insurance funds at the end of the reference period after deducting expenses from revenue.

Basic Pension Insurance for Urban and Rural Residents

1. **Number of Participants** refers to people participating in the basic pension insurance for urban and rural residents programme who registered with the participation and established payment records, and who were 60 years old or above when the system was established and registered with the participation. Those who cancelled their registration are not included;

2. **Revenue of the Insurance Programme** refers to the revenue from the payments made, in accordance with related regulations of the government, by individuals participating in the basic pension insurance for urban and rural residents programme and from the subsidies contributed by collective subsidies, public finance and other sources. It includes the payment by individual participants, collective subsidies, government subsidies, interest income, entrusted investment income, transferred income, subsidies from higher levels, contributions from lower levels, and income from other sources;

3. **Expenditure of the Insurance Programme** refers to payment made to those covered in the basic pension insurance for urban and rural residents according to related national policies on scope and standard of expenditure. Also included are expenditures which arise due to movement of participants among different locations or system. It includes the payment to the individual participants, transferred expenditures, expenses on subsidies to lower subordinates, expenses as transfer to agencies at higher level, and other expenditures;

4. **Balance of Insurance Programme** refers to the balance of basic pension insurance funds for urban and rural residents at the end of the reference period after deducting expenses from revenue.

Basic Medical Care Insurance

1. **Number of People Participating in the Insurance Programme** refers to the total number of basic medical insurance for employees and the basic medical insurance for urban and rural residents participating in the basic medical care insurance programme according to related regulations at the end of the reference period;

2. **Revenue of the Insurance Programme** refers to payments made by employers and individuals participating in the medical care insurance programme in accordance with the basis and proportion stipulated in State regulations, government subsidies and income from other sources that become the source of medical insurance fund, including payment by employers and individuals, financial subsidies, interest income, subsidies from higher level agencies, income as transfer from subordinate agencies, and other incomes;

3. **Expenditure of the Insurance Programme** refers to medical care payment made to people covered in basic medical care insurance programme within the scope and standards of expenditure according to related national policies, and other expenses, including combined regional maternity expenditure of medical expenses of hospital inpatients, medical expenses for outpatients patients, serious illness insurance expenditure, maternity insurance, basic medical insurance for staff and workers, and other expenditure;

4. **Balance of the Basic Medical Care Insurance Programme** refers to the balance of medical care insurance funds at the end of the reference period after deducting expenses from revenue.

Unemployment Insurance

1. **Number of People Covered** refers to staff and workers in urban enterprises or institutions who have participated in the unemployment insurance programme according to relevant policies and regulations, and other people who have participated according to local government regulations at the end of the reference period;

2. **Revenue of the Unemployment Insurance Programme** refers to the total unemployment insurance funds raised in the reference period, including unemployment insurance premium, interest income, financial subsidies, other incomes, transferred income, subsidies from higher level agencies and income as transfer from subordinate agencies;

3. **Expenditure of the Unemployment Insurance Programme** refers to total expenses during the reference period to guarantee the basic livelihood of unemployed people, and to encourage their re-employment. Included are unemployment relief, medical fees, funeral subsidies, compensation payments, training expenses, job placement expenses, one-time subsistence allowance for contracted migrant workers, other expendi-

tures, transferred expenditure, expenses as transfer to higher level agencies and subsidies to lower level agencies;

4. **Balance of the Unemployment Insurance Programme** refers to the balance of revenue of the programme after deducting expenses at the end of the reference period.

Work Injury Insurance

1. **Number of People Covered** refers to staff and workers who have participated in the work injury insurance programme and employees who work for the self employed and have participated in the work injury insurance programme according to relevant national regulations at the end of the reference period;

2. **Number of Beneficiaries** refers to number of employee benefited from work injury insurance, as a result of work injury or occupational disease. It is the sum of beneficiaries of medical treatment of unrated work injuries, disability benefits for work injuries and compensation for deaths at work places;

3. **Revenue of the Work Injury Insurance Programme** refers to payments made by employers participating in the work injury insurance programme in accordance with the basis and proportion stipulated in State regulations and enterprises of part industries difficult to calculate the injury insurance premium directly according to the total wage in accordance with stipulated way, and income from other sources that become source of work injury insurance fund, including income of injury insurance, government financial subsidies, interest income, subsidies from higher level agencies, income as transfer from subordinate agencies, and other incomes;

4. **Expenditure of the Work Injury Insurance Programme** refers to payments made from work injury insurance funds to those who participated in the work injury insurance programme and their direct dependents within the scope and standards of expenditure according to related national policies, and other expenditure, including medical fees for work injury, injury and disability subsidies, death subsidies, labor capacity appraisal, injury prevention fees, expenses on subsidies to lower subordinates, expenses as transfer to agencies at higher level, and other expenditure;

5. **Balance of the Work Injury Insurance Programme** refers to the balance of the work injury funds at the end of the reference period.

Maternity Insurance

1. **Number of People Covered** refers to people who have participated in the maternity insurance programme according to relevant regulation at the end of the reference period;

2. **Revenue of Maternity Insurance Programme** refers to payments made by employers participating in the maternity insurance programme in accordance with the basis and proportion stipulated in State regulations, and income from other sources that become source of maternity insurance fund, including income of maternity insurance, government financial subsidies, interest income, subsidies from higher level agencies, income as transfer from subordinate agencies, and other income;

3. **Expenditure of the Maternity Insurance Programme** refers to payments made from maternity insurance funds to staff and workers who participate in the maternity insurance programme within the scope and standards of expenditure in accordance with related national policies, including allowance for child bearing, medical fees, expenses on subsidies to lower subordinates, expenses as transfer to agencies at higher level, and other expenditure;

4. **Balance of the Maternity Programme** refers to the balance of the maternity insurance funds at the end of the reference period.

19 盟市资料

Statistics of Leagues and Cities

资料整理：张利珍　郭雪佩　王德慧　乔贺利

Arranged By：Zhang Lizhen，Guo Xuepei，Wang Dehui，
Qiao Heli

19-1 各盟市行政区域土地面积和城市建设(2020年)

Administrative Areas and Construction in Cities by Region(2020)

地 区	Region	行政区域土地面积(万平方公里) Gross Area (10 000 sq.km)	城市面积(平方公里) Areas of City (sq.km)	城市建成区面积(平方公里) Urban Developed Area (sq.km)	公园个数(个) Parks (unit)	公园面积(公顷) Area of Parks (hectare)	建成区绿化覆盖面积(公顷) Green Coverage Developed Area(hectare)
全 区	**Total**	**118.30**	**10466.46**	**2256.01**	**805**	**24491.72**	**87654.42**
呼和浩特市	Hohhot City	1.72	410.36	342.25	94	3881.78	12906.38
包 头 市	Baotou City	2.77	953.50	247.14	57	2723.47	10731.36
呼伦贝尔市	Hulunbeier City	25.30	2381.42	204.11	54	1187.73	7582.91
兴 安 盟	Xingan League	5.98	422.50	112.13	46	1174.41	4071.46
通 辽 市	Tongliao City	5.95	278.88	164.62	42	1896.39	6619.17
赤 峰 市	Chifeng City	9.00	2106.54	254.87	100	2239.79	9647.30
锡林郭勒盟	Xilinguole League	20.26	785.97	179.68	45	1795.06	5546.48
乌兰察布市	Wulanchabu City	5.50	380.22	221.85	94	2524.86	8267.34
鄂尔多斯市	Erdos City	8.68	588.99	277.01	155	4124.94	12339.47
巴彦淖尔市	Bayannaoer City	6.44	1199.91	132.19	82	1520.83	4984.61
乌 海 市	Wuhai City	0.17	67.17	62.30	19	738.37	2678.90
阿拉善盟	Alashan League	27.02	891.00	57.86	17	684.09	2279.04

19-2 各盟市年末常住人口(2020年)

Number of Population at Yearend by Region(2020)

单位：万人 (10 000 persons)

地 区	Region	年末常住人口 Total Population	男 Male	女 Female	市镇人口 Urban	乡村人口 Rural
呼和浩特市	Hohhot City	345.42	174.42	171.00	273.36	72.06
包 头 市	Baotou City	271.03	137.42	133.61	233.49	37.54
呼伦贝尔市	Hulunbeier City	223.63	112.96	110.67	165.18	58.45
兴 安 盟	Xingan League	141.32	71.54	69.78	75.21	66.11
通 辽 市	Tongliao City	286.75	144.63	142.12	143.43	143.32
赤 峰 市	Chifeng City	403.13	204.72	198.41	214.07	189.06
锡林郭勒盟	Xilinguole League	110.88	57.23	53.65	81.92	28.96
乌兰察布市	Wulanchabu City	169.52	86.42	83.10	101.18	68.34
鄂尔多斯市	Erdos City	215.56	115.60	99.96	166.92	48.64
巴彦淖尔市	Bayannaoer City	153.62	78.44	75.18	92.13	61.49
乌 海 市	Wuhai City	55.68	29.11	26.57	53.10	2.58
阿拉善盟	Alashan League	26.29	13.98	12.31	21.56	4.73

19-3 各盟市生产总值(2020年)

Gross Domestic Product by Region(2020)

单位:亿元 (100 million yuan)

地区	Region	生产总值 Gross Domestic Product	第一产业 Primary Industry	第二产业 Secondary Industry	工业 Industry	建筑业 Construction	第三产业 Tertiary Industry	人均生产总值(元) Per Capita GDP(yuan)
呼和浩特市	Hohhot City	2800.68	126.46	815.73	613.92	201.81	1858.49	81656
包头市	Baotou City	2787.36	105.23	1152.98	857.65	295.33	1529.15	102949
呼伦贝尔市	Hulunbeier City	1172.20	290.57	326.67	258.94	67.73	554.96	51958
兴安盟	Xingan League	547.92	189.02	132.75	87.54	45.21	226.15	38469
通辽市	Tongliao City	1276.64	304.62	370.12	265.61	104.51	601.91	44259
赤峰市	Chifeng City	1763.60	346.44	549.96	361.12	188.84	867.20	43595
锡林郭勒盟	Xilinguole League	839.84	134.90	357.99	296.76	61.23	346.95	76097
乌兰察布市	Wulanchabu City	826.89	138.24	333.53	274.05	59.48	355.12	47837
鄂尔多斯市	Erdos City	3533.66	135.66	2005.51	1816.50	189.01	1392.48	164387
巴彦淖尔市	Bayannaoer City	874.00	221.45	256.65	203.15	53.50	395.90	56614
乌海市	Wuhai City	563.14	5.97	363.13	338.02	25.11	194.04	101238
阿拉善盟	Alashan League	304.75	17.68	173.56	147.36	26.20	113.52	116608

注：本表按当年价格计算。
a)Data in value terms in this table are calculated at current prices.

19-4 各盟市生产总值构成(2020年)

Composition of Gross Domestic Product by Region(2020)

单位:% (%)

地区	Region	生产总值 Gross Domestic Product	第一产业 Primary Industry	第二产业 Secondary Industry	工业 Industry	建筑业 Construction	第三产业 Tertiary Industry
呼和浩特市	Hohhot City	100	4.5	29.1	21.9	7.2	66.4
包头市	Baotou City	100	3.8	41.4	30.8	10.6	54.9
呼伦贝尔市	Hulunbeier City	100	24.8	27.9	22.1	5.8	47.3
兴安盟	Xingan League	100	34.5	24.2	16.0	8.3	41.3
通辽市	Tongliao City	100	23.9	29.0	20.8	8.2	47.1
赤峰市	Chifeng City	100	19.6	31.2	20.5	10.7	49.2
锡林郭勒盟	Xilinguole League	100	16.1	42.6	35.3	7.3	41.3
乌兰察布市	Wulanchabu City	100	16.7	40.3	33.1	7.2	42.9
鄂尔多斯市	Erdos City	100	3.8	56.8	51.4	5.3	39.4
巴彦淖尔市	Bayannaoer City	100	25.3	29.4	23.2	6.1	45.3
乌海市	Wuhai City	100	1.1	64.5	60.0	4.5	34.5
阿拉善盟	Alashan League	100	5.8	57.0	48.4	8.6	37.2

注：本表按当年价格计算。
a)Data in value terms in this table are calculated at current prices.

19-5 各盟市生产总值指数(2020年)

Indices of Gross Domestic Product by Region(2020)

(上年=100) (preceding year = 100)

地 区	Region	生产总值 Gross Domestic Product	第一产业 Primary Industry	第二产业 Secondary Industry	工 业 Industry	建筑业 Construction	第三产业 Tertiary Industry	人均生产总值 Per Capita GDP
呼和浩特市	Hohhot City	100.2	101.2	101.4	103.8	94.4	99.5	98.8
包头市	Baotou City	103.0	102.0	109.8	107.9	116.1	98.2	102.7
呼伦贝尔市	Hulunbeier City	96.7	100.3	93.9	96.3	85.9	96.3	98.2
兴安盟	Xingan League	103.5	104.1	109.2	111.4	104.8	99.9	105.1
通辽市	Tongliao City	99.1	101.4	95.1	97.9	88.3	100.6	100.1
赤峰市	Chifeng City	101.4	100.8	106.4	103.7	112.2	98.6	101.9
锡林郭勒盟	Xilinguole League	103.4	101.3	109.2	109.4	108.3	98.5	102.5
乌兰察布市	Wulanchabu City	102.4	100.6	108.4	108.9	105.8	97.3	105.4
鄂尔多斯市	Erdos City	97.1	103.1	94.0	93.6	97.6	101.3	96.4
巴彦淖尔市	Bayannaoer City	98.5	103.8	94.3	93.5	97.6	98.7	99.3
乌海市	Wuhai City	102.9	106.1	107.0	107.9	95.2	95.8	102.5
阿拉善盟	Alashan League	103.8	109.5	108.0	110.4	95.7	97.0	102.7

注:本表按可比价格计算。

a)The indices in this table are calculated at comparable prices.

19-6 各盟市年末就业人员

Number of Employed Persons at Year-end

单位：万人 （10 000 persons）

地 区	Region	2016	2017	2018	2019	2020
呼和浩特市	Hohhot City	157.44	159.57	161.34	161.65	162.27
包头市	Baotou City	132.57	132.33	132.04	131.47	130.80
呼伦贝尔市	Hulunbeier City	115.74	114.94	113.92	111.85	109.99
兴安盟	Xingan League	80.18	79.52	78.58	76.66	74.87
通辽市	Tongliao City	176.94	174.44	171.28	164.82	158.70
赤峰市	Chifeng City	240.82	236.60	231.46	220.32	210.02
锡林郭勒盟	Xilinguole League	61.78	62.53	63.22	63.34	63.44
乌兰察布市	Wulanchabu City	104.17	101.17	97.34	89.51	82.08
鄂尔多斯市	Erdos City	115.07	115.45	115.53	115.66	115.75
巴彦淖尔市	Bayannaoer City	98.30	97.24	95.86	93.09	90.53
乌海市	Wuhai City	28.46	28.65	28.85	28.91	28.95
阿拉善盟	Alashan League	14.53	14.56	14.58	14.60	14.62

19-7 各盟市城镇非私营单位就业人员及工资(2020年)

Employment and Wage in Urban Private Units at the Year-end by Region(2020)

地 区	Region	就业人员(人) Engaged Person (person)	#女性 Female	就业人员工资总额(万元) Total Wage of Employed Persons (10 000 yuan)	就业人员平均工资(元) Average Wage of Employed Persons (yuan)
总计	**Total**	**2705553**	**1091295**	**23145398**	**85310**
呼和浩特市	Hohhot City	437896	188448	3741430	86059
包头市	Baotou City	343115	134776	2855797	83392
呼伦贝尔市	Hulunbeier City	296531	115283	2328764	78275
兴安盟	Xingan League	127979	55171	929209	73594
通辽市	Tongliao City	214691	89166	1701156	79441
赤峰市	Chifeng City	302476	135023	2342468	76656
锡林郭勒盟	Xilinguole League	123965	51784	1107554	89933
乌兰察布市	Wulanchabu City	153449	60378	1217925	79427
鄂尔多斯市	Erdos City	337099	130895	3492418	102903
巴彦淖尔市	Bayannaoer City	143638	67235	1173463	77751
乌海市	Wuhai City	76383	29641	674386	88270
阿拉善盟	Alashan League	49997	19839	437938	87170
直报单位	Units of Direct Reporting	98335	13655	1142889	115486

19-8 各盟市城镇私营企业就业人员及工资(2020年)

Employment and Wage in Urban Private Enterprises at the Year-end by Region(2020)

地 区	Region	就业人员(人) Engaged Person (person)	#女性 Female	就业人员工资总额(万元) Total Wage of Employed Persons (10 000 yuan)	就业人员平均工资(元) Average Wage of Employed Persons (yuan)
总计	**Total**	**870262**	**343061**	**4149478**	**47566**
呼和浩特市	Hohhot City	169134	70450	849214	50825
包头市	Baotou City	128071	51983	590682	45731
呼伦贝尔市	Hulunbeier City	57733	22066	221972	40715
兴安盟	Xingan League	27581	11483	117963	41624
通辽市	Tongliao City	59935	24817	243196	41045
赤峰市	Chifeng City	113963	48583	546807	47328
锡林郭勒盟	Xilinguole League	34357	13949	139501	41375
乌兰察布市	Wulanchabu City	53898	18273	259679	48614
鄂尔多斯市	Erdos City	117034	41016	656479	53672
巴彦淖尔市	Bayannaoer City	46521	18250	197651	42717
乌海市	Wuhai City	49624	17523	264202	52771
阿拉善盟	Alashan League	12412	4668	62132	49011

19-9 各盟市城镇年末实有登记失业人数

Number of Registered Unemployed Persons at the Year-end in Urban Areas by Region

单位：人 (person)

地 区	Region	1995	2000	2005	2010	2015	2020
总 计	**Total**	**139713**	**126478**	**177483**	**208110**	**258694**	**300304**
呼和浩特市	Hohhot City	11781	13120	24465	29749	38355	45843
包 头 市	Baotou City	27205	20412	31972	39203	51253	54092
呼伦贝尔市	Hulunbeier City	25887	29283	24601	27855	30368	34804
兴 安 盟	Xingan League	4079	5564	8539	11345	11719	13851
通 辽 市	Tongliao City	12559	8696	15027	16503	17554	21097
赤 峰 市	Chifeng City	14266	14374	21000	25050	28558	30128
锡林郭勒盟	Xilinguole League	4783	4943	7809	9550	12239	13411
乌兰察布市	Wulanchabu City	11337	9155	14271	17039	20379	23435
鄂尔多斯市	Erdos City	5900	3653	9620	7901	22831	27164
巴彦淖尔市	Bayannaoer City	11511	9562	11074	13150	14728	22491
乌 海 市	Wuhai City	8359	5715	6860	7915	7613	10183
阿 拉 善 盟	Alashan League	2046	2001	2245	2850	3097	3805

19-10 各盟市城镇登记失业率

Registered Unemployment Rate in Urban Areas by Region

单位：% (%)

地 区	Region	1995	2000	2005	2010	2015	2020
总 计	**Total**	**3.17**	**3.34**	**4.26**	**3.90**	**3.65**	**3.80**
呼和浩特市	Hohhot City	2.41	3.01	4.29	3.90	3.56	3.74
包 头 市	Baotou City	3.81	3.44	4.14	3.83	3.88	3.88
呼伦贝尔市	Hulunbeier City	4.83	4.24	4.36	4.10	3.81	3.87
兴 安 盟	Xingan League	1.88	2.48	4.30	4.33	3.93	4.34
通 辽 市	Tongliao City	3.14	2.46	4.20	3.93	3.61	3.95
赤 峰 市	Chifeng City	3.13	2.90	4.22	4.18	3.98	4.08
锡林郭勒盟	Xilinguole League	2.77	3.25	4.65	3.70	2.87	3.26
乌兰察布市	Wulanchabu City	3.63	4.01	4.40	4.10	3.94	4.02
鄂尔多斯市	Erdos City	3.13	2.07	3.97	2.21	3.11	3.02
巴彦淖尔市	Bayannaoer City	4.49	3.84	4.25	4.10	3.88	4.33
乌 海 市	Wuhai City	5.12	4.40	4.50	4.30	3.39	3.89
阿 拉 善 盟	Alashan League	4.00	3.46	4.12	3.95	3.16	3.29

19-11 各盟市房地产开发企业(单位)个数及年底从业人员(2020年)

Number of Enterprises for Real Estate Development and Employees at Year-end by Region(2020)

地　区	Region	企业个数（个）Number of Enterprises	内资企业 Domestic Funded Enterprises	港、澳、台投资企业 Funded by Entrepreneurs from Hong Kong Macao & Taiwan	外商投资企业 Foreign Funded Enterprises	年末从业人数（人）Number of Employed Persons	内资企业 Domestic Funded Enterprises	港、澳、台投资企业 Funded by Entrepreneurs from Hong Kong Macao and Taiwan	外商投资企业 Foreign Funded Enterprises
呼和浩特市	Hohhot City	194	194			6214	6214		
包头市	Baotou City	164	163	1		5131	5041	90	
呼伦贝尔市	Hulunbeier City	157	157			2456	2456		
兴安盟	Xingan League	91	91			1333	1333		
通辽市	Tongliao City	156	156			3489	3489		
赤峰市	Chifeng City	237	237			4189	4189		
锡林郭勒盟	Xilinguole League	120	120			1566	1566		
乌兰察布市	Wulanchabu City	128	128			2334	2334		
鄂尔多斯市	Erdos City	183	183			3121	3121		
巴彦淖尔市	Bayannaoer City	84	84			2199	2199		
乌海市	Wuhai City	91	91			945	945		
阿拉善盟	Alashan League	33	33			348	348		

19-12 各盟市按用途分的房地产开发企业(单位)完成投资额(2020年)

Actually Completed Investment of Enterprises for Real Estate Development by Region and by Use(2020)

单位：万元　　(10 000 yuan)

地　区	Region	本年完成投资额 Investment Made This Year	住宅 Residential Buildings	办公楼 Office Buildings	商业营业用房 Houses for Business Use	其他 Others
呼和浩特市	Hohhot City	2468943	1784525	20523	320425	343470
包头市	Baotou City	2409353	1860834	8722	203703	336094
呼伦贝尔市	Hulunbeier City	602885	460052	2594	62089	78150
兴安盟	Xingan League	529442	358696	7592	94639	68515
通辽市	Tongliao City	788478	643080	1819	61134	82445
赤峰市	Chifeng City	2300453	1807851	25296	131973	335333
锡林郭勒盟	Xilinguole League	229543	181436	1552	31562	14993
乌兰察布市	Wulanchabu City	762824	612473	4021	89668	56662
鄂尔多斯市	Erdos City	674175	509039	3633	100419	61084
巴彦淖尔市	Bayannaoer City	605657	531127	1153	45068	28309
乌海市	Wuhai City	249324	215448	30	16505	17341
阿拉善盟	Alashan League	143745	107727	75	23774	12169

19-13 各盟市商品房建筑面积和造价(2020年)

Floor Space of Buildings and Cost in Commercial House by Region(2020)

地 区	Region	房屋施工面积(万平方米) Floor Space of Buildings under Construction (10 000 sq.m)	房屋竣工面积(万平方米) Floor Space of Buildings Completed (10 000 sq.m)	房屋建筑面积竣工率(%) Rate of Floor Space of Buildings Completed (%)	房屋竣工价值(万元) Value of Buildings Completed (10 000 yuan)	房屋竣工造价(元/平方米) Cost of Buildings Completed (yuan/sq.m)
呼和浩特市	Hohhot City	3152.40	158.76	5.04	554088	3490.10
包 头 市	Baotou City	1943.14	137.39	7.07	377287	2746.10
呼伦贝尔市	Hulunbeier City	891.79	67.58	7.58	170062	2516.45
兴 安 盟	Xingan League	746.43	45.53	6.10	99577	2187.06
通 辽 市	Tongliao City	1091.57	77.86	7.13	218480	2806.06
赤 峰 市	Chifeng City	2053.25	111.27	5.42	295478	2655.50
锡林郭勒盟	Xilinguole League	383.67	65.30	17.02	136517	2090.61
乌兰察布市	Wulanchabu City	990.85	16.55	1.67	33682	2035.17
鄂尔多斯市	Erdos City	2179.02	45.30	2.08	170215	3757.51
巴彦淖尔市	Bayannaoer City	1176.34	65.67	5.58	167268	2547.10
乌 海 市	Wuhai City	566.15	37.77	6.67	86294	2284.72
阿拉善盟	Alashan League	136.36	12.30	9.02	23151	1882.20

19-14 各盟市商品房屋销售情况(2020年)

Selling of Commercial Houses by Region(2020)

地 区	Region	商品房销售面积(万平方米) Floor Space of Selling House (10 000 sq. m)	#住宅 Residential Buildings	商品房销售额(万元) Total Sales of Commerical Houses (10 000 yuan)	#住宅 Residential Buildings
呼和浩特市	Hohhot City	413.76	382.27	4551823	4230326
包 头 市	Baotou City	434.05	404.74	2803912	2570518
呼伦贝尔市	Hulunbeier City	139.64	117.78	581955	464676
兴 安 盟	Xingan League	91.37	80.22	406937	336220
通 辽 市	Tongliao City	180.12	166.27	877003	806118
赤 峰 市	Chifeng City	331.32	298.83	2228686	2039575
锡林郭勒盟	Xilinguole League	102.35	90.67	430113	375899
乌兰察布市	Wulanchabu City	95.84	90.45	459326	416040
鄂尔多斯市	Erdos City	89.76	81.85	527545	483974
巴彦淖尔市	Bayannaoer City	109.10	105.13	524846	495660
乌 海 市	Wuhai City	31.51	24.94	158586	120522
阿拉善盟	Alashan League	27.08	24.31	104083	86306

19-15 各盟市一般公共预算收入(2020年)

General Public Budget Revenue by Region(2020)

单位：万元 (10 000 yuan)

地 区	Region	收入合计 Total Revenue	#增值税 Value-added Tax	#企业所得税 Enterprises Income Tax	#个人所得税 Individual Income Tax	#资源税 Resource Tax
呼和浩特市	Hohhot City	2171024	550634	206963	83818	15202
包 头 市	Baotou City	1451783	342502	108139	31460	39812
呼伦贝尔市	Hulunbeier City	797978	179349	72729	19074	78300
兴 安 盟	Xingan League	502767	66770	17572	6476	8057
通 辽 市	Tongliao City	765000	177841	65631	16937	47262
赤 峰 市	Chifeng City	1181800	226760	100136	23203	41884
锡林郭勒盟	Xilinguole	916820	150803	56177	18321	78852
乌兰察布市	Wulanchabu City	563259	129100	23571	11506	5904
鄂尔多斯市	Erdos City	4648771	1023105	400107	186687	616582
巴彦淖尔市	Bayannaoer City	569095	123809	39171	13913	22537
乌 海 市	Wuhai City	540206	166033	42003	19045	78046
阿拉善盟	Alashan League	310682	84491	17488	7374	20335

19-16 各盟市一般公共预算支出(2020年)

General Public Budget Expenditure by Region(2020)

单位：万元 (10 000 yuan)

地 区	Region	支出合计 Total Expenditure	#一般公共服务 General Public Services	教育支出 Expenditure for Education	科学技术 Science and Technology	社会保障和就业 Social Security and Employment	卫生健康 Expenditure for Medical treatment and Health	节能环保 Energy saving and environmental protection	农林水事务 Expenses of Agriculture, Forestry and Water
呼和浩特市	Hohhot City	4385688	408897	590931	45266	536176	318892	147038	451980
包 头 市	Baotou City	3793266	307156	535498	41581	988941	242943	83232	277791
呼伦贝尔市	Hulunbeier City	4664278	381950	541161	12588	970664	415347	165378	742047
兴 安 盟	Xingan League	2869789	203108	389084	8650	476639	218853	62065	615597
通 辽 市	Tongliao City	3859644	290819	538508	10344	700215	350472	56062	764438
赤 峰 市	Chifeng City	6144794	439307	914566	15723	1077777	525606	139022	1069085
锡林郭勒盟	Xilinguole	3046807	301240	337468	8521	401494	215511	58886	558889
乌兰察布市	Wulanchabu City	3876342	339312	410633	6434	883749	320593	106374	696034
鄂尔多斯市	Erdos City	6636807	525741	845027	70864	586237	433507	76950	671179
巴彦淖尔市	Bayannaoer City	3061615	238300	301538	13160	525731	230630	154834	568370
乌 海 市	Wuhai City	1135024	86956	122589	12740	187250	117739	24918	57533
阿拉善盟	Alashan League	1097552	101443	105259	5227	101522	67600	23182	227004

19-17 各盟市金融机构人民币存、贷款余额(2020年)

Saving Deposits and loans of Financial Institutions by Region(End of 2020)

单位：亿元 (100 million yuan)

地 区	Region	金融机构存款 Deposits	#非金融企业存款 Deposit of Non-financial Enterprises	活期 Demand	定期及其他 Time Deposit and others	#住户存款 Household Deposit	活期 Demand	定期及其他 Time Deposit and others
呼和浩特市	Hohhot City	6116.14	2011.87	1066.59	945.28	2623.75	1024.20	1599.55
包头市	Baotou City	3414.43	742.96	365.17	377.79	2054.82	720.76	1334.06
呼伦贝尔市	Hulunbeier City	1894.16	203.80	141.10	62.70	1321.57	526.24	795.33
兴安盟	Xingan League	747.37	95.12	59.96	35.15	510.16	251.94	258.21
通辽市	Tongliao City	1400.45	127.45	95.37	32.07	1040.72	491.27	549.45
赤峰市	Chifeng City	2605.77	329.09	237.75	91.34	1968.31	749.55	1218.76
锡林郭勒盟	Xilinguole League	968.27	143.70	118.87	24.82	654.53	319.53	335.00
乌兰察布市	Wulanchabu City	1355.10	114.41	95.86	18.55	1035.88	384.36	651.52
鄂尔多斯市	Erdos City	4019.92	949.82	556.65	393.17	2406.37	795.24	1611.13
巴彦淖尔市	Bayannaoer City	1186.91	145.18	113.75	31.43	866.16	408.26	457.90
乌海市	Wuhai City	851.90	158.70	84.44	74.26	557.96	193.89	364.07
阿拉善盟	Alashan League	408.86	67.52	56.13	11.38	261.89	79.72	182.16

19-17 续表 Continued

单位：亿元 (100 million yuan)

地 区	Region	金融机构贷款 Loans	#住户贷款 Household Loans	短期贷款 Short-term Loans	中长期贷款 Medium-term & Long-term Loans	#非金融企业及机关团体贷款 Non-financial Enterprises and Organizations Loans	短期贷款 Short-term Loans	中长期贷款 Medium-term & Long-term Loans
呼和浩特市	Hohhot City	8899.58	1695.32	341.48	1353.83	7204.05	1132.04	5633.43
包头市	Baotou City	2503.81	1038.61	295.57	743.04	1465.18	393.73	737.81
呼伦贝尔市	Hulunbeier City	1112.28	376.56	178.38	198.18	735.71	267.14	458.95
兴安盟	Xingan League	659.27	298.93	158.01	140.91	360.34	155.62	203.81
通辽市	Tongliao City	1058.82	494.70	192.83	301.87	564.11	252.37	300.71
赤峰市	Chifeng City	2155.05	1261.68	524.90	736.79	893.36	211.35	676.16
锡林郭勒盟	Xilinguole League	871.36	296.07	159.25	136.82	575.17	105.26	454.44
乌兰察布市	Wulanchabu City	809.27	367.37	226.85	140.53	441.90	94.39	327.03
鄂尔多斯市	Erdos City	3398.72	465.77	280.00	185.77	2932.94	564.41	2218.93
巴彦淖尔市	Bayannaoer City	884.84	523.89	311.95	211.94	360.95	113.07	218.74
乌海市	Wuhai City	527.65	94.66	42.22	52.44	432.99	161.96	184.82
阿拉善盟	Alashan League	368.55	91.48	69.74	21.74	277.08	106.28	164.32

19-18 各盟市银行卡跨行交易情况(2020年)

Inter-bank Bank card transactions by Region(2020)

地 区	Region	银行卡跨行清算笔数（万笔） Inter-bank Liquidation Items(10000 items)		银行卡跨行清算金额（亿元） The amount of Inter-bank Liquidation(100 milllion yuan)	
		自动柜员机 ATM	销售终端 POS	自动柜员机 ATM	销售终端 POS
总 计	**Total**	**1683.63**	**23893.14**	**392.03**	**10525.01**
呼和浩特市	Hohhot City	319.10	5920.04	72.36	3342.74
包 头 市	Baotou City	225.18	4063.58	52.95	1611.86
呼伦贝尔市	Hulunbeier City	149.88	853.93	33.49	369.05
兴 安 盟	Xingan League	91.85	768.35	21.88	333.51
通 辽 市	Tongliao City	157.01	1733.44	34.47	682.44
赤 峰 市	Chifeng City	226.31	2686.92	48.23	974.08
锡林郭勒盟	Xilinguole League	70.32	878.29	17.93	363.88
乌兰察布市	Wulanchabu City	102.04	1068.94	23.58	501.48
鄂尔多斯市	Erdos City	174.88	2292.63	42.47	1112.03
巴彦淖尔市	Bayannaoer City	84.35	1856.86	22.41	702.71
乌 海 市	Wuhai City	47.61	680.64	13.77	267.99
阿 拉 善 盟	Alashan League	33.99	295.39	8.28	129.18
其 他	Others	1.13	794.13	0.22	134.06

注：其他是指在内蒙古自治区内但未进行属地划分的用户交易。

a)Others refer to user transactions within Inner Mongolia Autonomous Region without territorial division.

19-19 各盟市全体居民人均收入情况(2020年)

Per Capita Income of All Residents by Region(2020)

单位：元 (yuan)

地 区	Region	可支配收入 Disposable Income	工资性收入 Income of Wage	经营净收入 Operational Income	第一产业净收入 Net Income of Primary Industry
全 区	**Autonomous Regional Total**	**31497**	**16325**	**8147**	**3814**
呼和浩特市	Hohhot City	39230	19626	9132	3075
包 头 市	Baotou City	45879	28674	6102	1403
呼伦贝尔市	Hulunbeier City	31515	15118	8112	5805
兴 安 盟	Xingan League	21342	9525	6964	4916
通 辽 市	Tongliao City	24508	9660	8956	7048
赤 峰 市	Chifeng City	23663	12067	7200	4037
锡林郭勒盟	Xilinguole League	33495	16690	9632	4065
乌兰察布市	Wulanchabu City	23085	10777	5704	3303
鄂尔多斯市	Erdos City	42374	24701	9617	4053
巴彦淖尔市	Bayannaoer City	27826	11297	11687	8251
乌 海 市	Wuhai City	45133	34133	4019	172
阿 拉 善 盟	Alashan League	39518	22200	9460	2712

19-19 续表 Continued

单位：元 (yuan)

地 区	Region	第二产业净收入 Net income of secondary industry	第三产业净收入 Net income of third industry	财产净收入 Net income of property	转移净收入 Net income of transfer
全 区	**Autonomous Regional Total**	**456**	**3877**	**1624**	**5402**
呼和浩特市	Hohhot City	882	5175	3537	6934
包 头 市	Baotou City	368	4331	4910	6193
呼伦贝尔市	Hulunbeier City		2307	927	7358
兴 安 盟	Xingan League	237	1811	590	4263
通 辽 市	Tongliao City	51	1857	891	5001
赤 峰 市	Chifeng City	523	2640	878	3518
锡林郭勒盟	Xilinguole League	436	5131	1348	5825
乌兰察布市	Wulanchabu City	165	2237	679	5925
鄂尔多斯市	Erdos City	1009	4555	4979	3077
巴彦淖尔市	Bayannaoer City	1051	2385	1002	3840
乌 海 市	Wuhai City	348	3499	1657	5324
阿 拉 善 盟	Alashan League	-60	6808	2208	5650

19-20 各盟市全体居民人均消费支出情况(2020年)

Per Capita Expenditure of All Residents by Region(2020)

单位：元 (yuan)

地 区	Region	消费支出 Consumer spending	食品烟酒 Food, Tobacco and Liquor	衣着 Clothing	居住 Residence	生活用品及服务 Articles for daily use and service	交通和通讯 Transportation and Communications	交通 Transportation
全 区	**Autonomous Regional Total**	**19794**	**5686**	**1568**	**4149**	**1119**	**3099**	**2415**
呼和浩特市	Hohhot City	23904	6639	1672	6299	1230	2882	2167
包 头 市	Baotou City	26632	7616	3009	4514	2277	2591	1943
呼伦贝尔市	Hulunbeier City	18500	5667	1558	3458	1054	2903	2199
兴 安 盟	Xingan League	13908	4043	1150	2764	691	2341	1685
通 辽 市	Tongliao City	15482	4046	1425	2740	940	2527	1613
赤 峰 市	Chifeng City	14671	3908	1214	2635	944	2184	1399
锡林郭勒盟	Xilinguole League	24133	6507	1945	4524	1656	4423	3614
乌兰察布市	Wulanchabu City	13136	4187	1096	2404	641	1744	1236
鄂尔多斯市	Erdos City	25438	6324	2404	5004	1599	4879	4033
巴彦淖尔市	Bayannaoer City	17255	5125	1518	3434	966	2088	1545
乌 海 市	Wuhai City	28152	8402	3998	4121	1997	4314	3615
阿 拉 善 盟	Alashan League	26494	6688	2414	4076	1465	5740	4905

19-20 续表 Continued

单位：元 (yuan)

地 区	Region	通 讯 Communications	教育文化娱乐 Education, Cultural and Entertainment	教 育 Education	文化娱乐 Cultural and Entertainment	医疗保健 Medicine and Medical Service	其它用品和服务 Other Commodities and Services
全　　区	**Autonomous Regional Total**	**685**	**1836**	**1292**	**544**	**1892**	**446**
呼和浩特市	Hohhot City	715	2213	1572	642	2475	494
包　头　市	Baotou City	648	3063	1682	1381	2743	819
呼伦贝尔市	Hulunbeier City	704	1510	1107	403	1838	512
兴　安　盟	Xingan League	656	1470	1095	375	1200	249
通　辽　市	Tongliao City	914	2037	1401	636	1413	354
赤　峰　市	Chifeng City	785	1896	1383	513	1551	339
锡林郭勒盟	Xilinguole League	809	2301	1554	747	2169	608
乌兰察布市	Wulanchabu City	509	1286	972	315	1489	287
鄂尔多斯市	Erdos City	846	2640	1650	990	1820	768
巴彦淖尔市	Bayannaoer City	543	1777	1261	516	1984	363
乌　海　市	Wuhai City	699	3109	1317	1792	1413	799
阿　拉　善　盟	Alashan League	835	3319	2311	1008	2005	787

19-21 各盟市城镇常住居民人均收入情况(2020年)

Per Capita Income of Urban Permanent residents by Region(2020)

单位：元 (yuan)

地 区	Region	可支配收入 Disposable income	工资性收入 Income of wage	经营净收入 Operational income	第一产业净收入 Net income of primary industry
全　　区	**Autonomous Regional Total**	**41353**	**24888**	**7697**	**1002**
呼和浩特市	Hohhot City	49789	26533	8823	126
包　头　市	Baotou City	50981	31863	5557	1166
呼伦贝尔市	Hulunbeier City	36168	22670	3819	738
兴　安　盟	Xingan League	31662	19302	4969	696
通　辽　市	Tongliao City	34782	19387	7095	3416
赤　峰　市	Chifeng City	34770	20613	7728	2329
锡林郭勒盟	Xilinguole League	41391	24161	8409	375
乌兰察布市	Wulanchabu City	33534	20102	5564	408
鄂尔多斯市	Erdos City	50306	32615	8706	1013
巴彦淖尔市	Bayannaoer City	33657	19622	7405	1332
乌　海　市	Wuhai City	45497	34686	3708	
阿　拉　善　盟	Alashan League	44009	27356	9373	1608

19-21 续表 Continued

单位：元 (yuan)

地区	Region	第二产业净收入 Net income of secondary industry	第三产业净收入 Net income of third industry	财产净收入 Net income of property	转移净收入 Net income of transfer
全区	**Autonomous Regional Total**	**737**	**5958**	**2366**	**6401**
呼和浩特市	Hohhot City	1316	7381	5003	9430
包头市	Baotou City	1111	3280	5047	8514
呼伦贝尔市	Hulunbeier City		3081	1125	8554
兴安盟	Xingan League	547	3726	1197	6194
通辽市	Tongliao City	63	3617	1314	6986
赤峰市	Chifeng City	998	4401	1622	4807
锡林郭勒盟	Xilinguole League	585	7449	1762	7059
乌兰察布市	Wulanchabu City	292	4864	1051	6817
鄂尔多斯市	Erdos City	1371	6322	5616	3369
巴彦淖尔市	Bayannaoer City	893	5180	1515	5115
乌海市	Wuhai City	348	3360	1711	5393
阿拉善盟	Alashan League	-85	7850	2464	4816

19-22 各盟市城镇常住居民人均消费支出情况(2020年)

Per Capita Expenditure of Urban Pernanent Residents by Region(2020)

单位：元 (yuan)

地区	Region	消费支出 Consumer spending	食品烟酒 Food, Tobacco and Liquor	衣着 Clothing	居住 Residence	生活用品及服务 Articles for daily use and service	交通和通讯 Transportation and Communications	交通 Transportation
全区	**Autonomous Regional Total**	**23888**	**6691**	**2124**	**5149**	**1473**	**3724**	**2950**
呼和浩特市	Hohhot City	28579	7665	2222	7617	1628	3414	2591
包头市	Baotou City	28957	7818	2982	5328	2258	3851	2926
呼伦贝尔市	Hulunbeier City	20140	6445	1808	3872	1216	2734	2032
兴安盟	Xingan League	18735	5476	1622	3381	1079	2875	1755
通辽市	Tongliao City	18798	4512	2057	3390	1279	2781	1629
赤峰市	Chifeng City	19048	4944	1805	3810	1321	2695	1675
锡林郭勒盟	Xilinguole League	28315	7628	2401	5439	2064	4887	3943
乌兰察布市	Wulanchabu City	16943	5202	1960	2895	911	2332	1727
鄂尔多斯市	Erdos City	29002	7098	3065	5741	1904	5462	4493
巴彦淖尔市	Bayannaoer City	19549	5669	1994	4027	1271	2268	1610
乌海市	Wuhai City	28569	8505	4026	4179	2084	4343	3497
阿拉善盟	Alashan League	28827	7258	2810	4469	1607	6032	5121

19-22 续表 Continued

单位：元 (yuan)

地区	Region	通讯 Communications	教育文化娱乐 Education, Cultural and Entertainment	教育 Education	文化娱乐 Cultural and Entertainment	医疗保健 Medicine and Medical Service	其它用品和服务 Other Commodities and Services
全区	**Autonomous Regional Total**	**774**	**2100**	**1369**	**731**	**2040**	**588**
呼和浩特市	Hohhot City	823	2631	1796	835	2753	649
包头市	Baotou City	925	3594	1904	1690	2142	984
呼伦贝尔市	Hulunbeier City	702	1568	1106	462	1920	577
兴安盟	Xingan League	1120	2219	1604	615	1697	386
通辽市	Tongliao City	1152	2616	1794	822	1682	481
赤峰市	Chifeng City	1020	2203	1531	672	1781	489
锡林郭勒盟	Xilinguole League	944	2617	1659	958	2506	773
乌兰察布市	Wulanchabu City	605	1644	1216	428	1645	353
鄂尔多斯市	Erdos City	969	2958	1762	1196	1819	955
巴彦淖尔市	Bayannaoer City	658	1974	1338	636	1916	430
乌海市	Wuhai City	846	3139	1331	1808	1484	809
阿拉善盟	Alashan League	911	3709	2581	1128	2030	912

19-23 各盟市农村牧区常住居民人均收入情况(2020年)

Per Capita Income of Rural and Pastoral Areas Residents by Region(2020)

单位：元 (yuan)

地区	Region	可支配收入 Disposable income	工资性收入 Income of wage	经营净收入 Operational income	第一产业净收入 Net income of primary industry	农业净收入 Net income of agriculture	牧业净收入 Net income of animal-husbandry
全区	**Autonomous Regional Total**	**16567**	**3353**	**8828**	**8075**	**5009**	**3040**
呼和浩特市	Hohhot City	20489	7368	9681	8308	5882	2431
包头市	Baotou City	20710	6544	11780	8246	5359	2887
呼伦贝尔市	Hulunbeier City	17796	2049	11277	10502	5689	4609
兴安盟	Xingan League	12681	1938	8051	7165	5186	1841
通辽市	Tongliao City	16671	2476	10435	9877	7835	1965
赤峰市	Chifeng City	13740	4432	6728	5722	3917	1805
锡林郭勒盟	Xilinguole League	18864	2846	11897	10902	685	10189
乌兰察布市	Wulanchabu City	13009	2571	5858	5449	3422	2053
鄂尔多斯市	Erdos City	21576	4371	11823	11118	7149	3988
巴彦淖尔市	Bayannaoer City	20684	2896	14789	13510	11246	2069
乌海市	Wuhai City	21812	10521	6018	2719	444	2215
阿拉善盟	Alashan League	23144	3370	9809	6770	2040	4580

19-23 续表 Continued

单位：元 (yuan)

地区	Region	第二产业净收入 Net income of secondary industry	第三产业净收入 Net income of third industry	财产净收入 Net income of property	转移净收入 Net income of transfer
全区	**Autonomous Regional Total**	**30**	**723**	**498**	**3888**
呼和浩特市	Hohhot City	112	1261	935	2505
包头市	Baotou City	166	3368	849	1537
呼伦贝尔市	Hulunbeier City		775	449	4021
兴安盟	Xingan League	247	639	434	2258
通辽市	Tongliao City	43	515	473	3287
赤峰市	Chifeng City	68	938	214	2366
锡林郭勒盟	Xilinguole League	159	836	582	3539
乌兰察布市	Wulanchabu City	13	396	250	4329
鄂尔多斯市	Erdos City	181	524	3058	2324
巴彦淖尔市	Bayannaoer City	116	1163	269	2730
乌海市	Wuhai City	297	3002	824	4449
阿拉善盟	Alashan League	32	3007	1276	8689

19-24 各盟市农村牧区常住居民人均消费支出情况(2020年)

Per Capita Expenditure of rural and pastoral areas permanent residents by Region(2020)

单位：元 (yuan)

地区	Region	消费支出 Consumer spending	食品烟酒 Food, Tobacco and Liquor	衣着 Clothing	居住 Residence	生活用品及服务 Articles for daily use and service	交通和通讯 Transportation and Communications	交通 Transportation
全区	**Autonomous Regional Total**	**13594**	**4164**	**727**	**2633**	**583**	**2152**	**1603**
呼和浩特市	Hohhot City	15165	4720	645	3836	485	1886	1375
包头市	Baotou City	13205	3842	935	2652	611	2339	1684
呼伦贝尔市	Hulunbeier City	14368	3719	953	2440	660	3233	2536
兴安盟	Xingan League	9892	2931	681	1680	451	2048	1577
通辽市	Tongliao City	12679	3777	832	2278	585	2353	1648
赤峰市	Chifeng City	11481	3153	783	1778	669	1812	1230
锡林郭勒盟	Xilinguole League	15824	4280	1040	2706	845	3500	2959
乌兰察布市	Wulanchabu City	9762	3300	530	1681	357	1203	733
鄂尔多斯市	Erdos City	16206	4001	874	3404	773	3275	2769
巴彦淖尔市	Bayannaoer City	15544	4632	995	3109	622	2005	1583
乌海市	Wuhai City	17025	5276	1225	3287	997	2459	1825
阿拉善盟	Alashan League	18135	4646	996	2667	953	4694	4132

19-24 续表 Continued

单位：元 (yuan)

地区	Region	通讯 Communications	教育文化娱乐 Education, Cultural and Entertainment	教育 Education	文化娱乐 Cultural and Entertainment	医疗保健 Medicine and Medical Service	其它用品和服务 Other Commodities and Services
全区	**Autonomous Regional Total**	**549**	**1436**	**1174**	**262**	**1667**	**231**
呼和浩特市	Hohhot City	511	1433	1153	280	1955	205
包头市	Baotou City	655	1320	1108	212	1307	199
呼伦贝尔市	Hulunbeier City	697	1396	1085	311	1613	354
兴安盟	Xingan League	471	1027	852	175	906	168
通辽市	Tongliao City	705	1458	1007	451	1154	242
赤峰市	Chifeng City	582	1673	1289	384	1384	229
锡林郭勒盟	Xilinguole League	541	1673	1344	329	1500	280
乌兰察布市	Wulanchabu City	470	986	793	193	1474	231
鄂尔多斯市	Erdos City	506	1820	1425	395	1780	279
巴彦淖尔市	Bayannaoer City	422	1679	1309	370	2238	264
乌海市	Wuhai City	634	2035	1533	502	1055	692
阿拉善盟	Alashan League	562	1924	1348	576	1918	337

19-25 各盟市乡村人口与从业人员(2020年)

Basic Conditions of Rural Population and Employed Person by Region(2020)

地区	Region	乡村户数(万户) Number of Households (10 000 households)	乡村人口数(万人) Rural Population (10 000 persons)	男 Male	女 Female	乡村从业人员(万人) Number of Rural Employed Person (10 000 persons)	男 Male	女 Female
全区	**Autonomous Regional Total**	**430.37**	**1185.86**	**623.21**	**562.65**	**668.36**	**368.00**	**300.36**
呼和浩特市	Hohhot City	36.19	99.75	52.55	47.20	52.65	29.91	22.74
包头市	Baotou City	20.30	52.94	28.04	24.90	30.91	17.96	12.94
呼伦贝尔市	Hulunbeier City	37.20	94.12	49.66	44.46	49.88	28.67	21.21
兴安盟	Xingan League	34.75	104.75	54.93	49.82	59.97	32.80	27.17
通辽市	Tongliao City	77.87	227.86	118.58	109.28	127.11	68.53	58.58
赤峰市	Chifeng City	109.83	311.40	163.39	148.01	172.31	93.79	78.52
锡林郭勒盟	Xilinguole League	15.77	47.02	24.01	23.02	29.01	15.35	13.66
乌兰察布市	Wulanchabu City	38.48	86.18	46.95	39.23	50.03	28.92	21.11
鄂尔多斯市	Erdos City	25.56	63.13	33.23	29.90	39.08	21.19	17.89
巴彦淖尔市	Bayannaoer City	30.54	88.63	46.74	41.89	51.06	27.62	23.44
乌海市	Wuhai City	0.92	2.44	1.25	1.19	1.85	0.95	0.90
阿拉善盟	Alashan League	2.97	7.63	3.87	3.76	4.53	2.33	2.19

19-26 各盟市农林牧渔业总产值(2020年)

Gross Output Value of Farming, Forestry, Animal Husbandry and Fishery by Region(2020)

单位：万元 (10 000 yuan)

地　区	Region	农林牧渔业总产值 Total	农业 Farming	林业 Forestry	牧业 Animal Husbandry	渔业 Fishery	农林牧渔服务业 Agricultural Services
呼和浩特市	Hohhot City	2233591	755161	26853	1395026	26369	30182
包头市	Baotou City	1882694	668303	8605	1166708	11172	27907
呼伦贝尔市	Hulunbeier City	4953138	2424144	269134	2080210	100301	79350
兴安盟	Xingan League	3200221	1907453	68113	1173545	16623	34487
通辽市	Tongliao City	5110208	3007833	112730	1907862	19718	62065
赤峰市	Chifeng City	5923994	3200323	174598	2435366	25331	88377
锡林郭勒盟	Xilinguole League	2504850	370741	21764	2074465	2747	35133
乌兰察布市	Wulanchabu City	2406611	1021482	65218	1247716	9521	62675
鄂尔多斯市	Erdos City	2303082	1323835	66781	848192	22020	42253
巴彦淖尔市	Bayannaoer City	3807968	2110480	70513	1533212	41296	52467
乌海市	Wuhai City	107521	44188	2807	57205	733	2587
阿拉善盟	Alashan League	289674	156124	10685	114050	2076	6738

注：本表绝对数按当年价格计算。

a)Data in value terms in this table are calculated at current prices.

19-27 各盟市营造林面积(2020年)

Total Area of Afforestation by Region(2020)

单位：万公顷 (10 000 hectares)

地区	Region	营造林面积 Total Area of Afforestation	造林面积 Area of Afforetation	人工造林 Artificial Afforestation	飞播造林 Afforestation by Plane	封山育林 Closing Hill for Afforestation	退化林分修复及人工更新 Restoration of Degraded Forest and Artificial Regeneration	森林抚育 Tending of woods
总计	**Total**	**130.08**	**65.00**	**30.15**	**2.87**	**12.99**	**18.99**	**65.08**
呼和浩特市	Hohhot City	4.04	2.92	1.97		0.20	0.75	1.12
包头市	Baotou City	6.25	5.55	3.49		1.73	0.32	0.70
呼伦贝尔市	Hulunbeier City	8.76	8.43	3.49		3.20	1.73	0.33
兴安盟	Xingan League	12.09	7.83	3.83	0.33	0.13	3.53	4.26
通辽市	Tongliao City	16.60	4.07	2.72		1.05	0.29	12.54
赤峰市	Chifeng City	8.84	7.30	3.66		0.37	3.27	1.53
锡林郭勒盟	Xilinguole League	5.31	3.77	1.23	0.73	1.20	0.61	1.53
乌兰察布市	Wulanchabu City	5.57	3.37	1.98		0.67	0.72	2.20
鄂尔多斯市	Erdos City	7.16	4.04	2.34		1.50	0.20	3.12
巴彦淖尔市	Bayannaoer City	6.40	5.40	0.63	0.33	2.20	2.23	1.00
乌海市	Wuhai City	0.01	0.01	0.01				
阿拉善盟	Alashan League	8.83	8.83	3.53	1.47	0.73	3.10	
大兴安岭	Greater Khingan Range	40.23	3.49	1.25			2.24	36.74

19-28 各盟市农作物播种面积及农业生产条件(2020年)

Sown Area Crops and Basic Conditions of Agricultural Production by Region(2020)

地 区	Region	农作物总播种面积(千公顷) Total Sown Area (10 00 hectares)	#粮食作物播种面积 Sown Area of Grain Crops	#经济作物播种面积 Sown Area of Industrial Crops	有效灌溉面积(千公顷) Irrigated Area (10 00 hectares)	农业机械总动力(万千瓦) Total Power of Agricultural Machinery (10 000 kw)	农村用电量(万千瓦小时) Electricity Consumed in Rural Area (10 000 kwh)	农药使用量(吨) Consumption of Pesticide (ton)	化肥施用量(折纯量)(吨) Consumption of Chemical Fertilizer Purity(ton)
呼和浩特市	Hohhot City	420.62	329.78	90.84	212.70	261.79	57122.21	656.40	137803.59
包 头 市	Baotou City	308.61	197.11	111.50	129.80	146.32	38783.94	794.62	72398.03
呼伦贝尔市	Hulunbeier City	1874.55	1647.51	227.04	331.00	548.09	40217.27	6950.76	246284.85
兴 安 盟	Xingan League	1139.02	1012.49	126.53	357.80	493.15	40211.70	3040.81	268167.17
通 辽 市	Tongliao City	1502.02	1234.86	267.16	644.40	686.98	119620.09	5424.26	588675.24
赤 峰 市	Chifeng City	1422.08	1112.33	309.75	415.90	630.46	284470.76	2244.92	268154.94
锡林郭勒盟	Xilinguole League	238.26	144.10	94.16	37.20	161.48	18713.18	352.44	17109.00
乌兰察布市	Wulanchabu City	662.95	457.56	205.39	161.40	241.15	67253.96	769.33	79923.35
鄂尔多斯市	Erdos City	466.87	316.53	150.34	245.90	270.87	162253.10	1480.39	121416.62
巴彦淖尔市	Bayannaoer City	760.36	360.17	400.19	652.70	582.13	78102.83	1393.79	257412.60
乌 海 市	Wuhai City	5.70	4.33	1.37	7.10	6.53	2178.73	24.69	2899.72
阿拉善盟	Alashan League	81.75	16.38	65.37		28.18	23204.02	293.40	16695.33

19-29 各盟市主要农产品产量(2020年)

Yield of Major Farm Crops by Region(2020)

单位：万吨 (10 000 tons)

地 区	Region	粮食 Grain	谷物 Cereal	#小麦 Wheat	#玉米 Corn	豆类 Beans	薯类 Tubers	油料 Oil-bearing Crops
呼和浩特市	Hohhot City	174.01	159.90	2.70	147.80	1.43	12.68	10.06
包 头 市	Baotou City	112.74	107.80	7.13	96.84	0.09	4.85	12.49
呼伦贝尔市	Hulunbeier City	604.46	390.73	80.41	283.30	189.11	24.62	17.29
兴 安 盟	Xingan League	634.86	602.03	5.31	492.18	31.31	1.53	5.09
通 辽 市	Tongliao City	864.82	851.58	2.75	798.16	10.56	2.68	22.40
赤 峰 市	Chifeng City	611.69	581.56	10.75	434.13	16.82	13.31	17.30
锡林郭勒盟	Xilinguole League	46.48	26.70	7.54	8.94	0.20	19.58	5.19
乌兰察布市	Wulanchabu City	125.82	80.28	19.66	41.78	5.29	40.24	20.65
鄂尔多斯市	Erdos City	196.44	188.90	3.74	180.77	1.51	6.02	10.01
巴彦淖尔市	Bayannaoer City	276.16	275.51	30.28	242.94	0.12	0.53	95.63
乌 海 市	Wuhai City	3.34	3.34	0.14	3.10			0.04
阿拉善盟	Alashan League	13.28	13.27	0.37	12.78		0.01	1.09

19-30 各盟市大牲畜年末数(2020年)

Number of Large Animals at Year-end by Region(2020)

单位：万头 (10 000 heads)

地 区	Region	大牲畜 Large Animals	牛 Cattle and Buffalos	马 Horses	驴 Donkeys	骡 Mules	骆驼 Camels
呼和浩特市	Hohhot City	28.62	26.62	0.34	1.46	0.18	0.02
包 头 市	Baotou City	18.76	14.68	3.12	0.83	0.04	0.09
呼伦贝尔市	Hulunbeier City	104.39	82.63	21.05	0.41	0.01	0.29
兴 安 盟	Xingan League	71.23	60.92	6.29	4.01	0.00	0.00
通 辽 市	Tongliao City	210.67	199.26	5.53	5.69	0.15	0.04
赤 峰 市	Chifeng City	173.27	115.63	10.06	43.25	4.22	0.11
锡林郭勒盟	Xilinguole League	117.82	99.81	16.56	0.32	0.00	1.14
乌兰察布市	Wulanchabu City	28.20	22.16	2.41	2.45	0.61	0.57
鄂尔多斯市	Erdos City	28.75	26.10	1.10	0.87	0.14	0.54
巴彦淖尔市	Bayannaoer City	25.54	18.13	3.61	1.27	0.04	2.48
乌 海 市	Wuhai City	0.97	0.70	0.09	0.15	0.00	0.03
阿拉善盟	Alashan League	17.20	4.47	0.53	0.56	0.01	11.63

19-31 各盟市猪牛羊禽年末存栏、出栏数(2020年)

Number of Hogs,Cattle and Buffaloes,Sheep and Goats, Poultry at Year-end by Region(2020)

单位：万只(头) (10 000 heads)

地 区	Region	羊 Sheep and Goats	生 猪 Hogs	当年出售和自宰肉用羊 Slaughtered Fattened Sheep and Goats	当年出栏肉猪头数 Slaughtered Fattened Hogs	当年出售和自宰肉用牛 Slaughtered Fattened Cattle and Buffaloes	当年出售和自宰家禽 Slaughtered Fattened Poultry
呼和浩特市	Hohhot City	193.31	41.03	342.17	68.26	21.37	375.02
包 头 市	Baotou City	267.04	16.11	423.74	54.81	22.71	380.31
呼伦贝尔市	Hulunbeier City	667.26	34.53	596.94	32.12	53.16	379.18
兴 安 盟	Xingan League	813.86	53.04	838.88	108.65	24.39	1095.99
通 辽 市	Tongliao City	576.43	157.83	447.84	150.44	86.73	1030.56
赤 峰 市	Chifeng City	900.16	139.19	684.86	195.45	65.54	4948.58
锡林郭勒盟	Xilinguole League	588.31	3.47	706.38	4.95	85.09	41.20
乌兰察布市	Wulanchabu City	367.72	36.49	615.76	51.20	12.93	225.31
鄂尔多斯市	Erdos City	836.07	28.29	582.47	40.47	12.23	95.97
巴彦淖尔市	Bayannaoer City	779.64	20.15	1366.74	31.21	10.71	1631.78
乌 海 市	Wuhai City	9.02	1.65	14.86	1.75	0.26	43.09
阿拉善盟	Alashan League	75.35	2.31	53.48	2.75	1.89	5.46

19-32 各盟市主要畜产品产量(2020年)

Output of Major Livestock Products by Region(2020)

单位：（吨） (ton)

地 区	Region	肉类产量 Output of Meat	猪肉 Pork	牛肉 Beef	羊肉 Mutton	禽肉 Poultry	禽蛋产量 Poultry Eggs
呼和浩特市	Hohhot City	152113	51706	36734	54748	7116	32177
包头市	Baotou City	163045	43183	38566	70607	7606	46460
呼伦贝尔市	Hulunbeier City	227919	25941	84756	101480	7594	30273
兴安盟	Xingan League	292388	83506	44275	142610	17470	33725
通辽市	Tongliao City	376054	125959	147814	76134	22034	46703
赤峰市	Chifeng City	514775	167005	110229	116426	99173	336566
锡林郭勒盟	Xilinguole League	277432	4409	139323	120084	663	6071
乌兰察布市	Wulanchabu City	175795	41347	21620	104680	4507	35169
鄂尔多斯市	Erdos City	160317	36419	20236	99019	1868	8273
巴彦淖尔市	Bayannaoer City	315693	29854	15902	232346	32149	21192
乌海市	Wuhai City	5719	1810	655	2526	636	7116
阿拉善盟	Alashan League	18269	2405	2434	9091	97	652

19-32 续表 Continued

单位：（吨） (ton)

地 区	Region	奶类产量 Milk	牛奶产量 Cow Milk	绵羊毛 Sheep Wool	山羊毛 Goat Wool	山羊绒 Cashmere
呼和浩特市	Hohhot City	1595797	1595716	4251	684	294
包头市	Baotou City	669911	669426	4273	694	399
呼伦贝尔市	Hulunbeier City	662475	647780	14063	158	62
兴安盟	Xingan League	434586	434586	18181	1083	247
通辽市	Tongliao City	401854	401854	8618	1399	477
赤峰市	Chifeng City	343337	343280	28169	1723	900
锡林郭勒盟	Xilinguole League	673476	659639	9044	153	136
乌兰察布市	Wulanchabu City	293723	293595	6308	167	123
鄂尔多斯市	Erdos City	281077	250392	14093	5241	3357
巴彦淖尔市	Bayannaoer City	708447	706705	9637	641	564
乌海市	Wuhai City	1927	1927	82	123	17
阿拉善盟	Alashan League	112052	109903	405	269	142

19-33 各盟市规模以上工业企业单位数和工业总产值(2020年)

Number of above Designated Size Industrial Enterprises and Their Gross Output Value by Region(2020)

单位：个、万元 (unit)(10 000 yuan)

地区	Region	规模以上企业 Enterprises above Designated Size		#国有及国有控股企业 State-owned Enterprises	
		企业单位数 Number of Enterprises	总产值（当年价格） Gross Output Value (At Current Prices)	企业单位数 Number of Enterprises	总产值（当年价格） Gross Output Value (At Current Prices)
呼和浩特市	Hohhot City	252	13531864	54	7058584
包头市	Baotou City	460	28081983	101	15457369
呼伦贝尔市	Hulunbeier City	136	5284574	53	3409701
兴安盟	Xingan League	103	2320179	32	813324
通辽市	Tongliao City	233	10342469	58	3113712
赤峰市	Chifeng City	271	11414962	69	6196586
锡林郭勒盟	Xilinguole League	207	6287898	79	4373286
乌兰察布市	Wulanchabu City	279	9033715	69	2169591
鄂尔多斯市	Erdos City	458	37104317	111	17752559
巴彦淖尔市	Bayannaoer City	264	6788102	57	2745618
乌海市	Wuhai City	161	10322395	34	2240486
阿拉善盟	Alashan League	159	4270114	28	974311

注：因有自治区直管企业，所以分盟市企业数之和不等于全区企业数。
a)Due to the autonomous region direct management of enterprises,the total number of enterprises by region is not equal to the number of enterprises in whole region.The same applies to the tables following.

19-33 续表1 Continued

单位：个、万元 (unit)(10 000 yuan)

地区	Region	轻工业 Enterprises of Light Industry		重工业 Enterprises of Heavy Industry	
		企业单位数 Number of Enterprises	总产值（当年价格） Gross Output Value (At Current Prices)	企业单位数 Number of Enterprises	总产值（当年价格） Gross Output Value (At Current Prices)
呼和浩特市	Hohhot City	88	5392955	164	8138908
包头市	Baotou City	41	864766	419	27217217
呼伦贝尔市	Hulunbeier City	33	1096354	103	4188221
兴安盟	Xingan League	36	817035	67	1503144
通辽市	Tongliao City	53	2045027	180	8297442
赤峰市	Chifeng City	78	1835228	193	9579734
锡林郭勒盟	Xilinguole League	52	537890	155	5750008
乌兰察布市	Wulanchabu City	27	463111	252	8570604
鄂尔多斯市	Erdos City	25	353059	433	36751258
巴彦淖尔市	Bayannaoer City	87	1955327	177	4832775
乌海市	Wuhai City			161	10322395
阿拉善盟	Alashan League	10	206791	149	4063323

19-33 续表2 Continued

单位：个、万元 (unit)(10 000 yuan)

地 区	Region	大型企业 Large Enterprises		中型企业 Medium-sized Enterprises		小型企业 Small Enterprises	
		企业单位数 Number of Enterprises	总产值(当年价格) Gross Output Value (At Current Prices)	企业单位数 Number of Enterprises	总产值(当年价格) Gross Output Value (At Current Prices)	企业单位数 Number of Enterprises	总产值(当年价格) Gross Output Value (At Current Prices)
呼和浩特市	Hohhot City	16	7078556	47	3800279	154	2306762
包头市	Baotou City	24	16506642	65	6019345	300	5188827
呼伦贝尔市	Hulunbeier City	8	2582161	27	1828617	80	775215
兴安盟	Xingan League	1	507154	7	730451	66	907534
通辽市	Tongliao City	11	5317142	25	1742129	138	3020321
赤峰市	Chifeng City	16	6121843	38	2310600	192	2904510
锡林郭勒盟	Xilinguole League	6	1445071	25	2171518	113	2297192
乌兰察布市	Wulanchabu City	5	1181101	41	4098779	183	3513334
鄂尔多斯市	Erdos City	36	18349727	94	11133534	279	7290450
巴彦淖尔市	Bayannaoer City	3	929179	25	2444962	191	2975081
乌海市	Wuhai City	12	3203452	36	3896368	100	3122584
阿拉善盟	Alashan League	3	569855	23	1439106	98	1553875

19-34 各盟市规模以上工业企业主要指标(2020年)

Main Indicators of Industrial Enterprises above Designed Size by Region(2020)

单位：万元 (10 000 yuan)

地 区	Region	资产合计 Total Assets	流动资产合计 Circulating Funds	应收账款 Accounts Receivable	负债合计 Total Liabilities
呼和浩特市	Hohhot City	30251298	11736614	2467458	17016134
包头市	Baotou City	57141868	23031662	4693528	34060839
呼伦贝尔市	Hulunbeier City	12473020	3353216	668857	8253174
兴安盟	Xingan League	4813126	1921983	472666	3253690
通辽市	Tongliao City	18227384	6384088	1643285	10536017
赤峰市	Chifeng City	19904444	6840692	1306412	13643422
锡林郭勒盟	Xilinguole League	19275675	4160104	1292145	15302031
乌兰察布市	Wulanchabu City	14288255	4974316	1377497	9917778
鄂尔多斯市	Erdos City	113814480	32918457	4569661	58034938
巴彦淖尔市	Bayannaoer City	11599139	4795848	1548401	7774996
乌海市	Wuhai City	16706156	7327395	1707257	9654121
阿拉善盟	Alashan League	9300951	3819801	613463	6692530

19-35 各盟市规模以上工业企业主要指标(2020年)

Main Indicators of Industrial Enterprises above Designed Size by Region(2020)

单位：万元 (10 000 yuan)

地 区	Region	所有者权益 Creditors Equity	营业收入 Revenue from principal business	营业利润 Operating prifits	利润总额 Total Profits
呼和浩特市	Hohhot City	13151142	21162330	2051046	1972894
包 头 市	Baotou City	23064419	31525911	1379027	1413489
呼伦贝尔市	Hulunbeier City	4219845	5463754	530836	566755
兴 安 盟	Xingan League	1559436	2214101	103107	113995
通 辽 市	Tongliao City	7662142	10899616	820821	843543
赤 峰 市	Chifeng City	6235036	11657648	506713	505436
锡林郭勒盟	Xilinguole League	4131293	6693666	540857	292356
乌兰察布市	Wulanchabu City	4371551	9457745	66743	84558
鄂尔多斯市	Erdos City	55713786	41459433	5917550	6042434
巴彦淖尔市	Bayannaoer City	4060891	7223515	125616	125750
乌 海 市	Wuhai City	7040807	11584305	900778	888780
阿拉善盟	Alashan League	2610882	4704912	228397	228923

19-36 各盟市规模以上工业增加值增速(2020年)

Value-added Growth of Abovescale Industry by Region(2020)

单位：% (%)

地 区	Region	规模以上工业增加值增速 Value-added Growth of Above-scale Industry	#轻工业 Light Industry	重工业 Heavy Industry	#采矿业 Mining	制造业 Manufacturing	电力、燃气及水的生产和供应业 Production and Supply of Electric Power,Gas and Water	#国有及国有控股企业 State-owned or Controlling Share Hold Industry	#大中型企业 Large and Medium sized enterprises
呼和浩特市	Hohhot City	4.6	16.5	-3.2	-29.7	8.5	-2.7	4.3	5.5
包 头 市	Baotou City	11.0	-1.5	11.4	3.0	11.8	15.9	7.2	12.1
呼伦贝尔市	Hulunbeier City	-3.2	-3.1	-3.6	-6.0	4.9	-3.2	-5.2	-4.4
兴 安 盟	Xingan League	14.8	13.2	17.6	50.0	13.4	6.2	11.2	11.0
通 辽 市	Tongliao City	-1.2	7.6	-3.5	-12.6	5.5	-1.8	-3.4	-0.6
赤 峰 市	Chifeng City	6.2	-6.0	7.9	-12.9	17.4	2.6	6.3	9.3
锡林郭勒盟	Xilinguole League	14.2	-3.7	14.7	-0.9	71.6	18.1	5.1	2.9
乌兰察布市	Wulanchabu City	11.2	-0.3	11.1			7.8	13.1	11.7
鄂尔多斯市	Erdos City	-6.0	-20.0	-5.9	-8.9	1.0	0.2	3.6	-2.1
巴彦淖尔市	Bayannaoer City	-6.6	-23.7	-2.4	-16.1	-5.9	4.3	-1.0	-10.9
乌 海 市	Wuhai City	7.7		7.7	5.7	13.9	-1.3	8.6	11.0
阿拉善盟	Alashan League	12.5	-5.9	12.9	0.4	17.2	7.1	0.9	-11.1

19-37 各盟市主要工业产品产量(2020年)
Output of Major Industrial Products by Region(2020)

地区	Region	原煤(万吨) Coal (10 000 tons)	原油(万吨) Crude Oil (10 000 tons)	发电量(亿千瓦小时) Electricity (100 million kwh)	焦炭(万吨) Coke (10 000 tons)	白酒(千升) Liquor (1000 litres)	乳制品(万吨) Dairy Products (10 000 ton)	初级形态塑料(万吨) Primary Plastic (10 000 tons)
呼和浩特市	Hohhot City	471.03		605.55	113.91		154.17	39.66
包头市	Baotou City	1733.94		798.05	630.60	5840.00	37.01	111.45
呼伦贝尔市	Hulunbeier City	8798.22	37.94	381.18		21.40	1.36	
兴安盟	Xingan League	1585.51		98.75			12.07	
通辽市	Tongliao City	4907.57		627.28		3093.60	18.02	0.18
赤峰市	Chifeng City	1773.28	4.33	358.77	141.95	1343.30	12.57	
锡林郭勒盟	Xilinguole League	10971.94	77.91	600.52		11390.00	9.93	33.47
乌兰察布市	Wulanchabu City			529.91			24.90	26.18
鄂尔多斯市	Erdos City	65834.31	2.57	1233.55	888.96	449.00		504.05
巴彦淖尔市	Bayannaoer City	39.52	2.69	236.72	288.68	3712.00	67.26	
乌海市	Wuhai City	5249.11		219.95	1579.12			86.82
阿拉善盟	Alashan League	1186.43		120.71	579.31			58.34

19-37 续表 Continued

地区	Region	化肥(万吨) Chemical Fertilizer (10 000 tons)	水泥(万吨) Cement (10 000 tons)	单晶硅(万吨) Monocrystalline Silicon (10 000 tons)	多晶硅(万吨) Polycrystalline silicon (10 000 tons)	生铁(万吨) Pig Iron (10 000 tons)	粗钢(万吨) Crude Steel (10 000 tons)	钢材(万吨) Rolled Steel (10 000 tons)	铁合金(万吨) Ferroalloy (10 000 tons)
呼和浩特市	Hohhot City	25.53	489.06	13.38					6.32
包头市	Baotou City	0.79	339.53	2.90	4.41	2000.70	2129.80	2021.78	27.76
呼伦贝尔市	Hulunbeier City	59.58	283.67						
兴安盟	Xingan League	26.86	193.55			155.00	160.01	154.76	
通辽市	Tongliao City	1.47	354.99						14.90
赤峰市	Chifeng City	39.76	524.90				465.46	405.27	2.88
锡林郭勒盟	Xilinguole League		173.97						25.65
乌兰察布市	Wulanchabu City	1.94	337.03						745.70
鄂尔多斯市	Erdos City	264.59	501.75		0.97		133.67	90.64	184.78
巴彦淖尔市	Bayannaoer City	0.86	136.52		0.87			6.04	51.91
乌海市	Wuhai City	2.79	175.00	1.32	0.04	220.70	230.92	205.43	39.01
阿拉善盟	Alashan League		100.91			4.44			27.80

注：化肥为农用氮磷钾化肥折纯量。

a)Chemical fertilizer is the purity of N,P,K fertilizer for agriculture.

19-38 各盟市建筑业企业情况(2020年)

Main Indicators on Construction Enterprises by Region(2020)

地 区	Region	建筑业企业情况 Main Indicators on Construction Enterprises by Region			房屋建筑面积（万平方米） Floor Space of Building Construction		
		企业单位数(个) Enterprises (unit)	从业人员(人) Persons Employed (person)	建筑业总产值(万元) Gross Output Value (10 000 yuan)	施工面积 Floor Space Under Construction	竣工面积 Floor Space Completed	#住宅 Residential Buildings
呼和浩特市	Hohhot City	176	30476	2124024	816.26	125.35	85.44
包头市	Baotou City	118	35053	3249844	3135.29	146.74	108.47
呼伦贝尔市	Hulunbeier City	72	10433	376558	217.49	104.24	84.02
兴安盟	Xingan League	45	8232	503817	150.73	55.19	35.13
通辽市	Tongliao City	116	11035	431513	166.86	41.48	38.73
赤峰市	Chifeng City	178	36283	2008916	1395.98	477.76	397.61
锡林郭勒盟	Xilinguole League	56	4657	189469	90.70	48.00	41.05
乌兰察布市	Wulanchabu City	66	6960	306782	183.81	88.64	45.72
鄂尔多斯市	Erdos City	188	14404	1191892	246.13	138.80	81.29
巴彦淖尔市	Bayannaoer City	76	15398	573088	418.16	153.66	145.19
乌海市	Wuhai City	42	5292	232275	136.06	25.52	19.32
阿拉善盟	Alashan League	38	1948	156237	59.19	5.61	3.18

注：该表数据包含具有总承包和专业承包资质的建筑业法人单位。
a)Date in this chapter include the construction legal entities with general contracting and professional contracting qualifications.

19-39 各盟市年末公路运输线路长度和运量(2020年)

Length of Highways for Transportation Routes and Traffic by Region(End of 2020)

地 区	Region	公路里程(公里) Total Length of Highways (km)	等级路 Expressway &Class I to IV Highway	等外路 Highway Below Class IV	客运量(万人) Passenger Traffic (10 000 persons)	旅客周转量(万人公里) Passenger-Kilometers (10 000 passenger-km)	货运量(万吨) Freight Traffic (10 000 tons)	货物周转量(万吨公里) Freight Ton -Kilometers (10 000 ton-km)
呼和浩特市	Hohhot City	7773	7589	184	148	41454	11121	1473338
包头市	Baotou City	9568	9247	321	185	29577	10262	1797681
呼伦贝尔市	Hulunbeier City	28789	28110	679	334	50386	6508	1258278
兴安盟	Xingan League	13891	13850	41	141	28682	1614	220213
通辽市	Tongliao City	22497	21947	550	579	75971	7498	921724
赤峰市	Chifeng City	28469	28403	66	1019	109440	16862	2198581
锡林郭勒盟	Xilinguole League	22515	22515	0	104	33839	3499	528833
乌兰察布市	Wulanchabu City	17160	17160	0	75	9480	9343	2455854
鄂尔多斯市	Erdos City	24294	23900	394	327	64149	23937	4281966
巴彦淖尔市	Bayannaoer City	23130	20462	2668	230	30016	9691	2507328
乌海市	Wuhai City	1159	1159	0	56	11689	5355	507046
阿拉善盟	Alashan League	10972	10972	0	25	9288	3313	737039

19-40 各盟市邮政业务基本情况(2020年)

Basic Conditions of Post Services by Region(2020)

地 区	Region	邮政业务总量(万元) Business Volume of Post Service (10 000 yuan)	函 件(万件) Number of Letters (10 000 Pcs)	报刊期发数(万份) Newspapers and Magazines Circulation (10 000 copies)	邮政局所总数(处) Number of Post and Telecommunications Offices (unit)
呼和浩特市	Hohhot City	200166	479	29	119
包 头 市	Baotou City	72126	15	17	112
呼伦贝尔市	Hulunbeier City	46899	22	17	193
兴 安 盟	Xingan League	22939	11	8	111
通 辽 市	Tongliao City	47950	13	18	140
赤 峰 市	Chifeng City	90655	41	25	264
锡林郭勒盟	Xilinguole League	23797	6	13	121
乌兰察布市	Wulanchabu City	34165	6	13	140
鄂尔多斯市	Erdos City	29923	15	18	106
巴彦淖尔市	Bayannaoer City	50569	9	14	137
乌 海 市	Wuhai City	11873	4	5	30
阿 拉 善 盟	Alashan League	5757	2	5	39

19-41 各盟市社会消费品零售总额(2020年，按销售单位所在地分)

Total Retail Sale of Consumer Goods by Location of Retailers by Region(2020)

单位：万元 (10 000 yuan)

地 区	Region	社会消费品零售总额 Total Retail Sales of Consumer Goods	城 镇 Cities and towns	城 区 Cities	镇 区 Towns	乡 村 Villages
呼和浩特市	Hohhot City	10329350	9212263	6953935	2258328	1117087
包 头 市	Baotou City	9877995	9405669	6676287	2729382	472325
呼伦贝尔市	Hulunbeier City	3014241	2612992	1871637	741354	401250
兴 安 盟	Xingan League	1568723	1332704	894659	438046	236019
通 辽 市	Tongliao City	3075741	2706376	1871100	835277	369365
赤 峰 市	Chifeng City	5834196	4699698	3558278	1141420	1134497
锡林郭勒盟	Xilinguole League	1988699	1746099	1194992	551107	242600
乌兰察布市	Wulanchabu City	2287891	1924555	826576	1097979	363336
鄂尔多斯市	Erdos City	5654659	4928329	3528534	1399795	726330
巴彦淖尔市	Bayannaoer City	2183773	1759065	894527	864539	424708
乌 海 市	Wuhai City	1277663	1277663	1185394	92269	
阿 拉 善 盟	Alashan League	511616	452736	249547	203189	58880

19-42 各盟市商品销售额（营业额）(2020年，按行业分)

Sale of Commodities Goods(Turnover) by Sector by Region(2020)

单位：万元 (10 000 yuan)

地 区	Region	批发业 Whole-sale Trade	零售业 Retail Sale Trade	住宿业 Hotels Trade	餐饮业 Catering Trade
呼和浩特市	Hohhot City	9936276	6849599	179952	843811
包头市	Baotou City	11606610	6978366	101864	1205843
呼伦贝尔市	Hulunbeier City	4783903	1868821	100731	271985
兴安盟	Xingan League	2095379	1161300	29978	174370
通辽市	Tongliao City	3277842	2638061	55944	336539
赤峰市	Chifeng City	4908886	4241599	96268	375690
锡林郭勒盟	Xilinguole League	2064807	1484434	70916	212019
乌兰察布市	Wulanchabu City	1143659	1564335	36086	275520
鄂尔多斯市	Erdos City	25628136	4111870	80783	738933
巴彦淖尔市	Bayannaoer City	3750071	1459881	23020	260196
乌海市	Wuhai City	2092768	1086423	12237	90959
阿拉善盟	Alashan League	1842002	374553	32687	53386

19-43 各盟市限额以上批发零售贸易、住宿餐饮业法人企业(2020年)

Number of Corporation Units above Designated Size in Wholesale and Retail Sale, Catering Trades (2020)

单位：个 (unit)

地 区	Region	合计 Total	批发业 Wholesale Trade	零售业 Retail Trade	住宿业 Hotels	餐饮业 Catering Trade
呼和浩特市	Hohhot City	546	210	222	68	46
包头市	Baotou City	502	221	202	34	45
呼伦贝尔市	Hulunbeier City	277	125	97	40	15
兴安盟	Xingan League	84	32	38	10	4
通辽市	Tongliao City	236	128	81	15	12
赤峰市	Chifeng City	216	80	90	33	13
锡林郭勒盟	Xilinguole League	137	59	45	21	12
乌兰察布市	Wulanchabu City	125	41	57	11	16
鄂尔多斯市	Erdos City	376	153	141	45	37
巴彦淖尔市	Bayannaoer City	163	98	45	8	12
乌海市	Wuhai City	154	90	44	11	9
阿拉善盟	Alashan League	68	32	15	15	6

19-44 各盟市限额以上批发零售贸易、住宿餐饮业产业活动单位及个体户(2020年)

Number of Active Units above Designated Size in Wholesale, Retail Sale, Catering and Trades and Self-employed (2020)

单位：个 (unit)

地区	Region	合计 Total	批发业 Wholesale Trade	零售业 Retail Trade	住宿业 Hotels	餐饮业 Catering Trade
呼和浩特市	Hohhot City	89	3	7	11	68
包头市	Baotou City	166	1	25	8	132
呼伦贝尔市	Hulunbeier City	27		2	5	20
兴安盟	Xingan League	28		15	3	10
通辽市	Tongliao City	44		20	4	20
赤峰市	Chifeng City	44		14	7	23
锡林郭勒盟	Xilinguole League	37		14	3	20
乌兰察布市	Wulanchabu City	47		19	2	26
鄂尔多斯市	Erdos City	75		22	11	42
巴彦淖尔市	Bayannaoer City	32		9	7	16
乌海市	Wuhai City	24	1	3	3	17
阿拉善盟	Alashan League	17		9	2	6

19-45 各盟市限额以上批发零售贸易、住宿餐饮业企业及个体户从业人员(2020年)

Number of Persons Engaged in Enterprises above Designated Size in Wholesale ,Retail Sale and Self-employed Catering Trades (2020)

单位：人 (person)

地区	Region	合计 Total	批发业 Wholesale Trade	零售业 Retail Trade	住宿业 Hotels	餐饮业 Catering Trade
呼和浩特市	Hohhot City	44030	10020	19809	5105	9096
包头市	Baotou City	29307	5848	13421	2688	7350
呼伦贝尔市	Hulunbeier City	13817	3774	5770	2500	1773
兴安盟	Xingan League	5112	1366	2484	460	802
通辽市	Tongliao City	12457	3469	6700	1155	1133
赤峰市	Chifeng City	16347	3964	8314	2500	1569
锡林郭勒盟	Xilinguole League	6532	1191	2914	1265	1162
乌兰察布市	Wulanchabu City	8767	1582	4231	807	2147
鄂尔多斯市	Erdos City	23759	6831	8249	3354	5325
巴彦淖尔市	Bayannaoer City	8804	4450	2308	486	1560
乌海市	Wuhai City	4989	1140	2259	531	1059
阿拉善盟	Alashan League	3233	542	1078	1274	339

19-46 各盟市限额以上批发零售贸易业企业及个体户商品销售总额(2020年)

Total Sales of Enterprise above Designated Size in Wholesale, Retail Sale Trades Self-employed(2020)

单位：万元 (10 000 yuan)

地 区	Region	销售总额 Total Sales	批发 Wholesale Trade	零售 Retail Trade
呼和浩特市	Hohhot City	10638874	7569604	3069270
包头市	Baotou City	10557572	8764000	1793573
呼伦贝尔市	Hulunbeier City	1471535	1161798	309737
兴安盟	Xingan League	3030601	1913811	1116789
通辽市	Tongliao City	3381312	2500397	880915
赤峰市	Chifeng City	18413686	16775204	1638482
锡林郭勒盟	Xilinguole League	3475423	2718494	756929
乌兰察布市	Wulanchabu City	2273552	1901662	371889
鄂尔多斯市	Erdos City	1058088	725556	332532
巴彦淖尔市	Bayannaoer City	1511689	1092919	418770
乌海市	Wuhai City	1668924	1281178	387747
阿拉善盟	Alashan League	998061	869603	128458

19-47 各盟市限额以上批发零售贸易企业主要财务指标(2020年)

Main Financial Indicators of Enterprises above Designated Size in Wholesale and Retail by Region(2020)

单位：万元 (10 000 yuan)

地 区	Region	营业收入 Business Revenue	营业成本 Business Cost	税金及附加 Business Tax and Surcharges	销售费用 selling expenses	营业利润 Operating profit
呼和浩特市	Hohhot City	9487157	8594804	79305	512274	145643
包头市	Baotou City	8911931	8370598	71140	246180	120393
呼伦贝尔市	Hulunbeier City	3130686	2827478	39117	138075	45664
兴安盟	Xingan League	1416875	1327088	19274	56166	14844
通辽市	Tongliao City	3154326	2833713	39107	139594	31520
赤峰市	Chifeng City	2726699	2419545	39507	137882	54678
锡林郭勒盟	Xilinguole League	1484550	1360640	18888	60393	14971
乌兰察布市	Wulanchabu City	968178	843998	36045	45690	-33801
鄂尔多斯市	Erdos City	16888235	15662320	90411	817679	57942
巴彦淖尔市	Bayannaoer City	2070761	1875696	32877	103132	68792
乌海市	Wuhai City	1338328	1227228	13926	60143	-6056
阿拉善盟	Alashan League	944047	894441	6709	20335	431

19-48 各盟市限额以上住宿和餐饮企业主要财务指标(2020年)

Main Financial Indicators of Enterprises above Designated Size in Catering Trade by Region(2020)

单位：万元 (10 000 yuan)

地 区	Region	营业收入 Sales Revenue	营业成本 Cost of Sales	营业税金及附加 Business Tax and Surcharges	销售费用 Selling Expenses	营业利润 Operating Profit
呼和浩特市	Hohhot City	164530	62175	1368	65125	-17172
包 头 市	Baotou City	123272	66317	388	41211	-15632
呼伦贝尔市	Hulunbeier City	41971	15616	443	23902	-12846
兴 安 盟	Xingan League	9753	3838	133	2241	-2335
通 辽 市	Tongliao City	21284	9336	270	5495	-1420
赤 峰 市	Chifeng City	40585	18691	153	13667	-5710
锡林郭勒盟	Xilinguole League	20855	8119	128	7463	-5068
乌兰察布市	Wulanchabu City	19661	8846	49	5153	-1081
鄂尔多斯市	Erdos City	96058	41594	330	31896	-13618
巴彦淖尔市	Bayannaoer City	17635	7530	133	5101	-1020
乌 海 市	Wuhai City	14772	4317	55	7049	-2100
阿 拉 善 盟	Alashan League	18432	9514	70	3626	-3309

19-49 各盟市海关进出口总值(2020年)

Total Imports & Exports by Region(2020)

地 区	Region	按人民币计算(亿元) (RMB 100 million yuan)			按美元计算(亿美元) (USD 100 million)		
		进出口总额 Total Imports & Exports	出口总额 Total Exports	进口总额 Total Imports	进出口总额 Total Imports & Exports	出口总额 Total Exports	进口总额 Total Imports
呼和浩特市	Hohhot City	147.01	72.37	74.64	21.27	10.47	10.80
包 头 市	Baotou City	158.26	65.79	92.46	22.87	9.49	13.39
呼伦贝尔市	Hulunbeier City	160.96	35.03	125.93	23.18	5.05	18.13
兴 安 盟	Xingan League	1.37	0.50	0.87	0.21	0.07	0.13
通 辽 市	Tongliao City	33.43	27.49	5.94	4.81	3.97	0.85
赤 峰 市	Chifeng City	101.49	27.22	74.26	14.66	3.92	10.75
锡林郭勒盟	Xilinguole League	121.66	17.88	103.78	17.48	2.58	14.90
乌兰察布市	Wulanchabu City	30.05	25.27	4.78	4.34	3.65	0.69
鄂尔多斯市	Erdos City	45.98	24.03	21.95	6.65	3.47	3.18
巴彦淖尔市	Bayannaoer City	209.16	42.21	166.95	30.26	6.10	24.16
乌 海 市	Wuhai City	5.94	5.13	0.81	0.86	0.74	0.12
阿 拉 善 盟	Alashan League	36.33	6.14	30.19	5.25	0.89	4.36

19-50 各盟市入境旅游人数和外汇收入(2020年)

Number of Foreign Tourists and Foreign Exchange Earnings by Region(2020)

地 区	Region	入境旅游人数(人次) Total Number of International Tourists Inbound (person-times)	旅游外汇收入(万美元) Earnings from International Tourism (USD 10 000)
呼和浩特市	Hohhot City	25264	933.68
包 头 市	Baotou City	11001	425.36
呼伦贝尔市	Hulunbeier City	21203	894.77
兴 安 盟	Xingan League	378	14.95
通 辽 市	Tongliao City	463	18.31
赤 峰 市	Chifeng City	768	30.37
锡林郭勒盟	Xilinguole League	16486	650.08
乌兰察布市	Wulanchabu City	1020	40.33
鄂尔多斯市	Erdos City	10111	387.46
巴彦淖尔市	Bayannaoer City	100	3.95
乌 海 市	Wuhai City		
阿 拉 善 盟	Alashan League	39	1.54

19-51 各地区旅行社单位数和国内旅游情况(2020年末)

Number of Travel Agencies and Domestic Tourism by Region (End of 2020)

地 区	Region	旅行社数(个) Total Number of Travel Agencies (unit)	国内旅游人数(万人次) Number of Tourists (10 000 person times)	国内旅游收入(亿元) Earnings (100 million yuan)
总 计	**Autonomous Regional Total**	**1202**	**12494.39**	**2404.06**
呼和浩特市	Hohhot City	297	1820.36	408.74
包 头 市	Baotou City	89	1185.62	234.61
呼伦贝尔市	Hulunbeier City	379	781.16	192.18
兴 安 盟	Xingan League	59	681.10	122.94
通 辽 市	Tongliao City	32	1158.32	223.11
赤 峰 市	Chifeng City	87	1383.92	266.13
锡林郭勒盟	Xilinguole League	51	895.77	179.86
乌兰察布市	Wulanchabu City	44	1258.66	195.40
鄂尔多斯市	Erdos City	103	1580.84	320.59
巴彦淖尔市	Bayannaoer City	22	658.10	96.21
乌 海 市	Wuhai City	16	429.08	57.09
阿 拉 善 盟	Alashan League	23	661.48	107.20

19-52 各地区星级宾馆个数(2020年末)

Number of Stars Hotels by Region (End of 2020)

单位：个 (unit)

地 区	Region	星级宾馆个数 Total Number of Stars Hotels	五星级 Five Stars	四星级 Four Stars	三星级 Three Stars	二星级 Two Stars
总 计	**Autonomous Regional Total**	**235**	**12**	**40**	**122**	**61**
呼和浩特市	Hohhot City	24	5	8	6	5
包 头 市	Baotou City	18	2	4	10	2
呼伦贝尔市	Hulunbeier City	39	1	6	23	9
兴 安 盟	Xingan League	19		1	11	7
通 辽 市	Tongliao City	18	1		10	7
赤 峰 市	Chifeng City	26		5	11	10
锡林郭勒盟	Xilinguole League	17	1	1	12	3
乌兰察布市	Wulanchabu City	15		1	8	6
鄂尔多斯市	Erdos City	28	2	9	16	1
巴彦淖尔市	Bayannaoer City	12		1	6	5
乌 海 市	Wuhai City	2				2
阿拉善盟	Alashan League	17		4	9	4

19-53 各盟市普通高等学校基本情况(2020年)

Basic Statistics on Higher Education by Region(2020)

地 区	Region	学校数(所) Number of Schools (unit)	毕业生数(人) Number of Graduates (person)	招生数(人) New Student Enrollment (person)	在校学生数(人) Student Enrollment (person)	教职工数(人) Number of Staff and Teachers (person)	#专任教师 Full-time Teachers
总 计	**Total**	**54**	**130772**	**151812**	**486647**	**41887**	**28025**
呼和浩特市	Hohhot City	24	66852	74971	248552	19728	13122
包 头 市	Baotou City	5	21649	24428	80362	6604	4683
呼伦贝尔市	Hulunbeier City	4	5878	7071	23132	2611	1734
兴 安 盟	Xingan League	1	1892	2374	8442	623	442
通 辽 市	Tongliao City	3	7523	10124	32169	3039	1937
赤 峰 市	Chifeng City	5	7178	7791	24089	2944	1991
锡林郭勒盟	Xilinguole League	1	3243	3471	10332	1218	630
乌兰察布市	Wulanchabu City	3	7092	9877	25745	1769	1286
鄂尔多斯市	Erdos City	4	3587	5362	14580	1362	1058
巴彦淖尔市	Bayannaoer City	2	3694	3757	11069	1257	642
乌 海 市	Wuhai City	1	1684	1966	6362	341	276
阿拉善盟	Alashan League	1	500	620	1813	391	224

注：毕业生数、招生数、在校学生数不包括成人高校附设普通班学生数。

a)The number of graduates,new student enrollment and student enrollment except the number of students of orordinary classes attached adult Colleages.

19-54 各盟市成人高等学校基本情况(2020年)
Basic Statistics on Adult Education by Region(2020)

地 区	Region	学校数(所) Number of Schools (unit)	毕业生数(人) Number of Graduates (person)	招生数(人) New Student Enrollment (person)	在校学生数(人) Student Enrollment (person)	教职工数(人) Number of Staff and Teachers (person)	#专任教师 Full-time Teachers
总 计	**Total**	**55**	**7984**	**10097**	**21444**	**411**	**215**
呼和浩特市	Hohhot City	25	4183	5104	10931	411	215
包 头 市	Baotou City	5	877	936	2715		
呼伦贝尔市	Hulunbeier City	4	797	306	1677		
兴 安 盟	Xingan League	1					
通 辽 市	Tongliao City	3	219	345	608		
赤 峰 市	Chifeng City	5	1227	2538	3889		
锡林郭勒盟	Xilinguole League	1	60	125	220		
乌兰察布市	Wulanchabu City	3	63	187	309		
鄂尔多斯市	Erdos City	4					
巴彦淖尔市	Bayannaoer City	2	558	556	997		
乌 海 市	Wuhai City	1			98		
阿 拉 善 盟	Alashan League	1					

注：毕业生数、招生数,在校学生数中包含普通高校附设成人班学生数。
a)Number of graduates and new student enrollment and student enrodment include the number of students of ordinary classes attached adult colleges.

19-55 各盟市中等专业学校基本情况(2020年)
Basic Statistics on Specialized Secondary Schools by Region(2020)

地 区	Region	学校数(所) Number of Schools (unit)	毕业生数(人) Number of Graduates (person)	招生数(人) New Student Enrollment (person)	在校学生数(人) Student Enrollment (person)	教职工数(人) Number of Staff and Teachers (person)	#专任教师 Full-time Teacher
总 计	**Total**	**72**	**27944**	**27318**	**74395**	**5366**	**3822**
呼和浩特市	Hohhot City	40	8806	8056	22871	1768	1107
包 头 市	Baotou City	13	6234	5838	15198	1284	911
呼伦贝尔市	Hulunbeier City	3	2054	1722	5288	291	201
兴 安 盟	Xingan League	2	992	707	2330	135	117
通 辽 市	Tongliao City	3	919	1426	3428	390	346
赤 峰 市	Chifeng City	2	2414	3293	7526	317	231
锡林郭勒盟	Xilinguole League		1788	1514	4820		
乌兰察布市	Wulanchabu City	3	555	409	1281	262	203
鄂尔多斯市	Erdos City	1	1891	1567	4345	272	242
巴彦淖尔市	Bayannaoer City	4	1083	1127	3288	439	325
乌 海 市	Wuhai City	1	971	1176	2783	208	139
阿 拉 善 盟	Alashan League		237	483	1237		

注：本表数据不包含成人中专。
a)Data in this table exclude adult specialized secondary schools.

19-56 各盟市普通中学基本情况(2020年)
Basic Statistics on Regular Secondary Schools by Region(2020)

地区	Region	学校数(所) Number of Schools (unit)	毕业生数(人) Number of Graduates (person)	初中 Junior Secondary Schools	高中 Senior Secondary Schools	招生数(人) New Student Enrollment (person)	初中 Junior Secondary Schools	高中 Senior Secondary Schools
总计	**Total**	**1016**	**364902**	**222230**	**142672**	**362984**	**219883**	**143101**
呼和浩特市	Hohhot City	119	49714	29708	20006	49622	29823	19799
包头市	Baotou City	97	37382	22889	14493	36335	22491	13844
呼伦贝尔市	Hulunbeier City	158	29098	18580	10518	29458	17516	11942
兴安盟	Xingan League	78	23093	14621	8472	23566	14391	9175
通辽市	Tongliao City	141	52866	30435	22431	51179	29562	21617
赤峰市	Chifeng City	145	71091	44174	26917	69190	41620	27570
锡林郭勒盟	Xilinguole League	38	16128	9212	6916	15674	9671	6003
乌兰察布市	Wulanchabu City	74	25286	14506	10780	24119	13587	10532
鄂尔多斯市	Erdos City	78	29664	19334	10330	34615	22836	11779
巴彦淖尔市	Bayannaoer City	49	19289	12165	7124	18170	11962	6208
乌海市	Wuhai City	22	8084	4856	3228	7970	4613	3357
阿拉善盟	Alashan League	17	3207	1750	1457	3086	1811	1275

19-56 续表 Continued

地区	Region	在校学生数(人) Student Enrollment (person)	初中 Junior Secondary	高中 Senior Secondary	教职工数(人) Number of Staff and Teachers (person)	#专任教师 Full-time Teacher
总计	**Total**	**1067501**	**661608**	**405893**	**137043**	**98368**
呼和浩特市	Hohhot City	146833	89442	57391	16757	11004
包头市	Baotou City	106552	67068	39484	13079	10346
呼伦贝尔市	Hulunbeier City	88077	55031	33046	15331	10055
兴安盟	Xingan League	68042	43044	24998	9723	7143
通辽市	Tongliao City	155712	91056	64656	18218	13303
赤峰市	Chifeng City	204840	126313	78527	23754	17766
锡林郭勒盟	Xilinguole League	45714	28685	17029	5577	4489
乌兰察布市	Wulanchabu City	70800	41255	29545	10277	6674
鄂尔多斯市	Erdos City	93291	63557	29734	11889	9146
巴彦淖尔市	Bayannaoer City	55222	36379	18843	7689	4869
乌海市	Wuhai City	23040	14180	8860	3092	2335
阿拉善盟	Alashan League	9378	5598	3780	1657	1238

19-57 各盟市职业高中基本情况(2020年)

Basic Statistics on Vocational Secondary Schools by Region(2020)

地 区	Region	学校数(所) Number of Schools (unit)	毕业生数(人) Number of Graduates (person)	招生数(人) New Student Enrollment (person)	在校学生数(人) Student Enrollment (person)	教职工数(人) Number of Staff and Teachers (person)	#专任教师 Full-time Teacher
总　　计	Total	106	26255	38963	95429	11049	8482
呼和浩特市	Hohhot City	13	2380	2837	6910	1184	819
包　头　市	Baotou City	2	687	664	2184	221	173
呼伦贝尔市	Hulunbeier City	13	2350	3298	8128	928	738
兴　安　盟	Xingan League	8	2266	4114	9385	715	611
通　辽　市	Tongliao City	11	2565	4756	10640	737	595
赤　峰　市	Chifeng City	25	6854	11450	27352	2852	2167
锡林郭勒盟	Xilinguole League	9	824	1704	4231	902	729
乌兰察布市	Wulanchabu City	12	1942	2592	6736	1249	895
鄂尔多斯市	Erdos City	7	2902	3314	8647	1173	954
巴彦淖尔市	Bayannaoer City	4	3462	4078	10684	1041	759
乌　海　市	Wuhai City			123	437		
阿拉善盟	Alashan League	2	23	33	95	47	42

19-58 各盟市小学基本情况(2020年)

Basic Statistics on Primary Schools by Region(2020)

地 区	Region	学校数(所) Number of Schools (unit)	毕业生数(人) Number of Graduates (person)	招生数(人) New Student Enrollment (person)	在校学生数(人) Student Enrollment (person)	教职工数(人) Number of Staff and Teachers (person)	#专任教师 Full-time Teacher
总　　计	Total	1652	220333	239951	1381519	115789	105222
呼和浩特市	Hohhot City	190	29657	33938	190021	10998	11134
包　头　市	Baotou City	136	22543	25676	149829	9466	9429
呼伦贝尔市	Hulunbeier City	136	17718	17649	102922	9925	9383
兴　安　盟	Xingan League	121	14297	14712	85393	9111	9003
通　辽　市	Tongliao City	222	29889	29338	170720	15319	14422
赤　峰　市	Chifeng City	392	41270	44525	255540	24310	19780
锡林郭勒盟	Xilinguole League	70	9944	11147	61168	5609	4697
乌兰察布市	Wulanchabu City	116	13411	13511	79055	9133	6688
鄂尔多斯市	Erdos City	141	22645	28776	170742	12534	11981
巴彦淖尔市	Bayannaoer City	87	12290	12829	74269	6532	5459
乌　海　市	Wuhai City	24	4785	5335	29450	1849	2060
阿拉善盟	Alashan League	17	1884	2515	12410	1003	1186

19-59 各盟市幼儿园基本情况(2020年)

Basic Statistics on Kindergartens by Region(2020)

地 区	Region	园数(所) Number of Kindergartens (unit)	幼儿数(人) Student Enrollment (person)	教职工数(人) Number of Staff and Teachers (person)	#教师(人) Teachers (person)
总计	**Total**	**4428**	**610972**	**81738**	**48066**
呼和浩特市	Hohhot City	433	71626	11062	5631
包头市	Baotou City	367	59332	9536	5296
呼伦贝尔市	Hulunbeier City	376	44696	6502	3575
兴安盟	Xingan League	436	39357	5138	2880
通辽市	Tongliao City	873	74039	8921	5191
赤峰市	Chifeng City	942	113990	12916	7188
锡林郭勒盟	Xilinguole League	146	28448	3640	2369
乌兰察布市	Wulanchabu City	192	29096	3846	2448
鄂尔多斯市	Erdos City	346	84883	11883	8897
巴彦淖尔市	Bayannaoer City	215	40546	4591	2363
乌海市	Wuhai City	70	16645	2491	1398
阿拉善盟	Alashan League	32	8314	1212	830

19-60 各盟市文化艺术、文物事业单位数(2020年)

Number of Institutions for Culture, Art and Cultural Relics by Region(2020)

单位：个 (unit)

地 区	Region	艺术表演团体 Art Performance Troupes	艺术表演场所 Art Performance Places	文化馆 Cultural Centers	公共图书馆 Public Libraries	博物馆 Museums
总计	**Total**	**94**	**17**	**120**	**117**	**172**
呼和浩特市	Hohhot City	4	1	10	10	29
包头市	Baotou City	5	3	12	10	3
呼伦贝尔市	Hulunbeier City	12	1	15	15	29
兴安盟	Xingan League	6	2	7	7	9
通辽市	Tongliao City	9		9	9	11
赤峰市	Chifeng City	10		13	14	22
锡林郭勒盟	Xilinguole League	13	1	14	14	16
乌兰察布市	Wulanchabu City	12	1	13	12	9
鄂尔多斯市	Erdos City	10	5	10	9	22
巴彦淖尔市	Bayannaoer City	7	1	8	8	13
乌海市	Wuhai City	1	1	4	4	3
阿拉善盟	Alashan League	4		4	4	5
自治区本级	Autonomous Region Level	1	1	1	1	1

19-61 各盟市广播电视节目覆盖情况(2020年)

Basic Statistics on Coverage of Radio and Television Programs by Region(2020)

地区	Region	广播节目综合人口覆盖率(%) Population Coverage Rate of Radio Programs(%)	#农村 Rural	电视节目综合人口覆盖率(%) Population Coverage Rate of TV Programs(%)	#农村 Rural
总计	**Total**	**99.66**	**99.37**	**99.68**	**99.37**
呼和浩特市	Hohhot City	99.65	99.00	99.78	99.52
包头市	Baotou City	99.80	98.75	99.74	98.41
呼伦贝尔市	Hulunbeier City	99.60	99.13	99.65	99.37
兴安盟	Xingan League	99.51	99.34	99.71	99.56
通辽市	Tongliao City	99.81	99.65	99.81	99.65
赤峰市	Chifeng City	99.50	99.26	99.52	99.15
锡林郭勒盟	Xilinguole League	99.72	99.29	99.72	99.26
乌兰察布市	Wulanchabu City	99.50	99.35	99.50	99.34
鄂尔多斯市	Erdos City	99.81	99.75	99.66	99.29
巴彦淖尔市	Bayannaoer City	99.85	99.72	99.85	99.72
乌海市	Wuhai City	99.72	100.00	99.74	100.00
阿拉善盟	Alashan League	99.00	98.66	99.12	98.66

19-62 各盟市科学研究和技术服务业科技统计事业单位机构和人员(2020年)

Institutions and Employed Persons of Science and Technology Statistical Institutions in Scientific Research and Technical Services by Region(2020)

单位：个、人 (unit)(person)

地区	Region	机构数 Institutions	从业人员 Employed Persons	#科技活动人员 Science and Technology Activity Personnel	#本科及以上学历 Bachelor Degree or Above	#高级职称 Senior Title of Professional
总计	**Total**	**159**	**11445**	**9488**	**7055**	**2948**
呼和浩特市	Hohhot City	66	5813	5145	3887	1686
包头市	Baotou City	13	660	541	445	137
呼伦贝尔市	Hulunbeier City	12	927	572	458	186
兴安盟	Xingan League	6	463	424	329	156
通辽市	Tongliao City	8	569	357	294	101
赤峰市	Chifeng City	9	677	644	503	190
锡林郭勒盟	Xilinguole League	8	309	243	160	59
乌兰察布市	Wulanchabu City	9	356	309	189	104
鄂尔多斯市	Erdos City	9	639	497	337	137
巴彦淖尔市	Bayannaoer City	10	552	549	280	126
乌海市	Wuhai City	3	82	82	70	19
阿拉善盟	Alashan League	6	398	125	103	47

19-63 各盟市科学研究和技术服务业科技统计事业单位收入和支出(2020年)

Income and Expenditure of Science and Technology Statistical Institutions in Scientific Research and Technical Services by Region (2020)

单位：万元 (10 000yuan)

地区	Region	经费收入总额 Total Expenditure Income	#科技活动收入 Income from Science and Technology Activities	#政府资金 Government Funds	经费内部支出总额 Total Internal Expenditure of Funds	#科技经费内部支出 Internal Expenditure of Science and Technology Funds	#资产性支出 Asset Expenditure
总计	**Total**	**362045**	**294425**	**249723**	**359639**	**290967**	**34074**
呼和浩特市	Hohhot City	187385	174853	147350	183759	168137	16515
包头市	Baotou City	15819	14144	12639	16100	14135	1068
呼伦贝尔市	Hulunbeier City	60601	27561	13267	61158	29882	1667
兴安盟	Xingan League	8194	7875	7875	8442	8030	881
通辽市	Tongliao City	11842	8478	8478	12480	9201	1659
赤峰市	Chifeng City	13419	12333	11766	14157	12807	3219
锡林郭勒盟	Xilinguole League	5879	5251	5104	6975	5498	813
乌兰察布市	Wulanchabu City	6887	6368	6250	6971	6234	1246
鄂尔多斯市	Erdos City	24075	17559	17535	19534	15233	2870
巴彦淖尔市	Bayannaoer City	16358	14933	14452	15276	14353	1319
乌海市	Wuhai City	1803	1791	1791	3172	3146	1350
阿拉善盟	Alashan League	9784	3279	3218	11615	4312	1467

19-64 各盟市科学研究和技术服务业科技统计事业单位课题概况(2020年)

Overview of the Projects of Science and Technology Statistical Institutions in Scientific Research and Technical Services by Region(2020)

地区	Region	课题数（个） Project (unit)	#R&D课题 R&D Project	课题经费内部支出（万元） Internal Expenditure of Project Funds (10 000 yuan)	课题人员折合全时工作量（人年） The Project Staff Reduced Their Full-time Workload (man-year)
总计	**Total**	**1508**	**1057**	**99406**	**3209**
呼和浩特市	Hohhot City	1108	798	69756	1946
包头市	Baotou City	43	36	3358	130
呼伦贝尔市	Hulunbeier City	49	36	3047	117
兴安盟	Xingan League	17	13	1437	53
通辽市	Tongliao City	43	26	2682	115
赤峰市	Chifeng City	70	27	5161	248
锡林郭勒盟	Xilinguole League	11	9	1350	60
乌兰察布市	Wulanchabu City	26	21	1745	91
鄂尔多斯市	Erdos City	34	29	1990	79
巴彦淖尔市	Bayannaoer City	86	48	7679	324
乌海市	Wuhai City	4		222	14
阿拉善盟	Alashan League	17	14	980	32

19-65 各盟市科学研究和技术服务业科技统计事业单位R&D人员(2020年)

R&D Personnel of Science and Technology Statistical Institutions in Scientific Research and Technical Services by Region(2020)

地 区	Region	R&D人员（人）R&D Personnel (person)	R&D人员折合全时工作量（人年）Full-time Equivalent of R&D Personnel (man-year)		按活动类型分		
				#研究人员 Researcher	基础研究 Basic Research	应用研究 Applied Research	试验发展 Experimental Development
总　　计	**Total**	**3763**	**2650**	**1650**	**286**	**680**	**1684**
呼和浩特市	Hohhot City	2175	1551	963	249	448	854
包 头 市	Baotou City	195	145	94		36	109
呼伦贝尔市	Hulunbeier City	150	106	82	5	7	94
兴 安 盟	Xingan League	82	60	38	7	25	28
通 辽 市	Tongliao City	142	91	57	6	7	78
赤 峰 市	Chifeng City	221	137	105	7	5	125
锡林郭勒盟	Xilinguole League	134	74	42		12	62
乌兰察布市	Wulanchabu City	128	84	48			84
鄂尔多斯市	Erdos City	146	107	65		11	96
巴彦淖尔市	Bayannaoer City	346	262	127	9	126	127
乌 海 市	Wuhai City						
阿拉善盟	Alashan League	44	33	29	3	3	27

19-66 各盟市科学研究和技术服务业科技统计事业单位科技产出(2020年)

The Output of Science and Technology of Science and Technology Statistical Institutions in Scientific Research and Technical Services by Region(2020)

单位：万元　　　　(10 000 yuan)

地 区	Region	专利申请受理数（件）Patent Applications Accepted (piece)	#发明专利 Patent for Invention	专利授权数（件）Number of Patents Granted (piece)	#发明专利 Patent for Invention	科技论文（篇）Scientific Papers (piece)	#国外发表 Published Abroad	科技著作（种）Science and Technology Works (kind)	软件著作权数（件）Number of Software Copyright (piece)
总　　计	**Total**	**307**	**128**	**236**	**37**	**1429**	**93**	**89**	**155**
呼和浩特市	Hohhot City	251	105	196	21	1073	74	73	145
包 头 市	Baotou City	16	10	9	2	14			7
呼伦贝尔市	Hulunbeier City	6	5	5	5	29	4		
兴 安 盟	Xingan League					1			
通 辽 市	Tongliao City	3		1		58	2	6	
赤 峰 市	Chifeng City	2		6		37			
锡林郭勒盟	Xilinguole League					15			
乌兰察布市	Wulanchabu City	8		6	1	28	3	5	
鄂尔多斯市	Erdos City	12		1		41		1	1
巴彦淖尔市	Bayannaoer City	7	7	10	7	112	9	3	2
乌 海 市	Wuhai City								
阿拉善盟	Alashan League	2	1	2	1	21	1	1	

19-67 各盟市卫生机构、床位(2020年)

Number of Health Institutions, Beds by Region(2020)

地 区	Region	机构数(个) Health Institutions (unit)	#医院、卫生院 Hospital	疾病预防控制中心 CDC	妇幼保健院所、站 Station of Maternity and Child Care Centers	床位合计(张) Beds Total (unit)	#医院、卫生院 Hospital
总 计	**Total**	**24605**	**2034**	**120**	**114**	**162072**	**151647**
呼和浩特市	Hohhot City	2361	180	12	11	21314	19984
包 头 市	Baotou City	1993	166	12	10	19996	18143
呼伦贝尔市	Hulunbeier City	1962	201	16	15	14956	14332
兴 安 盟	Xingan League	1725	122	7	7	9188	8684
通 辽 市	Tongliao City	4384	236	9	8	19723	18894
赤 峰 市	Chifeng City	4676	339	13	13	31554	29774
锡林郭勒盟	Xilinguole League	1359	161	14	14	5945	5546
乌兰察布市	Wulanchabu City	2038	200	12	12	10449	9802
鄂尔多斯市	Erdos City	1747	185	10	9	12580	12009
巴彦淖尔市	Bayannaoer City	1702	160	8	8	11278	9829
乌 海 市	Wuhai City	328	28	4	4	3656	3281
阿拉善盟	Alashan League	330	56	3	3	1433	1369

19-68 各盟市卫生机构人员(2020年)

Number of Persons Engaged in Health Institutions by Region(2020)

单位：人 (person)

地 区	Region	卫生机构人员 Total	卫生技术人员 Medical Technical Personnel	执业医师、执业助理医师 Doctors	#执业医师 Physician	注册护师、护士 Registered Senior and Junior Nurses
总 计	**Total**	**254843**	**202317**	**80570**	**68672**	**83443**
呼和浩特市	Hohhot City	38116	29966	11974	10834	13295
包 头 市	Baotou City	30230	25503	9658	8711	11932
呼伦贝尔市	Hulunbeier City	27523	21986	8486	7246	9401
兴 安 盟	Xingan League	14861	11743	4639	3694	4557
通 辽 市	Tongliao City	28218	20665	8581	7044	7750
赤 峰 市	Chifeng City	42413	33556	13768	11226	13387
锡林郭勒盟	Xilinguole League	11411	9037	3877	3400	3327
乌兰察布市	Wulanchabu City	16198	11794	4690	3674	4449
鄂尔多斯市	Erdos City	20046	16950	6671	5866	6647
巴彦淖尔市	Bayannaoer City	16417	13374	5325	4461	5494
乌 海 市	Wuhai City	6334	5332	1861	1647	2316
阿拉善盟	Alashan League	3076	2411	1040	869	888

注：本表数据包含村卫生室数。
a)Date in the Table include the Village clinics.

19-69 各盟市医院基本情况(2020年)

Statistics on Hospitals by Region(2020)

单位：个　　(unit)

地区	Region	医院 Hospitals	按经济类型分组 by Economic Type		按医院类别分组 by Hospital Category		
			公立医院 Public Hospital	民营医院 Private Hospital	#综合医院 General Hospitals	#中医医院 Hospitals Specialized in Traditional Chinese Medicine	#专科医院 Specialized Hospitals
总计	**Total**	**777**	**326**	**451**	**377**	**126**	**159**
呼和浩特市	Hohhot City	102	44	58	54	19	25
包头市	Baotou City	102	36	66	36	19	30
呼伦贝尔市	Hulunbeier City	68	41	27	37	4	14
兴安盟	Xingan League	31	18	13	17	3	6
通辽市	Tongliao City	79	35	44	31	13	18
赤峰市	Chifeng City	101	36	65	51	19	17
锡林郭勒盟	Xilinguole League	44	29	15	20	4	7
乌兰察布市	Wulanchabu City	57	27	30	34	10	6
鄂尔多斯市	Erdos City	96	24	72	39	24	22
巴彦淖尔市	Bayannaoer City	54	17	37	33	7	7
乌海市	Wuhai City	25	10	15	15	2	6
阿拉善盟	Alashan League	18	9	9	10	2	1

19-70 各盟市交通事故(2020年)

Basic Statistics on Traffic Accidents by Region(2020)

地区	Region	发生数(起) Number of Traffic Accidents (case)	死亡人数(人) Number of Deaths (person)	受伤人数(人) Number of Injuries (person)	直接财产损失(万元) Direct Property Losses (10000yuan)
总计	**Total**	**3097**	**813**	**2985**	**2278.09**
呼和浩特市	Hohhot City	424	89	409	143.70
包头市	Baotou City	843	51	808	153.48
呼伦贝尔市	Hulunbeier City	404	78	448	67.65
兴安盟	Xingan League	71	53	48	32.44
通辽市	Tongliao City	282	55	246	114.73
赤峰市	Chifeng City	184	147	111	44.71
锡林郭勒盟	Xilinguole League	12	9	53	9.83
乌兰察布市	Wulanchabu City	125	56	143	16.12
鄂尔多斯市	Erdos City	221	110	178	136.64
巴彦淖尔市	Bayannaoer City	58	53	24	9.41
乌海市	Wuhai City	108	35	94	79.10
阿拉善盟	Alashan League	140	22	124	151.86
高速公路支队	Expressway Detachment	225	55	299	1318.43

20 旗县区资料

Statistics of Banners, Counties and Districts

资料整理：赵星星

Arranged By：Zhao Xingxing

20-1 各旗县（区）按年末户籍人口排序(2020年)

Banners,Counties and Districts Ranked by Permanet Resident Population(Year end of 2020)

单位：人 (person)

位 次 Order	旗县（区）名称	Name of Banners,Counties and Districts	年末户籍人口 Household population Year-end
1	通辽市科尔沁区	Keerqin District in Tongliao City	842852
2	赤峰市松山区	Songshan District in Chifeng City	611014
3	赤峰市宁城县	Ningcheng County in Chifeng City	602076
4	赤峰市敖汉旗	Aohan Banner in Chifeng City	597791
5	呼和浩特市赛罕区	Saihan District in Hohhot City	563712
6	包头市昆都仑区	Kundulun District in Baotou City	523311
7	巴彦淖尔市临河区	Linhe District in Bayannaoer City	518714
8	通辽市科尔沁左翼中旗	Keerqinzuoyizhong Banner in Tongliao City	516463
9	赤峰市翁牛特旗	Wengniute Banner in Chifeng City	470354
10	通辽市奈曼旗	Naiman Banner in Tongliao City	444727
11	呼和浩特市新城区	Xincheng District in Hohhot City	439575
12	包头市青山区	Qingshan District in Baotou City	417223
13	包头市东河区	Donghe District in Baotou City	403163
14	呼伦贝尔市扎兰屯市	Zhalantun City in Hulunbeier City	401271
15	通辽市科尔沁左翼后旗	Keerqinzuoyihou Banner in Tongliao City	395741
16	通辽市开鲁县	Kailu County in Tongliao City	387865
17	兴安盟扎赉特旗	Zhalaite Banner in Xingan League	382490
18	鄂尔多斯市达拉特旗	Dalate Banner in Erdos City	372034
19	呼和浩特市土默特左旗	Tumotezuo Banner in Hohhot City	359107
20	包头市土默特右旗	Tumoteyou Banner in Baotou City	352741
21	赤峰市红山区	Hongshan District in Chifeng City	348018
22	赤峰市喀喇沁旗	Kalaqin Banner in Chifeng City	342709
23	赤峰市巴林左旗	Balinzuo Banner in Chifeng City	336449
24	鄂尔多斯市准格尔旗	Zhungeer Banner in Erdos City	333532
25	兴安盟科尔沁右翼前旗	Keerqinyouyiqian Banner in Xingan League	331803
26	巴彦淖尔市乌拉特前旗	Wulateqian Banner in Bayannaoer City	329106
27	乌兰察布市商都县	Shangdu County in Wulanchabu City	325349
28	兴安盟乌兰浩特市	Wulanhaote City in Xingan League	321170
29	呼伦贝尔市阿荣旗	Arong Banner in Hulunbeier City	319778
30	乌兰察布市集宁区	Jining District in Wulanchabu City	317284
31	呼伦贝尔市牙克石市	Yakeshi City in Hulunbeier City	315130
32	乌兰察布市兴和县	Xinghe County in Wulanchabu City	314474
33	呼伦贝尔市莫力达瓦达斡尔自治旗	Molidawadawoer National Autonomous Banner in Hulunbeier City	314218
34	赤峰市元宝山区	Yuanbaoshan District in Chifeng City	311201

20-1 续表 1 Continued

单位：人 (person)

位次 Order	旗县（区）名称	Name of Banners,Counties and Districts	年末户籍人口 Household population Year-end
35	乌兰察布市丰镇市	Fengzhen City in Wulanchabu City	306708
36	通辽市扎鲁特旗	Zhalute Banner in Tongliao City	304494
37	兴安盟突泉县	Tuquan County in Xingan League	294966
38	巴彦淖尔市杭锦后旗	Hangjinhou Banner in Bayannaoer City	289521
39	赤峰市阿鲁科尔沁旗	Alukeerqin Banner in Chifeng City	288762
40	呼伦贝尔市海拉尔区	Hailaer District in Hulunbeier City	288256
41	巴彦淖尔市五原县	Wuyuan County in Bayannaoer City	278708
42	鄂尔多斯市东胜区	Dongsheng District in Erdos City	273909
43	兴安盟科尔沁右翼中旗	Keerqinyouyizhong Banner in Xingan League	249678
44	乌海市海勃湾区	Haibowan District in Wuhai City	249277
45	赤峰市克什克腾旗	Keshiketeng Banner in Chifeng City	243872
46	呼伦贝尔市鄂伦春自治旗	Elunchun National Autonomous Banner in Hulunbeier City	240728
47	呼和浩特市回民区	Huimin District in Hohhot City	238970
48	乌兰察布市凉城县	Liangcheng County in Wulanchabu City	230867
49	赤峰市林西县	Linxi County in Chifeng City	225986
50	乌兰察布市四子王旗	Siziwang Banner in Wulanchabu City	209112
51	呼和浩特市玉泉区	Yuquan District in Hohhot City	208694
52	乌兰察布市察哈尔右翼前旗	Chahaeryouyiqian Banner in Wulanchabu City	208477
53	呼和浩特市和林格尔县	Helingeer County in Hohhot City	203893
54	锡林郭勒盟太仆寺旗	Taipusi Banner in Xilinguole League	202641
55	乌兰察布市察哈尔右翼后旗	Chahaeryouyihou Banner in Wulanchabu City	201871
56	锡林郭勒盟锡林浩特市	Xilinhaote City in Xilinguole League	199847
57	呼和浩特市托克托县	Tuoketuo County in Hohhot City	199763
58	包头市固阳县	Guyang County in Baotou City	197112
59	乌兰察布市察哈尔右翼中旗	Chahaeryouyizhong Banner in Wulanchabu City	195939
60	乌兰察布市卓资县	Zhuozi County in Wulanchabu City	195621
61	赤峰市巴林右旗	Balinyou Banner in Chifeng City	180717
62	鄂尔多斯市伊金霍洛旗	Yijinhuoluo Banner in Erdos City	180245
63	包头市九原区	Jiuyuan District in Baotou City	176543
64	通辽市库伦旗	Kulun Banner in Tongliao City	176525
65	呼伦贝尔市满洲里市	Manzhouli City in Hulunbeier City	172132
66	呼和浩特市武川县	Wuchuan County in Hohhot City	167023
67	乌兰察布市化德县	Huade County in Wulanchabu City	159357
68	阿拉善盟阿拉善左旗	Alashanzuo Banner in Alashan League	147093

20-1 续表 2 Continued

单位：人 (person)

位 次 Order	旗县（区）名称	Name of Banners,Counties and Districts	年末户籍人口 Household population Year-end
69	巴彦淖尔市乌拉特中旗	Wulatezhong Banner in Bayannaoer City	143034
70	鄂尔多斯市杭锦旗	Hangjin Banner in Erdos City	142817
71	呼和浩特市清水河县	Qingshuihe County in Hohhot City	139297
72	呼伦贝尔市鄂温克族自治旗	Ewenke National Autonomous Banner in Hulunbeier City	136292
73	呼伦贝尔市根河市	Genhe City in Hulunbeier City	127217
74	鄂尔多斯市乌审旗	Wushen Banner in Erdos City	117547
75	乌海市乌达区	Wuda District in Wuhai City	111792
76	锡林郭勒盟多伦县	Duolun County in Xilinguole League	111759
77	巴彦淖尔市磴口县	Dengkou County in Bayannaoer City	111358
78	包头市达尔罕茂明安联合旗	Daerhanmaomingan Union Banner in Baotou City	109520
79	鄂尔多斯市鄂托克旗	Etuoke Banner in Erdos City	97973
80	锡林郭勒盟正蓝旗	Zhenglan Banner in Xilinguole League	84170
81	呼伦贝尔市满洲里扎赉诺尔区	Zhalainuoer District of Manzhouli City in Hulunbeier City	83893
82	通辽市霍林郭勒市	Huolinguole City in Tongliao City	83513
83	鄂尔多斯市鄂托克前旗	Etuokeqian Banner in Erdos City	81687
84	锡林郭勒盟东乌珠穆沁旗	Dongwuzhumuqin Banner in Xilinguole League	81478
85	锡林郭勒盟西乌珠穆沁旗	xiwuzhumuqin Banner in Xilinguole League	80563
86	呼伦贝尔市额尔古纳市	Eerguna City in Hulunbeier City	77947
87	乌海市海南区	Hainan District in Wuhai City	76583
88	锡林郭勒盟正镶白旗	Zhengxiangbai Banner in Xilinguole League	70036
89	锡林郭勒盟苏尼特右旗	Suniteyou Banner in Xilinguole League	65975
90	巴彦淖尔市乌拉特后旗	Wulatehou Banner in Bayannaoer City	58118
91	呼伦贝尔市陈巴尔虎旗	Chenbaerhu Banner in Hulunbeier City	53759
92	包头市石拐区	Shiguai District in Baotou City	46231
93	鄂尔多斯市康巴什区	Kangbashi District in Erdos City	44529
94	兴安盟阿尔山市	Aershan City in Xingan League	43380
95	锡林郭勒盟阿巴嘎旗	Abaga Banner in Xilinguole League	43118
96	呼伦贝尔市新巴尔虎左旗	Xinbacrhuzuo Banner in Hulunbeier City	41431
97	锡林郭勒盟二连浩特市	Erlianhaote City in Xilinguole League	35935
98	呼伦贝尔市新巴尔虎右旗	Xinbacrhuyou Banner in Hulunbeier City	35012
99	锡林郭勒盟苏尼特左旗	Sunitezuo Banner in Xilinguole League	34124
100	锡林郭勒盟镶黄旗	Xianghuang Banner in Xilinguole League	31156
101	阿拉善盟阿拉善右旗	Alashanyou Banner in Alashan League	25032
102	阿拉善盟额济纳旗	Ejina Banner in Alashan League	19323
103	包头市白云鄂博矿区	Baiyun Mineral District in Baotou City	14991

20-2 各旗县（区）按地区生产总值排序(2020年)

Banners,Counties and Districts Ranked by Gross Domestic Product(2020)

单位：万元 (10 000 yuan)

位次 Order	旗县（区）名称	Name of Banners,Counties and Districts	地区生产总值 Gross Domestic Product
1	包头市昆都仑区	Kundulun District in Baotou City	8339595
2	呼和浩特市赛罕区	Saihan District in Hohhot City	7734300
3	鄂尔多斯市准格尔旗	Zhungeer Banner in Erdos City	7519100
4	鄂尔多斯市伊金霍洛旗	Yijinhuoluo Banner in Erdos City	7106926
5	鄂尔多斯市东胜区	Dongsheng District in Erdos City	7022010
6	呼和浩特市新城区	Xincheng District in Hohhot City	6073700
7	包头市青山区	Qingshan District in Baotou City	5664137
8	通辽市科尔沁区	Keerqin District in Tongliao City	4374600
9	鄂尔多斯市鄂托克旗	Etuoke Banner in Erdos City	3730405
10	包头市东河区	Donghe District in Baotou City	3370369
11	呼和浩特市玉泉区	Yuquan District in Hohhot City	3244900
12	鄂尔多斯市达拉特旗	Dalate Banner in Erdos City	3196972
13	鄂尔多斯市乌审旗	Wushen Banner in Erdos City	3168900
14	赤峰市红山区	Hongshan District in Chifeng City	2981754
15	巴彦淖尔市临河区	Linhe District in Bayannaoer City	2909937
16	呼和浩特市回民区	Huimin District in Hohhot City	2857000
17	赤峰市松山区	Songshan District in Chifeng City	2806052
18	乌海市海勃湾区	Haibowan District in Wuhai City	2609524
19	包头市九原区	Jiuyuan District in Baotou City	2555652
20	阿拉善盟阿拉善左旗	Alashanzuo Banner in Alashan League	2464604
21	锡林郭勒盟锡林浩特市	Xilinhaote City in Xilinguole League	2454972
22	乌兰察布市集宁区	Jining District in Wulanchabu City	2151006
23	呼和浩特市土默特左旗	Tumotezuo Banner in Hohhot City	1911900
24	呼和浩特市和林格尔县	Helingeer County in Hohhot City	1825400
25	兴安盟乌兰浩特市	Wulanhaote City in Xingan League	1771385
26	呼伦贝尔市海拉尔区	Hailaer District in Hulunbeier City	1744596
27	赤峰市元宝山区	Yuanbaoshan District in Chifeng City	1656605
28	包头市土默特右旗	Tumoteyou Banner in Baotou City	1649397
29	乌海市海南区	Hainan District in Wuhai City	1607123
30	赤峰市宁城县	Ningcheng County in Chifeng City	1562119
31	呼伦贝尔市扎兰屯市	Zhalantun City in Hulunbeier City	1533429
32	赤峰市敖汉旗	Aohan Banner in Chifeng City	1465699
33	通辽市霍林郭勒市	Huolinguole City in Tongliao City	1439600
34	赤峰市翁牛特旗	Wengniute Banner in Chifeng City	1439428

20-2 续表 1 Continued

单位：万元 (10 000 yuan)

位次 Order	旗县（区）名称	Name of Banners,Counties and Districts	地区生产总值 Gross Domestic Product
35	呼和浩特市托克托县	Tuoketuo County in Hohhot City	1421900
36	呼伦贝尔市满洲里市	Manzhouli City in Hulunbeier City	1414929
37	乌海市乌达区	Wuda District in Wuhai City	1411963
38	鄂尔多斯市鄂托克前旗	Etuokeqian Banner in Erdos City	1404484
39	巴彦淖尔市乌拉特前旗	Wulateqian Banner in Bayannaoer City	1392839
40	锡林郭勒盟西乌珠穆沁旗	xiwuzhumuqin Banner in Xilinguole League	1323744
41	通辽市扎鲁特旗	Zhalute Banner in Tongliao City	1319400
42	通辽市科尔沁左翼中旗	Keerqinzuoyizhong Banner in Tongliao City	1310800
43	通辽市开鲁县	Kailu County in Tongliao City	1308800
44	鄂尔多斯市杭锦旗	Hangjin Banner in Erdos City	1288326
45	通辽市奈曼旗	Naiman Banner in Tongliao City	1245300
46	赤峰市克什克腾旗	Keshiketeng Banner in Chifeng City	1243573
47	赤峰市巴林左旗	Balinzuo Banner in Chifeng City	1242130
48	通辽市科尔沁左翼后旗	Keerqinzuoyihou Banner in Tongliao City	1228300
49	巴彦淖尔市杭锦后旗	Hangjinhou Banner in Bayannaoer City	1160870
50	呼伦贝尔市鄂温克族自治旗	Ewenke National Autonomous Banner in Hulunbeier City	1106256
51	兴安盟科尔沁右翼前旗	Keerqinyouyiqian Banner in Xingan League	1040400
52	巴彦淖尔市五原县	Wuyuan County in Bayannaoer City	1037857
53	兴安盟扎赉特旗	Zhalaite Banner in Xingan League	1027700
54	呼伦贝尔市牙克石市	Yakeshi City in Hulunbeier City	1016806
55	巴彦淖尔市乌拉特中旗	Wulatezhong Banner in Bayannaoer City	951582
56	呼伦贝尔市阿荣旗	Arong Banner in Hulunbeier City	948153
57	锡林郭勒盟东乌珠穆沁旗	Dongwuzhumuqin Banner in Xilinguole League	936358
58	赤峰市阿鲁科尔沁旗	Alukeerqin Banner in Chifeng City	920752
59	包头市达尔罕茂明安联合旗	Daerhanmaomingan Union Banner in Baotou City	916119
60	鄂尔多斯市康巴什区	Kangbashi District in Erdos City	899500
61	赤峰市喀喇沁旗	Kalaqin Banner in Chifeng City	872153
62	呼伦贝尔市莫力达瓦达斡尔自治旗	Molidawadawoer National Autonomous Banner in Hulunbeier City	866901
63	乌兰察布市丰镇市	Fengzhen City in Wulanchabu City	862930
64	呼伦贝尔市陈巴尔虎旗	Chenbaerhu Banner in Hulunbeier City	845531
65	赤峰市林西县	Linxi County in Chifeng City	827532
66	乌兰察布市察哈尔右翼前旗	Chahaeryouyiqian Banner in Wulanchabu City	781384
67	兴安盟突泉县	Tuquan County in Xingan League	755500
68	兴安盟科尔沁右翼中旗	Keerqinyouyizhong Banner in Xingan League	686900

20-2 续表 2 Continued

单位：万元 (10 000 yuan)

位次 Order	旗县（区）名称	Name of Banners,Counties and Districts	地区生产总值 Gross Domestic Product
69	呼伦贝尔市鄂伦春自治旗	Elunchun National Autonomous Banner in Hulunbeier City	683090
70	巴彦淖尔市乌拉特后旗	Wulatehou Banner in Bayannaoer City	676073
71	乌兰察布市察哈尔右翼后旗	Chahaeryouyihou Banner in Wulanchabu City	671235
72	锡林郭勒盟二连浩特市	Erlianhaote City in Xilinguole League	659434
73	呼和浩特市清水河县	Qingshuihe County in Hohhot City	658900
74	包头市固阳县	Guyang County in Baotou City	634946
75	乌兰察布市四子王旗	Siziwang Banner in Wulanchabu City	605191
76	乌兰察布市商都县	Shangdu County in Wulanchabu City	598021
77	呼伦贝尔市新巴尔虎右旗	Xinbaerhuyou Banner in Hulunbeier City	595131
78	赤峰市巴林右旗	Balinyou Banner in Chifeng City	589729
79	乌兰察布市兴和县	Xinghe County in Wulanchabu City	579838
80	巴彦淖尔市磴口县	Dengkou County in Bayannaoer City	578520
81	包头市石拐区	Shiguai District in Baotou City	574556
82	乌兰察布市卓资县	Zhuozi County in Wulanchabu City	549616
83	锡林郭勒盟正蓝旗	Zhenglan Banner in Xilinguole League	544133
84	通辽市库伦旗	Kulun Banner in Tongliao City	540000
85	乌兰察布市察哈尔右翼中旗	Chahaeryouyizhong Banner in Wulanchabu City	536737
86	呼和浩特市武川县	Wuchuan County in Hohhot City	512100
87	锡林郭勒盟多伦县	Duolun County in Xilinguole League	479316
88	乌兰察布市化德县	Huade County in Wulanchabu City	476172
89	呼伦贝尔市满洲里扎赉诺尔区	Zhalainuoer District of Manzhouli City in Hulunbeier City	472741
90	锡林郭勒盟太仆寺旗	Taipusi Banner in Xilinguole League	457945
91	乌兰察布市凉城县	Liangcheng County in Wulanchabu City	456772
92	呼伦贝尔市额尔古纳市	Eerguna City in Hulunbeier City	394057
93	阿拉善盟额济纳旗	Ejina Banner in Alashan League	381148
94	锡林郭勒盟苏尼特右旗	Suniteyou Banner in Xilinguole League	375537
95	锡林郭勒盟阿巴嘎旗	Abaga Banner in Xilinguole League	360177
96	呼伦贝尔市根河市	Genhe City in Hulunbeier City	325623
97	包头市白云鄂博矿区	Baiyun Mineral District in Baotou City	313926
98	锡林郭勒盟正镶白旗	Zhengxiangbai Banner in Xilinguole League	306888
99	锡林郭勒盟苏尼特左旗	Sunitezuo Banner in Xilinguole League	286452
100	呼伦贝尔市新巴尔虎左旗	Xinbaerhuzuo Banner in Hulunbeier City	250132
101	锡林郭勒盟镶黄旗	Xianghuang Banner in Xilinguole League	213454
102	阿拉善盟阿拉善右旗	Alashanyou Banner in Alashan League	203988
103	兴安盟阿尔山市	Aershan City in Xingan League	197200

20-3 各旗县（区）按粮食产量排序(2020年)

Banners,Counties and Districts Ranked by Output of Grain(2020)

单位：吨 (ton)

位 次 Order	旗县（区）名称	Name of Banners,Counties and Districts	粮食产量 Output of Grain
1	通辽市科尔沁左翼中旗	Keerqinzuoyizhong Banner in Tongliao City	2218679
2	兴安盟扎赉特旗	Zhalaite Banner in Xingan League	2176431
3	呼伦贝尔市莫力达瓦达斡尔自治旗	Molidawadawoer National Autonomous Banner in Hulunbeier City	1592765
4	呼伦贝尔市阿荣旗	Arong Banner in Hulunbeier City	1514663
5	兴安盟科尔沁右翼前旗	Keerqinyouyiqian Banner in Xingan League	1486920
6	通辽市科尔沁区	Keerqin District in Tongliao City	1365742
7	通辽市科尔沁左翼后旗	Keerqinzuoyihou Banner in Tongliao City	1301591
8	通辽市开鲁县	Kailu County in Tongliao City	1296547
9	呼伦贝尔市扎兰屯市	Zhalantun City in Hulunbeier City	1252249
10	兴安盟突泉县	Tuquan County in Xingan League	1192354
11	通辽市奈曼旗	Naiman Banner in Tongliao City	1165143
12	兴安盟科尔沁右翼中旗	Keerqinyouyizhong Banner in Xingan League	1137456
13	赤峰市敖汉旗	Aohan Banner in Chifeng City	1000846
14	赤峰市翁牛特旗	Wengniute Banner in Chifeng City	865693
15	赤峰市宁城县	Ningcheng County in Chifeng City	829304
16	赤峰市松山区	Songshan District in Chifeng City	807251
17	包头市土默特右旗	Tumoteyou Banner in Baotou City	802334
18	鄂尔多斯市达拉特旗	Dalate Banner in Erdos City	779586
19	赤峰市阿鲁科尔沁旗	Alukeerqin Banner in Chifeng City	672414
20	通辽市扎鲁特旗	Zhalute Banner in Tongliao City	669104
21	呼和浩特市土默特左旗	Tumotezuo Banner in Hohhot City	661541
22	巴彦淖尔市临河区	Linhe District in Bayannaoer City	631905
23	通辽市库伦旗	Kulun Banner in Tongliao City	601377
24	呼伦贝尔市鄂伦春自治旗	Elunchun National Autonomous Banner in Hulunbeier City	578387
25	赤峰市巴林左旗	Balinzuo Banner in Chifeng City	576825
26	巴彦淖尔市乌拉特前旗	Wulateqian Banner in Bayannaoer City	564757
27	呼伦贝尔市牙克石市	Yakeshi City in Hulunbeier City	541027
28	巴彦淖尔市杭锦后旗	Hangjinhou Banner in Bayannaoer City	484796
29	巴彦淖尔市五原县	Wuyuan County in Bayannaoer City	450356
30	鄂尔多斯市杭锦旗	Hangjin Banner in Erdos City	369300
31	呼和浩特市托克托县	Tuoketuo County in Hohhot City	356075
32	赤峰市巴林右旗	Balinyou Banner in Chifeng City	334538
33	呼和浩特市和林格尔县	Helingeer County in Hohhot City	325696
34	赤峰市喀喇沁旗	Kalaqin Banner in Chifeng City	313087

20-3 续表 1 Continued

单位：吨 (ton)

位 次 Order	旗县（区）名称	Name of Banners,Counties and Districts	粮食产量 Output of Grain
35	兴安盟乌兰浩特市	Wulanhaote City in Xingan League	307913
36	巴彦淖尔市乌拉特中旗	Wulatezhong Banner in Bayannaoer City	301360
37	呼伦贝尔市额尔古纳市	Eerguna City in Hulunbeier City	293226
38	赤峰市林西县	Linxi County in Chifeng City	274820
39	巴彦淖尔市磴口县	Dengkou County in Bayannaoer City	250359
40	鄂尔多斯市乌审旗	Wushen Banner in Erdos City	240772
41	鄂尔多斯市准格尔旗	Zhungeer Banner in Erdos City	219179
42	乌兰察布市四子王旗	Siziwang Banner in Wulanchabu City	213463
43	锡林郭勒盟太仆寺旗	Taipusi Banner in Xilinguole League	213100
44	乌兰察布市凉城县	Liangcheng County in Wulanchabu City	211127
45	赤峰市克什克腾旗	Keshiketeng Banner in Chifeng City	210418
46	赤峰市元宝山区	Yuanbaoshan District in Chifeng City	181818
47	呼和浩特市武川县	Wuchuan County in Hohhot City	173386
48	呼和浩特市赛罕区	Saihan District in Hohhot City	130902
49	阿拉善盟阿拉善左旗	Alashanzuo Banner in Alashan League	126716
50	鄂尔多斯市鄂托克旗	Etuoke Banner in Erdos City	126690
51	乌兰察布市察哈尔右翼中旗	Chahaeryouyizhong Banner in Wulanchabu City	125300
52	乌兰察布市丰镇市	Fengzhen City in Wulanchabu City	124120
53	乌兰察布市察哈尔右翼后旗	Chahaeryouyihou Banner in Wulanchabu City	121947
54	乌兰察布市兴和县	Xinghe County in Wulanchabu City	118041
55	鄂尔多斯市鄂托克前旗	Etuokeqian Banner in Erdos City	117155
56	乌兰察布市商都县	Shangdu County in Wulanchabu City	116996
57	包头市固阳县	Guyang County in Baotou City	111373
58	锡林郭勒盟多伦县	Duolun County in Xilinguole League	107257
59	呼伦贝尔市陈巴尔虎旗	Chenbaerhu Banner in Hulunbeier City	106318
60	乌兰察布市察哈尔右翼前旗	Chahaeryouyiqian Banner in Wulanchabu City	102980
61	鄂尔多斯市伊金霍洛旗	Yijinhuoluo Banner in Erdos City	95907
62	包头市达尔罕茂明安联合旗	Daerhanmaomingan Union Banner in Baotou City	86454
63	呼伦贝尔市海拉尔区	Hailaer District in Hulunbeier City	80961
64	锡林郭勒盟东乌珠穆沁旗	Dongwuzhumuqin Banner in Xilinguole League	80460
65	巴彦淖尔市乌拉特后旗	Wulatehou Banner in Bayannaoer City	78109
66	包头市九原区	Jiuyuan District in Baotou City	66453
67	乌兰察布市化德县	Huade County in Wulanchabu City	61145
68	乌兰察布市卓资县	Zhuozi County in Wulanchabu City	53188

20-3 续表 2 Continued

单位：吨 (ton)

位次 Order	旗县（区）名称	Name of Banners,Counties and Districts	粮食产量 Output of Grain
69	呼和浩特市清水河县	Qingshuihe County in Hohhot City	51254
70	呼伦贝尔市新巴尔虎左旗	Xinbaerhuzuo Banner in Hulunbeier City	50400
71	赤峰市红山区	Hongshan District in Chifeng City	49932
72	兴安盟阿尔山市	Aershan City in Xingan League	47534
73	呼和浩特市玉泉区	Yuquan District in Hohhot City	39834
74	包头市东河区	Donghe District in Baotou City	38989
75	呼伦贝尔市鄂温克族自治旗	Ewenke National Autonomous Banner in Hulunbeier City	33412
76	锡林郭勒盟锡林浩特市	Xilinhaote City in Xilinguole League	30527
77	通辽市霍林郭勒市	Huolinguole City in Tongliao City	29990
78	锡林郭勒盟正蓝旗	Zhenglan Banner in Xilinguole League	26344
79	乌海市海南区	Hainan District in Wuhai City	26146
80	鄂尔多斯市东胜区	Dongsheng District in Erdos City	15803
81	乌兰察布市集宁区	Jining District in Wulanchabu City	9843
82	包头市石拐区	Shiguai District in Baotou City	8750
83	包头市昆都仑区	Kundulun District in Baotou City	8022
84	锡林郭勒盟正镶白旗	Zhengxiangbai Banner in Xilinguolc Lcaguc	6645
85	包头市青山区	Qingshan District in Baotou City	1276
86	乌海市海勃湾区	Haibowan District in Wuhai City	4672
87	阿拉善盟阿拉善右旗	Alashanyou Banner in Alashan League	4053
88	呼伦贝尔市满洲里市	Manzhouli City in Hulunbeier City	3228
89	呼伦贝尔市根河市	Genhe City in Hulunbeier City	3077
90	乌海市乌达区	Wuda District in Wuhai City	2556
91	阿拉善盟额济纳旗	Ejina Banner in Alashan League	2068
92	呼和浩特市新城区	Xincheng District in Hohhot City	760
93	呼和浩特市回民区	Huimin District in Hohhot City	634
94	呼伦贝尔市新巴尔虎右旗	Xinbaerhuyou Banner in Hulunbeier City	587
95	锡林郭勒盟苏尼特右旗	Suniteyou Banner in Xilinguole League	201
96	呼伦贝尔市满洲里扎赉诺尔区	Zhalainuoer District of Manzhouli City in Hulunbeier City	133
97	包头市白云鄂博矿区	Baiyun Mineral District in Baotou City	
98	锡林郭勒盟二连浩特市	Erlianhaote City in Xilinguole League	
99	锡林郭勒盟阿巴嘎旗	Abaga Banner in Xilinguole League	
100	锡林郭勒盟苏尼特左旗	Sunitezuo Banner in Xilinguole League	
101	锡林郭勒盟西乌珠穆沁旗	xiwuzhumuqin Banner in Xilinguole League	
102	锡林郭勒盟镶黄旗	Xianghuang Banner in Xilinguole League	
103	鄂尔多斯市康巴什区	Kangbashi District in Erdos City	

20-4 各旗县（区）按一般公共预算收入排序(2020年)

Banners,Counties and Districts Ranked by General Public Budget Revenue(2020)

单位：万元 (10 000 yuan)

位 次 Order	旗县（区）名称	Name of Banners,Counties and Districts	一般公共预算收入 General Public Budget Revenue
1	鄂尔多斯市准格尔旗	Zhungeer Banner in Erdos City	826983
2	鄂尔多斯市伊金霍洛旗	Yijinhuoluo Banner in Erdos City	758586
3	鄂尔多斯市东胜区	Dongsheng District in Erdos City	540201
4	呼和浩特市赛罕区	Saihan District in Hohhot City	440068
5	呼和浩特市新城区	Xincheng District in Hohhot City	421185
6	鄂尔多斯市乌审旗	Wushen Banner in Erdos City	301234
7	赤峰市红山区	Hongshan District in Chifeng City	286006
8	鄂尔多斯市鄂托克旗	Etuoke Banner in Erdos City	284852
9	包头市昆都仑区	Kundulun District in Baotou City	265899
10	乌海市海勃湾区	Haibowan District in Wuhai City	236961
11	锡林郭勒盟锡林浩特市	Xilinhaote City in Xilinguole League	235189
12	赤峰市松山区	Songshan District in Chifeng City	232058
13	包头市青山区	Qingshan District in Baotou City	224338
14	锡林郭勒盟西乌珠穆沁旗	Xiwuzhumuqin Banner in Xilinguole League	206243
15	呼和浩特市玉泉区	Yuquan District in Hohhot City	203109
16	鄂尔多斯市达拉特旗	Dalate Banner in Erdos City	200878
17	巴彦淖尔市临河区	Linhe District in Bayannaoer City	181320
18	呼和浩特市回民区	Huimin District in Hohhot City	161679
19	包头市九原区	Jiuyuan District in Baotou City	147089
20	呼和浩特市和林格尔县	Helingeer County in Hohhot City	144263
21	锡林郭勒盟东乌珠穆沁旗	Dongwuzhumuqin Banner in Xilinguole League	142112
22	赤峰市元宝山区	Yuanbaoshan District in Chifeng City	136800
23	呼和浩特市土默特左旗	Tumotezuo Banner in Hohhot City	136654
24	兴安盟扎赉特旗	Zhalaite Banner in Xingan League	136284
25	阿拉善盟阿拉善左旗	Alashanzuo Banner in Alashan League	134801
26	乌兰察布市集宁区	Jining District in Wulanchabu City	131343
27	乌海市海南区	Hainan District in Wuhai City	130187
28	通辽市霍林郭勒市	Huolinguole City in Tongliao City	128594
29	乌海市乌达区	Wuda District in Wuhai City	122510
30	鄂尔多斯市鄂托克前旗	Etuokeqian Banner in Erdos City	119013
31	兴安盟乌兰浩特市	Wulanhaote City in Xingan League	105770
32	包头市东河区	Donghe District in Baotou City	104057
33	呼伦贝尔市满洲里市	Manzhouli City in Hulunbeier City	97648
34	呼和浩特市托克托县	Tuoketuo County in Hohhot City	95080

20-4 续表 1 Continued

单位：万元 (10 000 yuan)

位次 Order	旗县（区）名称	Name of Banners,Counties and Districts	一般公共预算收入 General Public Budget Revenue
35	通辽市科尔沁区	Keerqin District in Tongliao City	93638
36	呼伦贝尔市海拉尔区	Hailaer District in Hulunbeier City	87927
37	巴彦淖尔市乌拉特后旗	Wulatehou Banner in Bayannaoer City	81800
38	通辽市扎鲁特旗	Zhalute Banner in Tongliao City	79939
39	巴彦淖尔市乌拉特前旗	Wulateqian Banner in Bayannaoer City	76971
40	鄂尔多斯市康巴什区	Kangbashi District in Erdos City	75657
41	巴彦淖尔市乌拉特中旗	Wulatezhong Banner in Bayannaoer City	73492
42	包头市土默特右旗	Tumoteyou Banner in Baotou City	70293
43	呼伦贝尔市鄂温克族自治旗	Ewenke National Autonomous Banner in Hulunbeier City	69562
44	呼伦贝尔市陈巴尔虎旗	Chenbaerhu Banner in Hulunbeier City	68611
45	赤峰市克什克腾旗	Keshiketeng Banner in Chifeng City	63180
46	鄂尔多斯市杭锦旗	Hangjin Banner in Erdos City	62339
47	包头市达尔罕茂明安联合旗	Daerhanmaomingan Union Banner in Baotou City	59043
48	赤峰市宁城县	Ningcheng County in Chifeng City	55748
49	赤峰市巴林右旗	Balinyou Banner in Chifeng City	55430
50	乌兰察布市察哈尔右翼前旗	Chahaeryouyiqian Banner in Wulanchabu City	52178
51	呼伦贝尔市扎兰屯市	Zhalantun City in Hulunbeier City	48318
52	呼和浩特市清水河县	Qingshuihe County in Hohhot City	47125
53	赤峰市喀喇沁旗	Kalaqin Banner in Chifeng City	46965
54	乌兰察布市丰镇市	Fengzhen City in Wulanchabu City	45745
55	赤峰市翁牛特旗	Wengniute Banner in Chifeng City	45712
56	包头市石拐区	Shiguai District in Baotou City	42484
57	赤峰市敖汉旗	Aohan Banner in Chifeng City	42327
58	赤峰市巴林左旗	Balinzuo Banner in Chifeng City	41318
59	赤峰市林西县	Linxi County in Chifeng City	40555
60	包头市固阳县	Guyang County in Baotou City	40026
61	呼伦贝尔市满洲里扎赉诺尔区	Zhalainuoer District of Manzhouli City in Hulunbeier City	39371
62	兴安盟科尔沁右翼中旗	Keerqinyouyizhong Banner in Xingan League	38719
63	锡林郭勒盟阿巴嘎旗	Abaga Banner in Xilinguole League	35481
64	锡林郭勒盟二连浩特市	Erlianhaote City in Xilinguole League	35042
65	赤峰市阿鲁科尔沁旗	Alukeerqin Banner in Chifeng City	34745
66	兴安盟科尔沁右翼前旗	Keerqinyouyiqian Banner in Xingan League	34736
67	兴安盟突泉县	Tuquan County in Xingan League	34410
68	呼伦贝尔市新巴尔虎右旗	Xinbaerhuyou Banner in Hulunbeier City	32880

20-4 续表 2 Continued

单位：万元 (10 000 yuan)

位次 Order	旗县（区）名称	Name of Banners,Counties and Districts	一般公共预算收入 General Public Budget Revenue
69	呼伦贝尔市牙克石市	Yakeshi City in Hulunbeier City	31697
70	通辽市奈曼旗	Naiman Banner in Tongliao City	31520
71	巴彦淖尔市五原县	Wuyuan County in Bayannaoer City	30538
72	通辽市科尔沁左翼后旗	Keerqinzuoyihou Banner in Tongliao City	30081
73	呼伦贝尔市阿荣旗	Arong Banner in Hulunbeier City	29098
74	锡林郭勒盟多伦县	Duolun County in Xilinguole League	28676
75	通辽市开鲁县	Kailu County in Tongliao City	28111
76	巴彦淖尔市杭锦后旗	Hangjinhou Banner in Bayannaoer City	27131
77	锡林郭勒盟正蓝旗	Zhenglan Banner in Xilinguole League	27117
78	呼伦贝尔市莫力达瓦达斡尔自治旗	Molidawadawoer National Autonomous Banner in Hulunbeier City	26968
79	通辽市科尔沁左翼中旗	Keerqinzuoyizhong Banner in Tongliao City	26053
80	乌兰察布市察哈尔右翼后旗	Chahaeryouyihou Banner in Wulanchabu City	25993
81	呼和浩特市武川县	Wuchuan County in Hohhot City	25266
82	锡林郭勒盟苏尼特左旗	Sunitezuo Banner in Xilinguole League	24791
83	锡林郭勒盟太仆寺旗	Taipusi Banner in Xilinguole League	23612
84	乌兰察布市商都县	Shangdu County in Wulanchabu City	23206
85	包头市白云鄂博矿区	Baiyun Mineral District in Baotou City	22888
86	巴彦淖尔市磴口县	Dengkou County in Bayannaoer City	22012
87	锡林郭勒盟镶黄旗	Xianghuang Banner in Xilinguole League	19288
88	乌兰察布市卓资县	Zhuozi County in Wulanchabu City	19206
89	阿拉善盟额济纳旗	Ejina Banner in Alashan League	19136
90	兴安盟阿尔山市	Aershan City in Xingan League	18584
91	锡林郭勒盟苏尼特右旗	Suniteyou Banner in Xilinguole League	18326
92	乌兰察布市凉城县	Liangcheng County in Wulanchabu City	17916
93	呼伦贝尔市鄂伦春自治旗	Elunchun National Autonomous Banner in Hulunbeier City	17361
94	呼伦贝尔市额尔古纳市	Eerguna City in Hulunbeier City	16869
95	乌兰察布市兴和县	Xinghe County in Wulanchabu City	16646
96	乌兰察布市化德县	Huade County in Wulanchabu City	15441
97	乌兰察布市四子王旗	Siziwang Banner in Wulanchabu City	14866
98	锡林郭勒盟正镶白旗	Zhengxiangbai Banner in Xilinguole League	13844
99	乌兰察布市察哈尔右翼中旗	Chahaeryouyizhong Banner in Wulanchabu City	12587
100	阿拉善盟阿拉善右旗	Alashanyou Banner in Alashan League	11903
101	通辽市库伦旗	Kulun Banner in Tongliao City	9980
102	呼伦贝尔市根河市	Genhe City in Hulunbeier City	8107
103	呼伦贝尔市新巴尔虎左旗	Xinbaerhuzuo Banner in Hulunbeier City	7471

20-5 各旗县(区)按城镇常住居民人均可支配收入排序(2020年)

Banners, Counties and Districts Ranked by Average Wage of Employed Persons in Urban Non-Private Units(2020)

单位：元 (yuan)

位 次 Order	旗县（区）名称	Name of Banners,Counties and Districts	城镇常住居民人均可支配收入 The per capita disposable income of urban permanen residents
1	包头市昆都仑区	Kundulun District in Baotou City	54393
2	包头市青山区	Qingshan District in Baotou City	54291
3	包头市白云鄂博矿区	Baiyun Mineral District in Baotou City	54061
4	呼和浩特市赛罕区	Saihan District in Hohhot City	54056
5	包头市九原区	Jiuyuan District in Baotou City	52997
6	鄂尔多斯市伊金霍洛旗	Yijinhuoluo Banner in Erdos City	52132
7	鄂尔多斯市东胜区	Dongsheng District in Erdos City	52111
8	鄂尔多斯市康巴什区	Kangbashi District in Erdos City	51909
9	鄂尔多斯市准格尔旗	Zhungeer Banner in Erdos City	51380
10	鄂尔多斯市鄂托克旗	Etuoke Banner in Erdos City	49594
11	呼和浩特市玉泉区	Yuquan District in Hohhot City	48643
12	鄂尔多斯市鄂托克前旗	Etuokeqian Banner in Erdos City	48403
13	鄂尔多斯市乌审旗	Wushen Banner in Erdos City	48290
14	乌海市海勃湾区	Haibowan District in Wuhai City	46757
15	通辽市霍林郭勒市	Huolinguole City in Tongliao City	46502
16	包头市东河区	Donghe District in Baotou City	46375
17	锡林郭勒盟二连浩特市	Erlianhaote City in Xilinguole League	46358
18	锡林郭勒盟锡林浩特市	Xilinhaote City in Xilinguole League	46234
19	鄂尔多斯市杭锦旗	Hangjin Banner in Erdos City	45525
20	鄂尔多斯市达拉特旗	Dalate Banner in Erdos City	45098
21	阿拉善盟额济纳旗	Ejina Banner in Alashan League	44910
22	阿拉善盟阿拉善右旗	Alashanyou Banner in Alashan League	44900
23	包头市石拐区	Shiguai District in Baotou City	44648
24	乌海市乌达区	Wuda District in Wuhai City	43984
25	乌海市海南区	Hainan District in Wuhai City	43829
26	阿拉善盟阿拉善左旗	Alashanzuo Banner in Alashan League	43694
27	包头市达尔罕茂明安联合旗	Daerhanmaomingan Union Banner in Baotou City	43466
28	锡林郭勒盟西乌珠穆沁旗	xiwuzhumuqin Banner in Xilinguole League	42331
29	锡林郭勒盟东乌珠穆沁旗	Dongwuzhumuqin Banner in Xilinguole League	42308
30	锡林郭勒盟镶黄旗	Xianghuang Banner in Xilinguole League	41661
31	呼伦贝尔市海拉尔区	Hailaer District in Hulunbeier City	41652
32	锡林郭勒盟苏尼特左旗	Sunitezuo Banner in Xilinguole League	41636
33	锡林郭勒盟阿巴嘎旗	Abaga Banner in Xilinguole League	40826
34	呼伦贝尔市满洲里市	Manzhouli City in Hulunbeier City	40338

20-5 续表 1 Continued

单位：元 (yuan)

位次 Order	旗县（区）名称	Name of Banners,Counties and Districts	城镇常住居民人均可支配收入 The per capita disposable income of urban permanen residents
35	呼和浩特市托克托县	Tuoketuo County in Hohhot City	40221
36	包头市土默特右旗	Tumoteyou Banner in Baotou City	40020
37	锡林郭勒盟苏尼特右旗	Suniteyou Banner in Xilinguole League	39933
38	锡林郭勒盟正蓝旗	Zhenglan Banner in Xilinguole League	39544
39	呼和浩特市和林格尔县	Helingeer County in Hohhot City	39244
40	赤峰市红山区	Hongshan District in Chifeng City	38959
41	锡林郭勒盟正镶白旗	Zhengxiangbai Banner in Xilinguole League	38361
42	赤峰市元宝山区	Yuanbaoshan District in Chifeng City	38352
43	呼和浩特市土默特左旗	Tumotezuo Banner in Hohhot City	38190
44	锡林郭勒盟多伦县	Duolun County in Xilinguole League	38103
45	锡林郭勒盟太仆寺旗	Taipusi Banner in Xilinguole League	37672
46	呼伦贝尔市扎兰屯市	Zhalantun City in Hulunbeier City	37574
47	呼伦贝尔市满洲里扎赉诺尔区	Zhalainuoer District of Manzhouli City in Hulunbeier City	37217
48	通辽市科尔沁区	Keerqin District in Tongliao City	36994
49	赤峰市松山区	Songshan District in Chifeng City	36819
50	乌兰察布市集宁区	Jining District in Wulanchabu City	35702
51	呼伦贝尔市牙克石市	Yakeshi City in Hulunbeier City	35452
52	呼伦贝尔市陈巴尔虎旗	Chenbaerhu Banner in Hulunbeier City	34972
53	巴彦淖尔市临河区	Linhe District in Bayannaoer City	34837
54	兴安盟乌兰浩特市	Wulanhaote City in Xingan League	34476
55	巴彦淖尔市乌拉特中旗	Wulatezhong Banner in Bayannaoer City	34370
56	包头市固阳县	Guyang County in Baotou City	34309
57	呼伦贝尔市阿荣旗	Arong Banner in Hulunbeier City	34208
58	巴彦淖尔市乌拉特后旗	Wulatehou Banner in Bayannaoer City	34108
59	呼伦贝尔市鄂温克族自治旗	Ewenke National Autonomous Banner in Hulunbeier City	33812
60	赤峰市宁城县	Ningcheng County in Chifeng City	33811
61	巴彦淖尔市杭锦后旗	Hangjinhou Banner in Bayannaoer City	33587
62	巴彦淖尔市五原县	Wuyuan County in Bayannaoer City	33290
63	乌兰察布市化德县	Huade County in Wulanchabu City	33092
64	呼伦贝尔市新巴尔虎右旗	Xinbaerhuyou Banner in Hulunbeier City	33090
65	巴彦淖尔市磴口县	Dengkou County in Bayannaoer City	32698
66	巴彦淖尔市乌拉特前旗	Wulateqian Banner in Bayannaoer City	32490
67	乌兰察布市卓资县	Zhuozi County in Wulanchabu City	32328
68	乌兰察布市丰镇市	Fengzhen City in Wulanchabu City	32135

20-5 续表 2 Continued

单位：元

位次 Order	旗县（区）名称	Name of Banners,Counties and Districts	城镇常住居民人均可支配收入 The per capita disposable income of urban permanen residents
69	通辽市开鲁县	Kailu County in Tongliao City	32078
70	乌兰察布市察哈尔右翼后旗	Chahaeryouyihou Banner in Wulanchabu City	31901
71	乌兰察布市凉城县	Liangcheng County in Wulanchabu City	31860
72	呼伦贝尔市额尔古纳市	Eerguna City in Hulunbeier City	31820
73	乌兰察布市察哈尔右翼前旗	Chahaeryouyiqian Banner in Wulanchabu City	31815
74	通辽市扎鲁特旗	Zhalute Banner in Tongliao City	31584
75	乌兰察布市四子王旗	Siziwang Banner in Wulanchabu City	31525
76	乌兰察布市察哈尔右翼中旗	Chahaeryouyizhong Banner in Wulanchabu City	31341
77	赤峰市巴林左旗	Balinzuo Banner in Chifeng City	31181
78	赤峰市敖汉旗	Aohan Banner in Chifeng City	31123
79	赤峰市克什克腾旗	Keshiketeng Banner in Chifeng City	31021
80	兴安盟阿尔山市	Aershan City in Xingan League	30987
81	乌兰察布市商都县	Shangdu County in Wulanchabu City	30985
82	赤峰市喀喇沁旗	Kalaqin Banner in Chifeng City	30891
83	赤峰市林西县	Linxi County in Chifeng City	30870
84	赤峰市翁牛特旗	Wengniute Banner in Chifeng City	30338
85	乌兰察布市兴和县	Xinghe County in Wulanchabu City	30310
86	呼和浩特市清水河县	Qingshuihe County in Hohhot City	30152
87	兴安盟扎赉特旗	Zhalaite Banner in Xingan League	29997
88	兴安盟科尔沁右翼前旗	Keerqinyouyiqian Banner in Xingan League	29909
89	通辽市科尔沁左翼后旗	Keerqinzuoyihou Banner in Tongliao City	29632
90	通辽市奈曼旗	Naiman Banner in Tongliao City	29566
91	通辽市科尔沁左翼中旗	Keerqinzuoyizhong Banner in Tongliao City	29435
92	赤峰市巴林右旗	Balinyou Banner in Chifeng City	29409
93	兴安盟突泉县	Tuquan County in Xingan League	29309
94	呼伦贝尔市根河市	Genhe City in Hulunbeier City	29198
95	呼伦贝尔市新巴尔虎左旗	Xinbaerhuzuo Banner in Hulunbeier City	28999
96	赤峰市阿鲁科尔沁旗	Alukeerqin Banner in Chifeng City	28825
97	呼和浩特市武川县	Wuchuan County in Hohhot City	28655
98	兴安盟科尔沁右翼中旗	Keerqinyouyizhong Banner in Xingan League	28465
99	通辽市库伦旗	Kulun Banner in Tongliao City	28412
100	呼伦贝尔市鄂伦春自治旗	Elunchun National Autonomous Banner in Hulunbeier City	27819
101	呼伦贝尔市莫力达瓦达斡尔自治旗	Molidawadawoer National Autonomous Banner in Hulunbeier City	25490
102	呼和浩特市新城区	Xincheng District in Hohhot City	
103	呼和浩特市回民区	Huimin District in Hohhot City	

20-6 各旗县(区)按农村牧区常住居民人均可支配收入排序(2020年)

Banners, Counties and Districts Ranked by The Per Capita Disposable Income of Permanent Residents of Rural and Pastoral Areas(2020)

单位：元 (yuan)

位 次 Order	旗县（区）名称	Name of Banners,Counties and Districts	农村牧区常住居民人均可支配收入 The per capita disposable income of permanent residents of rural and pastoral areas
1	锡林郭勒盟东乌珠穆沁旗	Dongwuzhumuqin Banner in Xilinguole League	34899
2	呼伦贝尔市海拉尔区	Hailaer District in Hulunbeier City	32355
3	锡林郭勒盟阿巴嘎旗	Abaga Banner in Xilinguole League	30857
4	锡林郭勒盟西乌珠穆沁旗	xiwuzhumuqin Banner in Xilinguole League	30389
5	呼伦贝尔市额尔古纳市	Eerguna City in Hulunbeier City	30378
6	锡林郭勒盟锡林浩特市	Xilinhaote City in Xilinguole League	30232
7	锡林郭勒盟二连浩特市	Erlianhaote City in Xilinguole League	29556
8	阿拉善盟额济纳旗	Ejina Banner in Alashan League	26906
9	呼伦贝尔市鄂温克族自治旗	Ewenke National Autonomous Banner in Hulunbeier City	26795
10	包头市东河区	Donghe District in Baotou City	26362
11	呼伦贝尔市陈巴尔虎旗	Chenbaerhu Banner in Hulunbeier City	25810
12	呼伦贝尔市新巴尔虎右旗	Xinbaerhuyou Banner in Hulunbeier City	25583
13	阿拉善盟阿拉善右旗	Alashanyou Banner in Alashan League	25401
14	呼伦贝尔市新巴尔虎左旗	Xinbaerhuzuo Banner in Hulunbeier City	25393
15	包头市九原区	Jiuyuan District in Baotou City	25047
16	呼和浩特市玉泉区	Yuquan District in Hohhot City	24575
17	乌海市海勃湾区	Haibowan District in Wuhai City	23525
18	赤峰市红山区	Hongshan District in Chifeng City	23148
19	赤峰市元宝山区	Yuanbaoshan District in Chifeng City	23112
20	呼和浩特市赛罕区	Saihan District in Hohhot City	23068
21	鄂尔多斯市鄂托克前旗	Etuokeqian Banner in Erdos City	22223
22	阿拉善盟阿拉善左旗	Alashanzuo Banner in Alashan League	22191
23	巴彦淖尔市临河区	Linhe District in Bayannaoer City	22031
24	鄂尔多斯市鄂托克旗	Etuoke Banner in Erdos City	21933
25	鄂尔多斯市乌审旗	Wushen Banner in Erdos City	21836
26	巴彦淖尔市杭锦后旗	Hangjinhou Banner in Bayannaoer City	21673
27	巴彦淖尔市五原县	Wuyuan County in Bayannaoer City	21658
28	鄂尔多斯市伊金霍洛旗	Yijinhuoluo Banner in Erdos City	21605
29	鄂尔多斯市杭锦旗	Hangjin Banner in Erdos City	21520
30	呼伦贝尔市阿荣旗	Arong Banner in Hulunbeier City	21483
31	通辽市科尔沁区	Keerqin District in Tongliao City	21325
32	锡林郭勒盟正蓝旗	Zhenglan Banner in Xilinguole League	21194
33	巴彦淖尔市磴口县	Dengkou County in Bayannaoer City	21095
34	鄂尔多斯市达拉特旗	Dalate Banner in Erdos City	20968

20-6 续表 1 Continued

单位：元 (yuan)

位 次 Order	旗县（区）名称	Name of Banners,Counties and Districts	农村牧区常住居民人均可支配收入 The per capita disposable income of permanent residents of rural and pastoral areas
35	鄂尔多斯市准格尔旗	Zhungeer Banner in Erdos City	20944
36	乌海市海南区	Hainan District in Wuhai City	20801
37	包头市土默特右旗	Tumoteyou Banner in Baotou City	20795
38	巴彦淖尔市乌拉特前旗	Wulateqian Banner in Bayannaoer City	20640
39	呼伦贝尔市扎兰屯市	Zhalantun City in Hulunbeier City	20148
40	呼和浩特市土默特左旗	Tumotezuo Banner in Hohhot City	20081
41	巴彦淖尔市乌拉特中旗	Wulatezhong Banner in Bayannaoer City	19953
42	呼和浩特市托克托县	Tuoketuo County in Hohhot City	19472
43	乌兰察布市集宁区	Jining District in Wulanchabu City	19408
44	包头市石拐区	Shiguai District in Baotou City	19042
45	通辽市开鲁县	Kailu County in Tongliao City	18858
46	包头市达尔罕茂明安联合旗	Daerhanmaomingan Union Banner in Baotou City	18628
47	锡林郭勒盟苏尼特左旗	Sunitezuo Banner in Xilinguole League	18409
48	通辽市扎鲁特旗	Zhalute Banner in Tongliao City	18402
49	兴安盟乌兰浩特市	Wulanhaote City in Xingan League	18379
50	巴彦淖尔市乌拉特后旗	Wulatehou Banner in Bayannaoer City	18169
51	赤峰市松山区	Songshan District in Chifeng City	17879
52	锡林郭勒盟镶黄旗	Xianghuang Banner in Xilinguole League	17441
53	包头市固阳县	Guyang County in Baotou City	16602
54	锡林郭勒盟多伦县	Duolun County in Xilinguole League	16057
55	呼和浩特市和林格尔县	Helingeer County in Hohhot City	15711
56	乌兰察布市丰镇市	Fengzhen City in Wulanchabu City	15289
57	通辽市科尔沁左翼后旗	Keerqinzuoyihou Banner in Tongliao City	14956
58	乌兰察布市凉城县	Liangcheng County in Wulanchabu City	14569
59	锡林郭勒盟苏尼特右旗	Suniteyou Banner in Xilinguole League	14231
60	通辽市科尔沁左翼中旗	Keerqinzuoyizhong Banner in Tongliao City	14210
61	锡林郭勒盟太仆寺旗	Taipusi Banner in Xilinguole League	14058
62	通辽市奈曼旗	Naiman Banner in Tongliao City	13726
63	锡林郭勒盟正镶白旗	Zhengxiangbai Banner in Xilinguole League	13706
64	乌兰察布市察哈尔右翼后旗	Chahaeryouyihou Banner in Wulanchabu City	13665
65	赤峰市敖汉旗	Aohan Banner in Chifeng City	13639
66	赤峰市克什克腾旗	Keshiketeng Banner in Chifeng City	13624
67	乌兰察布市察哈尔右翼前旗	Chahaeryouyiqian Banner in Wulanchabu City	13548
68	赤峰市喀喇沁旗	Kalaqin Banner in Chifeng City	13494

20-6 续表 2 Continued

单位：元

位 次 Order	旗县（区）名称	Name of Banners,Counties and Districts	农村牧区常住居民人均可支配收入 The per capita disposable income of permanent residents of rural and pastoral areas
69	通辽市库伦旗	Kulun Banner in Tongliao City	13468
70	赤峰市宁城县	Ningcheng County in Chifeng City	13319
71	乌兰察布市四子王旗	Siziwang Banner in Wulanchabu City	13155
72	乌兰察布市卓资县	Zhuozi County in Wulanchabu City	13075
73	兴安盟科尔沁右翼前旗	Keerqinyouyiqian Banner in Xingan League	12827
74	赤峰市巴林右旗	Balinyou Banner in Chifeng City	12768
75	兴安盟扎赉特旗	Zhalaite Banner in Xingan League	12678
76	兴安盟阿尔山市	Aershan City in Xingan League	12612
77	赤峰市翁牛特旗	Wengniute Banner in Chifeng City	12545
78	呼伦贝尔市莫力达瓦达斡尔自治旗	Molidawadawoer National Autonomous Banner in Hulunbeier City	12418
79	赤峰市巴林左旗	Balinzuo Banner in Chifeng City	12373
80	乌兰察布市商都县	Shangdu County in Wulanchabu City	12290
81	兴安盟突泉县	Tuquan County in Xingan League	12200
82	兴安盟科尔沁右翼中旗	Keerqinyouyizhong Banner in Xingan League	11832
83	乌兰察布市兴和县	Xinghe County in Wulanchabu City	11731
84	赤峰市林西县	Linxi County in Chifeng City	11688
85	赤峰市阿鲁科尔沁旗	Alukeerqin Banner in Chifeng City	11674
86	呼伦贝尔市鄂伦春自治旗	Elunchun National Autonomous Banner in Hulunbeier City	11502
87	乌兰察布市化德县	Huade County in Wulanchabu City	11471
88	呼和浩特市清水河县	Qingshuihe County in Hohhot City	11395
89	呼和浩特市武川县	Wuchuan County in Hohhot City	11082
90	乌兰察布市察哈尔右翼中旗	Chahaeryouyizhong Banner in Wulanchabu City	10930
91	呼和浩特市新城区	Xincheng District in Hohhot City	
92	呼和浩特市回民区	Huimin District in Hohhot City	
93	包头市昆都仑区	Kundulun District in Baotou City	
94	包头市青山区	Qingshan District in Baotou City	
95	包头市白云鄂博矿区	Baiyun Mineral District in Baotou City	
96	乌海市乌达区	Wuda District in Wuhai City	
97	通辽市霍林郭勒市	Huolinguole City in Tongliao City	
98	鄂尔多斯市东胜区	Dongsheng District in Erdos City	
99	鄂尔多斯市康巴什区	Kangbashi District in Erdos City	
100	呼伦贝尔市满洲里扎赉诺尔区	Zhalainuoer District of Manzhouli City in Hulunbeier City	
101	呼伦贝尔市满洲里市	Manzhouli City in Hulunbeier City	
102	呼伦贝尔市牙克石市	Yakeshi City in Hulunbeier City	
103	呼伦贝尔市根河市	Genhe City in Hulunbeier City	

20-7 呼和浩特市新城区
Xincheng District in Hohhot City

指 标	Item	2020	增长(%) Increase Rate(%)
行政区域土地面积(平方公里)	**Area of Administration(Sq.km)**	**661**	**0.0**
人口	**Population**		
年末户籍户数(户)	The Registered Households Year-end(household)	168471	4.2
年末户籍人口(人)	The Registered Population Year-end(person)	439575	3.1
国民经济综合指标	**Summary Item on the National Economy**		
生产总值(万元)	Gross Domestic Product(10 000 yuan)	6073700	2.6
第一产业(万元)	Primary Industry(10 000 yuan)	22300	3.2
第二产业(万元)	Secondary Industry(10 000 yuan)	730900	10.4
第三产业(万元)	Tertiary Industry(10 000 yuan)	5320500	1.6
一般公共预算收入(万元)	General Public Budget Revenue(10 000 yuan)	421185	11.1
一般公共预算支出(万元)	General Public Budget Expenditure(10 000 yuan)	379568	53.3
农村牧区经济	**Economic Development in Rural & Pastoral Area**		
耕地面积(公顷)	Cultivated Area(hectare)	6676	-3.7
高标准农田面积(公顷)	High Standard Farmland Area(hectare)		
农作物总播种面积(公顷)	Total Sown Area(hectare)	718	1.6
粮食产量(吨)	Yield of Grain(ton)	760	-17.4
油料产量(吨)	Yield of Oil-bearing Crops(ton)	682	48.3
规模以上工业	**Industrial Enterprises above Designated size**		
工业企业单位数(个)	Number of Industrial Enterprises(unit)	9	-25.0
工业总产值(万元)	Gross Industrial Output Value(10 000 yuan)	181898	-76.3
投资	**Investment and Construction**		
固定资产投资(万元)	Total Investment in Fixed Assets(10 000 yuan)		12.9
房地产开发投资(万元)	Investment in Real Estate Development(10 000 yuan)	936495	43.8
贸易外经	**Trade**		
社会消费品零售总额(万元)	Total Retail Sales of Consumer Goods(10 000 yuan)	2696459	-4.7
出口总额(万元)	Total Exports(10 000 yuan)		
交通通讯	**Transportation,Post & Telecommunications**		
公路里程(公里)	Total Length of Highways(km)	391	5.4
移动电话用户(户)	Number of Mobile Telephone Subscribers (subscriber)		
互联网宽带接入用户(户)	Number of Subscribers of Internet Service(subscriber)		
教育科技文化卫生社会保障	**Science,Education & Public Health**		
小学学校数(所)	Number of Primary Schools(unit)	32	-15.8
普通中学学校数(所)	Number of Regular Secondary Schools(unit)	25	13.6
体育场馆数(个)	Stadium and Gymnasium(unit)	2	0.0
全年专利授权(件)	Annual Patent Authorization(piece)	1151	33.7
剧场、影剧院(个)	Theaters,Music Halls and Cinemas(unit)	9	0.0
医疗卫生机构床位数(张)	Number of Beds in Health Care Institutions(unit)	3505	-21.9
医疗卫生机构技术人员(人)	Medical Technical Personnel(person)	6688	29.5
城乡居民基本养老保险参保人数(人)	Urban and Rural Residents Basic Pension Insurance Contributors(person)	8300	7.0
基本医疗保险参保人数(人)	Basic Medical Care Insurance Contributors(person)	182273	0.8
居民生活	**The Lives of Residents**		
全体居民人均可支配收入(元)	The per capita disposable income of all residents(yuan)	48662	1.9
城镇常住居民人均可支配收入(元)	The per capita disposable income of urban permanent residents(yuan)		
农村牧区常住居民人均可支配收入(元)	The per capita disposable income of permanent residents of rural and pastoral areas(yuan)		

20-8 呼和浩特市回民区
Huimin District in Hohhot City

指 标	Item	2020	增长(%) Increase Rate(%)
行政区域土地面积(平方公里)	**Area of Administration(Sq.km)**	**194**	**0.0**
人口	**Population**		
年末户籍户数(户)	The Registered Households Year-end(household)	98075	5.7
年末户籍人口(人)	The Registered Population Year-end(person)	238970	1.1
国民经济综合指标	**Summary Item on the National Economy**		
生产总值(万元)	Gross Domestic Product(10 000 yuan)	2857000	-5.4
第一产业(万元)	Primary Industry(10 000 yuan)	5400	3.6
第二产业(万元)	Secondary Industry(10 000 yuan)	356100	8.4
第三产业(万元)	Tertiary Industry(10 000 yuan)	2495500	-7.1
一般公共预算收入(万元)	General Public Budget Revenue(10 000 yuan)	161679	-1.1
一般公共预算支出(万元)	General Public Budget Expenditure(10 000 yuan)	196112	-29.5
农村牧区经济	**Economic Development in Rural & Pastoral Area**		
耕地面积(公顷)	Cultivated Area(hectare)	672	-4.8
高标准农田面积(公顷)	High Standard Farmland Area(hectare)		
农作物总播种面积(公顷)	Total Sown Area(hectare)	168	-12.9
粮食产量(吨)	Yield of Grain(ton)	634	-15.2
油料产量(吨)	Yield of Oil-bearing Crops(ton)		
规模以上工业	**Industrial Enterprises above Designated size**		
工业企业单位数(个)	Number of Industrial Enterprises(unit)	9	0.0
工业总产值(万元)	Gross Industrial Output Value(10 000 yuan)	357128	-8.2
投资	**Investment and Construction**		
固定资产投资(万元)	Total Investment in Fixed Assets(10 000 yuan)		-18.2
房地产开发投资(万元)	Investment in Real Estate Development(10 000 yuan)	436648	28.9
贸易外经	**Trade**		
社会消费品零售总额(万元)	Total Retail Sales of Consumer Goods(10 000 yuan)	2960016	-4.0
出口总额(万元)	Total Exports(10 000 yuan)		
交通通讯	**Transportation,Post & Telecommunications**		
公路里程(公里)	Total Length of Highways(km)	118	0.0
移动电话用户(户)	Number of Mobile Telephone Subscribers (subscriber)		
互联网宽带接入用户(户)	Number of Subscribers of Internet Service(subscriber)		
教育科技文化卫生社会保障	**Science,Education & Public Health**		
小学学校数(所)	Number of Primary Schools(unit)	33	3.1
普通中学学校数(所)	Number of Regular Secondary Schools(unit)	20	0.0
体育场馆数(个)	Stadium and Gymnasium(unit)	4	0.0
全年专利授权(件)	Annual Patent Authorization(piece)	6	0.0
剧场、影剧院(个)	Theaters,Music Halls and Cinemas(unit)	6	0.0
医疗卫生机构床位数(张)	Number of Beds in Health Care Institutions(unit)	4461	4.5
医疗卫生机构技术人员(人)	Medical Technical Personnel(person)	5768	0.3
城乡居民基本养老保险参保人数(人)	Urban and Rural Residents Basic Pension Insurance Contributors(person)	6756	-7.4
基本医疗保险参保人数(人)	Basic Medical Care Insurance Contributors(person)	114881	-0.1
居民生活	**The Lives of Residents**		
全体居民人均可支配收入(元)	The per capita disposable income of all residents(yuan)	47043	1.9
城镇常住居民人均可支配收入(元)	The per capita disposable income of urban permanent residents(yuan)		
农村牧区常住居民人均可支配收入(元)	The per capita disposable income of permanent residents of rural and pastoral areas(yuan)		

20-9 呼和浩特市玉泉区
Yuquan District in Hohhot City

指 标	Item	2020	增长(%) Increase Rate(%)
行政区域土地面积(平方公里)	**Area of Administration(Sq.km)**	**207**	**0.0**
人口	**Population**		
年末户籍户数(户)	The Registered Households Year-end(household)	92476	3.8
年末户籍人口(人)	The Registered Population Year-end(person)	208694	2.4
国民经济综合指标	**Summary Item on the National Economy**		
生产总值(万元)	Gross Domestic Product(10 000 yuan)	3244900	3.4
第一产业(万元)	Primary Industry(10 000 yuan)	32700	1.0
第二产业(万元)	Secondary Industry(10 000 yuan)	1080700	11.7
第三产业(万元)	Tertiary Industry(10 000 yuan)	2131500	-0.7
一般公共预算收入(万元)	General Public Budget Revenue(10 000 yuan)	203109	2.7
一般公共预算支出(万元)	General Public Budget Expenditure(10 000 yuan)	169856	-9.5
农村牧区经济	**Economic Development in Rural & Pastoral Area**		
耕地面积(公顷)	Cultivated Area(hectare)	7106	34.9
高标准农田面积(公顷)	High Standard Farmland Area(hectare)		
农作物总播种面积(公顷)	Total Sown Area(hectare)	6268	1.7
粮食产量(吨)	Yield of Grain(ton)	39834	1.8
油料产量(吨)	Yield of Oil-bearing Crops(ton)		
规模以上工业	**Industrial Enterprises above Designated size**		
工业企业单位数(个)	Number of Industrial Enterprises(unit)	17	13.3
工业总产值(万元)	Gross Industrial Output Value(10 000 yuan)	299025	-65.4
投资	**Investment and Construction**		
固定资产投资(万元)	Total Investment in Fixed Assets(10 000 yuan)		-13.4
房地产开发投资(万元)	Investment in Real Estate Development(10 000 yuan)	236201	8.0
贸易外经	**Trade**		
社会消费品零售总额(万元)	Total Retail Sales of Consumer Goods(10 000 yuan)	1232125	-3.9
出口总额(万元)	Total Exports(10 000 yuan)		
交通通讯	**Transportation,Post & Telecommunications**		
公路里程(公里)	Total Length of Highways(km)	211	-7.5
移动电话用户(户)	Number of Mobile Telephone Subscribers (subscriber)		
互联网宽带接入用户(户)	Number of Subscribers of Internet Service(subscriber)		
教育科技文化卫生社会保障	**Science,Education & Public Health**		
小学学校数(所)	Number of Primary Schools(unit)	28	-3.4
普通中学学校数(所)	Number of Regular Secondary Schools(unit)	10	-9.1
体育场馆数(个)	Stadium and Gymnasium(unit)		
全年专利授权(件)	Annual Patent Authorization(piece)	182	22.1
剧场、影剧院(个)	Theaters,Music Halls and Cinemas(unit)		
医疗卫生机构床位数(张)	Number of Beds in Health Care Institutions(unit)	2696	0.0
医疗卫生机构技术人员(人)	Medical Technical Personnel(person)	5489	9.8
城乡居民基本养老保险参保人数(人)	Urban and Rural Residents Basic Pension Insurance Contributors(person)	20828	86.1
基本医疗保险参保人数(人)	Basic Medical Care Insurance Contributors(person)	109587	12.4
居民生活	**The Lives of Residents**		
全体居民人均可支配收入(元)	The per capita disposable income of all residents(yuan)	44121	2.1
城镇常住居民人均可支配收入(元)	The per capita disposable income of urban permanent residents(yuan)	48643	1.2
农村牧区常住居民人均可支配收入(元)	The per capita disposable income of permanent residents of rural and pastoral areas(yuan)	24575	8.0

20-10 呼和浩特市赛罕区

Saihan District in Hohhot City

指 标	Item	2020	增长(%) Increase Rate(%)
行政区域土地面积(平方公里)	**Area of Administration(Sq.km)**	**1025**	**0.0**
人口	**Population**		
年末户籍户数(户)	The Registered Households Year-end(household)	221964	4.8
年末户籍人口(人)	The Registered Population Year-end(person)	563712	4.0
国民经济综合指标	**Summary Item on the National Economy**		
生产总值(万元)	Gross Domestic Product(10 000 yuan)	7734300	-1.2
第一产业(万元)	Primary Industry(10 000 yuan)	211300	1.3
第二产业(万元)	Secondary Industry(10 000 yuan)	2409700	-4.3
第三产业(万元)	Tertiary Industry(10 000 yuan)	5113100	0.4
一般公共预算收入(万元)	General Public Budget Revenue(10 000 yuan)	440068	11.3
一般公共预算支出(万元)	General Public Budget Expenditure(10 000 yuan)	406524	5.4
农村牧区经济	**Economic Development in Rural & Pastoral Area**		
耕地面积(公顷)	Cultivated Area(hectare)	41464	0.0
高标准农田面积(公顷)	High Standard Farmland Area(hectare)	666	
农作物总播种面积(公顷)	Total Sown Area(hectare)	29880	-1.5
粮食产量(吨)	Yield of Grain(ton)	130902	-0.1
油料产量(吨)	Yield of Oil-bearing Crops(ton)	747	50.6
规模以上工业	**Industrial Enterprises above Designated size**		
工业企业单位数(个)	Number of Industrial Enterprises(unit)	33	-2.9
工业总产值(万元)	Gross Industrial Output Value(10 000 yuan)	5356232	10.6
投资	**Investment and Construction**		
固定资产投资(万元)	Total Investment in Fixed Assets(10 000 yuan)		19.9
房地产开发投资(万元)	Investment in Real Estate Development(10 000 yuan)	634013	58.3
贸易外经	**Trade**		
社会消费品零售总额(万元)	Total Retail Sales of Consumer Goods(10 000 yuan)	1940355	-3.7
出口总额(万元)	Total Exports(10 000 yuan)		
交通通讯	**Transportation,Post & Telecommunications**		
公路里程(公里)	Total Length of Highways(km)	644	11.6
移动电话用户(户)	Number of Mobile Telephone Subscribers (subscriber)		
互联网宽带接入用户(户)	Number of Subscribers of Internet Service(subscriber)		
教育科技文化卫生社会保障	**Science,Education & Public Health**		
小学学校数(所)	Number of Primary Schools(unit)	41	0.0
普通中学学校数(所)	Number of Regular Secondary Schools(unit)	25	0.0
体育场馆数(个)	Stadium and Gymnasium(unit)	4	0.0
全年专利授权(件)	Annual Patent Authorization(piece)	2003	90.0
剧场、影剧院(个)	Theaters,Music Halls and Cinemas(unit)	7	0.0
医疗卫生机构床位数(张)	Number of Beds in Health Care Institutions(unit)	7942	5.6
医疗卫生机构技术人员(人)	Medical Technical Personnel(person)	11278	1.3
城乡居民基本养老保险参保人数(人)	Urban and Rural Residents Basic Pension Insurance Contributors(person)	68338	3.1
基本医疗保险参保人数(人)	Basic Medical Care Insurance Contributors(person)	349894	0.5
居民生活	**The Lives of Residents**		
全体居民人均可支配收入(元)	The per capita disposable income of all residents(yuan)	44673	1.8
城镇常住居民人均可支配收入(元)	The per capita disposable income of urban permanent residents(yuan)	54056	0.6
农村牧区常住居民人均可支配收入(元)	The per capita disposable income of permanent residents of rural and pastoral areas(yuan)	23068	7.3

20-11 呼和浩特市土默特左旗

Tumotezuo Banner in Hohhot City

指 标	Item	2020	增长(%) Increase Rate(%)
行政区域土地面积(平方公里)	**Area of Administration(Sq.km)**	**2765**	**0.0**
人口	**Population**		
年末户籍户数(户)	The Registered Households Year-end(household)	149019	0.4
年末户籍人口(人)	The Registered Population Year-end(person)	359107	-1.1
国民经济综合指标	**Summary Item on the National Economy**		
生产总值(万元)	Gross Domestic Product(10 000 yuan)	1911900	1.5
第一产业(万元)	Primary Industry(10 000 yuan)	387100	1.2
第二产业(万元)	Secondary Industry(10 000 yuan)	688200	1.2
第三产业(万元)	Tertiary Industry(10 000 yuan)	836500	1.8
一般公共预算收入(万元)	General Public Budget Revenue(10 000 yuan)	136654	0.7
一般公共预算支出(万元)	General Public Budget Expenditure(10 000 yuan)	339839	30.1
农村牧区经济	**Economic Development in Rural & Pastoral Area**		
耕地面积(公顷)	Cultivated Area(hectare)	117664	1.4
高标准农田面积(公顷)	High Standard Farmland Area(hectare)	24086	198.6
农作物总播种面积(公顷)	Total Sown Area(hectare)	103205	-1.0
粮食产量(吨)	Yield of Grain(ton)	661541	1.7
油料产量(吨)	Yield of Oil-bearing Crops(ton)	17544	8.9
规模以上工业	**Industrial Enterprises above Designated size**		
工业企业单位数(个)	Number of Industrial Enterprises(unit)	42	44.8
工业总产值(万元)	Gross Industrial Output Value(10 000 yuan)	8211207	622.4
投资	**Investment and Construction**		
固定资产投资(万元)	Total Investment in Fixed Assets(10 000 yuan)		78.8
房地产开发投资(万元)	Investment in Real Estate Development(10 000 yuan)	10181	-20.7
贸易外经	**Trade**		
社会消费品零售总额(万元)	Total Retail Sales of Consumer Goods(10 000 yuan)	310431	-1.7
出口总额(万元)	Total Exports(10 000 yuan)		
交通通讯	**Transportation,Post & Telecommunications**		
公路里程(公里)	Total Length of Highways(km)	1437	0.8
移动电话用户(户)	Number of Mobile Telephone Subscribers (subscriber)	201766	-5.7
互联网宽带接入用户(户)	Number of Subscribers of Internet Service(subscriber)	42561	4.6
教育科技文化卫生社会保障	**Science,Education & Public Health**		
小学学校数(所)	Number of Primary Schools(unit)	17	-37.0
普通中学学校数(所)	Number of Regular Secondary Schools(unit)	12	9.1
体育场馆数(个)	Stadium and Gymnasium(unit)	2	0.0
全年专利授权(件)	Annual Patent Authorization(piece)	523	51.6
剧场、影剧院(个)	Theaters,Music Halls and Cinemas(unit)	2	0.0
医疗卫生机构床位数(张)	Number of Beds in Health Care Institutions(unit)	760	-11.0
医疗卫生机构技术人员(人)	Medical Technical Personnel(person)	1413	-0.6
城乡居民基本养老保险参保人数(人)	Urban and Rural Residents Basic Pension Insurance Contributors(person)	167138	-1.8
基本医疗保险参保人数(人)	Basic Medical Care Insurance Contributors(person)	300468	-0.4
居民生活	**The Lives of Residents**		
全体居民人均可支配收入(元)	The per capita disposable income of all residents(yuan)	24791	4.2
城镇常住居民人均可支配收入(元)	The per capita disposable income of urban permanent residents(yuan)	38190	0.1
农村牧区常住居民人均可支配收入(元)	The per capita disposable income of permanent residents of rural and pastoral areas(yuan)	20081	8.1

20-12 呼和浩特市托克托县

Tuoketuo Counry in Hohhot City

指 标	Item	2020	增长(%) Increase Rate(%)
行政区域土地面积(平方公里)	**Area of Administration(Sq.km)**	**1407**	**0.0**
人口	**Population**		
年末户籍户数(户)	The Registered Households Year-end(household)	89219	-0.5
年末户籍人口(人)	The Registered Population Year-end(person)	199763	-0.6
国民经济综合指标	**Summary Item on the National Economy**		
生产总值(万元)	Gross Domestic Product(10 000 yuan)	1421900	-4.8
第一产业(万元)	Primary Industry(10 000 yuan)	214400	1.5
第二产业(万元)	Secondary Industry(10 000 yuan)	587400	-11.5
第三产业(万元)	Tertiary Industry(10 000 yuan)	620100	0.2
一般公共预算收入(万元)	General Public Budget Revenue(10 000 yuan)	95080	-11.4
一般公共预算支出(万元)	General Public Budget Expenditure(10 000 yuan)	213485	8.2
农村牧区经济	**Economic Development in Rural & Pastoral Area**		
耕地面积(公顷)	Cultivated Area(hectare)	75646	11.1
高标准农田面积(公顷)	High Standard Farmland Area(hectare)		
农作物总播种面积(公顷)	Total Sown Area(hectare)	67499	2.5
粮食产量(吨)	Yield of Grain(ton)	356075	13.0
油料产量(吨)	Yield of Oil-bearing Crops(ton)	4804	180.0
规模以上工业	**Industrial Enterprises above Designated size**		
工业企业单位数(个)	Number of Industrial Enterprises(unit)	33	13.8
工业总产值(万元)	Gross Industrial Output Value(10 000 yuan)	2064398	-3.6
投资	**Investment and Construction**		
固定资产投资(万元)	Total Investment in Fixed Assets(10 000 yuan)		6.6
房地产开发投资(万元)	Investment in Real Estate Development(10 000 yuan)	41695	1.1
贸易外经	**Trade**		
社会消费品零售总额(万元)	Total Retail Sales of Consumer Goods(10 000 yuan)	274296	-7.0
出口总额(万元)	Total Exports(10 000 yuan)		
交通通讯	**Transportation,Post & Telecommunications**		
公路里程(公里)	Total Length of Highways(km)	1016	0.0
移动电话用户(户)	Number of Mobile Telephone Subscribers (subscriber)	195516	5.0
互联网宽带接入用户(户)	Number of Subscribers of Internet Service(subscriber)	39710	-41.8
教育科技文化卫生社会保障	**Science,Education & Public Health**		
小学学校数(所)	Number of Primary Schools(unit)	17	0.0
普通中学学校数(所)	Number of Regular Secondary Schools(unit)	6	0.0
体育场馆数(个)	Stadium and Gymnasium(unit)	1	0.0
全年专利授权(件)	Annual Patent Authorization(piece)	111	
剧场、影剧院(个)	Theaters,Music Halls and Cinemas(unit)	1	0.0
医疗卫生机构床位数(张)	Number of Beds in Health Care Institutions(unit)	559	3.7
医疗卫生机构技术人员(人)	Medical Technical Personnel(person)	1105	9.8
城乡居民基本养老保险参保人数(人)	Urban and Rural Residents Basic Pension Insurance Contributors(person)	74937	1.4
基本医疗保险参保人数(人)	Basic Medical Care Insurance Contributors(person)	172758	-0.6
居民生活	**The Lives of Residents**		
全体居民人均可支配收入(元)	The per capita disposable income of all residents(yuan)	26678	4.2
城镇常住居民人均可支配收入(元)	The per capita disposable income of urban permanent residents(yuan)	40221	0.1
农村牧区常住居民人均可支配收入(元)	The per capita disposable income of permanent residents of rural and pastoral areas(yuan)	19472	8.3

20-13 呼和浩特市和林格尔县

Helingeer County in Hohhot City

指 标	Item	2020	增长(%) Increase Rate(%)
行政区域土地面积(平方公里)	**Area of Administration(Sq.km)**	**3448**	**0.0**
人口	**Population**		
年末户籍户数(户)	The Registered Households Year-end(household)	89131	0.1
年末户籍人口(人)	The Registered Population Year-end(person)	203893	-0.5
国民经济综合指标	**Summary Item on the National Economy**		
生产总值(万元)	Gross Domestic Product(10 000 yuan)	1825400	4.7
第一产业(万元)	Primary Industry(10 000 yuan)	230200	1.1
第二产业(万元)	Secondary Industry(10 000 yuan)	893300	7.9
第三产业(万元)	Tertiary Industry(10 000 yuan)	701900	1.8
一般公共预算收入(万元)	General Public Budget Revenue(10 000 yuan)	144263	0.4
一般公共预算支出(万元)	General Public Budget Expenditure(10 000 yuan)	283379	35.2
农村牧区经济	**Economic Development in Rural & Pastoral Area**		
耕地面积(公顷)	Cultivated Area(hectare)	106993	-2.1
高标准农田面积(公顷)	High Standard Farmland Area(hectare)	2667	66.7
农作物总播种面积(公顷)	Total Sown Area(hectare)	68171	-3.5
粮食产量(吨)	Yield of Grain(ton)	325696	6.7
油料产量(吨)	Yield of Oil-bearing Crops(ton)	879	-75.4
规模以上工业	**Industrial Enterprises above Designated size**		
工业企业单位数(个)	Number of Industrial Enterprises(unit)	37	-2.6
工业总产值(万元)	Gross Industrial Output Value(10 000 yuan)	1620065	17.8
投资	**Investment and Construction**		
固定资产投资(万元)	Total Investment in Fixed Assets(10 000 yuan)		32.1
房地产开发投资(万元)	Investment in Real Estate Development(10 000 yuan)	118663	6.6
贸易外经	**Trade**		
社会消费品零售总额(万元)	Total Retail Sales of Consumer Goods(10 000 yuan)	232376	6.2
出口总额(万元)	Total Exports(10 000 yuan)		
交通通讯	**Transportation,Post & Telecommunications**		
公路里程(公里)	Total Length of Highways(km)	1165	0.6
移动电话用户(户)	Number of Mobile Telephone Subscribers (subscriber)	123770	-9.1
互联网宽带接入用户(户)	Number of Subscribers of Internet Service(subscriber)	31561	-14.7
教育科技文化卫生社会保障	**Science,Education & Public Health**		
小学学校数(所)	Number of Primary Schools(unit)	13	-7.1
普通中学学校数(所)	Number of Regular Secondary Schools(unit)	9	50.0
体育场馆数(个)	Stadium and Gymnasium(unit)	2	0.0
全年专利授权(件)	Annual Patent Authorization(piece)	390	105.3
剧场、影剧院(个)	Theaters,Music Halls and Cinemas(unit)	1	0.0
医疗卫生机构床位数(张)	Number of Beds in Health Care Institutions(unit)	531	1.7
医疗卫生机构技术人员(人)	Medical Technical Personnel(person)	878	48.1
城乡居民基本养老保险参保人数(人)	Urban and Rural Residents Basic Pension Insurance Contributors(person)	107067	2.9
基本医疗保险参保人数(人)	Basic Medical Care Insurance Contributors(person)	184760	1.8
居民生活	**The Lives of Residents**		
全体居民人均可支配收入(元)	The per capita disposable income of all residents(yuan)	23673	4.3
城镇常住居民人均可支配收入(元)	The per capita disposable income of urban permanent residents(yuan)	39244	0.6
农村牧区常住居民人均可支配收入(元)	The per capita disposable income of permanent residents of rural and pastoral areas(yuan)	15711	8.7

20-14 呼和浩特市清水河县
Qingshuihe County in Hohhot City

指 标	Item	2020	增长(%) Increase Rate(%)
行政区域土地面积(平方公里)	**Area of Administration(Sq.km)**	**2818**	**0.0**
人口	**Population**		
年末户籍户数(户)	The Registered Households Year-end(household)	62114	0.1
年末户籍人口(人)	The Registered Population Year-end(person)	139297	-1.2
国民经济综合指标	**Summary Item on the National Economy**		
生产总值(万元)	Gross Domestic Product(10 000 yuan)	658900	4.5
第一产业(万元)	Primary Industry(10 000 yuan)	68700	0.7
第二产业(万元)	Secondary Industry(10 000 yuan)	288500	11.2
第三产业(万元)	Tertiary Industry(10 000 yuan)	301700	-0.3
一般公共预算收入(万元)	General Public Budget Revenue(10 000 yuan)	47125	-6.7
一般公共预算支出(万元)	General Public Budget Expenditure(10 000 yuan)	173873	-5.1
农村牧区经济	**Economic Development in Rural & Pastoral Area**		
耕地面积(公顷)	Cultivated Area(hectare)	62538	0.0
高标准农田面积(公顷)	High Standard Farmland Area(hectare)	1280	1.6
农作物总播种面积(公顷)	Total Sown Area(hectare)	30179	-22.6
粮食产量(吨)	Yield of Grain(ton)	51254	-39.2
油料产量(吨)	Yield of Oil-bearing Crops(ton)	1371	-68.3
规模以上工业	**Industrial Enterprises above Designated size**		
工业企业单位数(个)	Number of Industrial Enterprises(unit)	19	0.0
工业总产值(万元)	Gross Industrial Output Value(10 000 yuan)	509696	26.9
投资	**Investment and Construction**		
固定资产投资(万元)	Total Investment in Fixed Assets(10 000 yuan)		17.0
房地产开发投资(万元)	Investment in Real Estate Development(10 000 yuan)	2666	291.5
贸易外经	**Trade**		
社会消费品零售总额(万元)	Total Retail Sales of Consumer Goods(10 000 yuan)	65231	-8.9
出口总额(万元)	Total Exports(10 000 yuan)		
交通通讯	**Transportation,Post & Telecommunications**		
公路里程(公里)	Total Length of Highways(km)	1673	-4.0
移动电话用户(户)	Number of Mobile Telephone Subscribers (subscriber)	92613	11.7
互联网宽带接入用户(户)	Number of Subscribers of Internet Service(subscriber)	18916	33.4
教育科技文化卫生社会保障	**Science,Education & Public Health**		
小学学校数(所)	Number of Primary Schools(unit)	6	0.0
普通中学学校数(所)	Number of Regular Secondary Schools(unit)	4	-20.0
体育场馆数(个)	Stadium and Gymnasium(unit)	3	0.0
全年专利授权(件)	Annual Patent Authorization(piece)		
剧场、影剧院(个)	Theaters,Music Halls and Cinemas(unit)	1	0.0
医疗卫生机构床位数(张)	Number of Beds in Health Care Institutions(unit)	686	77.7
医疗卫生机构技术人员(人)	Medical Technical Personnel(person)	585	142.7
城乡居民基本养老保险参保人数(人)	Urban and Rural Residents Basic Pension Insurance Contributors(person)	70050	-1.3
基本医疗保险参保人数(人)	Basic Medical Care Insurance Contributors(person)	101910	-8.4
居民生活	**The Lives of Residents**		
全体居民人均可支配收入(元)	The per capita disposable income of all residents(yuan)	21278	4.9
城镇常住居民人均可支配收入(元)	The per capita disposable income of urban permanent residents(yuan)	30152	2.4
农村牧区常住居民人均可支配收入(元)	The per capita disposable income of permanent residents of rural and pastoral areas(yuan)	11395	11.7

20-15 呼和浩特市武川县

Wuchuan County in Hohhot City

指 标	Item	2020	增长(%) Increase Rate(%)
行政区域土地面积(平方公里)	**Area of Administration(Sq.km)**	**4683**	**0.0**
人口	**Population**		
年末户籍户数(户)	The Registered Households Year-end(household)	76650	-0.5
年末户籍人口(人)	The Registered Population Year-end(person)	167023	-1.4
国民经济综合指标	**Summary Item on the National Economy**		
生产总值(万元)	Gross Domestic Product(10 000 yuan)	512100	-4.4
第一产业(万元)	Primary Industry(10 000 yuan)	92400	0.5
第二产业(万元)	Secondary Industry(10 000 yuan)	131100	-14.6
第三产业(万元)	Tertiary Industry(10 000 yuan)	288600	-0.8
一般公共预算收入(万元)	General Public Budget Revenue(10 000 yuan)	25266	0.0
一般公共预算支出(万元)	General Public Budget Expenditure(10 000 yuan)	181852	10.5
农村牧区经济	**Economic Development in Rural & Pastoral Area**		
耕地面积(公顷)	Cultivated Area(hectare)	144929	0.1
高标准农田面积(公顷)	High Standard Farmland Area(hectare)	7333	154.5
农作物总播种面积(公顷)	Total Sown Area(hectare)	114373	-3.8
粮食产量(吨)	Yield of Grain(ton)	173386	-7.0
油料产量(吨)	Yield of Oil-bearing Crops(ton)	74561	-8.9
规模以上工业	**Industrial Enterprises above Designated size**		
工业企业单位数(个)	Number of Industrial Enterprises(unit)	16	-5.9
工业总产值(万元)	Gross Industrial Output Value(10 000 yuan)	174586	-5.4
投资	**Investment and Construction**		
固定资产投资(万元)	Total Investment in Fixed Assets(10 000 yuan)		37.0
房地产开发投资(万元)	Investment in Real Estate Development(10 000 yuan)	620	-93.1
贸易外经	**Trade**		
社会消费品零售总额(万元)	Total Retail Sales of Consumer Goods(10 000 yuan)	81411	-7.3
出口总额(万元)	Total Exports(10 000 yuan)		
交通通讯	**Transportation,Post & Telecommunications**		
公路里程(公里)	Total Length of Highways(km)	1120	3.7
移动电话用户(户)	Number of Mobile Telephone Subscribers (subscriber)	124740	1.9
互联网宽带接入用户(户)	Number of Subscribers of Internet Service(subscriber)	25279	17.6
教育科技文化卫生社会保障	**Science,Education & Public Health**		
小学学校数(所)	Number of Primary Schools(unit)	5	0.0
普通中学学校数(所)	Number of Regular Secondary Schools(unit)	4	0.0
体育场馆数(个)	Stadium and Gymnasium(unit)	2	0.0
全年专利授权(件)	Annual Patent Authorization(piece)	35	133.3
剧场、影剧院(个)	Theaters,Music Halls and Cinemas(unit)	2	100.0
医疗卫生机构床位数(张)	Number of Beds in Health Care Institutions(unit)	562	34.4
医疗卫生机构技术人员(人)	Medical Technical Personnel(person)	601	-3.8
城乡居民基本养老保险参保人数(人)	Urban and Rural Residents Basic Pension Insurance Contributors(person)	101088	0.6
基本医疗保险参保人数(人)	Basic Medical Care Insurance Contributors(person)	131752	0.2
居民生活	**The Lives of Residents**		
全体居民人均可支配收入(元)	The per capita disposable income of all residents(yuan)	19930	4.2
城镇常住居民人均可支配收入(元)	The per capita disposable income of urban permanent residents(yuan)	28655	1.0
农村牧区常住居民人均可支配收入(元)	The per capita disposable income of permanent residents of rural and pastoral areas(yuan)	11082	12.2

20-16 包头市东河区

Donghe District in Baotou City

指 标	Item	2020	增长(%) Increase Rate(%)
行政区域土地面积(平方公里)	**Area of Administration(Sq.km)**	**470**	**0.0**
人口	**Population**		
年末户籍户数(户)	The Registered Households Year-end(household)	161772	0.4
年末户籍人口(人)	The Registered Population Year-end(person)	403163	-0.9
国民经济综合指标	**Summary Item on the National Economy**		
生产总值(万元)	Gross Domestic Product(10 000 yuan)	3370369	1.9
第一产业(万元)	Primary Industry(10 000 yuan)	74227	1.9
第二产业(万元)	Secondary Industry(10 000 yuan)	1073492	11.3
第三产业(万元)	Tertiary Industry(10 000 yuan)	2222650	-2.3
一般公共预算收入(万元)	General Public Budget Revenue(10 000 yuan)	104057	0.7
一般公共预算支出(万元)	General Public Budget Expenditure(10 000 yuan)	231297	16.8
农村牧区经济	**Economic Development in Rural & Pastoral Area**		
耕地面积(公顷)	Cultivated Area(hectare)	9343	0.0
高标准农田面积(公顷)	High Standard Farmland Area(hectare)		
农作物总播种面积(公顷)	Total Sown Area(hectare)	8682	2.5
粮食产量(吨)	Yield of Grain(ton)	38989	2.4
油料产量(吨)	Yield of Oil-bearing Crops(ton)	184	0.0
规模以上工业	**Industrial Enterprises above Designated size**		
工业企业单位数(个)	Number of Industrial Enterprises(unit)	39	14.7
工业总产值(万元)	Gross Industrial Output Value(10 000 yuan)	3178684	3.3
投资	**Investment and Construction**		
固定资产投资(万元)	Total Investment in Fixed Assets(10 000 yuan)		-7.7
房地产开发投资(万元)	Investment in Real Estate Development(10 000 yuan)	280573	-7.8
贸易外经	**Trade**		
社会消费品零售总额(万元)	Total Retail Sales of Consumer Goods(10 000 yuan)	1767101	-4.9
出口总额(万元)	Total Exports(10 000 yuan)	67473	-2.1
交通通讯	**Transportation,Post & Telecommunications**		
公路里程(公里)	Total Length of Highways(km)	265	0.0
移动电话用户(户)	Number of Mobile Telephone Subscribers (subscriber)	404400	0.4
互联网宽带接入用户(户)	Number of Subscribers of Internet Service(subscriber)	90300	0.4
教育科技文化卫生社会保障	**Science,Education & Public Health**		
小学学校数(所)	Number of Primary Schools(unit)	21	-4.5
普通中学学校数(所)	Number of Regular Secondary Schools(unit)	17	0.0
体育场馆数(个)	Stadium and Gymnasium(unit)	2	0.0
全年专利授权(件)	Annual Patent Authorization(piece)	264	82.1
剧场、影剧院(个)	Theaters,Music Halls and Cinemas(unit)	4	0.0
医疗卫生机构床位数(张)	Number of Beds in Health Care Institutions(unit)	4877	-3.3
医疗卫生机构技术人员(人)	Medical Technical Personnel(person)	5838	-0.9
城乡居民基本养老保险参保人数(人)	Urban and Rural Residents Basic Pension Insurance Contributors(person)	29538	1.9
基本医疗保险参保人数(人)	Basic Medical Care Insurance Contributors(person)	217594	0.0
居民生活	**The Lives of Residents**		
全体居民人均可支配收入(元)	The per capita disposable income of all residents(yuan)	44667	1.7
城镇常住居民人均可支配收入(元)	The per capita disposable income of urban permanent residents(yuan)	46375	1.3
农村牧区常住居民人均可支配收入(元)	The per capita disposable income of permanent residents of rural and pastoral areas(yuan)	26362	7.5

20-17 包头市昆都仑区

Kundulun District in Baotou City

指 标	Item	2020	增长(%) Increase Rate(%)
行政区域土地面积(平方公里)	**Area of Administration(Sq.km)**	**301**	**0.0**
人口	**Population**		
年末户籍户数(户)	The Registered Households Year-end(household)	189606	1.8
年末户籍人口(人)	The Registered Population Year-end(person)	523311	0.5
国民经济综合指标	**Summary Item on the National Economy**		
生产总值(万元)	Gross Domestic Product(10 000 yuan)	8339595	3.0
第一产业(万元)	Primary Industry(10 000 yuan)	33121	1.7
第二产业(万元)	Secondary Industry(10 000 yuan)	3287875	11.2
第三产业(万元)	Tertiary Industry(10 000 yuan)	5018599	-1.9
一般公共预算收入(万元)	General Public Budget Revenue(10 000 yuan)	265899	-7.9
一般公共预算支出(万元)	General Public Budget Expenditure(10 000 yuan)	340549	1.9
农村牧区经济	**Economic Development in Rural & Pastoral Area**		
耕地面积(公顷)	Cultivated Area(hectare)	2627	0.0
高标准农田面积(公顷)	High Standard Farmland Area(hectare)		
农作物总播种面积(公顷)	Total Sown Area(hectare)	1277	0.6
粮食产量(吨)	Yield of Grain(ton)	8022	1.2
油料产量(吨)	Yield of Oil-bearing Crops(ton)	18	0.0
规模以上工业	**Industrial Enterprises above Designated size**		
工业企业单位数(个)	Number of Industrial Enterprises(unit)	58	-1.7
工业总产值(万元)	Gross Industrial Output Value(10 000 yuan)	8703387	2.5
投资	**Investment and Construction**		
固定资产投资(万元)	Total Investment in Fixed Assets(10 000 yuan)		6.0
房地产开发投资(万元)	Investment in Real Estate Development(10 000 yuan)	547630	50.4
贸易外经	**Trade**		
社会消费品零售总额(万元)	Total Retail Sales of Consumer Goods(10 000 yuan)	3213521	-4.5
出口总额(万元)	Total Exports(10 000 yuan)		
交通通讯	**Transportation,Post & Telecommunications**		
公路里程(公里)	Total Length of Highways(km)	521	0.0
移动电话用户(户)	Number of Mobile Telephone Subscribers (subscriber)	857152	0.0
互联网宽带接入用户(户)	Number of Subscribers of Internet Service(subscriber)	187765	0.7
教育科技文化卫生社会保障	**Science,Education & Public Health**		
小学学校数(所)	Number of Primary Schools(unit)	34	0.0
普通中学学校数(所)	Number of Regular Secondary Schools(unit)	26	0.0
体育场馆数(个)	Stadium and Gymnasium(unit)	6	0.0
全年专利授权(件)	Annual Patent Authorization(piece)	1066	55.8
剧场、影剧院(个)	Theaters,Music Halls and Cinemas(unit)	5	0.0
医疗卫生机构床位数(张)	Number of Beds in Health Care Institutions(unit)	5952	0.7
医疗卫生机构技术人员(人)	Medical Technical Personnel(person)	7935	5.1
城乡居民基本养老保险参保人数(人)	Urban and Rural Residents Basic Pension Insurance Contributors(person)	9772	1.5
基本医疗保险参保人数(人)	Basic Medical Care Insurance Contributors(person)	239270	3.8
居民生活	**The Lives of Residents**		
全体居民人均可支配收入(元)	The per capita disposable income of all residents(yuan)	54393	1.0
城镇常住居民人均可支配收入(元)	The per capita disposable income of urban permanent residents(yuan)	54393	1.0
农村牧区常住居民人均可支配收入(元)	The per capita disposable income of permanent residents of rural and pastoral areas(yuan)		

20-18 包头市青山区

Qingshan District in Baotou City

指 标	Item	2020	增长(%) Increase Rate(%)
行政区域土地面积(平方公里)	**Area of Administration(Sq.km)**	**280**	**-29.3**
人口	**Population**		
年末户籍户数(户)	The Registered Households Year-end(household)	151889	2.7
年末户籍人口(人)	The Registered Population Year-end(person)	417223	1.4
国民经济综合指标	**Summary Item on the National Economy**		
生产总值(万元)	Gross Domestic Product(10 000 yuan)	5664137	3.2
第一产业(万元)	Primary Industry(10 000 yuan)	34523	1.7
第二产业(万元)	Secondary Industry(10 000 yuan)	2103040	12.3
第三产业(万元)	Tertiary Industry(10 000 yuan)	3526574	-1.7
一般公共预算收入(万元)	General Public Budget Revenue(10 000 yuan)	224338	0.2
一般公共预算支出(万元)	General Public Budget Expenditure(10 000 yuan)	280663	9.6
农村牧区经济	**Economic Development in Rural & Pastoral Area**		
耕地面积(公顷)	Cultivated Area(hectare)	2900	0.0
高标准农田面积(公顷)	High Standard Farmland Area(hectare)	267	
农作物总播种面积(公顷)	Total Sown Area(hectare)	364	51.7
粮食产量(吨)	Yield of Grain(ton)	1276	2.3
油料产量(吨)	Yield of Oil-bearing Crops(ton)	135	
规模以上工业	**Industrial Enterprises above Designated size**		
工业企业单位数(个)	Number of Industrial Enterprises(unit)	36	0.0
工业总产值(万元)	Gross Industrial Output Value(10 000 yuan)	1302750	10.2
投资	**Investment and Construction**		
固定资产投资(万元)	Total Investment in Fixed Assets(10 000 yuan)		5.5
房地产开发投资(万元)	Investment in Real Estate Development(10 000 yuan)	469017	-3.4
贸易外经	**Trade**		
社会消费品零售总额(万元)	Total Retail Sales of Consumer Goods(10 000 yuan)	2639120	-4.3
出口总额(万元)	Total Exports(10 000 yuan)	79405	-36.1
交通通讯	**Transportation,Post & Telecommunications**		
公路里程(公里)	Total Length of Highways(km)	310	0.0
移动电话用户(户)	Number of Mobile Telephone Subscribers (subscriber)	709000	1.4
互联网宽带接入用户(户)	Number of Subscribers of Internet Service(subscriber)	182600	4.0
教育科技文化卫生社会保障	**Science,Education & Public Health**		
小学学校数(所)	Number of Primary Schools(unit)	21	0.0
普通中学学校数(所)	Number of Regular Secondary Schools(unit)	21	0.0
体育场馆数(个)	Stadium and Gymnasium(unit)	5	0.0
全年专利授权(件)	Annual Patent Authorization(piece)	1374	169.9
剧场、影剧院(个)	Theaters,Music Halls and Cinemas(unit)	5	0.0
医疗卫生机构床位数(张)	Number of Beds in Health Care Institutions(unit)	5055	1.0
医疗卫生机构技术人员(人)	Medical Technical Personnel(person)	6704	1.1
城乡居民基本养老保险参保人数(人)	Urban and Rural Residents Basic Pension Insurance Contributors(person)	9119	1.9
基本医疗保险参保人数(人)	Basic Medical Care Insurance Contributors(person)	193556	3.7
居民生活	**The Lives of Residents**		
全体居民人均可支配收入(元)	The per capita disposable income of all residents(yuan)	54291	1.0
城镇常住居民人均可支配收入(元)	The per capita disposable income of urban permanent residents(yuan)	54291	1.0
农村牧区常住居民人均可支配收入(元)	The per capita disposable income of permanent residents of rural and pastoral areas(yuan)		

20-19 包头市九原区

Jiuyuan District in Baotou City

指 标	Item	2020	增长(%) Increase Rate(%)
行政区域土地面积(平方公里)	**Area of Administration(Sq.km)**	**734**	**0.0**
人口	**Population**		
年末户籍户数(户)	The Registered Households Year-end(household)	72254	2.8
年末户籍人口(人)	The Registered Population Year-end(person)	176543	2.1
国民经济综合指标	**Summary Item on the National Economy**		
生产总值(万元)	Gross Domestic Product(10 000 yuan)	2555652	3.9
第一产业(万元)	Primary Industry(10 000 yuan)	135962	2.2
第二产业(万元)	Secondary Industry(10 000 yuan)	1054369	10.4
第三产业(万元)	Tertiary Industry(10 000 yuan)	1365321	-0.9
一般公共预算收入(万元)	General Public Budget Revenue(10 000 yuan)	147089	-3.9
一般公共预算支出(万元)	General Public Budget Expenditure(10 000 yuan)	215790	7.3
农村牧区经济	**Economic Development in Rural & Pastoral Area**		
耕地面积(公顷)	Cultivated Area(hectare)	26967	0.0
高标准农田面积(公顷)	High Standard Farmland Area(hectare)	1333	
农作物总播种面积(公顷)	Total Sown Area(hectare)	20027	3.0
粮食产量(吨)	Yield of Grain(ton)	66453	2.2
油料产量(吨)	Yield of Oil-bearing Crops(ton)	3006	4.4
规模以上工业	**Industrial Enterprises above Designated size**		
工业企业单位数(个)	Number of Industrial Enterprises(unit)	46	24.3
工业总产值(万元)	Gross Industrial Output Value(10 000 yuan)	1904476	1.5
投资	**Investment and Construction**		
固定资产投资(万元)	Total Investment in Fixed Assets(10 000 yuan)		9.1
房地产开发投资(万元)	Investment in Real Estate Development(10 000 yuan)	659776	24.8
贸易外经	**Trade**		
社会消费品零售总额(万元)	Total Retail Sales of Consumer Goods(10 000 yuan)	596840	-4.5
出口总额(万元)	Total Exports(10 000 yuan)		
交通通讯	**Transportation,Post & Telecommunications**		
公路里程(公里)	Total Length of Highways(km)	817	0.0
移动电话用户(户)	Number of Mobile Telephone Subscribers (subscriber)	268701	4.6
互联网宽带接入用户(户)	Number of Subscribers of Internet Service(subscriber)	26003	1.1
教育科技文化卫生社会保障	**Science,Education & Public Health**		
小学学校数(所)	Number of Primary Schools(unit)	15	0.0
普通中学学校数(所)	Number of Regular Secondary Schools(unit)	8	0.0
体育场馆数(个)	Stadium and Gymnasium(unit)	2	0.0
全年专利授权(件)	Annual Patent Authorization(piece)	166	71.1
剧场、影剧院(个)	Theaters,Music Halls and Cinemas(unit)	1	0.0
医疗卫生机构床位数(张)	Number of Beds in Health Care Institutions(unit)	1850	0.2
医疗卫生机构技术人员(人)	Medical Technical Personnel(person)	2338	7.4
城乡居民基本养老保险参保人数(人)	Urban and Rural Residents Basic Pension Insurance Contributors(person)	24311	3.6
基本医疗保险参保人数(人)	Basic Medical Care Insurance Contributors(person)	130450	2.1
居民生活	**The Lives of Residents**		
全体居民人均可支配收入(元)	The per capita disposable income of all residents(yuan)	45674	3.0
城镇常住居民人均可支配收入(元)	The per capita disposable income of urban permanent residents(yuan)	52997	1.6
农村牧区常住居民人均可支配收入(元)	The per capita disposable income of permanent residents of rural and pastoral areas(yuan)	25047	7.9

20-20 包头市石拐区
Shiguai District in Baotou City

指 标	Item	2020	增长(%) Increase Rate(%)
行政区域土地面积(平方公里)	**Area of Administration(Sq.km)**	**761**	**0.0**
人口	**Population**		
年末户籍户数(户)	The Registered Households Year-end(household)	22579	-1.9
年末户籍人口(人)	The Registered Population Year-end(person)	46231	-2.1
国民经济综合指标	**Summary Item on the National Economy**		
生产总值(万元)	Gross Domestic Product(10 000 yuan)	574556	0.2
第一产业(万元)	Primary Industry(10 000 yuan)	9041	2.6
第二产业(万元)	Secondary Industry(10 000 yuan)	427080	0.6
第三产业(万元)	Tertiary Industry(10 000 yuan)	138434	-1.4
一般公共预算收入(万元)	General Public Budget Revenue(10 000 yuan)	42484	4.5
一般公共预算支出(万元)	General Public Budget Expenditure(10 000 yuan)	95993	6.8
农村牧区经济	**Economic Development in Rural & Pastoral Area**		
耕地面积(公顷)	Cultivated Area(hectare)	4318	0.0
高标准农田面积(公顷)	High Standard Farmland Area(hectare)	200	
农作物总播种面积(公顷)	Total Sown Area(hectare)	1961	-6.0
粮食产量(吨)	Yield of Grain(ton)	8750	1.5
油料产量(吨)	Yield of Oil-bearing Crops(ton)	42	21.1
规模以上工业	**Industrial Enterprises above Designated size**		
工业企业单位数(个)	Number of Industrial Enterprises(unit)	31	19.2
工业总产值(万元)	Gross Industrial Output Value(10 000 yuan)	1539700	9.3
投资	**Investment and Construction**		
固定资产投资(万元)	Total Investment in Fixed Assets(10 000 yuan)		13.7
房地产开发投资(万元)	Investment in Real Estate Development(10 000 yuan)	50366	216.2
贸易外经	**Trade**		
社会消费品零售总额(万元)	Total Retail Sales of Consumer Goods(10 000 yuan)	59182	-6.0
出口总额(万元)	Total Exports(10 000 yuan)	5635	-0.4
交通通讯	**Transportation,Post & Telecommunications**		
公路里程(公里)	Total Length of Highways(km)	324	0.0
移动电话用户(户)	Number of Mobile Telephone Subscribers (subscriber)	24468	-15.8
互联网宽带接入用户(户)	Number of Subscribers of Internet Service(subscriber)	2384	-47.0
教育科技文化卫生社会保障	**Science,Education & Public Health**		
小学学校数(所)	Number of Primary Schools(unit)	2	0.0
普通中学学校数(所)	Number of Regular Secondary Schools(unit)	4	0.0
体育场馆数(个)	Stadium and Gymnasium(unit)	2	0.0
全年专利授权(件)	Annual Patent Authorization(piece)	23	130.0
剧场、影剧院(个)	Theaters,Music Halls and Cinemas(unit)		
医疗卫生机构床位数(张)	Number of Beds in Health Care Institutions(unit)	41	0.0
医疗卫生机构技术人员(人)	Medical Technical Personnel(person)	120	42.9
城乡居民基本养老保险参保人数(人)	Urban and Rural Residents Basic Pension Insurance Contributors(person)	13100	2.6
基本医疗保险参保人数(人)	Basic Medical Care Insurance Contributors(person)	35809	5.0
居民生活	**The Lives of Residents**		
全体居民人均可支配收入(元)	The per capita disposable income of all residents(yuan)	39901	1.5
城镇常住居民人均可支配收入(元)	The per capita disposable income of urban permanent residents(yuan)	44648	0.8
农村牧区常住居民人均可支配收入(元)	The per capita disposable income of permanent residents of rural and pastoral areas(yuan)	19042	8.3

20-21 包头市白云鄂博矿区
Baiyunebo Mineral District in Baotou City

指 标	Item	2020	增长(%) Increase Rate(%)
行政区域土地面积(平方公里)	**Area of Administration(Sq.km)**	**303**	**0.0**
人口	**Population**		
年末户籍户数(户)	The Registered Households Year-end(household)	6696	-1.3
年末户籍人口(人)	The Registered Population Year-end(person)	14991	-2.9
国民经济综合指标	**Summary Item on the National Economy**		
生产总值(万元)	Gross Domestic Product(10 000 yuan)	313926	1.2
第一产业(万元)	Primary Industry(10 000 yuan)	563	1.6
第二产业(万元)	Secondary Industry(10 000 yuan)	225271	3.8
第三产业(万元)	Tertiary Industry(10 000 yuan)	88093	-5.1
一般公共预算收入(万元)	General Public Budget Revenue(10 000 yuan)	22888	39.1
一般公共预算支出(万元)	General Public Budget Expenditure(10 000 yuan)	43406	1.5
农村牧区经济	**Economic Development in Rural & Pastoral Area**		
耕地面积(公顷)	Cultivated Area(hectare)		
高标准农田面积(公顷)	High Standard Farmland Area(hectare)		
农作物总播种面积(公顷)	Total Sown Area(hectare)	2	0.0
粮食产量(吨)	Yield of Grain(ton)		
油料产量(吨)	Yield of Oil-bearing Crops(ton)		
规模以上工业	**Industrial Enterprises above Designated size**		
工业企业单位数(个)	Number of Industrial Enterprises(unit)	12	20.0
工业总产值(万元)	Gross Industrial Output Value(10 000 yuan)	76598	-2.2
投资	**Investment and Construction**		
固定资产投资(万元)	Total Investment in Fixed Assets(10 000 yuan)		3.6
房地产开发投资(万元)	Investment in Real Estate Development(10 000 yuan)		
贸易外经	**Trade**		
社会消费品零售总额(万元)	Total Retail Sales of Consumer Goods(10 000 yuan)	76911	-4.6
出口总额(万元)	Total Exports(10 000 yuan)		
交通通讯	**Transportation,Post & Telecommunications**		
公路里程(公里)	Total Length of Highways(km)	79	0.0
移动电话用户(户)	Number of Mobile Telephone Subscribers (subscriber)	29134	-5.4
互联网宽带接入用户(户)	Number of Subscribers of Internet Service(subscriber)	6877	-0.3
教育科技文化卫生社会保障	**Science,Education & Public Health**		
小学学校数(所)	Number of Primary Schools(unit)	3	0.0
普通中学学校数(所)	Number of Regular Secondary Schools(unit)	2	0.0
体育场馆数(个)	Stadium and Gymnasium(unit)	3	0.0
全年专利授权(件)	Annual Patent Authorization(piece)	6	200.0
剧场、影剧院(个)	Theaters,Music Halls and Cinemas(unit)	1	0.0
医疗卫生机构床位数(张)	Number of Beds in Health Care Institutions(unit)	110	0.0
医疗卫生机构技术人员(人)	Medical Technical Personnel(person)	153	2.7
城乡居民基本养老保险参保人数(人)	Urban and Rural Residents Basic Pension Insurance Contributors(person)	322	3.9
基本医疗保险参保人数(人)	Basic Medical Care Insurance Contributors(person)	8056	3.9
居民生活	**The Lives of Residents**		
全体居民人均可支配收入(元)	The per capita disposable income of all residents(yuan)	54061	0.6
城镇常住居民人均可支配收入(元)	The per capita disposable income of urban permanent residents(yuan)	54061	0.6
农村牧区常住居民人均可支配收入(元)	The per capita disposable income of permanent residents of rural and pastoral areas(yuan)		

20-22 包头市土默特右旗

Tumoteyou Banner in Baotou City

指 标	Item	2020	增长(%) Increase Rate(%)
行政区域土地面积(平方公里)	**Area of Administration(Sq.km)**	**2368**	**0.0**
人口	**Population**		
年末户籍户数(户)	The Registered Households Year-end(household)	159605	-2.9
年末户籍人口(人)	The Registered Population Year-end(person)	352741	-2.7
国民经济综合指标	**Summary Item on the National Economy**		
生产总值(万元)	Gross Domestic Product(10 000 yuan)	1649397	1.5
第一产业(万元)	Primary Industry(10 000 yuan)	418505	1.9
第二产业(万元)	Secondary Industry(10 000 yuan)	499013	5.4
第三产业(万元)	Tertiary Industry(10 000 yuan)	731880	-1.3
一般公共预算收入(万元)	General Public Budget Revenue(10 000 yuan)	70293	10.1
一般公共预算支出(万元)	General Public Budget Expenditure(10 000 yuan)	224812	-2.4
农村牧区经济	**Economic Development in Rural & Pastoral Area**		
耕地面积(公顷)	Cultivated Area(hectare)	111938	0.0
高标准农田面积(公顷)	High Standard Farmland Area(hectare)	11900	
农作物总播种面积(公顷)	Total Sown Area(hectare)	108994	0.0
粮食产量(吨)	Yield of Grain(ton)	802334	3.5
油料产量(吨)	Yield of Oil-bearing Crops(ton)	25961	-14.5
规模以上工业	**Industrial Enterprises above Designated size**		
工业企业单位数(个)	Number of Industrial Enterprises(unit)	37	37.0
工业总产值(万元)	Gross Industrial Output Value(10 000 yuan)	759440	4.7
投资	**Investment and Construction**		
固定资产投资(万元)	Total Investment in Fixed Assets(10 000 yuan)		2.1
房地产开发投资(万元)	Investment in Real Estate Development(10 000 yuan)	59152	-34.1
贸易外经	**Trade**		
社会消费品零售总额(万元)	Total Retail Sales of Consumer Goods(10 000 yuan)	413774	-5.5
出口总额(万元)	Total Exports(10 000 yuan)		
交通通讯	**Transportation,Post & Telecommunications**		
公路里程(公里)	Total Length of Highways(km)	2513	2.2
移动电话用户(户)	Number of Mobile Telephone Subscribers (subscriber)	247000	0.4
互联网宽带接入用户(户)	Number of Subscribers of Internet Service(subscriber)	26939	0.5
教育科技文化卫生社会保障	**Science,Education & Public Health**		
小学学校数(所)	Number of Primary Schools(unit)	20	-4.8
普通中学学校数(所)	Number of Regular Secondary Schools(unit)	7	0.0
体育场馆数(个)	Stadium and Gymnasium(unit)	1	0.0
全年专利授权(件)	Annual Patent Authorization(piece)	102	142.9
剧场、影剧院(个)	Theaters,Music Halls and Cinemas(unit)	3	0.0
医疗卫生机构床位数(张)	Number of Beds in Health Care Institutions(unit)	883	0.6
医疗卫生机构技术人员(人)	Medical Technical Personnel(person)	1214	19.7
城乡居民基本养老保险参保人数(人)	Urban and Rural Residents Basic Pension Insurance Contributors(person)	169900	4.6
基本医疗保险参保人数(人)	Basic Medical Care Insurance Contributors(person)	278818	-3.3
居民生活	**The Lives of Residents**		
全体居民人均可支配收入(元)	The per capita disposable income of all residents(yuan)	29246	5.3
城镇常住居民人均可支配收入(元)	The per capita disposable income of urban permanent residents(yuan)	40020	1.6
农村牧区常住居民人均可支配收入(元)	The per capita disposable income of permanent residents of rural and pastoral areas(yuan)	20795	7.7

20-23 包头市固阳县
Guyang County in Baotou City

指 标	Item	2020	增长(%) Increase Rate(%)
行政区域土地面积(平方公里)	**Area of Administration(Sq.km)**	**5025**	**0.0**
人口	**Population**		
年末户籍户数(户)	The Registered Households Year-end(household)	97435	-0.2
年末户籍人口(人)	The Registered Population Year-end(person)	197112	-0.6
国民经济综合指标	**Summary Item on the National Economy**		
生产总值(万元)	Gross Domestic Product(10 000 yuan)	634946	4.6
第一产业(万元)	Primary Industry(10 000 yuan)	149283	2.4
第二产业(万元)	Secondary Industry(10 000 yuan)	296029	10.0
第三产业(万元)	Tertiary Industry(10 000 yuan)	189633	-1.0
一般公共预算收入(万元)	General Public Budget Revenue(10 000 yuan)	40026	6.9
一般公共预算支出(万元)	General Public Budget Expenditure(10 000 yuan)	220044	-3.3
农村牧区经济	**Economic Development in Rural & Pastoral Area**		
耕地面积(公顷)	Cultivated Area(hectare)	188439	0.0
高标准农田面积(公顷)	High Standard Farmland Area(hectare)	5333	
农作物总播种面积(公顷)	Total Sown Area(hectare)	109038	6.3
粮食产量(吨)	Yield of Grain(ton)	111373	1.6
油料产量(吨)	Yield of Oil-bearing Crops(ton)	65306	40.9
规模以上工业	**Industrial Enterprises above Designated size**		
工业企业单位数(个)	Number of Industrial Enterprises(unit)	38	18.8
工业总产值(万元)	Gross Industrial Output Value(10 000 yuan)	1438869	59.4
投资	**Investment and Construction**		
固定资产投资(万元)	Total Investment in Fixed Assets(10 000 yuan)		1.0
房地产开发投资(万元)	Investment in Real Estate Development(10 000 yuan)	2653	-87.2
贸易外经	**Trade**		
社会消费品零售总额(万元)	Total Retail Sales of Consumer Goods(10 000 yuan)	193888	-5.8
出口总额(万元)	Total Exports(10 000 yuan)		
交通通讯	**Transportation,Post & Telecommunications**		
公路里程(公里)	Total Length of Highways(km)	1260	0.0
移动电话用户(户)	Number of Mobile Telephone Subscribers (subscriber)	115990	-10.8
互联网宽带接入用户(户)	Number of Subscribers of Internet Service(subscriber)	23066	15.3
教育科技文化卫生社会保障	**Science,Education & Public Health**		
小学学校数(所)	Number of Primary Schools(unit)	5	0.0
普通中学学校数(所)	Number of Regular Secondary Schools(unit)	3	0.0
体育场馆数(个)	Stadium and Gymnasium(unit)	1	0.0
全年专利授权(件)	Annual Patent Authorization(piece)	28	600.0
剧场、影剧院(个)	Theaters,Music Halls and Cinemas(unit)	1	0.0
医疗卫生机构床位数(张)	Number of Beds in Health Care Institutions(unit)	614	0.3
医疗卫生机构技术人员(人)	Medical Technical Personnel(person)	630	15.8
城乡居民基本养老保险参保人数(人)	Urban and Rural Residents Basic Pension Insurancc Contributors(person)	108318	0.7
基本医疗保险参保人数(人)	Basic Medical Care Insurance Contributors(person)	158772	-3.1
居民生活	**The Lives of Residents**		
全体居民人均可支配收入(元)	The per capita disposable income of all residents(yuan)	23168	5.9
城镇常住居民人均可支配收入(元)	The per capita disposable income of urban permanent residents(yuan)	34309	1.8
农村牧区常住居民人均可支配收入(元)	The per capita disposable income of permanent residents of rural and pastoral areas(yuan)	16602	8.6

20-24 包头市达尔罕茂明安联合旗

Daerhanmaomingan Union Banner in Baotou City

指 标	Item	2020	增长(%) Increase Rate(%)
行政区域土地面积(平方公里)	**Area of Administration(Sq.km)**	**17410**	**0.0**
人口	**Population**		
年末户籍户数(户)	The Registered Households Year-end(household)	53159	-0.2
年末户籍人口(人)	The Registered Population Year-end(person)	109520	-0.9
国民经济综合指标	**Summary Item on the National Economy**		
生产总值(万元)	Gross Domestic Product(10 000 yuan)	916119	0.3
第一产业(万元)	Primary Industry(10 000 yuan)	158733	2.0
第二产业(万元)	Secondary Industry(10 000 yuan)	485225	2.1
第三产业(万元)	Tertiary Industry(10 000 yuan)	272161	-4.1
一般公共预算收入(万元)	General Public Budget Revenue(10 000 yuan)	59043	6.0
一般公共预算支出(万元)	General Public Budget Expenditure(10 000 yuan)	211642	3.4
农村牧区经济	**Economic Development in Rural & Pastoral Area**		
耕地面积(公顷)	Cultivated Area(hectare)	77057	0.0
高标准农田面积(公顷)	High Standard Farmland Area(hectare)	1667	
农作物总播种面积(公顷)	Total Sown Area(hectare)	56536	12.5
粮食产量(吨)	Yield of Grain(ton)	86454	1.1
油料产量(吨)	Yield of Oil-bearing Crops(ton)	29776	35.3
规模以上工业	**Industrial Enterprises above Designated size**		
工业企业单位数(个)	Number of Industrial Enterprises(unit)	55	5.8
工业总产值(万元)	Gross Industrial Output Value(10 000 yuan)	662189	4.9
投资	**Investment and Construction**		
固定资产投资(万元)	Total Investment in Fixed Assets(10 000 yuan)		6.0
房地产开发投资(万元)	Investment in Real Estate Development(10 000 yuan)	6226	-93.8
贸易外经	**Trade**		
社会消费品零售总额(万元)	Total Retail Sales of Consumer Goods(10 000 yuan)	161466	-5.9
出口总额(万元)	Total Exports(10 000 yuan)	41200	223.7
交通通讯	**Transportation,Post & Telecommunications**		
公路里程(公里)	Total Length of Highways(km)	3085	2.9
移动电话用户(户)	Number of Mobile Telephone Subscribers (subscriber)	85041	-13.9
互联网宽带接入用户(户)	Number of Subscribers of Internet Service(subscriber)	18072	-0.2
教育科技文化卫生社会保障	**Science,Education & Public Health**		
小学学校数(所)	Number of Primary Schools(unit)	6	0.0
普通中学学校数(所)	Number of Regular Secondary Schools(unit)	3	0.0
体育场馆数(个)	Stadium and Gymnasium(unit)	1	0.0
全年专利授权(件)	Annual Patent Authorization(piece)	11	-35.3
剧场、影剧院(个)	Theaters,Music Halls and Cinemas(unit)	1	0.0
医疗卫生机构床位数(张)	Number of Beds in Health Care Institutions(unit)	614	0.8
医疗卫生机构技术人员(人)	Medical Technical Personnel(person)	571	4.8
城乡居民基本养老保险参保人数(人)	Urban and Rural Residents Basic Pension Insurance Contributors(person)	74505	0.4
基本医疗保险参保人数(人)	Basic Medical Care Insurance Contributors(person)	89667	-4.6
居民生活	**The Lives of Residents**		
全体居民人均可支配收入(元)	The per capita disposable income of all residents(yuan)	33670	6.7
城镇常住居民人均可支配收入(元)	The per capita disposable income of urban permanent residents(yuan)	43466	1.9
农村牧区常住居民人均可支配收入(元)	The per capita disposable income of permanent residents of rural and pastoral areas(yuan)	18628	9.9

20-25 呼伦贝尔市海拉尔区

Hailaer District in Hulunbeier City

指 标	Item	2020	增长(%) Increase Rate(%)
行政区域土地面积(平方公里)	**Area of Administration(Sq.km)**	**1309**	**0.0**
人口	**Population**		
年末户籍户数(户)	The Registered Households Year-end(household)	112994	1.9
年末户籍人口(人)	The Registered Population Year-end(person)	288256	0.3
国民经济综合指标	**Summary Item on the National Economy**		
生产总值(万元)	Gross Domestic Product(10 000 yuan)	1744596	-3.2
第一产业(万元)	Primary Industry(10 000 yuan)	63762	-5.7
第二产业(万元)	Secondary Industry(10 000 yuan)	403236	-1.0
第三产业(万元)	Tertiary Industry(10 000 yuan)	1277598	-3.7
一般公共预算收入(万元)	General Public Budget Revenue(10 000 yuan)	87927	0.8
一般公共预算支出(万元)	General Public Budget Expenditure(10 000 yuan)	316287	-14.9
农村牧区经济	**Economic Development in Rural & Pastoral Area**		
耕地面积(公顷)	Cultivated Area(hectare)	28753	-0.5
高标准农田面积(公顷)	High Standard Farmland Area(hectare)	2733	95.2
农作物总播种面积(公顷)	Total Sown Area(hectare)	27091	-5.5
粮食产量(吨)	Yield of Grain(ton)	80961	-7.4
油料产量(吨)	Yield of Oil-bearing Crops(ton)	2591	-46.8
规模以上工业	**Industrial Enterprises above Designated size**		
工业企业单位数(个)	Number of Industrial Enterprises(unit)	21	-16.0
工业总产值(万元)	Gross Industrial Output Value(10 000 yuan)	744109	6.7
投资	**Investment and Construction**		
固定资产投资(万元)	Total Investment in Fixed Assets(10 000 yuan)		0.1
房地产开发投资(万元)	Investment in Real Estate Development(10 000 yuan)	206140	-1.5
贸易外经	**Trade**		
社会消费品零售总额(万元)	Total Retail Sales of Consumer Goods(10 000 yuan)	852570	-8.5
出口总额(万元)	Total Exports(10 000 yuan)	740	487.2
交通通讯	**Transportation,Post & Telecommunications**		
公路里程(公里)	Total Length of Highways(km)	618	7.3
移动电话用户(户)	Number of Mobile Telephone Subscribers (subscriber)	679789	-0.4
互联网宽带接入用户(户)	Number of Subscribers of Internet Service(subscriber)	141985	-50.7
教育科技文化卫生社会保障	**Science,Education & Public Health**		
小学学校数(所)	Number of Primary Schools(unit)	16	6.7
普通中学学校数(所)	Number of Regular Secondary Schools(unit)	19	-17.4
体育场馆数(个)	Stadium and Gymnasium(unit)	2	0.0
全年专利授权(件)	Annual Patent Authorization(piece)	290	102.8
剧场、影剧院(个)	Theaters,Music Halls and Cinemas(unit)	4	-33.3
医疗卫生机构床位数(张)	Number of Beds in Health Care Institutions(unit)	3515	6.9
医疗卫生机构技术人员(人)	Medical Technical Personnel(person)	5480	6.2
城乡居民基本养老保险参保人数(人)	Urban and Rural Residents Basic Pension Insurance Contributors(person)	22545	0.1
基本医疗保险参保人数(人)	Basic Medical Care Insurance Contributors(person)	172883	0.9
居民生活	**The Lives of Residents**		
全体居民人均可支配收入(元)	The per capita disposable income of all residents(yuan)	41241	3.0
城镇常住居民人均可支配收入(元)	The per capita disposable income of urban permanent residents(yuan)	41652	3.8
农村牧区常住居民人均可支配收入(元)	The per capita disposable income of permanent residents of rural and pastoral areas(yuan)	32355	6.5

20-26 呼伦贝尔市满洲里扎赉诺尔区

Zhalainuoer District of Manzhouli City in Hulunbeier City

指　标	Item	2020	增长(%) Increase Rate(%)
行政区域土地面积(平方公里)	**Area of Administration(Sq.km)**	**270**	**0.1**
人口	**Population**		
年末户籍户数(户)	The Registered Households Year-end(household)	39850	-0.3
年末户籍人口(人)	The Registered Population Year-end(person)	83893	-1.2
国民经济综合指标	**Summary Item on the National Economy**		
生产总值(万元)	Gross Domestic Product(10 000 yuan)	472741	-4.5
第一产业(万元)	Primary Industry(10 000 yuan)	10160	-9.9
第二产业(万元)	Secondary Industry(10 000 yuan)	278969	-4.9
第三产业(万元)	Tertiary Industry(10 000 yuan)	183612	-4.0
一般公共预算收入(万元)	General Public Budget Revenue(10 000 yuan)	39371	4.6
一般公共预算支出(万元)	General Public Budget Expenditure(10 000 yuan)	75178	21.4
农村牧区经济	**Economic Development in Rural & Pastoral Area**		
耕地面积(公顷)	Cultivated Area(hectare)	104	7.2
高标准农田面积(公顷)	High Standard Farmland Area(hectare)		
农作物总播种面积(公顷)	Total Sown Area(hectare)	104	
粮食产量(吨)	Yield of Grain(ton)	133	
油料产量(吨)	Yield of Oil-bearing Crops(ton)		
规模以上工业	**Industrial Enterprises above Designated size**		
工业企业单位数(个)	Number of Industrial Enterprises(unit)	10	-9.1
工业总产值(万元)	Gross Industrial Output Value(10 000 yuan)	484893	2.5
投资	**Investment and Construction**		
固定资产投资(万元)	Total Investment in Fixed Assets(10 000 yuan)		18.0
房地产开发投资(万元)	Investment in Real Estate Development(10 000 yuan)	7201	44.0
贸易外经	**Trade**		
社会消费品零售总额(万元)	Total Retail Sales of Consumer Goods(10 000 yuan)	128303	-8.5
出口总额(万元)	Total Exports(10 000 yuan)	160	-61.9
交通通讯	**Transportation,Post & Telecommunications**		
公路里程(公里)	Total Length of Highways(km)	121	0.0
移动电话用户(户)	Number of Mobile Telephone Subscribers (subscriber)	111356	16.4
互联网宽带接入用户(户)	Number of Subscribers of Internet Service(subscriber)	30936	30.8
教育科技文化卫生社会保障	**Science,Education & Public Health**		
小学学校数(所)	Number of Primary Schools(unit)	7	0.0
普通中学学校数(所)	Number of Regular Secondary Schools(unit)	6	0.0
体育场馆数(个)	Stadium and Gymnasium(unit)	3	0.0
全年专利授权(件)	Annual Patent Authorization(piece)		
剧场、影剧院(个)	Theaters,Music Halls and Cinemas(unit)	3	0.0
医疗卫生机构床位数(张)	Number of Beds in Health Care Institutions(unit)	210	-45.6
医疗卫生机构技术人员(人)	Medical Technical Personnel(person)	705	-12.9
城乡居民基本养老保险参保人数(人)	Urban and Rural Residents Basic Pension Insurance Contributors(person)		
基本医疗保险参保人数(人)	Basic Medical Care Insurance Contributors(person)	28762	
居民生活	**The Lives of Residents**		
全体居民人均可支配收入(元)	The per capita disposable income of all residents(yuan)	37217	2.6
城镇常住居民人均可支配收入(元)	The per capita disposable income of urban permanent residents(yuan)	37217	2.6
农村牧区常住居民人均可支配收入(元)	The per capita disposable income of permanent residents of rural and pastoral areas(yuan)		

20-27 呼伦贝尔市阿荣旗
Arong Banner in Hulunbeier City

指 标	Item	2020	增长(%) Increase Rate(%)
行政区域土地面积(平方公里)	**Area of Administration(Sq.km)**	**11073**	**0.0**
人口	**Population**		
年末户籍户数(户)	The Registered Households Year-end(household)	139006	0.8
年末户籍人口(人)	The Registered Population Year-end(person)	319778	-0.3
国民经济综合指标	**Summary Item on the National Economy**		
生产总值(万元)	Gross Domestic Product(10 000 yuan)	948153	-1.9
第一产业(万元)	Primary Industry(10 000 yuan)	462282	1.8
第二产业(万元)	Secondary Industry(10 000 yuan)	114025	-14.2
第三产业(万元)	Tertiary Industry(10 000 yuan)	371846	-2.3
一般公共预算收入(万元)	General Public Budget Revenue(10 000 yuan)	29098	2.9
一般公共预算支出(万元)	General Public Budget Expenditure(10 000 yuan)	388464	-4.2
农村牧区经济	**Economic Development in Rural & Pastoral Area**		
耕地面积(公顷)	Cultivated Area(hectare)	331338	0.0
高标准农田面积(公顷)	High Standard Farmland Area(hectare)	65340	258.8
农作物总播种面积(公顷)	Total Sown Area(hectare)	333338	0.6
粮食产量(吨)	Yield of Grain(ton)	1514663	-7.9
油料产量(吨)	Yield of Oil-bearing Crops(ton)		
规模以上工业	**Industrial Enterprises above Designated size**		
工业企业单位数(个)	Number of Industrial Enterprises(unit)	7	0.0
工业总产值(万元)	Gross Industrial Output Value(10 000 yuan)	170992	4.2
投资	**Investment and Construction**		
固定资产投资(万元)	Total Investment in Fixed Assets(10 000 yuan)		18.0
房地产开发投资(万元)	Investment in Real Estate Development(10 000 yuan)	67660	-21.2
贸易外经	**Trade**		
社会消费品零售总额(万元)	Total Retail Sales of Consumer Goods(10 000 yuan)	200226	-9.3
出口总额(万元)	Total Exports(10 000 yuan)		
交通通讯	**Transportation,Post & Telecommunications**		
公路里程(公里)	Total Length of Highways(km)	3586	-3.8
移动电话用户(户)	Number of Mobile Telephone Subscribers (subscriber)	260618	0.4
互联网宽带接入用户(户)	Number of Subscribers of Internet Service(subscriber)	44000	140.3
教育科技文化卫生社会保障	**Science,Education & Public Health**		
小学学校数(所)	Number of Primary Schools(unit)	17	0.0
普通中学学校数(所)	Number of Regular Secondary Schools(unit)	18	0.0
体育场馆数(个)	Stadium and Gymnasium(unit)	2	0.0
全年专利授权(件)	Annual Patent Authorization(piece)	6	0.0
剧场、影剧院(个)	Theaters,Music Halls and Cinemas(unit)	2	0.0
医疗卫生机构床位数(张)	Number of Beds in Health Care Institutions(unit)	1316	1.7
医疗卫生机构技术人员(人)	Medical Technical Personnel(person)	1605	3.3
城乡居民基本养老保险参保人数(人)	Urban and Rural Residents Basic Pension Insurance Contributors(person)	130553	1.4
基本医疗保险参保人数(人)	Basic Medical Care Insurance Contributors(person)	276416	-0.1
居民生活	**The Lives of Residents**		
全体居民人均可支配收入(元)	The per capita disposable income of all residents(yuan)	25479	6.6
城镇常住居民人均可支配收入(元)	The per capita disposable income of urban permanent residents(yuan)	34208	3.4
农村牧区常住居民人均可支配收入(元)	The per capita disposable income of permanent residents of rural and pastoral areas(yuan)	21483	8.0

20-28 呼伦贝尔市莫力达瓦达斡尔自治旗

Molidawadawoer National Autonomous Banner in Hulunbeier City

指 标	Item	2020	增长(%) Increase Rate(%)
行政区域土地面积(平方公里)	**Area of Administration(Sq.km)**	**10356**	**0.0**
人口	**Population**		
年末户籍户数(户)	The Registered Households Year-end(household)	139567	-0.1
年末户籍人口(人)	The Registered Population Year-end(person)	314218	-0.7
国民经济综合指标	**Summary Item on the National Economy**		
生产总值(万元)	Gross Domestic Product(10 000 yuan)	866901	-0.9
第一产业(万元)	Primary Industry(10 000 yuan)	551804	1.2
第二产业(万元)	Secondary Industry(10 000 yuan)	42469	-16.6
第三产业(万元)	Tertiary Industry(10 000 yuan)	272628	-2.8
一般公共预算收入(万元)	General Public Budget Revenue(10 000 yuan)	26968	-12.8
一般公共预算支出(万元)	General Public Budget Expenditure(10 000 yuan)	344092	-0.5
农村牧区经济	**Economic Development in Rural & Pastoral Area**		
耕地面积(公顷)	Cultivated Area(hectare)	580694	16.5
高标准农田面积(公顷)	High Standard Farmland Area(hectare)	35800	-25.3
农作物总播种面积(公顷)	Total Sown Area(hectare)	501453	0.0
粮食产量(吨)	Yield of Grain(ton)	1592765	-8.3
油料产量(吨)	Yield of Oil-bearing Crops(ton)	4	-52.2
规模以上工业	**Industrial Enterprises above Designated size**		
工业企业单位数(个)	Number of Industrial Enterprises(unit)	3	0.0
工业总产值(万元)	Gross Industrial Output Value(10 000 yuan)	24538	40.9
投资	**Investment and Construction**		
固定资产投资(万元)	Total Investment in Fixed Assets(10 000 yuan)		0.2
房地产开发投资(万元)	Investment in Real Estate Development(10 000 yuan)	72494	28.3
贸易外经	**Trade**		
社会消费品零售总额(万元)	Total Retail Sales of Consumer Goods(10 000 yuan)	197107	-6.3
出口总额(万元)	Total Exports(10 000 yuan)		
交通通讯	**Transportation,Post & Telecommunications**		
公路里程(公里)	Total Length of Highways(km)	2296	-0.1
移动电话用户(户)	Number of Mobile Telephone Subscribers (subscriber)	257700	-2.0
互联网宽带接入用户(户)	Number of Subscribers of Internet Service(subscriber)	55700	13.7
教育科技文化卫生社会保障	**Science,Education & Public Health**		
小学学校数(所)	Number of Primary Schools(unit)	26	0.0
普通中学学校数(所)	Number of Regular Secondary Schools(unit)	9	0.0
体育场馆数(个)	Stadium and Gymnasium(unit)	3	0.0
全年专利授权(件)	Annual Patent Authorization(piece)		
剧场、影剧院(个)	Theaters,Music Halls and Cinemas(unit)	1	0.0
医疗卫生机构床位数(张)	Number of Beds in Health Care Institutions(unit)	1065	4.4
医疗卫生机构技术人员(人)	Medical Technical Personnel(person)	1377	3.2
城乡居民基本养老保险参保人数(人)	Urban and Rural Residents Basic Pension Insurance Contributors(person)	158805	3.2
基本医疗保险参保人数(人)	Basic Medical Care Insurance Contributors(person)	249589	0.4
居民生活	**The Lives of Residents**		
全体居民人均可支配收入(元)	The per capita disposable income of all residents(yuan)	15964	0.9
城镇常住居民人均可支配收入(元)	The per capita disposable income of urban permanent residents(yuan)	25490	1.9
农村牧区常住居民人均可支配收入(元)	The per capita disposable income of permanent residents of rural and pastoral areas(yuan)	12418	8.5

20-29 呼伦贝尔市鄂伦春自治旗
Elunchun National Autonomous Banner in Hulunbeier City

指 标	Item	2020	增长(%) Increase Rate(%)
行政区域土地面积(平方公里)	**Area of Administration(Sq.km)**	**54688**	**0.0**
人口	**Population**		
年末户籍户数(户)	The Registered Households Year-end(household)	111251	-0.9
年末户籍人口(人)	The Registered Population Year-end(person)	240728	-1.7
国民经济综合指标	**Summary Item on the National Economy**		
生产总值(万元)	Gross Domestic Product(10 000 yuan)	683090	-0.1
第一产业(万元)	Primary Industry(10 000 yuan)	287717	1.5
第二产业(万元)	Secondary Industry(10 000 yuan)	59732	5.3
第三产业(万元)	Tertiary Industry(10 000 yuan)	335641	-2.2
一般公共预算收入(万元)	General Public Budget Revenue(10 000 yuan)	17361	19.6
一般公共预算支出(万元)	General Public Budget Expenditure(10 000 yuan)	361895	9.1
农村牧区经济	**Economic Development in Rural & Pastoral Area**		
耕地面积(公顷)	Cultivated Area(hectare)	285800	0.0
高标准农田面积(公顷)	High Standard Farmland Area(hectare)	25667	0.0
农作物总播种面积(公顷)	Total Sown Area(hectare)	288283	-1.6
粮食产量(吨)	Yield of Grain(ton)	578387	-2.5
油料产量(吨)	Yield of Oil-bearing Crops(ton)		
规模以上工业	**Industrial Enterprises above Designated size**		
工业企业单位数(个)	Number of Industrial Enterprises(unit)	5	-16.7
工业总产值(万元)	Gross Industrial Output Value(10 000 yuan)	73400	0.1
投资	**Investment and Construction**		
固定资产投资(万元)	Total Investment in Fixed Assets(10 000 yuan)		-10.8
房地产开发投资(万元)	Investment in Real Estate Development(10 000 yuan)	17860	-37.6
贸易外经	**Trade**		
社会消费品零售总额(万元)	Total Retail Sales of Consumer Goods(10 000 yuan)	167693	-9.5
出口总额(万元)	Total Exports(10 000 yuan)		
交通通讯	**Transportation,Post & Telecommunications**		
公路里程(公里)	Total Length of Highways(km)	2996	0.0
移动电话用户(户)	Number of Mobile Telephone Subscribers (subscriber)	243300	1.0
互联网宽带接入用户(户)	Number of Subscribers of Internet Service(subscriber)	51100	9.2
教育科技文化卫生社会保障	**Science,Education & Public Health**		
小学学校数(所)	Number of Primary Schools(unit)	17	0.0
普通中学学校数(所)	Number of Regular Secondary Schools(unit)	12	0.0
体育场馆数(个)	Stadium and Gymnasium(unit)	3	0.0
全年专利授权(件)	Annual Patent Authorization(piece)	26	-23.5
剧场、影剧院(个)	Theaters,Music Halls and Cinemas(unit)	2	0.0
医疗卫生机构床位数(张)	Number of Beds in Health Care Institutions(unit)	876	-1.0
医疗卫生机构技术人员(人)	Medical Technical Personnel(person)	1491	-1.1
城乡居民基本养老保险参保人数(人)	Urban and Rural Residents Basic Pension Insurance Contributors(person)	51171	4.8
基本医疗保险参保人数(人)	Basic Medical Care Insurance Contributors(person)	198074	-0.7
居民生活	**The Lives of Residents**		
全体居民人均可支配收入(元)	The per capita disposable income of all residents(yuan)	23793	4.6
城镇常住居民人均可支配收入(元)	The per capita disposable income of urban permanent residents(yuan)	27819	2.4
农村牧区常住居民人均可支配收入(元)	The per capita disposable income of permanent residents of rural and pastoral areas(yuan)	11502	8.5

20-30 呼伦贝尔市鄂温克族自治旗

Ewenke National Autonomous Banner in Hulunbeier City

指 标	Item	2020	增长(%) Increase Rate(%)
行政区域土地面积(平方公里)	**Area of Administration(Sq.km)**	**18657**	**0.0**
人口	**Population**		
年末户籍户数(户)	The Registered Households Year-end(household)	56682	0.8
年末户籍人口(人)	The Registered Population Year-end(person)	136292	-0.5
国民经济综合指标	**Summary Item on the National Economy**		
生产总值(万元)	Gross Domestic Product(10 000 yuan)	1106256	-1.9
第一产业(万元)	Primary Industry(10 000 yuan)	96134	2.5
第二产业(万元)	Secondary Industry(10 000 yuan)	626538	-3.1
第三产业(万元)	Tertiary Industry(10 000 yuan)	383584	-1.3
一般公共预算收入(万元)	General Public Budget Revenue(10 000 yuan)	69562	-5.6
一般公共预算支出(万元)	General Public Budget Expenditure(10 000 yuan)	248062	7.8
农村牧区经济	**Economic Development in Rural & Pastoral Area**		
耕地面积(公顷)	Cultivated Area(hectare)	16009	32.4
高标准农田面积(公顷)	High Standard Farmland Area(hectare)		
农作物总播种面积(公顷)	Total Sown Area(hectare)	13285	-52.4
粮食产量(吨)	Yield of Grain(ton)	33412	-32.0
油料产量(吨)	Yield of Oil-bearing Crops(ton)	6816	-59.6
规模以上工业	**Industrial Enterprises above Designated size**		
工业企业单位数(个)	Number of Industrial Enterprises(unit)	14	-12.5
工业总产值(万元)	Gross Industrial Output Value(10 000 yuan)	955293	2.8
投资	**Investment and Construction**		
固定资产投资(万元)	Total Investment in Fixed Assets(10 000 yuan)		45.4
房地产开发投资(万元)	Investment in Real Estate Development(10 000 yuan)	55381	114.0
贸易外经	**Trade**		
社会消费品零售总额(万元)	Total Retail Sales of Consumer Goods(10 000 yuan)	189047	-5.4
出口总额(万元)	Total Exports(10 000 yuan)		
交通通讯	**Transportation,Post & Telecommunications**		
公路里程(公里)	Total Length of Highways(km)	1430	0.6
移动电话用户(户)	Number of Mobile Telephone Subscribers (subscriber)	149853	0.4
互联网宽带接入用户(户)	Number of Subscribers of Internet Service(subscriber)	31495	0.3
教育科技文化卫生社会保障	**Science,Education & Public Health**		
小学学校数(所)	Number of Primary Schools(unit)	10	0.0
普通中学学校数(所)	Number of Regular Secondary Schools(unit)	11	0.0
体育场馆数(个)	Stadium and Gymnasium(unit)	3	50.0
全年专利授权(件)	Annual Patent Authorization(piece)	107	87.7
剧场、影剧院(个)	Theaters,Music Halls and Cinemas(unit)	3	0.0
医疗卫生机构床位数(张)	Number of Beds in Health Care Institutions(unit)	623	3.1
医疗卫生机构技术人员(人)	Medical Technical Personnel(person)	1026	-6.7
城乡居民基本养老保险参保人数(人)	Urban and Rural Residents Basic Pension Insurance Contributors(person)	21594	4.2
基本医疗保险参保人数(人)	Basic Medical Care Insurance Contributors(person)	124643	-0.7
居民生活	**The Lives of Residents**		
全体居民人均可支配收入(元)	The per capita disposable income of all residents(yuan)	33350	0.5
城镇常住居民人均可支配收入(元)	The per capita disposable income of urban permanent residents(yuan)	33812	1.8
农村牧区常住居民人均可支配收入(元)	The per capita disposable income of permanent residents of rural and pastoral areas(yuan)	26795	7.5

20-31 呼伦贝尔市陈巴尔虎旗
Chenbaerhu Banner in Hulunbeier City

指 标	Item	2020	增长(%) Increase Rate(%)
行政区域土地面积(平方公里)	**Area of Administration(Sq.km)**	**17458**	**0.0**
人口	**Population**		
年末户籍户数(户)	The Registered Households Year-end(household)	24344	-0.4
年末户籍人口(人)	The Registered Population Year-end(person)	53759	-1.5
国民经济综合指标	**Summary Item on the National Economy**		
生产总值(万元)	Gross Domestic Product(10 000 yuan)	845531	-12.5
第一产业(万元)	Primary Industry(10 000 yuan)	150751	-5.7
第二产业(万元)	Secondary Industry(10 000 yuan)	551755	-16.0
第三产业(万元)	Tertiary Industry(10 000 yuan)	143025	-3.8
一般公共预算收入(万元)	General Public Budget Revenue(10 000 yuan)	68611	-3.8
一般公共预算支出(万元)	General Public Budget Expenditure(10 000 yuan)	205888	16.4
农村牧区经济	**Economic Development in Rural & Pastoral Area**		
耕地面积(公顷)	Cultivated Area(hectare)	82374	0.0
高标准农田面积(公顷)	High Standard Farmland Area(hectare)		
农作物总播种面积(公顷)	Total Sown Area(hectare)	81298	-11.0
粮食产量(吨)	Yield of Grain(ton)	106318	-43.3
油料产量(吨)	Yield of Oil-bearing Crops(ton)	26123	-67.4
规模以上工业	**Industrial Enterprises above Designated size**		
工业企业单位数(个)	Number of Industrial Enterprises(unit)	9	-10.0
工业总产值(万元)	Gross Industrial Output Value(10 000 yuan)	905080	-7.8
投资	**Investment and Construction**		
固定资产投资(万元)	Total Investment in Fixed Assets(10 000 yuan)		-19.2
房地产开发投资(万元)	Investment in Real Estate Development(10 000 yuan)	8094	34.6
贸易外经	**Trade**		
社会消费品零售总额(万元)	Total Retail Sales of Consumer Goods(10 000 yuan)	71101	-10.4
出口总额(万元)	Total Exports(10 000 yuan)		
交通通讯	**Transportation,Post & Telecommunications**		
公路里程(公里)	Total Length of Highways(km)	1973	0.1
移动电话用户(户)	Number of Mobile Telephone Subscribers (subscriber)	62308	0.0
互联网宽带接入用户(户)	Number of Subscribers of Internet Service(subscriber)	13627	0.0
教育科技文化卫生社会保障	**Science,Education & Public Health**		
小学学校数(所)	Number of Primary Schools(unit)	5	-28.6
普通中学学校数(所)	Number of Regular Secondary Schools(unit)	3	0.0
体育场馆数(个)	Stadium and Gymnasium(unit)	3	0.0
全年专利授权(件)	Annual Patent Authorization(piece)	33	
剧场、影剧院(个)	Theaters,Music Halls and Cinemas(unit)	1	0.0
医疗卫生机构床位数(张)	Number of Beds in Health Care Institutions(unit)	212	-43.0
医疗卫生机构技术人员(人)	Medical Technical Personnel(person)	470	18.1
城乡居民基本养老保险参保人数(人)	Urban and Rural Residents Basic Pension Insurance Contributors(person)	9663	5.1
基本医疗保险参保人数(人)	Basic Medical Care Insurance Contributors(person)	57879	0.0
居民生活	**The Lives of Residents**		
全体居民人均可支配收入(元)	The per capita disposable income of all residents(yuan)	33246	0.3
城镇常住居民人均可支配收入(元)	The per capita disposable income of urban permanent residents(yuan)	34972	2.6
农村牧区常住居民人均可支配收入(元)	The per capita disposable income of permanent residents of rural and pastoral areas(yuan)	25810	7.1

20-32 呼伦贝尔市新巴尔虎左旗

Xinbaerhuzuo Banner in Hulunbeier City

指 标	Item	2020	增长(%) Increase Rate(%)
行政区域土地面积(平方公里)	**Area of Administration(Sq.km)**	**20107**	**0.0**
人口	**Population**		
年末户籍户数(户)	The Registered Households Year-end(household)	20329	-1.0
年末户籍人口(人)	The Registered Population Year-end(person)	41431	-0.9
国民经济综合指标	**Summary Item on the National Economy**		
生产总值(万元)	Gross Domestic Product(10 000 yuan)	250132	0.3
第一产业(万元)	Primary Industry(10 000 yuan)	106516	3.7
第二产业(万元)	Secondary Industry(10 000 yuan)	38798	3.1
第三产业(万元)	Tertiary Industry(10 000 yuan)	104818	-4.2
一般公共预算收入(万元)	General Public Budget Revenue(10 000 yuan)	7471	-27.8
一般公共预算支出(万元)	General Public Budget Expenditure(10 000 yuan)	146936	13.3
农村牧区经济	**Economic Development in Rural & Pastoral Area**		
耕地面积(公顷)	Cultivated Area(hectare)	26793	0.0
高标准农田面积(公顷)	High Standard Farmland Area(hectare)		
农作物总播种面积(公顷)	Total Sown Area(hectare)	26905	3.0
粮食产量(吨)	Yield of Grain(ton)	50400	10.0
油料产量(吨)	Yield of Oil-bearing Crops(ton)	15000	36.5
规模以上工业	**Industrial Enterprises above Designated size**		
工业企业单位数(个)	Number of Industrial Enterprises(unit)	6	-14.3
工业总产值(万元)	Gross Industrial Output Value(10 000 yuan)	22201	-10.5
投资	**Investment and Construction**		
固定资产投资(万元)	Total Investment in Fixed Assets(10 000 yuan)		-44.2
房地产开发投资(万元)	Investment in Real Estate Development(10 000 yuan)	3805	-34.0
贸易外经	**Trade**		
社会消费品零售总额(万元)	Total Retail Sales of Consumer Goods(10 000 yuan)	61670	-7.3
出口总额(万元)	Total Exports(10 000 yuan)		
交通通讯	**Transportation,Post & Telecommunications**		
公路里程(公里)	Total Length of Highways(km)	2035	-2.0
移动电话用户(户)	Number of Mobile Telephone Subscribers (subscriber)	47236	-7.6
互联网宽带接入用户(户)	Number of Subscribers of Internet Service(subscriber)	10824	1.2
教育科技文化卫生社会保障	**Science,Education & Public Health**		
小学学校数(所)	Number of Primary Schools(unit)	2	0.0
普通中学学校数(所)	Number of Regular Secondary Schools(unit)	4	0.0
体育场馆数(个)	Stadium and Gymnasium(unit)	2	100.0
全年专利授权(件)	Annual Patent Authorization(piece)		
剧场、影剧院(个)	Theaters,Music Halls and Cinemas(unit)	1	0.0
医疗卫生机构床位数(张)	Number of Beds in Health Care Institutions(unit)	158	12.9
医疗卫生机构技术人员(人)	Medical Technical Personnel(person)	378	18.1
城乡居民基本养老保险参保人数(人)	Urban and Rural Residents Basic Pension Insurance Contributors(person)	16993	0.2
基本医疗保险参保人数(人)	Basic Medical Care Insurance Contributors(person)	33813	-0.6
居民生活	**The Lives of Residents**		
全体居民人均可支配收入(元)	The per capita disposable income of all residents(yuan)	27276	5.1
城镇常住居民人均可支配收入(元)	The per capita disposable income of urban permanent residents(yuan)	28999	3.0
农村牧区常住居民人均可支配收入(元)	The per capita disposable income of permanent residents of rural and pastoral areas(yuan)	25393	7.0

20-33 呼伦贝尔市新巴尔虎右旗

Xinbaerhuyou Banner in Hulunbeier City

指 标	Item	2020	增长(%) Increase Rate(%)
行政区域土地面积(平方公里)	**Area of Administration(Sq.km)**	**24840**	**0.0**
人口	**Population**		
年末户籍户数(户)	The Registered Households Year-end(household)	15631	0.1
年末户籍人口(人)	The Registered Population Year-end(person)	35012	-0.5
国民经济综合指标	**Summary Item on the National Economy**		
生产总值(万元)	Gross Domestic Product(10 000 yuan)	595131	4.3
第一产业(万元)	Primary Industry(10 000 yuan)	162302	3.0
第二产业(万元)	Secondary Industry(10 000 yuan)	328617	7.5
第三产业(万元)	Tertiary Industry(10 000 yuan)	104212	-3.9
一般公共预算收入(万元)	General Public Budget Revenue(10 000 yuan)	32880	-8.7
一般公共预算支出(万元)	General Public Budget Expenditure(10 000 yuan)	151924	14.7
农村牧区经济	**Economic Development in Rural & Pastoral Area**		
耕地面积(公顷)	Cultivated Area(hectare)	321	0.2
高标准农田面积(公顷)	High Standard Farmland Area(hectare)		
农作物总播种面积(公顷)	Total Sown Area(hectare)	600	-74.5
粮食产量(吨)	Yield of Grain(ton)	587	-81.5
油料产量(吨)	Yield of Oil-bearing Crops(ton)	45	309.1
规模以上工业	**Industrial Enterprises above Designated size**		
工业企业单位数(个)	Number of Industrial Enterprises(unit)	13	0.0
工业总产值(万元)	Gross Industrial Output Value(10 000 yuan)	483605	6.6
投资	**Investment and Construction**		
固定资产投资(万元)	Total Investment in Fixed Assets(10 000 yuan)		0.2
房地产开发投资(万元)	Investment in Real Estate Development(10 000 yuan)	10849	4.8
贸易外经	**Trade**		
社会消费品零售总额(万元)	Total Retail Sales of Consumer Goods(10 000 yuan)	67133	-9.7
出口总额(万元)	Total Exports(10 000 yuan)	391	-92.4
交通通讯	**Transportation,Post & Telecommunications**		
公路里程(公里)	Total Length of Highways(km)	1147	0.1
移动电话用户(户)	Number of Mobile Telephone Subscribers (subscriber)	49089	-0.2
互联网宽带接入用户(户)	Number of Subscribers of Internet Service(subscriber)	10424	2.2
教育科技文化卫生社会保障	**Science,Education & Public Health**		
小学学校数(所)	Number of Primary Schools(unit)	2	0.0
普通中学学校数(所)	Number of Regular Secondary Schools(unit)	2	0.0
体育场馆数(个)	Stadium and Gymnasium(unit)	6	20.0
全年专利授权(件)	Annual Patent Authorization(piece)		
剧场、影剧院(个)	Theaters,Music Halls and Cinemas(unit)	1	0.0
医疗卫生机构床位数(张)	Number of Beds in Health Care Institutions(unit)	158	-6.0
医疗卫生机构技术人员(人)	Medical Technical Personnel(person)	395	2.1
城乡居民基本养老保险参保人数(人)	Urban and Rural Residents Basic Pension Insurance Contributors(person)	14293	0.0
基本医疗保险参保人数(人)	Basic Medical Care Insurance Contributors(person)	33084	1.5
居民生活	**The Lives of Residents**		
全体居民人均可支配收入(元)	The per capita disposable income of all residents(yuan)	29181	3.0
城镇常住居民人均可支配收入(元)	The per capita disposable income of urban permanent residents(yuan)	33090	1.8
农村牧区常住居民人均可支配收入(元)	The per capita disposable income of permanent residents of rural and pastoral areas(yuan)	25583	7.5

20-34 呼伦贝尔市满洲里市
Manzhouli City in Hulunbeier City

指 标	Item	2020	增长(%) Increase Rate(%)
行政区域土地面积(平方公里)	**Area of Administration(Sq.km)**	**735**	**0.0**
人口	**Population**		
年末户籍户数(户)	The Registered Households Year-end(household)	77855	0.4
年末户籍人口(人)	The Registered Population Year-end(person)	172132	-0.4
国民经济综合指标	**Summary Item on the National Economy**		
生产总值(万元)	Gross Domestic Product(10 000 yuan)	1414929	-6.6
第一产业(万元)	Primary Industry(10 000 yuan)	35836	-9.9
第二产业(万元)	Secondary Industry(10 000 yuan)	371042	-7.0
第三产业(万元)	Tertiary Industry(10 000 yuan)	1008051	-6.3
一般公共预算收入(万元)	General Public Budget Revenue(10 000 yuan)	97648	-12.8
一般公共预算支出(万元)	General Public Budget Expenditure(10 000 yuan)	445133	0.1
农村牧区经济	**Economic Development in Rural & Pastoral Area**		
耕地面积(公顷)	Cultivated Area(hectare)	1812	0.0
高标准农田面积(公顷)	High Standard Farmland Area(hectare)		
农作物总播种面积(公顷)	Total Sown Area(hectare)	1176	1.4
粮食产量(吨)	Yield of Grain(ton)	3228	61.0
油料产量(吨)	Yield of Oil-bearing Crops(ton)		
规模以上工业	**Industrial Enterprises above Designated size**		
工业企业单位数(个)	Number of Industrial Enterprises(unit)	28	-22.2
工业总产值(万元)	Gross Industrial Output Value(10 000 yuan)	571724	2.9
投资	**Investment and Construction**		
固定资产投资(万元)	Total Investment in Fixed Assets(10 000 yuan)		-6.2
房地产开发投资(万元)	Investment in Real Estate Development(10 000 yuan)	54475	7.7
贸易外经	**Trade**		
社会消费品零售总额(万元)	Total Retail Sales of Consumer Goods(10 000 yuan)	479891	-11.0
出口总额(万元)	Total Exports(10 000 yuan)	1264000	-4.5
交通通讯	**Transportation,Post & Telecommunications**		
公路里程(公里)	Total Length of Highways(km)	410	0.0
移动电话用户(户)	Number of Mobile Telephone Subscribers (subscriber)	172710	-10.0
互联网宽带接入用户(户)	Number of Subscribers of Internet Service(subscriber)	49000	11.9
教育科技文化卫生社会保障	**Science,Education & Public Health**		
小学学校数(所)	Number of Primary Schools(unit)	11	0.0
普通中学学校数(所)	Number of Regular Secondary Schools(unit)	14	0.0
体育场馆数(个)	Stadium and Gymnasium(unit)	28	0.0
全年专利授权(件)	Annual Patent Authorization(piece)		
剧场、影剧院(个)	Theaters,Music Halls and Cinemas(unit)	5	0.0
医疗卫生机构床位数(张)	Number of Beds in Health Care Institutions(unit)	1062	-12.8
医疗卫生机构技术人员(人)	Medical Technical Personnel(person)	2068	-5.6
城乡居民基本养老保险参保人数(人)	Urban and Rural Residents Basic Pension Insurance Contributors(person)	75589	0.2
基本医疗保险参保人数(人)	Basic Medical Care Insurance Contributors(person)	136941	-4.8
居民生活	**The Lives of Residents**		
全体居民人均可支配收入(元)	The per capita disposable income of all residents(yuan)	40338	2.6
城镇常住居民人均可支配收入(元)	The per capita disposable income of urban permanent residents(yuan)	40338	2.6
农村牧区常住居民人均可支配收入(元)	The per capita disposable income of permanent residents of rural and pastoral areas(yuan)		

注：满洲里数据包含扎赉诺尔区。
a)Data in manzhouli included zhalainuoer district.

20-35 呼伦贝尔市牙克石市

Yakeshi City in Hulunbeier City

指 标	Item	2020	增长(%) Increase Rate(%)
行政区域土地面积(平方公里)	**Area of Administration(Sq.km)**	**27803**	**0.0**
人口	**Population**		
年末户籍户数(户)	The Registered Households Year-end(household)	138005	-0.6
年末户籍人口(人)	The Registered Population Year-end(person)	315130	-1.9
国民经济综合指标	**Summary Item on the National Economy**		
生产总值(万元)	Gross Domestic Product(10 000 yuan)	1016806	-4.6
第一产业(万元)	Primary Industry(10 000 yuan)	245172	-2.1
第二产业(万元)	Secondary Industry(10 000 yuan)	118244	-23.6
第三产业(万元)	Tertiary Industry(10 000 yuan)	653390	-1.3
一般公共预算收入(万元)	General Public Budget Revenue(10 000 yuan)	31697	1.6
一般公共预算支出(万元)	General Public Budget Expenditure(10 000 yuan)	387307	12.9
农村牧区经济	**Economic Development in Rural & Pastoral Area**		
耕地面积(公顷)	Cultivated Area(hectare)	159253	0.4
高标准农田面积(公顷)	High Standard Farmland Area(hectare)	21400	18.4
农作物总播种面积(公顷)	Total Sown Area(hectare)	159253	0.7
粮食产量(吨)	Yield of Grain(ton)	541027	6.7
油料产量(吨)	Yield of Oil-bearing Crops(ton)	69317	-17.8
规模以上工业	**Industrial Enterprises above Designated size**		
工业企业单位数(个)	Number of Industrial Enterprises(unit)	8	-20.0
工业总产值(万元)	Gross Industrial Output Value(10 000 yuan)	98458	-32.2
投资	**Investment and Construction**		
固定资产投资(万元)	Total Investment in Fixed Assets(10 000 yuan)		-14.4
房地产开发投资(万元)	Investment in Real Estate Development(10 000 yuan)	34555	-52.0
贸易外经	**Trade**		
社会消费品零售总额(万元)	Total Retail Sales of Consumer Goods(10 000 yuan)	218903	-9.0
出口总额(万元)	Total Exports(10 000 yuan)	76	-84.1
交通通讯	**Transportation,Post & Telecommunications**		
公路里程(公里)	Total Length of Highways(km)	1963	6.3
移动电话用户(户)	Number of Mobile Telephone Subscribers (subscriber)	242000	-0.8
互联网宽带接入用户(户)	Number of Subscribers of Internet Service(subscriber)	76863	7.2
教育科技文化卫生社会保障	**Science,Education & Public Health**		
小学学校数(所)	Number of Primary Schools(unit)	13	0.0
普通中学学校数(所)	Number of Regular Secondary Schools(unit)	21	0.0
体育场馆数(个)	Stadium and Gymnasium(unit)	8	0.0
全年专利授权(件)	Annual Patent Authorization(piece)	52	-13.3
剧场、影剧院(个)	Theaters,Music Halls and Cinemas(unit)	1	0.0
医疗卫生机构床位数(张)	Number of Beds in Health Care Institutions(unit)	2979	-3.0
医疗卫生机构技术人员(人)	Medical Technical Personnel(person)	3584	0.4
城乡居民基本养老保险参保人数(人)	Urban and Rural Residents Basic Pension Insurance Contributors(person)	168581	1.0
基本医疗保险参保人数(人)	Basic Medical Care Insurance Contributors(person)	267175	-1.4
居民生活	**The Lives of Residents**		
全体居民人均可支配收入(元)	The per capita disposable income of all residents(yuan)	35452	2.7
城镇常住居民人均可支配收入(元)	The per capita disposable income of urban permanent residents(yuan)	35452	2.7
农村牧区常住居民人均可支配收入(元)	The per capita disposable income of permanent residents of rural and pastoral areas(yuan)		

20-36 呼伦贝尔市扎兰屯市

Zhalantun City in Hulunbeier City

指 标	Item	2020	增长(%) Increase Rate(%)
行政区域土地面积(平方公里)	**Area of Administration(Sq.km)**	**16785**	**0.0**
人口	**Population**		
年末户籍户数(户)	The Registered Households Year-end(household)	167367	-0.5
年末户籍人口(人)	The Registered Population Year-end(person)	401271	-0.7
国民经济综合指标	**Summary Item on the National Economy**		
生产总值(万元)	Gross Domestic Product(10 000 yuan)	1533429	-2.7
第一产业(万元)	Primary Industry(10 000 yuan)	520361	1.7
第二产业(万元)	Secondary Industry(10 000 yuan)	498441	-5.2
第三产业(万元)	Tertiary Industry(10 000 yuan)	514627	-4.6
一般公共预算收入(万元)	General Public Budget Revenue(10 000 yuan)	48318	-22.6
一般公共预算支出(万元)	General Public Budget Expenditure(10 000 yuan)	420961	2.8
农村牧区经济	**Economic Development in Rural & Pastoral Area**		
耕地面积(公顷)	Cultivated Area(hectare)	257041	0.0
高标准农田面积(公顷)	High Standard Farmland Area(hectare)	60000	4.7
农作物总播种面积(公顷)	Total Sown Area(hectare)	262291	-1.7
粮食产量(吨)	Yield of Grain(ton)	1252249	-11.4
油料产量(吨)	Yield of Oil-bearing Crops(ton)	580	-40.8
规模以上工业	**Industrial Enterprises above Designated size**		
工业企业单位数(个)	Number of Industrial Enterprises(unit)	11	-8.3
工业总产值(万元)	Gross Industrial Output Value(10 000 yuan)	1065843	-0.9
投资	**Investment and Construction**		
固定资产投资(万元)	Total Investment in Fixed Assets(10 000 yuan)		2.6
房地产开发投资(万元)	Investment in Real Estate Development(10 000 yuan)	61831	-51.0
贸易外经	**Trade**		
社会消费品零售总额(万元)	Total Retail Sales of Consumer Goods(10 000 yuan)	264460	-7.8
出口总额(万元)	Total Exports(10 000 yuan)	144878	-13.6
交通通讯	**Transportation,Post & Telecommunications**		
公路里程(公里)	Total Length of Highways(km)	4302	2.9
移动电话用户(户)	Number of Mobile Telephone Subscribers (subscriber)	410000	5.4
互联网宽带接入用户(户)	Number of Subscribers of Internet Service(subscriber)	84000	26.7
教育科技文化卫生社会保障	**Science,Education & Public Health**		
小学学校数(所)	Number of Primary Schools(unit)	14	0.0
普通中学学校数(所)	Number of Regular Secondary Schools(unit)	21	0.0
体育场馆数(个)	Stadium and Gymnasium(unit)	1	0.0
全年专利授权(件)	Annual Patent Authorization(piece)	59	55.3
剧场、影剧院(个)	Theaters,Music Halls and Cinemas(unit)	1	0.0
医疗卫生机构床位数(张)	Number of Beds in Health Care Institutions(unit)	2107	2.8
医疗卫生机构技术人员(人)	Medical Technical Personnel(person)	2568	0.6
城乡居民基本养老保险参保人数(人)	Urban and Rural Residents Basic Pension Insurance Contributors(person)	165958	0.9
基本医疗保险参保人数(人)	Basic Medical Care Insurance Contributors(person)	351617	-0.9
居民生活	**The Lives of Residents**		
全体居民人均可支配收入(元)	The per capita disposable income of all residents(yuan)	28589	7.5
城镇常住居民人均可支配收入(元)	The per capita disposable income of urban permanent residents(yuan)	37574	3.1
农村牧区常住居民人均可支配收入(元)	The per capita disposable income of permanent residents of rural and pastoral areas(yuan)	20148	8.0

20-37 呼伦贝尔市额尔古纳市
Eerguna City in Hulunbeier City

指 标	Item	2020	增长(%) Increase Rate(%)
行政区域土地面积(平方公里)	**Area of Administration(Sq.km)**	**28958**	**0.0**
人口	**Population**		
年末户籍户数(户)	The Registered Households Year-end(household)	33501	-0.7
年末户籍人口(人)	The Registered Population Year-end(person)	77947	-1.5
国民经济综合指标	**Summary Item on the National Economy**		
生产总值(万元)	Gross Domestic Product(10 000 yuan)	394057	-2.7
第一产业(万元)	Primary Industry(10 000 yuan)	172795	-1.6
第二产业(万元)	Secondary Industry(10 000 yuan)	42732	0.5
第三产业(万元)	Tertiary Industry(10 000 yuan)	178530	-4.7
一般公共预算收入(万元)	General Public Budget Revenue(10 000 yuan)	16869	12.0
一般公共预算支出(万元)	General Public Budget Expenditure(10 000 yuan)	211217	14.9
农村牧区经济	**Economic Development in Rural & Pastoral Area**		
耕地面积(公顷)	Cultivated Area(hectare)	184969	7.7
高标准农田面积(公顷)	High Standard Farmland Area(hectare)		
农作物总播种面积(公顷)	Total Sown Area(hectare)	160168	-6.8
粮食产量(吨)	Yield of Grain(ton)	293226	11.3
油料产量(吨)	Yield of Oil-bearing Crops(ton)	51034	-25.2
规模以上工业	**Industrial Enterprises above Designated size**		
工业企业单位数(个)	Number of Industrial Enterprises(unit)	6	0.0
工业总产值(万元)	Gross Industrial Output Value(10 000 yuan)	92752	13.3
投资	**Investment and Construction**		
固定资产投资(万元)	Total Investment in Fixed Assets(10 000 yuan)		-6.4
房地产开发投资(万元)	Investment in Real Estate Development(10 000 yuan)	8440	-68.3
贸易外经	**Trade**		
社会消费品零售总额(万元)	Total Retail Sales of Consumer Goods(10 000 yuan)	124578	-5.8
出口总额(万元)	Total Exports(10 000 yuan)	9109	-83.8
交通通讯	**Transportation,Post & Telecommunications**		
公路里程(公里)	Total Length of Highways(km)	2375	-2.3
移动电话用户(户)	Number of Mobile Telephone Subscribers (subscriber)	87851	-11.4
互联网宽带接入用户(户)	Number of Subscribers of Internet Service(subscriber)	23337	-19.4
教育科技文化卫生社会保障	**Science,Education & Public Health**		
小学学校数(所)	Number of Primary Schools(unit)	10	0.0
普通中学学校数(所)	Number of Regular Secondary Schools(unit)	5	0.0
体育场馆数(个)	Stadium and Gymnasium(unit)	3	0.0
全年专利授权(件)	Annual Patent Authorization(piece)	1	0.0
剧场、影剧院(个)	Theaters,Music Halls and Cinemas(unit)	2	0.0
医疗卫生机构床位数(张)	Number of Beds in Health Care Institutions(unit)	421	1.7
医疗卫生机构技术人员(人)	Medical Technical Personnel(person)	587	-1.7
城乡居民基本养老保险参保人数(人)	Urban and Rural Residents Basic Pension Insurance Contributors(person)	5545	0.0
基本医疗保险参保人数(人)	Basic Medical Care Insurance Contributors(person)	68796	5.0
居民生活	**The Lives of Residents**		
全体居民人均可支配收入(元)	The per capita disposable income of all residents(yuan)	31537	3.8
城镇常住居民人均可支配收入(元)	The per capita disposable income of urban permanent residents(yuan)	31820	2.8
农村牧区常住居民人均可支配收入(元)	The per capita disposable income of permanent residents of rural and pastoral areas(yuan)	30378	6.7

20-38 呼伦贝尔市根河市

Genhe City in Hulunbeier City

指标	Item	2020	增长(%) Increase Rate(%)
行政区域土地面积(平方公里)	**Area of Administration(Sq.km)**	**20010**	**0.0**
人口	**Population**		
年末户籍户数(户)	The Registered Households Year-end(household)	57495	-0.2
年末户籍人口(人)	The Registered Population Year-end(person)	127217	-2.7
国民经济综合指标	**Summary Item on the National Economy**		
生产总值(万元)	Gross Domestic Product(10 000 yuan)	325623	-0.6
第一产业(万元)	Primary Industry(10 000 yuan)	50270	-2.5
第二产业(万元)	Secondary Industry(10 000 yuan)	71124	6.1
第三产业(万元)	Tertiary Industry(10 000 yuan)	204229	-2.3
一般公共预算收入(万元)	General Public Budget Revenue(10 000 yuan)	8107	14.1
一般公共预算支出(万元)	General Public Budget Expenditure(10 000 yuan)	192748	20.0
农村牧区经济	**Economic Development in Rural & Pastoral Area**		
耕地面积(公顷)	Cultivated Area(hectare)	2436	0.0
高标准农田面积(公顷)	High Standard Farmland Area(hectare)		
农作物总播种面积(公顷)	Total Sown Area(hectare)		
粮食产量(吨)	Yield of Grain(ton)	3077	35.3
油料产量(吨)	Yield of Oil-bearing Crops(ton)		
规模以上工业	**Industrial Enterprises above Designated size**		
工业企业单位数(个)	Number of Industrial Enterprises(unit)	5	0.0
工业总产值(万元)	Gross Industrial Output Value(10 000 yuan)	75580	5.1
投资	**Investment and Construction**		
固定资产投资(万元)	Total Investment in Fixed Assets(10 000 yuan)		18.2
房地产开发投资(万元)	Investment in Real Estate Development(10 000 yuan)	1301	-92.1
贸易外经	**Trade**		
社会消费品零售总额(万元)	Total Retail Sales of Consumer Goods(10 000 yuan)	119862	-6.9
出口总额(万元)	Total Exports(10 000 yuan)		
交通通讯	**Transportation,Post & Telecommunications**		
公路里程(公里)	Total Length of Highways(km)	2738	1.5
移动电话用户(户)	Number of Mobile Telephone Subscribers (subscriber)	118900	-0.1
互联网宽带接入用户(户)	Number of Subscribers of Internet Service(subscriber)	30100	3.1
教育科技文化卫生社会保障	**Science,Education & Public Health**		
小学学校数(所)	Number of Primary Schools(unit)	6	-14.3
普通中学学校数(所)	Number of Regular Secondary Schools(unit)	6	-33.3
体育场馆数(个)	Stadium and Gymnasium(unit)	11	0.0
全年专利授权(件)	Annual Patent Authorization(piece)	16	
剧场、影剧院(个)	Theaters,Music Halls and Cinemas(unit)	1	0.0
医疗卫生机构床位数(张)	Number of Beds in Health Care Institutions(unit)	473	-0.8
医疗卫生机构技术人员(人)	Medical Technical Personnel(person)	939	-0.3
城乡居民基本养老保险参保人数(人)	Urban and Rural Residents Basic Pension Insurance Contributors(person)	4950	-0.3
基本医疗保险参保人数(人)	Basic Medical Care Insurance Contributors(person)	58012	-1.7
居民生活	**The Lives of Residents**		
全体居民人均可支配收入(元)	The per capita disposable income of all residents(yuan)	29198	2.9
城镇常住居民人均可支配收入(元)	The per capita disposable income of urban permanent residents(yuan)	29198	2.9
农村牧区常住居民人均可支配收入(元)	The per capita disposable income of permanent residents of rural and pastoral areas(yuan)		

20-39 兴安盟乌兰浩特市

Ulanhot City in Xingan League

指 标	Item	2020	增长(%) Increase Rate(%)
行政区域土地面积(平方公里)	**Area of Administration(Sq.km)**	**2728**	**0.0**
人口	**Population**		
年末户籍户数(户)	The Registered Households Year-end(household)	139179	1.1
年末户籍人口(人)	The Registered Population Year-end(person)	321170	0.0
国民经济综合指标	**Summary Item on the National Economy**		
生产总值(万元)	Gross Domestic Product(10 000 yuan)	1771385	0.8
第一产业(万元)	Primary Industry(10 000 yuan)	148844	1.8
第二产业(万元)	Secondary Industry(10 000 yuan)	702168	2.2
第三产业(万元)	Tertiary Industry(10 000 yuan)	920373	-0.4
一般公共预算收入(万元)	General Public Budget Revenue(10 000 yuan)	105770	27.6
一般公共预算支出(万元)	General Public Budget Expenditure(10 000 yuan)	371000	10.3
农村牧区经济	**Economic Development in Rural & Pastoral Area**		
耕地面积(公顷)	Cultivated Area(hectare)	74450	0.0
高标准农田面积(公顷)	High Standard Farmland Area(hectare)	16780	1.5
农作物总播种面积(公顷)	Total Sown Area(hectare)	51922	0.0
粮食产量(吨)	Yield of Grain(ton)	307913	2.3
油料产量(吨)	Yield of Oil-bearing Crops(ton)	2140	75.0
规模以上工业	**Industrial Enterprises above Designated size**		
工业企业单位数(个)	Number of Industrial Enterprises(unit)	33	6.5
工业总产值(万元)	Gross Industrial Output Value(10 000 yuan)	1534499	0.4
投资	**Investment and Construction**		
固定资产投资(万元)	Total Investment in Fixed Assets(10 000 yuan)		21.5
房地产开发投资(万元)	Investment in Real Estate Development(10 000 yuan)	289930	30.5
贸易外经	**Trade**		
社会消费品零售总额(万元)	Total Retail Sales of Consumer Goods(10 000 yuan)	918467	-5.6
出口总额(万元)	Total Exports(10 000 yuan)	1495	4.6
交通通讯	**Transportation,Post & Telecommunications**		
公路里程(公里)	Total Length of Highways(km)	1200	5.0
移动电话用户(户)	Number of Mobile Telephone Subscribers (subscriber)	591943	-18.7
互联网宽带接入用户(户)	Number of Subscribers of Internet Service(subscriber)	124452	3.5
教育科技文化卫生社会保障	**Science,Education & Public Health**		
小学学校数(所)	Number of Primary Schools(unit)	23	0.0
普通中学学校数(所)	Number of Regular Secondary Schools(unit)	20	0.0
体育场馆数(个)	Stadium and Gymnasium(unit)	2	0.0
全年专利授权(件)	Annual Patent Authorization(piece)	138	
剧场、影剧院(个)	Theaters,Music Halls and Cinemas(unit)	7	75.0
医疗卫生机构床位数(张)	Number of Beds in Health Care Institutions(unit)	3598	-4.2
医疗卫生机构技术人员(人)	Medical Technical Personnel(person)	4947	3.1
城乡居民基本养老保险参保人数(人)	Urban and Rural Residents Basic Pension Insurance Contributors(person)	36081	0.0
基本医疗保险参保人数(人)	Basic Medical Care Insurance Contributors(person)	227726	-0.6
居民生活	**The Lives of Residents**		
全体居民人均可支配收入(元)	The per capita disposable income of all residents(yuan)	34321	3.5
城镇常住居民人均可支配收入(元)	The per capita disposable income of urban permanent residents(yuan)	34476	3.5
农村牧区常住居民人均可支配收入(元)	The per capita disposable income of permanent residents of rural and pastoral areas(yuan)	18379	8.1

20-40 兴安盟阿尔山市

Aershan City in Xingan League

指 标	Item	2020	增长(%) Increase Rate(%)
行政区域土地面积(平方公里)	**Area of Administration(Sq.km)**	**7409**	**0.0**
人口	**Population**		
年末户籍户数(户)	The Registered Households Year-end(household)	21610	-1.1
年末户籍人口(人)	The Registered Population Year-end(person)	43380	-2.2
国民经济综合指标	**Summary Item on the National Economy**		
生产总值(万元)	Gross Domestic Product(10 000 yuan)	197200	0.1
第一产业(万元)	Primary Industry(10 000 yuan)	43200	9.6
第二产业(万元)	Secondary Industry(10 000 yuan)	26400	0.8
第三产业(万元)	Tertiary Industry(10 000 yuan)	127600	-2.7
一般公共预算收入(万元)	General Public Budget Revenue(10 000 yuan)	18584	47.4
一般公共预算支出(万元)	General Public Budget Expenditure(10 000 yuan)	141214	-18.0
农村牧区经济	**Economic Development in Rural & Pastoral Area**		
耕地面积(公顷)	Cultivated Area(hectare)	18998	0.0
高标准农田面积(公顷)	High Standard Farmland Area(hectare)		
农作物总播种面积(公顷)	Total Sown Area(hectare)	25602	-5.8
粮食产量(吨)	Yield of Grain(ton)	47534	29.8
油料产量(吨)	Yield of Oil-bearing Crops(ton)	7017	-53.8
规模以上工业	**Industrial Enterprises above Designated size**		
工业企业单位数(个)	Number of Industrial Enterprises(unit)	2	100.0
工业总产值(万元)	Gross Industrial Output Value(10 000 yuan)	4252	84.2
投资	**Investment and Construction**		
固定资产投资(万元)	Total Investment in Fixed Assets(10 000 yuan)		-9.3
房地产开发投资(万元)	Investment in Real Estate Development(10 000 yuan)	11852	488.5
贸易外经	**Trade**		
社会消费品零售总额(万元)	Total Retail Sales of Consumer Goods(10 000 yuan)	49139	-7.0
出口总额(万元)	Total Exports(10 000 yuan)		
交通通讯	**Transportation,Post & Telecommunications**		
公路里程(公里)	Total Length of Highways(km)	890	-0.9
移动电话用户(户)	Number of Mobile Telephone Subscribers (subscriber)	47436	-17.1
互联网宽带接入用户(户)	Number of Subscribers of Internet Service(subscriber)	18202	4.0
教育科技文化卫生社会保障	**Science,Education & Public Health**		
小学学校数(所)	Number of Primary Schools(unit)	4	0.0
普通中学学校数(所)	Number of Regular Secondary Schools(unit)	2	0.0
体育场馆数(个)	Stadium and Gymnasium(unit)		
全年专利授权(件)	Annual Patent Authorization(piece)	11	
剧场、影剧院(个)	Theaters,Music Halls and Cinemas(unit)	1	0.0
医疗卫生机构床位数(张)	Number of Beds in Health Care Institutions(unit)	318	-9.9
医疗卫生机构技术人员(人)	Medical Technical Personnel(person)	283	4.8
城乡居民基本养老保险参保人数(人)	Urban and Rural Residents Basic Pension Insurance Contributors(person)	6647	-0.5
基本医疗保险参保人数(人)	Basic Medical Care Insurance Contributors(person)	37219	-7.3
居民生活	**The Lives of Residents**		
全体居民人均可支配收入(元)	The per capita disposable income of all residents(yuan)	28794	3.7
城镇常住居民人均可支配收入(元)	The per capita disposable income of urban permanent residents(yuan)	30987	3.4
农村牧区常住居民人均可支配收入(元)	The per capita disposable income of permanent residents of rural and pastoral areas(yuan)	12612	8.4

20-41 兴安盟科尔沁右翼前旗

Keerqinyouyiqian Banner in Xingan League

指 标	Item	2020	增长(%) Increase Rate(%)
行政区域土地面积(平方公里)	**Area of Administration(Sq.km)**	**16964**	**0.0**
人口	**Population**		
年末户籍户数(户)	The Registered Households Year-end(household)	125306	0.5
年末户籍人口(人)	The Registered Population Year-end(person)	331803	-0.1
国民经济综合指标	**Summary Item on the National Economy**		
生产总值(万元)	Gross Domestic Product(10 000 yuan)	1040400	5.9
第一产业(万元)	Primary Industry(10 000 yuan)	512700	3.8
第二产业(万元)	Secondary Industry(10 000 yuan)	197500	29.5
第三产业(万元)	Tertiary Industry(10 000 yuan)	330200	-2.0
一般公共预算收入(万元)	General Public Budget Revenue(10 000 yuan)	34736	9.7
一般公共预算支出(万元)	General Public Budget Expenditure(10 000 yuan)	452065	3.8
农村牧区经济	**Economic Development in Rural & Pastoral Area**		
耕地面积(公顷)	Cultivated Area(hectare)	307745	0.0
高标准农田面积(公顷)	High Standard Farmland Area(hectare)	4000	-25.0
农作物总播种面积(公顷)	Total Sown Area(hectare)	278118	-0.9
粮食产量(吨)	Yield of Grain(ton)	1486920	3.0
油料产量(吨)	Yield of Oil-bearing Crops(ton)	3147	-63.6
规模以上工业	**Industrial Enterprises above Designated size**		
工业企业单位数(个)	Number of Industrial Enterprises(unit)	24	20.0
工业总产值(万元)	Gross Industrial Output Value(10 000 yuan)	213906	36.4
投资	**Investment and Construction**		
固定资产投资(万元)	Total Investment in Fixed Assets(10 000 yuan)		20.4
房地产开发投资(万元)	Investment in Real Estate Development(10 000 yuan)	91845	-32.9
贸易外经	**Trade**		
社会消费品零售总额(万元)	Total Retail Sales of Consumer Goods(10 000 yuan)	190121	-3.0
出口总额(万元)	Total Exports(10 000 yuan)	8949	24.6
交通通讯	**Transportation,Post & Telecommunications**		
公路里程(公里)	Total Length of Highways(km)	3161	5.4
移动电话用户(户)	Number of Mobile Telephone Subscribers (subscriber)	296454	23.9
互联网宽带接入用户(户)	Number of Subscribers of Internet Service(subscriber)	68721	10.6
教育科技文化卫生社会保障	**Science,Education & Public Health**		
小学学校数(所)	Number of Primary Schools(unit)	28	27.3
普通中学学校数(所)	Number of Regular Secondary Schools(unit)	23	0.0
体育场馆数(个)	Stadium and Gymnasium(unit)	2	0.0
全年专利授权(件)	Annual Patent Authorization(piece)	29	-58.0
剧场、影剧院(个)	Theaters,Music Halls and Cinemas(unit)	1	0.0
医疗卫生机构床位数(张)	Number of Beds in Health Care Institutions(unit)	1344	-1.0
医疗卫生机构技术人员(人)	Medical Technical Personnel(person)	1733	1.9
城乡居民基本养老保险参保人数(人)	Urban and Rural Residents Basic Pension Insurance Contributors(person)	203270	27.2
基本医疗保险参保人数(人)	Basic Medical Care Insurance Contributors(person)	285815	-0.2
居民生活	**The Lives of Residents**		
全体居民人均可支配收入(元)	The per capita disposable income of all residents(yuan)	16018	7.4
城镇常住居民人均可支配收入(元)	The per capita disposable income of urban permanent residents(yuan)	29909	5.0
农村牧区常住居民人均可支配收入(元)	The per capita disposable income of permanent residents of rural and pastoral areas(yuan)	12827	10.0

20-42 兴安盟科尔沁右翼中旗

Keerqinyouyizhong Banner in Xingan League

指 标	Item	2020	增长(%) Increase Rate(%)
行政区域土地面积(平方公里)	**Area of Administration(Sq.km)**	**15613**	**0.0**
人口	**Population**		
年末户籍户数(户)	The Registered Households Year-end(household)	90203	0.0
年末户籍人口(人)	The Registered Population Year-end(person)	249678	-0.8
国民经济综合指标	**Summary Item on the National Economy**		
生产总值(万元)	Gross Domestic Product(10 000 yuan)	686900	3.3
第一产业(万元)	Primary Industry(10 000 yuan)	285400	3.5
第二产业(万元)	Secondary Industry(10 000 yuan)	136100	4.6
第三产业(万元)	Tertiary Industry(10 000 yuan)	265400	2.3
一般公共预算收入(万元)	General Public Budget Revenue(10 000 yuan)	38719	88.4
一般公共预算支出(万元)	General Public Budget Expenditure(10 000 yuan)	347255	10.0
农村牧区经济	**Economic Development in Rural & Pastoral Area**		
耕地面积(公顷)	Cultivated Area(hectare)	301164	0.0
高标准农田面积(公顷)	High Standard Farmland Area(hectare)	85333	-2.3
农作物总播种面积(公顷)	Total Sown Area(hectare)	230276	-1.3
粮食产量(吨)	Yield of Grain(ton)	1137456	2.7
油料产量(吨)	Yield of Oil-bearing Crops(ton)	37554	-29.4
规模以上工业	**Industrial Enterprises above Designated size**		
工业企业单位数(个)	Number of Industrial Enterprises(unit)	14	-17.6
工业总产值(万元)	Gross Industrial Output Value(10 000 yuan)	157512	-3.1
投资	**Investment and Construction**		
固定资产投资(万元)	Total Investment in Fixed Assets(10 000 yuan)		30.9
房地产开发投资(万元)	Investment in Real Estate Development(10 000 yuan)	48712	20.9
贸易外经	**Trade**		
社会消费品零售总额(万元)	Total Retail Sales of Consumer Goods(10 000 yuan)	95577	-4.9
出口总额(万元)	Total Exports(10 000 yuan)	204	145.2
交通通讯	**Transportation,Post & Telecommunications**		
公路里程(公里)	Total Length of Highways(km)	3205	0.7
移动电话用户(户)	Number of Mobile Telephone Subscribers (subscriber)	227900	-15.1
互联网宽带接入用户(户)	Number of Subscribers of Internet Service(subscriber)	61000	-30.6
教育科技文化卫生社会保障	**Science,Education & Public Health**		
小学学校数(所)	Number of Primary Schools(unit)	27	0.0
普通中学学校数(所)	Number of Regular Secondary Schools(unit)	12	0.0
体育场馆数(个)	Stadium and Gymnasium(unit)	4	300.0
全年专利授权(件)	Annual Patent Authorization(piece)	37	
剧场、影剧院(个)	Theaters,Music Halls and Cinemas(unit)	1	0.0
医疗卫生机构床位数(张)	Number of Beds in Health Care Institutions(unit)	1595	0.3
医疗卫生机构技术人员(人)	Medical Technical Personnel(person)	1819	3.1
城乡居民基本养老保险参保人数(人)	Urban and Rural Residents Basic Pension Insurance Contributors(person)	118292	-3.5
基本医疗保险参保人数(人)	Basic Medical Care Insurance Contributors(person)	199655	1.9
居民生活	**The Lives of Residents**		
全体居民人均可支配收入(元)	The per capita disposable income of all residents(yuan)	18113	4.3
城镇常住居民人均可支配收入(元)	The per capita disposable income of urban permanent residents(yuan)	28465	4.8
农村牧区常住居民人均可支配收入(元)	The per capita disposable income of permanent residents of rural and pastoral areas(yuan)	11832	9.2

20-43 兴安盟扎赉特旗

Zhalaite Banner in Xingan League

指 标	Item	2020	增长(%) Increase Rate(%)
行政区域土地面积(平方公里)	**Area of Administration(Sq.km)**	**11837**	**0.0**
人口	**Population**		
年末户籍户数(户)	The Registered Households Year-end(household)	149343	-0.7
年末户籍人口(人)	The Registered Population Year-end(person)	382490	-0.9
国民经济综合指标	**Summary Item on the National Economy**		
生产总值(万元)	Gross Domestic Product(10 000 yuan)	1027700	3.4
第一产业(万元)	Primary Industry(10 000 yuan)	553100	5.3
第二产业(万元)	Secondary Industry(10 000 yuan)	89000	-0.1
第三产业(万元)	Tertiary Industry(10 000 yuan)	385600	1.7
一般公共预算收入(万元)	General Public Budget Revenue(10 000 yuan)	136284	-3.7
一般公共预算支出(万元)	General Public Budget Expenditure(10 000 yuan)	500556	2.4
农村牧区经济	**Economic Development in Rural & Pastoral Area**		
耕地面积(公顷)	Cultivated Area(hectare)	383333	0.0
高标准农田面积(公顷)	High Standard Farmland Area(hectare)	5333	0.0
农作物总播种面积(公顷)	Total Sown Area(hectare)	367828	-1.3
粮食产量(吨)	Yield of Grain(ton)	2176431	0.1
油料产量(吨)	Yield of Oil-bearing Crops(ton)	610	52.5
规模以上工业	**Industrial Enterprises above Designated size**		
工业企业单位数(个)	Number of Industrial Enterprises(unit)	17	0.0
工业总产值(万元)	Gross Industrial Output Value(10 000 yuan)	130713	14.6
投资	**Investment and Construction**		
固定资产投资(万元)	Total Investment in Fixed Assets(10 000 yuan)		-44.2
房地产开发投资(万元)	Investment in Real Estate Development(10 000 yuan)	45097	-59.1
贸易外经	**Trade**		
社会消费品零售总额(万元)	Total Retail Sales of Consumer Goods(10 000 yuan)	187002	-6.3
出口总额(万元)	Total Exports(10 000 yuan)		
交通通讯	**Transportation,Post & Telecommunications**		
公路里程(公里)	Total Length of Highways(km)	3036	4.8
移动电话用户(户)	Number of Mobile Telephone Subscribers (subscriber)	339954	-2.4
互联网宽带接入用户(户)	Number of Subscribers of Internet Service(subscriber)	87150	9.2
教育科技文化卫生社会保障	**Science,Education & Public Health**		
小学学校数(所)	Number of Primary Schools(unit)	29	0.0
普通中学学校数(所)	Number of Regular Secondary Schools(unit)	9	0.0
体育场馆数(个)	Stadium and Gymnasium(unit)	5	0.0
全年专利授权(件)	Annual Patent Authorization(piece)	48	
剧场、影剧院(个)	Theaters,Music Halls and Cinemas(unit)	2	0.0
医疗卫生机构床位数(张)	Number of Beds in Health Care Institutions(unit)	1475	-2.0
医疗卫生机构技术人员(人)	Medical Technical Personnel(person)	1721	11.6
城乡居民基本养老保险参保人数(人)	Urban and Rural Residents Basic Pension Insurance Contributors(person)	195615	4.7
基本医疗保险参保人数(人)	Basic Medical Care Insurance Contributors(person)	329423	0.3
居民生活	**The Lives of Residents**		
全体居民人均可支配收入(元)	The per capita disposable income of all residents(yuan)	17943	5.4
城镇常住居民人均可支配收入(元)	The per capita disposable income of urban permanent residents(yuan)	29997	4.9
农村牧区常住居民人均可支配收入(元)	The per capita disposable income of permanent residents of rural and pastoral areas(yuan)	12678	9.4

20-44 兴安盟突泉县

Tuquan County in Xingan League

指 标	Item	2020	增长(%) Increase Rate(%)
行政区域土地面积(平方公里)	**Area of Administration(Sq.km)**	**4797**	**0.0**
人口	**Population**		
年末户籍户数(户)	The Registered Households Year-end(household)	126867	-0.9
年末户籍人口(人)	The Registered Population Year-end(person)	294966	-1.2
国民经济综合指标	**Summary Item on the National Economy**		
生产总值(万元)	Gross Domestic Product(10 000 yuan)	755500	8.5
第一产业(万元)	Primary Industry(10 000 yuan)	347000	3.5
第二产业(万元)	Secondary Industry(10 000 yuan)	176300	37.9
第三产业(万元)	Tertiary Industry(10 000 yuan)	232200	-0.7
一般公共预算收入(万元)	General Public Budget Revenue(10 000 yuan)	34410	14.5
一般公共预算支出(万元)	General Public Budget Expenditure(10 000 yuan)	336270	4.8
农村牧区经济	**Economic Development in Rural & Pastoral Area**		
耕地面积(公顷)	Cultivated Area(hectare)	177194	0.0
高标准农田面积(公顷)	High Standard Farmland Area(hectare)	5334	14.3
农作物总播种面积(公顷)	Total Sown Area(hectare)	173333	0.7
粮食产量(吨)	Yield of Grain(ton)	1192354	0.8
油料产量(吨)	Yield of Oil-bearing Crops(ton)	427	-72.6
规模以上工业	**Industrial Enterprises above Designated size**		
工业企业单位数(个)	Number of Industrial Enterprises(unit)	13	8.3
工业总产值(万元)	Gross Industrial Output Value(10 000 yuan)	279297	69.8
投资	**Investment and Construction**		
固定资产投资(万元)	Total Investment in Fixed Assets(10 000 yuan)		26.8
房地产开发投资(万元)	Investment in Real Estate Development(10 000 yuan)	42006	526.3
贸易外经	**Trade**		
社会消费品零售总额(万元)	Total Retail Sales of Consumer Goods(10 000 yuan)	128417	-3.5
出口总额(万元)	Total Exports(10 000 yuan)		
交通通讯	**Transportation,Post & Telecommunications**		
公路里程(公里)	Total Length of Highways(km)	2429	3.6
移动电话用户(户)	Number of Mobile Telephone Subscribers (subscriber)	246963	-2.5
互联网宽带接入用户(户)	Number of Subscribers of Internet Service(subscriber)	61059	14.2
教育科技文化卫生社会保障	**Science,Education & Public Health**		
小学学校数(所)	Number of Primary Schools(unit)	16	0.0
普通中学学校数(所)	Number of Regular Secondary Schools(unit)	11	0.0
体育场馆数(个)	Stadium and Gymnasium(unit)	3	0.0
全年专利授权(件)	Annual Patent Authorization(piece)	33	
剧场、影剧院(个)	Theaters,Music Halls and Cinemas(unit)		
医疗卫生机构床位数(张)	Number of Beds in Health Care Institutions(unit)	862	-12.6
医疗卫生机构技术人员(人)	Medical Technical Personnel(person)	1451	7.4
城乡居民基本养老保险参保人数(人)	Urban and Rural Residents Basic Pension Insurance Contributors(person)	162897	0.4
基本医疗保险参保人数(人)	Basic Medical Care Insurance Contributors(person)	254435	0.4
居民生活	**The Lives of Residents**		
全体居民人均可支配收入(元)	The per capita disposable income of all residents(yuan)	17617	6.0
城镇常住居民人均可支配收入(元)	The per capita disposable income of urban permanent residents(yuan)	29309	5.3
农村牧区常住居民人均可支配收入(元)	The per capita disposable income of permanent residents of rural and pastoral areas(yuan)	12200	9.3

20-45 通辽市科尔沁区
Keerqin District in Tongliao City

指 标	Item	2020	增长(%) Increase Rate(%)
行政区域土地面积(平方公里)	**Area of Administration(Sq.km)**	**3580**	**1.8**
人口	**Population**		
年末户籍户数(户)	The Registered Households Year-end(household)	336834	1.9
年末户籍人口(人)	The Registered Population Year-end(person)	842852	0.1
国民经济综合指标	**Summary Item on the National Economy**		
生产总值(万元)	Gross Domestic Product(10 000 yuan)	4374600	-0.5
第一产业(万元)	Primary Industry(10 000 yuan)	443800	1.6
第二产业(万元)	Secondary Industry(10 000 yuan)	1249100	-3.2
第三产业(万元)	Tertiary Industry(10 000 yuan)	2681700	0.5
一般公共预算收入(万元)	General Public Budget Revenue(10 000 yuan)	93638	-10.3
一般公共预算支出(万元)	General Public Budget Expenditure(10 000 yuan)	476275	-8.0
农村牧区经济	**Economic Development in Rural & Pastoral Area**		
耕地面积(公顷)	Cultivated Area(hectare)	167918	0.3
高标准农田面积(公顷)	High Standard Farmland Area(hectare)	102687	18.5
农作物总播种面积(公顷)	Total Sown Area(hectare)	172909	2.7
粮食产量(吨)	Yield of Grain(ton)	1365742	1.0
油料产量(吨)	Yield of Oil-bearing Crops(ton)	25378	31.1
规模以上工业	**Industrial Enterprises above Designated size**		
工业企业单位数(个)	Number of Industrial Enterprises(unit)	71	10.9
工业总产值(万元)	Gross Industrial Output Value(10 000 yuan)	2062626	-2.8
投资	**Investment and Construction**		
固定资产投资(万元)	Total Investment in Fixed Assets(10 000 yuan)		-16.3
房地产开发投资(万元)	Investment in Real Estate Development(10 000 yuan)	215551	-66.3
贸易外经	**Trade**		
社会消费品零售总额(万元)	Total Retail Sales of Consumer Goods(10 000 yuan)	1465054	-5.7
出口总额(万元)	Total Exports(10 000 yuan)	214141	12.9
交通通讯	**Transportation,Post & Telecommunications**		
公路里程(公里)	Total Length of Highways(km)	1931	0.1
移动电话用户(户)	Number of Mobile Telephone Subscribers (subscriber)	1061823	-7.0
互联网宽带接入用户(户)	Number of Subscribers of Internet Service(subscriber)	254047	29.2
教育科技文化卫生社会保障	**Science,Education & Public Health**		
小学学校数(所)	Number of Primary Schools(unit)	45	2.3
普通中学学校数(所)	Number of Regular Secondary Schools(unit)	31	14.8
体育场馆数(个)	Stadium and Gymnasium(unit)	2	0.0
全年专利授权(件)	Annual Patent Authorization(piece)	395	66.0
剧场、影剧院(个)	Theaters,Music Halls and Cinemas(unit)	3	0.0
医疗卫生机构床位数(张)	Number of Beds in Health Care Institutions(unit)	11276	9.3
医疗卫生机构技术人员(人)	Medical Technical Personnel(person)	11306	9.7
城乡居民基本养老保险参保人数(人)	Urban and Rural Residents Basic Pension Insurance Contributors(person)	216078	2.2
基本医疗保险参保人数(人)	Basic Medical Care Insurance Contributors(person)	620304	0.7
居民生活	**The Lives of Residents**		
全体居民人均可支配收入(元)	The per capita disposable income of all residents(yuan)	31961	3.5
城镇常住居民人均可支配收入(元)	The per capita disposable income of urban permanent residents(yuan)	36994	1.8
农村牧区常住居民人均可支配收入(元)	The per capita disposable income of permanent residents of rural and pastoral areas(yuan)	21325	8.7

20-46 通辽市科尔沁左翼中旗

Keerqinzuoyizhong Banner in Tongliao City

指 标	Item	2020	增长(%) Increase Rate(%)
行政区域土地面积(平方公里)	**Area of Administration(Sq.km)**	**9573**	**0.0**
人口	**Population**		
年末户籍户数(户)	The Registered Households Year-end(household)	207845	0.0
年末户籍人口(人)	The Registered Population Year-end(person)	516463	-0.7
国民经济综合指标	**Summary Item on the National Economy**		
生产总值(万元)	Gross Domestic Product(10 000 yuan)	1310800	-1.0
第一产业(万元)	Primary Industry(10 000 yuan)	579500	1.6
第二产业(万元)	Secondary Industry(10 000 yuan)	222900	-14.7
第三产业(万元)	Tertiary Industry(10 000 yuan)	508400	2.5
一般公共预算收入(万元)	General Public Budget Revenue(10 000 yuan)	26053	-35.0
一般公共预算支出(万元)	General Public Budget Expenditure(10 000 yuan)	436847	-6.0
农村牧区经济	**Economic Development in Rural & Pastoral Area**		
耕地面积(公顷)	Cultivated Area(hectare)	296373	0.0
高标准农田面积(公顷)	High Standard Farmland Area(hectare)	136000	7.7
农作物总播种面积(公顷)	Total Sown Area(hectare)	324716	1.4
粮食产量(吨)	Yield of Grain(ton)	2218679	1.5
油料产量(吨)	Yield of Oil-bearing Crops(ton)	107789	66.3
规模以上工业	**Industrial Enterprises above Designated size**		
工业企业单位数(个)	Number of Industrial Enterprises(unit)	16	6.7
工业总产值(万元)	Gross Industrial Output Value(10 000 yuan)	228643	-9.9
投资	**Investment and Construction**		
固定资产投资(万元)	Total Investment in Fixed Assets(10 000 yuan)		-18.2
房地产开发投资(万元)	Investment in Real Estate Development(10 000 yuan)	18811	-37.6
贸易外经	**Trade**		
社会消费品零售总额(万元)	Total Retail Sales of Consumer Goods(10 000 yuan)	319061	-6.2
出口总额(万元)	Total Exports(10 000 yuan)		
交通通讯	**Transportation,Post & Telecommunications**		
公路里程(公里)	Total Length of Highways(km)	3503	1.7
移动电话用户(户)	Number of Mobile Telephone Subscribers (subscriber)	367000	-8.4
互联网宽带接入用户(户)	Number of Subscribers of Internet Service(subscriber)	67503	6.8
教育科技文化卫生社会保障	**Science,Education & Public Health**		
小学学校数(所)	Number of Primary Schools(unit)	41	0.0
普通中学学校数(所)	Number of Regular Secondary Schools(unit)	15	0.0
体育场馆数(个)	Stadium and Gymnasium(unit)		
全年专利授权(件)	Annual Patent Authorization(piece)	37	76.2
剧场、影剧院(个)	Theaters,Music Halls and Cinemas(unit)	1	0.0
医疗卫生机构床位数(张)	Number of Beds in Health Care Institutions(unit)	1841	-3.5
医疗卫生机构技术人员(人)	Medical Technical Personnel(person)	2179	3.9
城乡居民基本养老保险参保人数(人)	Urban and Rural Residents Basic Pension Insurance Contributors(person)	216000	1.4
基本医疗保险参保人数(人)	Basic Medical Care Insurance Contributors(person)	418851	2.4
居民生活	**The Lives of Residents**		
全体居民人均可支配收入(元)	The per capita disposable income of all residents(yuan)	19043	4.0
城镇常住居民人均可支配收入(元)	The per capita disposable income of urban permanent residents(yuan)	29435	2.3
农村牧区常住居民人均可支配收入(元)	The per capita disposable income of permanent residents of rural and pastoral areas(yuan)	14210	9.6

20-47 通辽市科尔沁左翼后旗

Keerqinzuoyihou Banner in Tongliao City

指 标	Item	2020	增长(%) Increase Rate(%)
行政区域土地面积(平方公里)	**Area of Administration(Sq.km)**	**11500**	**0.0**
人口	**Population**		
年末户籍户数(户)	The Registered Households Year-end(household)	150853	-0.9
年末户籍人口(人)	The Registered Population Year-end(person)	395741	-1.3
国民经济综合指标	**Summary Item on the National Economy**		
生产总值(万元)	Gross Domestic Product(10 000 yuan)	1228300	-0.9
第一产业(万元)	Primary Industry(10 000 yuan)	482400	1.7
第二产业(万元)	Secondary Industry(10 000 yuan)	224700	-6.2
第三产业(万元)	Tertiary Industry(10 000 yuan)	521200	-0.7
一般公共预算收入(万元)	General Public Budget Revenue(10 000 yuan)	30081	-15.3
一般公共预算支出(万元)	General Public Budget Expenditure(10 000 yuan)	337353	-8.0
农村牧区经济	**Economic Development in Rural & Pastoral Area**		
耕地面积(公顷)	Cultivated Area(hectare)	262020	0.0
高标准农田面积(公顷)	High Standard Farmland Area(hectare)		
农作物总播种面积(公顷)	Total Sown Area(hectare)	296742	0.4
粮食产量(吨)	Yield of Grain(ton)	1301591	3.1
油料产量(吨)	Yield of Oil-bearing Crops(ton)	34068	2.0
规模以上工业	**Industrial Enterprises above Designated size**		
工业企业单位数(个)	Number of Industrial Enterprises(unit)	24	4.3
工业总产值(万元)	Gross Industrial Output Value(10 000 yuan)	376817	1.6
投资	**Investment and Construction**		
固定资产投资(万元)	Total Investment in Fixed Assets(10 000 yuan)		-22.4
房地产开发投资(万元)	Investment in Real Estate Development(10 000 yuan)	35781	44.3
贸易外经	**Trade**		
社会消费品零售总额(万元)	Total Retail Sales of Consumer Goods(10 000 yuan)	239080	-5.3
出口总额(万元)	Total Exports(10 000 yuan)		
交通通讯	**Transportation,Post & Telecommunications**		
公路里程(公里)	Total Length of Highways(km)	4676	1.3
移动电话用户(户)	Number of Mobile Telephone Subscribers (subscriber)	360000	-0.3
互联网宽带接入用户(户)	Number of Subscribers of Internet Service(subscriber)	80000	46.5
教育科技文化卫生社会保障	**Science,Education & Public Health**		
小学学校数(所)	Number of Primary Schools(unit)	33	-5.7
普通中学学校数(所)	Number of Regular Secondary Schools(unit)	15	0.0
体育场馆数(个)	Stadium and Gymnasium(unit)		
全年专利授权(件)	Annual Patent Authorization(piece)		
剧场、影剧院(个)	Theaters,Music Halls and Cinemas(unit)		
医疗卫生机构床位数(张)	Number of Beds in Health Care Institutions(unit)	1405	-62.3
医疗卫生机构技术人员(人)	Medical Technical Personnel(person)	1385	-32.9
城乡居民基本养老保险参保人数(人)	Urban and Rural Residents Basic Pension Insurance Contributors(person)	150783	1.9
基本医疗保险参保人数(人)	Basic Medical Care Insurance Contributors(person)	312991	-0.8
居民生活	**The Lives of Residents**		
全体居民人均可支配收入(元)	The per capita disposable income of all residents(yuan)	19681	3.9
城镇常住居民人均可支配收入(元)	The per capita disposable income of urban permanent residents(yuan)	29632	2.1
农村牧区常住居民人均可支配收入(元)	The per capita disposable income of permanent residents of rural and pastoral areas(yuan)	14956	9.4

20-48 通辽市开鲁县

Kailu County in Tongliao City

指 标	Item	2020	增长(%) Increase Rate(%)
行政区域土地面积(平方公里)	**Area of Administration(Sq.km)**	**4353**	**0.0**
人口	**Population**		
年末户籍户数(户)	The Registered Households Year-end(household)	152764	-0.8
年末户籍人口(人)	The Registered Population Year-end(person)	387865	-0.9
国民经济综合指标	**Summary Item on the National Economy**		
生产总值(万元)	Gross Domestic Product(10 000 yuan)	1308800	0.2
第一产业(万元)	Primary Industry(10 000 yuan)	555300	1.6
第二产业(万元)	Secondary Industry(10 000 yuan)	223200	0.7
第三产业(万元)	Tertiary Industry(10 000 yuan)	530300	-1.3
一般公共预算收入(万元)	General Public Budget Revenue(10 000 yuan)	28111	-12.6
一般公共预算支出(万元)	General Public Budget Expenditure(10 000 yuan)	315514	12.2
农村牧区经济	**Economic Development in Rural & Pastoral Area**		
耕地面积(公顷)	Cultivated Area(hectare)	135249	0.0
高标准农田面积(公顷)	High Standard Farmland Area(hectare)	135248	0.0
农作物总播种面积(公顷)	Total Sown Area(hectare)	172035	2.0
粮食产量(吨)	Yield of Grain(ton)	1296547	1.1
油料产量(吨)	Yield of Oil-bearing Crops(ton)	25019	3.4
规模以上工业	**Industrial Enterprises above Designated size**		
工业企业单位数(个)	Number of Industrial Enterprises(unit)	27	8.0
工业总产值(万元)	Gross Industrial Output Value(10 000 yuan)	558380	21.4
投资	**Investment and Construction**		
固定资产投资(万元)	Total Investment in Fixed Assets(10 000 yuan)		24.5
房地产开发投资(万元)	Investment in Real Estate Development(10 000 yuan)	120261	135.5
贸易外经	**Trade**		
社会消费品零售总额(万元)	Total Retail Sales of Consumer Goods(10 000 yuan)	254962	-4.8
出口总额(万元)	Total Exports(10 000 yuan)	24011	165.3
交通通讯	**Transportation,Post & Telecommunications**		
公路里程(公里)	Total Length of Highways(km)	2616	6.8
移动电话用户(户)	Number of Mobile Telephone Subscribers (subscriber)	440638	18.7
互联网宽带接入用户(户)	Number of Subscribers of Internet Service(subscriber)	77907	5.6
教育科技文化卫生社会保障	**Science,Education & Public Health**		
小学学校数(所)	Number of Primary Schools(unit)	21	0.0
普通中学学校数(所)	Number of Regular Secondary Schools(unit)	20	5.3
体育场馆数(个)	Stadium and Gymnasium(unit)	2	0.0
全年专利授权(件)	Annual Patent Authorization(piece)		
剧场、影剧院(个)	Theaters,Music Halls and Cinemas(unit)	1	-66.7
医疗卫生机构床位数(张)	Number of Beds in Health Care Institutions(unit)	1465	17.0
医疗卫生机构技术人员(人)	Medical Technical Personnel(person)	1471	-36.7
城乡居民基本养老保险参保人数(人)	Urban and Rural Residents Basic Pension Insurance Contributors(person)	218103	0.3
基本医疗保险参保人数(人)	Basic Medical Care Insurance Contributors(person)	339550	-0.9
居民生活	**The Lives of Residents**		
全体居民人均可支配收入(元)	The per capita disposable income of all residents(yuan)	23010	4.1
城镇常住居民人均可支配收入(元)	The per capita disposable income of urban permanent residents(yuan)	32078	2.5
农村牧区常住居民人均可支配收入(元)	The per capita disposable income of permanent residents of rural and pastoral areas(yuan)	18858	9.2

20-49 通辽市库伦旗
Kulun Banner in Tongliao City

指 标	Item	2020	增长(%) Increase Rate(%)
行政区域土地面积(平方公里)	**Area of Administration(Sq.km)**	**4709**	**0.0**
人口	**Population**		
年末户籍户数(户)	The Registered Households Year-end(household)	67857	-0.6
年末户籍人口(人)	The Registered Population Year-end(person)	176525	-0.5
国民经济综合指标	**Summary Item on the National Economy**		
生产总值(万元)	Gross Domestic Product(10 000 yuan)	540000	-1.0
第一产业(万元)	Primary Industry(10 000 yuan)	202300	1.7
第二产业(万元)	Secondary Industry(10 000 yuan)	35300	-12.3
第三产业(万元)	Tertiary Industry(10 000 yuan)	302400	-1.5
一般公共预算收入(万元)	General Public Budget Revenue(10 000 yuan)	9980	-5.2
一般公共预算支出(万元)	General Public Budget Expenditure(10 000 yuan)	185960	-16.5
农村牧区经济	**Economic Development in Rural & Pastoral Area**		
耕地面积(公顷)	Cultivated Area(hectare)	139573	0.0
高标准农田面积(公顷)	High Standard Farmland Area(hectare)	13553	
农作物总播种面积(公顷)	Total Sown Area(hectare)	118496	5.2
粮食产量(吨)	Yield of Grain(ton)	601377	2.2
油料产量(吨)	Yield of Oil-bearing Crops(ton)	3296	16.8
规模以上工业	**Industrial Enterprises above Designated size**		
工业企业单位数(个)	Number of Industrial Enterprises(unit)	7	-22.2
工业总产值(万元)	Gross Industrial Output Value(10 000 yuan)	116297	-1.5
投资	**Investment and Construction**		
固定资产投资(万元)	Total Investment in Fixed Assets(10 000 yuan)		-4.5
房地产开发投资(万元)	Investment in Real Estate Development(10 000 yuan)	22597	-10.4
贸易外经	**Trade**		
社会消费品零售总额(万元)	Total Retail Sales of Consumer Goods(10 000 yuan)	105173	-4.9
出口总额(万元)	Total Exports(10 000 yuan)		
交通通讯	**Transportation,Post & Telecommunications**		
公路里程(公里)	Total Length of Highways(km)	2025	-0.3
移动电话用户(户)	Number of Mobile Telephone Subscribers (subscriber)	170999	8.9
互联网宽带接入用户(户)	Number of Subscribers of Internet Service(subscriber)	41921	33.5
教育科技文化卫生社会保障	**Science,Education & Public Health**		
小学学校数(所)	Number of Primary Schools(unit)	10	0.0
普通中学学校数(所)	Number of Regular Secondary Schools(unit)	15	0.0
体育场馆数(个)	Stadium and Gymnasium(unit)	1	0.0
全年专利授权(件)	Annual Patent Authorization(piece)	10	233.3
剧场、影剧院(个)	Theaters,Music Halls and Cinemas(unit)	1	-50.0
医疗卫生机构床位数(张)	Number of Beds in Health Care Institutions(unit)	887	0.0
医疗卫生机构技术人员(人)	Medical Technical Personnel(person)	1338	-8.6
城乡居民基本养老保险参保人数(人)	Urban and Rural Residents Basic Pension Insurance Contributors(person)	79381	3.2
基本医疗保险参保人数(人)	Basic Medical Care Insurance Contributors(person)	148530	1.2
居民生活	**The Lives of Residents**		
全体居民人均可支配收入(元)	The per capita disposable income of all residents(yuan)	19014	4.0
城镇常住居民人均可支配收入(元)	The per capita disposable income of urban permanent residents(yuan)	28412	2.0
农村牧区常住居民人均可支配收入(元)	The per capita disposable income of permanent residents of rural and pastoral areas(yuan)	13468	9.7

20-50 通辽市奈曼旗

Naiman Banner in Tongliao City

指 标	Item	2020	增长(%) Increase Rate(%)
行政区域土地面积(平方公里)	**Area of Administration(Sq.km)**	**8135**	**0.0**
人口	**Population**		
年末户籍户数(户)	The Registered Households Year-end(household)	161221	0.2
年末户籍人口(人)	The Registered Population Year-end(person)	444727	-0.2
国民经济综合指标	**Summary Item on the National Economy**		
生产总值(万元)	Gross Domestic Product(10 000 yuan)	1245300	-1.3
第一产业(万元)	Primary Industry(10 000 yuan)	391900	1.7
第二产业(万元)	Secondary Industry(10 000 yuan)	264800	-9.9
第三产业(万元)	Tertiary Industry(10 000 yuan)	588600	1.6
一般公共预算收入(万元)	General Public Budget Revenue(10 000 yuan)	31520	-39.9
一般公共预算支出(万元)	General Public Budget Expenditure(10 000 yuan)	421700	-6.2
农村牧区经济	**Economic Development in Rural & Pastoral Area**		
耕地面积(公顷)	Cultivated Area(hectare)	196114	0.0
高标准农田面积(公顷)	High Standard Farmland Area(hectare)	126407	
农作物总播种面积(公顷)	Total Sown Area(hectare)	213490	-7.7
粮食产量(吨)	Yield of Grain(ton)	1165143	2.8
油料产量(吨)	Yield of Oil-bearing Crops(ton)	17790	18.5
规模以上工业	**Industrial Enterprises above Designated size**		
工业企业单位数(个)	Number of Industrial Enterprises(unit)	30	-9.1
工业总产值(万元)	Gross Industrial Output Value(10 000 yuan)	343738	-8.0
投资	**Investment and Construction**		
固定资产投资(万元)	Total Investment in Fixed Assets(10 000 yuan)		-29.9
房地产开发投资(万元)	Investment in Real Estate Development(10 000 yuan)	65660	-14.1
贸易外经	**Trade**		
社会消费品零售总额(万元)	Total Retail Sales of Consumer Goods(10 000 yuan)	267119	-6.1
出口总额(万元)	Total Exports(10 000 yuan)		
交通通讯	**Transportation,Post & Telecommunications**		
公路里程(公里)	Total Length of Highways(km)	4422	4.2
移动电话用户(户)	Number of Mobile Telephone Subscribers (subscriber)	348772	0.6
互联网宽带接入用户(户)	Number of Subscribers of Internet Service(subscriber)	75902	15.0
教育科技文化卫生社会保障	**Science,Education & Public Health**		
小学学校数(所)	Number of Primary Schools(unit)	36	0.0
普通中学学校数(所)	Number of Regular Secondary Schools(unit)	22	0.0
体育场馆数(个)	Stadium and Gymnasium(unit)	3	0.0
全年专利授权(件)	Annual Patent Authorization(piece)		
剧场、影剧院(个)	Theaters,Music Halls and Cinemas(unit)	2	0.0
医疗卫生机构床位数(张)	Number of Beds in Health Care Institutions(unit)	1789	0.3
医疗卫生机构技术人员(人)	Medical Technical Personnel(person)	2838	-5.4
城乡居民基本养老保险参保人数(人)	Urban and Rural Residents Basic Pension Insurance Contributors(person)	178303	3.1
基本医疗保险参保人数(人)	Basic Medical Care Insurance Contributors(person)	389682	0.4
居民生活	**The Lives of Residents**		
全体居民人均可支配收入(元)	The per capita disposable income of all residents(yuan)	18726	3.8
城镇常住居民人均可支配收入(元)	The per capita disposable income of urban permanent residents(yuan)	29566	2.2
农村牧区常住居民人均可支配收入(元)	The per capita disposable income of permanent residents of rural and pastoral areas(yuan)	13726	9.0

20-51 通辽市扎鲁特旗

Zhalute Banner in Tongliao City

指 标	Item	2020	增长(%) Increase Rate(%)
行政区域土地面积(平方公里)	**Area of Administration(Sq.km)**	**16492**	**0.0**
人口	**Population**		
年末户籍户数(户)	The Registered Households Year-end(household)	141349	-0.2
年末户籍人口(人)	The Registered Population Year-end(person)	304494	-0.5
国民经济综合指标	**Summary Item on the National Economy**		
生产总值(万元)	Gross Domestic Product(10 000 yuan)	1319400	-1.5
第一产业(万元)	Primary Industry(10 000 yuan)	364600	1.6
第二产业(万元)	Secondary Industry(10 000 yuan)	446200	-5.8
第三产业(万元)	Tertiary Industry(10 000 yuan)	508600	-0.1
一般公共预算收入(万元)	General Public Budget Revenue(10 000 yuan)	79939	9.7
一般公共预算支出(万元)	General Public Budget Expenditure(10 000 yuan)	349482	-4.8
农村牧区经济	**Economic Development in Rural & Pastoral Area**		
耕地面积(公顷)	Cultivated Area(hectare)	200213	4.0
高标准农田面积(公顷)	High Standard Farmland Area(hectare)	88000	26.9
农作物总播种面积(公顷)	Total Sown Area(hectare)	165484	-1.1
粮食产量(吨)	Yield of Grain(ton)	669104	3.9
油料产量(吨)	Yield of Oil-bearing Crops(ton)	4201	-42.8
规模以上工业	**Industrial Enterprises above Designated size**		
工业企业单位数(个)	Number of Industrial Enterprises(unit)	21	-4.5
工业总产值(万元)	Gross Industrial Output Value(10 000 yuan)	1367260	18.6
投资	**Investment and Construction**		
固定资产投资(万元)	Total Investment in Fixed Assets(10 000 yuan)		-31.8
房地产开发投资(万元)	Investment in Real Estate Development(10 000 yuan)	53584	-32.9
贸易外经	**Trade**		
社会消费品零售总额(万元)	Total Retail Sales of Consumer Goods(10 000 yuan)	199339	-5.6
出口总额(万元)	Total Exports(10 000 yuan)	1528	-1.2
交通通讯	**Transportation,Post & Telecommunications**		
公路里程(公里)	Total Length of Highways(km)	3078	0.0
移动电话用户(户)	Number of Mobile Telephone Subscribers (subscriber)	313182	7.8
互联网宽带接入用户(户)	Number of Subscribers of Internet Service(subscriber)	47453	-9.6
教育科技文化卫生社会保障	**Science,Education & Public Health**		
小学学校数(所)	Number of Primary Schools(unit)	28	0.0
普通中学学校数(所)	Number of Regular Secondary Schools(unit)	13	18.2
体育场馆数(个)	Stadium and Gymnasium(unit)	3	0.0
全年专利授权(件)	Annual Patent Authorization(piece)		
剧场、影剧院(个)	Theaters,Music Halls and Cinemas(unit)	2	0.0
医疗卫生机构床位数(张)	Number of Beds in Health Care Institutions(unit)	1356	0.6
医疗卫生机构技术人员(人)	Medical Technical Personnel(person)	1805	8.2
城乡居民基本养老保险参保人数(人)	Urban and Rural Residents Basic Pension Insurance Contributors(person)	107822	-0.7
基本医疗保险参保人数(人)	Basic Medical Care Insurance Contributors(person)	251878	1.0
居民生活	**The Lives of Residents**		
全体居民人均可支配收入(元)	The per capita disposable income of all residents(yuan)	22266	3.6
城镇常住居民人均可支配收入(元)	The per capita disposable income of urban permanent residents(yuan)	31584	1.9
农村牧区常住居民人均可支配收入(元)	The per capita disposable income of permanent residents of rural and pastoral areas(yuan)	18402	9.4

20-52 通辽市霍林郭勒市

Huolinguole City in Tongliao City

指 标	Item	2020	增长(%) Increase Rate(%)
行政区域土地面积(平方公里)	**Area of Administration(Sq.km)**	**585**	**0.0**
人口	**Population**		
年末户籍户数(户)	The Registered Households Year-end(household)	31471	1.6
年末户籍人口(人)	The Registered Population Year-end(person)	83513	0.4
国民经济综合指标	**Summary Item on the National Economy**		
生产总值(万元)	Gross Domestic Product(10 000 yuan)	1439600	-1.6
第一产业(万元)	Primary Industry(10 000 yuan)	26400	1.6
第二产业(万元)	Secondary Industry(10 000 yuan)	1035000	-3.7
第三产业(万元)	Tertiary Industry(10 000 yuan)	378200	5.0
一般公共预算收入(万元)	General Public Budget Revenue(10 000 yuan)	128594	27.1
一般公共预算支出(万元)	General Public Budget Expenditure(10 000 yuan)	185489	14.2
农村牧区经济	**Economic Development in Rural & Pastoral Area**		
耕地面积(公顷)	Cultivated Area(hectare)	17459	0.0
高标准农田面积(公顷)	High Standard Farmland Area(hectare)		
农作物总播种面积(公顷)	Total Sown Area(hectare)	15416	16.8
粮食产量(吨)	Yield of Grain(ton)	29990	-15.5
油料产量(吨)	Yield of Oil-bearing Crops(ton)	7085	2.4
规模以上工业	**Industrial Enterprises above Designated size**		
工业企业单位数(个)	Number of Industrial Enterprises(unit)	37	-7.5
工业总产值(万元)	Gross Industrial Output Value(10 000 yuan)	5288708	12.9
投资	**Investment and Construction**		
固定资产投资(万元)	Total Investment in Fixed Assets(10 000 yuan)		-77.2
房地产开发投资(万元)	Investment in Real Estate Development(10 000 yuan)	20359	-10.4
贸易外经	**Trade**		
社会消费品零售总额(万元)	Total Retail Sales of Consumer Goods(10 000 yuan)	225954	-5.7
出口总额(万元)	Total Exports(10 000 yuan)	66415	1501.9
交通通讯	**Transportation,Post & Telecommunications**		
公路里程(公里)	Total Length of Highways(km)	278	0.0
移动电话用户(户)	Number of Mobile Telephone Subscribers (subscriber)	153015	0.1
互联网宽带接入用户(户)	Number of Subscribers of Internet Service(subscriber)	26905	0.1
教育科技文化卫生社会保障	**Science,Education & Public Health**		
小学学校数(所)	Number of Primary Schools(unit)	8	14.3
普通中学学校数(所)	Number of Regular Secondary Schools(unit)	8	14.3
体育场馆数(个)	Stadium and Gymnasium(unit)	5	0.0
全年专利授权(件)	Annual Patent Authorization(piece)		
剧场、影剧院(个)	Theaters,Music Halls and Cinemas(unit)	4	0.0
医疗卫生机构床位数(张)	Number of Beds in Health Care Institutions(unit)	787	-1.4
医疗卫生机构技术人员(人)	Medical Technical Personnel(person)	1069	25.8
城乡居民基本养老保险参保人数(人)	Urban and Rural Residents Basic Pension Insurance Contributors(person)	8155	1.8
基本医疗保险参保人数(人)	Basic Medical Care Insurance Contributors(person)	83012	13.6
居民生活	**The Lives of Residents**		
全体居民人均可支配收入(元)	The per capita disposable income of all residents(yuan)	46502	1.6
城镇常住居民人均可支配收入(元)	The per capita disposable income of urban permanent residents(yuan)	46502	1.6
农村牧区常住居民人均可支配收入(元)	The per capita disposable income of permanent residents of rural and pastoral areas(yuan)		

20-53 赤峰市红山区

Hongshan District in Chifeng City

指 标	Item	2020	增长(%) Increase Rate(%)
行政区域土地面积(平方公里)	**Area of Administration(Sq.km)**	**506**	**0.0**
人口	**Population**		
年末户籍户数(户)	The Registered Households Year-end(household)	149037	-0.1
年末户籍人口(人)	The Registered Population Year-end(person)	348018	-0.8
国民经济综合指标	**Summary Item on the National Economy**		
生产总值(万元)	Gross Domestic Product(10 000 yuan)	2981754	1.9
第一产业(万元)	Primary Industry(10 000 yuan)	83948	-1.1
第二产业(万元)	Secondary Industry(10 000 yuan)	1081278	3.4
第三产业(万元)	Tertiary Industry(10 000 yuan)	1816528	1.2
一般公共预算收入(万元)	General Public Budget Revenue(10 000 yuan)	286006	5.7
一般公共预算支出(万元)	General Public Budget Expenditure(10 000 yuan)	374878	17.9
农村牧区经济	**Economic Development in Rural & Pastoral Area**		
耕地面积(公顷)	Cultivated Area(hectare)	15460	1.4
高标准农田面积(公顷)	High Standard Farmland Area(hectare)	1973	-40.3
农作物总播种面积(公顷)	Total Sown Area(hectare)	14662	-7.3
粮食产量(吨)	Yield of Grain(ton)	49932	-8.2
油料产量(吨)	Yield of Oil-bearing Crops(ton)	283	-75.5
规模以上工业	**Industrial Enterprises above Designated size**		
工业企业单位数(个)	Number of Industrial Enterprises(unit)	46	9.5
工业总产值(万元)	Gross Industrial Output Value(10 000 yuan)	2850271	1.1
投资	**Investment and Construction**		
固定资产投资(万元)	Total Investment in Fixed Assets(10 000 yuan)		17.2
房地产开发投资(万元)	Investment in Real Estate Development(10 000 yuan)	527430	43.5
贸易外经	**Trade**		
社会消费品零售总额(万元)	Total Retail Sales of Consumer Goods(10 000 yuan)	1579716	-5.0
出口总额(万元)	Total Exports(10 000 yuan)		
交通通讯	**Transportation,Post & Telecommunications**		
公路里程(公里)	Total Length of Highways(km)	610	6.1
移动电话用户(户)	Number of Mobile Telephone Subscribers (subscriber)	200450	2.7
互联网宽带接入用户(户)	Number of Subscribers of Internet Service(subscriber)	50230	2.7
教育科技文化卫生社会保障	**Science,Education & Public Health**		
小学学校数(所)	Number of Primary Schools(unit)	49	19.5
普通中学学校数(所)	Number of Regular Secondary Schools(unit)	19	11.8
体育场馆数(个)	Stadium and Gymnasium(unit)	4	100.0
全年专利授权(件)	Annual Patent Authorization(piece)	424	188.4
剧场、影剧院(个)	Theaters,Music Halls and Cinemas(unit)	7	16.7
医疗卫生机构床位数(张)	Number of Beds in Health Care Institutions(unit)	8052	2.5
医疗卫生机构技术人员(人)	Medical Technical Personnel(person)	10148	3.4
城乡居民基本养老保险参保人数(人)	Urban and Rural Residents Basic Pension Insurance Contributors(person)	36488	2.7
基本医疗保险参保人数(人)	Basic Medical Care Insurance Contributors(person)	241463	-1.7
居民生活	**The Lives of Residents**		
全体居民人均可支配收入(元)	The per capita disposable income of all residents(yuan)	38736	3.0
城镇常住居民人均可支配收入(元)	The per capita disposable income of urban permanent residents(yuan)	38959	2.0
农村牧区常住居民人均可支配收入(元)	The per capita disposable income of permanent residents of rural and pastoral areas(yuan)	23148	8.6

20-54 赤峰市元宝山区

Yuanbaoshan District in Chifeng City

指 标	Item	2020	增长(%) Increase Rate(%)
行政区域土地面积(平方公里)	**Area of Administration(Sq.km)**	**953**	**0.0**
人口	**Population**		
年末户籍户数(户)	The Registered Households Year-end(household)	111604	-0.8
年末户籍人口(人)	The Registered Population Year-end(person)	311201	-1.5
国民经济综合指标	**Summary Item on the National Economy**		
生产总值(万元)	Gross Domestic Product(10 000 yuan)	1656605	-2.6
第一产业(万元)	Primary Industry(10 000 yuan)	218133	0.0
第二产业(万元)	Secondary Industry(10 000 yuan)	784556	-3.6
第三产业(万元)	Tertiary Industry(10 000 yuan)	653916	-2.3
一般公共预算收入(万元)	General Public Budget Revenue(10 000 yuan)	136800	6.0
一般公共预算支出(万元)	General Public Budget Expenditure(10 000 yuan)	325221	32.2
农村牧区经济	**Economic Development in Rural & Pastoral Area**		
耕地面积(公顷)	Cultivated Area(hectare)	37424	0.0
高标准农田面积(公顷)	High Standard Farmland Area(hectare)	13610	82.3
农作物总播种面积(公顷)	Total Sown Area(hectare)	27162	0.9
粮食产量(吨)	Yield of Grain(ton)	181818	-0.3
油料产量(吨)	Yield of Oil-bearing Crops(ton)	1787	-28.8
规模以上工业	**Industrial Enterprises above Designated size**		
工业企业单位数(个)	Number of Industrial Enterprises(unit)	43	4.9
工业总产值(万元)	Gross Industrial Output Value(10 000 yuan)	1586209	-5.9
投资	**Investment and Construction**		
固定资产投资(万元)	Total Investment in Fixed Assets(10 000 yuan)		5.2
房地产开发投资(万元)	Investment in Real Estate Development(10 000 yuan)	60652	-40.4
贸易外经	**Trade**		
社会消费品零售总额(万元)	Total Retail Sales of Consumer Goods(10 000 yuan)	397099	-4.7
出口总额(万元)	Total Exports(10 000 yuan)	172726	-20.7
交通通讯	**Transportation,Post & Telecommunications**		
公路里程(公里)	Total Length of Highways(km)	909	-0.7
移动电话用户(户)	Number of Mobile Telephone Subscribers (subscriber)	379351	-3.1
互联网宽带接入用户(户)	Number of Subscribers of Internet Service(subscriber)	111209	12.4
教育科技文化卫生社会保障	**Science,Education & Public Health**		
小学学校数(所)	Number of Primary Schools(unit)	17	0.0
普通中学学校数(所)	Number of Regular Secondary Schools(unit)	10	0.0
体育场馆数(个)	Stadium and Gymnasium(unit)	2	0.0
全年专利授权(件)	Annual Patent Authorization(piece)	106	657.1
剧场、影剧院(个)	Theaters,Music Halls and Cinemas(unit)	1	0.0
医疗卫生机构床位数(张)	Number of Beds in Health Care Institutions(unit)	2057	-12.9
医疗卫生机构技术人员(人)	Medical Technical Personnel(person)	2384	6.8
城乡居民基本养老保险参保人数(人)	Urban and Rural Residents Basic Pension Insurance Contributors(person)	84413	32.3
基本医疗保险参保人数(人)	Basic Medical Care Insurance Contributors(person)	280291	-3.5
居民生活	**The Lives of Residents**		
全体居民人均可支配收入(元)	The per capita disposable income of all residents(yuan)	34544	3.2
城镇常住居民人均可支配收入(元)	The per capita disposable income of urban permanent residents(yuan)	38352	2.0
农村牧区常住居民人均可支配收入(元)	The per capita disposable income of permanent residents of rural and pastoral areas(yuan)	23112	8.9

20-55 赤峰市松山区

Songshan District in Chifeng City

指 标	Item	2020	增长(%) Increase Rate(%)
行政区域土地面积(平方公里)	**Area of Administration(Sq.km)**	**5618**	**0.0**
人口	**Population**		
年末户籍户数(户)	The Registered Households Year-end(household)	246758	0.8
年末户籍人口(人)	The Registered Population Year-end(person)	611014	0.3
国民经济综合指标	**Summary Item on the National Economy**		
生产总值(万元)	Gross Domestic Product(10 000 yuan)	2806052	2.4
第一产业(万元)	Primary Industry(10 000 yuan)	518235	0.2
第二产业(万元)	Secondary Industry(10 000 yuan)	694596	12.5
第三产业(万元)	Tertiary Industry(10 000 yuan)	1593221	-0.9
一般公共预算收入(万元)	General Public Budget Revenue(10 000 yuan)	232058	6.4
一般公共预算支出(万元)	General Public Budget Expenditure(10 000 yuan)	538422	18.6
农村牧区经济	**Economic Development in Rural & Pastoral Area**		
耕地面积(公顷)	Cultivated Area(hectare)	180543	0.0
高标准农田面积(公顷)	High Standard Farmland Area(hectare)	50000	971.4
农作物总播种面积(公顷)	Total Sown Area(hectare)	157864	-1.3
粮食产量(吨)	Yield of Grain(ton)	807251	-1.1
油料产量(吨)	Yield of Oil-bearing Crops(ton)	22413	-24.1
规模以上工业	**Industrial Enterprises above Designated size**		
工业企业单位数(个)	Number of Industrial Enterprises(unit)	26	23.8
工业总产值(万元)	Gross Industrial Output Value(10 000 yuan)	599891	6.1
投资	**Investment and Construction**		
固定资产投资(万元)	Total Investment in Fixed Assets(10 000 yuan)		3.8
房地产开发投资(万元)	Investment in Real Estate Development(10 000 yuan)	890155	-1.4
贸易外经	**Trade**		
社会消费品零售总额(万元)	Total Retail Sales of Consumer Goods(10 000 yuan)	1180572	-6.5
出口总额(万元)	Total Exports(10 000 yuan)	19510	105.1
交通通讯	**Transportation,Post & Telecommunications**		
公路里程(公里)	Total Length of Highways(km)	2315	0.0
移动电话用户(户)	Number of Mobile Telephone Subscribers (subscriber)	501100	6.5
互联网宽带接入用户(户)	Number of Subscribers of Internet Service(subscriber)	88235	-2.6
教育科技文化卫生社会保障	**Science,Education & Public Health**		
小学学校数(所)	Number of Primary Schools(unit)	52	0.0
普通中学学校数(所)	Number of Regular Secondary Schools(unit)	19	0.0
体育场馆数(个)	Stadium and Gymnasium(unit)		
全年专利授权(件)	Annual Patent Authorization(piece)	255	32.1
剧场、影剧院(个)	Theaters,Music Halls and Cinemas(unit)	3	0.0
医疗卫生机构床位数(张)	Number of Beds in Health Care Institutions(unit)	5025	79.1
医疗卫生机构技术人员(人)	Medical Technical Personnel(person)	6020	73.1
城乡居民基本养老保险参保人数(人)	Urban and Rural Residents Basic Pension Insurance Contributors(person)	174000	5.5
基本医疗保险参保人数(人)	Basic Medical Care Insurance Contributors(person)	522896	-0.5
居民生活	**The Lives of Residents**		
全体居民人均可支配收入(元)	The per capita disposable income of all residents(yuan)	27298	3.1
城镇常住居民人均可支配收入(元)	The per capita disposable income of urban permanent residents(yuan)	36819	1.8
农村牧区常住居民人均可支配收入(元)	The per capita disposable income of permanent residents of rural and pastoral areas(yuan)	17879	8.0

20-56 赤峰市阿鲁科尔沁旗
Alukeerqin Banner in Chifeng City

指 标	Item	2020	增长(%) Increase Rate(%)
行政区域土地面积(平方公里)	**Area of Administration(Sq.km)**	**14555**	**0.0**
人口	**Population**		
年末户籍户数(户)	The Registered Households Year-end(household)	137842	-1.3
年末户籍人口(人)	The Registered Population Year-end(person)	288762	-1.3
国民经济综合指标	**Summary Item on the National Economy**		
生产总值(万元)	Gross Domestic Product(10 000 yuan)	920752	-2.5
第一产业(万元)	Primary Industry(10 000 yuan)	228444	0.7
第二产业(万元)	Secondary Industry(10 000 yuan)	219986	-2.5
第三产业(万元)	Tertiary Industry(10 000 yuan)	472322	-4.0
一般公共预算收入(万元)	General Public Budget Revenue(10 000 yuan)	34745	-13.3
一般公共预算支出(万元)	General Public Budget Expenditure(10 000 yuan)	347649	-4.3
农村牧区经济	**Economic Development in Rural & Pastoral Area**		
耕地面积(公顷)	Cultivated Area(hectare)	131892	0.0
高标准农田面积(公顷)	High Standard Farmland Area(hectare)	27713	
农作物总播种面积(公顷)	Total Sown Area(hectare)	218475	-4.3
粮食产量(吨)	Yield of Grain(ton)	672414	2.1
油料产量(吨)	Yield of Oil-bearing Crops(ton)	26240	2.2
规模以上工业	**Industrial Enterprises above Designated size**		
工业企业单位数(个)	Number of Industrial Enterprises(unit)	8	-27.3
工业总产值(万元)	Gross Industrial Output Value(10 000 yuan)	216990	16.7
投资	**Investment and Construction**		
固定资产投资(万元)	Total Investment in Fixed Assets(10 000 yuan)		-39.2
房地产开发投资(万元)	Investment in Real Estate Development(10 000 yuan)	41456	-67.4
贸易外经	**Trade**		
社会消费品零售总额(万元)	Total Retail Sales of Consumer Goods(10 000 yuan)	283941	-7.7
出口总额(万元)	Total Exports(10 000 yuan)		
交通通讯	**Transportation,Post & Telecommunications**		
公路里程(公里)	Total Length of Highways(km)	3681	-2.3
移动电话用户(户)	Number of Mobile Telephone Subscribers (subscriber)	283700	-4.2
互联网宽带接入用户(户)	Number of Subscribers of Internet Service(subscriber)	48897	10.6
教育科技文化卫生社会保障	**Science,Education & Public Health**		
小学学校数(所)	Number of Primary Schools(unit)	32	0.0
普通中学学校数(所)	Number of Regular Secondary Schools(unit)	7	0.0
体育场馆数(个)	Stadium and Gymnasium(unit)	4	33.3
全年专利授权(件)	Annual Patent Authorization(piece)	8	60.0
剧场、影剧院(个)	Theaters,Music Halls and Cinemas(unit)	1	0.0
医疗卫生机构床位数(张)	Number of Beds in Health Care Institutions(unit)	1852	2.2
医疗卫生机构技术人员(人)	Medical Technical Personnel(person)	1995	2.6
城乡居民基本养老保险参保人数(人)	Urban and Rural Residents Basic Pension Insurance Contributors(person)	134829	-2.2
基本医疗保险参保人数(人)	Basic Medical Care Insurance Contributors(person)	243109	11.3
居民生活	**The Lives of Residents**		
全体居民人均可支配收入(元)	The per capita disposable income of all residents(yuan)	18311	3.2
城镇常住居民人均可支配收入(元)	The per capita disposable income of urban permanent residents(yuan)	28825	1.9
农村牧区常住居民人均可支配收入(元)	The per capita disposable income of permanent residents of rural and pastoral areas(yuan)	11674	9.8

20-57 赤峰市巴林左旗

Balinzuo Banner in Chifeng City

指 标	Item	2020	增长(%) Increase Rate(%)
行政区域土地面积(平方公里)	**Area of Administration(Sq.km)**	**6464**	**0.1**
人口	**Population**		
年末户籍户数(户)	The Registered Households Year-end(household)	149773	-0.3
年末户籍人口(人)	The Registered Population Year-end(person)	336449	-0.9
国民经济综合指标	**Summary Item on the National Economy**		
生产总值(万元)	Gross Domestic Product(10 000 yuan)	1242130	1.8
第一产业(万元)	Primary Industry(10 000 yuan)	271509	0.7
第二产业(万元)	Secondary Industry(10 000 yuan)	399720	6.8
第三产业(万元)	Tertiary Industry(10 000 yuan)	570901	-0.9
一般公共预算收入(万元)	General Public Budget Revenue(10 000 yuan)	41318	-24.2
一般公共预算支出(万元)	General Public Budget Expenditure(10 000 yuan)	375056	1.2
农村牧区经济	**Economic Development in Rural & Pastoral Area**		
耕地面积(公顷)	Cultivated Area(hectare)	126666	3.1
高标准农田面积(公顷)	High Standard Farmland Area(hectare)	27433	452.2
农作物总播种面积(公顷)	Total Sown Area(hectare)	127491	3.8
粮食产量(吨)	Yield of Grain(ton)	576825	1.7
油料产量(吨)	Yield of Oil-bearing Crops(ton)	6195	78.1
规模以上工业	**Industrial Enterprises above Designated size**		
工业企业单位数(个)	Number of Industrial Enterprises(unit)	14	-36.4
工业总产值(万元)	Gross Industrial Output Value(10 000 yuan)	474326	-4.7
投资	**Investment and Construction**		
固定资产投资(万元)	Total Investment in Fixed Assets(10 000 yuan)		6.6
房地产开发投资(万元)	Investment in Real Estate Development(10 000 yuan)	72136	-21.9
贸易外经	**Trade**		
社会消费品零售总额(万元)	Total Retail Sales of Consumer Goods(10 000 yuan)	447708	-3.7
出口总额(万元)	Total Exports(10 000 yuan)		
交通通讯	**Transportation,Post & Telecommunications**		
公路里程(公里)	Total Length of Highways(km)	2223	9.6
移动电话用户(户)	Number of Mobile Telephone Subscribers (subscriber)	298300	1.0
互联网宽带接入用户(户)	Number of Subscribers of Internet Service(subscriber)	69400	6.6
教育科技文化卫生社会保障	**Science,Education & Public Health**		
小学学校数(所)	Number of Primary Schools(unit)	29	3.6
普通中学学校数(所)	Number of Regular Secondary Schools(unit)	8	0.0
体育场馆数(个)	Stadium and Gymnasium(unit)	6	50.0
全年专利授权(件)	Annual Patent Authorization(piece)	31	0.0
剧场、影剧院(个)	Theaters,Music Halls and Cinemas(unit)	2	0.0
医疗卫生机构床位数(张)	Number of Beds in Health Care Institutions(unit)	2043	-0.8
医疗卫生机构技术人员(人)	Medical Technical Personnel(person)	2008	32.6
城乡居民基本养老保险参保人数(人)	Urban and Rural Residents Basic Pension Insurance Contributors(person)	167766	1.3
基本医疗保险参保人数(人)	Basic Medical Care Insurance Contributors(person)	292022	0.0
居民生活	**The Lives of Residents**		
全体居民人均可支配收入(元)	The per capita disposable income of all residents(yuan)	18375	4.1
城镇常住居民人均可支配收入(元)	The per capita disposable income of urban permanent residents(yuan)	31181	2.9
农村牧区常住居民人均可支配收入(元)	The per capita disposable income of permanent residents of rural and pastoral areas(yuan)	12373	9.1

20-58 赤峰市巴林右旗

Balinyou Banner in Chifeng City

指 标	Item	2020	增长(%) Increase Rate(%)
行政区域土地面积(平方公里)	**Area of Administration(Sq.km)**	**9837**	**0.0**
人口	**Population**		
年末户籍户数(户)	The Registered Households Year-end(household)	88858	-0.5
年末户籍人口(人)	The Registered Population Year-end(person)	180717	-0.7
国民经济综合指标	**Summary Item on the National Economy**		
生产总值(万元)	Gross Domestic Product(10 000 yuan)	589729	0.1
第一产业(万元)	Primary Industry(10 000 yuan)	141787	2.3
第二产业(万元)	Secondary Industry(10 000 yuan)	139407	2.0
第三产业(万元)	Tertiary Industry(10 000 yuan)	308535	-1.7
一般公共预算收入(万元)	General Public Budget Revenue(10 000 yuan)	55430	117.4
一般公共预算支出(万元)	General Public Budget Expenditure(10 000 yuan)	305500	25.3
农村牧区经济	**Economic Development in Rural & Pastoral Area**		
耕地面积(公顷)	Cultivated Area(hectare)	94321	1.2
高标准农田面积(公顷)	High Standard Farmland Area(hectare)	31546	-44.1
农作物总播种面积(公顷)	Total Sown Area(hectare)	111915	1.2
粮食产量(吨)	Yield of Grain(ton)	334538	7.0
油料产量(吨)	Yield of Oil-bearing Crops(ton)	39592	-6.6
规模以上工业	**Industrial Enterprises above Designated size**		
工业企业单位数(个)	Number of Industrial Enterprises(unit)	8	-11.1
工业总产值(万元)	Gross Industrial Output Value(10 000 yuan)	219872	-3.2
投资	**Investment and Construction**		
固定资产投资(万元)	Total Investment in Fixed Assets(10 000 yuan)		13.2
房地产开发投资(万元)	Investment in Real Estate Development(10 000 yuan)	79201	65.9
贸易外经	**Trade**		
社会消费品零售总额(万元)	Total Retail Sales of Consumer Goods(10 000 yuan)	168520	-4.0
出口总额(万元)	Total Exports(10 000 yuan)		
交通通讯	**Transportation,Post & Telecommunications**		
公路里程(公里)	Total Length of Highways(km)	2769	-3.5
移动电话用户(户)	Number of Mobile Telephone Subscribers (subscriber)	222466	4.4
互联网宽带接入用户(户)	Number of Subscribers of Internet Service(subscriber)	56792	45.6
教育科技文化卫生社会保障	**Science,Education & Public Health**		
小学学校数(所)	Number of Primary Schools(unit)	25	0.0
普通中学学校数(所)	Number of Regular Secondary Schools(unit)	5	0.0
体育场馆数(个)	Stadium and Gymnasium(unit)	6	0.0
全年专利授权(件)	Annual Patent Authorization(piece)		
剧场、影剧院(个)	Theaters,Music Halls and Cinemas(unit)		
医疗卫生机构床位数(张)	Number of Beds in Health Care Institutions(unit)	917	9.0
医疗卫生机构技术人员(人)	Medical Technical Personnel(person)	1259	-0.7
城乡居民基本养老保险参保人数(人)	Urban and Rural Residents Basic Pension Insurance Contributors(person)	75445	3.3
基本医疗保险参保人数(人)	Basic Medical Care Insurance Contributors(person)	151423	1.9
居民生活	**The Lives of Residents**		
全体居民人均可支配收入(元)	The per capita disposable income of all residents(yuan)	22110	3.8
城镇常住居民人均可支配收入(元)	The per capita disposable income of urban permanent residents(yuan)	29409	3.2
农村牧区常住居民人均可支配收入(元)	The per capita disposable income of permanent residents of rural and pastoral areas(yuan)	12768	9.7

20-59 赤峰市林西县
Linxi County in Chifeng City

指 标	Item	2020	增长(%) Increase Rate(%)
行政区域土地面积(平方公里)	**Area of Administration(Sq.km)**	**3933**	**0.0**
人口	**Population**		
年末户籍户数(户)	The Registered Households Year-end(household)	108769	-1.2
年末户籍人口(人)	The Registered Population Year-end(person)	225986	-1.7
国民经济综合指标	**Summary Item on the National Economy**		
生产总值(万元)	Gross Domestic Product(10 000 yuan)	827532	2.5
第一产业(万元)	Primary Industry(10 000 yuan)	153400	0.2
第二产业(万元)	Secondary Industry(10 000 yuan)	278872	10.1
第三产业(万元)	Tertiary Industry(10 000 yuan)	395260	-1.5
一般公共预算收入(万元)	General Public Budget Revenue(10 000 yuan)	40555	6.0
一般公共预算支出(万元)	General Public Budget Expenditure(10 000 yuan)	315699	6.4
农村牧区经济	**Economic Development in Rural & Pastoral Area**		
耕地面积(公顷)	Cultivated Area(hectare)	81545	2.2
高标准农田面积(公顷)	High Standard Farmland Area(hectare)	16263	63.8
农作物总播种面积(公顷)	Total Sown Area(hectare)	76021	2.3
粮食产量(吨)	Yield of Grain(ton)	274820	5.6
油料产量(吨)	Yield of Oil-bearing Crops(ton)	12714	-12.3
规模以上工业	**Industrial Enterprises above Designated size**		
工业企业单位数(个)	Number of Industrial Enterprises(unit)	17	-41.4
工业总产值(万元)	Gross Industrial Output Value(10 000 yuan)	551865	7.6
投资	**Investment and Construction**		
固定资产投资(万元)	Total Investment in Fixed Assets(10 000 yuan)		15.8
房地产开发投资(万元)	Investment in Real Estate Development(10 000 yuan)	62153	28.1
贸易外经	**Trade**		
社会消费品零售总额(万元)	Total Retail Sales of Consumer Goods(10 000 yuan)	171781	-5.7
出口总额(万元)	Total Exports(10 000 yuan)		
交通通讯	**Transportation,Post & Telecommunications**		
公路里程(公里)	Total Length of Highways(km)	1524	3.0
移动电话用户(户)	Number of Mobile Telephone Subscribers (subscriber)	225000	-4.3
互联网宽带接入用户(户)	Number of Subscribers of Internet Service(subscriber)	44500	17.5
教育科技文化卫生社会保障	**Science,Education & Public Health**		
小学学校数(所)	Number of Primary Schools(unit)	16	0.0
普通中学学校数(所)	Number of Regular Secondary Schools(unit)	4	0.0
体育场馆数(个)	Stadium and Gymnasium(unit)	6	20.0
全年专利授权(件)	Annual Patent Authorization(piece)	30	200.0
剧场、影剧院(个)	Theaters,Music Halls and Cinemas(unit)		
医疗卫生机构床位数(张)	Number of Beds in Health Care Institutions(unit)	1232	0.0
医疗卫生机构技术人员(人)	Medical Technical Personnel(person)	1684	1.8
城乡居民基本养老保险参保人数(人)	Urban and Rural Residents Basic Pension Insurance Contributors(person)	88663	0.7
基本医疗保险参保人数(人)	Basic Medical Care Insurance Contributors(person)	195088	-0.6
居民生活	**The Lives of Residents**		
全体居民人均可支配收入(元)	The per capita disposable income of all residents(yuan)	22291	3.9
城镇常住居民人均可支配收入(元)	The per capita disposable income of urban permanent residents(yuan)	30870	2.5
农村牧区常住居民人均可支配收入(元)	The per capita disposable income of permanent residents of rural and pastoral areas(yuan)	11688	9.5

20-60 赤峰市克什克腾旗

Keshiketeng Banner in Chifeng City

指 标	Item	2020	增长(%) Increase Rate(%)
行政区域土地面积(平方公里)	**Area of Administration(Sq.km)**	**20673**	**0.0**
人口	**Population**		
年末户籍户数(户)	The Registered Households Year-end(household)	111844	-0.8
年末户籍人口(人)	The Registered Population Year-end(person)	243872	-1.5
国民经济综合指标	**Summary Item on the National Economy**		
生产总值(万元)	Gross Domestic Product(10 000 yuan)	1243573	1.7
第一产业(万元)	Primary Industry(10 000 yuan)	226437	3.2
第二产业(万元)	Secondary Industry(10 000 yuan)	618235	5.7
第三产业(万元)	Tertiary Industry(10 000 yuan)	398901	-4.7
一般公共预算收入(万元)	General Public Budget Revenue(10 000 yuan)	63180	5.2
一般公共预算支出(万元)	General Public Budget Expenditure(10 000 yuan)	360923	14.2
农村牧区经济	**Economic Development in Rural & Pastoral Area**		
耕地面积(公顷)	Cultivated Area(hectare)	103651	0.0
高标准农田面积(公顷)	High Standard Farmland Area(hectare)	15913	34.4
农作物总播种面积(公顷)	Total Sown Area(hectare)	82935	4.6
粮食产量(吨)	Yield of Grain(ton)	210418	18.0
油料产量(吨)	Yield of Oil-bearing Crops(ton)	2008	4.1
规模以上工业	**Industrial Enterprises above Designated size**		
工业企业单位数(个)	Number of Industrial Enterprises(unit)	31	-3.1
工业总产值(万元)	Gross Industrial Output Value(10 000 yuan)	1134999	2.0
投资	**Investment and Construction**		
固定资产投资(万元)	Total Investment in Fixed Assets(10 000 yuan)		15.3
房地产开发投资(万元)	Investment in Real Estate Development(10 000 yuan)	39834	1848.8
贸易外经	**Trade**		
社会消费品零售总额(万元)	Total Retail Sales of Consumer Goods(10 000 yuan)	201141	-7.3
出口总额(万元)	Total Exports(10 000 yuan)		
交通通讯	**Transportation,Post & Telecommunications**		
公路里程(公里)	Total Length of Highways(km)	3861	0.0
移动电话用户(户)	Number of Mobile Telephone Subscribers (subscriber)	218889	-3.8
互联网宽带接入用户(户)	Number of Subscribers of Internet Service(subscriber)	55621	35.7
教育科技文化卫生社会保障	**Science,Education & Public Health**		
小学学校数(所)	Number of Primary Schools(unit)	20	5.3
普通中学学校数(所)	Number of Regular Secondary Schools(unit)	12	0.0
体育场馆数(个)	Stadium and Gymnasium(unit)	2	0.0
全年专利授权(件)	Annual Patent Authorization(piece)		
剧场、影剧院(个)	Theaters,Music Halls and Cinemas(unit)	1	0.0
医疗卫生机构床位数(张)	Number of Beds in Health Care Institutions(unit)	1491	4.6
医疗卫生机构技术人员(人)	Medical Technical Personnel(person)	1662	5.3
城乡居民基本养老保险参保人数(人)	Urban and Rural Residents Basic Pension Insurance Contributors(person)	124004	4.0
基本医疗保险参保人数(人)	Basic Medical Care Insurance Contributors(person)	207362	2.0
居民生活	**The Lives of Residents**		
全体居民人均可支配收入(元)	The per capita disposable income of all residents(yuan)	22237	3.9
城镇常住居民人均可支配收入(元)	The per capita disposable income of urban permanent residents(yuan)	31021	1.5
农村牧区常住居民人均可支配收入(元)	The per capita disposable income of permanent residents of rural and pastoral areas(yuan)	13624	9.2

20-61 赤峰市翁牛特旗
Wengniute Banner in Chifeng City

指 标	Item	2020	增长(%) Increase Ratc(%)
行政区域土地面积(平方公里)	**Area of Administration(Sq.km)**	**11882**	**0.0**
人口	**Population**		
年末户籍户数(户)	The Registered Households Year-end(household)	203022	-0.5
年末户籍人口(人)	The Registered Population Year-end(person)	470354	-1.2
国民经济综合指标	**Summary Item on the National Economy**		
生产总值(万元)	Gross Domestic Product(10 000 yuan)	1439428	0.9
第一产业(万元)	Primary Industry(10 000 yuan)	510924	0.9
第二产业(万元)	Secondary Industry(10 000 yuan)	295269	3.6
第三产业(万元)	Tertiary Industry(10 000 yuan)	633235	-0.5
一般公共预算收入(万元)	General Public Budget Revenue(10 000 yuan)	45712	8.3
一般公共预算支出(万元)	General Public Budget Expenditure(10 000 yuan)	470123	11.4
农村牧区经济	**Economic Development in Rural & Pastoral Area**		
耕地面积(公顷)	Cultivated Area(hectare)	247506	17.6
高标准农田面积(公顷)	High Standard Farmland Area(hectare)	25333	442.8
农作物总播种面积(公顷)	Total Sown Area(hectare)	237258	1.6
粮食产量(吨)	Yield of Grain(ton)	865693	1.8
油料产量(吨)	Yield of Oil-bearing Crops(ton)	46680	-29.1
规模以上工业	**Industrial Enterprises above Designated size**		
工业企业单位数(个)	Number of Industrial Enterprises(unit)	19	0.0
工业总产值(万元)	Gross Industrial Output Value(10 000 yuan)	261824	10.2
投资	**Investment and Construction**		
固定资产投资(万元)	Total Investment in Fixed Assets(10 000 yuan)		10.3
房地产开发投资(万元)	Investment in Real Estate Development(10 000 yuan)	142825	146.7
贸易外经	**Trade**		
社会消费品零售总额(万元)	Total Retail Sales of Consumer Goods(10 000 yuan)	318598	-7.0
出口总额(万元)	Total Exports(10 000 yuan)	4447	10.1
交通通讯	**Transportation,Post & Telecommunications**		
公路里程(公里)	Total Length of Highways(km)	3642	0.0
移动电话用户(户)	Number of Mobile Telephone Subscribers (subscriber)	275646	-28.7
互联网宽带接入用户(户)	Number of Subscribers of Internet Service(subscriber)	75658	-25.8
教育科技文化卫生社会保障	**Science,Education & Public Health**		
小学学校数(所)	Number of Primary Schools(unit)	36	2.9
普通中学学校数(所)	Number of Regular Secondary Schools(unit)	12	0.0
体育场馆数(个)	Stadium and Gymnasium(unit)	2	100.0
全年专利授权(件)	Annual Patent Authorization(piece)	78	-6.0
剧场、影剧院(个)	Theaters,Music Halls and Cinemas(unit)	1	-50.0
医疗卫生机构床位数(张)	Number of Beds in Health Care Institutions(unit)	1671	36.6
医疗卫生机构技术人员(人)	Medical Technical Personnel(person)	1476	1.2
城乡居民基本养老保险参保人数(人)	Urban and Rural Residents Basic Pension Insurance Contributors(person)	163628	6.3
基本医疗保险参保人数(人)	Basic Medical Care Insurance Contributors(person)	380494	-2.7
居民生活	**The Lives of Residents**		
全体居民人均可支配收入(元)	The per capita disposable income of all residents(yuan)	18689	3.8
城镇常住居民人均可支配收入(元)	The per capita disposable income of urban permanent residents(yuan)	30338	1.6
农村牧区常住居民人均可支配收入(元)	The per capita disposable income of permanent residents of rural and pastoral areas(yuan)	12545	8.5

20-62 赤峰市喀喇沁旗

Kalaqin Banner in Chifeng City

指 标	Item	2020	增长(%) Increase Rate(%)
行政区域土地面积(平方公里)	**Area of Administration(Sq.km)**	**3050**	**0.0**
人口	**Population**		
年末户籍户数(户)	The Registered Households Year-end(household)	144290	-0.8
年末户籍人口(人)	The Registered Population Year-end(person)	342709	-0.8
国民经济综合指标	**Summary Item on the National Economy**		
生产总值(万元)	Gross Domestic Product(10 000 yuan)	872153	3.0
第一产业(万元)	Primary Industry(10 000 yuan)	160266	-0.1
第二产业(万元)	Secondary Industry(10 000 yuan)	302650	14.8
第三产业(万元)	Tertiary Industry(10 000 yuan)	409238	-3.3
一般公共预算收入(万元)	General Public Budget Revenue(10 000 yuan)	46965	14.8
一般公共预算支出(万元)	General Public Budget Expenditure(10 000 yuan)	304116	7.1
农村牧区经济	**Economic Development in Rural & Pastoral Area**		
耕地面积(公顷)	Cultivated Area(hectare)	52651	0.0
高标准农田面积(公顷)	High Standard Farmland Area(hectare)	560	
农作物总播种面积(公顷)	Total Sown Area(hectare)	53986	-0.8
粮食产量(吨)	Yield of Grain(ton)	313087	-15.1
油料产量(吨)	Yield of Oil-bearing Crops(ton)	2238	-19.4
规模以上工业	**Industrial Enterprises above Designated size**		
工业企业单位数(个)	Number of Industrial Enterprises(unit)	16	0.0
工业总产值(万元)	Gross Industrial Output Value(10 000 yuan)	2250417	93.4
投资	**Investment and Construction**		
固定资产投资(万元)	Total Investment in Fixed Assets(10 000 yuan)		-29.3
房地产开发投资(万元)	Investment in Real Estate Development(10 000 yuan)	41311	-64.3
贸易外经	**Trade**		
社会消费品零售总额(万元)	Total Retail Sales of Consumer Goods(10 000 yuan)	302329	-3.9
出口总额(万元)	Total Exports(10 000 yuan)		
交通通讯	**Transportation,Post & Telecommunications**		
公路里程(公里)	Total Length of Highways(km)	1383	0.0
移动电话用户(户)	Number of Mobile Telephone Subscribers (subscriber)	292947	-5.2
互联网宽带接入用户(户)	Number of Subscribers of Internet Service(subscriber)	82428	14.5
教育科技文化卫生社会保障	**Science,Education & Public Health**		
小学学校数(所)	Number of Primary Schools(unit)	32	0.0
普通中学学校数(所)	Number of Regular Secondary Schools(unit)	9	0.0
体育场馆数(个)	Stadium and Gymnasium(unit)	3	50.0
全年专利授权(件)	Annual Patent Authorization(piece)	54	260.0
剧场、影剧院(个)	Theaters,Music Halls and Cinemas(unit)		
医疗卫生机构床位数(张)	Number of Beds in Health Care Institutions(unit)	1246	0.2
医疗卫生机构技术人员(人)	Medical Technical Personnel(person)	1388	2.4
城乡居民基本养老保险参保人数(人)	Urban and Rural Residents Basic Pension Insurance Contributors(person)	171189	-1.5
基本医疗保险参保人数(人)	Basic Medical Care Insurance Contributors(person)	290409	-2.2
居民生活	**The Lives of Residents**		
全体居民人均可支配收入(元)	The per capita disposable income of all residents(yuan)	20556	3.3
城镇常住居民人均可支配收入(元)	The per capita disposable income of urban permanent residents(yuan)	30891	2.5
农村牧区常住居民人均可支配收入(元)	The per capita disposable income of permanent residents of rural and pastoral areas(yuan)	13494	8.5

20-63 赤峰市宁城县

Ningcheng County in Chifeng City

指 标	Item	2020	增长(%) Increase Ratc(%)
行政区域土地面积(平方公里)	**Area of Administration(Sq.km)**	**4305**	**0.0**
人口	**Population**		
年末户籍户数(户)	The Registered Households Year-end(household)	219394	-0.6
年末户籍人口(人)	The Registered Population Year-end(person)	602076	-0.6
国民经济综合指标	**Summary Item on the National Economy**		
生产总值(万元)	Gross Domestic Product(10 000 yuan)	1562119	0.7
第一产业(万元)	Primary Industry(10 000 yuan)	438747	1.0
第二产业(万元)	Secondary Industry(10 000 yuan)	349070	2.7
第三产业(万元)	Tertiary Industry(10 000 yuan)	774302	-0.4
一般公共预算收入(万元)	General Public Budget Revenue(10 000 yuan)	55748	10.1
一般公共预算支出(万元)	General Public Budget Expenditure(10 000 yuan)	500759	20.9
农村牧区经济	**Economic Development in Rural & Pastoral Area**		
耕地面积(公顷)	Cultivated Area(hectare)	136939	28.4
高标准农田面积(公顷)	High Standard Farmland Area(hectare)	21944	558.2
农作物总播种面积(公顷)	Total Sown Area(hectare)	109560	-0.5
粮食产量(吨)	Yield of Grain(ton)	829304	1.7
油料产量(吨)	Yield of Oil-bearing Crops(ton)	1296	-2.1
规模以上工业	**Industrial Enterprises above Designated size**		
工业企业单位数(个)	Number of Industrial Enterprises(unit)	23	9.5
工业总产值(万元)	Gross Industrial Output Value(10 000 yuan)	900181	21.9
投资	**Investment and Construction**		
固定资产投资(万元)	Total Investment in Fixed Assets(10 000 yuan)		68.0
房地产开发投资(万元)	Investment in Real Estate Development(10 000 yuan)	133378	7.4
贸易外经	**Trade**		
社会消费品零售总额(万元)	Total Retail Sales of Consumer Goods(10 000 yuan)	420774	-7.5
出口总额(万元)	Total Exports(10 000 yuan)		
交通通讯	**Transportation,Post & Telecommunications**		
公路里程(公里)	Total Length of Highways(km)	2123	2.7
移动电话用户(户)	Number of Mobile Telephone Subscribers (subscriber)	457000	3.9
互联网宽带接入用户(户)	Number of Subscribers of Internet Service(subscriber)	60000	3.4
教育科技文化卫生社会保障	**Science,Education & Public Health**		
小学学校数(所)	Number of Primary Schools(unit)	56	0.0
普通中学学校数(所)	Number of Regular Secondary Schools(unit)	16	14.3
体育场馆数(个)	Stadium and Gymnasium(unit)	3	200.0
全年专利授权(件)	Annual Patent Authorization(piece)	104	-56.8
剧场、影剧院(个)	Theaters,Music Halls and Cinemas(unit)	3	0.0
医疗卫生机构床位数(张)	Number of Beds in Health Care Institutions(unit)	4105	30.8
医疗卫生机构技术人员(人)	Medical Technical Personnel(person)	3589	3.2
城乡居民基本养老保险参保人数(人)	Urban and Rural Residents Basic Pension Insurance Contributors(person)	253938	-2.7
基本医疗保险参保人数(人)	Basic Medical Care Insurance Contributors(person)	492630	-4.1
居民生活	**The Lives of Residents**		
全体居民人均可支配收入(元)	The per capita disposable income of all residents(yuan)	18629	3.7
城镇常住居民人均可支配收入(元)	The per capita disposable income of urban permanent residents(yuan)	33811	2.4
农村牧区常住居民人均可支配收入(元)	The per capita disposable income of permanent residents of rural and pastoral areas(yuan)	13319	8.5

20-64 赤峰市敖汉旗

Aohan Banner in Chifeng City

指 标	Item	2020	增长(%) Increase Rate(%)
行政区域土地面积(平方公里)	**Area of Administration(Sq.km)**	**8294**	**0.0**
人口	**Population**		
年末户籍户数(户)	The Registered Households Year-end(household)	249012	-0.8
年末户籍人口(人)	The Registered Population Year-end(person)	597791	-1.2
国民经济综合指标	**Summary Item on the National Economy**		
生产总值(万元)	Gross Domestic Product(10 000 yuan)	1465699	2.2
第一产业(万元)	Primary Industry(10 000 yuan)	512579	0.8
第二产业(万元)	Secondary Industry(10 000 yuan)	273821	10.0
第三产业(万元)	Tertiary Industry(10 000 yuan)	679300	0.4
一般公共预算收入(万元)	General Public Budget Revenue(10 000 yuan)	42327	-3.8
一般公共预算支出(万元)	General Public Budget Expenditure(10 000 yuan)	488439	-7.1
农村牧区经济	**Economic Development in Rural & Pastoral Area**		
耕地面积(公顷)	Cultivated Area(hectare)	266667	5.3
高标准农田面积(公顷)	High Standard Farmland Area(hectare)	56180	-3.5
农作物总播种面积(公顷)	Total Sown Area(hectare)	204751	1.8
粮食产量(吨)	Yield of Grain(ton)	1000846	1.5
油料产量(吨)	Yield of Oil-bearing Crops(ton)	11537	0.3
规模以上工业	**Industrial Enterprises above Designated size**		
工业企业单位数(个)	Number of Industrial Enterprises(unit)	20	-4.8
工业总产值(万元)	Gross Industrial Output Value(10 000 yuan)	368118	16.4
投资	**Investment and Construction**		
固定资产投资(万元)	Total Investment in Fixed Assets(10 000 yuan)		4.3
房地产开发投资(万元)	Investment in Real Estate Development(10 000 yuan)	209922	164.0
贸易外经	**Trade**		
社会消费品零售总额(万元)	Total Retail Sales of Consumer Goods(10 000 yuan)	362016	-7.6
出口总额(万元)	Total Exports(10 000 yuan)		
交通通讯	**Transportation,Post & Telecommunications**		
公路里程(公里)	Total Length of Highways(km)	3127	14.4
移动电话用户(户)	Number of Mobile Telephone Subscribers (subscriber)	433814	-0.3
互联网宽带接入用户(户)	Number of Subscribers of Internet Service(subscriber)	112435	180.3
教育科技文化卫生社会保障	**Science,Education & Public Health**		
小学学校数(所)	Number of Primary Schools(unit)	41	0.0
普通中学学校数(所)	Number of Regular Secondary Schools(unit)	19	0.0
体育场馆数(个)	Stadium and Gymnasium(unit)	2	0.0
全年专利授权(件)	Annual Patent Authorization(piece)	7	16.7
剧场、影剧院(个)	Theaters,Music Halls and Cinemas(unit)	2	0.0
医疗卫生机构床位数(张)	Number of Beds in Health Care Institutions(unit)	3316	-7.2
医疗卫生机构技术人员(人)	Medical Technical Personnel(person)	2609	1.0
城乡居民基本养老保险参保人数(人)	Urban and Rural Residents Basic Pension Insurance Contributors(person)	317641	-1.2
基本医疗保险参保人数(人)	Basic Medical Care Insurance Contributors(person)	510717	-1.5
居民生活	**The Lives of Residents**		
全体居民人均可支配收入(元)	The per capita disposable income of all residents(yuan)	17899	4.5
城镇常住居民人均可支配收入(元)	The per capita disposable income of urban permanent residents(yuan)	31123	2.6
农村牧区常住居民人均可支配收入(元)	The per capita disposable income of permanent residents of rural and pastoral areas(yuan)	13639	9.0

20-65 锡林郭勒盟二连浩特市

Erenhot City in Xilinguole League

指 标	Item	2020	增长(%) Increase Rate(%)
行政区域土地面积(平方公里)	**Area of Administration(Sq.km)**	**4015**	**0.0**
人口	**Population**		
年末户籍户数(户)	The Registered Households Year-end(household)	14509	3.0
年末户籍人口(人)	The Registered Population Year-end(person)	35935	2.2
国民经济综合指标	**Summary Item on the National Economy**		
生产总值(万元)	Gross Domestic Product(10 000 yuan)	659434	-0.3
第一产业(万元)	Primary Industry(10 000 yuan)	8656	0.5
第二产业(万元)	Secondary Industry(10 000 yuan)	103031	9.0
第三产业(万元)	Tertiary Industry(10 000 yuan)	547747	-1.8
一般公共预算收入(万元)	General Public Budget Revenue(10 000 yuan)	35042	-3.4
一般公共预算支出(万元)	General Public Budget Expenditure(10 000 yuan)	211928	-8.3
农村牧区经济	**Economic Development in Rural & Pastoral Area**		
耕地面积(公顷)	Cultivated Area(hectare)	95	0.0
高标准农田面积(公顷)	High Standard Farmland Area(hectare)		
农作物总播种面积(公顷)	Total Sown Area(hectare)	95	0.0
粮食产量(吨)	Yield of Grain(ton)		
油料产量(吨)	Yield of Oil-bearing Crops(ton)		
规模以上工业	**Industrial Enterprises above Designated size**		
工业企业单位数(个)	Number of Industrial Enterprises(unit)	13	44.4
工业总产值(万元)	Gross Industrial Output Value(10 000 yuan)	159181	46.7
投资	**Investment and Construction**		
固定资产投资(万元)	Total Investment in Fixed Assets(10 000 yuan)		18.9
房地产开发投资(万元)	Investment in Real Estate Development(10 000 yuan)	2115	
贸易外经	**Trade**		
社会消费品零售总额(万元)	Total Retail Sales of Consumer Goods(10 000 yuan)	215781	-7.1
出口总额(万元)	Total Exports(10 000 yuan)	772000	-26.0
交通通讯	**Transportation,Post & Telecommunications**		
公路里程(公里)	Total Length of Highways(km)	394	0.3
移动电话用户(户)	Number of Mobile Telephone Subscribers (subscriber)	107601	-2.4
互联网宽带接入用户(户)	Number of Subscribers of Internet Service(subscriber)	29217	2.0
教育科技文化卫生社会保障	**Science,Education & Public Health**		
小学学校数(所)	Number of Primary Schools(unit)	5	0.0
普通中学学校数(所)	Number of Regular Secondary Schools(unit)	3	0.0
体育场馆数(个)	Stadium and Gymnasium(unit)	2	0.0
全年专利授权(件)	Annual Patent Authorization(piece)		
剧场、影剧院(个)	Theaters,Music Halls and Cinemas(unit)		
医疗卫生机构床位数(张)	Number of Beds in Health Care Institutions(unit)	229	6.0
医疗卫生机构技术人员(人)	Medical Technical Personnel(person)	487	19.4
城乡居民基本养老保险参保人数(人)	Urban and Rural Residents Basic Pension Insurance Contributors(person)	6573	6.4
基本医疗保险参保人数(人)	Basic Medical Care Insurance Contributors(person)	32225	4.9
居民生活	**The Lives of Residents**		
全体居民人均可支配收入(元)	The per capita disposable income of all residents(yuan)	46069	1.3
城镇常住居民人均可支配收入(元)	The per capita disposable income of urban permanent residents(yuan)	46358	1.3
农村牧区常住居民人均可支配收入(元)	The per capita disposable income of permanent residents of rural and pastoral areas(yuan)	29556	7.5

20-66 锡林郭勒盟锡林浩特市

Xilinhot City in Xilinguole League

指 标	Item	2020	增长(%) Increase Rate(%)
行政区域土地面积(平方公里)	**Area of Administration(Sq.km)**	**14780**	**0.0**
人口	**Population**		
年末户籍户数(户)	The Registered Households Year-end(household)	82739	2.6
年末户籍人口(人)	The Registered Population Year-end(person)	199847	1.9
国民经济综合指标	**Summary Item on the National Economy**		
生产总值(万元)	Gross Domestic Product(10 000 yuan)	2454972	12.4
第一产业(万元)	Primary Industry(10 000 yuan)	197875	1.4
第二产业(万元)	Secondary Industry(10 000 yuan)	1085963	33.9
第三产业(万元)	Tertiary Industry(10 000 yuan)	1171134	0.1
一般公共预算收入(万元)	General Public Budget Revenue(10 000 yuan)	235189	20.4
一般公共预算支出(万元)	General Public Budget Expenditure(10 000 yuan)	406268	46.7
农村牧区经济	**Economic Development in Rural & Pastoral Area**		
耕地面积(公顷)	Cultivated Area(hectare)	16965	0.0
高标准农田面积(公顷)	High Standard Farmland Area(hectare)		
农作物总播种面积(公顷)	Total Sown Area(hectare)	16263	5.1
粮食产量(吨)	Yield of Grain(ton)	30527	23.4
油料产量(吨)	Yield of Oil-bearing Crops(ton)	1011	-52.5
规模以上工业	**Industrial Enterprises above Designated size**		
工业企业单位数(个)	Number of Industrial Enterprises(unit)	41	-32.8
工业总产值(万元)	Gross Industrial Output Value(10 000 yuan)	2159344	
投资	**Investment and Construction**		
固定资产投资(万元)	Total Investment in Fixed Assets(10 000 yuan)		16.3
房地产开发投资(万元)	Investment in Real Estate Development(10 000 yuan)	140231	0.9
贸易外经	**Trade**		
社会消费品零售总额(万元)	Total Retail Sales of Consumer Goods(10 000 yuan)	938457	-6.9
出口总额(万元)	Total Exports(10 000 yuan)	2071	94.6
交通通讯	**Transportation,Post & Telecommunications**		
公路里程(公里)	Total Length of Highways(km)	1527	-1.1
移动电话用户(户)	Number of Mobile Telephone Subscribers (subscriber)	524100	8.5
互联网宽带接入用户(户)	Number of Subscribers of Internet Service(subscriber)	139400	19.2
教育科技文化卫生社会保障	**Science,Education & Public Health**		
小学学校数(所)	Number of Primary Schools(unit)	13	8.3
普通中学学校数(所)	Number of Regular Secondary Schools(unit)	8	0.0
体育场馆数(个)	Stadium and Gymnasium(unit)	4	0.0
全年专利授权(件)	Annual Patent Authorization(piece)		
剧场、影剧院(个)	Theaters,Music Halls and Cinemas(unit)	3	0.0
医疗卫生机构床位数(张)	Number of Beds in Health Care Institutions(unit)	2905	6.9
医疗卫生机构技术人员(人)	Medical Technical Personnel(person)	3602	10.8
城乡居民基本养老保险参保人数(人)	Urban and Rural Residents Basic Pension Insurance Contributors(person)	19966	3.0
基本医疗保险参保人数(人)	Basic Medical Care Insurance Contributors(person)	114381	1.3
居民生活	**The Lives of Residents**		
全体居民人均可支配收入(元)	The per capita disposable income of all residents(yuan)	44990	2.0
城镇常住居民人均可支配收入(元)	The per capita disposable income of urban permanent residents(yuan)	46234	1.4
农村牧区常住居民人均可支配收入(元)	The per capita disposable income of permanent residents of rural and pastoral areas(yuan)	30232	7.2

20-67 锡林郭勒盟阿巴嘎旗

Abaga Banner in Xilinguole League

指 标	Item	2020	增长(%) Increase Rate(%)
行政区域土地面积(平方公里)	**Area of Administration(Sq.km)**	**27495**	**0.0**
人口	**Population**		
年末户籍户数(户)	The Registered Households Year-end(household)	18104	0.2
年末户籍人口(人)	The Registered Population Year-end(person)	43118	-1.0
国民经济综合指标	**Summary Item on the National Economy**		
生产总值(万元)	Gross Domestic Product(10 000 yuan)	360177	0.4
第一产业(万元)	Primary Industry(10 000 yuan)	104574	1.7
第二产业(万元)	Secondary Industry(10 000 yuan)	113091	1.9
第三产业(万元)	Tertiary Industry(10 000 yuan)	142512	-2.0
一般公共预算收入(万元)	General Public Budget Revenue(10 000 yuan)	35481	88.3
一般公共预算支出(万元)	General Public Budget Expenditure(10 000 yuan)	166148	5.3
农村牧区经济	**Economic Development in Rural & Pastoral Area**		
耕地面积(公顷)	Cultivated Area(hectare)	3	0.0
高标准农田面积(公顷)	High Standard Farmland Area(hectare)		
农作物总播种面积(公顷)	Total Sown Area(hectare)		
粮食产量(吨)	Yield of Grain(ton)		
油料产量(吨)	Yield of Oil-bearing Crops(ton)		
规模以上工业	**Industrial Enterprises above Designated size**		
工业企业单位数(个)	Number of Industrial Enterprises(unit)	17	-5.6
工业总产值(万元)	Gross Industrial Output Value(10 000 yuan)	131904	-15.3
投资	**Investment and Construction**		
固定资产投资(万元)	Total Investment in Fixed Assets(10 000 yuan)		201.0
房地产开发投资(万元)	Investment in Real Estate Development(10 000 yuan)		
贸易外经	**Trade**		
社会消费品零售总额(万元)	Total Retail Sales of Consumer Goods(10 000 yuan)	51440	-7.5
出口总额(万元)	Total Exports(10 000 yuan)		
交通通讯	**Transportation,Post & Telecommunications**		
公路里程(公里)	Total Length of Highways(km)	2725	7.2
移动电话用户(户)	Number of Mobile Telephone Subscribers (subscriber)	38305	1.7
互联网宽带接入用户(户)	Number of Subscribers of Internet Service(subscriber)	8620	0.1
教育科技文化卫生社会保障	**Science,Education & Public Health**		
小学学校数(所)	Number of Primary Schools(unit)	2	0.0
普通中学学校数(所)	Number of Regular Secondary Schools(unit)	2	0.0
体育场馆数(个)	Stadium and Gymnasium(unit)	1	0.0
全年专利授权(件)	Annual Patent Authorization(piece)		
剧场、影剧院(个)	Theaters,Music Halls and Cinemas(unit)	1	0.0
医疗卫生机构床位数(张)	Number of Beds in Health Care Institutions(unit)	220	1.9
医疗卫生机构技术人员(人)	Medical Technical Personnel(person)	241	-3.2
城乡居民基本养老保险参保人数(人)	Urban and Rural Residents Basic Pension Insurance Contributors(person)	10901	-18.3
基本医疗保险参保人数(人)	Basic Medical Care Insurance Contributors(person)	39440	8.9
居民生活	**The Lives of Residents**		
全体居民人均可支配收入(元)	The per capita disposable income of all residents(yuan)	36105	5.2
城镇常住居民人均可支配收入(元)	The per capita disposable income of urban permanent residents(yuan)	40826	2.0
农村牧区常住居民人均可支配收入(元)	The per capita disposable income of permanent residents of rural and pastoral areas(yuan)	30857	8.9

20-68 锡林郭勒盟苏尼特左旗

Sunitezuo Banner in Xilinguole League

指 标	Item	2020	增长(%) Increase Rate(%)
行政区域土地面积(平方公里)	**Area of Administration(Sq.km)**	**34240**	**0.0**
人口	**Population**		
年末户籍户数(户)	The Registered Households Year-end(household)	11509	-0.3
年末户籍人口(人)	The Registered Population Year-end(person)	34124	-0.7
国民经济综合指标	**Summary Item on the National Economy**		
生产总值(万元)	Gross Domestic Product(10 000 yuan)	286452	-0.4
第一产业(万元)	Primary Industry(10 000 yuan)	81284	1.6
第二产业(万元)	Secondary Industry(10 000 yuan)	98096	-0.7
第三产业(万元)	Tertiary Industry(10 000 yuan)	107072	-1.6
一般公共预算收入(万元)	General Public Budget Revenue(10 000 yuan)	24791	19.9
一般公共预算支出(万元)	General Public Budget Expenditure(10 000 yuan)	125019	11.9
农村牧区经济	**Economic Development in Rural & Pastoral Area**		
耕地面积(公顷)	Cultivated Area(hectare)	423	0.0
高标准农田面积(公顷)	High Standard Farmland Area(hectare)		
农作物总播种面积(公顷)	Total Sown Area(hectare)	1080	-10.0
粮食产量(吨)	Yield of Grain(ton)		
油料产量(吨)	Yield of Oil-bearing Crops(ton)		
规模以上工业	**Industrial Enterprises above Designated size**		
工业企业单位数(个)	Number of Industrial Enterprises(unit)	9	-10.0
工业总产值(万元)	Gross Industrial Output Value(10 000 yuan)	157923	-15.0
投资	**Investment and Construction**		
固定资产投资(万元)	Total Investment in Fixed Assets(10 000 yuan)		188.0
房地产开发投资(万元)	Investment in Real Estate Development(10 000 yuan)		
贸易外经	**Trade**		
社会消费品零售总额(万元)	Total Retail Sales of Consumer Goods(10 000 yuan)	49902	-5.9
出口总额(万元)	Total Exports(10 000 yuan)		
交通通讯	**Transportation,Post & Telecommunications**		
公路里程(公里)	Total Length of Highways(km)	2254	1.4
移动电话用户(户)	Number of Mobile Telephone Subscribers (subscriber)	46866	2.2
互联网宽带接入用户(户)	Number of Subscribers of Internet Service(subscriber)	8391	19.5
教育科技文化卫生社会保障	**Science,Education & Public Health**		
小学学校数(所)	Number of Primary Schools(unit)	2	0.0
普通中学学校数(所)	Number of Regular Secondary Schools(unit)	2	0.0
体育场馆数(个)	Stadium and Gymnasium(unit)	5	0.0
全年专利授权(件)	Annual Patent Authorization(piece)		
剧场、影剧院(个)	Theaters,Music Halls and Cinemas(unit)		
医疗卫生机构床位数(张)	Number of Beds in Health Care Institutions(unit)	130	0.0
医疗卫生机构技术人员(人)	Medical Technical Personnel(person)	206	-11.2
城乡居民基本养老保险参保人数(人)	Urban and Rural Residents Basic Pension Insurance Contributors(person)	13316	5.3
基本医疗保险参保人数(人)	Basic Medical Care Insurance Contributors(person)	30090	-0.8
居民生活	**The Lives of Residents**		
全体居民人均可支配收入(元)	The per capita disposable income of all residents(yuan)	30676	5.0
城镇常住居民人均可支配收入(元)	The per capita disposable income of urban permanent residents(yuan)	41636	1.8
农村牧区常住居民人均可支配收入(元)	The per capita disposable income of permanent residents of rural and pastoral areas(yuan)	18409	9.1

20-69 锡林郭勒盟苏尼特右旗

Suniteyou Banner in Xilinguole League

指 标	Item	2020	增长(%) Increase Rate(%)
行政区域土地面积(平方公里)	**Area of Administration(Sq.km)**	**22455**	**0.0**
人口	**Population**		
年末户籍户数(户)	The Registered Households Year-end(household)	28441	-0.5
年末户籍人口(人)	The Registered Population Year-end(person)	65975	-1.0
国民经济综合指标	**Summary Item on the National Economy**		
生产总值(万元)	Gross Domestic Product(10 000 yuan)	375537	-3.9
第一产业(万元)	Primary Industry(10 000 yuan)	71492	1.5
第二产业(万元)	Secondary Industry(10 000 yuan)	129885	-9.7
第三产业(万元)	Tertiary Industry(10 000 yuan)	174160	0.2
一般公共预算收入(万元)	General Public Budget Revenue(10 000 yuan)	18326	-15.2
一般公共预算支出(万元)	General Public Budget Expenditure(10 000 yuan)	163807	-2.6
农村牧区经济	**Economic Development in Rural & Pastoral Area**		
耕地面积(公顷)	Cultivated Area(hectare)	3064	65.2
高标准农田面积(公顷)	High Standard Farmland Area(hectare)		
农作物总播种面积(公顷)	Total Sown Area(hectare)	2047	-10.9
粮食产量(吨)	Yield of Grain(ton)	201	-1.0
油料产量(吨)	Yield of Oil-bearing Crops(ton)	476	18.7
规模以上工业	**Industrial Enterprises above Designated size**		
工业企业单位数(个)	Number of Industrial Enterprises(unit)	19	-38.7
工业总产值(万元)	Gross Industrial Output Value(10 000 yuan)	292822	-23.2
投资	**Investment and Construction**		
固定资产投资(万元)	Total Investment in Fixed Assets(10 000 yuan)		20.0
房地产开发投资(万元)	Investment in Real Estate Development(10 000 yuan)		
贸易外经	**Trade**		
社会消费品零售总额(万元)	Total Retail Sales of Consumer Goods(10 000 yuan)	82686	-5.7
出口总额(万元)	Total Exports(10 000 yuan)		
交通通讯	**Transportation,Post & Telecommunications**		
公路里程(公里)	Total Length of Highways(km)	1598	-15.2
移动电话用户(户)	Number of Mobile Telephone Subscribers (subscriber)	93745	43.3
互联网宽带接入用户(户)	Number of Subscribers of Internet Service(subscriber)	22428	40.1
教育科技文化卫生社会保障	**Science,Education & Public Health**		
小学学校数(所)	Number of Primary Schools(unit)	6	0.0
普通中学学校数(所)	Number of Regular Secondary Schools(unit)	3	0.0
体育场馆数(个)	Stadium and Gymnasium(unit)		
全年专利授权(件)	Annual Patent Authorization(piece)		
剧场、影剧院(个)	Theaters,Music Halls and Cinemas(unit)	1	0.0
医疗卫生机构床位数(张)	Number of Beds in Health Care Institutions(unit)	372	0.0
医疗卫生机构技术人员(人)	Medical Technical Personnel(person)	350	-2.2
城乡居民基本养老保险参保人数(人)	Urban and Rural Residents Basic Pension Insurance Contributors(person)	19408	2.9
基本医疗保险参保人数(人)	Basic Medical Care Insurance Contributors(person)	59394	4.2
居民生活	**The Lives of Residents**		
全体居民人均可支配收入(元)	The per capita disposable income of all residents(yuan)	31536	1.6
城镇常住居民人均可支配收入(元)	The per capita disposable income of urban permanent residents(yuan)	39933	1.6
农村牧区常住居民人均可支配收入(元)	The per capita disposable income of permanent residents of rural and pastoral areas(yuan)	14231	9.9

20-70 锡林郭勒盟东乌珠穆沁旗

Dongwuzhumuqin Banner in Xilinguole League

指 标	Item	2020	增长(%) Increase Rate(%)
行政区域土地面积(平方公里)	**Area of Administration(Sq.km)**	**47554**	**0.0**
人口	**Population**		
年末户籍户数(户)	The Registered Households Year-end(household)	29273	0.6
年末户籍人口(人)	The Registered Population Year-end(person)	81478	-0.1
国民经济综合指标	**Summary Item on the National Economy**		
生产总值(万元)	Gross Domestic Product(10 000 yuan)	936358	1.5
第一产业(万元)	Primary Industry(10 000 yuan)	254333	1.7
第二产业(万元)	Secondary Industry(10 000 yuan)	399851	4.0
第三产业(万元)	Tertiary Industry(10 000 yuan)	282174	-2.6
一般公共预算收入(万元)	General Public Budget Revenue(10 000 yuan)	142112	28.8
一般公共预算支出(万元)	General Public Budget Expenditure(10 000 yuan)	323357	32.8
农村牧区经济	**Economic Development in Rural & Pastoral Area**		
耕地面积(公顷)	Cultivated Area(hectare)	44304	13.0
高标准农田面积(公顷)	High Standard Farmland Area(hectare)	247	0.0
农作物总播种面积(公顷)	Total Sown Area(hectare)	35933	15.8
粮食产量(吨)	Yield of Grain(ton)	80460	14.2
油料产量(吨)	Yield of Oil-bearing Crops(ton)	13517	110.6
规模以上工业	**Industrial Enterprises above Designated size**		
工业企业单位数(个)	Number of Industrial Enterprises(unit)	24	-14.3
工业总产值(万元)	Gross Industrial Output Value(10 000 yuan)	461337	-0.3
投资	**Investment and Construction**		
固定资产投资(万元)	Total Investment in Fixed Assets(10 000 yuan)		8.4
房地产开发投资(万元)	Investment in Real Estate Development(10 000 yuan)	4764	-67.7
贸易外经	**Trade**		
社会消费品零售总额(万元)	Total Retail Sales of Consumer Goods(10 000 yuan)	138906	-7.3
出口总额(万元)	Total Exports(10 000 yuan)	71190	-62.7
交通通讯	**Transportation,Post & Telecommunications**		
公路里程(公里)	Total Length of Highways(km)	3314	3.4
移动电话用户(户)	Number of Mobile Telephone Subscribers (subscriber)	119559	1.2
互联网宽带接入用户(户)	Number of Subscribers of Internet Service(subscriber)	22137	-0.8
教育科技文化卫生社会保障	**Science,Education & Public Health**		
小学学校数(所)	Number of Primary Schools(unit)	8	0.0
普通中学学校数(所)	Number of Regular Secondary Schools(unit)	5	0.0
体育场馆数(个)	Stadium and Gymnasium(unit)	2	-50.0
全年专利授权(件)	Annual Patent Authorization(piece)		
剧场、影剧院(个)	Theaters,Music Halls and Cinemas(unit)	3	0.0
医疗卫生机构床位数(张)	Number of Beds in Health Care Institutions(unit)	449	25.1
医疗卫生机构技术人员(人)	Medical Technical Personnel(person)	663	18.2
城乡居民基本养老保险参保人数(人)	Urban and Rural Residents Basic Pension Insurance Contributors(person)	27015	3.8
基本医疗保险参保人数(人)	Basic Medical Care Insurance Contributors(person)	70002	2.3
居民生活	**The Lives of Residents**		
全体居民人均可支配收入(元)	The per capita disposable income of all residents(yuan)	38948	4.5
城镇常住居民人均可支配收入(元)	The per capita disposable income of urban permanent residents(yuan)	42308	1.5
农村牧区常住居民人均可支配收入(元)	The per capita disposable income of permanent residents of rural and pastoral areas(yuan)	34899	7.0

20-71 锡林郭勒盟西乌珠穆沁旗

Xiwuzhumuqin Banner in Xilinguole League

指 标	Item	2020	增长(%) Increase Ratc(%)
行政区域土地面积(平方公里)	**Area of Administration(Sq.km)**	**22462**	**0.0**
人口	**Population**		
年末户籍户数(户)	The Registered Households Year-end(household)	32277	0.3
年末户籍人口(人)	The Registered Population Year-end(person)	80563	0.1
国民经济综合指标	**Summary Item on the National Economy**		
生产总值(万元)	Gross Domestic Product(10 000 yuan)	1323744	0.2
第一产业(万元)	Primary Industry(10 000 yuan)	176895	1.8
第二产业(万元)	Secondary Industry(10 000 yuan)	911524	1.0
第三产业(万元)	Tertiary Industry(10 000 yuan)	235324	-3.8
一般公共预算收入(万元)	General Public Budget Revenue(10 000 yuan)	206243	1.1
一般公共预算支出(万元)	General Public Budget Expenditure(10 000 yuan)	231400	-1.0
农村牧区经济	**Economic Development in Rural & Pastoral Area**		
耕地面积(公顷)	Cultivated Area(hectare)	5728	0.0
高标准农田面积(公顷)	High Standard Farmland Area(hectare)		
农作物总播种面积(公顷)	Total Sown Area(hectare)		
粮食产量(吨)	Yield of Grain(ton)		
油料产量(吨)	Yield of Oil-bearing Crops(ton)		
规模以上工业	**Industrial Enterprises above Designated size**		
工业企业单位数(个)	Number of Industrial Enterprises(unit)	23	-8.0
工业总产值(万元)	Gross Industrial Output Value(10 000 yuan)	1661365	-5.1
投资	**Investment and Construction**		
固定资产投资(万元)	Total Investment in Fixed Assets(10 000 yuan)		7.8
房地产开发投资(万元)	Investment in Real Estate Development(10 000 yuan)	6200	119.3
贸易外经	**Trade**		
社会消费品零售总额(万元)	Total Retail Sales of Consumer Goods(10 000 yuan)	109670	-6.7
出口总额(万元)	Total Exports(10 000 yuan)		
交通通讯	**Transportation,Post & Telecommunications**		
公路里程(公里)	Total Length of Highways(km)	2284	8.1
移动电话用户(户)	Number of Mobile Telephone Subscribers (subscriber)	111700	-15.6
互联网宽带接入用户(户)	Number of Subscribers of Internet Service(subscriber)	24612	4.2
教育科技文化卫生社会保障	**Science,Education & Public Health**		
小学学校数(所)	Number of Primary Schools(unit)	5	0.0
普通中学学校数(所)	Number of Regular Secondary Schools(unit)	2	0.0
体育场馆数(个)	Stadium and Gymnasium(unit)	3	50.0
全年专利授权(件)	Annual Patent Authorization(piece)	37	640.0
剧场、影剧院(个)	Theaters,Music Halls and Cinemas(unit)	1	0.0
医疗卫生机构床位数(张)	Number of Beds in Health Care Institutions(unit)	403	-16.2
医疗卫生机构技术人员(人)	Medical Technical Personnel(person)	425	-36.9
城乡居民基本养老保险参保人数(人)	Urban and Rural Residents Basic Pension Insurance Contributors(person)	25448	9.1
基本医疗保险参保人数(人)	Basic Medical Care Insurance Contributors(person)	71840	1.7
居民生活	**The Lives of Residents**		
全体居民人均可支配收入(元)	The per capita disposable income of all residents(yuan)	37584	6.8
城镇常住居民人均可支配收入(元)	The per capita disposable income of urban permancnt rcsidents(yuan)	42331	1.9
农村牧区常住居民人均可支配收入(元)	The per capita disposable income of permanent residents of rural and pastoral areas(yuan)	30389	8.0

20-72 锡林郭勒盟太仆寺旗

Taipusi Banner in Xilinguole League

指 标	Item	2020	增长(%) Increase Rate(%)
行政区域土地面积(平方公里)	**Area of Administration(Sq.km)**	**3426**	**0.0**
人口	**Population**		
年末户籍户数(户)	The Registered Households Year-end(household)	94988	-0.4
年末户籍人口(人)	The Registered Population Year-end(person)	202641	-1.5
国民经济综合指标	**Summary Item on the National Economy**		
生产总值(万元)	Gross Domestic Product(10 000 yuan)	457945	3.0
第一产业(万元)	Primary Industry(10 000 yuan)	144772	0.6
第二产业(万元)	Secondary Industry(10 000 yuan)	105597	11.4
第三产业(万元)	Tertiary Industry(10 000 yuan)	207576	0.3
一般公共预算收入(万元)	General Public Budget Revenue(10 000 yuan)	23612	28.6
一般公共预算支出(万元)	General Public Budget Expenditure(10 000 yuan)	238471	-3.3
农村牧区经济	**Economic Development in Rural & Pastoral Area**		
耕地面积(公顷)	Cultivated Area(hectare)	91428	1.9
高标准农田面积(公顷)	High Standard Farmland Area(hectare)		
农作物总播种面积(公顷)	Total Sown Area(hectare)	85432	-9.6
粮食产量(吨)	Yield of Grain(ton)	213100	-1.6
油料产量(吨)	Yield of Oil-bearing Crops(ton)	31584	1.5
规模以上工业	**Industrial Enterprises above Designated size**		
工业企业单位数(个)	Number of Industrial Enterprises(unit)	15	-16.7
工业总产值(万元)	Gross Industrial Output Value(10 000 yuan)	158580	
投资	**Investment and Construction**		
固定资产投资(万元)	Total Investment in Fixed Assets(10 000 yuan)		10.6
房地产开发投资(万元)	Investment in Real Estate Development(10 000 yuan)	21267	-68.5
贸易外经	**Trade**		
社会消费品零售总额(万元)	Total Retail Sales of Consumer Goods(10 000 yuan)	85056	-7.7
出口总额(万元)	Total Exports(10 000 yuan)		
交通通讯	**Transportation,Post & Telecommunications**		
公路里程(公里)	Total Length of Highways(km)	1386	0.0
移动电话用户(户)	Number of Mobile Telephone Subscribers (subscriber)	134143	0.2
互联网宽带接入用户(户)	Number of Subscribers of Internet Service(subscriber)	23140	1.6
教育科技文化卫生社会保障	**Science,Education & Public Health**		
小学学校数(所)	Number of Primary Schools(unit)	7	0.0
普通中学学校数(所)	Number of Regular Secondary Schools(unit)	5	0.0
体育场馆数(个)	Stadium and Gymnasium(unit)	2	0.0
全年专利授权(件)	Annual Patent Authorization(piece)	7	-70.8
剧场、影剧院(个)	Theaters,Music Halls and Cinemas(unit)	1	0.0
医疗卫生机构床位数(张)	Number of Beds in Health Care Institutions(unit)	453	5.1
医疗卫生机构技术人员(人)	Medical Technical Personnel(person)	504	44.0
城乡居民基本养老保险参保人数(人)	Urban and Rural Residents Basic Pension Insurance Contributors(person)	95717	4.3
基本医疗保险参保人数(人)	Basic Medical Care Insurance Contributors(person)	176244	-1.6
居民生活	**The Lives of Residents**		
全体居民人均可支配收入(元)	The per capita disposable income of all residents(yuan)	23334	5.1
城镇常住居民人均可支配收入(元)	The per capita disposable income of urban permanent residents(yuan)	37672	0.3
农村牧区常住居民人均可支配收入(元)	The per capita disposable income of permanent residents of rural and pastoral areas(yuan)	14058	8.5

20-73 锡林郭勒盟镶黄旗

Xianghuang Banner in Xilinguole League

指 标	Item	2020	增长(%) Increase Rate(%)
行政区域土地面积(平方公里)	**Area of Administration(Sq.km)**	**5146**	**0.0**
人口	**Population**		
年末户籍户数(户)	The Registered Households Year-end(household)	13441	-0.2
年末户籍人口(人)	The Registered Population Year-end(person)	31156	-0.6
国民经济综合指标	**Summary Item on the National Economy**		
生产总值(万元)	Gross Domestic Product(10 000 yuan)	213454	-3.5
第一产业(万元)	Primary Industry(10 000 yuan)	44659	0.8
第二产业(万元)	Secondary Industry(10 000 yuan)	82536	-7.2
第三产业(万元)	Tertiary Industry(10 000 yuan)	86259	-0.9
一般公共预算收入(万元)	General Public Budget Revenue(10 000 yuan)	19288	0.4
一般公共预算支出(万元)	General Public Budget Expenditure(10 000 yuan)	105143	23.3
农村牧区经济	**Economic Development in Rural & Pastoral Area**		
耕地面积(公顷)	Cultivated Area(hectare)		
高标准农田面积(公顷)	High Standard Farmland Area(hectare)		
农作物总播种面积(公顷)	Total Sown Area(hectare)	226	0.0
粮食产量(吨)	Yield of Grain(ton)		
油料产量(吨)	Yield of Oil-bearing Crops(ton)		
规模以上工业	**Industrial Enterprises above Designated size**		
工业企业单位数(个)	Number of Industrial Enterprises(unit)	10	42.9
工业总产值(万元)	Gross Industrial Output Value(10 000 yuan)	74699	-11.2
投资	**Investment and Construction**		
固定资产投资(万元)	Total Investment in Fixed Assets(10 000 yuan)		18.5
房地产开发投资(万元)	Investment in Real Estate Development(10 000 yuan)		
贸易外经	**Trade**		
社会消费品零售总额(万元)	Total Retail Sales of Consumer Goods(10 000 yuan)	31899	-7.9
出口总额(万元)	Total Exports(10 000 yuan)		
交通通讯	**Transportation,Post & Telecommunications**		
公路里程(公里)	Total Length of Highways(km)	1354	5.3
移动电话用户(户)	Number of Mobile Telephone Subscribers (subscriber)	34366	-9.0
互联网宽带接入用户(户)	Number of Subscribers of Internet Service(subscriber)	9294	16.2
教育科技文化卫生社会保障	**Science,Education & Public Health**		
小学学校数(所)	Number of Primary Schools(unit)	2	0.0
普通中学学校数(所)	Number of Regular Secondary Schools(unit)	2	0.0
体育场馆数(个)	Stadium and Gymnasium(unit)	2	100.0
全年专利授权(件)	Annual Patent Authorization(piece)		
剧场、影剧院(个)	Theaters,Music Halls and Cinemas(unit)	1	0.0
医疗卫生机构床位数(张)	Number of Beds in Health Care Institutions(unit)	262	0.0
医疗卫生机构技术人员(人)	Medical Technical Personnel(person)	288	5.9
城乡居民基本养老保险参保人数(人)	Urban and Rural Residents Basic Pension Insurance Contributors(person)	11148	3.8
基本医疗保险参保人数(人)	Basic Medical Care Insurance Contributors(person)	27045	-1.3
居民生活	**The Lives of Residents**		
全体居民人均可支配收入(元)	The per capita disposable income of all residents(yuan)	33367	2.5
城镇常住居民人均可支配收入(元)	The per capita disposable income of urban permanent residents(yuan)	41661	1.1
农村牧区常住居民人均可支配收入(元)	The per capita disposable income of permanent residents of rural and pastoral areas(yuan)	17441	10.0

20-74 锡林郭勒盟正镶白旗

Zhengxiangbai Banner in Xilinguole League

指 标	Item	2020	增长(%) Increase Rate(%)
行政区域土地面积(平方公里)	**Area of Administration(Sq.km)**	**6253**	**0.0**
人口	**Population**		
年末户籍户数(户)	The Registered Households Year-end(household)	33275	-0.5
年末户籍人口(人)	The Registered Population Year-end(person)	70036	-1.1
国民经济综合指标	**Summary Item on the National Economy**		
生产总值(万元)	Gross Domestic Product(10 000 yuan)	306888	13.5
第一产业(万元)	Primary Industry(10 000 yuan)	67230	1.3
第二产业(万元)	Secondary Industry(10 000 yuan)	110095	49.0
第三产业(万元)	Tertiary Industry(10 000 yuan)	129563	-2.4
一般公共预算收入(万元)	General Public Budget Revenue(10 000 yuan)	13844	6.9
一般公共预算支出(万元)	General Public Budget Expenditure(10 000 yuan)	150070	-5.2
农村牧区经济	**Economic Development in Rural & Pastoral Area**		
耕地面积(公顷)	Cultivated Area(hectare)	16787	16.8
高标准农田面积(公顷)	High Standard Farmland Area(hectare)		
农作物总播种面积(公顷)	Total Sown Area(hectare)	15700	-8.1
粮食产量(吨)	Yield of Grain(ton)	6645	-15.2
油料产量(吨)	Yield of Oil-bearing Crops(ton)	2014	7.1
规模以上工业	**Industrial Enterprises above Designated size**		
工业企业单位数(个)	Number of Industrial Enterprises(unit)	15	-21.1
工业总产值(万元)	Gross Industrial Output Value(10 000 yuan)	166365	61.9
投资	**Investment and Construction**		
固定资产投资(万元)	Total Investment in Fixed Assets(10 000 yuan)		27.8
房地产开发投资(万元)	Investment in Real Estate Development(10 000 yuan)	4610	-75.1
贸易外经	**Trade**		
社会消费品零售总额(万元)	Total Retail Sales of Consumer Goods(10 000 yuan)	48929	-6.5
出口总额(万元)	Total Exports(10 000 yuan)		
交通通讯	**Transportation,Post & Telecommunications**		
公路里程(公里)	Total Length of Highways(km)	2653	0.4
移动电话用户(户)	Number of Mobile Telephone Subscribers (subscriber)	64565	7.6
互联网宽带接入用户(户)	Number of Subscribers of Internet Service(subscriber)	10420	36.0
教育科技文化卫生社会保障	**Science,Education & Public Health**		
小学学校数(所)	Number of Primary Schools(unit)	3	0.0
普通中学学校数(所)	Number of Regular Secondary Schools(unit)	2	0.0
体育场馆数(个)	Stadium and Gymnasium(unit)	1	0.0
全年专利授权(件)	Annual Patent Authorization(piece)	4	100.0
剧场、影剧院(个)	Theaters,Music Halls and Cinemas(unit)	1	0.0
医疗卫生机构床位数(张)	Number of Beds in Health Care Institutions(unit)	256	7.6
医疗卫生机构技术人员(人)	Medical Technical Personnel(person)	307	-1.0
城乡居民基本养老保险参保人数(人)	Urban and Rural Residents Basic Pension Insurance Contributors(person)	31246	1.0
基本医疗保险参保人数(人)	Basic Medical Care Insurance Contributors(person)	61420	0.6
居民生活	**The Lives of Residents**		
全体居民人均可支配收入(元)	The per capita disposable income of all residents(yuan)	24806	6.9
城镇常住居民人均可支配收入(元)	The per capita disposable income of urban permanent residents(yuan)	38361	2.1
农村牧区常住居民人均可支配收入(元)	The per capita disposable income of permanent residents of rural and pastoral areas(yuan)	13706	10.2

20-75 锡林郭勒盟正蓝旗
Zhenglan Banner in Xilinguole League

指 标	Item	2020	增长(%) Increase Rate(%)
行政区域土地面积(平方公里)	**Area of Administration(Sq.km)**	**10206**	**0.0**
人口	**Population**		
年末户籍户数(户)	The Registered Households Year-end(household)	38421	0.3
年末户籍人口(人)	The Registered Population Year-end(person)	84170	-0.3
国民经济综合指标	**Summary Item on the National Economy**		
生产总值(万元)	Gross Domestic Product(10 000 yuan)	544133	-3.3
第一产业(万元)	Primary Industry(10 000 yuan)	89691	0.7
第二产业(万元)	Secondary Industry(10 000 yuan)	262559	-3.1
第三产业(万元)	Tertiary Industry(10 000 yuan)	191883	-5.5
一般公共预算收入(万元)	General Public Budget Revenue(10 000 yuan)	27117	-13.0
一般公共预算支出(万元)	General Public Budget Expenditure(10 000 yuan)	175727	38.6
农村牧区经济	**Economic Development in Rural & Pastoral Area**		
耕地面积(公顷)	Cultivated Area(hectare)	24186	3.7
高标准农田面积(公顷)	High Standard Farmland Area(hectare)	849	
农作物总播种面积(公顷)	Total Sown Area(hectare)	24186	3.9
粮食产量(吨)	Yield of Grain(ton)	26344	2.2
油料产量(吨)	Yield of Oil-bearing Crops(ton)	2391	60.4
规模以上工业	**Industrial Enterprises above Designated size**		
工业企业单位数(个)	Number of Industrial Enterprises(unit)	12	-20.0
工业总产值(万元)	Gross Industrial Output Value(10 000 yuan)	485623	-1.6
投资	**Investment and Construction**		
固定资产投资(万元)	Total Investment in Fixed Assets(10 000 yuan)		7.9
房地产开发投资(万元)	Investment in Real Estate Development(10 000 yuan)	13755	-58.3
贸易外经	**Trade**		
社会消费品零售总额(万元)	Total Retail Sales of Consumer Goods(10 000 yuan)	123052	-6.3
出口总额(万元)	Total Exports(10 000 yuan)		
交通通讯	**Transportation,Post & Telecommunications**		
公路里程(公里)	Total Length of Highways(km)	1944	-32.6
移动电话用户(户)	Number of Mobile Telephone Subscribers (subscriber)	77322	-7.6
互联网宽带接入用户(户)	Number of Subscribers of Internet Service(subscriber)	17461	-1.4
教育科技文化卫生社会保障	**Science,Education & Public Health**		
小学学校数(所)	Number of Primary Schools(unit)	6	0.0
普通中学学校数(所)	Number of Regular Secondary Schools(unit)	2	0.0
体育场馆数(个)	Stadium and Gymnasium(unit)	6	200.0
全年专利授权(件)	Annual Patent Authorization(piece)	1	-92.3
剧场、影剧院(个)	Theaters,Music Halls and Cinemas(unit)	1	0.0
医疗卫生机构床位数(张)	Number of Beds in Health Care Institutions(unit)	351	0.0
医疗卫生机构技术人员(人)	Medical Technical Personnel(person)	310	4.0
城乡居民基本养老保险参保人数(人)	Urban and Rural Residents Basic Pension Insurance Contributors(person)	36110	50.7
基本医疗保险参保人数(人)	Basic Medical Care Insurance Contributors(person)	72963	3.3
居民生活	**The Lives of Residents**		
全体居民人均可支配收入(元)	The per capita disposable income of all residents(yuan)	31393	4.3
城镇常住居民人均可支配收入(元)	The per capita disposable income of urban permanent residents(yuan)	39544	-0.8
农村牧区常住居民人均可支配收入(元)	The per capita disposable income of permanent residents of rural and pastoral areas(yuan)	21194	8.8

20-76 锡林郭勒盟多伦县

Duolun County in Xilinguole League

指 标	Item	2020	增长(%) Increase Rate(%)
行政区域土地面积(平方公里)	**Area of Administration(Sq.km)**	**3864**	**0.0**
人口	**Population**		
年末户籍户数(户)	The Registered Households Year-end(household)	52061	0.3
年末户籍人口(人)	The Registered Population Year-end(person)	111759	0.0
国民经济综合指标	**Summary Item on the National Economy**		
生产总值(万元)	Gross Domestic Product(10 000 yuan)	479316	-1.6
第一产业(万元)	Primary Industry(10 000 yuan)	107516	0.6
第二产业(万元)	Secondary Industry(10 000 yuan)	177679	-2.8
第三产业(万元)	Tertiary Industry(10 000 yuan)	194121	-1.7
一般公共预算收入(万元)	General Public Budget Revenue(10 000 yuan)	28676	4.8
一般公共预算支出(万元)	General Public Budget Expenditure(10 000 yuan)	209842	27.2
农村牧区经济	**Economic Development in Rural & Pastoral Area**		
耕地面积(公顷)	Cultivated Area(hectare)	58571	0.0
高标准农田面积(公顷)	High Standard Farmland Area(hectare)	3367	
农作物总播种面积(公顷)	Total Sown Area(hectare)	56667	0.6
粮食产量(吨)	Yield of Grain(ton)	107257	2.9
油料产量(吨)	Yield of Oil-bearing Crops(ton)	881	22.5
规模以上工业	**Industrial Enterprises above Designated size**		
工业企业单位数(个)	Number of Industrial Enterprises(unit)	8	0.0
工业总产值(万元)	Gross Industrial Output Value(10 000 yuan)	356965	0.3
投资	**Investment and Construction**		
固定资产投资(万元)	Total Investment in Fixed Assets(10 000 yuan)		-11.0
房地产开发投资(万元)	Investment in Real Estate Development(10 000 yuan)	36601	-24.6
贸易外经	**Trade**		
社会消费品零售总额(万元)	Total Retail Sales of Consumer Goods(10 000 yuan)	112921	-6.1
出口总额(万元)	Total Exports(10 000 yuan)		
交通通讯	**Transportation,Post & Telecommunications**		
公路里程(公里)	Total Length of Highways(km)	1015	0.0
移动电话用户(户)	Number of Mobile Telephone Subscribers (subscriber)	106315	-9.5
互联网宽带接入用户(户)	Number of Subscribers of Internet Service(subscriber)	23362	15.9
教育科技文化卫生社会保障	**Science,Education & Public Health**		
小学学校数(所)	Number of Primary Schools(unit)	12	0.0
普通中学学校数(所)	Number of Regular Secondary Schools(unit)	3	0.0
体育场馆数(个)	Stadium and Gymnasium(unit)	3	0.0
全年专利授权(件)	Annual Patent Authorization(piece)	1	
剧场、影剧院(个)	Theaters,Music Halls and Cinemas(unit)	1	0.0
医疗卫生机构床位数(张)	Number of Beds in Health Care Institutions(unit)	489	-1.8
医疗卫生机构技术人员(人)	Medical Technical Personnel(person)	621	2.3
城乡居民基本养老保险参保人数(人)	Urban and Rural Residents Basic Pension Insurance Contributors(person)	42891	4.7
基本医疗保险参保人数(人)	Basic Medical Care Insurance Contributors(person)	95315	0.2
居民生活	**The Lives of Residents**		
全体居民人均可支配收入(元)	The per capita disposable income of all residents(yuan)	27770	-2.1
城镇常住居民人均可支配收入(元)	The per capita disposable income of urban permanent residents(yuan)	38103	-5.5
农村牧区常住居民人均可支配收入(元)	The per capita disposable income of permanent residents of rural and pastoral areas(yuan)	16057	2.2

20-77 乌兰察布市集宁区
Jining District in Wulanchabu City

指 标	Item	2020	增长(%) Increase Rate(%)
行政区域土地面积(平方公里)	**Area of Administration(Sq.km)**	**542**	**0.0**
人口	**Population**		
年末户籍户数(户)	The Registered Households Year-end(household)	125606	1.9
年末户籍人口(人)	The Registered Population Year-end(person)	317284	0.5
国民经济综合指标	**Summary Item on the National Economy**		
生产总值(万元)	Gross Domestic Product(10 000 yuan)	2151006	2.7
第一产业(万元)	Primary Industry(10 000 yuan)	45014	-16.3
第二产业(万元)	Secondary Industry(10 000 yuan)	915679	10.2
第三产业(万元)	Tertiary Industry(10 000 yuan)	1190313	-2.1
一般公共预算收入(万元)	General Public Budget Revenue(10 000 yuan)	131343	3.4
一般公共预算支出(万元)	General Public Budget Expenditure(10 000 yuan)	432680	-21.5
农村牧区经济	**Economic Development in Rural & Pastoral Area**		
耕地面积(公顷)	Cultivated Area(hectare)	10729	0.0
高标准农田面积(公顷)	High Standard Farmland Area(hectare)		
农作物总播种面积(公顷)	Total Sown Area(hectare)	6877	2.9
粮食产量(吨)	Yield of Grain(ton)	9843	12.4
油料产量(吨)	Yield of Oil-bearing Crops(ton)	4944	14.0
规模以上工业	**Industrial Enterprises above Designated size**		
工业企业单位数(个)	Number of Industrial Enterprises(unit)	31	24.0
工业总产值(万元)	Gross Industrial Output Value(10 000 yuan)	551791	-69.0
投资	**Investment and Construction**		
固定资产投资(万元)	Total Investment in Fixed Assets(10 000 yuan)		17.2
房地产开发投资(万元)	Investment in Real Estate Development(10 000 yuan)	303048	55.8
贸易外经	**Trade**		
社会消费品零售总额(万元)	Total Retail Sales of Consumer Goods(10 000 yuan)	913459	-6.1
出口总额(万元)	Total Exports(10 000 yuan)	226247	39.6
交通通讯	**Transportation,Post & Telecommunications**		
公路里程(公里)	Total Length of Highways(km)	482	0.0
移动电话用户(户)	Number of Mobile Telephone Subscribers (subscriber)	560761	-5.1
互联网宽带接入用户(户)	Number of Subscribers of Internet Service(subscriber)	117491	-7.7
教育科技文化卫生社会保障	**Science,Education & Public Health**		
小学学校数(所)	Number of Primary Schools(unit)	29	16.0
普通中学学校数(所)	Number of Regular Secondary Schools(unit)	29	38.1
体育场馆数(个)	Stadium and Gymnasium(unit)	10	0.0
全年专利授权(件)	Annual Patent Authorization(piece)		
剧场、影剧院(个)	Theaters,Music Halls and Cinemas(unit)	10	0.0
医疗卫生机构床位数(张)	Number of Beds in Health Care Institutions(unit)	4266	27.8
医疗卫生机构技术人员(人)	Medical Technical Personnel(person)	4925	49.6
城乡居民基本养老保险参保人数(人)	Urban and Rural Residents Basic Pension Insurance Contributors(person)	42811	1.5
基本医疗保险参保人数(人)	Basic Medical Care Insurance Contributors(person)	231006	-0.8
居民生活	**The Lives of Residents**		
全体居民人均可支配收入(元)	The per capita disposable income of all residents(yuan)	34869	1.2
城镇常住居民人均可支配收入(元)	The per capita disposable income of urban permanent residents(yuan)	35702	1.0
农村牧区常住居民人均可支配收入(元)	The per capita disposable income of permanent residents of rural and pastoral areas(yuan)	19408	8.3

20-78 乌兰察布市卓资县

Zhuozi County in Wulanchabu City

指 标	Item	2020	增长(%) Increase Rate(%)
行政区域土地面积(平方公里)	**Area of Administration(Sq.km)**	**3119**	**0.0**
人口	**Population**		
年末户籍户数(户)	The Registered Households Year-end(household)	97245	-0.7
年末户籍人口(人)	The Registered Population Year-end(person)	195621	-0.9
国民经济综合指标	**Summary Item on the National Economy**		
生产总值(万元)	Gross Domestic Product(10 000 yuan)	549616	9.3
第一产业(万元)	Primary Industry(10 000 yuan)	95886	2.9
第二产业(万元)	Secondary Industry(10 000 yuan)	290268	19.8
第三产业(万元)	Tertiary Industry(10 000 yuan)	163462	-3.5
一般公共预算收入(万元)	General Public Budget Revenue(10 000 yuan)	19206	33.8
一般公共预算支出(万元)	General Public Budget Expenditure(10 000 yuan)	237264	13.2
农村牧区经济	**Economic Development in Rural & Pastoral Area**		
耕地面积(公顷)	Cultivated Area(hectare)	53000	6.0
高标准农田面积(公顷)	High Standard Farmland Area(hectare)		
农作物总播种面积(公顷)	Total Sown Area(hectare)	36795	1.7
粮食产量(吨)	Yield of Grain(ton)	53188	-13.8
油料产量(吨)	Yield of Oil-bearing Crops(ton)	15166	-3.5
规模以上工业	**Industrial Enterprises above Designated size**		
工业企业单位数(个)	Number of Industrial Enterprises(unit)	13	8.3
工业总产值(万元)	Gross Industrial Output Value(10 000 yuan)	571343	49.6
投资	**Investment and Construction**		
固定资产投资(万元)	Total Investment in Fixed Assets(10 000 yuan)		8.4
房地产开发投资(万元)	Investment in Real Estate Development(10 000 yuan)		
贸易外经	**Trade**		
社会消费品零售总额(万元)	Total Retail Sales of Consumer Goods(10 000 yuan)	94588	-6.2
出口总额(万元)	Total Exports(10 000 yuan)		
交通通讯	**Transportation,Post & Telecommunications**		
公路里程(公里)	Total Length of Highways(km)	1135	1.7
移动电话用户(户)	Number of Mobile Telephone Subscribers (subscriber)	62157	5.3
互联网宽带接入用户(户)	Number of Subscribers of Internet Service(subscriber)	9126	8.4
教育科技文化卫生社会保障	**Science,Education & Public Health**		
小学学校数(所)	Number of Primary Schools(unit)	13	-18.8
普通中学学校数(所)	Number of Regular Secondary Schools(unit)	5	-16.7
体育场馆数(个)	Stadium and Gymnasium(unit)	1	0.0
全年专利授权(件)	Annual Patent Authorization(piece)		
剧场、影剧院(个)	Theaters,Music Halls and Cinemas(unit)	1	0.0
医疗卫生机构床位数(张)	Number of Beds in Health Care Institutions(unit)	435	0.0
医疗卫生机构技术人员(人)	Medical Technical Personnel(person)	432	-10.6
城乡居民基本养老保险参保人数(人)	Urban and Rural Residents Basic Pension Insurance Contributors(person)	100861	-6.3
基本医疗保险参保人数(人)	Basic Medical Care Insurance Contributors(person)	148801	-4.1
居民生活	**The Lives of Residents**		
全体居民人均可支配收入(元)	The per capita disposable income of all residents(yuan)	21231	2.6
城镇常住居民人均可支配收入(元)	The per capita disposable income of urban permanent residents(yuan)	32328	0.1
农村牧区常住居民人均可支配收入(元)	The per capita disposable income of permanent residents of rural and pastoral areas(yuan)	13075	8.0

20-79 乌兰察布市化德县
Huade County in Wulanchabu City

指 标	Item	2020	增长(%) Increase Rate(%)
行政区域土地面积(平方公里)	**Area of Administration(Sq.km)**	**2534**	**0.0**
人口	**Population**		
年末户籍户数(户)	The Registered Households Year-end(household)	79766	-0.9
年末户籍人口(人)	The Registered Population Year-end(person)	159357	-1.6
国民经济综合指标	**Summary Item on the National Economy**		
生产总值(万元)	Gross Domestic Product(10 000 yuan)	476172	3.4
第一产业(万元)	Primary Industry(10 000 yuan)	78673	2.8
第二产业(万元)	Secondary Industry(10 000 yuan)	236721	7.3
第三产业(万元)	Tertiary Industry(10 000 yuan)	160778	-2.5
一般公共预算收入(万元)	General Public Budget Revenue(10 000 yuan)	15441	2.9
一般公共预算支出(万元)	General Public Budget Expenditure(10 000 yuan)	219049	15.6
农村牧区经济	**Economic Development in Rural & Pastoral Area**		
耕地面积(公顷)	Cultivated Area(hectare)	71231	-0.9
高标准农田面积(公顷)	High Standard Farmland Area(hectare)		
农作物总播种面积(公顷)	Total Sown Area(hectare)	52517	2.0
粮食产量(吨)	Yield of Grain(ton)	61145	9.4
油料产量(吨)	Yield of Oil-bearing Crops(ton)	16577	-0.9
规模以上工业	**Industrial Enterprises above Designated size**		
工业企业单位数(个)	Number of Industrial Enterprises(unit)	20	17.6
工业总产值(万元)	Gross Industrial Output Value(10 000 yuan)	938026	10.7
投资	**Investment and Construction**		
固定资产投资(万元)	Total Investment in Fixed Assets(10 000 yuan)		-15.4
房地产开发投资(万元)	Investment in Real Estate Development(10 000 yuan)	17068	629.4
贸易外经	**Trade**		
社会消费品零售总额(万元)	Total Retail Sales of Consumer Goods(10 000 yuan)	94166	-6.3
出口总额(万元)	Total Exports(10 000 yuan)		
交通通讯	**Transportation,Post & Telecommunications**		
公路里程(公里)	Total Length of Highways(km)	1628	1.7
移动电话用户(户)	Number of Mobile Telephone Subscribers (subscriber)	141792	5.4
互联网宽带接入用户(户)	Number of Subscribers of Internet Service(subscriber)	27989	9.0
教育科技文化卫生社会保障	**Science,Education & Public Health**		
小学学校数(所)	Number of Primary Schools(unit)	10	-23.1
普通中学学校数(所)	Number of Regular Secondary Schools(unit)	3	0.0
体育场馆数(个)	Stadium and Gymnasium(unit)		
全年专利授权(件)	Annual Patent Authorization(piece)		
剧场、影剧院(个)	Theaters,Music Halls and Cinemas(unit)		
医疗卫生机构床位数(张)	Number of Beds in Health Care Institutions(unit)	605	16.6
医疗卫生机构技术人员(人)	Medical Technical Personnel(person)	578	-7.2
城乡居民基本养老保险参保人数(人)	Urban and Rural Residents Basic Pension Insurance Contributors(person)	59822	48.9
基本医疗保险参保人数(人)	Basic Medical Care Insurance Contributors(person)	126441	-2.6
居民生活	**The Lives of Residents**		
全体居民人均可支配收入(元)	The per capita disposable income of all residents(yuan)	22531	3.1
城镇常住居民人均可支配收入(元)	The per capita disposable income of urban permanent residents(yuan)	33092	0.2
农村牧区常住居民人均可支配收入(元)	The per capita disposable income of permanent residents of rural and pastoral areas(yuan)	11471	13.5

20-80 乌兰察布市商都县

Shangdu County in Wulanchabu City

指 标	Item	2020	增长(%) Increase Rate(%)
行政区域土地面积(平方公里)	**Area of Administration(Sq.km)**	**4284**	**0.0**
人口	**Population**		
年末户籍户数(户)	The Registered Households Year-end(household)	154111	-0.2
年末户籍人口(人)	The Registered Population Year-end(person)	325349	-1.2
国民经济综合指标	**Summary Item on the National Economy**		
生产总值(万元)	Gross Domestic Product(10 000 yuan)	598021	1.5
第一产业(万元)	Primary Industry(10 000 yuan)	147414	8.5
第二产业(万元)	Secondary Industry(10 000 yuan)	161097	2.4
第三产业(万元)	Tertiary Industry(10 000 yuan)	289510	-2.8
一般公共预算收入(万元)	General Public Budget Revenue(10 000 yuan)	23206	17.9
一般公共预算支出(万元)	General Public Budget Expenditure(10 000 yuan)	364104	19.7
农村牧区经济	**Economic Development in Rural & Pastoral Area**		
耕地面积(公顷)	Cultivated Area(hectare)	163708	4.0
高标准农田面积(公顷)	High Standard Farmland Area(hectare)	18766	0.0
农作物总播种面积(公顷)	Total Sown Area(hectare)	109062	4.1
粮食产量(吨)	Yield of Grain(ton)	116996	9.4
油料产量(吨)	Yield of Oil-bearing Crops(ton)	51353	-16.7
规模以上工业	**Industrial Enterprises above Designated size**		
工业企业单位数(个)	Number of Industrial Enterprises(unit)	28	3.7
工业总产值(万元)	Gross Industrial Output Value(10 000 yuan)	439005	-0.8
投资	**Investment and Construction**		
固定资产投资(万元)	Total Investment in Fixed Assets(10 000 yuan)		-2.8
房地产开发投资(万元)	Investment in Real Estate Development(10 000 yuan)	15058	24.4
贸易外经	**Trade**		
社会消费品零售总额(万元)	Total Retail Sales of Consumer Goods(10 000 yuan)	187742	-6.2
出口总额(万元)	Total Exports(10 000 yuan)		
交通通讯	**Transportation,Post & Telecommunications**		
公路里程(公里)	Total Length of Highways(km)	1919	4.4
移动电话用户(户)	Number of Mobile Telephone Subscribers (subscriber)	198863	15.6
互联网宽带接入用户(户)	Number of Subscribers of Internet Service(subscriber)	60039	33.4
教育科技文化卫生社会保障	**Science,Education & Public Health**		
小学学校数(所)	Number of Primary Schools(unit)	12	0.0
普通中学学校数(所)	Number of Regular Secondary Schools(unit)	5	0.0
体育场馆数(个)	Stadium and Gymnasium(unit)	1	0.0
全年专利授权(件)	Annual Patent Authorization(piece)		
剧场、影剧院(个)	Theaters,Music Halls and Cinemas(unit)	1	-50.0
医疗卫生机构床位数(张)	Number of Beds in Health Care Institutions(unit)	1233	8.9
医疗卫生机构技术人员(人)	Medical Technical Personnel(person)	1063	64.8
城乡居民基本养老保险参保人数(人)	Urban and Rural Residents Basic Pension Insurance Contributors(person)	144482	-0.8
基本医疗保险参保人数(人)	Basic Medical Care Insurance Contributors(person)	270561	-2.1
居民生活	**The Lives of Residents**		
全体居民人均可支配收入(元)	The per capita disposable income of all residents(yuan)	19000	6.2
城镇常住居民人均可支配收入(元)	The per capita disposable income of urban permanent residents(yuan)	30985	4.5
农村牧区常住居民人均可支配收入(元)	The per capita disposable income of permanent residents of rural and pastoral areas(yuan)	12290	8.9

20-81 乌兰察布市兴和县

Xinghe County in Wulanchabu City

指 标	Item	2020	增长(%) Increase Rate(%)
行政区域土地面积(平方公里)	**Area of Administration(Sq.km)**	**3518**	**0.0**
人口	**Population**		
年末户籍户数(户)	The Registered Households Year-end(household)	142870	-0.2
年末户籍人口(人)	The Registered Population Year-end(person)	314474	-0.9
国民经济综合指标	**Summary Item on the National Economy**		
生产总值(万元)	Gross Domestic Product(10 000 yuan)	579838	1.5
第一产业(万元)	Primary Industry(10 000 yuan)	124771	-2.8
第二产业(万元)	Secondary Industry(10 000 yuan)	145384	20.3
第三产业(万元)	Tertiary Industry(10 000 yuan)	309683	-4.2
一般公共预算收入(万元)	General Public Budget Revenue(10 000 yuan)	16646	2.9
一般公共预算支出(万元)	General Public Budget Expenditure(10 000 yuan)	296275	8.0
农村牧区经济	**Economic Development in Rural & Pastoral Area**		
耕地面积(公顷)	Cultivated Area(hectare)	129523	6.8
高标准农田面积(公顷)	High Standard Farmland Area(hectare)	17973	62.2
农作物总播种面积(公顷)	Total Sown Area(hectare)	78540	3.9
粮食产量(吨)	Yield of Grain(ton)	118041	13.1
油料产量(吨)	Yield of Oil-bearing Crops(ton)	21181	-24.3
规模以上工业	**Industrial Enterprises above Designated size**		
工业企业单位数(个)	Number of Industrial Enterprises(unit)	19	26.7
工业总产值(万元)	Gross Industrial Output Value(10 000 yuan)	569036	20.8
投资	**Investment and Construction**		
固定资产投资(万元)	Total Investment in Fixed Assets(10 000 yuan)		9.4
房地产开发投资(万元)	Investment in Real Estate Development(10 000 yuan)	31432	140.3
贸易外经	**Trade**		
社会消费品零售总额(万元)	Total Retail Sales of Consumer Goods(10 000 yuan)	106237	-6.3
出口总额(万元)	Total Exports(10 000 yuan)		
交通通讯	**Transportation,Post & Telecommunications**		
公路里程(公里)	Total Length of Highways(km)	1490	4.7
移动电话用户(户)	Number of Mobile Telephone Subscribers (subscriber)	158023	-4.8
互联网宽带接入用户(户)	Number of Subscribers of Internet Service(subscriber)	34947	-15.3
教育科技文化卫生社会保障	**Science,Education & Public Health**		
小学学校数(所)	Number of Primary Schools(unit)	16	0.0
普通中学学校数(所)	Number of Regular Secondary Schools(unit)	4	33.3
体育场馆数(个)	Stadium and Gymnasium(unit)	1	0.0
全年专利授权(件)	Annual Patent Authorization(piece)		
剧场、影剧院(个)	Theaters,Music Halls and Cinemas(unit)		
医疗卫生机构床位数(张)	Number of Beds in Health Care Institutions(unit)	800	0.0
医疗卫生机构技术人员(人)	Medical Technical Personnel(person)	1035	0.4
城乡居民基本养老保险参保人数(人)	Urban and Rural Residents Basic Pension Insurance Contributors(person)	156109	-4.3
基本医疗保险参保人数(人)	Basic Medical Care Insurance Contributors(person)	240229	-2.2
居民生活	**The Lives of Residents**		
全体居民人均可支配收入(元)	The per capita disposable income of all residents(yuan)	16912	5.8
城镇常住居民人均可支配收入(元)	The per capita disposable income of urban permanent residents(yuan)	30310	3.5
农村牧区常住居民人均可支配收入(元)	The per capita disposable income of permanent residents of rural and pastoral areas(yuan)	11731	8.5

20-82 乌兰察布市凉城县
Liangcheng County in Wulanchabu City

指 标	Item	2020	增长(%) Increase Rate(%)
行政区域土地面积(平方公里)	**Area of Administration(Sq.km)**	**3452**	**0.0**
人口	**Population**		
年末户籍户数(户)	The Registered Households Year-end(household)	113520	-0.6
年末户籍人口(人)	The Registered Population Year-end(person)	230867	-0.7
国民经济综合指标	**Summary Item on the National Economy**		
生产总值(万元)	Gross Domestic Product(10 000 yuan)	456772	-7.5
第一产业(万元)	Primary Industry(10 000 yuan)	139460	-15.5
第二产业(万元)	Secondary Industry(10 000 yuan)	112922	-3.9
第三产业(万元)	Tertiary Industry(10 000 yuan)	204390	-2.4
一般公共预算收入(万元)	General Public Budget Revenue(10 000 yuan)	17916	48.0
一般公共预算支出(万元)	General Public Budget Expenditure(10 000 yuan)	278953	1.9
农村牧区经济	**Economic Development in Rural & Pastoral Area**		
耕地面积(公顷)	Cultivated Area(hectare)	69333	-7.3
高标准农田面积(公顷)	High Standard Farmland Area(hectare)	1333	0.0
农作物总播种面积(公顷)	Total Sown Area(hectare)	61300	0.0
粮食产量(吨)	Yield of Grain(ton)	211127	-15.6
油料产量(吨)	Yield of Oil-bearing Crops(ton)	3592	-31.5
规模以上工业	**Industrial Enterprises above Designated size**		
工业企业单位数(个)	Number of Industrial Enterprises(unit)	5	-16.7
工业总产值(万元)	Gross Industrial Output Value(10 000 yuan)	314282	-4.6
投资	**Investment and Construction**		
固定资产投资(万元)	Total Investment in Fixed Assets(10 000 yuan)		-8.5
房地产开发投资(万元)	Investment in Real Estate Development(10 000 yuan)	11351	-43.7
贸易外经	**Trade**		
社会消费品零售总额(万元)	Total Retail Sales of Consumer Goods(10 000 yuan)	109721	-6.3
出口总额(万元)	Total Exports(10 000 yuan)		
交通通讯	**Transportation,Post & Telecommunications**		
公路里程(公里)	Total Length of Highways(km)	1567	0.1
移动电话用户(户)	Number of Mobile Telephone Subscribers (subscriber)	130900	-18.7
互联网宽带接入用户(户)	Number of Subscribers of Internet Service(subscriber)	29300	52.3
教育科技文化卫生社会保障	**Science,Education & Public Health**		
小学学校数(所)	Number of Primary Schools(unit)	11	0.0
普通中学学校数(所)	Number of Regular Secondary Schools(unit)	7	40.0
体育场馆数(个)	Stadium and Gymnasium(unit)	7	16.7
全年专利授权(件)	Annual Patent Authorization(piece)		
剧场、影剧院(个)	Theaters,Music Halls and Cinemas(unit)	1	-50.0
医疗卫生机构床位数(张)	Number of Beds in Health Care Institutions(unit)	602	-28.3
医疗卫生机构技术人员(人)	Medical Technical Personnel(person)	584	10.6
城乡居民基本养老保险参保人数(人)	Urban and Rural Residents Basic Pension Insurance Contributors(person)	87812	-0.2
基本医疗保险参保人数(人)	Basic Medical Care Insurance Contributors(person)	184177	-3.0
居民生活	**The Lives of Residents**		
全体居民人均可支配收入(元)	The per capita disposable income of all residents(yuan)	20861	3.4
城镇常住居民人均可支配收入(元)	The per capita disposable income of urban permanent residents(yuan)	31860	0.1
农村牧区常住居民人均可支配收入(元)	The per capita disposable income of permanent residents of rural and pastoral areas(yuan)	14569	8.1

20-83 乌兰察布市察哈尔右翼前旗

Chahaeryouyiqian Banner in Wulanchabu City

指 标	Item	2020	增长(%) Increase Rate(%)
行政区域土地面积(平方公里)	**Area of Administration(Sq.km)**	**2440**	**0.0**
人口	**Population**		
年末户籍户数(户)	The Registered Households Year-end(household)	108757	-1.6
年末户籍人口(人)	The Registered Population Year-end(person)	208477	-1.7
国民经济综合指标	**Summary Item on the National Economy**		
生产总值(万元)	Gross Domestic Product(10 000 yuan)	781384	0.7
第一产业(万元)	Primary Industry(10 000 yuan)	143128	2.0
第二产业(万元)	Secondary Industry(10 000 yuan)	346546	1.6
第三产业(万元)	Tertiary Industry(10 000 yuan)	291710	-1.1
一般公共预算收入(万元)	General Public Budget Revenue(10 000 yuan)	52178	4.6
一般公共预算支出(万元)	General Public Budget Expenditure(10 000 yuan)	298186	8.0
农村牧区经济	**Economic Development in Rural & Pastoral Area**		
耕地面积(公顷)	Cultivated Area(hectare)	66499	5.1
高标准农田面积(公顷)	High Standard Farmland Area(hectare)	2333	29.6
农作物总播种面积(公顷)	Total Sown Area(hectare)	41805	-14.7
粮食产量(吨)	Yield of Grain(ton)	102980	7.7
油料产量(吨)	Yield of Oil-bearing Crops(ton)	4205	-16.0
规模以上工业	**Industrial Enterprises above Designated size**		
工业企业单位数(个)	Number of Industrial Enterprises(unit)	50	51.5
工业总产值(万元)	Gross Industrial Output Value(10 000 yuan)	1771443	8.7
投资	**Investment and Construction**		
固定资产投资(万元)	Total Investment in Fixed Assets(10 000 yuan)		12.9
房地产开发投资(万元)	Investment in Real Estate Development(10 000 yuan)	294989	17.4
贸易外经	**Trade**		
社会消费品零售总额(万元)	Total Retail Sales of Consumer Goods(10 000 yuan)	181524	-6.1
出口总额(万元)	Total Exports(10 000 yuan)		
交通通讯	**Transportation,Post & Telecommunications**		
公路里程(公里)	Total Length of Highways(km)	966	0.0
移动电话用户(户)	Number of Mobile Telephone Subscribers (subscriber)	136658	3.0
互联网宽带接入用户(户)	Number of Subscribers of Internet Service(subscriber)	36492	-4.8
教育科技文化卫生社会保障	**Science,Education & Public Health**		
小学学校数(所)	Number of Primary Schools(unit)	8	0.0
普通中学学校数(所)	Number of Regular Secondary Schools(unit)	7	0.0
体育场馆数(个)	Stadium and Gymnasium(unit)	2	0.0
全年专利授权(件)	Annual Patent Authorization(piece)		
剧场、影剧院(个)	Theaters,Music Halls and Cinemas(unit)	1	0.0
医疗卫生机构床位数(张)	Number of Beds in Health Care Institutions(unit)	392	-4.2
医疗卫生机构技术人员(人)	Medical Technical Personnel(person)	519	-31.6
城乡居民基本养老保险参保人数(人)	Urban and Rural Residents Basic Pension Insurance Contributors(person)	72264	-8.7
基本医疗保险参保人数(人)	Basic Medical Care Insurance Contributors(person)	175634	0.0
居民生活	**The Lives of Residents**		
全体居民人均可支配收入(元)	The per capita disposable income of all residents(yuan)	18095	5.4
城镇常住居民人均可支配收入(元)	The per capita disposable income of urban permanent residents(yuan)	31815	1.5
农村牧区常住居民人均可支配收入(元)	The per capita disposable income of permanent residents of rural and pastoral areas(yuan)	13548	9.0

20-84 乌兰察布市察哈尔右翼中旗

Chahaeryouyizhong Banner in Wulanchabu City

指 标	Item	2020	增长(%) Increase Rate(%)
行政区域土地面积(平方公里)	**Area of Administration(Sq.km)**	**4186**	**0.0**
人口	**Population**		
年末户籍户数(户)	The Registered Households Year-end(household)	98434	-1.5
年末户籍人口(人)	The Registered Population Year-end(person)	195939	-1.8
国民经济综合指标	**Summary Item on the National Economy**		
生产总值(万元)	Gross Domestic Product(10 000 yuan)	536737	8.1
第一产业(万元)	Primary Industry(10 000 yuan)	154986	4.6
第二产业(万元)	Secondary Industry(10 000 yuan)	208417	20.7
第三产业(万元)	Tertiary Industry(10 000 yuan)	173334	-2.5
一般公共预算收入(万元)	General Public Budget Revenue(10 000 yuan)	12587	7.3
一般公共预算支出(万元)	General Public Budget Expenditure(10 000 yuan)	261187	8.2
农村牧区经济	**Economic Development in Rural & Pastoral Area**		
耕地面积(公顷)	Cultivated Area(hectare)	95338	0.0
高标准农田面积(公顷)	High Standard Farmland Area(hectare)		
农作物总播种面积(公顷)	Total Sown Area(hectare)	66938	-0.2
粮食产量(吨)	Yield of Grain(ton)	125300	5.9
油料产量(吨)	Yield of Oil-bearing Crops(ton)	32591	-19.3
规模以上工业	**Industrial Enterprises above Designated size**		
工业企业单位数(个)	Number of Industrial Enterprises(unit)	21	31.3
工业总产值(万元)	Gross Industrial Output Value(10 000 yuan)	322114	36.5
投资	**Investment and Construction**		
固定资产投资(万元)	Total Investment in Fixed Assets(10 000 yuan)		-1.0
房地产开发投资(万元)	Investment in Real Estate Development(10 000 yuan)	24455	211.4
贸易外经	**Trade**		
社会消费品零售总额(万元)	Total Retail Sales of Consumer Goods(10 000 yuan)	107310	-6.3
出口总额(万元)	Total Exports(10 000 yuan)		
交通通讯	**Transportation,Post & Telecommunications**		
公路里程(公里)	Total Length of Highways(km)	1603	0.3
移动电话用户(户)	Number of Mobile Telephone Subscribers (subscriber)	140025	0.1
互联网宽带接入用户(户)	Number of Subscribers of Internet Service(subscriber)	8348	0.7
教育科技文化卫生社会保障	**Science,Education & Public Health**		
小学学校数(所)	Number of Primary Schools(unit)	16	0.0
普通中学学校数(所)	Number of Regular Secondary Schools(unit)	3	0.0
体育场馆数(个)	Stadium and Gymnasium(unit)	1	0.0
全年专利授权(件)	Annual Patent Authorization(piece)		
剧场、影剧院(个)	Theaters,Music Halls and Cinemas(unit)	1	0.0
医疗卫生机构床位数(张)	Number of Beds in Health Care Institutions(unit)	425	1.0
医疗卫生机构技术人员(人)	Medical Technical Personnel(person)	480	6.2
城乡居民基本养老保险参保人数(人)	Urban and Rural Residents Basic Pension Insurance Contributors(person)	97181	-0.5
基本医疗保险参保人数(人)	Basic Medical Care Insurance Contributors(person)	153723	-3.2
居民生活	**The Lives of Residents**		
全体居民人均可支配收入(元)	The per capita disposable income of all residents(yuan)	16520	4.9
城镇常住居民人均可支配收入(元)	The per capita disposable income of urban permanent residents(yuan)	31341	0.6
农村牧区常住居民人均可支配收入(元)	The per capita disposable income of permanent residents of rural and pastoral areas(yuan)	10930	10.4

20-85 乌兰察布市察哈尔右翼后旗

Chahaeryouyihou Banner in Wulanchabu City

指 标	Item	2020	增长(%) Increase Rate(%)
行政区域土地面积(平方公里)	**Area of Administration(Sq.km)**	**3910**	**0.0**
人口	**Population**		
年末户籍户数(户)	The Registered Households Year-end(household)	91519	-0.6
年末户籍人口(人)	The Registered Population Year-end(person)	201871	-1.4
国民经济综合指标	**Summary Item on the National Economy**		
生产总值(万元)	Gross Domestic Product(10 000 yuan)	671235	2.6
第一产业(万元)	Primary Industry(10 000 yuan)	156401	2.7
第二产业(万元)	Secondary Industry(10 000 yuan)	306907	5.6
第三产业(万元)	Tertiary Industry(10 000 yuan)	207927	-2.3
一般公共预算收入(万元)	General Public Budget Revenue(10 000 yuan)	25993	17.6
一般公共预算支出(万元)	General Public Budget Expenditure(10 000 yuan)	260920	17.1
农村牧区经济	**Economic Development in Rural & Pastoral Area**		
耕地面积(公顷)	Cultivated Area(hectare)	63021	0.0
高标准农田面积(公顷)	High Standard Farmland Area(hectare)	4066	-2.9
农作物总播种面积(公顷)	Total Sown Area(hectare)	51871	0.6
粮食产量(吨)	Yield of Grain(ton)	121947	7.5
油料产量(吨)	Yield of Oil-bearing Crops(ton)	15026	-36.5
规模以上工业	**Industrial Enterprises above Designated size**		
工业企业单位数(个)	Number of Industrial Enterprises(unit)	22	69.2
工业总产值(万元)	Gross Industrial Output Value(10 000 yuan)	790295	14.1
投资	**Investment and Construction**		
固定资产投资(万元)	Total Investment in Fixed Assets(10 000 yuan)		-7.7
房地产开发投资(万元)	Investment in Real Estate Development(10 000 yuan)	8145	-33.2
贸易外经	**Trade**		
社会消费品零售总额(万元)	Total Retail Sales of Consumer Goods(10 000 yuan)	102533	-6.2
出口总额(万元)	Total Exports(10 000 yuan)		
交通通讯	**Transportation,Post & Telecommunications**		
公路里程(公里)	Total Length of Highways(km)	1975	-10.3
移动电话用户(户)	Number of Mobile Telephone Subscribers (subscriber)	138480	0.0
互联网宽带接入用户(户)	Number of Subscribers of Internet Service(subscriber)	8095	0.5
教育科技文化卫生社会保障	**Science,Education & Public Health**		
小学学校数(所)	Number of Primary Schools(unit)	8	0.0
普通中学学校数(所)	Number of Regular Secondary Schools(unit)	4	0.0
体育场馆数(个)	Stadium and Gymnasium(unit)		
全年专利授权(件)	Annual Patent Authorization(piece)		
剧场、影剧院(个)	Theaters,Music Halls and Cinemas(unit)	1	0.0
医疗卫生机构床位数(张)	Number of Beds in Health Care Institutions(unit)	526	22.3
医疗卫生机构技术人员(人)	Medical Technical Personnel(person)	585	-5.8
城乡居民基本养老保险参保人数(人)	Urban and Rural Residents Basic Pension Insurance Contributors(person)	103300	-2.5
基本医疗保险参保人数(人)	Basic Medical Care Insurance Contributors(person)	164359	-3.2
居民生活	**The Lives of Residents**		
全体居民人均可支配收入(元)	The per capita disposable income of all residents(yuan)	20991	3.8
城镇常住居民人均可支配收入(元)	The per capita disposable income of urban permanent residents(yuan)	31901	0.8
农村牧区常住居民人均可支配收入(元)	The per capita disposable income of permanent residents of rural and pastoral areas(yuan)	13665	9.1

20-86 乌兰察布市四子王旗

Siziwang Banner in Wulanchabu City

指 标	Item	2020	增长(%) Increase Rate(%)
行政区域土地面积(平方公里)	**Area of Administration(Sq.km)**	**24036**	**0.0**
人口	**Population**		
年末户籍户数(户)	The Registered Households Year-end(household)	105477	0.3
年末户籍人口(人)	The Registered Population Year-end(person)	209112	-0.9
国民经济综合指标	**Summary Item on the National Economy**		
生产总值(万元)	Gross Domestic Product(10 000 yuan)	605191	2.3
第一产业(万元)	Primary Industry(10 000 yuan)	180061	8.9
第二产业(万元)	Secondary Industry(10 000 yuan)	192138	4.5
第三产业(万元)	Tertiary Industry(10 000 yuan)	232992	-5.1
一般公共预算收入(万元)	General Public Budget Revenue(10 000 yuan)	14866	24.2
一般公共预算支出(万元)	General Public Budget Expenditure(10 000 yuan)	309287	1.0
农村牧区经济	**Economic Development in Rural & Pastoral Area**		
耕地面积(公顷)	Cultivated Area(hectare)	132696	0.0
高标准农田面积(公顷)	High Standard Farmland Area(hectare)	15853	7.2
农作物总播种面积(公顷)	Total Sown Area(hectare)	122258	3.1
粮食产量(吨)	Yield of Grain(ton)	213463	2.8
油料产量(吨)	Yield of Oil-bearing Crops(ton)	26573	1.8
规模以上工业	**Industrial Enterprises above Designated size**		
工业企业单位数(个)	Number of Industrial Enterprises(unit)	20	-13.0
工业总产值(万元)	Gross Industrial Output Value(10 000 yuan)	248371	4.4
投资	**Investment and Construction**		
固定资产投资(万元)	Total Investment in Fixed Assets(10 000 yuan)		4.0
房地产开发投资(万元)	Investment in Real Estate Development(10 000 yuan)	29708	1.3
贸易外经	**Trade**		
社会消费品零售总额(万元)	Total Retail Sales of Consumer Goods(10 000 yuan)	168159	-6.2
出口总额(万元)	Total Exports(10 000 yuan)		
交通通讯	**Transportation,Post & Telecommunications**		
公路里程(公里)	Total Length of Highways(km)	2561	0.0
移动电话用户(户)	Number of Mobile Telephone Subscribers (subscriber)	163000	-39.2
互联网宽带接入用户(户)	Number of Subscribers of Internet Service(subscriber)	34837	2.3
教育科技文化卫生社会保障	**Science,Education & Public Health**		
小学学校数(所)	Number of Primary Schools(unit)	8	0.0
普通中学学校数(所)	Number of Regular Secondary Schools(unit)	5	0.0
体育场馆数(个)	Stadium and Gymnasium(unit)	1	0.0
全年专利授权(件)	Annual Patent Authorization(piece)	8	-20.0
剧场、影剧院(个)	Theaters,Music Halls and Cinemas(unit)	2	100.0
医疗卫生机构床位数(张)	Number of Beds in Health Care Institutions(unit)	631	-5.3
医疗卫生机构技术人员(人)	Medical Technical Personnel(person)	929	9.3
城乡居民基本养老保险参保人数(人)	Urban and Rural Residents Basic Pension Insurance Contributors(person)	92125	-1.3
基本医疗保险参保人数(人)	Basic Medical Care Insurance Contributors(person)	172970	-2.2
居民生活	**The Lives of Residents**		
全体居民人均可支配收入(元)	The per capita disposable income of all residents(yuan)	19264	5.0
城镇常住居民人均可支配收入(元)	The per capita disposable income of urban permanent residents(yuan)	31525	2.3
农村牧区常住居民人均可支配收入(元)	The per capita disposable income of permanent residents of rural and pastoral areas(yuan)	13155	8.8

20-87 乌兰察布市丰镇市

Fengzhen City in Wulanchabu City

指 标	Item	2020	增长(%) Increase Rate(%)
行政区域土地面积(平方公里)	**Area of Administration(Sq.km)**	**2722**	**0.0**
人口	**Population**		
年末户籍户数(户)	The Registered Households Year-end(household)	146332	-0.7
年末户籍人口(人)	The Registered Population Year-end(person)	306708	-1.2
国民经济综合指标	**Summary Item on the National Economy**		
生产总值(万元)	Gross Domestic Product(10 000 yuan)	862930	1.6
第一产业(万元)	Primary Industry(10 000 yuan)	116569	0.8
第二产业(万元)	Secondary Industry(10 000 yuan)	419235	5.2
第三产业(万元)	Tertiary Industry(10 000 yuan)	327126	-2.7
一般公共预算收入(万元)	General Public Budget Revenue(10 000 yuan)	45745	-3.8
一般公共预算支出(万元)	General Public Budget Expenditure(10 000 yuan)	298105	7.6
农村牧区经济	**Economic Development in Rural & Pastoral Area**		
耕地面积(公顷)	Cultivated Area(hectare)	62491	23.3
高标准农田面积(公顷)	High Standard Farmland Area(hectare)	1400	16.7
农作物总播种面积(公顷)	Total Sown Area(hectare)	49481	-6.1
粮食产量(吨)	Yield of Grain(ton)	124120	4.4
油料产量(吨)	Yield of Oil-bearing Crops(ton)	14993	8.6
规模以上工业	**Industrial Enterprises above Designated size**		
工业企业单位数(个)	Number of Industrial Enterprises(unit)	50	11.1
工业总产值(万元)	Gross Industrial Output Value(10 000 yuan)	2518011	3.1
投资	**Investment and Construction**		
固定资产投资(万元)	Total Investment in Fixed Assets(10 000 yuan)		11.8
房地产开发投资(万元)	Investment in Real Estate Development(10 000 yuan)	27570	21.9
贸易外经	**Trade**		
社会消费品零售总额(万元)	Total Retail Sales of Consumer Goods(10 000 yuan)	222453	-6.1
出口总额(万元)	Total Exports(10 000 yuan)		
交通通讯	**Transportation,Post & Telecommunications**		
公路里程(公里)	Total Length of Highways(km)	1160	1.8
移动电话用户(户)	Number of Mobile Telephone Subscribers (subscriber)	206000	-4.7
互联网宽带接入用户(户)	Number of Subscribers of Internet Service(subscriber)	44200	0.3
教育科技文化卫生社会保障	**Science,Education & Public Health**		
小学学校数(所)	Number of Primary Schools(unit)	20	0.0
普通中学学校数(所)	Number of Regular Secondary Schools(unit)	6	0.0
体育场馆数(个)	Stadium and Gymnasium(unit)	1	0.0
全年专利授权(件)	Annual Patent Authorization(piece)	66	
剧场、影剧院(个)	Theaters,Music Halls and Cinemas(unit)	2	0.0
医疗卫生机构床位数(张)	Number of Beds in Health Care Institutions(unit)	955	9.1
医疗卫生机构技术人员(人)	Medical Technical Personnel(person)	994	35.2
城乡居民基本养老保险参保人数(人)	Urban and Rural Residents Basic Pension Insurance Contributors(person)	119959	13.8
基本医疗保险参保人数(人)	Basic Medical Care Insurance Contributors(person)	234271	-1.9
居民生活	**The Lives of Residents**		
全体居民人均可支配收入(元)	The per capita disposable income of all residents(yuan)	25462	3.3
城镇常住居民人均可支配收入(元)	The per capita disposable income of urban permanent residents(yuan)	32135	2.0
农村牧区常住居民人均可支配收入(元)	The per capita disposable income of permanent residents of rural and pastoral areas(yuan)	15289	8.1

20-88 鄂尔多斯市东胜区

Dongsheng District in Erdos City

指 标	Item	2020	增长(%) Increase Rate(%)
行政区域土地面积(平方公里)	**Area of Administration(Sq.km)**	**2145**	**0.0**
人口	**Population**		
年末户籍户数(户)	The Registered Households Year-end(household)	103446	1.6
年末户籍人口(人)	The Registered Population Year-end(person)	273909	0.9
国民经济综合指标	**Summary Item on the National Economy**		
生产总值(万元)	Gross Domestic Product(10 000 yuan)	7022010	-2.2
第一产业(万元)	Primary Industry(10 000 yuan)	17292	-1.3
第二产业(万元)	Secondary Industry(10 000 yuan)	2413617	-9.0
第三产业(万元)	Tertiary Industry(10 000 yuan)	4591101	1.9
一般公共预算收入(万元)	General Public Budget Revenue(10 000 yuan)	540201	14.5
一般公共预算支出(万元)	General Public Budget Expenditure(10 000 yuan)	777380	8.3
农村牧区经济	**Economic Development in Rural & Pastoral Area**		
耕地面积(公顷)	Cultivated Area(hectare)	20618	0.0
高标准农田面积(公顷)	High Standard Farmland Area(hectare)		
农作物总播种面积(公顷)	Total Sown Area(hectare)	3686	7.2
粮食产量(吨)	Yield of Grain(ton)	15803	4.2
油料产量(吨)	Yield of Oil-bearing Crops(ton)	29	-16.9
规模以上工业	**Industrial Enterprises above Designated size**		
工业企业单位数(个)	Number of Industrial Enterprises(unit)	55	0.0
工业总产值(万元)	Gross Industrial Output Value(10 000 yuan)	3234593	-11.7
投资	**Investment and Construction**		
固定资产投资(万元)	Total Investment in Fixed Assets(10 000 yuan)		5.6
房地产开发投资(万元)	Investment in Real Estate Development(10 000 yuan)	206996	
贸易外经	**Trade**		
社会消费品零售总额(万元)	Total Retail Sales of Consumer Goods(10 000 yuan)	2146171	-10.2
出口总额(万元)	Total Exports(10 000 yuan)		
交通通讯	**Transportation,Post & Telecommunications**		
公路里程(公里)	Total Length of Highways(km)	1833	1.1
移动电话用户(户)	Number of Mobile Telephone Subscribers (subscriber)	831000	8.9
互联网宽带接入用户(户)	Number of Subscribers of Internet Service(subscriber)	206000	32.1
教育科技文化卫生社会保障	**Science,Education & Public Health**		
小学学校数(所)	Number of Primary Schools(unit)	31	0.0
普通中学学校数(所)	Number of Regular Secondary Schools(unit)	25	13.6
体育场馆数(个)	Stadium and Gymnasium(unit)	2	0.0
全年专利授权(件)	Annual Patent Authorization(piece)	639	86.8
剧场、影剧院(个)	Theaters,Music Halls and Cinemas(unit)	1	0.0
医疗卫生机构床位数(张)	Number of Beds in Health Care Institutions(unit)	4566	-18.4
医疗卫生机构技术人员(人)	Medical Technical Personnel(person)	5781	6.3
城乡居民基本养老保险参保人数(人)	Urban and Rural Residents Basic Pension Insurance Contributors(person)	39871	5.7
基本医疗保险参保人数(人)	Basic Medical Care Insurance Contributors(person)	278200	-30.4
居民生活	**The Lives of Residents**		
全体居民人均可支配收入(元)	The per capita disposable income of all residents(yuan)	50542	1.9
城镇常住居民人均可支配收入(元)	The per capita disposable income of urban permanent residents(yuan)	52111	1.2
农村牧区常住居民人均可支配收入(元)	The per capita disposable income of permanent residents of rural and pastoral areas(yuan)		

20-89 鄂尔多斯市康巴什区

Kangbashi District in Erdos City

指 标	Item	2020	增长(%) Increase Rate(%)
行政区域土地面积(平方公里)	**Area of Administration(Sq.km)**	**372**	**-0.1**
人口	**Population**		
年末户籍户数(户)	The Registered Households Year-end(household)	15792	8.6
年末户籍人口(人)	The Registered Population Year-end(person)	44529	11.4
国民经济综合指标	**Summary Item on the National Economy**		
生产总值(万元)	Gross Domestic Product(10 000 yuan)	899500	5.0
第一产业(万元)	Primary Industry(10 000 yuan)		-4.7
第二产业(万元)	Secondary Industry(10 000 yuan)	92000	-0.8
第三产业(万元)	Tertiary Industry(10 000 yuan)	807500	5.7
一般公共预算收入(万元)	General Public Budget Revenue(10 000 yuan)	75657	6.1
一般公共预算支出(万元)	General Public Budget Expenditure(10 000 yuan)	194111	21.2
农村牧区经济	**Economic Development in Rural & Pastoral Area**		
耕地面积(公顷)	Cultivated Area(hectare)	153	0.0
高标准农田面积(公顷)	High Standard Farmland Area(hectare)		
农作物总播种面积(公顷)	Total Sown Area(hectare)		
粮食产量(吨)	Yield of Grain(ton)		
油料产量(吨)	Yield of Oil-bearing Crops(ton)		
规模以上工业	**Industrial Enterprises above Designated size**		
工业企业单位数(个)	Number of Industrial Enterprises(unit)	5	25.0
工业总产值(万元)	Gross Industrial Output Value(10 000 yuan)	124323	0.0
投资	**Investment and Construction**		
固定资产投资(万元)	Total Investment in Fixed Assets(10 000 yuan)		95.3
房地产开发投资(万元)	Investment in Real Estate Development(10 000 yuan)	90634	245.9
贸易外经	**Trade**		
社会消费品零售总额(万元)	Total Retail Sales of Consumer Goods(10 000 yuan)	595479	17.4
出口总额(万元)	Total Exports(10 000 yuan)		
交通通讯	**Transportation,Post & Telecommunications**		
公路里程(公里)	Total Length of Highways(km)	134	-2.9
移动电话用户(户)	Number of Mobile Telephone Subscribers (subscriber)	114988	22.3
互联网宽带接入用户(户)	Number of Subscribers of Internet Service(subscriber)	38281	7.2
教育科技文化卫生社会保障	**Science,Education & Public Health**		
小学学校数(所)	Number of Primary Schools(unit)	9	12.5
普通中学学校数(所)	Number of Regular Secondary Schools(unit)	7	0.0
体育场馆数(个)	Stadium and Gymnasium(unit)	7	0.0
全年专利授权(件)	Annual Patent Authorization(piece)		
剧场、影剧院(个)	Theaters,Music Halls and Cinemas(unit)	4	0.0
医疗卫生机构床位数(张)	Number of Beds in Health Care Institutions(unit)	1463	6.5
医疗卫生机构技术人员(人)	Medical Technical Personnel(person)	1983	23.7
城乡居民基本养老保险参保人数(人)	Urban and Rural Residents Basic Pension Insurance Contributors(person)	1835	5.6
基本医疗保险参保人数(人)	Basic Medical Care Insurance Contributors(person)	41717	14.9
居民生活	**The Lives of Residents**		
全体居民人均可支配收入(元)	The per capita disposable income of all residents(yuan)	48863	1.3
城镇常住居民人均可支配收入(元)	The per capita disposable income of urban permanent residents(yuan)	51909	0.6
农村牧区常住居民人均可支配收入(元)	The per capita disposable income of permanent residents of rural and pastoral areas(yuan)		

20-90 鄂尔多斯市达拉特旗
Dalate Banner in Erdos City

指 标	Item	2020	增长(%) Increase Rate(%)
行政区域土地面积(平方公里)	**Area of Administration(Sq.km)**	**8241**	**0.0**
人口	**Population**		
年末户籍户数(户)	The Registered Households Year-end(household)	169470	0.0
年末户籍人口(人)	The Registered Population Year-end(person)	372034	0.0
国民经济综合指标	**Summary Item on the National Economy**		
生产总值(万元)	Gross Domestic Product(10 000 yuan)	3196972	-1.9
第一产业(万元)	Primary Industry(10 000 yuan)	448722	3.8
第二产业(万元)	Secondary Industry(10 000 yuan)	1384269	-4.7
第三产业(万元)	Tertiary Industry(10 000 yuan)	1363981	-0.4
一般公共预算收入(万元)	General Public Budget Revenue(10 000 yuan)	200878	3.0
一般公共预算支出(万元)	General Public Budget Expenditure(10 000 yuan)	500092	8.0
农村牧区经济	**Economic Development in Rural & Pastoral Area**		
耕地面积(公顷)	Cultivated Area(hectare)	151078	0.0
高标准农田面积(公顷)	High Standard Farmland Area(hectare)		
农作物总播种面积(公顷)	Total Sown Area(hectare)	158650	-7.0
粮食产量(吨)	Yield of Grain(ton)	779586	1.7
油料产量(吨)	Yield of Oil-bearing Crops(ton)	27001	-27.7
规模以上工业	**Industrial Enterprises above Designated size**		
工业企业单位数(个)	Number of Industrial Enterprises(unit)	52	8.3
工业总产值(万元)	Gross Industrial Output Value(10 000 yuan)	2917984	17.9
投资	**Investment and Construction**		
固定资产投资(万元)	Total Investment in Fixed Assets(10 000 yuan)		1.8
房地产开发投资(万元)	Investment in Real Estate Development(10 000 yuan)	146551	129.2
贸易外经	**Trade**		
社会消费品零售总额(万元)	Total Retail Sales of Consumer Goods(10 000 yuan)	424535	-6.4
出口总额(万元)	Total Exports(10 000 yuan)		
交通通讯	**Transportation,Post & Telecommunications**		
公路里程(公里)	Total Length of Highways(km)	3292	-3.9
移动电话用户(户)	Number of Mobile Telephone Subscribers (subscriber)	372129	-3.3
互联网宽带接入用户(户)	Number of Subscribers of Internet Service(subscriber)	88444	5.7
教育科技文化卫生社会保障	**Science,Education & Public Health**		
小学学校数(所)	Number of Primary Schools(unit)	29	-6.5
普通中学学校数(所)	Number of Regular Secondary Schools(unit)	10	0.0
体育场馆数(个)	Stadium and Gymnasium(unit)	1	0.0
全年专利授权(件)	Annual Patent Authorization(piece)	199	93.2
剧场、影剧院(个)	Theaters,Music Halls and Cinemas(unit)	2	0.0
医疗卫生机构床位数(张)	Number of Beds in Health Care Institutions(unit)	2799	152.4
医疗卫生机构技术人员(人)	Medical Technical Personnel(person)	2452	20.4
城乡居民基本养老保险参保人数(人)	Urban and Rural Residents Basic Pension Insurance Contributors(person)	153221	1.5
基本医疗保险参保人数(人)	Basic Medical Care Insurance Contributors(person)	315473	-1.6
居民生活	**The Lives of Residents**		
全体居民人均可支配收入(元)	The per capita disposable income of all residents(yuan)	34164	3.0
城镇常住居民人均可支配收入(元)	The per capita disposable income of urban permanent residents(yuan)	45098	1.0
农村牧区常住居民人均可支配收入(元)	The per capita disposable income of permanent residents of rural and pastoral areas(yuan)	20968	6.5

20-91 鄂尔多斯市准格尔旗

Zhungeer Banner in Erdos City

指 标	Item	2020	增长(%) Increase Rate(%)
行政区域土地面积(平方公里)	**Area of Administration(Sq.km)**	**7692**	**0.0**
人口	**Population**		
年末户籍户数(户)	The Registered Households Year-end(household)	150061	35.5
年末户籍人口(人)	The Registered Population Year-end(person)	333532	0.3
国民经济综合指标	**Summary Item on the National Economy**		
生产总值(万元)	Gross Domestic Product(10 000 yuan)	7519100	-9.8
第一产业(万元)	Primary Industry(10 000 yuan)	125900	2.8
第二产业(万元)	Secondary Industry(10 000 yuan)	4967700	-14.2
第三产业(万元)	Tertiary Industry(10 000 yuan)	2425500	0.1
一般公共预算收入(万元)	General Public Budget Revenue(10 000 yuan)	826983	0.1
一般公共预算支出(万元)	General Public Budget Expenditure(10 000 yuan)	867845	-3.8
农村牧区经济	**Economic Development in Rural & Pastoral Area**		
耕地面积(公顷)	Cultivated Area(hectare)	76100	0.0
高标准农田面积(公顷)	High Standard Farmland Area(hectare)	3000	12.5
农作物总播种面积(公顷)	Total Sown Area(hectare)	44325	-11.0
粮食产量(吨)	Yield of Grain(ton)	219179	-0.1
油料产量(吨)	Yield of Oil-bearing Crops(ton)	702	-27.0
规模以上工业	**Industrial Enterprises above Designated size**		
工业企业单位数(个)	Number of Industrial Enterprises(unit)	105	-11.8
工业总产值(万元)	Gross Industrial Output Value(10 000 yuan)	7467004	-7.7
投资	**Investment and Construction**		
固定资产投资(万元)	Total Investment in Fixed Assets(10 000 yuan)		4.2
房地产开发投资(万元)	Investment in Real Estate Development(10 000 yuan)	31089	
贸易外经	**Trade**		
社会消费品零售总额(万元)	Total Retail Sales of Consumer Goods(10 000 yuan)	987695	-5.5
出口总额(万元)	Total Exports(10 000 yuan)		
交通通讯	**Transportation,Post & Telecommunications**		
公路里程(公里)	Total Length of Highways(km)	4499	0.9
移动电话用户(户)	Number of Mobile Telephone Subscribers (subscriber)	337000	5.3
互联网宽带接入用户(户)	Number of Subscribers of Internet Service(subscriber)	80800	85.8
教育科技文化卫生社会保障	**Science,Education & Public Health**		
小学学校数(所)	Number of Primary Schools(unit)	26	4.0
普通中学学校数(所)	Number of Regular Secondary Schools(unit)	13	18.2
体育场馆数(个)	Stadium and Gymnasium(unit)	3	0.0
全年专利授权(件)	Annual Patent Authorization(piece)	108	0.0
剧场、影剧院(个)	Theaters,Music Halls and Cinemas(unit)	5	0.0
医疗卫生机构床位数(张)	Number of Beds in Health Care Institutions(unit)	1349	-16.2
医疗卫生机构技术人员(人)	Medical Technical Personnel(person)	2640	5.7
城乡居民基本养老保险参保人数(人)	Urban and Rural Residents Basic Pension Insurance Contributors(person)	117558	1.2
基本医疗保险参保人数(人)	Basic Medical Care Insurance Contributors(person)	307408	0.6
居民生活	**The Lives of Residents**		
全体居民人均可支配收入(元)	The per capita disposable income of all residents(yuan)	41424	1.9
城镇常住居民人均可支配收入(元)	The per capita disposable income of urban permanent residents(yuan)	51380	0.5
农村牧区常住居民人均可支配收入(元)	The per capita disposable income of permanent residents of rural and pastoral areas(yuan)	20944	5.7

20-92 鄂尔多斯市鄂托克前旗

Etuokeqian Banner in Erdos City

指 标	Item	2020	增长(%) Increase Rate(%)
行政区域土地面积(平方公里)	**Area of Administration(Sq.km)**	**12221**	**0.0**
人口	**Population**		
年末户籍户数(户)	The Registered Households Year-end(household)	29456	0.1
年末户籍人口(人)	The Registered Population Year-end(person)	81687	0.4
国民经济综合指标	**Summary Item on the National Economy**		
生产总值(万元)	Gross Domestic Product(10 000 yuan)	1404484	2.1
第一产业(万元)	Primary Industry(10 000 yuan)	154067	3.1
第二产业(万元)	Secondary Industry(10 000 yuan)	840413	1.9
第三产业(万元)	Tertiary Industry(10 000 yuan)	410004	2.4
一般公共预算收入(万元)	General Public Budget Revenue(10 000 yuan)	119013	0.2
一般公共预算支出(万元)	General Public Budget Expenditure(10 000 yuan)	293611	-10.0
农村牧区经济	**Economic Development in Rural & Pastoral Area**		
耕地面积(公顷)	Cultivated Area(hectare)	53627	-5.7
高标准农田面积(公顷)	High Standard Farmland Area(hectare)		
农作物总播种面积(公顷)	Total Sown Area(hectare)	53627	-5.7
粮食产量(吨)	Yield of Grain(ton)	117155	-4.3
油料产量(吨)	Yield of Oil-bearing Crops(ton)	325	-80.5
规模以上工业	**Industrial Enterprises above Designated size**		
工业企业单位数(个)	Number of Industrial Enterprises(unit)	16	14.3
工业总产值(万元)	Gross Industrial Output Value(10 000 yuan)	785004	12.2
投资	**Investment and Construction**		
固定资产投资(万元)	Total Investment in Fixed Assets(10 000 yuan)		5.0
房地产开发投资(万元)	Investment in Real Estate Development(10 000 yuan)	50	-72.2
贸易外经	**Trade**		
社会消费品零售总额(万元)	Total Retail Sales of Consumer Goods(10 000 yuan)	240125	-6.4
出口总额(万元)	Total Exports(10 000 yuan)		
交通通讯	**Transportation,Post & Telecommunications**		
公路里程(公里)	Total Length of Highways(km)	3825	0.0
移动电话用户(户)	Number of Mobile Telephone Subscribers (subscriber)	81420	-28.1
互联网宽带接入用户(户)	Number of Subscribers of Internet Service(subscriber)	22021	5.7
教育科技文化卫生社会保障	**Science,Education & Public Health**		
小学学校数(所)	Number of Primary Schools(unit)	7	16.7
普通中学学校数(所)	Number of Regular Secondary Schools(unit)	3	50.0
体育场馆数(个)	Stadium and Gymnasium(unit)	3	0.0
全年专利授权(件)	Annual Patent Authorization(piece)	65	16.1
剧场、影剧院(个)	Theaters,Music Halls and Cinemas(unit)	1	0.0
医疗卫生机构床位数(张)	Number of Beds in Health Care Institutions(unit)	523	-2.8
医疗卫生机构技术人员(人)	Medical Technical Personnel(person)	664	5.4
城乡居民基本养老保险参保人数(人)	Urban and Rural Residents Basic Pension Insurance Contributors(person)	29932	2.5
基本医疗保险参保人数(人)	Basic Medical Care Insurance Contributors(person)	72656	1.5
居民生活	**The Lives of Residents**		
全体居民人均可支配收入(元)	The per capita disposable income of all residents(yuan)	37123	3.3
城镇常住居民人均可支配收入(元)	The per capita disposable income of urban permanent residents(yuan)	48403	1.1
农村牧区常住居民人均可支配收入(元)	The per capita disposable income of permanent residents of rural and pastoral areas(yuan)	22223	8.3

20-93 鄂尔多斯市鄂托克旗
Etuoke Banner in Erdos City

指 标	Item	2020	增长(%) Increase Rate(%)
行政区域土地面积(平方公里)	**Area of Administration(Sq.km)**	**20367**	**0.0**
人口	**Population**		
年末户籍户数(户)	The Registered Households Year-end(household)	42982	-0.3
年末户籍人口(人)	The Registered Population Year-end(person)	97973	-0.3
国民经济综合指标	**Summary Item on the National Economy**		
生产总值(万元)	Gross Domestic Product(10 000 yuan)	3730405	3.6
第一产业(万元)	Primary Industry(10 000 yuan)	102275	2.7
第二产业(万元)	Secondary Industry(10 000 yuan)	2768324	4.8
第三产业(万元)	Tertiary Industry(10 000 yuan)	859806	0.1
一般公共预算收入(万元)	General Public Budget Revenue(10 000 yuan)	284852	1.3
一般公共预算支出(万元)	General Public Budget Expenditure(10 000 yuan)	444182	-2.5
农村牧区经济	**Economic Development in Rural & Pastoral Area**		
耕地面积(公顷)	Cultivated Area(hectare)	33267	-7.6
高标准农田面积(公顷)	High Standard Farmland Area(hectare)	1667	0.0
农作物总播种面积(公顷)	Total Sown Area(hectare)	31718	-4.6
粮食产量(吨)	Yield of Grain(ton)	126690	7.2
油料产量(吨)	Yield of Oil-bearing Crops(ton)	4735	-39.2
规模以上工业	**Industrial Enterprises above Designated size**		
工业企业单位数(个)	Number of Industrial Enterprises(unit)	96	14.3
工业总产值(万元)	Gross Industrial Output Value(10 000 yuan)	7477573	5.8
投资	**Investment and Construction**		
固定资产投资(万元)	Total Investment in Fixed Assets(10 000 yuan)		5.0
房地产开发投资(万元)	Investment in Real Estate Development(10 000 yuan)		
贸易外经	**Trade**		
社会消费品零售总额(万元)	Total Retail Sales of Consumer Goods(10 000 yuan)	302518	-6.2
出口总额(万元)	Total Exports(10 000 yuan)		
交通通讯	**Transportation,Post & Telecommunications**		
公路里程(公里)	Total Length of Highways(km)	3891	1.5
移动电话用户(户)	Number of Mobile Telephone Subscribers (subscriber)	177576	4.7
互联网宽带接入用户(户)	Number of Subscribers of Internet Service(subscriber)	36288	1.1
教育科技文化卫生社会保障	**Science,Education & Public Health**		
小学学校数(所)	Number of Primary Schools(unit)	8	0.0
普通中学学校数(所)	Number of Regular Secondary Schools(unit)	6	0.0
体育场馆数(个)	Stadium and Gymnasium(unit)	1	0.0
全年专利授权(件)	Annual Patent Authorization(piece)	95	-56.6
剧场、影剧院(个)	Theaters,Music Halls and Cinemas(unit)	1	-50.0
医疗卫生机构床位数(张)	Number of Beds in Health Care Institutions(unit)	497	2.1
医疗卫生机构技术人员(人)	Medical Technical Personnel(person)	970	-0.5
城乡居民基本养老保险参保人数(人)	Urban and Rural Residents Basic Pension Insurance Contributors(person)	35672	-3.4
基本医疗保险参保人数(人)	Basic Medical Care Insurance Contributors(person)	122519	20.0
居民生活	**The Lives of Residents**		
全体居民人均可支配收入(元)	The per capita disposable income of all residents(yuan)	38984	2.7
城镇常住居民人均可支配收入(元)	The per capita disposable income of urban permanent residents(yuan)	49594	1.2
农村牧区常住居民人均可支配收入(元)	The per capita disposable income of permanent residents of rural and pastoral areas(yuan)	21933	8.3

20-94 鄂尔多斯市杭锦旗

Hangjin Banner in Erdos City

指标	Item	2020	增长(%) Increase Rate(%)
行政区域土地面积(平方公里)	**Area of Administration(Sq.km)**	**19253**	**0.0**
人口	**Population**		
年末户籍户数(户)	The Registered Households Year-end(household)	65261	-0.7
年末户籍人口(人)	The Registered Population Year-end(person)	142817	-0.6
国民经济综合指标	**Summary Item on the National Economy**		
生产总值(万元)	Gross Domestic Product(10 000 yuan)	1288326	2.3
第一产业(万元)	Primary Industry(10 000 yuan)	242456	3.2
第二产业(万元)	Secondary Industry(10 000 yuan)	574116	2.9
第三产业(万元)	Tertiary Industry(10 000 yuan)	471754	1.3
一般公共预算收入(万元)	General Public Budget Revenue(10 000 yuan)	62339	17.8
一般公共预算支出(万元)	General Public Budget Expenditure(10 000 yuan)	347897	19.8
农村牧区经济	**Economic Development in Rural & Pastoral Area**		
耕地面积(公顷)	Cultivated Area(hectare)	86700	0.0
高标准农田面积(公顷)	High Standard Farmland Area(hectare)	55936	10.4
农作物总播种面积(公顷)	Total Sown Area(hectare)	75987	4.7
粮食产量(吨)	Yield of Grain(ton)	369300	0.0
油料产量(吨)	Yield of Oil-bearing Crops(ton)	66318	-6.9
规模以上工业	**Industrial Enterprises above Designated size**		
工业企业单位数(个)	Number of Industrial Enterprises(unit)	37	8.8
工业总产值(万元)	Gross Industrial Output Value(10 000 yuan)	1725693	-3.8
投资	**Investment and Construction**		
固定资产投资(万元)	Total Investment in Fixed Assets(10 000 yuan)		5.1
房地产开发投资(万元)	Investment in Real Estate Development(10 000 yuan)	1780	-71.7
贸易外经	**Trade**		
社会消费品零售总额(万元)	Total Retail Sales of Consumer Goods(10 000 yuan)	142931	-5.7
出口总额(万元)	Total Exports(10 000 yuan)		
交通通讯	**Transportation,Post & Telecommunications**		
公路里程(公里)	Total Length of Highways(km)	5384	0.0
移动电话用户(户)	Number of Mobile Telephone Subscribers (subscriber)	152000	0.7
互联网宽带接入用户(户)	Number of Subscribers of Internet Service(subscriber)	10810	5.4
教育科技文化卫生社会保障	**Science,Education & Public Health**		
小学学校数(所)	Number of Primary Schools(unit)	5	0.0
普通中学学校数(所)	Number of Regular Secondary Schools(unit)	5	0.0
体育场馆数(个)	Stadium and Gymnasium(unit)	2	100.0
全年专利授权(件)	Annual Patent Authorization(piece)	20	150.0
剧场、影剧院(个)	Theaters,Music Halls and Cinemas(unit)	2	100.0
医疗卫生机构床位数(张)	Number of Beds in Health Care Institutions(unit)	631	-0.3
医疗卫生机构技术人员(人)	Medical Technical Personnel(person)	750	7.3
城乡居民基本养老保险参保人数(人)	Urban and Rural Residents Basic Pension Insurance Contributors(person)	66192	2.8
基本医疗保险参保人数(人)	Basic Medical Care Insurance Contributors(person)	119110	-3.5
居民生活	**The Lives of Residents**		
全体居民人均可支配收入(元)	The per capita disposable income of all residents(yuan)	34255	3.5
城镇常住居民人均可支配收入(元)	The per capita disposable income of urban permanent residents(yuan)	45525	1.4
农村牧区常住居民人均可支配收入(元)	The per capita disposable income of permanent residents of rural and pastoral areas(yuan)	21520	7.4

20-95 鄂尔多斯市乌审旗

Wushen Banner in Erdos City

指 标	Item	2020	增长(%) Increase Rate(%)
行政区域土地面积(平方公里)	**Area of Administration(Sq.km)**	**11674**	**0.0**
人口	**Population**		
年末户籍户数(户)	The Registered Households Year-end(household)	46539	0.3
年末户籍人口(人)	The Registered Population Year-end(person)	117547	0.5
国民经济综合指标	**Summary Item on the National Economy**		
生产总值(万元)	Gross Domestic Product(10 000 yuan)	3168900	1.2
第一产业(万元)	Primary Industry(10 000 yuan)	173600	3.4
第二产业(万元)	Secondary Industry(10 000 yuan)	2198000	0.7
第三产业(万元)	Tertiary Industry(10 000 yuan)	797300	2.0
一般公共预算收入(万元)	General Public Budget Revenue(10 000 yuan)	301234	15.4
一般公共预算支出(万元)	General Public Budget Expenditure(10 000 yuan)	504001	11.8
农村牧区经济	**Economic Development in Rural & Pastoral Area**		
耕地面积(公顷)	Cultivated Area(hectare)	64613	37.3
高标准农田面积(公顷)	High Standard Farmland Area(hectare)	15096	7.1
农作物总播种面积(公顷)	Total Sown Area(hectare)	64613	37.3
粮食产量(吨)	Yield of Grain(ton)	240772	25.0
油料产量(吨)	Yield of Oil-bearing Crops(ton)	1033	-68.9
规模以上工业	**Industrial Enterprises above Designated size**		
工业企业单位数(个)	Number of Industrial Enterprises(unit)	25	19.0
工业总产值(万元)	Gross Industrial Output Value(10 000 yuan)	6444110	63.4
投资	**Investment and Construction**		
固定资产投资(万元)	Total Investment in Fixed Assets(10 000 yuan)		6.5
房地产开发投资(万元)	Investment in Real Estate Development(10 000 yuan)	29374	776.6
贸易外经	**Trade**		
社会消费品零售总额(万元)	Total Retail Sales of Consumer Goods(10 000 yuan)	334964	-6.6
出口总额(万元)	Total Exports(10 000 yuan)		
交通通讯	**Transportation,Post & Telecommunications**		
公路里程(公里)	Total Length of Highways(km)	4169	1.0
移动电话用户(户)	Number of Mobile Telephone Subscribers (subscriber)	150015	13.0
互联网宽带接入用户(户)	Number of Subscribers of Internet Service(subscriber)	33992	-15.0
教育科技文化卫生社会保障	**Science,Education & Public Health**		
小学学校数(所)	Number of Primary Schools(unit)	13	0.0
普通中学学校数(所)	Number of Regular Secondary Schools(unit)	6	0.0
体育场馆数(个)	Stadium and Gymnasium(unit)	3	0.0
全年专利授权(件)	Annual Patent Authorization(piece)	50	25.0
剧场、影剧院(个)	Theaters,Music Halls and Cinemas(unit)	1	0.0
医疗卫生机构床位数(张)	Number of Beds in Health Care Institutions(unit)	818	21.0
医疗卫生机构技术人员(人)	Medical Technical Personnel(person)	891	6.7
城乡居民基本养老保险参保人数(人)	Urban and Rural Residents Basic Pension Insurance Contributors(person)	39391	1.1
基本医疗保险参保人数(人)	Basic Medical Care Insurance Contributors(person)	107308	-1.2
居民生活	**The Lives of Residents**		
全体居民人均可支配收入(元)	The per capita disposable income of all residents(yuan)	36540	3.4
城镇常住居民人均可支配收入(元)	The per capita disposable income of urban permanent residents(yuan)	48290	1.3
农村牧区常住居民人均可支配收入(元)	The per capita disposable income of permanent residents of rural and pastoral areas(yuan)	21836	8.4

20-96 鄂尔多斯市伊金霍洛旗
Yijinhuoluo Banner in Erdos City

指 标	Item	2020	增长(%) Increase Rate(%)
行政区域土地面积(平方公里)	**Area of Administration(Sq.km)**	**5487**	**0.0**
人口	**Population**		
年末户籍户数(户)	The Registered Households Year-end(household)	79838	0.9
年末户籍人口(人)	The Registered Population Year-end(person)	180245	0.8
国民经济综合指标	**Summary Item on the National Economy**		
生产总值(万元)	Gross Domestic Product(10 000 yuan)	7106926	-4.2
第一产业(万元)	Primary Industry(10 000 yuan)	92370	1.4
第二产业(万元)	Secondary Industry(10 000 yuan)	4816668	-6.8
第三产业(万元)	Tertiary Industry(10 000 yuan)	2197888	1.4
一般公共预算收入(万元)	General Public Budget Revenue(10 000 yuan)	758586	0.9
一般公共预算支出(万元)	General Public Budget Expenditure(10 000 yuan)	874859	7.4
农村牧区经济	**Economic Development in Rural & Pastoral Area**		
耕地面积(公顷)	Cultivated Area(hectare)	33464	0.0
高标准农田面积(公顷)	High Standard Farmland Area(hectare)		
农作物总播种面积(公顷)	Total Sown Area(hectare)	34412	2.7
粮食产量(吨)	Yield of Grain(ton)	95907	1.3
油料产量(吨)	Yield of Oil-bearing Crops(ton)		
规模以上工业	**Industrial Enterprises above Designated size**		
工业企业单位数(个)	Number of Industrial Enterprises(unit)	67	26.4
工业总产值(万元)	Gross Industrial Output Value(10 000 yuan)	6928034	-5.4
投资	**Investment and Construction**		
固定资产投资(万元)	Total Investment in Fixed Assets(10 000 yuan)		5.0
房地产开发投资(万元)	Investment in Real Estate Development(10 000 yuan)	167701	203.4
贸易外经	**Trade**		
社会消费品零售总额(万元)	Total Retail Sales of Consumer Goods(10 000 yuan)	480240	-6.1
出口总额(万元)	Total Exports(10 000 yuan)		
交通通讯	**Transportation,Post & Telecommunications**		
公路里程(公里)	Total Length of Highways(km)	4815	1.2
移动电话用户(户)	Number of Mobile Telephone Subscribers (subscriber)	78054	11.5
互联网宽带接入用户(户)	Number of Subscribers of Internet Service(subscriber)	9624	18.7
教育科技文化卫生社会保障	**Science,Education & Public Health**		
小学学校数(所)	Number of Primary Schools(unit)	21	5.0
普通中学学校数(所)	Number of Regular Secondary Schools(unit)	8	14.3
体育场馆数(个)	Stadium and Gymnasium(unit)	3	0.0
全年专利授权(件)	Annual Patent Authorization(piece)	263	2290.9
剧场、影剧院(个)	Theaters,Music Halls and Cinemas(unit)	2	0.0
医疗卫生机构床位数(张)	Number of Beds in Health Care Institutions(unit)	1284	-6.6
医疗卫生机构技术人员(人)	Medical Technical Personnel(person)	1542	2.5
城乡居民基本养老保险参保人数(人)	Urban and Rural Residents Basic Pension Insurance Contributors(person)	57192	0.3
基本医疗保险参保人数(人)	Basic Medical Care Insurance Contributors(person)	164668	-6.6
居民生活	**The Lives of Residents**		
全体居民人均可支配收入(元)	The per capita disposable income of all residents(yuan)	42675	2.8
城镇常住居民人均可支配收入(元)	The per capita disposable income of urban permanent residents(yuan)	52132	1.5
农村牧区常住居民人均可支配收入(元)	The per capita disposable income of permanent residents of rural and pastoral areas(yuan)	21605	7.7

20-97 巴彦淖尔市临河区
Linhe District in Bayannaoer City

指 标	Item	2020	增长(%) Increase Rate(%)
行政区域土地面积(平方公里)	**Area of Administration(Sq.km)**	**2333**	**0.0**
人口	**Population**		
年末户籍户数(户)	The Registered Households Year-end(household)	208696	0.2
年末户籍人口(人)	The Registered Population Year-end(person)	518714	-0.5
国民经济综合指标	**Summary Item on the National Economy**		
生产总值(万元)	Gross Domestic Product(10 000 yuan)	2909937	-2.2
第一产业(万元)	Primary Industry(10 000 yuan)	603168	4.2
第二产业(万元)	Secondary Industry(10 000 yuan)	761231	-6.9
第三产业(万元)	Tertiary Industry(10 000 yuan)	1545538	-1.8
一般公共预算收入(万元)	General Public Budget Revenue(10 000 yuan)	181320	-3.3
一般公共预算支出(万元)	General Public Budget Expenditure(10 000 yuan)	510247	4.1
农村牧区经济	**Economic Development in Rural & Pastoral Area**		
耕地面积(公顷)	Cultivated Area(hectare)	145656	0.0
高标准农田面积(公顷)	High Standard Farmland Area(hectare)	4553	0.0
农作物总播种面积(公顷)	Total Sown Area(hectare)	136553	0.1
粮食产量(吨)	Yield of Grain(ton)	631905	4.3
油料产量(吨)	Yield of Oil-bearing Crops(ton)	183885	0.3
规模以上工业	**Industrial Enterprises above Designated size**		
工业企业单位数(个)	Number of Industrial Enterprises(unit)	62	1.6
工业总产值(万元)	Gross Industrial Output Value(10 000 yuan)	1585273	-12.5
投资	**Investment and Construction**		
固定资产投资(万元)	Total Investment in Fixed Assets(10 000 yuan)		0.1
房地产开发投资(万元)	Investment in Real Estate Development(10 000 yuan)	488416	20.1
贸易外经	**Trade**		
社会消费品零售总额(万元)	Total Retail Sales of Consumer Goods(10 000 yuan)	1058251	-8.1
出口总额(万元)	Total Exports(10 000 yuan)	155000	-5.8
交通通讯	**Transportation,Post & Telecommunications**		
公路里程(公里)	Total Length of Highways(km)	3664	-3.1
移动电话用户(户)	Number of Mobile Telephone Subscribers (subscriber)	861391	-3.8
互联网宽带接入用户(户)	Number of Subscribers of Internet Service(subscriber)	147646	-8.9
教育科技文化卫生社会保障	**Science,Education & Public Health**		
小学学校数(所)	Number of Primary Schools(unit)	30	0.0
普通中学学校数(所)	Number of Regular Secondary Schools(unit)	18	0.0
体育场馆数(个)	Stadium and Gymnasium(unit)	4	100.0
全年专利授权(件)	Annual Patent Authorization(piece)	307	27.4
剧场、影剧院(个)	Theaters,Music Halls and Cinemas(unit)	1	0.0
医疗卫生机构床位数(张)	Number of Beds in Health Care Institutions(unit)	5246	-0.2
医疗卫生机构技术人员(人)	Medical Technical Personnel(person)	6627	1.1
城乡居民基本养老保险参保人数(人)	Urban and Rural Residents Basic Pension Insurance Contributors(person)	151123	3.6
基本医疗保险参保人数(人)	Basic Medical Care Insurance Contributors(person)	493636	0.6
居民生活	**The Lives of Residents**		
全体居民人均可支配收入(元)	The per capita disposable income of all residents(yuan)	31289	3.6
城镇常住居民人均可支配收入(元)	The per capita disposable income of urban permanent residents(yuan)	34837	3.2
农村牧区常住居民人均可支配收入(元)	The per capita disposable income of permanent residents of rural and pastoral areas(yuan)	22031	8.8

20-98 巴彦淖尔市五原县

Wuyuan County in Bayannaoer City

指 标	Item	2020	增长(%) Increase Rate(%)
行政区域土地面积(平方公里)	**Area of Administration(Sq.km)**	**2503**	**0.0**
人口	**Population**		
年末户籍户数(户)	The Registered Households Year-end(household)	118390	-0.3
年末户籍人口(人)	The Registered Population Year-end(person)	278708	-0.5
国民经济综合指标	**Summary Item on the National Economy**		
生产总值(万元)	Gross Domestic Product(10 000 yuan)	1037857	-2.7
第一产业(万元)	Primary Industry(10 000 yuan)	340977	4.0
第二产业(万元)	Secondary Industry(10 000 yuan)	137210	-9.3
第三产业(万元)	Tertiary Industry(10 000 yuan)	559670	-4.5
一般公共预算收入(万元)	General Public Budget Revenue(10 000 yuan)	30538	-7.7
一般公共预算支出(万元)	General Public Budget Expenditure(10 000 yuan)	342038	4.2
农村牧区经济	**Economic Development in Rural & Pastoral Area**		
耕地面积(公顷)	Cultivated Area(hectare)	159192	0.0
高标准农田面积(公顷)	High Standard Farmland Area(hectare)	7373	0.0
农作物总播种面积(公顷)	Total Sown Area(hectare)	152760	-0.9
粮食产量(吨)	Yield of Grain(ton)	450356	2.9
油料产量(吨)	Yield of Oil-bearing Crops(ton)	272245	0.9
规模以上工业	**Industrial Enterprises above Designated size**		
工业企业单位数(个)	Number of Industrial Enterprises(unit)	22	10.0
工业总产值(万元)	Gross Industrial Output Value(10 000 yuan)	168422	-29.9
投资	**Investment and Construction**		
固定资产投资(万元)	Total Investment in Fixed Assets(10 000 yuan)		0.2
房地产开发投资(万元)	Investment in Real Estate Development(10 000 yuan)	37945	33.5
贸易外经	**Trade**		
社会消费品零售总额(万元)	Total Retail Sales of Consumer Goods(10 000 yuan)	258614	-9.4
出口总额(万元)	Total Exports(10 000 yuan)	134184	19.5
交通通讯	**Transportation,Post & Telecommunications**		
公路里程(公里)	Total Length of Highways(km)	3082	0.3
移动电话用户(户)	Number of Mobile Telephone Subscribers (subscriber)	275625	9.7
互联网宽带接入用户(户)	Number of Subscribers of Internet Service(subscriber)	58175	-1.7
教育科技文化卫生社会保障	**Science,Education & Public Health**		
小学学校数(所)	Number of Primary Schools(unit)	16	0.0
普通中学学校数(所)	Number of Regular Secondary Schools(unit)	5	0.0
体育场馆数(个)	Stadium and Gymnasium(unit)	2	100.0
全年专利授权(件)	Annual Patent Authorization(piece)	192	405.3
剧场、影剧院(个)	Theaters,Music Halls and Cinemas(unit)		
医疗卫生机构床位数(张)	Number of Beds in Health Care Institutions(unit)	1314	1.2
医疗卫生机构技术人员(人)	Medical Technical Personnel(person)	1204	0.9
城乡居民基本养老保险参保人数(人)	Urban and Rural Residents Basic Pension Insurance Contributors(person)	120598	1.4
基本医疗保险参保人数(人)	Basic Medical Care Insurance Contributors(person)	242881	0.1
居民生活	**The Lives of Residents**		
全体居民人均可支配收入(元)	The per capita disposable income of all residents(yuan)	30295	4.1
城镇常住居民人均可支配收入(元)	The per capita disposable income of urban permanent residents(yuan)	33290	3.0
农村牧区常住居民人均可支配收入(元)	The per capita disposable income of permanent residents of rural and pastoral areas(yuan)	21658	8.2

20-99 巴彦淖尔市磴口县
Dengkou County in Bayannaoer City

指 标	Item	2020	增长(%) Increase Rate(%)
行政区域土地面积(平方公里)	**Area of Administration(Sq.km)**	**3676**	**0.0**
人口	**Population**		
年末户籍户数(户)	The Registered Households Year-end(household)	48995	-0.7
年末户籍人口(人)	The Registered Population Year-end(person)	111358	-1.5
国民经济综合指标	**Summary Item on the National Economy**		
生产总值(万元)	Gross Domestic Product(10 000 yuan)	578520	2.0
第一产业(万元)	Primary Industry(10 000 yuan)	132929	3.5
第二产业(万元)	Secondary Industry(10 000 yuan)	220964	1.2
第三产业(万元)	Tertiary Industry(10 000 yuan)	224627	2.0
一般公共预算收入(万元)	General Public Budget Revenue(10 000 yuan)	22012	7.1
一般公共预算支出(万元)	General Public Budget Expenditure(10 000 yuan)	187820	22.7
农村牧区经济	**Economic Development in Rural & Pastoral Area**		
耕地面积(公顷)	Cultivated Area(hectare)	58335	0.0
高标准农田面积(公顷)	High Standard Farmland Area(hectare)	6000	0.0
农作物总播种面积(公顷)	Total Sown Area(hectare)	80153	-1.3
粮食产量(吨)	Yield of Grain(ton)	250359	5.9
油料产量(吨)	Yield of Oil-bearing Crops(ton)	85015	-5.5
规模以上工业	**Industrial Enterprises above Designated size**		
工业企业单位数(个)	Number of Industrial Enterprises(unit)	16	-5.9
工业总产值(万元)	Gross Industrial Output Value(10 000 yuan)	617707	0.6
投资	**Investment and Construction**		
固定资产投资(万元)	Total Investment in Fixed Assets(10 000 yuan)		0.3
房地产开发投资(万元)	Investment in Real Estate Development(10 000 yuan)	1000	
贸易外经	**Trade**		
社会消费品零售总额(万元)	Total Retail Sales of Consumer Goods(10 000 yuan)	121576	-9.5
出口总额(万元)	Total Exports(10 000 yuan)	9873	-5.0
交通通讯	**Transportation,Post & Telecommunications**		
公路里程(公里)	Total Length of Highways(km)	2169	2.4
移动电话用户(户)	Number of Mobile Telephone Subscribers (subscriber)	121442	-5.3
互联网宽带接入用户(户)	Number of Subscribers of Internet Service(subscriber)	32500	7.0
教育科技文化卫生社会保障	**Science,Education & Public Health**		
小学学校数(所)	Number of Primary Schools(unit)	11	0.0
普通中学学校数(所)	Number of Regular Secondary Schools(unit)	2	0.0
体育场馆数(个)	Stadium and Gymnasium(unit)	1	-80.0
全年专利授权(件)	Annual Patent Authorization(piece)	27	1250.0
剧场、影剧院(个)	Theaters,Music Halls and Cinemas(unit)		
医疗卫生机构床位数(张)	Number of Beds in Health Care Institutions(unit)	636	-41.7
医疗卫生机构技术人员(人)	Medical Technical Personnel(person)	784	2.0
城乡居民基本养老保险参保人数(人)	Urban and Rural Residents Basic Pension Insurance Contributors(person)	33002	2.8
基本医疗保险参保人数(人)	Basic Medical Care Insurance Contributors(person)	96856	-1.8
居民生活	**The Lives of Residents**		
全体居民人均可支配收入(元)	The per capita disposable income of all residents(yuan)	24946	3.8
城镇常住居民人均可支配收入(元)	The per capita disposable income of urban permanent residents(yuan)	32698	3.1
农村牧区常住居民人均可支配收入(元)	The per capita disposable income of permanent residents of rural and pastoral areas(yuan)	21095	8.1

20-100 巴彦淖尔市乌拉特前旗

Wulateqian Banner in Bayannaoer City

指 标	Item	2020	增长(%) Increase Rate(%)
行政区域土地面积(平方公里)	**Area of Administration(Sq.km)**	**7482**	**0.0**
人口	**Population**		
年末户籍户数(户)	The Registered Households Year-end(household)	145438	-0.3
年末户籍人口(人)	The Registered Population Year-end(person)	329106	-0.8
国民经济综合指标	**Summary Item on the National Economy**		
生产总值(万元)	Gross Domestic Product(10 000 yuan)	1392839	0.4
第一产业(万元)	Primary Industry(10 000 yuan)	417500	3.6
第二产业(万元)	Secondary Industry(10 000 yuan)	412989	-2.1
第三产业(万元)	Tertiary Industry(10 000 yuan)	562350	0.0
一般公共预算收入(万元)	General Public Budget Revenue(10 000 yuan)	76971	-1.2
一般公共预算支出(万元)	General Public Budget Expenditure(10 000 yuan)	361163	12.6
农村牧区经济	**Economic Development in Rural & Pastoral Area**		
耕地面积(公顷)	Cultivated Area(hectare)	163372	0.0
高标准农田面积(公顷)	High Standard Farmland Area(hectare)	17533	155.4
农作物总播种面积(公顷)	Total Sown Area(hectare)	184433	6.8
粮食产量(吨)	Yield of Grain(ton)	564757	4.0
油料产量(吨)	Yield of Oil-bearing Crops(ton)	196720	5.1
规模以上工业	**Industrial Enterprises above Designated size**		
工业企业单位数(个)	Number of Industrial Enterprises(unit)	68	6.3
工业总产值(万元)	Gross Industrial Output Value(10 000 yuan)	1414790	-3.2
投资	**Investment and Construction**		
固定资产投资(万元)	Total Investment in Fixed Assets(10 000 yuan)		0.2
房地产开发投资(万元)	Investment in Real Estate Development(10 000 yuan)	39095	32.2
贸易外经	**Trade**		
社会消费品零售总额(万元)	Total Retail Sales of Consumer Goods(10 000 yuan)	285468	-8.6
出口总额(万元)	Total Exports(10 000 yuan)	17952	-14.4
交通通讯	**Transportation,Post & Telecommunications**		
公路里程(公里)	Total Length of Highways(km)	4673	-3.0
移动电话用户(户)	Number of Mobile Telephone Subscribers (subscriber)	319063	3.1
互联网宽带接入用户(户)	Number of Subscribers of Internet Service(subscriber)	67375	18.8
教育科技文化卫生社会保障	**Science,Education & Public Health**		
小学学校数(所)	Number of Primary Schools(unit)	14	0.0
普通中学学校数(所)	Number of Regular Secondary Schools(unit)	11	0.0
体育场馆数(个)	Stadium and Gymnasium(unit)	1	0.0
全年专利授权(件)	Annual Patent Authorization(piece)	99	1137.5
剧场、影剧院(个)	Theaters,Music Halls and Cinemas(unit)	1	0.0
医疗卫生机构床位数(张)	Number of Beds in Health Care Institutions(unit)	1574	1.4
医疗卫生机构技术人员(人)	Medical Technical Personnel(person)	1913	2.0
城乡居民基本养老保险参保人数(人)	Urban and Rural Residents Basic Pension Insurance Contributors(person)	113190	1.6
基本医疗保险参保人数(人)	Basic Medical Care Insurance Contributors(person)	268442	-1.8
居民生活	**The Lives of Residents**		
全体居民人均可支配收入(元)	The per capita disposable income of all residents(yuan)	25027	3.9
城镇常住居民人均可支配收入(元)	The per capita disposable income of urban permanent residents(yuan)	32490	2.7
农村牧区常住居民人均可支配收入(元)	The per capita disposable income of permanent residents of rural and pastoral areas(yuan)	20640	8.5

20-101 巴彦淖尔市乌拉特中旗

Wulatezhong Banner in Bayannaoer City

指 标	Item	2020	增长(%) Increase Rate(%)
行政区域土地面积(平方公里)	**Area of Administration(Sq.km)**	**22868**	**0.0**
人口	**Population**		
年末户籍户数(户)	The Registered Households Year-end(household)	70277	0.5
年末户籍人口(人)	The Registered Population Year-end(person)	143034	0.0
国民经济综合指标	**Summary Item on the National Economy**		
生产总值(万元)	Gross Domestic Product(10 000 yuan)	951582	-3.8
第一产业(万元)	Primary Industry(10 000 yuan)	217334	3.3
第二产业(万元)	Secondary Industry(10 000 yuan)	365259	-6.1
第三产业(万元)	Tertiary Industry(10 000 yuan)	368989	-5.3
一般公共预算收入(万元)	General Public Budget Revenue(10 000 yuan)	73492	-5.2
一般公共预算支出(万元)	General Public Budget Expenditure(10 000 yuan)	301633	14.6
农村牧区经济	**Economic Development in Rural & Pastoral Area**		
耕地面积(公顷)	Cultivated Area(hectare)	92585	0.0
高标准农田面积(公顷)	High Standard Farmland Area(hectare)	6867	24.1
农作物总播种面积(公顷)	Total Sown Area(hectare)	102500	0.6
粮食产量(吨)	Yield of Grain(ton)	301360	8.9
油料产量(吨)	Yield of Oil-bearing Crops(ton)	114765	4.9
规模以上工业	**Industrial Enterprises above Designated size**		
工业企业单位数(个)	Number of Industrial Enterprises(unit)	33	-2.9
工业总产值(万元)	Gross Industrial Output Value(10 000 yuan)	1275546	-11.0
投资	**Investment and Construction**		
固定资产投资(万元)	Total Investment in Fixed Assets(10 000 yuan)		-0.4
房地产开发投资(万元)	Investment in Real Estate Development(10 000 yuan)		
贸易外经	**Trade**		
社会消费品零售总额(万元)	Total Retail Sales of Consumer Goods(10 000 yuan)	135739	-9.6
出口总额(万元)	Total Exports(10 000 yuan)		
交通通讯	**Transportation,Post & Telecommunications**		
公路里程(公里)	Total Length of Highways(km)	5102	1.8
移动电话用户(户)	Number of Mobile Telephone Subscribers (subscriber)	139610	-4.7
互联网宽带接入用户(户)	Number of Subscribers of Internet Service(subscriber)	29393	-10.9
教育科技文化卫生社会保障	**Science,Education & Public Health**		
小学学校数(所)	Number of Primary Schools(unit)	2	0.0
普通中学学校数(所)	Number of Regular Secondary Schools(unit)	5	0.0
体育场馆数(个)	Stadium and Gymnasium(unit)	6	0.0
全年专利授权(件)	Annual Patent Authorization(piece)	79	-44.0
剧场、影剧院(个)	Theaters,Music Halls and Cinemas(unit)	1	0.0
医疗卫生机构床位数(张)	Number of Beds in Health Care Institutions(unit)	533	-0.6
医疗卫生机构技术人员(人)	Medical Technical Personnel(person)	727	3.6
城乡居民基本养老保险参保人数(人)	Urban and Rural Residents Basic Pension Insurance Contributors(person)	52910	0.0
基本医疗保险参保人数(人)	Basic Medical Care Insurance Contributors(person)	120634	-1.2
居民生活	**The Lives of Residents**		
全体居民人均可支配收入(元)	The per capita disposable income of all residents(yuan)	25485	4.0
城镇常住居民人均可支配收入(元)	The per capita disposable income of urban permanent residents(yuan)	34370	2.9
农村牧区常住居民人均可支配收入(元)	The per capita disposable income of permanent residents of rural and pastoral areas(yuan)	19953	8.6

20-102 巴彦淖尔市乌拉特后旗

Wulatehou Banner in Bayannaoer City

指 标	Item	2020	增长(%) Increase Rate(%)
行政区域土地面积(平方公里)	**Area of Administration(Sq.km)**	**24525**	**0.0**
人口	**Population**		
年末户籍户数(户)	The Registered Households Year-end(household)	24442	-0.4
年末户籍人口(人)	The Registered Population Year-end(person)	58118	-0.6
国民经济综合指标	**Summary Item on the National Economy**		
生产总值(万元)	Gross Domestic Product(10 000 yuan)	676073	-4.4
第一产业(万元)	Primary Industry(10 000 yuan)	51662	3.4
第二产业(万元)	Secondary Industry(10 000 yuan)	470419	-5.8
第三产业(万元)	Tertiary Industry(10 000 yuan)	153992	-2.2
一般公共预算收入(万元)	General Public Budget Revenue(10 000 yuan)	81800	-6.3
一般公共预算支出(万元)	General Public Budget Expenditure(10 000 yuan)	222541	15.8
农村牧区经济	**Economic Development in Rural & Pastoral Area**		
耕地面积(公顷)	Cultivated Area(hectare)	12369	0.0
高标准农田面积(公顷)	High Standard Farmland Area(hectare)	2000	0.0
农作物总播种面积(公顷)	Total Sown Area(hectare)	12713	-1.0
粮食产量(吨)	Yield of Grain(ton)	78109	16.8
油料产量(吨)	Yield of Oil-bearing Crops(ton)	6510	2.2
规模以上工业	**Industrial Enterprises above Designated size**		
工业企业单位数(个)	Number of Industrial Enterprises(unit)	42	2.4
工业总产值(万元)	Gross Industrial Output Value(10 000 yuan)	1351315	-11.1
投资	**Investment and Construction**		
固定资产投资(万元)	Total Investment in Fixed Assets(10 000 yuan)		-0.1
房地产开发投资(万元)	Investment in Real Estate Development(10 000 yuan)	4913	-72.1
贸易外经	**Trade**		
社会消费品零售总额(万元)	Total Retail Sales of Consumer Goods(10 000 yuan)	70001	-9.6
出口总额(万元)	Total Exports(10 000 yuan)		
交通通讯	**Transportation,Post & Telecommunications**		
公路里程(公里)	Total Length of Highways(km)	2352	3.0
移动电话用户(户)	Number of Mobile Telephone Subscribers (subscriber)	72250	28.7
互联网宽带接入用户(户)	Number of Subscribers of Internet Service(subscriber)	18854	4.0
教育科技文化卫生社会保障	**Science,Education & Public Health**		
小学学校数(所)	Number of Primary Schools(unit)	2	0.0
普通中学学校数(所)	Number of Regular Secondary Schools(unit)	3	0.0
体育场馆数(个)	Stadium and Gymnasium(unit)	7	0.0
全年专利授权(件)	Annual Patent Authorization(piece)	90	462.5
剧场、影剧院(个)	Theaters,Music Halls and Cinemas(unit)	1	0.0
医疗卫生机构床位数(张)	Number of Beds in Health Care Institutions(unit)	397	3.4
医疗卫生机构技术人员(人)	Medical Technical Personnel(person)	483	-3.2
城乡居民基本养老保险参保人数(人)	Urban and Rural Residents Basic Pension Insurance Contributors(person)	15782	1.1
基本医疗保险参保人数(人)	Basic Medical Care Insurance Contributors(person)	58405	1.6
居民生活	**The Lives of Residents**		
全体居民人均可支配收入(元)	The per capita disposable income of all residents(yuan)	25425	3.2
城镇常住居民人均可支配收入(元)	The per capita disposable income of urban permanent residents(yuan)	34108	2.5
农村牧区常住居民人均可支配收入(元)	The per capita disposable income of permanent residents of rural and pastoral areas(yuan)	18169	8.7

20-103 巴彦淖尔市杭锦后旗
Hangjinhou Banner in Bayannaoer City

指 标	Item	2020	增长(%) Increase Rate(%)
行政区域土地面积(平方公里)	**Area of Administration(Sq.km)**	**1752**	**0.0**
人口	**Population**		
年末户籍户数(户)	The Registered Households Year-end(household)	117303	0.0
年末户籍人口(人)	The Registered Population Year-end(person)	289521	-0.7
国民经济综合指标	**Summary Item on the National Economy**		
生产总值(万元)	Gross Domestic Product(10 000 yuan)	1160870	2.3
第一产业(万元)	Primary Industry(10 000 yuan)	450798	3.8
第二产业(万元)	Secondary Industry(10 000 yuan)	197156	-2.6
第三产业(万元)	Tertiary Industry(10 000 yuan)	512916	3.3
一般公共预算收入(万元)	General Public Budget Revenue(10 000 yuan)	27131	-17.2
一般公共预算支出(万元)	General Public Budget Expenditure(10 000 yuan)	296062	5.3
农村牧区经济	**Economic Development in Rural & Pastoral Area**		
耕地面积(公顷)	Cultivated Area(hectare)	91840	0.0
高标准农田面积(公顷)	High Standard Farmland Area(hectare)	2000	-60.5
农作物总播种面积(公顷)	Total Sown Area(hectare)	91240	-0.4
粮食产量(吨)	Yield of Grain(ton)	484796	2.0
油料产量(吨)	Yield of Oil-bearing Crops(ton)	97150	14.3
规模以上工业	**Industrial Enterprises above Designated size**		
工业企业单位数(个)	Number of Industrial Enterprises(unit)	21	0.0
工业总产值(万元)	Gross Industrial Output Value(10 000 yuan)	375049	32.5
投资	**Investment and Construction**		
固定资产投资(万元)	Total Investment in Fixed Assets(10 000 yuan)		21.9
房地产开发投资(万元)	Investment in Real Estate Development(10 000 yuan)	34288	-7.0
贸易外经	**Trade**		
社会消费品零售总额(万元)	Total Retail Sales of Consumer Goods(10 000 yuan)	254124	-9.4
出口总额(万元)	Total Exports(10 000 yuan)	84470	-0.1
交通通讯	**Transportation,Post & Telecommunications**		
公路里程(公里)	Total Length of Highways(km)	2188	-4.8
移动电话用户(户)	Number of Mobile Telephone Subscribers (subscriber)	254749	106.5
互联网宽带接入用户(户)	Number of Subscribers of Internet Service(subscriber)	53152	35.4
教育科技文化卫生社会保障	**Science,Education & Public Health**		
小学学校数(所)	Number of Primary Schools(unit)	15	0.0
普通中学学校数(所)	Number of Regular Secondary Schools(unit)	5	0.0
体育场馆数(个)	Stadium and Gymnasium(unit)	3	0.0
全年专利授权(件)	Annual Patent Authorization(piece)	66	842.9
剧场、影剧院(个)	Theaters,Music Halls and Cinemas(unit)		
医疗卫生机构床位数(张)	Number of Beds in Health Care Institutions(unit)	1578	5.4
医疗卫生机构技术人员(人)	Medical Technical Personnel(person)	1635	3.5
城乡居民基本养老保险参保人数(人)	Urban and Rural Residents Basic Pension Insurance Contributors(person)	104543	12.9
基本医疗保险参保人数(人)	Basic Medical Care Insurance Contributors(person)	230194	-3.8
居民生活	**The Lives of Residents**		
全体居民人均可支配收入(元)	The per capita disposable income of all residents(yuan)	30046	3.7
城镇常住居民人均可支配收入(元)	The per capita disposable income of urban permanent residents(yuan)	33587	2.6
农村牧区常住居民人均可支配收入(元)	The per capita disposable income of permanent residents of rural and pastoral areas(yuan)	21673	8.3

20-104 乌海市海勃湾区
Haibowan District in Wuhai City

指 标	Item	2020	增长(%) Increase Rate(%)
行政区域土地面积(平方公里)	**Area of Administration(Sq.km)**	**487**	**0.0**
人口	**Population**		
年末户籍户数(户)	The Registered Households Year-end(household)	88310	5.6
年末户籍人口(人)	The Registered Population Year-end(person)	249277	1.1
国民经济综合指标	**Summary Item on the National Economy**		
生产总值(万元)	Gross Domestic Product(10 000 yuan)	2609524	6.9
第一产业(万元)	Primary Industry(10 000 yuan)	19342	6.3
第二产业(万元)	Secondary Industry(10 000 yuan)	1397894	19.1
第三产业(万元)	Tertiary Industry(10 000 yuan)	1192288	-4.0
一般公共预算收入(万元)	General Public Budget Revenue(10 000 yuan)	236961	16.2
一般公共预算支出(万元)	General Public Budget Expenditure(10 000 yuan)	237384	-3.4
农村牧区经济	**Economic Development in Rural & Pastoral Area**		
耕地面积(公顷)	Cultivated Area(hectare)	2211	0.0
高标准农田面积(公顷)	High Standard Farmland Area(hectare)		
农作物总播种面积(公顷)	Total Sown Area(hectare)	2213	-4.6
粮食产量(吨)	Yield of Grain(ton)	4672	12.7
油料产量(吨)	Yield of Oil-bearing Crops(ton)	419	-6.9
规模以上工业	**Industrial Enterprises above Designated size**		
工业企业单位数(个)	Number of Industrial Enterprises(unit)	54	12.5
工业总产值(万元)	Gross Industrial Output Value(10 000 yuan)	4200124	22.4
投资	**Investment and Construction**		
固定资产投资(万元)	Total Investment in Fixed Assets(10 000 yuan)		-0.6
房地产开发投资(万元)	Investment in Real Estate Development(10 000 yuan)	245284	-3.7
贸易外经	**Trade**		
社会消费品零售总额(万元)	Total Retail Sales of Consumer Goods(10 000 yuan)	1050391	-7.9
出口总额(万元)	Total Exports(10 000 yuan)	383	4.4
交通通讯	**Transportation,Post & Telecommunications**		
公路里程(公里)	Total Length of Highways(km)	380	0.0
移动电话用户(户)	Number of Mobile Telephone Subscribers (subscriber)	481798	9.4
互联网宽带接入用户(户)	Number of Subscribers of Internet Service(subscriber)	137537	11.5
教育科技文化卫生社会保障	**Science,Education & Public Health**		
小学学校数(所)	Number of Primary Schools(unit)	15	0.0
普通中学学校数(所)	Number of Regular Secondary Schools(unit)	12	9.1
体育场馆数(个)	Stadium and Gymnasium(unit)	2	0.0
全年专利授权(件)	Annual Patent Authorization(piece)		
剧场、影剧院(个)	Theaters,Music Halls and Cinemas(unit)	2	0.0
医疗卫生机构床位数(张)	Number of Beds in Health Care Institutions(unit)	2507	2.7
医疗卫生机构技术人员(人)	Medical Technical Personnel(person)	3912	3.4
城乡居民基本养老保险参保人数(人)	Urban and Rural Residents Basic Pension Insurance Contributors(person)	3608	40.3
基本医疗保险参保人数(人)	Basic Medical Care Insurance Contributors(person)	231929	0.4
居民生活	**The Lives of Residents**		
全体居民人均可支配收入(元)	The per capita disposable income of all residents(yuan)	46732	1.2
城镇常住居民人均可支配收入(元)	The per capita disposable income of urban permanent residents(yuan)	46757	1.2
农村牧区常住居民人均可支配收入(元)	The per capita disposable income of permanent residents of rural and pastoral areas(yuan)	23525	7.6

20-105 乌海市海南区

Hainan District in Wuhai City

指 标	Item	2020	增长(%) Increase Rate(%)
行政区域土地面积(平方公里)	**Area of Administration(Sq.km)**	**975**	**0.0**
人口	**Population**		
年末户籍户数(户)	The Registered Households Year-end(household)	33048	-4.7
年末户籍人口(人)	The Registered Population Year-end(person)	76583	-5.3
国民经济综合指标	**Summary Item on the National Economy**		
生产总值(万元)	Gross Domestic Product(10 000 yuan)	1607123	2.0
第一产业(万元)	Primary Industry(10 000 yuan)	24500	6.4
第二产业(万元)	Secondary Industry(10 000 yuan)	1209223	3.8
第三产业(万元)	Tertiary Industry(10 000 yuan)	373400	-3.7
一般公共预算收入(万元)	General Public Budget Revenue(10 000 yuan)	130187	7.7
一般公共预算支出(万元)	General Public Budget Expenditure(10 000 yuan)	142201	-6.1
农村牧区经济	**Economic Development in Rural & Pastoral Area**		
耕地面积(公顷)	Cultivated Area(hectare)	3692	0.0
高标准农田面积(公顷)	High Standard Farmland Area(hectare)		
农作物总播种面积(公顷)	Total Sown Area(hectare)	3827	-0.2
粮食产量(吨)	Yield of Grain(ton)	26146	-1.7
油料产量(吨)	Yield of Oil-bearing Crops(ton)	14	-81.1
规模以上工业	**Industrial Enterprises above Designated size**		
工业企业单位数(个)	Number of Industrial Enterprises(unit)	72	18.0
工业总产值(万元)	Gross Industrial Output Value(10 000 yuan)	3495286	3.2
投资	**Investment and Construction**		
固定资产投资(万元)	Total Investment in Fixed Assets(10 000 yuan)		-1.9
房地产开发投资(万元)	Investment in Real Estate Development(10 000 yuan)	3695	13.1
贸易外经	**Trade**		
社会消费品零售总额(万元)	Total Retail Sales of Consumer Goods(10 000 yuan)	114914	-10.2
出口总额(万元)	Total Exports(10 000 yuan)	4139	-31.8
交通通讯	**Transportation,Post & Telecommunications**		
公路里程(公里)	Total Length of Highways(km)	496	0.0
移动电话用户(户)	Number of Mobile Telephone Subscribers (subscriber)	144685	0.1
互联网宽带接入用户(户)	Number of Subscribers of Internet Service(subscriber)	41303	2.1
教育科技文化卫生社会保障	**Science,Education & Public Health**		
小学学校数(所)	Number of Primary Schools(unit)	4	-20.0
普通中学学校数(所)	Number of Regular Secondary Schools(unit)	4	0.0
体育场馆数(个)	Stadium and Gymnasium(unit)	1	0.0
全年专利授权(件)	Annual Patent Authorization(piece)		
剧场、影剧院(个)	Theaters,Music Halls and Cinemas(unit)		
医疗卫生机构床位数(张)	Number of Beds in Health Care Institutions(unit)	372	1.1
医疗卫生机构技术人员(人)	Medical Technical Personnel(person)	568	36.5
城乡居民基本养老保险参保人数(人)	Urban and Rural Residents Basic Pension Insurance Contributors(person)	2296	41.8
基本医疗保险参保人数(人)	Basic Medical Care Insurance Contributors(person)	67539	7.4
居民生活	**The Lives of Residents**		
全体居民人均可支配收入(元)	The per capita disposable income of all residents(yuan)	41051	3.2
城镇常住居民人均可支配收入(元)	The per capita disposable income of urban permanent residents(yuan)	43829	1.0
农村牧区常住居民人均可支配收入(元)	The per capita disposable income of permanent residents of rural and pastoral areas(yuan)	20801	7.3

20-106 乌海市乌达区
Wuda District in Wuhai City

指 标	Item	2020	增长(%) Increase Rate(%)
行政区域土地面积(平方公里)	**Area of Administration(Sq.km)**	**207**	**0.0**
人口	**Population**		
年末户籍户数(户)	The Registered Households Year-end(household)	44442	-1.5
年末户籍人口(人)	The Registered Population Year-end(person)	111792	-2.3
国民经济综合指标	**Summary Item on the National Economy**		
生产总值(万元)	Gross Domestic Product(10 000 yuan)	1411963	-1.8
第一产业(万元)	Primary Industry(10 000 yuan)	7900	6.1
第二产业(万元)	Secondary Industry(10 000 yuan)	1018663	-0.9
第三产业(万元)	Tertiary Industry(10 000 yuan)	385400	-4.5
一般公共预算收入(万元)	General Public Budget Revenue(10 000 yuan)	122510	5.0
一般公共预算支出(万元)	General Public Budget Expenditure(10 000 yuan)	164421	24.6
农村牧区经济	**Economic Development in Rural & Pastoral Area**		
耕地面积(公顷)	Cultivated Area(hectare)	1168	0.0
高标准农田面积(公顷)	High Standard Farmland Area(hectare)		
农作物总播种面积(公顷)	Total Sown Area(hectare)	617	14.8
粮食产量(吨)	Yield of Grain(ton)	2556	1.6
油料产量(吨)	Yield of Oil-bearing Crops(ton)		
规模以上工业	**Industrial Enterprises above Designated size**		
工业企业单位数(个)	Number of Industrial Enterprises(unit)	35	40.0
工业总产值(万元)	Gross Industrial Output Value(10 000 yuan)	2626984	7.0
投资	**Investment and Construction**		
固定资产投资(万元)	Total Investment in Fixed Assets(10 000 yuan)		17.4
房地产开发投资(万元)	Investment in Real Estate Development(10 000 yuan)	345	-84.0
贸易外经	**Trade**		
社会消费品零售总额(万元)	Total Retail Sales of Consumer Goods(10 000 yuan)	112358	-6.3
出口总额(万元)	Total Exports(10 000 yuan)	35011	-13.3
交通通讯	**Transportation,Post & Telecommunications**		
公路里程(公里)	Total Length of Highways(km)	144	0.0
移动电话用户(户)	Number of Mobile Telephone Subscribers (subscriber)	182717	-10.6
互联网宽带接入用户(户)	Number of Subscribers of Internet Service(subscriber)	52160	-8.8
教育科技文化卫生社会保障	**Science,Education & Public Health**		
小学学校数(所)	Number of Primary Schools(unit)	4	-50.0
普通中学学校数(所)	Number of Regular Secondary Schools(unit)	5	150.0
体育场馆数(个)	Stadium and Gymnasium(unit)	1	0.0
全年专利授权(件)	Annual Patent Authorization(piece)	106	51.4
剧场、影剧院(个)	Theaters,Music Halls and Cinemas(unit)		
医疗卫生机构床位数(张)	Number of Beds in Health Care Institutions(unit)	746	0.0
医疗卫生机构技术人员(人)	Medical Technical Personnel(person)	1002	0.0
城乡居民基本养老保险参保人数(人)	Urban and Rural Residents Basic Pension Insurance Contributors(person)	1464	25.3
基本医疗保险参保人数(人)	Basic Medical Care Insurance Contributors(person)	90297	-2.9
居民生活	**The Lives of Residents**		
全体居民人均可支配收入(元)	The per capita disposable income of all residents(yuan)	43984	1.2
城镇常住居民人均可支配收入(元)	The per capita disposable income of urban permanent residents(yuan)	43984	1.2
农村牧区常住居民人均可支配收入(元)	The per capita disposable income of permanent residents of rural and pastoral areas(yuan)		

20-107 阿拉善盟阿拉善左旗

Alashanzuo Banner in Alashan League

指 标	Item	2020	增长(%) Increase Rate(%)
行政区域土地面积(平方公里)	**Area of Administration(Sq.km)**	**80412**	**0.0**
人口	**Population**		
年末户籍户数(户)	The Registered Households Year-end(household)	65356	0.7
年末户籍人口(人)	The Registered Population Year-end(person)	147093	0.7
国民经济综合指标	**Summary Item on the National Economy**		
生产总值(万元)	Gross Domestic Product(10 000 yuan)	2464604	4.5
第一产业(万元)	Primary Industry(10 000 yuan)	120700	9.5
第二产业(万元)	Secondary Industry(10 000 yuan)	1551206	8.9
第三产业(万元)	Tertiary Industry(10 000 yuan)	792698	-4.1
一般公共预算收入(万元)	General Public Budget Revenue(10 000 yuan)	134801	10.1
一般公共预算支出(万元)	General Public Budget Expenditure(10 000 yuan)	478852	8.8
农村牧区经济	**Economic Development in Rural & Pastoral Area**		
耕地面积(公顷)	Cultivated Area(hectare)	33436	3.4
高标准农田面积(公顷)	High Standard Farmland Area(hectare)	23187	18.7
农作物总播种面积(公顷)	Total Sown Area(hectare)	71046	-1.3
粮食产量(吨)	Yield of Grain(ton)	126716	-0.3
油料产量(吨)	Yield of Oil-bearing Crops(ton)	5542	11.8
规模以上工业	**Industrial Enterprises above Designated size**		
工业企业单位数(个)	Number of Industrial Enterprises(unit)	134	26.4
工业总产值(万元)	Gross Industrial Output Value(10 000 yuan)	3984304	11.4
投资	**Investment and Construction**		
固定资产投资(万元)	Total Investment in Fixed Assets(10 000 yuan)		-1.3
房地产开发投资(万元)	Investment in Real Estate Development(10 000 yuan)	128618	18.8
贸易外经	**Trade**		
社会消费品零售总额(万元)	Total Retail Sales of Consumer Goods(10 000 yuan)	368555	-19.1
出口总额(万元)	Total Exports(10 000 yuan)		
交通通讯	**Transportation,Post & Telecommunications**		
公路里程(公里)	Total Length of Highways(km)	5229	-8.4
移动电话用户(户)	Number of Mobile Telephone Subscribers (subscriber)	263294	3.6
互联网宽带接入用户(户)	Number of Subscribers of Internet Service(subscriber)	74888	-0.1
教育科技文化卫生社会保障	**Science,Education & Public Health**		
小学学校数(所)	Number of Primary Schools(unit)	13	8.3
普通中学学校数(所)	Number of Regular Secondary Schools(unit)	13	0.0
体育场馆数(个)	Stadium and Gymnasium(unit)	2	0.0
全年专利授权(件)	Annual Patent Authorization(piece)	248	306.6
剧场、影剧院(个)	Theaters,Music Halls and Cinemas(unit)	1	-75.0
医疗卫生机构床位数(张)	Number of Beds in Health Care Institutions(unit)	1190	1.2
医疗卫生机构技术人员(人)	Medical Technical Personnel(person)	1929	-1.3
城乡居民基本养老保险参保人数(人)	Urban and Rural Residents Basic Pension Insurance Contributors(person)	38713	1.0
基本医疗保险参保人数(人)	Basic Medical Care Insurance Contributors(person)	163206	2.0
居民生活	**The Lives of Residents**		
全体居民人均可支配收入(元)	The per capita disposable income of all residents(yuan)	39065	2.7
城镇常住居民人均可支配收入(元)	The per capita disposable income of urban permanent residents(yuan)	43694	2.4
农村牧区常住居民人均可支配收入(元)	The per capita disposable income of permanent residents of rural and pastoral areas(yuan)	22191	6.4

20-108 阿拉善盟阿拉善右旗
Alashanyou Banner in Alashan League

指 标	Item	2020	增长(%) Increase Rate(%)
行政区域土地面积(平方公里)	**Area of Administration(Sq.km)**	**74530**	**0.1**
人口	**Population**		
年末户籍户数(户)	The Registered Households Year-end(household)	10509	2.9
年末户籍人口(人)	The Registered Population Year-end(person)	25032	-0.1
国民经济综合指标	**Summary Item on the National Economy**		
生产总值(万元)	Gross Domestic Product(10 000 yuan)	203988	2.2
第一产业(万元)	Primary Industry(10 000 yuan)	31425	9.8
第二产业(万元)	Secondary Industry(10 000 yuan)	79475	3.9
第三产业(万元)	Tertiary Industry(10 000 yuan)	93088	-1.2
一般公共预算收入(万元)	General Public Budget Revenue(10 000 yuan)	11903	16.9
一般公共预算支出(万元)	General Public Budget Expenditure(10 000 yuan)	146263	9.9
农村牧区经济	**Economic Development in Rural & Pastoral Area**		
耕地面积(公顷)	Cultivated Area(hectare)	3305	0.0
高标准农田面积(公顷)	High Standard Farmland Area(hectare)	733	0.0
农作物总播种面积(公顷)	Total Sown Area(hectare)	5898	10.8
粮食产量(吨)	Yield of Grain(ton)	4053	-21.6
油料产量(吨)	Yield of Oil-bearing Crops(ton)	5402	-15.3
规模以上工业	**Industrial Enterprises above Designated size**		
工业企业单位数(个)	Number of Industrial Enterprises(unit)	16	23.1
工业总产值(万元)	Gross Industrial Output Value(10 000 yuan)	127791	13.7
投资	**Investment and Construction**		
固定资产投资(万元)	Total Investment in Fixed Assets(10 000 yuan)		1.1
房地产开发投资(万元)	Investment in Real Estate Development(10 000 yuan)	3255	
贸易外经	**Trade**		
社会消费品零售总额(万元)	Total Retail Sales of Consumer Goods(10 000 yuan)	52299	-17.5
出口总额(万元)	Total Exports(10 000 yuan)		
交通通讯	**Transportation,Post & Telecommunications**		
公路里程(公里)	Total Length of Highways(km)	2757	-0.2
移动电话用户(户)	Number of Mobile Telephone Subscribers (subscriber)	31471	1.2
互联网宽带接入用户(户)	Number of Subscribers of Internet Service(subscriber)	9703	13.6
教育科技文化卫生社会保障	**Science,Education & Public Health**		
小学学校数(所)	Number of Primary Schools(unit)	4	0.0
普通中学学校数(所)	Number of Regular Secondary Schools(unit)	2	0.0
体育场馆数(个)	Stadium and Gymnasium(unit)	1	0.0
全年专利授权(件)	Annual Patent Authorization(piece)	8	700.0
剧场、影剧院(个)	Theaters,Music Halls and Cinemas(unit)	2	0.0
医疗卫生机构床位数(张)	Number of Beds in Health Care Institutions(unit)	109	-40.4
医疗卫生机构技术人员(人)	Medical Technical Personnel(person)	253	22.2
城乡居民基本养老保险参保人数(人)	Urban and Rural Residents Basic Pension Insurance Contributors(person)	7500	0.0
基本医疗保险参保人数(人)	Basic Medical Care Insurance Contributors(person)	22782	0.3
居民生活	**The Lives of Residents**		
全体居民人均可支配收入(元)	The per capita disposable income of all residents(yuan)	40540	2.8
城镇常住居民人均可支配收入(元)	The per capita disposable income of urban permanent residents(yuan)	44900	2.5
农村牧区常住居民人均可支配收入(元)	The per capita disposable income of permanent residents of rural and pastoral areas(yuan)	25401	6.3

20-109 阿拉善盟额济纳旗

Ejina Banner in Alashan League

指 标	Item	2020	增长(%) Increase Rate(%)
行政区域土地面积(平方公里)	**Area of Administration(Sq.km)**	**114606**	**0.0**
人口	**Population**		
年末户籍户数(户)	The Registered Households Year-end(household)	8429	0.6
年末户籍人口(人)	The Registered Population Year-end(person)	19323	1.1
国民经济综合指标	**Summary Item on the National Economy**		
生产总值(万元)	Gross Domestic Product(10 000 yuan)	381148	0.7
第一产业(万元)	Primary Industry(10 000 yuan)	24646	9.4
第二产业(万元)	Secondary Industry(10 000 yuan)	102497	0.8
第三产业(万元)	Tertiary Industry(10 000 yuan)	254005	-0.1
一般公共预算收入(万元)	General Public Budget Revenue(10 000 yuan)	19136	-15.1
一般公共预算支出(万元)	General Public Budget Expenditure(10 000 yuan)	187457	17.2
农村牧区经济	**Economic Development in Rural & Pastoral Area**		
耕地面积(公顷)	Cultivated Area(hectare)	5925	0.0
高标准农田面积(公顷)	High Standard Farmland Area(hectare)	1413	92.8
农作物总播种面积(公顷)	Total Sown Area(hectare)	4765	8.5
粮食产量(吨)	Yield of Grain(ton)	2068	562.8
油料产量(吨)	Yield of Oil-bearing Crops(ton)		
规模以上工业	**Industrial Enterprises above Designated size**		
工业企业单位数(个)	Number of Industrial Enterprises(unit)	9	12.5
工业总产值(万元)	Gross Industrial Output Value(10 000 yuan)	158017	-29.5
投资	**Investment and Construction**		
固定资产投资(万元)	Total Investment in Fixed Assets(10 000 yuan)		-1.5
房地产开发投资(万元)	Investment in Real Estate Development(10 000 yuan)	11872	-47.6
贸易外经	**Trade**		
社会消费品零售总额(万元)	Total Retail Sales of Consumer Goods(10 000 yuan)	90762	-18.1
出口总额(万元)	Total Exports(10 000 yuan)	2344	-82.3
交通通讯	**Transportation,Post & Telecommunications**		
公路里程(公里)	Total Length of Highways(km)	2985	0.2
移动电话用户(户)	Number of Mobile Telephone Subscribers (subscriber)	34423	-13.8
互联网宽带接入用户(户)	Number of Subscribers of Internet Service(subscriber)	11427	3.2
教育科技文化卫生社会保障	**Science,Education & Public Health**		
小学学校数(所)	Number of Primary Schools(unit)	1	0.0
普通中学学校数(所)	Number of Regular Secondary Schools(unit)	2	0.0
体育场馆数(个)	Stadium and Gymnasium(unit)	3	0.0
全年专利授权(件)	Annual Patent Authorization(piece)	2	0.0
剧场、影剧院(个)	Theaters,Music Halls and Cinemas(unit)	2	0.0
医疗卫生机构床位数(张)	Number of Beds in Health Care Institutions(unit)	134	-39.1
医疗卫生机构技术人员(人)	Medical Technical Personnel(person)	297	53.1
城乡居民基本养老保险参保人数(人)	Urban and Rural Residents Basic Pension Insurance Contributors(person)	5455	-0.6
基本医疗保险参保人数(人)	Basic Medical Care Insurance Contributors(person)	18767	0.1
居民生活	**The Lives of Residents**		
全体居民人均可支配收入(元)	The per capita disposable income of all residents(yuan)	41047	2.6
城镇常住居民人均可支配收入(元)	The per capita disposable income of urban permanent residents(yuan)	44910	2.3
农村牧区常住居民人均可支配收入(元)	The per capita disposable income of permanent residents of rural and pastoral areas(yuan)	26906	6.4

21 附 录

Appendix

资料整理：郭雪佩　乔贺利

Arranged By：Guo Xuepei，Qiao Heli

21-1 内蒙古国民经济主要指标占全国的比重(2020年)

Inner Mongolia Main Indicators of National Economy as Percentage of Whole Nation(2020)

指 标	Item	全 国 Whole Nation	内蒙古 Inner Mongolia	内蒙古所占比重(%) Percentage (%)
土地面积(万平方公里)	Land Area(10 000 sq.km)	960.0	118.3	12.3
年末总人口数(万人)	Population at the Year-end(10 000 persons)	141178.0	2404.9	1.7
全社会就业人员(万人)	Employment(10 000 persons)	75064.0	1242.0	1.7
生产总值(当年价)(亿元)	Gross Domestic Product(current pirces) (100 million yuan)	1015986.2	17359.8	1.7
第一产业	Primary Industry	77754.1	2025.1	2.6
第二产业	Secondray industry	384255.3	6868.0	1.8
#工业	Industry	313071.1	5547.5	1.8
第三产业	Tertiary Industry	553976.8	8466.7	1.5
规模以上工业企业单位数(万个)	Number of Industry above Designated Size (10 000 units)	38.3	0.3	0.8
规模以上工业利润总额(亿元)	Total Profits of Industry(100 million yuan)	64516.1	1315.1	2.0
能源生产总量(万吨标准煤)	Total Production of Energy(10 000 tons of SCE)	408000.0		
能源消费总量(万吨标准煤)	Total Consumption of Energy(10 000 tons of SCE)	498000.0		
农林牧渔业总产值(当年价)(亿元)	Gross Output Value of Farming, Forestry,Animal Husbandry & Fishery(current prices)(100 million yuan)	137782.2	3472.4	2.5
农业	Farming	71748.2	1699.0	2.4
林业	Forestry	5961.6	89.8	1.5
牧业	Animal Husbandry	40266.7	1603.4	4.0
渔业	Fishery	12775.9	27.8	0.2
工农业主要产品产量	Output of Major Farm & Industrial Products			
粗钢(万吨)	Steel(10 000 tons)	106476.7	3119.9	2.9
原煤(万吨)	Coal(10 000 tons)	390157.7	102550.9	26.3
发电量(亿千瓦小时)	Electricity(100 million Kwh)	77790.6	5811.0	7.5
水泥(万吨)	Cement(10 000 tons)	239483.7	3610.9	1.5
粮食(万吨)	Grain(10 000 ton)	66949.2	3664.1	5.5
油料(万吨)	Oil-bearing Crops(10 000 tons)	3586.4	217.3	6.1
货运量(亿吨)	Total Freight Traffic(100 milion tons)	473.6	17.1	3.6
客运量(亿人)	Total Passenger Traffic(100 million Persons)	96.7	0.7	0.7
邮政业务总量（亿元）	Total Business Volume of Postal Services (100 million yuan)	21053.2	63.7	0.3
电信业务总量(亿元)	Total Business Volume of Telecommunication Services(100 million yuan)	136758.3	2584.6	1.9
社会消费品零售总额（亿元）	Total Retail Sale of Consumer Goods (100 million yuan)	391980.6	4760.5	1.2
海关进出口总额(亿元)	Total Imports and Exports(100 million yuan)	321556.9	1051.6	0.3
全社会固定资产投资(亿元)	Total Investment in Fixed Assets (100 million yuan)	527270.3		
#房地产开发	Real Estate Development	141442.9	1176.5	0.8
商品房销售面积(万平方米)	Floor Space of Selling House(10 000 sq.m)	176086.2	2045.9	1.2
商品房销售额(亿元)	Total Sales of Commercial House(100 million yuan)	173612.7	1365.5	0.8
一般公共预算收入(亿元)	General Public Budget Revenue(100 million yuan)	182894.9	2051.2	1.1
金融机构人民币住户存款余额(亿元)	Household Deposits of Financial Institutions (100 million yuan)	925986.0	15302.8	1.7

注：1. 本部分全国及各省数据取自《中国统计摘要》。

2. 本表年末常住人口数据为普查时点（2020年11月1日零时）数。

a)This section contains national and provincial data are taken from'China Statistical Guide'.The same applies to the table following.

b)The data of permanent resident population at the end of the year in this table are at the census point(0:00 on November 1,2020).

21-2 各省（区、市）国民经济和社会发展主要指标(2020年)

Main Indicators of National Economic and Social Development by Region(2020)

地 区	Region	年末常住人口(万人) Population at the Year-end (10 000 persons)	年末城镇人口比重(%) Proportion of Urban Population at Year-end(%)	地区生产总值(亿元) Gross Domestic Product (100 million yuan)	第一产业 Primary Industry	第二产业 Secondray industry	第三产业 Tertiary Industry	地区生产总值指数(上年=100) Indices of Gross Domestic Product (preceding year=100)	人均地区生产总值(元) Per Capita GDP (yuan)	人均地区生产总值指数(上年=100) Indices of Per Capita GDP (preceding year=100)
全 国	**Nationnal**	**141178**	**63.9**	**1015986.2**	**77754.1**	**384255.3**	**553976.8**	**102.3**	**72000**	**101.7**
北 京	Beijing	2189	87.6	36102.6	107.6	5716.4	30278.6	101.2	164889	101.2
天 津	Tianjin	1387	84.7	14083.7	210.2	4804.1	9069.5	101.5	101614	101.3
河 北	Hebei	7461	60.1	36206.9	3880.1	13597.2	18729.5	103.9	48564	103.6
山 西	Shanxi	3492	62.5	17651.9	946.7	7675.4	9029.8	103.6	50528	103.7
内蒙古	Inner Mongolia	2405	67.5	17359.8	2025.1	6868.0	8466.7	100.2	72062	100.5
辽 宁	Liaoning	4259	72.1	25115.0	2284.6	9400.9	13429.4	100.6	58872	101.1
吉 林	Jilin	2407	62.6	12311.3	1553.0	4326.2	6432.1	102.4	50800	104.1
黑龙江	Heilongjiang	3185	65.6	13698.5	3438.3	3483.5	6776.7	101.0	42635	103.4
上 海	Shanghai	2487	89.3	38700.6	103.6	10289.5	28307.5	101.7	155768	101.4
江 苏	Jiangsu	8475	73.4	102719.0	4536.7	44226.4	53955.8	103.7	121231	103.5
浙 江	Zhejiang	6457	72.2	64613.3	2169.2	26413.0	36031.2	103.6	100620	102.0
安 徽	Anhui	6103	58.3	38680.6	3184.7	15671.7	19824.3	103.9	63426	103.6
福 建	Fujian	4154	68.8	43903.9	2732.3	20328.8	20842.8	103.3	105818	102.5
江 西	Jiangxi	4519	60.4	25691.5	2241.6	11084.8	12365.1	103.8	56871	103.8
山 东	Shandong	10153	63.1	73129.0	5363.8	28612.2	39153.0	103.6	72151	103.1
河 南	Henan	9937	55.4	54997.1	5353.7	22875.3	26768.0	101.3	55435	100.9
湖 北	Hubei	5775	62.9	43443.5	4131.9	17023.9	22287.6	95.0	74440	96.4
湖 南	Hunan	6644	58.8	41781.5	4240.4	15937.7	21603.4	103.8	62900	103.7
广 东	Guangdong	12601	74.2	110760.9	4770.0	43450.2	62540.8	102.3	88210	101.1
广 西	Guangxi	5013	54.2	22156.7	3555.8	7108.5	11492.4	103.7	44309	102.9
海 南	Hainan	1008	60.3	5532.4	1136.0	1055.3	3341.2	103.5	55131	102.0
重 庆	Chongqing	3205	69.5	25002.8	1803.3	9992.2	13207.3	103.9	78170	103.1
四 川	Sichuan	8367	56.7	48598.8	5556.6	17571.1	25471.1	103.8	58126	103.4
贵 州	Guizhou	3856	53.2	17826.6	2539.9	6211.6	9075.1	104.5	46267	104.0
云 南	Yunnan	4721	50.1	24521.9	3598.9	8287.5	12635.5	104.0	51975	103.7
西 藏	Tibet	365	35.7	1902.7	150.6	798.3	953.8	107.8	52345	106.1
陕 西	Shanxi	3953	62.7	26181.9	2267.5	11362.6	12551.7	102.2	66292	101.9
甘 肃	Gansu	2502	52.2	9016.7	1198.1	2852.0	4966.5	103.9	35995	104.2
青 海	Qinghai	592	60.1	3005.9	334.3	1143.6	1528.1	101.5	50819	101.0
宁 夏	Ningxia	720	65.0	3920.5	338.0	1609.0	1973.6	103.9	54528	103.1
新 疆	Xinjiang	2585	56.5	13797.6	1981.3	4744.5	7071.8	103.4	53593	102.0

注：1. 地区生产总值绝对量按当年价格计算，指数按不变价格计算。

2. 本表年末常住人口及年末城镇人口比重数据为普查时点（2020年11月1日零时）数。

a)Gross Domestic Product is calculated at current prices,while the indices are calculated at constant prices.

b)The data of permanent resident population and the proportion of urban population at the end of the year in this table are at the census point(0:00 on November 1,2020).

21-2 续表1 Continued

地区	Region	农林牧渔业总产值(亿元) Gross Output Value of Farming, Forestry,Animal Husbandry and Fishery (100 million yuan)	农林牧渔业总产值增速（%） Growth Rate of Farming, Forestry, Animal Husbandry and Fishery (%)	粮食产量(万吨) Grain (10 000 tons)	油料产量(万吨) Oil-bearing Crops (10 000 tons)	肉类总产量(万吨) Output of Meat (10 000 tons)	#猪肉 Pork	牛肉 Beef	羊肉 Mutton
全国	**Nationnal**	**137782.2**	**3.4**	**66949.2**	**3586.4**	**7748.4**	**4113.3**	**672.4**	**492.3**
北京	Beijing	263.4	-6.7	30.5	0.3	3.5	1.4	0.4	0.2
天津	Tianjin	476.4	1.4	228.2	0.3	29.6	15.4	2.7	0.9
河北	Hebei	6742.5	3.5	3795.9	119.5	419.2	226.9	55.6	31.3
山西	Shanxi	1935.8	5.8	1424.3	14.3	102.7	62.8	7.4	8.6
内蒙古	Inner Mongolia	3472.4	1.8	3664.1	217.3	268.0	61.4	66.3	113.0
辽宁	Liaoning	4582.6	3.0	2338.8	99.7	378.2	183.5	31.0	6.9
吉林	Jilin	2976.0	1.8	3803.2	81.4	237.4	105.0	38.7	5.2
黑龙江	Heilongjiang	6438.1	2.6	7540.8	12.3	253.2	143.9	48.3	13.4
上海	Shanghai	279.8	-7.0	91.4	0.7	9.3	7.2	0.3	0.2
江苏	Jiangsu	7952.6	2.0	3729.1	93.0	268.2	140.7	2.6	6.3
浙江	Zhejiang	3496.9	1.7	605.7	32.1	90.1	54.2	1.4	2.2
安徽	Anhui	5680.9	2.7	4019.2	162.5	396.0	183.4	9.9	20.7
福建	Fujian	4901.1	3.3	502.3	22.7	259.4	103.8	2.5	2.3
江西	Jiangxi	3820.7	2.7	2163.9	122.7	285.2	180.7	15.2	2.6
山东	Shandong	10190.6	3.0	5446.8	290.9	728.0	271.0	59.7	34.0
河南	Henan	9956.3	2.7	6825.8	672.6	544.1	324.8	36.7	28.6
湖北	Hubei	7303.6	0.7	2727.4	344.5	307.4	203.8	15.4	8.9
湖南	Hunan	7512.0	4.1	3015.1	260.7	455.0	337.7	20.5	16.1
广东	Guangdong	7901.9	4.0	1267.6	113.5	401.0	192.4	4.2	1.9
广西	Guangxi	5913.3	5.0	1370.0	73.9	380.4	174.1	13.6	3.6
海南	Hainan	1821.0	2.4	145.5	7.7	58.4	20.9	2.3	1.2
重庆	Chongqing	2749.1	5.0	1081.4	67.1	161.2	108.8	7.4	6.8
四川	Sichuan	9216.4	5.6	3527.4	392.9	597.8	394.8	37.0	27.3
贵州	Guizhou	4358.6	6.5	1057.6	103.4	207.9	146.3	23.1	5.0
云南	Yunnan	5920.5	5.8	1895.9	63.1	417.4	291.6	40.9	20.8
西藏	Tibet	233.5	8.2	102.9	5.1	28.3	0.9	21.2	5.7
陕西	Shanxi	4056.6	3.5	1274.8	59.1	107.1	77.7	8.7	9.7
甘肃	Gansu	2103.6	5.2	1202.2	61.4	110.2	49.2	24.9	27.6
青海	Qinghai	507.1	4.7	107.4	30.2	37.0	3.7	19.2	13.3
宁夏	Ningxia	703.1	3.6	380.5	6.7	33.8	8.0	11.4	11.1
新疆	Xinjiang	4315.6	4.7	1583.4	54.9	173.7	37.5	44.0	57.0

注：本表绝对数按当年价格计算，增长速度按可比价格计算。
a)The absolute value in this table is calaculated at current prices,while the growth rate is calculated at comparable prices.

21-2 续表2 Continued

地区	Region	奶类产量（万吨） Milk (10 000 tons)	规模以上工业增加值增速(%) Growth Rate of Industrial Value Added above Designated Size (%)	规模以上工业企业营业收入（亿元） Revenue of Industry above Designated Size (100 million yuan)	规模以上工业企业利润总额（亿元） Total Profit of Industrial Enterprises above Designated Size (100 million yuan)	原煤（万吨） Coal (10 000 tons)	发电量（亿千瓦时） Electricity (100 million Kwh)	粗钢（万吨） Stee (10 000 tons)	钢材（万吨） Steel Products (10 000 tons)	生铁（万吨） Pig Iron (10 000 tons)
全　国	**Nationnal**	**3529.6**	**2.8**	**1061433.6**	**64516.1**	**390157.7**	**77790.6**	**106476.7**	**132489.2**	**88752.4**
北　京	Beijing	24.2	2.3	23283.5	1785.0		457.5		184.4	
天　津	Tianjin	50.1	1.6	18627.4	961.3		771.6	2171.8	5724.0	2198.9
河　北	Hebei	488.3	4.7	42110.1	2038.1	4974.7	3425.1	24977.0	31320.1	22903.8
山　西	Shanxi	117.4	5.7	20673.3	963.8	107905.7	3503.5	6637.8	6181.4	6089.1
内蒙古	Inner Mongolia	617.9	0.7	16640.4	1315.1	102550.9	5811.0	3119.9	2883.9	2380.8
辽　宁	Liaoning	137.1	1.8	29215.3	1286.7	3128.8	2135.3	7609.4	7578.4	7235.2
吉　林	Jilin	39.3	6.9	13147.0	567.1	1040.2	1018.8	1525.6	1661.6	1407.7
黑龙江	Heilongjiang	501.0	3.3	9825.8	279.1	5557.8	1137.8	986.5	879.0	863.1
上　海	Shanghai	29.1	1.7	38595.2	2810.2		861.7	1575.6	1879.6	1411.3
江　苏	Jiangsu	63.0	6.1	122206.8	7365.3	1022.3	5217.5	12108.2	15004.9	10022.9
浙　江	Zhejiang	18.4	5.4	77695.4	5544.6		3531.3	1457.0	3806.7	852.8
安　徽	Anhui	37.6	6.0	37925.9	2294.2	11084.4	2809.0	3696.7	3607.5	2537.3
福　建	Fujian	17.5	2.0	55475.4	3470.1	658.5	2651.1	2466.5	3861.6	1106.2
江　西	Jiangxi	9.1	4.6	37909.2	2438.1	314.5	1444.7	2682.1	3093.9	2332.1
山　东	Shandong	241.6	5.0	84270.4	4282.9	10944.6	5806.4	7993.5	11269.3	7523.2
河　南	Henan	214.7	0.4	47292.7	2544.7	10647.5	2906.1	3530.2	4233.4	2769.5
湖　北	Hubei	13.4	-6.1	40743.5	2519.0	40.3	3015.8	3557.2	3649.1	2727.4
湖　南	Hunan	5.6	4.8	38339.9	2032.7	1067.8	1554.4	2612.9	2729.7	2105.4
广　东	Guangdong	15.2	1.5	146856.9	9286.9		5225.9	3382.3	4866.2	2158.7
广　西	Guangxi	11.2	1.2	17639.6	876.0	413.6	1970.9	3452.2	4731.2	1457.1
海　南	Hainan	0.3	-4.5	2089.6	132.2		345.5			
重　庆	Chongqing	3.2	5.8	22529.6	1318.8	939.4	840.5	899.9	1310.0	637.8
四　川	Sichuan	68.0	4.5	45250.1	3197.7	2240.3	4182.3	2792.6	3437.2	2136.8
贵　州	Guizhou	5.3	5.0	8832.3	1029.4	12055.3	2305.4	461.9	741.1	368.6
云　南	Yunnan	73.1	2.4	14550.3	1005.4	5529.7	3674.4	2233.0	2640.7	1873.3
西　藏	Tibet	49.2	9.6	322.0	18.9		88.9			
陕　西	Shanxi	161.5	1.0	23435.3	1942.3	67973.1	2379.4	1521.5	2020.0	1232.2
甘　肃	Gansu	58.4	6.5	7290.3	284.3	3859.0	1762.4	1059.2	1102.6	782.3
青　海	Qinghai	36.9	-0.2	2421.0	93.1	1092.1	951.9	193.2	189.1	160.3
宁　夏	Ningxia	215.3	4.3	4713.0	203.9	8151.6	1882.4	466.6	482.0	320.0
新　疆	Xinjiang	206.9	6.9	11526.3	629.1	26965.7	4121.9	1306.1	1420.5	1158.3

21-2 续表3 Continued

地区 Region	水泥(万吨) Cement (10 000 tons)	农用化肥(万吨) Chemical Fertilizer (10 000 tons)	汽车(万辆) Motor Vehicles (10 000 vehicles)	建筑业企业个数(个) Number of Construction Enterprises (unit)	建筑业施工面积(万平方米) Floor Space under Construction (10 000 sq.m)	建筑业竣工面积(万平方米) Floor Space Completed (10 000 sq.m)	建筑业总产值(亿元) Gross Output Value (100 million yuan)	固定资产投资(不含农户)增速(%) Growth Rate of Investment in Fixed Assets (Excluding Rural Households) (%)	房地产开发投资(亿元) Real Estate Development (100 million yuan)
全 国 Nationnal	**239483.7**	**5496.0**	**2532.5**	**116716**	**1494743.4**	**384819.8**	**263947.0**	**2.9**	**141442.9**
北 京 Beijing	286.9		166.0	2503	88593.7	9588.1	12905.9	2.2	3938.7
天 津 Tianjin	551.5	14.8	94.6	1931	15234.5	2453.4	4388.2	3.0	2608.5
河 北 Hebei	11860.0	212.8	97.5	2940	35081.6	7316.0	5948.1	3.2	4601.1
山 西 Shanxi	5616.7	400.2	4.9	3357	19965.8	4944.8	5113.6	10.6	1830.4
内蒙古 Inner Mongolia	3610.9	424.2	2.9	1014	7016.7	1411.0	1134.4	-1.5	1176.5
辽 宁 Liaoning	5447.0	35.6	74.8	5638	16234.9	4021.3	3816.2	2.6	2978.9
吉 林 Jilin	2232.8	21.9	265.6	2511	8447.3	2892.8	2005.8	8.3	1460.8
黑龙江 Heilongjiang	2409.9	55.3	7.2	2237	3285.4	923.4	1206.4	3.6	982.9
上 海 Shanghai	398.9	1.0	264.7	2365	53798.6	8150.8	8277.0	10.3	4698.7
江 苏 Jiangsu	15275.1	200.8	75.2	11000	267407.7	77802.9	35251.6	0.3	13171.3
浙 江 Zhejiang	13272.9	64.0	90.4	8004	180786.2	40742.2	20938.6	5.4	11413.7
安 徽 Anhui	14189.3	268.0	116.1	5692	49377.0	14441.8	9365.1	5.1	7042.3
福 建 Fujian	9718.4	86.2	18.0	6772	82579.1	18202.3	14117.8	-0.4	6026.8
江 西 Jiangxi	10030.7	23.4	45.2	3751	34235.5	13911.9	8649.2	8.2	2378.1
山 东 Shandong	15970.4	352.6	115.8	8081	86160.1	21309.6	14947.3	3.6	9450.5
河 南 Henan	11767.9	489.2	54.5	7413	65956.9	19412.4	13122.6	4.3	7782.3
湖 北 Hubei	9826.6	490.0	209.3	4632	85268.2	26559.5	16136.1	-18.8	4888.9
湖 南 Hunan	11043.2	65.1	39.1	3335	67978.8	21235.3	11863.8	7.6	4880.4
广 东 Guangdong	17165.5	11.3	313.3	7587	91890.6	19264.2	18429.7	7.2	17312.7
广 西 Guangxi	12129.1	47.7	174.5	1913	28695.3	8295.8	5853.2	4.2	3845.6
海 南 Hainan	1838.8	65.3	0.1	250	1823.7	299.5	391.4	8.0	1341.7
重 庆 Chongqing	6524.4	167.2	158.0	3335	38122.6	14050.1	8975.0	3.9	4352.0
四 川 Sichuan	14517.5	359.1	71.3	7067	67655.2	22572.8	15612.7	2.8	7315.3
贵 州 Guizhou	10820.9	338.9	7.5	1770	17167.5	3951.7	4080.2	3.2	3418.7
云 南 Yunnan	13130.3	224.3	2.0	3449	20128.8	6238.4	6724.8	7.7	4505.2
西 藏 Tibet	1085.0			402	477.2	205.1	294.7	5.4	165.5
陕 西 Shanxi	6809.8	145.8	62.8	3416	37555.1	7311.2	8501.1	4.1	4404.4
甘 肃 Gansu	4716.7	24.5	0.04	1827	10903.3	2382.8	2049.3	7.8	1355.6
青 海 Qinghai	1225.8	523.1		383	927.6	355.7	512.2	-12.2	421.3
宁 夏 Ningxia	1979.9	68.2	0.01	654	2107.7	757.0	641.8	4.0	433.3
新 疆 Xinjiang	4030.9	315.4	0.9	1487	9881.0	3816.2	2693.1	16.2	1260.9

21-2 续表4 Continued

地 区	Region	社会消费品零售总额(亿元) Retail Sales of Goods (100 million yuan)	货物进出口总额(亿美元) Total Imports and Exports (USD 100 million)	#出口总额 Imports	交通运输货运量(万吨) Total Freight Traffic (10 000 tons)	#铁 路 Railway	#公 路 Highway	交通运输客运量(万人) Passenger Traffic (10 000 persons)	#铁 路 Railway	#公 路 Highway
全 国	**Nationnal**	**391980.6**	**46462.6**	**25906.5**	**4735565.8**	**445761.3**	**3426413.0**	**966541.7**	**220349.9**	**689425.0**
北 京	Beijing	13716.4	3350.4	670.1	22202.9	413.9	21789.0	30935.8	6387.8	24548.0
天 津	Tianjin	3582.9	1059.3	443.6	52519.2	11124.2	32261.0	10602.0	2636.0	7926.0
河 北	Hebei	12705.0	637.9	364.6	247322.6	30805.6	211942.0	17676.9	7101.9	10575.0
山 西	Shanxi	6746.3	218.7	127.3	190232.0	92002.0	98206.0	12457.4	4890.4	7459.0
内蒙古	Inner Mongolia	4760.5	151.8	50.4	170550.0	61544.8	109002.0	7395.2	3298.0	3224.0
辽 宁	Liaoning	8960.9	944.6	383.3	167340.8	23974.8	138569.0	33538.7	7099.7	26211.0
吉 林	Jilin	3824.0	184.9	42.0	44848.0	6574.0	38274.0	15307.6	3831.6	11438.0
黑龙江	Heilongjiang	5092.3	222.0	52.0	48662.4	12603.4	35521.0	12296.7	4589.7	7608.0
上 海	Shanghai	15932.5	5031.9	1981.1	138839.2	494.2	46051.0	9233.6	7604.6	1332.0
江 苏	Jiangsu	37086.1	6427.7	3962.8	275208.5	7117.5	174624.0	85309.7	16083.7	67664.0
浙 江	Zhejiang	26629.8	4879.3	3632.7	300276.2	4500.2	189582.0	58074.6	15853.6	38861.0
安 徽	Anhui	18334.0	780.5	455.8	374503.1	7735.1	243529.0	32365.8	9478.8	22776.0
福 建	Fujian	18626.5	2026.7	1224.0	140698.0	4543.0	91137.0	23163.3	7539.3	14882.0
江 西	Jiangxi	10371.8	578.2	420.9	157148.5	4552.5	141899.0	41913.1	8157.1	33643.0
山 东	Shandong	29248.0	3184.5	1890.4	316830.7	31392.7	267230.0	30756.8	10456.8	19475.0
河 南	Henan	22502.8	969.2	593.0	219938.8	11156.8	193632.0	57909.3	11415.3	46322.0
湖 北	Hubei	17984.9	620.8	390.6	160421.7	5362.7	114346.0	30112.0	8148.0	21731.0
湖 南	Hunan	16258.1	705.3	478.6	200877.5	4591.5	176442.0	56375.9	11391.9	44144.0
广 东	Guangdong	40207.9	10236.3	6283.7	344439.4	9510.4	231170.0	79350.7	23059.7	54946.0
广 西	Guangxi	7831.0	702.9	391.9	187443.6	9268.6	145323.0	34946.7	7837.7	26771.0
海 南	Hainan	1974.6	135.4	40.1	20670.2	1135.2	6853.0	7925.8	2207.8	4566.0
重 庆	Chongqing	11787.2	941.8	605.3	121692.3	2194.3	99679.0	37204.5	5231.5	31450.0
四 川	Sichuan	20824.9	1168.0	672.5	171896.1	7771.1	157598.0	57508.1	11296.1	45258.0
贵 州	Guizhou	7833.4	79.1	62.3	86444.4	5801.4	79412.0	40136.8	5535.8	33584.0
云 南	Yunnan	9792.9	389.5	221.4	121057.6	4918.6	115620.0	24176.9	4439.9	19232.0
西 藏	Tibet	745.8	3.1	1.9	4091.0	52.0	4039.0	824.6	248.6	576.0
陕 西	Shanxi	9605.9	545.1	278.9	165260.4	49056.4	116057.0	36797.7	7043.7	29581.0
甘 肃	Gansu	3632.4	53.9	12.4	67239.1	5966.1	61272.0	26686.3	4153.3	22478.0
青 海	Qinghai	877.3	3.3	1.8	14290.6	3455.6	10835.0	4135.2	762.2	3314.0
宁 夏	Ningxia	1301.4	17.8	12.5	42849.6	8633.6	34216.0	3559.6	557.6	2903.0
新 疆	Xinjiang	3062.5	213.9	158.4	57813.9	17508.9	40305.0	6959.7	2011.7	4948.0

注：交通运输客（货）运量全国及内蒙古数据为全口径数据；其他各省（区、市）客运量数据不包含民航数据，货运量数据不包含民航及管道数据。

a)The data of passenger(cargo)traffic volume in China and Inner Mongolia are full caliber data;Passenger volume data of other provinces(autonomous regions and municipalities)does not include aviation data;Cargo volume data does not include civil aviation and pipeline data.

21-2 续表5 Continued

地 区 Region	居民消费价格指数(上年=100) General Consumer Price Index (preceding year=100)	城镇非私营单位从业人员平均工资(元) Average Wage of Employed Persons in Urban NonPrivate Units (yuan)	全体居民人均可支配收入(元) Disposable income of All Residents (yuan)	全体居民人均消费支出(元) Consumer spending of All Residents (yuan)	城镇居民人均可支配收入(元) Urban Households Per Capita Average Disposable Income (yuan)	城镇居民人均消费支出(元) Urban Households Per Capita Expenditures for Consumption (yuan)	农村牧区居民人均可支配收入(元) Disposable income of Residents In Rural Areas (yuan)	农村牧区居民人均消费支出(元) Rural Households Per Capita Expenditures for Consumption (yuan)
全 国 Nationnal	**102.5**	**97379**	**32189**	**21210**	**43834**	**27007**	**17131**	**13713**
北 京 Beijing	101.7	178178	69434	38903	75602	41726	30126	20913
天 津 Tianjin	102.0	114682	43854	28461	47659	30895	25691	16844
河 北 Hebei	102.1	77323	27136	18037	37286	23167	16467	12644
山 西 Shanxi	102.9	74739	25214	15733	34793	20332	13878	10290
内蒙古 Inner Mongolia	101.9	85310	31497	19794	41353	23888	16567	13594
辽 宁 Liaoning	102.4	79472	32738	20672	40376	24849	17450	12311
吉 林 Jilin	102.3	77995	25751	17318	33396	21623	16067	11864
黑龙江 Heilongjiang	102.3	74554	24902	17056	31115	20397	16168	12360
上 海 Shanghai	101.7	171884	72232	42536	76437	44839	34911	22095
江 苏 Jiangsu	102.5	103621	43390	26225	53102	30882	24198	17022
浙 江 Zhejiang	102.3	108645	52397	31295	62699	36197	31930	21555
安 徽 Anhui	102.7	85854	28103	18877	39442	22683	16620	15024
福 建 Fujian	102.2	88149	37202	25126	47160	30487	20880	16339
江 西 Jiangxi	102.6	78182	28017	17955	38556	22134	16981	13579
山 东 Shandong	102.8	87749	32886	20940	43726	27291	18753	12660
河 南 Henan	102.8	70239	24810	16143	34750	20645	16108	12201
湖 北 Hubei	102.7	85052	27881	19246	36706	22885	16306	14472
湖 南 Hunan	102.3	79122	29380	20998	41698	26796	16585	14974
广 东 Guangdong	102.6	108045	41029	28492	50257	33511	20143	17132
广 西 Guangxi	102.8	82751	24562	16357	35859	20907	14815	12431
海 南 Hainan	102.3	86609	27904	18972	37097	23560	16279	13169
重 庆 Chongqing	102.3	93816	30824	21678	40006	26464	16361	14140
四 川 Sichuan	103.2	88559	26522	19783	38253	25133	15929	14953
贵 州 Guizhou	102.6	89228	21795	14874	36096	20587	11642	10818
云 南 Yunnan	103.6	93133	23295	16792	37500	24569	12842	11069
西 藏 Tibet	102.2	121005	21744	13225	41156	24927	14598	8917
陕 西 Shanxi	102.5	83520	26226	17418	37868	22866	13316	11376
甘 肃 Gansu	102.0	79730	20335	16175	33822	24615	10344	9923
青 海 Qinghai	102.6	101401	24037	18284	35506	24315	12342	12134
宁 夏 Ningxia	101.5	97438	25735	17506	35720	22379	13889	11724
新 疆 Xinjiang	101.5	86343	23845	16512	34838	22952	14056	10778

中国统计出版社有限公司最新图书简目

(仅供参考,以实际出版为准)

统计资料

中国统计年鉴　中国统计摘要　中国第三产业统计年鉴
中国第三次全国农业普查综合资料　国际统计年鉴　金砖国家联合统计手册
中国-东盟国家统计手册　中国农村统计年鉴　中国县域统计年鉴
中国农产品价格调查年鉴　中国城市统计年鉴　中国价格统计年鉴
中国贸易外经统计年鉴　中国零售和餐饮连锁企业统计年鉴　中国商品交易市场统计年鉴
大中型批发零售和住宿餐饮企业统计年鉴　中国住户调查年鉴　中国工业统计年鉴
中国环境统计年鉴　中国能源统计年鉴　中国建筑业统计年鉴
中国房地产统计年鉴　中国投资领域统计年鉴　长江经济带发展统计年鉴
中国人口和就业统计年鉴　中国劳动统计年鉴　中国社会统计年鉴
中国科技统计年鉴　中国高技术产业统计年鉴　全国企业创新调查年鉴
中国文化及相关产业统计年鉴　中国妇女儿童状况统计资料　中国青年发展状况统计年鉴
中国基本单位统计年鉴　中国教育统计年鉴　中国教育经费统计年鉴
中国民族统计年鉴　中国残疾人事业统计年鉴　中国电力统计年鉴

省级综合统计年鉴系列

北京 天津 河北 山西 内蒙古 辽宁 吉林 黑龙江 上海 江苏 浙江 安徽 福建 江西 山东 河南 湖北 湖南 广东 广西 海南 重庆 四川 贵州 云南 西藏 陕西 甘肃 青海 宁夏 新疆 新疆生产建设兵团

市(县)级综合统计年鉴系列

滨海新区 石家庄 唐山 邯郸 邢台 保定 承德 沧州 衡水 太原 大同 晋城 晋中 长治 忻州 朔州 临汾 运城 阳泉 吕梁 呼和浩特 包头 鄂尔多斯 赤峰 大连 长春 四平 延吉 延边 哈尔滨 齐齐哈尔 黑龙江垦区 浦东新区 南京 无锡 徐州 常州 苏州 南通 淮安 盐城 扬州 镇江 宿迁 江阴 丹阳 海门 张家港 通州 如东 杭州 宁波 绍兴 台州 温州 金华 嘉兴 湖州 丽水 舟山 合肥 安庆 福州 厦门 漳州 宁德 龙岩 莆田 泉州 三明 南平 思明 南昌 上饶 抚州 赣州 九江 景德镇 宁都 济南 青岛 枣庄 潍坊 聊城 郑州 洛阳 三门峡 南阳 商丘 平顶山 信阳 济源 武汉 宜昌 十堰 荆州 荆门 咸宁 黄冈 长沙 广州 东莞 惠州 深圳 汕尾 珠海 南宁 桂林 柳州 防城港 贵港 梧州 玉林 钦州 海口 三亚 儋州 成都 贵阳 毕节 黔南 昆明 文山 德宏 西安 安康 延安 汉中 渭南 商洛 榆林 银川 兰州 庆阳 乌鲁木齐

调查年鉴系列

天津 内蒙古 上海 河南 湖北 湖南 广西 重庆 四川 云南 甘肃 宁夏 南宁 桂林 贵港 昆明

统计方法应用/实用手册

Python数据分析基础（第二版）　非参数统计（第五版）　现代金融投资统计分析（第四版）
国民经济核算初级教程（第二版）　国民经济核算教程（第五版）　概率统计基础
全国统计专业技术资格考试系列考试用书：统计业务知识（第四版修订版）　统计业务知识学习指导与习题
全国统计专业技术资格考试系列考试用书：统计相关知识（第四版）　统计相关知识学习指导与习题

统计通俗读物/统计科普图书

领导干部统计知识问答（第二版）　统计公文写作及会议办理实用手册　大数据在统计工作中的应用案例汇编
中国国民经济核算知识问答（修订版）　地区生产总值核算国际比较研究　新中国统计制度方法的发展与改革

重点图书

第七次全国人口普查年鉴　第四次全国经济普查地图集　中国经济普查年鉴2018
新编英汉汉英统计大词典　中国国民经济核算体系2016　国民经济行业分类注释
挑大学选专业2020—考研择校指南　挑大学选专业2020—高考志愿填报指南　中华医学统计百科全书

发行部电话：（010）63376907　63376908　63376909　同椇行书店电话：（010）68783171　68783172
地址：北京市丰台区西三环南路甲6号　邮政编码：100073　网址：http://www.zgtjcbs.com